의회의 조레스 / 당의 조레스 / 노동자의 조레스

의회의 조레스 / 당의 조레스 / 노동자의 조레스

프랑스 제3공화정, 1885-1914

노서경 지음

질 캉다르 서문

마농지

차례

서문 장 조레스, 21세기를 위한 사회주의자_질 캉다르 9
감사의 말 20
서장 젊은이들에게 보내는 연설: 1903년 7월 30일, 알비 24

1부 정치란 무엇이며 사회주의는 어떻게 하는가

1장_광부들 그리고 농민들과 함께 38
카르모의 광부 파업 39
고등사범 지식인과 광부들 44
농촌의 나라에서 농민과 함께 53
수탈당할 뿐 아니라 인간인 농사꾼 59

2장_사회공화국을 향해 66
사회주의의 전진은 멈추지 않는다 67
금권, 세습자본, 금융에 반대한다 69
카지미르 페리에 가문 71
카르모 기업주의 노사 의식 79
소유가 인격의 결과인가 84

3장_드레퓌스 사건 92
나는 고발한다 93
지식인의 대두 96
사회주의의 갈등 99
부당하게 모든 것을 박탈당한 인간은
장교도 부르주아도 아닌 헐벗은 인간이다 101
밀랑 입각 사건 108

4장_인본사회주의 116
사회주의와 자유와 소유 117
부르주아에게 119
조레스의 혁명사 121
혁명은 무한한 다수의 힘으로 134

2부 반대 진영

1장_ 교회와 국가 144

혁명 후 19세기의 프랑스 가톨릭 145
조레스의 종교 문제와 사회주의 149
교회와 국가의 분리에 관한 법 154
프랑스를 교육해야 합니다 161

2장_ 민족 우익의 현상: 불랑제주의 166

불랑제 사건 167
불랑제 장군 170
불랑제 민중 171

3장_ 민족 우익의 이론·서정·행동 178

로렌의 바레스 179
조국의 시인 샤를 페기 184
악시옹 프랑세즈 190
거장 샤를 모라스 194

4장_ 독일은 적인가 202

1870년 프랑스-독일 전쟁론 203
독일 사회주의의 기틀 209
1905년 미완의 베를린 연설 214
샤를 앙들레르: 독일에 대한 조레스의 환상 217
군사주의의 현실 220

3부 폭력의 문명을 허용치 않는 사회주의

1장_ 모로코 230

1885년: 쥘 페리와 클레망소 231
탕헤르, 1905년 3월 31일 235
프롤레타리아가 알아야 하는 대외정책 238
1907년 8월 카사블랑카 포격 248
저들은 깨어 일어날 것입니다 258
피 흘리는 질서, 1912년 3월 모로코 보호령 263

2장_ 반전反戰: 운동과 사상 274

3년법 275
1913년 5월 프레생제르베 반전 시위 276
《병사의 지침서》 281
반전의 인터내셔널 289
1914년 7월 조레스의 마지막 베즈 연설 295

4부 당의 건설

1장_ 인터내셔널과 프랑스 통합사회당SFIO 창당 306

급진당을 창당하는 프랑스 급진주의 307
프랑스 사회주의, 암스테르담으로 가다 313
인터내셔널 연단의 조레스 314
조레스의 패배와 결단 318
파리 글로브 통합사회당 창당 대회 322

2장_ 합류: 게드주의, 브루스주의, 알르만주의 328

에두아르 바이양의 역할 329
게드주의의 이론과 조직 330
브루스파의 실천적 사회주의 333
알르만파의 노동자주의 335
미완의 합류? 말롱에서 조레스로 흐르는 것 338

3장_ 어려운 사이인 당과 노조 346
페르낭 펠루티에의 노동자 독자성 347
노동총연맹의 혁명성 355
아미앵 헌장: 당과 노조의 분리 362
조레스의 총파업론 비판 365
G. 소렐: 생산자의 모럴 368

4장_ 당의 존재 양식: 연차 전국 당대회 378
대표 없고 공천권 없는 연맹 구조의 당 379
프랑스 전역을 순회하는 연차 전국 당대회 381
1908년 10월 분란의 툴루즈 당대회 387
우리가 지금 이렇게 하지 않는다면: 조레스의 융합론 392

5장_ 당은《뤼마니테》와 함께 398
창간 선언: 자본에 기대지 않는 신문입니다 399
당의 수입원인 당 신문 407
1910년 철도원 파업 지원 410
정치국장 조레스의 인문·인본주의 413

결론 420

주 427
부록 1 장 조레스 연보 542
부록 2 이 시대의 신문과 잡지 547
부록 3 주요 인물 550
부록 4 조레스 연구사 60년 558
참고문헌 562
찾아보기 587

장 조레스, 21세기를 위한 사회주의자

질 캉다르Gilles Candar _ 조레스 학회 회장

장 조레스Jean Jaurès(1859-1914)는 사망한 지 한 세기가 더 지났지만, 프랑스 좌파 지도자 가운데 가장 널리 알려지고 누구보다 표상이 되는 인물로 남아 있습니다. 사회주의자와 공산주의자와 또 다른 저항자들뿐 아니라 좌파의 경계를 넘는 수많은 공화파와 함께 중도적 공화파들까지 내세우는 영웅입니다.

1924년 이후 그의 유해는 프랑스 국민의 모든 영광스러운 기억을 모아놓은 팡테옹에서 볼테르, 루소, 위고, 레지스탕스 대원 장 물랭 그리고 나치 수용소에 유형 갔던 시몬 베유와 함께 빛나고 있습니다. 수십 개 공공 기념물이 그에게 헌정되었으며 하나의 대학, 수백 개의 초등·중등·고등학교, 또 2천 개가 넘는 공용도로에 그의 이름이 새겨져 있습니다. 국민적 기억과 역사에 들어 있는 그의 자리는 지난 수십 년 사이에 더욱 힘을 받았습니다. 그의 지위가 이처럼 올라간 데는 이유가 있습니다. 소련과 동유럽 '사회주의 국가'들이 붕괴하고 아시아의 공산주의가 적어도 부분적으로는 경제 면에서 자본주의를 선호하며 그리로 복귀하기로 하자 지난날 혁명가들의 형상은 신용할 수 없게 되었습니다. 공산주의는 너무 혼

히 독재로 귀결되었고 반면 민주사회주의는 지배 관계, 자본주의의 논리, 더구나 식민주의와 제국주의의 논리와 연緣을 끊지 못하면서 자유주의와 관계를 어떻게 해야 할지 머뭇거렸습니다.

조레스는 한창 피는 '젊은이' 같은 사회주의를 가리키는 위대한 증인에 그치지 않습니다. 사회주의자란 정직하고 올곧다는 이미지는 어긋나 버릴 수도 있는데 그는 언제나 해방의 편에, 1789·1830·1848년 혁명가들이 선언한 자유·평등·우애의 가치 편에 섰습니다.

자기 나라의 심장부에서

조레스의 사회주의는 드넓고 생동합니다. 그 자신이 우선 통합과 수렴의 인간이었습니다. 웅변력이 뛰어난 말솜씨를 지녔으나 다른 사람의 말을 경청할 줄 알았습니다. 누구를 만나도 편하게 대했습니다. 철학, 예술, 문학에 조예가 깊은 문화인으로, 지난날과 동시대의 위대한 지식인들의 작품을 읽고 비평하고 토론했습니다. 그러나 노동자, 농민, 사무원인 민중을 자주 찾은 사람입니다. 조레스는 원칙을 반추했고 또 확정 짓기를 추구했지만 도그마를 거부하고 언제나 어김없이 자유로운 사색이 주는 미덕을 자부했습니다. 이상理想은 역사 안에서 살고 진전하고 역사에 적응할 줄 알아야 했습니다. 조레스는 언제나 적어도 이중의 자격으로, 정치인이자 문화인으로 나섰습니다. 이로써 그는 사회주의적 인본주의를 제창하게 되었지만 이는 교리를 보완하고 연장하는 것이며 또 교리를 넘어서는 것, 교리로는 완전히 환원되지 않는 것입니다.

조레스는 프랑스 좌파의 심장부에 위치하지만 어떤 면에서는 그 역시 경계와 주변 혹은 통과지대에 서 있던 사람입니다. 그의 출신지인 카스트르는 그때는 남부 지방의 산업과 상업 소도시였습니다. 하지만 그는 카스트르의 농촌 지역에서 부모님이 지켜온 작은 농가에서 살았습니다. 양친은 아주 비참하지는 않았지만 가난한 형편이었습니다. 반면 친척 중에는 군대나 상업에서 성공한 이들도 있었습니다. 그래서 조레스는 어려서부터 무척 상이한 환경을 보았고 다양한 의견을 지닌 사람들과 만났습니다.

젊은 조레스는 아우와 함께 아주 일찍부터 '민중' 편 '공화파'였습니다. 뛰어난 학생으로 대학이나 정치에서 앞날이 열려 있던 그는 고등사범학교를 마치고(1878-1881), 철학교수 자격시험에 통과한 후(1881), 일찍 타른도 선거에 나가 공화파 하원의원으로 선출되었습니다(1885). 그는 이내 사회적 저항, 개혁 입법의 난관, 사회의 복잡함과 고르지 않음을 경험합니다. 그러면서 사회적으로나 정치적으로 노동자들과 농촌의 농민들, 모든 부문의 일하는 사람들이 조직을 이뤄야 할 필요가 있다고 굳게 믿었습니다. 하원 의사당이나 공공집회에서 연설하고 신문에 글을 썼습니다. 툴루즈에서는《라 데페슈》(1887-1914)에, 파리에서는《라 프티트 레퓌블리크》(1893-1903)에, 그다음에는 자신이 창간하고 경영한《뤼마니테》(1904-1914)에 논설을 씁니다.

넓은 의미의 자기 고장이나 프랑스 전역에서 그는 노동조합과 상호부조조합의 창설을 지지했습니다. 그는 여러 경향의 사회주의가 하나의 당에 모이도록 힘썼으며, 수많은 부침을 겪은 끝에 1905년 통합사회당, 곧 노동자인터내셔널 프랑스지부SFIO의 창설이 실현되었습니다. 그 스스로 좌익 쪽으로 나아갔습니다. 광부 노동자와 유리병 제조공, 농민층 일부 또 중산층 일부의 지지를 받아 사회주의 후보로 선출된 1893년 이래 그는 고용주와 지방 유지와 교회의 후보인, 흔히는 이 지방 최대 가문에 속하는 거부巨富 뤼도비크 드 솔라주에 맞서 카르모 선거구를 대표했습니다. 선거는 언제나 팽팽한 접전이었으며 1898년에는 패배하게 되었습니다.

그는 저널리스트로서 계속 투쟁했으며 하나의 위대한 《프랑스혁명사(1789-1794)》를 씁니다. 지치지 않는 일꾼이었던 그는 우리의 친구 노서경이 설명하듯이 모든 방면에서 투쟁을 수행합니다. 이 자리에서 모두 말할 필요는 없지만 본질적인 것을 한마디 하겠습니다. 조레스는 소유의 개혁을 통한 노동자 전체의 해방을 원했습니다. 공장, 은행, 대영지는 사회적 소유가 되어야 합니다. 그러나 국가가 모든 것을 운영하고 자율성과 다양성을 저해해서는 안 됩니다. 이 사회적 소유는 다양한 형태를 띠어야 합니다. 중요한 것은 그 실현을 기다리면서 인민 스스로 준비해야 하고 또 물질적, 정신적으로 인민의 힘을 강화해야 하는 것이었습니다. 사회개혁을 위한, 또한 교육과 문화의 개혁을 위한, 모든 부문에서의 민주주의를 발전시키기 위한 조레스와 사회주의자들의 투쟁은 여기에 원천을 두었습니다. 인민은 스스로 배우고 성찰할 줄 알고 스스로 방향을 잡아 나아갈 줄 알아야 합니다.

조레스와 그를 동반한 사회주의자들은 흔히는 부분적이고 때로는 취약한 성과를 얻었습니다. 돌아온 것은 10시간이었지만 그들은 8시간 노동을 원했고 또 주 하루 휴식과 최초의 노동자 농민 퇴직제와 빈곤 가정 원조를 원했습니다. 모든 산업체의 집단협약과 공무원을 포함한 노조 결성의 자유를 요구했고 군 복무 기간 단축(3년에서 2년으로)을 요구했습니다.

또한 해방을 허용하는 교육과 문화가 필요했습니다. 가톨릭교회는 그때 온 나라에서 막강한 보수 세력이었기 때문에 사회주의자들도 교회 특히 가톨릭교회와 분리된 세속 공화국을 원했으며 1905년에 결정적인 법이 통과되었습니다. 그리고 결사의 자유(1901)와 시위의 권리가 이미 공화파의 승리로 획득한 위대한 자유(언론, 집회, 노조)를 보완하고 때로 개선했습니다. 그러나 경우에 따라서는 군대와 경찰이 시위자와 파업자들을 심하게 내리쳤으며 때로 격렬한 공격이나 총탄으로 해산당한 투쟁 노동자 중에 사망자도 드물지 않았습니다.

모든 나라의 인민을 위한 인터내셔널주의

당시의 프랑스는 강대국이었습니다. 하지만 1870-1871년에 독일에 패배했고 알자스-모젤을 상실했습니다. 조레스는 애국자였지만 보복과 원한의 사슬을 끊으려 했습니다. 여기서 그가 기댄 것은 부정의를 고치려는 사회민주주의의 진전이었습니다. 전쟁이 없어야 하고 위험한 동맹이 아니라 협상으로 문제를 해결할 협력 정책이 필요했습니다. 그때 조레스가 지지하는 국제중재와 비무장에 관한 최초의 국제회의가 열립니다(1900년과 1907년 헤이그 회의). 협소하고 민족주의적인 여론에서 벗어나기 위해 프랑스 의원들과 영국 또는 독일 의원들 사이의 만남을 지지한 것도 그였습니다.

그는 노동자들이 나서고 국가 간 동맹이 결성되며 평화주의 기구들이 작동하면 반전이 일궈지리라 기대를 걸었습니다. 사실 프랑스 사회당은 사회주의 인터내셔널이 모든 나라 사회주의자들의 행동을 조율하여 '전쟁에 맞서 전쟁을' 벌이기를 원했습니다. 당시에는 '부르주아'라고 하던 자유주의 평화주의자들의 동맹과도 연계하여 서로 조율된, 전쟁 방지를 위한 항의를 벌여 새로운 전쟁을 막아내자는 주장을 폈습니다. 불행히도 많은 지지에도 불구하고 1907년 슈투트가르트 대회, 1910년 코펜하겐 대회, 1912년 바젤 대회에서 보듯이 조레스는 결코 인터내셔널 전체를, 특히 독일과 오스트리아-헝가리 사민주의자들을 설득할 수 없었습니다.

전쟁을 막기 위한 조레스의 섬세하고 복잡한 전략은 또한 식민지 정복이라는 냉혹한 현실과 충돌했습니다. 이 식민지 정복은 대체로 조레스 생전에 일어났습니다. 쥘 페리의 공화주의 프랑스는 권위를 되살려줄 식민 제국에 몰두하여 산업에 출구를 마련했으며 몇몇 원자재를 통제할 수 있게 했습니다. 조레스는 애초에는 반식민주의자가 아니었습니다. 각 인민은 자신의 이해를 추구한다고 보았고 프랑스의 문명화 사명을 믿었습니다. 그러나 (사회주의자인) 영국의 위대한 작가 조지 버나드 쇼가 말한 것처럼 모든 나라의 관점에서 생각하는 법을 배웠습니다. 그는 프랑스가 반드시 타당한 것이 아니며 전반적으로는 유럽조차도 그렇다는 것을 이해하고 아시아, 아프리카 혹은 아메리카의 인민 역시 위대한 문화를 지니고 있고 존중받아야 한다는 사실을 점차 깨달았습니다. 그래서 1900년 유럽이 중국의 항쟁에 맞서 베이징을 다시 장악하여 통제하기 위해 사나운 원정군을 파견했을 때 심한 충격을 받았습니다. 조레스는 독일 황제 빌헬름 2세가 프랑스 병사를 포함한 유럽 원정군에게 내린 "야만적인 절멸의 조언"을 비난했습니다. 그 자신의 나라는 틀릴 수가 있습니다. 애국주의는 이에 스스로 선을 그어야 하고 인류의 높은 권리를 존중해야 합니다. 그때부터 조레스는 민족들의 권리, 모든 인민의 권리, 불평등 조약에 걸린 채 근대화를 추구하지만 쑨원의 공화운동으로 스스로 민주화하려는 중국 인민의 권리를 수호하게 됩니다.

그의 신문인《뤼마니테》가 특히 중국의 야심, 세력을 확장해가는 일본의 야심을 알리며 가끔 한국에 관한 기사를 실었지만 조레스 생전에 한국은 프랑스에 잘 알려지지 않았습니다. 한국의 민족운동은 프랑스인들에게는 1차대전 말에 부상합니다. 조레스와 매우 가까웠던 인사들 사이에서 최선의 지지자들이 존재한 것은 주목할 일입니다. 한국 대표단이 스위스 루체른에서 열린 국제사회주의회의(1919년 8월 2-9일)에 참석했으며 연단에서 자기 나라의 대의를 역설했습니다. 1921년 6월 23일 파리에서 결성된 '한국의 친구들 협회'는 다양한 방면의 인사들을 모아들여, 온건파인 루이 마랭이 협회를 주재했으며 조레스와 가까웠던 인사들이 참여합니다. 조레스와 친했던 회원으로는 사회주의 의원인 장 롱게(센도)와 마리우스 무테(론도), 협회의 사무총장 펠리시앵 샬레가 있습니다. 샬레는 철학교수 자격을 갖춘 사회주의자로서 조레스를 준거로 삼고 조레스에 관한 책을 여러 권 쓰게 됩니다. 급진파들도 참가했습니다. 알퐁스 올라르는 굵직한 혁명사가이며, 인간의권리동맹 회장인 교육자 페르디낭 뷔송은 프랑스 공교육을 조직한 교육의 거장 가운데 한 사람이었습니다. 각료를 지냈고 뒤에 다시 각료가 되는 쥐스탱 고다르 역시 급진파였습니다. 조레스가 자주 드나들던 살롱의 알린 메나르-도리앙 부인은 그와 잘 통하는 사이로, 조레스의 사교생활에서 빼놓을 수 없는 일원이었습니다. '한국의 친구들'을 지지한 또 다른 인사 뤼시앵 레비브륄 교수는 젊어서부터 조레스와 친한 친구였습니다. 《뤼마니테》의 탄생에 크게 기여했고 '장 조레스의 친구들'을 창설해 주도했습니다. 그러니 이미 7년 전에 사망했어도 자기와 가장 가까웠던 친구와 협력자들이 있는 이 모임에 조레스도 정신적으로 존재했다고 해야 하지 않을까요. 이는 놀라운 일이 아닙니다. 조레스는 끊임없이 길을 찾는 시민이었음을 눈여겨보아야 하니까요. 그는 역사의 운동을 붙박아두지 않았으니 그가 가고 난 후에도 우리는 조레스 식으로 세상을 낡은, 부적합한 형태 안에 붙박아두지 않으려 해야 합니다.

중요한 것은 이 모두를 이끄는 방향성입니다. 조레스는 이 문제에 있어 매우 단호했습니다. 그는 그의 시대에 어떤 정치인들이 설교하고 오늘날에도 위험한 모험주의자들이 되살리려는 '해묵은 인종 간 전쟁'을 물리쳤습니다. 언제나 권리는 보편적이고 평등하다는 생각을 했고 자신이 원하는 것이 무엇인지를 알고 있었습니다. 그것은 인간들이 "자유롭고 사색하는" 존재가 되어 "의식, 의지, 그리고 가슴"을 가진 인류를 이루는 것입니다. 1911년 10월 5일 그의 연설을 들으러 부에노스아이레스의 콜리제 극장에 몰려온 아르헨티나 운동가들에게 그가 한 당부입니다. 이 교훈은 북반구, 남반구 모든 대륙에 해당합니다.

사회주의의 도정에 놓인 조레스의 발자취

위대한 문화 전통을 물려받았고 프랑스혁명사에 열정을 쏟은 조레스는 여러 정치 경험과 정치 이론에 관심을 두었습니다. 그는 노동이 유일한 부의 산출자라는 노동가치 개념에 있어 마르크스와 합류했습니다. 그에게는 필연적으로 경제가 문제가 아니라 "사회적 형이상학"이 우선 문제였습니다. 그는, 노서경이 이미 《사회주의와 자유 외》(조레스 연설, 논설 선집)로 한국 독자들에게 가리킨 바처럼 언제나 변함없고 또 새로워지는 과제에 매달렸습니다. 그는 드넓고도 명확한 사회주의를 원했습니다. 넓다는 것은 사회주의가 조레스가 처음부터 인류 사회에 존재했다고 본 정의와 이상에 대한 열망에 토대를 두기 때문이지만 사회주의는 또한 관심사, 형식, 실제의 적용에 있어 명확합니다.

이 야망이 드레퓌스 사건, 즉 첩보 혐의로 부당하게 기소되고 변칙적으로 유죄 판결을 받은 유대인 장교의 석방과 복권을 위한 거대한 캠페인에 그를 참여하도록 밀었습니다. 조레스의 드레퓌스주의는 상황에 따른 투쟁과는 거리가 멀고 공화파 사회주의의 초석을 표상하며 좌파의 역사에 대한 각별한 기여입니다.

사회주의는 계급투쟁과 노동계급의 해방을 위한 행동이라는 틀을 넘어섰고 해방의 문제 전체를 포용하게 되었습니다. 마르크스주의를 주창하는 많은 투쟁가들(쥘 게드와 폴 라파르그)에게서 우선시되어버린 협소한 해석과 반대였고 통치의 전문가가 되기를 택한 이들(알렉상드르 밀랑, 아리스티드 브리앙, 르네 비비아니)의 매우 단편적인 적용과 반대였습니다. 조레스가 획득한 위엄과 권위는 프랑스 정치에서처럼 인터내셔널 사회주의의 한복판에서 그를 비켜 갈 수 없게 만들었고, 그는 흔히 보는 정치가가 아니게 되었습니다. 그가 생각하기에 사회주의는 "목적"뿐만 아니라 "수단"을 통해서도 승리를 거두어야 합니다. 그래서 그는 "미덕의 힘—이 말의 사회적이고 자유로운 의미에서—"을, "노동에 대한 존중, 약속에 대한 충실, 사색과 의지의 문화에 대한 활기차고 영웅적인 연대"를 격찬했습니다(1913년 11월 9일, 브누아 말롱 기념비 제막식 연설).

인류의 구원은 단지 정치 사회적 혁명만이 아니라 "거대한 도덕적 혁명"을 필요로 합니다(1913년 4월 14일 조레스의 논설 〈상징〉*의 결어). 그에게 구원은 현실의 필요성을 벗어나는 수단이 아니었습니다. 가끔 그런 일이 일어나듯이 그에게 구원은 있는 그대로의 사회 상태와 대결하며 변혁을 위해 끈기 있게 행동하는 것이었습니다. 그러려면 사상의 대결이 평화롭게 조직되기 위한 공동의 터전에 합의를 해야 했으며 그 공동의 터전이 공화국이었습니다. 그것, 공화국은 《사회주의 프랑스혁명사》 도입부에서 그가 말한 대로(1900) 사회주의의 정치적 형식으로 남아 있어야 합니

---

* 이 글에서 참조한 조레스의 논설들은 장뉘마 뒤캉주와 마리옹 퐁텐이 편집한 '조레스 전집' 제17권《문화적 다원주의*Le pluralisme culturel*》(Paris: Fayard, 2014)에서 선정했다. 17권으로 구성된 '조레스 전집'은 2000년부터 조레스 학회가 주관하여 간행하고 있다. 2023년에 완간될 예정이다. 조레스 학회 웹사이트 참조. www.jaures.info.

다. 공화주의적이고 민주주의적인 개혁과 제도를 지켜내고 강화하고 또 이미 실현된 것을 그렇게 하는 것은 "사회주의를 온전히 긍정"할 수 있도록 하는 조건입니다. 기억을 간직하고 에너지를 동원하기 위해 혁명 봉기의 날들이 가끔 상기되었습니다. 그러나 조레스는 점점 더 개혁과 혁명 사이의 오래된 수사적 균열을 넘어서기를 추구했습니다. 그는 혁명적 진화라는 마르크스의 명제를 되찾았고 그것은 그의 행동을 특징짓고 그의 방향을 명확히 가리키기 위해 다양한 전통에서 빌린 준거들을 융합하도록 했습니다. 조레스는 자기 시대의 사회에 그 사회를 부인하고 초월하는 새 사회를 예고하고 준비하는 소유의 형태를 도입하기를 바랐습니다. "내가 보기에 개혁은 단지 완화제가 아니라 준비이며 중요한 것은 준비가 되어야 하는 것이다"(《공화국과 사회주의》, 1901). 1908년 툴루즈 사회당대회 연설에서 그는 중대한 개혁은 앞으로도 힘들 것이고 손쉬운 해결책은 아주 흔히 헛됨이 드러난다고 했습니다. 그는 일격에 문제를 해결하려는 그릇된 단순함을 비웃고 새로운 사회는 "일격에, 심지어 다수에 의한 일격으로도" 오지 않는다고 했습니다. 결정적인 행동은 "프롤레타리아"의 교육과 준비 위에 세워져야 합니다. 그는 이 용어를 일하는 사람들 모두를 가리키기 위해 사용했습니다.

이 필요한 인내, 변화의 복잡함에 대한 감정은 이때 처음 나타난 것이 아닙니다. 그는 이미 1903년 알비고등학교의 학생들에게 이를 설명했습니다. "역사는 사람들에게 위대한 과제의 어려움과 그 성취의 느림을 가르칩니다. 그러나 물리칠 수 없는 희망을 정당화합니다." 때로 실패와 패배 앞에서 비애를 담고 때로 기대했던 성취가 따랐을 때는 은근한 만족감을 지니고 한 이 말은 그때부터 그가 가장 흔히 되풀이한 문구입니다. 이로써 조레스 사회주의는 보다 정의롭고 우애 있는, 예전에는 '사회적인 것'이라고 부른 세상을 원하는 야심도 역량도 잃지 않고서 20세기 공화국의 진전에 통합되었습니다. 1946년 이래 프랑스는 "나눠질 수 없고 세속적이며 민주적이고 사회적인 공화국"으로 스스로를 정의했으며 그건 자기만족의 표식을 의미하지 않았습니다. 진정 이러한 정의를 실현하고 살아 있게 하려는 부르짖음이었습니다. 지금은 다들 알지만 조레스는 인간해방을 언제나 추구하려는 약속 앞에서 어느 것도 놓지 않았습니다. 그는 아르튀르 랭보의 시에서 자신이 높이 산 "무한"에 대한 의욕을 가졌습니다. 이 느리고 견뎌내야 하는 노력에서 중요한 것은 역사의 진정한 신神인 노동의 권리에 계속 의지하는 것이었습니다. 그것은 "과학의 영향력과 정신의 영광 안에서 창조의 힘"을 드러내야 합니다(《사회주의 프랑스혁명사》의 결론 〈19세기의 사회적 결산〉, 1908).

마지막으로 마들렌 르베리우(1920-2005)를 경애한 노서경의 프로젝트가 마침내 마무리되어 느끼는 나의 기쁨, 조레스 학회 전체의 기쁨을 말하겠습니다. 르베리우는 파리 오르세미술관 부관장을 지냈고 인간의 권리동맹 회장이었던 조레스 연구의 거장 역사가입니다. 오래전부터 우리 작업과 학회에 연결된 노서경이 얼마나 열정적으로 우리 위대한 인물의 삶과 업적을 한국에 알리려 했는지, 그렇게 함으로써 역사에 기여하고, 인류를 위한 길고 고집스러운 집단적 투쟁에 봉사하려 했는지를 우리는 알고 있습니다.

정치사에 관심을 갖는 것 좋다고 하신 양병우 선생님께 감사드리며 장 조레스 학위논문 신청을 받아주신 민석홍 선생님, 최갑수 교수님께 다시 없는 은혜를 입었다. 《영국 노동계급의 형성》(E. P. 톰슨) 번역에 참가하게 해주신 나종일 선생님의 배려로 감히 노동을 알고 싶다는 마음을 품었다.

조레스 연구를 일구고 반석에 올려놓은 마들렌 르베리우에게 늦게나마 정말 감사했다고 말씀드린다. 파리 세디아스 뮈제 소시알 도서관 콜레트 샹벨랑 관장께 이 책 보여드리고 싶고, 책의 구성과 관련해 샹벨랑의 후임이었던 미셸 프라 관장께 감사한 마음 이루 말할 수 없다. 잠시 뵈었지만 롤랑드 트랑페 선생님을 잊지 못하며 이 공부 좋다고 하신 미셸 페로 교수의 한마디가 힘이 되었다. 책으로 뵈었을 뿐이지만 자크 쥘리아르의 지도를 받은 느낌이며 알랭 보스퀴스, 제라르 바알 교수께 얼마나 고마운지 모른다. 프랑스 국립도서관의 갈리카 자료, 메트롱 노동자 인명사전과 같이 살았으며 사회당 연구기관 루르스의 프레데리크 세페드 관장 덕분에 처음부터 미간행 프랑스 학위논문들을 아끼게 되었다. 파리 '1871 코뮌의 친구들', 프레시외의 '브누아 말롱의 친구들', 장뉘마 뒤캉주의 사회주의 블로그 역시 보배 같았다. 무엇보다 서문을 쾌히 수락해주신 질 캉다르조레스 학회 회장의 오랜, 변함없는 격려에 일을 마칠 수 있었다.

남부 툴루즈의 프랑스혁명을 그려내신 양희영 교수, 혁명기 농촌의 의미를 생각하게 하신 박윤덕 교수, 프랑스 정치사에 대해 글을 쓰도록 기회를 주신 이혜령 교수에게 감사한다. 1914년 이전 프랑스 사회주의와 노동운동 및 정치사를 전공하신 김인중 교수, 전수연 교수, 김정인 교수, 이용재 교수, 서이자 교수, 민유기 교수, 이재원 교수, 마은지 교수, 김용우 교수 그리고 정치학자 홍태영 교수의 학문이 모두 글의 지표가 되었다. 책의 출간은 한국연구재단 인문저술사업(충남대학교 인문과학연구소)으로 선정되었기에 가능했으며 원고를 끝내 살피신 마농지의 편집진께 신뢰의 감사를 드린다. 이름을 한 분 한 분 들지 못하지만 이 책은 서양사학과와 불문학과 동료들, 철학과 출신 법률인, 또 어느 미학인의 손길을 거쳤으며 파리의 베르그손 전공 철학자 엄태연 씨, 파리 코뮌의 집 에리크 르부테예 씨의 원고 교정이 필수적이었다.

마지막으로, 문학자 이휘영 선생님이 스타일(양식)을 생각하라고 하신 말씀이 이 책에 깃들어 있기를 바란다. 이 책은 조레스 평전이 아니며 의회의, 당의, 노동자의 조레스 연구라는 뜻을 금방 알아듣고 그렇게 하라고 한, 그리고 거친 정치사에서도 미의 잎새들을 놓치지 말기를 은근히 원한 서영, 영호 남매에게 고마운 마음 전한다. 모자란 사회주의 강의를 함께한 지난날 20대의 수강자들께 책을 바친다.

2022년 6월 강릉에서, 글쓴이

조레스는 1881년 파리 고등사범 졸업 후 알비고등학교 철학 교사로 일하면서 정치 입문의 길을 닦아 1885년 10월 공화파 명부로 26세의 최연소 하원의원이 되었다.

고등사범 1878년 입학 동기들과 함께. 조레스(앞줄 가운데 팔장 낀 이)는 카스트르를 방문한 장학관에게 선발되어 파리 유학길에 오른다. 앙리 베르그손이 고등사범 철학과 동기였다.

유명한 대성당이 있는 알비는 툴루즈 중심의 남부 문화가 깊은 도시였다. 다작물 농업과 수공업이 혼재하는 사회 환경은 어린 조레스에게 크게 영향을 미쳐 그는 훗날 자신을 키운 것은 농민과 노동자 들이라고 술회한다.

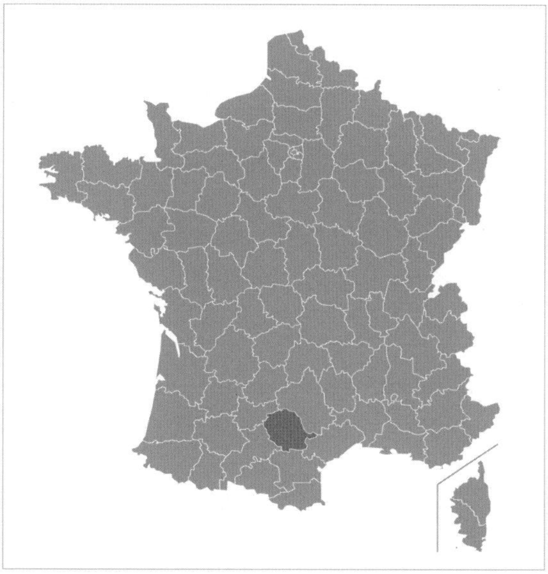

타른도는 파리에서 직선거리로 662킬로미터 떨어진 먼 남부이다. 기차를 타면 동남부 리옹을 거쳐 툴루즈에 당도하고 지선으로 갈아타 1시간 남짓 가면 조레스가 태어나고 자란 카스트르에 도착한다.

젊은이들에게 보내는 연설

1903년 7월 30일, 알비

1903년의 조레스(1859-1914)는 한창 장년이었고 파리 정치판에 진출한 지 20년이 되어가는 4선의 중진 하원의원이었다. 대통령제가 아닌 의원내각제의 프랑스 제3공화정에서 의회는 단연 정치와 권력의 중심이었으며 이러한 제도는 의원내각제에 입헌왕정을 유지한 영국의 상황과 달랐다. 뒤늦은 통일로 연방제이지만 집중적 국가권력을 뿌리내려야 하는 독일의 제도와는 더 달랐다. 조레스는 사회주의자였지만 이 시대 대부분의 사회주의자와 달리 처음부터 정치가 꿈이었으며 그때 정치란 사상과 운동, 나라의 방어와 인민의 평안을 아우르는 크고 넓은 것이었다.

그는 1881년 파리 고등사범학교ENS(이하 고등사범)를 졸업하고 4년 후인 1885년 타른도道의 공화파 명부 투표로 26세에 하원에 등장했다. 첫 임기를 마치고 1889년에 다시 공화파로 재선에 도전했지만 소선거구제로 바뀐 알비 2선거구에서 우파 후보에게 패했다. 그런 그가 자신의 사회주의를 선언한 것은 1893년 1월 카르모 보궐선거에서였다. 그러나 그가 공화파에서 사회주의로 난데없이 길을 바꾼 것은 아니며 그의 사회주의는 그 선거 이전에 다듬어진 사상과 사색의 결실이었다. 1898년 5월에는 드레퓌스 사건에 영향을 받아 우파 후보에게 다시 패했다. 쥘 게드 같은 관록 있는 혁명파 사회주의자조차 같은 이유로 패배한 선거였다. 하지만 조레스는 바로 이 드레퓌스 사건에 당면하여 프랑스 사회주의가 어떤 것이어야 하는지를 스스로 묻고 또 물었다. 그리고 마침내 그 답을 '사회주의와 자유'라는 제목의 논설에 담았다. 격렬했던 드레퓌스 사건을 겪고 나서 1902년 다시 의사당에 들어갔을 때 그의 정치적 비중은 매우 높아져 있었다. 이른바 혁명사회주의와 개혁사회주의 양 진영 사이에서는 이로부터 숨 막히는 패권 경쟁이 벌어지지만 그는 계급투쟁에 무게를 두는 사회주의 진영에서도 인정하고 평가하는 새로운 지도자가 되었다. 1903년 7월 30일 알비고등학교[1]의 수상자에게 축하 연설을 하기 위해 이 정든 학교를 찾은 조레스는 그런 이력을 지닌 막중한 정치인이었다.[2]

조레스는 1903년 여름 의회 회기를 마치고 파리에서 내려와 알비에 머물렀고 그곳 부술레 자택에서 이날의 연설문을 준비했다. 수목은 우람하고 여름날 석양은 찬란한 알비에서 그는 먼저 20년 전 자신이 가르쳤던 학교에 다시 온 감회에 젖었는지 이 자리에 와서 "매우 기쁘다"고 하고는 이렇게 말을 이었다.[3] "하지만 약간 비감한 마음도 드는군요. 참으로 오랜만에 예전에 있던 자리에 다시 오면 우리는 지난날을 되살리다가 홀연히, 그때는 미처 몰랐는데 지나간 날들이 우리에게서 무엇을 앗아갔는지를 헤아릴 수 있기 때문입니다." 그러고는 이내 덧붙였다. "시간은 우리들 자신을 한 자락 한 자락씩 벗겨버렸고 우리는 불현듯 우리한테서 멀리 떨어져 나간 커다란 삶의 뭉치를 봅니다." 또 "긴 세월이 순간마다 낱알 한 알씩 가지고 가버려 해는 다 졌는데 곳간은 텅 비었습니다"라고 했다. 이런 서정은 혼탁한 정치판 속에서도 젊은 날의 서정이 삭지 않은 증거이기도 했고 언어를 벼려 무기로 삼는 19세기 정치의 특징이기도 했다. 게다가 1903년 상반기의 정황은 그를 비감해하도록 만들었다. 이제 분연히 코뮌Commune 후 20여 년의 분쟁을 끝내리라고, 1899년 12월 파리 자피에서 프랑스 사회주의 조직 전체 대회에 모였던 사회주의자들은 누구나 가슴이 찢어졌다. 오전 오후 엿새의 치열한 난타전을 치르고 통합은 물 건너간 자피 대회 이후 1901년, 1902년에 혁명파, 개혁파 두 진영은 더 심하게 갈라졌다. 그 와중에서 비방과 중상이 없었을 리 없다.

신뢰

하지만 1903년 여름 알비의 젊은이들 앞에 선 조레스는 정치와 이념에 얽힌 그 착잡한 사정은 한마디도 비치지 않았다. 20년 전 스물셋 나이에 적대자들에 대해 공정한 관대함을 가지라고 학생들에게 충고한 자신이 떠올라 "나부터 그렇지 못했다"고 뇌었다. 공정함, 관대함. 이런 말을 되뇌면서 그의 뇌리에 여러 장면이 스쳤을 것이다. 그는 이내, 그들 역시 그만큼 여러 번 자신에 대해 이를 어겼다고 생각되고 그렇다면 형평성이 복구되리라고 덧붙였다. 그가 젊은이들에게 주고 싶었던 말은 인간성에 대한 신뢰를 갖자는 것이었다. 하지만 현실 정치인이 그처럼 순진하기만 했으며 인간성, 신뢰 그런 것이 진정 뼈대 있는 정치 언어였을까. 의아하기도 하지만 그것은 세상 풍파에 휩쓸려 부정의를 당해본 사람들만이 실감하는 당부이기도 했다. 현실이란 얼마나 '비루'한지, 그러나 바로 그렇기 때문에 그는 이제 들밭에 나가고 작업장에서 일하고 사무직에 종사할 젊은이를 무방비로 내보낼 수 없었다. 그는 신뢰를 주어로 문장을 구성했다. "신뢰는 잘 알고 있습니다. 세상에는 악덕, 범죄, 과오, 편견이 즐비하며 온갖 이기주의가 횡행한다는 것을. 개인도, 카스트도, 당파도, 계급들도 이기주의에 물들어 있다는 것을 신뢰는 압니다. 그런데 인간의 진전을 짓누르고 있는 것은 바로 그 이기주의들입니다." 우리는 이 첫 대목에서 그가 파리 고등사범에서 전공한 과목이 철학이며 22-23세에 이 알비고등학교에서 서너 명의 학생을 상대로 수업한 그의 철학 강의록이 어느 학생의 필기로 온전히 남았다는 것을 상기해도 좋을 것 같다.

그는 이날 공화국을 말했을 뿐,[4] 사회주의라는 말은 한마디도 꺼내지 않았다. 아나키즘을 제외하면 어떤 성향의 사회주의자든 버젓이 의회에 진출하고 전국 각지의 시장과 시의원으로 선출되는데 그는 왜 그랬을까. 자신의 선택을 자부하는 사회주의자라면 젊은이들 앞에서 당당히 사회주의를 천명하고 선전해야 하지 않았을까. 그러나 그가 공화국을 말했으니 우선 '그의 공화국'이 무엇인가를 따라가야 할 것이다.

사실 그 자신이 물었다. "우리의 모던한 프랑스에서 공화국이란 대체 무엇입니까?" 그 물음에 그는 다시 선명하게 답했다. "공화국은 커다란 신뢰의 행위입니다." 공화국과 신뢰가 어떻게 이어지며 공화국은 왜 신뢰를 필요로 하는가? 그에 따르면 신뢰는 일방적이지 않았다. 양날의 가치, 곧 자유와 법, 운동과 질서를 양립시킬 줄 아는 자세가 신뢰의 속살이었다. 그런 공화국은 "잠시일지라도 싸우는 데 지쳐서 독재 안에서 휴식하지 않는다"는 선포였다. 인상적인 것은 그런 독재 안으로 들어가 쉬겠다는 의도의 휴전은 "비열하다"는 그의 단언이다. 비열? 그러면 공화국에서는 비열하면 안 된다는 말일까. 그는 여기서 프랑스 혁명사를 끌어들였다. 1898년 드레퓌스 사건이 한창일 때 파리 쥘 루프 출판사에서 혁명 때부터 1900년까지의 역사 집필을 제안해오자 그는 자신의 책임편집 아래 각 당파의 사회주의자가 한 테두리 안에 모이는 공동 집필을 기획했다. 우여곡절이 있었지만 우선 그의 혁명사가 출간되었다. 파리의 국립문서고와 의회도서관, 시청 문서고, 고서점을 뒤지면서 혁명사로 머리가 꽉

차 있던 조레스에게 투쟁, 분열, 독재, 비열 같은 말은 저도 모르게 터져 나왔다.

하지만 알비의 젊은이들에게 혁명사는 옛이야기였다. 젊은이들은 속으로 반문했을 것이다. '지금의 나에게' 공화국이 그렇게 절실한가? 조레스는 찬찬히 설명했다. 우리는 대부분 자신의 생존과 가족의 안녕을 위해 끊임없이 일해야 하는 존재였다. 그러나 그 쳇바퀴 같은 일상에 지지 않고 시민으로서 공동의 것에 관심을 두는 일이 필히 요구되었다. 왜 필히 요구되는가? 인간의 정신은 자유로워야 하며 그 자유는 사적인 것에만 매몰하면 부스러져 붕괴되기 쉬웠기 때문이다. 공동의 것에 관심을 기울일 때 지켜지는 것이 자유였다. 하지만 자유는 자유주의자의 보도寶刀일 텐데 사회주의자가 왜 자유를 본질적인 것으로 여겼는지, 이 역시 짙은 의문이지만 우리는 일단 그가 말하는 공화국을 더 따라가고자 한다.

공화국

조레스가 말하는 공화국 정신은 혁명기 공화국에서 시작되었다. 처음에는 혁명가들도 공화국이라는 사상을 외면했다. 공화국, 그건 너무도 대담한 신조어였다. 새로움은 싹이 돋아도 뻗어 나가기 힘드니 1789년 6월 예기치 않게 탄생한 국민의회는 몸을 사렸다. 1791년 제헌의회도 계속 신중했고 1792년 입법의회도 새로운 사회로 나아가야 하고 지금 가고 있지만 왕정은 필요하다고 믿었다.[5] 혁명가들이 왕실의 배신으로 충격을 받고 마침내 왕실을 제거했을 때에도 공화국은 수립이 예정된 체제가 아니었다. 왕정이 남긴 공백을 메울 수단이었다. 조레스는 그다음에 이렇게 진술했다. 놀라고 불안한 끝에 미친 듯 공화국을 채택한 후 혁명가들은 공화국 안에다 뭇 혁명을 집약하고 섞어 넣고는 도무지 그 공화국에 의심이 없었다고. 조레스는 고대 공화국들, 또는 근대 초 이탈리아의 공화국들과 혁명으로 세우는 공화국이 다르다는 것을 혁명가들부터 잘 알고 있었다고 했다. 고대는 조각나 있고 소규모였으며 더 중요하게는 노예노동에 의거했다. 따라서 그 공화국에서 자유를 향유하는 것은 소수였다. 정복자인 귀족층이 높은 성채에서 내려다보는 형상이었다. 법질서는 미비하고 쇠퇴하여 그 지배의 계단을 다 내려가면 법은 어디에도 없었다. "그 계단을 내려갈수록 사방은 점점 더 희미하고 어두워져 컴컴한 지하의 마지막 계단에 닿으면 노예제의 비루함 속에서 빛은 완전히 소멸했습니다." 19세기 정치인들이 대체로 그랬지만 조레스 역시 고대를 존중했다. 그러나 노예제의 그 공화국은 비루했다. 혁명으로 세우는 공화국은 또한 베네치아와 제노바 상인들이 지배하던 상층의 공화국과 달라, 모든 시민이 동등한, 위대한 인민의 공화국이었다. 그는 민주주의와 보통선거에 입각한 공화국을 부르주아의 것으로 한정하지 않고 "장엄하고 감동적인 새로움"이라 평가했다. 공화국에 대한 그의 자부심은 개인적이지 않았다. 무섭고 아프고 서로가 피를 흘린 혁명의 경험은 그에게는 독일과 다른 프랑스의 독창성의 진수였다.

조레스는 결국 알비에서 '당신들' 젊은이들에게 자유와 평화가 함께 소중하다는 것을 당부했다.[6] 쓰러지고 다시 일어나고 또 쓰러졌던 공화국을 일으켜 세운 것은 자유와 평화의 힘이었다. 그가 말한 것은 1792년의 첫 번째 공화국, 나폴레옹 제국과 복고 왕정, 시민 왕정을 거친 다음 1848년의 두 번째 공화국, 그에 이은 두 번째 제국 그리고 그 제국을 파괴한 지금의 제3공화국까지 내내 흘러온 자유였다. 우리는 여기서 그의 자유론은 일단 이해할 수도 있다.

전쟁과 평화

그러나 사회주의자가 혁명이 아니라 평화에 전념한다는 것은 선뜻 납득하기 어렵다. 여기에는 배경이 있다. 어린 조레스는 군인을 존경하며 자랐다. 원거리 상인이던 아버지가 병들어 누워 있는 집안에서 해군 제독인 삼촌은 중요한 존재였다. 다른 삼촌도 군인이었다. 해군력으로 세계를 제압하는 19세기 프랑스에서 해군 제독이란 명예로운 지위였다. 그뿐 아니라 어려서 라틴어를 익힌 조레스에게 고대의 전쟁은 깊이 울렸다. 그는 의회 회기 중 파리 교외 파시의 자택에서 오전에는 늘 서재에 틀어박혔다. 신문과 잡지, 고대사, 혁명사, 영국 정치, 러시아 상황, 문예물에다 군사 문제 신간도 빠지지 않는 서재였다.[7] 그는 1894년, 1898년에 간행된 《라파예트 장군 전기》, 《프랑스 혁명사의 위대한 군인들》, 《조국을 위해 죽은 군인들(1792-1871)》, 또 《혁명 동안의 국민의용군들》을 사들였고 나아가 1911년에는 사회주의 문헌으로는 보기 드문 군사 문제 연구서 《새로운 군대》를 출간한다.[8]

조레스의 평화는 나약하지 않았다. 전쟁이 위대한 인간 행동의 한 부분이라고 인정하는 평화였다. 인류는 오랫동안 거칠고 혼란스러운 본능에 도취했으며 전쟁은 그 혼돈 속에서 갈등을 해결하는 유일한 수단이었다. 인류를 끊임없이 힘 있게 만든 것이 전쟁이었다. 전쟁은 죽음을 경멸하는 영웅주의를 불렀다. 그러나 지금은 그런 시간은 다 지나갔다. 이제 힘과 힘 사이의 갈등을 이성과 협상, 법으로 풀 수 있는 날이 왔다. 전쟁은, 필요해 보이면 혐오스러워도 위세가 있다. 하지만 필요 없어 보이면 잔인하고 범죄적이었다.[9] 전쟁의 이미지는 이날 알비에서 화염처럼 타올랐다. "여러분은 베르길리우스가 남긴 저 찬탄할 트로이의 추락을 기억하는가" 하고 청중을 향해 묻고는, "때는 밤이었습니다" 하고서 청중을 그

밤으로 데리고 갔다. "기습당한 도시는 칼날과 포화에 묻히고 살해, 방화, 절망에 휩싸였습니다. 프리아모스의 궁전은 적군을 당할 수 없었고 성문이 무너지자 침입자들은 숙소와 회랑으로 횃불을 들고 칼날을 세우고 패배자들을 추격했습니다. 어린아이, 여자, 노인 들은 제단으로 피했지만 소용없었으며 죽음과 모욕 앞에서 신성한 월계수는 하릴없었습니다. 피가 넘쳐흘렀으며 사람마다 공포와 고통, 모독과 증오에 사무쳐 절규했습니다. 그러나 궁전 정원 위 무너진 지붕들 사이로, 조용하고 평화로운 넓은 하늘이 비치며, 거칠고 괴로운 인간의 고함은 금빛 별들을 향해 상승합니다. 금빛의 창공을 치도다Ferit aurea sidera clamor.[10] 스무 세기 동안, 합일과 평화의 별 하나가 인간들 위로 높이 올라갈 때마다 찢어지고 어두워진 대지에는 전쟁의 함성이 울려 퍼졌습니다." 조레스의 전쟁에 대한 해석은 여기서 끝나지 않았다. 정복자 로마제국은, 모든 갈등은 세계를 차지한 제국의 경계 안에 녹아들었다고 믿었다. 하지만 제국은 야만족의 충격 아래 붕괴되었고 로마의 평화에 응답한 것은 몸서리쳐지는 격변이었다. 법과 가톨릭이 하나 되어 세상을 평정하겠다는 교황의 주장은 초라한 인류의 소요와 갈등을 가중했을 뿐이었다. 중세의 변란과 살해, 근대국가들의 유혈 격돌은 기독교의 평화라는 위대한 약속을 비웃는 모멸적 응수였다. 이번에는 혁명이 보편적 자유, 보편적 평화를 제창했지만 낡은 세계의 위력에 맞선 혁명의 투쟁 자체로부터 가공할 전쟁들이 전개되었다.

아직 1903년. 러일전쟁에 유럽이 바짝 긴장하는 1904년도 아니고, 1905년 3월 모로코 분쟁으로 독일과 충돌 가능성이 드러나기도 전이며 발칸에서 전운이 피어나는 1911년은 더구나 아니었다. 그런데 조레스는 왜 이렇게 전쟁의 위험에 전율했을까. 그는 1898년 드레퓌스 사건을 계기로 나날이 상승하는 우익 민족주의에 내재된 것으로 보인 호전성, 그

호전성이 부를 위험을 예감했다. 그러나 그는 “고대 프리아모스의 궁전이 횃불에 타듯이 오늘의 수도가 포탄에 불타리라”는 이미지를 거부했다. ‘우리’는 전쟁을 막을 힘이 있었다. 19세기 내내 다져온 민주주의, 길고 긴 노력의 결실인 과학이 있었다. 누구나 군대에 가게 되어 전쟁은 만인의 위험이 되었고 누구나 선거를 하게 되어 전쟁은 만인에게 범죄로 비치니 민주주의와 과학이 제 할 일을 할 것이다. 게다가 전쟁을 억지할 마지막 세력 프롤레타리아가 성장하고 있었다. 민주주의와 과학의 힘과 연대한 보편 프롤레타리아. 이상理想을 지닌 만국의 프롤레타리아는 전쟁에 도취하는 민족의 증오와 경쟁심에 저항할 것이었다. 조레스는 역사가 평화의 손을 들어주리라 열변했다. 평화는 인간과 사물에 의해 흔히 조소받고, 사건과 광분에 의해 흔히 짓밟혔지만 이제 프롤레타리아는 이를 두고 보지 않을 것이었다. 역사에 확실한 것은 없는데 누가 이 평화의 역설을 끝낼 것인가? 그것은 여러분에게 달렸다는 듯 그는 젊은이들을 바라보았다. 여러분이 의식적이고 침착하며 지칠 줄 모르는 의지로 그렇게 할 수 있다고, 어려운 일이지만 불가능한 것은 아니라고 다짐했다.

> 여러분의 선대는 공화국의 자유를 이루었으니 이제 여러분은 편견과 증오를 가라앉히고 동맹과 연합, 국제 협정, 국제 중재, 비무장, 단합으로 평화의 방안을 강구할 것입니다.
>
> 제1제국의 고등학교에서 젊은이들을 가슴 설레게 했던 북소리를 또다시 들어야만 한다면 실로 우리는 너무 초라합니다. 우리의 과학은 오직 무력할 뿐입니다. 그 북소리는 그때는 영웅적으로 울렸지만 20세기에는 텅 빈 소리입니다.

이 분업의 시대에 용기를

조레스의 시야는 알비의 교정을 넘었다. 필경 농민은 농민으로, 제화공은 제화공으로, 우편원은 우편원으로, 광부는 광부로 살아갈 젊은이들이 어른거렸다. 지금 틀림없이 노동 분업의 시대로 가고 있다는《사회적 노동의 분업》[11]을 내놓은 에밀 뒤르켐은 조레스와 고등사범 동문이었다. 프랑스뿐 아니라 유럽 사회주의가 주시하는 정치인 조레스는 알비 연설을 이렇게 맺었다. "청소년 여러분, 여러분은 삶이 활기 있고 충만하기를 원합니다." 그러나 칸막이 같은 노동 분업 속에서 얼마나 활기 있고 충만하게? 세상이 던질 이 반문을 그가 왜 의식하지 않았을까. 그는 이 답으로 정치와도 관계없고 사회주의와는 더구나 무관할 것 같은 '용기'를 들었다. 우선 혼동하지 말아야 할 것은 용기란 침공하고 정복하고 개선하여 의기양양한 것이 아니라는 점이었다.

> 만약 인간이 인간을 죽이는 것이 용기의 표현이라면 그런 인류는 저주받은 것입니다. 오늘날 용기는 물리적, 도덕적인 모든 시련 앞에서 꺾이지 않고 견디는 것, 끝없는 생의 혼란 속에서 직업을 택하고 그것이 어떤 직업이든 그 일을 열심히 하는 것입니다.

하지만 이 대목에서 그는 조금 머뭇거리지 않았을까. 그것이 파리 고등사범을 나온 당대의 지식인이 그런 혜택을 입지 못한 세상 젊은이들에게 굳이 해야 할 말이었을까. 그랬다. 그는 그 말을 반드시 해야 했다. 노동 분업의 법칙을 받아들이고 이해하고 그러면서도 광대한 세계를 돌아보고 드넓은 관점을 지녀 직업이 무엇이든 실천가와 철학자가 되는 것, 그것이 그에게는 용기였다. 그것은 그만의 사상이 아니었다. 1871년 5월 코뮌 진압으로 사라지는 노동자 외젠 바를랭이 노동과 지식의 분열과 분리를 거부한 증인이었다.[12] 자신의 삶을 구현하고 더구나 그것을 삶 일반과 묶어내는 그 지난한 일을 바를랭은 실천했다. 그의 죽음 후 염색공 출신의 코뮈나르 브누아 말롱이 다시 끝까지 보란 듯 그것을 실천했으며 조레스는 말롱을 경애했다.[13] 말롱에게서 배우고 남부 농민과 노동자들에게서 찾아내고 자신의 문필로 다듬은 그 용기는 이날 알비의 젊은 청중들 앞에 바쳐졌다.

> 용기는 한 올의 실도 끊어지지 않도록 실 감고 천 짜는 기계를 정확히 감시하고, 기계가 해방된 노동자들 누구나에게 종사하는 그런 사회 질서를 준비하는 것입니다. 용기는 삶이 과학과 예술에 가한 새로운 조건들을 받아들이고 사건과 세부 사항에 깃든 거의 무한한 복잡성을 이해하고 그러면서도 이 거대하고 혼란스런 사실을 일반적 사상으로 해명하고, 형식과 리듬을 갖춘 경건한 아름다움으로 그 사실을 조직하여 사실이 봉기하게 하는 것입니다.

그러고도 그는 한마디 더 했다. "용기는 생을 사랑하고 죽음을 조용히 응시하는 것이며, 이상으로 가면서 현실을 이해하는 것입니다." 그러면 어떤 보상이 따르리라는 보장은 어디에도 없었다. 그래도 행동하고 대의에 헌신하려는 그 발걸음을 그는 바로 그 남부 땅에서 내디뎠다.

1부

정치란 무엇이며 사회주의는 어떻게 하는가

1892년 10월 1일 《르 프티 주르날》에 실린 카르모 광부 파업 삽화. 1892년 8월 15일부터 11월 1일까지 지속된 카르모 광부 파업은 조레스의 정치 생애에 강렬한 이정표가 되었다. 그는 이 파업을 지원한 것이 계기가 되어 1893년 카르모 보궐선거에서 사회주의 후보로 당선되어 의회에 돌아간다.

밀레의 <씨 뿌리는 사람>(1850)처럼 이 시대 화가들이 농민을 많이 그린 것은 농민과 농촌에 깊은 관심을 기울인 사회주의의 뜻과 통하는 것 같다. 조레스에게도 어려서부터 눈여겨본 농민이 그의 사회주의 사상의 근본이 되었다.

1장

광부들 그리고 농민들과 함께

카르모는 프랑스의 중요한 광산지대였다. 19세기 프랑스의 석탄 산업은 영국에 비해 매우 약했다. 프랑스의 석탄 산지는 탄전이 즐비한 잉글랜드와 스코틀랜드의 광산과는 비교가 되지 않았다. 채탄량도 독일보다 적어 필요량의 3분의 1은 외국에서 수입해야 했다. 그러나 프랑스에서도 1913년에는 고로高爐 131개 중 129개가 첨단 코크스 설비였다. 산업용 동력이 증대하고 난방 연료 수요가 늘고 전기 생산이 증대하는 시대에 탄광업은 국가적 산업이었다.[1] 북부 노르도, 파드칼레도의 앙쟁과 발랑시엔 광산, 동부 라인강 경계의 로렌 지역, 그리고 중남부 생테티엔 일대의 오뱅, 드카즈빌, 거기서 북쪽으로 올라간 크뢰조, 블랑지가 주요 광산업 지역이었다. 카르모 역시 이미 1720년대에 석탄 생산을 시작하여 1820년에는 300년 이상 이어져 내려온 지역 가문 솔라주가에서 근대적 기업을 세웠다. 저탄질로 애를 먹는 여느 프랑스 광산들과 달리 카르모의 탄질은 영국의 우수한 탄광보다 낫다는 평도 받았다. 카르모의 광부 노동자들에게 지급되는 임금의 수준도 이미 1847년에 북부 파드칼레보다는 낮지만 프랑스 평균 임금을 상회했다.[2]

카르모의 광부 파업

1892년 카르모

알비에서도 북쪽으로 20킬로미터 올라가는 카르모가 갑자기 이 지방 일대를 넘어 파리까지 전국적 주의를 끌게 된 것은 1892년 8월 시작된 광부 파업 때문이었다. 솔라주가의 카르모 광업회사 광부들은 8월 16일 파업을 선포하고 곧장 무기한 파업에 들어갔는데, 이때 프랑스에서 노동자 파업이 합법이었을까. 물론이다. 프랑스는 자유를 제창한 혁명의 나라이지만 결사와 조직은 20명 이하로 제한한 혁명기의 법이 오래갔다. 그래서 노조의 합법화는 영국에 비하면 70년 늦게, 제3공화정이 정착한 후인 1884년에 가능해졌다. 오히려 파업권이 그보다 먼저 제2제정기인 1864년에 인정되었다. 그러나 1884년 노조 합법화를 보자 이미 파업의 경험을 쌓아 결속한 노동자들은 사방에서 생디카, 유니옹, 부르스 같은 각종 이름으로 크고 작은 온갖 직종의 노조를 창설했다. 그렇지 않아도 결사권이 없었을 뿐이지 조합의 역사는 비축되어 있었다.

카르모의 광부 노조 역시 이때 바로 설립되었다. 학교를 다녔고 운동가의 실력을 갖춘 30대의 광부 장바티스트 칼비냐크가 노조 설립을 주도했다. 하지만 광부라면 지하 갱에서 망치와 곡괭이로 광맥을 캐며 거친 일을 하는 사람들인데 그 얼굴 시커먼 이들이 철도원이나 금속 노동자 같은 조직력을 발휘할 수 있었을까. 광부 노조는 철도 노조, 직물 노조와 더불어 구산업의 강성 노조였다. 전국적일 뿐 아니라 국제적이었다. 19세기 말에는 영국과 독일, 벨기에의 광부들이 유럽광부연맹을 수립하고 국제대회를 개최했다.[3] 북부와 중남부로 멀리 흩어진 프랑스 광부 노동자들 역시 전국 조직을 결성했으며 북부 노르도, 파드칼레도와 함께 중남부 광산 도시 생테티엔이 중요한 거점이 되었다.

더구나 파업은 시대의 노도였다. 2차대전 후 치열했던 사회사社會史의 한 영역을 개척한 미셸 페로의 박사학위 논문(1971)은 노동자 파업이 1870-1890년대에 직종을 가리지 않고 번져나갔다는 것을 명료하게 가리킨다.[4] 노동자 파업은 광산업 같은 구산업, 금속과 철강 같은 신산업, 철도와 전력 업종 같은 공공 부문, 세분화된 건축업, 제과제빵업 같은 필수 식품업, 또 레이스 직물업 같은 사치품 제조 분야, 거의 전 산업에서 연쇄적, 다발적이었다. 지역으로도 노르, 파드칼레의 북부 공업지대, 아르덴 같은 중부 광업 지대, 남부의 소공업 지대 등 비켜 간 지역이 없었다. 이유는 단순했다. 아직 노동과 고용에 대한 국가 개입이 본격화하지 않은 시대에 노동자들이 가진 무기는 파업뿐이었다. 하지만 사회는 파업을 방관하고 고용주와 노동자에게만 사태를 떠맡겼던 것은 아니다. 파업 운동에 대한 세밀한 조사와 관찰은 《라 르뷔 소시알리스트》 같은 사회주의 잡지뿐 아니라 의회에서 발행하는 《의정 평론》, 급진파의 사회경제지 《뮈제 소시알》 모두 상세히 다루는 전 사회적 문제였다.[5] 자본에 토대를 둔 고용주 세력이 노사가 대립할 때마다 분명 우세했지만 노동자들은 고립무원의 처지에 놓여 있지 않았다. 국가는 때로 군대를 동원하여 노동자들을 탄압해도 훗날의 산업 개발 국가 같은 물리적 고문은 없었고 더구나 부르주아 사회가 노동자들을 외면하고 경멸하지는 않았다.[6]

하지만 1892년의 카르모 파업은 전에 없던 사건이었다. 임금 인상과 노동조건 개선이 쟁점이 아니었다. 광부인 칼비냐크가 그해 5월 카르모 시장 선거에서 1700 대 480으로 크게 이겨 시장이 되고[7] 이어서 군의회 의원에 선출되자 노사 양측에 심각한 문제가 되었다. 투쟁 경력이 쌓여 신망을 얻은 칼비냐크를 지방 정계로 보낸 것은 카르모의 사회주의 공화파 노동자위원회였다. 반면 칼비냐크에게 패배한 상대는 회사 측에서 후원하는 우파 후보였다. 그러자 프랑스 굴지의 광산 기업인 카르모 광업 회사는 노동자가 시정을 운영하고 또 군의회에서 정치권력을 행사하는 것을 허용할 수 없었다. 제2제정기까지는 카르모 노동자들은 회사의 말을 잘 들었다. 그때는 회사에서 광부들에게 여당 후보에게 투표하라는 회람을 돌려도 아무 탈이 없었다.[8] 그랬는데 이제 칼비냐크는 시장 직무를 수행하기 위해 회사를 결근하게 되었다. 카르모가 변했고 이 사태는 사회주의자들의 '사주' 때문이며 더구나 앞으로 계속 그러리라는 징조였다. 이 사태를 살핀 롤랑드 트랑페는 페로와 같은 시기에 툴루즈대학에서 대작인 박사학위 논문《카르모 광부》(1971)를 내놓은 여성 역사가이다. 트랑페에 따르면 광부들은 솔라주 가문의 재산이 자신들의 노동에 의해 구축되었다고 느끼기 시작했다.[9] 그런 광부들의 정치의식에는 1891년 푸르미의 노동자 살해 사건이 작용했다. 북부의 작은 공업 도시 푸르미에서는 5월 1일 노동절을 맞아 노동자들이 시위를 하던 중 진압군이 발사한 총탄으로 여성과 어린이를 포함하여 시위대 열 명이 사망했다.[10] 노조 가입을 머뭇거리던 노동자들이 북부를 넘어 사방에서 가입서를 썼다. 카르모 노동자들도 노조 가입 신청서를 썼고 그 힘으로 카르모 광부들은 이듬해 1892년 3월에 파업을 일으켰다. 회사는 1880년대 수년간 지속된 경제 불황의 결과 이윤이 하락했다는 이유로 광부들의 임금 인상 요구를 거절하고 오히려 기업 내 규율 강화를 위한 새 규정을 공포했다.

파업하는 광부들

회사는 곧 칼비냐크를 향해 카르모 시장이 될 것인가, 회사의 노동자로 남을 것인가 둘 중 하나를 선택하라고 했다. 광부들은 8월 15일 야간 회의에서 광업소장인 엔지니어 장 윙블로가 중재를 거부했다는 소식을 듣자 그의 사택을 습격했고 8월 16일 아침에 세 가지 요구 조건을 내걸고 파업에 들어갔다. 요구 조건은 1.해직자 전원의 복직 2.칼비냐크의 시장 재임 중 휴가 인정 3.노동자들의 인사 문제에 대한 사측의 불개입이었다. 노동자 시장에 얽힌 분규는 카르모에서만 일어나지 않았다. 혁명성이 강한 프랑스 사회주의였지만 1880년대 중반 이후 영국이나 독일과 다름없이 노동자들의 지방의회 진출이 늘다가 북부 루베, 남부 마르세유 등 여러 산업 도시에서 노동자 시정市政이 들어섰다.[11] 이때 조레스는 사회주의 당파와 관련이 없었다. 1885년 10월 총선에서 공화동맹의 후보 중 여섯째로 지명되어 1위로 당선되었다.[12] 그러나 그가 몰랐을 뿐, 1871년 5월 코뮌La Commune 진압을 겪어낸 프랑스 사회주의는 소생의 길을 찾아 1879년부터는 주요한 사회주의 지도자들이 각자의 이념 아래 각자의 세력을 구축했다.[13]

칼비냐크는 회사냐 시정이냐 하는 선택지를 거부하고 정해진 휴가를 써가며 시장 직무를 수행했다. 칼비냐크의 아버지는 카르모의 광부였지만 똑똑한 아들을 일찍 지하 갱으로 들여보내지 않으려 멀리 엑상프로방스까지 보내 제국기술공예학교를 다니도록 했다.[14] 기술학교를 다니면서 철물 작업장에서 도제 훈련을 받은 칼비냐크는 장인들의 관행에 따라 프랑스 편력 길에 올랐다. 그러나 아버지가 불시에 광산 사고로 사망하자 카르모로 돌아와 스무 살인 1873년 기계조립공으로 솔라주의 회사에 취업했다. 칼비냐크의 지도력은 회사 안팎에 소문이 났고 1892년 8월 파업은 동료 광부들과 인근 도시 노동자들의 관심을 샀다. 우선 문제가 된 것은 광업소장 윙블로에게 노동자들이 폭력을 사용한 사실이었다. 동료 광부들의 복직을 그가 거절했다는 이유로 노동자들이 격분해 저지른 일이지만 경미하다 해도 노동자의 폭력 사용은 중대사였다.

하늘 같은 보통선거권

조레스는 이렇게 시작된 이 파업에 깊이 개입했다. 하원의원 조레스와 앞으로 그의 선거를 주관하는 칼비냐크의 오랜 유대가 여기서 출발한다. 하지만 무릇 파업은 파업에 가담한 노동자를 곤궁과 실의에 시달리게 하는 무서운 현실이다. 누가 시장인가 하는 것이 파업을 관철해야 할 만큼 노동자들에게 필사적인 문제였을까.

주목할 점은 이 시대에 보통선거권의 행사는 값지고 소중했다는 사실이다.[15] 투표 날이면 카르모 주민들은 도열해서 구호를 외치며 투표장으로 갔고 투쟁 의지를 다지는 카르마뇰 노래를 불렀다.[16] 당선된 노동자 시장은 노동자들의 삶을 구석구석 살폈다. 북부 루베, 중부 로안, 남부 카르모 어디서나 노동자 도시의 시장은 빠듯한 예산으로도 노동자들의 주택 임대 보장, 어린이들의 학교 급식 실시, 노동자 가정 어린이들의 휴양 지원, 서민들의 위생 향상, 모성 보호, 영아 양육 조건 개선, 시영 약국 운영, 노인 요양소 운영, 전차비 인하 같은 생활 여건 개선에 부심했다. 노사 문제에 앞섰던 독일과 달리 프랑스에서 노사가 마주 앉는 것은 1936년 인민전선 정부의 수립으로 가능해진다.[17] 노사의 구분이 이렇게 엄했기 때문에 칼비냐크 시장의 해고는 남의 일이 아니었다. 카르모와 가까운 카스트르, 알비, 그롤레, 마자메에서는 대여섯 개 노조를 합쳐 도 단위 연맹을 결성하려 했다.[18] 정치는 민주화되었어도 경제는 그렇지 않다는 것을 조레스도 깨달았지만 노동자들은 그 모순을 피부로 느꼈다. 노동자는 공직자로 선출될지라도 직책을 수행할 수 없고 행정 권력은 언제나 소수 특권자의 몫이라면, 그런 이상한 일은 끝나야 했고 그러려면 노동자들은 힘을 키워야 했다. 가능한 일을 지금 당장 하자는 폴 브루스의 사회주의 노선이 천명했듯이 조레스도 그런 힘은 가능한 일을 실제로 집행함으로써 구축된다고 믿었다. 작은 단위, 적은 예산이라도 책임지고 처리하는, 노동자들이 행정과 예산을 다루는 경험과 기술은 비할 데 없이 소중한 자산이었다.[19] 문제는 누가 어떻게 노동자들을 잘 대변하여, 특히나 성내지 않고서, 유한 특권층이 문제라는 점을 설명할 것인가였다.[20]

고등사범 지식인과 광부들

파업 현장에 오지 않는 조레스

그러나 조레스가 이 분규에 깊이 개입했다는 것은 직접 카르모를 찾아와 노동자들을 부추기거나 동정했다는 뜻이 아니다. 그는 의식적으로 광부들의 파업 내내 카르모 현장에 한 번도 오지 않았다. 9월이 되자 카르모에는 중요한 사회주의자 브리앙, 밀랑, 급진주의자 클레망소, 펠탕, 역시 의원인 페룰과 앙티드 부아예, 또 게드주의자 뒤케르시가 다녀갔다. 의원들은 이 파업에서 회사가 승리하면 공화국 민주주의가 크게 타격을 입으리라 보고 파업의 결말이 노동자들에게 불리하게 돌아갈 것을 우려했다.[21] 그러나 다시 말하지만 조레스는 파업 기간 내내 툴루즈에서 기차로 한 시간이면 닿는 카르모에 오지 않았다. 1889년 총선에서 떨어졌지만 다음번 선거를 의식했을 그가 왜 지역구에 오지 않았을까. 그가 3월과 8월 파업 때 두 번 다 자리를 비킨 데는 이유가 있었다. 광산 회사의 사주인 솔라주 후작과 후작의 장인 레유 남작은 조레스의 정치적 적대자였다. 레유 남작은 1889년 5월 카스트르에서 조레스를 물리친 우파 후보 레옹

아브리알의 후원자였고 알비를 지역구로 둔 하원의원이며 더 넓게는 타른 보수주의동맹 의장이었다. 회사 사장인 솔라주 역시 지방의회 의원이었다. 조레스는 이 때문에 자신의 파업 개입이 사전 선거운동으로 비치지 않도록 처신했다. 그는 "개인적 동기 없이 대의에 봉사할 수 있다는 것을 모르는 비열한 사람들이 많다"고만 말했다.[22]

광부 파업에 함께하는 그의 무기는 오직 펜이었다. 조레스는 영국의 제임스 키어 하디(1856-1915)와는 달랐다. 어려서 탄광에 들어갔고 틈틈이 독학으로 공부했으며 그 기개로 영국 노동운동을 이끌고 노동당 창당에 기여한 키어 하디. 그에 비해 10대와 20대 내내 책 보고 공부하는 것밖에 몰랐던 조레스가 어떤 경위로 파업이라는 심란한 행위를 이해하며 남모르는 파업 노동자들의 어려움을 통찰했을까. 아마 검소한 집안에서 자라면서 광대한 남부 자연을 사랑하고 학교 가는 길에 들밭의 농민들, 작업장 무두질공의 모습에 늘 시선이 갔던 그의 감수성이 우선 작용했을 것이다.[23] 그에 더해 이 시기의 공화파란 노동에 눈감은, 그저 자유주의적이고 부르주아적인 안이한 정파가 아니었다.

공화파 의원과 광부 노동

조레스는 1885년 10월 공화파로 의회에 들어간 후 1886년 광산문제를 다루는 위원회에 배치되었다. 그는 지역구인 카르모를 위해 일하고 싶었고 갱내 사고를 방지할 광산 안전 문제를 연구하고 광부들을 만났으며, 이때 생테티엔의 노장 광부들이 그를 눈여겨보았다. 고등사범을 나온 젊은이가 자기들을 내하는 태도, 침착함, 구체적인 질문 내용, 진지한 예법이 모두 마음에 들었다. 1889년 임기 말까지 조레스는 모두 열네 번 대정부 질의를 했는데 다섯 번이 광부 노동에 관한 사안이었다. 지하 갱으로 들어가는 광부들을 입법으로 보호하려는 것은 노동계와 의회뿐 아니라 법학자들이 나서는 사회적 관심사였다.[24] 조레스 역시 이 질의를 하기 위해 광부 안전에 관한 법과 광부 공제금고 및 퇴직연금을 조사했다.[25] 광산에서 사고가 난 경우 현장 상황을 익히 아는 노련한 광부들이 사고 경위를 파악해야 한다는 개념은 광부들의 나라 영국에서 19세기 초에 나타났고 프랑스에서도 1860-1870년대에 그럴 필요성이 제기되었다.[26] 그러다 공화파가 자리를 잡은 1881년과 1882년 중부 루아르에서 탄광 사고가 나자 1882년 10월에 생테티엔 광부노조회의소의 이름으로 광부들의 '진정서'가 공표되었다. 조레스가 광산소위원회에 들어갔을 때 광부안전 대표법안은 의회에 상정된 지 4년이 지나 있었다.[27] 사용자 측의 적대감이 문제였고 광부들은 그럴수록 의회에 다가갔다. 안전은 광부들의 생명줄이었다. 지하 수십 미터를 내려가야 하는 채굴 작업은 선두에 선 이의 등불이 꺼지면 모두 운명을 같이한다는 것을 가르치고도 남았다.[28] 갱 밖에서도 광부들은 연대 의식을 가졌다. 독일에 버금가는 노동자 주택과 학교, 복지시설을 갖춘 생테티엔의 광부들은 낙후한 드카즈빌 광산의 실태를 의회에 알렸다. 광부 노조는 유능하고 침착한 의원이 필요했다. 그때 20대의 초선 의원 조레스가 광부 가리에와 주고받은 문답은 인상적일 만큼 정중하고 노동자의 안전에 정성을 쏟는 젊은 지식인의 심정을, 이 시기 공화파의 정치 사회적 성격을 소리 없이 드러낸다.[29]

조레스는 파업이 일어나면 사측이 어떻게 나오리라는 것을 낙선한 선거전에서 배웠다.[30] 1889년 선거 캠페인에서 레유가의 지원을 받는 상대방 우파는 노동자들에게 은근한 협박을 했다. 주급을 받는 노동자들은 술 한 잔 사며 해고를 할 수도 있고 주택 임대를 취소할 수도 있다는 말에 두려워했다. 교회는 그러한 보수 세력의 후원자로 군림했다. 조레스가 다시금 노동을 알게 된 것은 1889년 낙선 후, 1890년 6월 툴루즈 시의원에 당선된 때였다. 급진파가 다수인 툴루즈 시의회에는 마차 제조공, 주물공, 직물공 등 노동자 시의원이 적지 않았으며 조레스는 시간과 물자를 아끼며 업무에 매달리고 매사에 엄정한 노동자들의 태도에 감명받았다.[31]

《라 데페슈 드 툴루즈》

이러한 경험은 그의 글에 살이 되고 피가 되었다. 그는 이미 1887년 1월 21일부터 툴루즈의 민주파 신문 《라 데페슈 드 툴루즈》(이하 《라 데페슈》)에 월 100프랑의 고료로 주 1회 정기 기고를 하고 있었다. 그는 1892년 8월 13일 〈광산에서〉로 카르모 파업 관련 논설을 쓰기 시작했다. 그리고 파업의 결말이 나는 11월 초까지 모두 열 번 논설을 실었다. 1889년, 1890년에도 카르모에 관해 글을 썼지만 이번에는 연속해서 카르모 파업에 집중하고 광부 시장의 1주 이틀 휴가를 옹호했다. 회사의 휴가 거부는 노사문제를 넘어 보통선거권을 침해하는 중대 사안이었다. 유권자가 집권 내각을 무너뜨릴 수 있는 보통선거권의 시대에 작업장 노동자는 아무 보장을 받을 수 없다는 것은 중대한 모순이었다. 1885년 의회에 들어간 이래 카르모와 생테티엔 광부들을 만나고 노동의 강도와 위험성을 잘 알고 있던 조레스는 이 파업을 맞아 광부들의 노동과 인격을 엄호해 마지않았다.[32]

> 불가능하다고? 문제는 이것이다. 회사는 보통선거로 카르모 시장에 임명된 노동자에게 1주 이틀의 휴가를 허용할 수 있는데도 거부하여 그의 직책 수행을 봉쇄해버렸다. 회사는 보통선거에 타격을 가한 것이며 투표권을 조롱거리로 만들어 노동자들의 폭력을 도발했으니 이는 유죄이다.

불가능하다고? 2000명이 넘는 노동자를 고용한 회사다. 그런데 지난 20년간 아무 허물이 없다고 회사가 판단한 노동자가 1주 5일간 정규 노동하는 것으로는 만족할 수 없다고 하면 누가 믿겠는가? 그가 만약 사측에 매수되고 종속된 노동자였다면 회사는 그의 시정 직무를 배려했으리란 것을 양식 있는 사람은 모두 알 것이다.

불가능하다고? 그것은 궁지에 몰린 정치꾼들의 몰염치한 핑계일 뿐이다. 칼비냐크에게 휴가는 정치적 사건이다. 공화파 야당이 재건되었고 압도하기 때문에 솔라주 후작과 그의 장인인 레유 남작이 선거 승리를 목적으로 경영권을 휘두른 것이다.[33]

49명의 광부가 파업 참가를 이유로 해고를 당한 가운데 정부가 파업자 2인당 1명에 해당하는 1500명의 군대를 카르모에 파견했다. 8월에 시작한 카르모 파업은 9월, 10월을 다 넘기고 11월 들어 사측의 패배로 끝났다. 몇 년 전부터 전화가 상용화되어 카르모 뉴스는 전국 뉴스가 되었고 광부 노동자들에게 연대하는 다른 지역 노동자들이 귀한 손목시계를 풀어 성금을 보냈다. 카르모 파업을 보도한 것은 좌파 세력만이 아니었다. 《르 탕》, 《르 프티 파리지앵》 같은 전국 일간지가 삽화로 카르모 광부들의 투쟁을 알렸다. 그리고 10월에 의회가 개원하자 하원은 연달아 카르모에 관해 토의했다. 파업에 참여한 광부들은 약 3000명이었다. 고용 인원 100명 이하의 소기업이 다수인 프랑스의 고용 구조에서 3000명이란 통제하기 어려운 다수였다. 파업이 일어나면 이탈자가 나오는 것이 상례이고 시간이 지나면 패기 있던 파업자들도 쓰러지기 쉬웠다. 하지만 지하에서 살아온 시커먼 얼굴의 광부 노동자들은 버텨냈다.

노동이 주저앉지 않은 데에는 의회의 성원이 컸다. 급진파와 진보

언론도 정부를 성토했다. 10월 18일 의회 토의 자리에서 특히 밀랑 의원이 파업 노동자들을 지지하고 레유 남작을 공격했다. 밀랑이 1810년 법과 1838년 법 조항에 근거하여 카르모 광산에 대한 국가의 광산 몰수 법안을 제출하자 레유는 마침내 분쟁의 중재에 동의했다.[34] 10월 30일 중재 선고는 칼비냐크의 복직과 함께, 윙블로 소장 집을 습격해 유죄 판결을 받은 아홉 명을 제외하고 모든 파업자를 재고용한다는 타협책을 끌어냈다.

카르모 보궐선거와 광부들의 의원 조레스

카르모 광부들은 1892년 11월 솔라주 후작의 의원직 사임으로 보궐선거를 치르게 되었다. 카르모 선거위원회는 1873년부터 진보파 후보를 선출해온 경험으로 이미 파업 도중에 사회주의 후보를 세우고 싶어 했다. 선거위의 권한은 강력하고 실질적이었다. 1830년대 왕정기부터 프랑스의 모든 선거를 치르는 핵심 기구가 선거위였다. 중앙집권적 대정당은 애초에 생각도 할 수 없고 각지에서 저마다 소규모로 정치 행위를 수행했기 때문에 이런 선거 방식이 자리 잡았다. 카르모 선거위 역시 이번 보선을 위해 후보를 추대하고 인물을 평가하여 결정을 내려야 했다.[35] 1880년대 내내 뛰어다닌 게드주의자들의 열성적 선전으로 카르모에도 사회주의 바람이 불었다.[36] 하지만 광부들이 선임할 만한 사회주의 후보가 마땅치 않았다. 게드주의 계열에다 1892년 파업에 헌신한 뒤케르시가 있었으나 후보로 나서지 않았다.

그렇다고 카르모 선거위가 처음부터 조레스 추대에 합의한 것은 아니었다. 이 사람은 아직 신진이고 정치색으로는 공화파이며 처가는 부르주아였다. 광부들은 그리 내키지 않았다.[37] 하지만 파업 내내 자신들을 지지한 이가 조레스였다. 카르모 선거위는 12월 19일 조레스를 불러 정견 발표를 듣기로 했다. 그날 그 자리에 있던 광부들 중에는 1947년 의회에서 대통령에 선출되는 뱅상 오리올의 장인이 있었다. 그는 "후보자들의 경쟁은 치열했다. (……) 그러나 조레스의 출마 연설이 시작되자 청중은 사로잡혔다"고 회상한 바 있다.[38] 혁명 이래 프랑스 정치 문화에서는 언어와 웅변이 중요했으며 특히 1914년 이전은 그런 의미에서 고전적 시기였고 조레스는 이 조건에 들어맞았다.[39] 1892년 말 이때 카르모 선거위는 조레스의 경력으로 보아 승산이 있다고 예측했다. 5개 면으로 이루어진 알비 2 선거구의 4개 면이 농촌 지역이었고 카르모만이 노동자 지역이었다. 농촌 지역에서 표를 얻지 못하면 승산이 없었다.[40] 농민들은 설령 진보적일지라도 급진주의 공화파를 지지하지 사회주의자를 달가워하지 않았다. 그렇다면 조레스의 공화파 경력이 득표에 불리하지는 않을 터였다.[41] 이렇게 해서 후보로 선출된 조레스의 선거 공약은 선거위의 뜻에 따라 프랑스 노동자당POF의 강령에 기초했다.[42] 선거위는 후보만 선정하면 되는 것이 아니었다. 재력이 없는 정치 지망생이 후보로 나설 수 있게 만들었다. 하지만 선거위는 애초에 선거자금이 없고 후보 역시 자금이 없으면 어떻게 선거를 치를 것인가. 1880년대 북부 노르도의 선거전에서 게드주의자들이 보여준 것이 돈 없이 치르는 새로운 선거 방식이었다. 노래도 하고 간단한 음료도 제공하면서 축제 같은 선거운동을 벌이는 것은 1848년에는 없던 일이었다.

조레스 역시 선거구민들에게 정성을 다했다. 다시 생각해보아도, 조레스가 이 보궐선거에 혹해 갑자기 사회주의자가 된 것 아니냐는 의문은 합당하지 않다. 1889년 5월 선거에 낙선한 후 1892년 12월까지 그는 《라 데페슈》에 카르모 파업 관련 논설 외에도 다음과 같은 제목의 논설을 썼다. 사회주의 당파, 사이비 사회주의자들, 노동조합의 권리, 노동조합의 의무, 푸르미와 연관한 노동자들의 요구, 대학생과 노동자, 유리병 제조공들, 성냥 공장의 여성들, (사회주의는) 끝까지 가야 한다, 노동자의 깨어남, 8시간 노동, 툴루즈의 노동조합, 노동자 퇴직 금고, 전차원 파업. 그는 논설마다 침착한 어조로 노동자들을 지원하고 노동자 조합의 결성을 격려했다. 1893년 새해 정초인 1월 8일 결선 투표에서 1500표 차이로 승리가 확정되자 1월 12일 그는《라 부아 데 트라바이외르》(노동자의 목소리)에 당선 감사문을 올렸다. 광부와 유리병 노동자는 전체 유권자의 5분의 1에 지나지 않았고 농민이 다수였다. 그러니 이 선거는 농촌 공화파의 도움이 아니었으면 이기기 어려웠을 것이다. 조레스의 감사 인사를 받은 이들에는 반대표를 던진 이들도 포함되었다. 조레스는 이어서 "프랑스인다운 솔직함과 '광채'를 지닌 숨김없는 농민"에게 감사했다. 그리고 장인들, 사륜마차 제조인, 철공인, 식당 주인, 제화공, 석회칠공, 자신을 위하는 것 빼고는 무엇이든 하는 행상, 어느 상점 여주인을 들었다. 조레스에게는 그들 모두가 어떤 위대한 것을 예감케 하는 존재였다.

그러나 광부들이 주도하여 새로운 정치 생애를 밟게 되는 조레스의 사례에 준해 이 시기 광부 노동자들의 정치의식을 지나치게 높게 본다면 비현실적이다. 이미 1848년 의회 조사 때 생테티엔의 광부 대표단은, 지하 갱의 광부들은 젊어서 일을 시작해도 곧 기력이 소진되며 전 산업 분야에서 아마 가장 힘든 노동으로 광부들의 평균 수명이 38세 혹은 40세를 넘지 않는다고 보고했다. 광산 기업가의 입장에서는 광부가 가장 숙달된 노동력을 보이는 때는 40세인데 그때 이미 노동력은 약화되었다. 광부들의 이른 노화와 건강 악화 문제를 조사한 트랑페에 따르면, 이로부터 40여 년이 지난 1884년에도 생테티엔 광부 대표 미셸 롱데는 50세에 받는 노동자 퇴직연금은 광부들에게 소용이 없으리라는 견해를 보였다. 카르모 지하 광부들의 경우 제2제정 시기에는 평균 41세 11개월에 죽음을 맞았으며 20세기 초에는 평균 수명이 54세였다.

생명을 단축시키고 위험을 부르는 가장 주요한 요인은 신선한 공기가 결여되고 햇빛을 볼 수 없는 지하의 작업 조건이었다. 갱의 노동자들은 있는 힘을 다해 숨을 쉬었기 때문에 지나친 습기와 분진도 문제였고, 지하에 필수적인 등잔 연소에 따르는 독성 물질과 지하 갱 버팀 목재의 썩은 상태도 해로웠다. 북부 파드칼레에서 1896-1901년에 광부들의 거주지 면面, canton을 조사한 자료에 따르면, 광부들이 입는 주요한 상해로 사지 절단과 부상 및 여타 증상, 안구 질환, 탈장, 척추 질환, 한쪽 눈 실명, 상체 손상, 하체 손상 그리고 그 밖의 다양한 증세가 보고되었다.

광부 노조와 국가가 광부들을 보호하고 안전을 보장하기 위한 대책을 하나씩 수립했고 광부 국제기구도 광부들의 안전을 우선시했지만 광산 노동은 험하기 짝이 없는 일이었다. 노동자 복지 문제를 전공한 프랑수아 에발트는, 1940년대에도 전신이 피폐해지는 광부들을 영웅시하는 시각은 염치없는 일이라고 생각했다.

카르모 광부들은 고등사범 출신에 학구열 높은 지식인과 만났다. 라틴 고전 문헌에 익숙하고 근대 프랑스 문학을 아끼고 독일어로 헤겔과 피히테, 마르크스를 읽는 젊은이가 지하 광산에서 뼈가 굵은 그들 앞에 섰다.[43] 이로써 조레스의 사회주의의 성격이자 특징이 수립되었다. 그는 사회주의라는 목적을 위해서만 의회에 나가지 않았다. 그에게 의회와 사회주의는 서로 목적이고 서로 수단이었다. 하지만 이 젊은이의 발판은 우선 농촌에 있었다.

농촌의 나라에서 농민과 함께

농업국가 프랑스

오래된 방식대로 사는 나라 프랑스에도 19세기의 변화는 일어났다. 농업 생산이 산업 생산에 비해 규모가 줄어들었다. 하지만 농업의 지위가 내려앉지는 않았다. 프랑스는 서쪽은 대양의 습한 기후, 동남쪽은 지중해성의 온난한 기후 양편을 누리고 나지막한 임야가 사방을 둘러싸고 있다. 서부 루아르, 동부 론, 서남부 가론, 북부 센, 마른, 모젤강은 길이 500-1000킬로미터의 긴 수로였다. 북부 대평원은 밀, 서부 노르망디는 특히 목축업, 동부 알프스 산맥 하부는 특히 임업, 남부와 서부 일대는 포도주 산지로 분할된 농업 구조였다. 하지만 1830-1840년대에 국내총생산의 61퍼센트를 차지하던 농업은 1905년에는 13퍼센트에 지나지 않았다.[44] 그럼에도 아직 농업인구가 전체 산업 인구의 절반이 넘었다.[45] 국가와 사회가 농업을 중시하는 마음은 18세기 중농학파 이래 식지 않았다. 사실 부산한 혁명 속에서도 토지와 농업 제도에 관한 입법은 꾸준히 추진되었고[46] 1년 열두 달을 제르미날(파종의 달), 테르미도르(열의 달), 방데미에르(포도 수확의 달) 등으로 나눈 혁명 달력은 혁명적 농본주의를 상징했다. 구체제 왕정기에도 각 도의 농촌 조사가 실시되었으며 인구 1만 명 남짓의 소도시 카스트르에서도 농업진흥회보가 발간되었다.[47] 1849년 이후 1910년까지 농업생산성 1위인 영국(독일이 바로 추격하지만)을 이은 다음 주자는 프랑스였다.[48] 착취적 조건 속에서도 국가가 농민을 주시했음을 보여주는 지표이다.[49] 무엇보다 농촌과 농민은 예술가들의 시선을 사로잡았다. 사회 관찰의 첨병인 예술가들은 농사짓는 이들의 내면의 표정을 읽었고 드러냈다. 밀레의 〈만종〉, 쿠르베의 〈씨 뿌리는 젊은이〉, 반 고흐의 오베르쉬르우아즈 들판 그림은 세기의 명화이자 농촌에 대한 애정의 상징이었다. 들판에 쌓아 올린 모네의 〈곡식 더미〉 역시 사람이 없는 화폭에다 보이지 않는 농민의 수고를 담았다.

의회와 농촌

1885년 10월 총선으로 의회에 들어간 조레스는 처음부터 농촌 문제를 들고 나왔다. 초선 의원은 1년 동안 선배 의원들의 연설을 경청하고 발언의 내용과 형식을 배우며 첫 발언 준비를 하는 것이 의회의 관행이었다. 조레스는 아직 20대였어도 농업 소득은 증대해도 소작농과 농업 노동자들에게는 제몫이 돌아가지 않는다는 것을 잘 알았다. 신기술과 기계가 농촌에 도입되지만 그런 가용 자본은 엄두도 내지 못하는 사람들이 많다는 것을 알고도 남았다. 하지만 경제적 변화에 아랑곳없이 프랑스 농촌은 삭막하지 않았다. 남부는 특히나 밀, 호밀, 귀리, 채소, 과일의 다작물 농법을 육성하여 밭마다 소출이 풍성했고 화학비료는 제2제정기에 배포되었으며 1870년대에는 수확기도 보급되었다. 1880년대에는 국민소득 향상에 따라 농민 소득의 평균치도 올라갔으며 농민이 영국처럼 심하게 산업화에 떠밀리지는 않았다. 1861년부터 1911년 사이 인구 성장이 미약한 것은 국가적 약점이었으나 인구 2000명 남짓의 소도시가 퍼진 것이 사회 안정에 도움이 되기도 했다.[50] 어디든 농촌 가옥과 농촌에 인접한 소도시 거리들이 차츰 정비되어갔다.[51]

1887년 3월 의회는 밀, 귀리, 밀가루의 관세 인상에 관한 정부안을 청취했다. 조레스는 이 법으로 토지를 소유한 지주들만 혜택을 보지 않고 임차농과 농장 노동자들이 함께 혜택을 입는 방안을 강구하도록 정부에 요구했다. 농장 매매 가격이 올라가면 그 수익은 농민이 지불할 임대료와 하루 임금에도 배당되어야 공정할 것이었다. 이에 온건 공화파인 폴 데샤넬 농업장관이 도시 노동자들은 농촌의 형제를 위해 희생할 각오가 되어 있다고 답하자 조레스는 응수했다. "좋습니다. 그 제안을 받아들이겠습니다. 그런데 누가 산업 노동자의 형제입니까? 자본가, 지주입니까? 아니요. 소작농, 농촌 일꾼입니다." 그는 농민과 농촌을 피부로 알고 있었다. 카스트르 안팎에는 80여 명의 소작농을 둔 도스라스투르 같은 대토지 소유주가 있었다. 조레스의 선거 적수인 레유 남작은 대기업과 금융에다 삼림과 목축지를 거느렸다. 물론 이와 달리 일손이 아쉬운 포도 압착과 수확 철에는 농민들의 일을 거드는 농장주도 있었다.

그가 제출한 법안은 부결되었지만 공화파 조레스는 "다른 당과 하등 다를 것이 없는 정책에 그치는 당파라면 무슨 당인가 하고 공화파 정권을 비판했다.[52] 1880년대 공화파에 대한 실망은 공화파 안에서 분출했다. 조레스가 지적한 것 역시, 공화국 창건자인 강베타와 페리 모두 농민 생활의 안정이 사회 안정의 토대라고 역설했건만 공화국이 섰어도 농민을 위해 하는 일은 미미하다는 점이었다. 공화파의 망설임에 비하면 사회주의자들의 입장은 확실했다. 게드파는 1892년 무토지 농민들에게는 최저임금을, 병들고 늙은 농민에게는 퇴직연금을 조합과 시의회를 통해 지급하겠다고 공약했다. 재원은 대규모 토지 소유자의 조세로 충당할 작정이었다. 사회주의자들은 농기계와 비료 구매를 위한 협동조합 수립,[53] 저금리 신용 제공, 농산물 운송비 할인, 농촌 젊은이들을 위한 농업 교육 확대, 소작농과 농장 관리자에게 이익이 되는 토지 임대료 제도도 제안했다.[54]

공화파 농업정책가는 누구보다도 쥘 멜린이었다. 제2제정 후기에 정치에 발을 디딘 멜린은 농업보호 정책으로 자신이 지향하는 농본주의를 실현했다.[55] 그는 공업 위주의 산업 정책을 경계하는 자유무역 반대론자였다. 하원 관세위원회를 맡아 1892년 1월 멜린 관세라 불린 농산물보호법을 통과시켰다. 세계적으로 농업 생산량이 크게 늘어난 19세기 말 멜린은 미국과 러시아, 인도에서 들어오는 외국 농산물과의 경쟁에서 프랑스 농업을 보호하려 했다. 1886-1913년 프랑스의 밀 생산은 영국의 21퀸탈(프랑스에서 사용하던 단위, 1퀸탈은 100킬로그램에 해당한다), 덴마크의 34퀸탈의 반도 안 되는 10-14퀸탈에 머물렀다.[56] 멜린은 1893년 4월 보호주의적인 프랑스농공협회 의장이 되었고 1894년 11월 5일 농업신용-지역협회를 창설했다. 프랑스도 독일에서 영감을 받아 농촌 신용에 눈을 돌린 것이다. 그러나 농촌 신용은 잘 돌아가지 않았으며 사회주의자들은 개혁파, 혁명파가 합심하여 이 멜린법에 반대하는 대체 법안을 도입했다. 밀랑과 비비아니, 게드와 함께 노장 바이양, 젊은 마르셀 상바가 이에 가담했으며 조레스도 나섰다. 법안의 요지는 국제 경쟁에 직면한 농업을 위해 국가가 외국산 밀과 밀가루를 수입하자는 것이었다. 밀 가격은 1873년에서 1896년 사이에 40퍼센트 하락했다.

법안 통과는 실패했지만 조레스의 입법 목적은 공급이 부족할 때 내놓으려고 염가의 곡물을 잔뜩 쌓아두는 사기업의 투기를 막는 데 있었다. 그는 실명을 들며 에프루시, 드레퓌스 가문을 곡물 투기꾼으로 지적했다.[57] 그렇게 토지 국유화를 옹호하면 농업을 망치게 된다는 멜린의 비판 앞에서 조레스가 사회주의자 안을 대표 발언했다. 그는 이 법안에 따라 초래될 조세 부담은 누진소득세와 상속세로 충당하면 되고 이로써 저율의 신용이 가능하다고 줄기차게 주장했다. 소득세와 상속세 인상은 개혁적인 모든 공화파가 내놓은 공약이어도 타결은 난제였다. 조세 개혁이 너무나 요원했기 때문에 멜린법의 실제 쟁점은 밀 가격에 달려 있었다.[58] 농민은 비싸게 팔아야 하고 도시 노동자는 저렴한 식품이 필요하다는 것이 문제였다. 개혁사회주의자들은 산업 노동자의 최저임금 같은 제도를 농민들도 누릴 수 있기를 희망했지만 현실을 인정하자는 입장이었다. 노년이 되어 집집마다 돌아다니면서 양식을 호소하는 농민의 사정을 알고 있던 조레스는 지금 법을 시행하고 계속해서 고쳐가자고 했다.[59]

농촌과 사회주의

농촌은 변하고 있었지만 꼼짝도 안 했고 완고했지만 새로웠다. 흔히 북부와 동부에 비해 낙후하다는 서부와 남부에서도 1900년대에는 어디서든 기차를 탈 수 있었다. 프랑스 철로 길이는 1882년 2만 6327킬로미터에서 1910년 6만 4898킬로미터가 되었고 그중 1만 2000킬로미터는 농촌으로 뻗었다. 외진 농촌에도 소통 수단이 늘었다. 1869년에는 1인당 9통이 오가던 편지가 1880년 14통, 1914년에는 40통이 되었으며 돈이 오고 가는 송금장의 확대는 특히 농촌에 활기를 불어넣었다. 파리 일간지가 도합 100만, 200만 부의 판매고를 기록하는 때이니 각 지방 도시에서도 신문 발행에 열을 냈고 이 신문들은 농촌까지 들어갔다. 점점 늘어가는 징병은 결정적으로 농촌의 변화를 불렀다. 군대의 훈련이나 일과가 고되었어도 수많은 농촌 청년들은 처음으로 위생을 접하고 반듯한 식사를 하고 기계 다루는 법을 배웠다. 한마디로 농촌은 고여 있지 않았다. 카르모의 칼비냐크 사건에서 보듯이 지방 유지나 도시 사는 세력가들에게 고개 숙이던 농민들이 이제는 낯익은 지역민을 자기 편 시장으로 두게 되었다. 농민은 1848년 혁명을 힘 빠지게 한 이른바 반동적인 농민으로 붙박여 있지 않았다. 정치사가 레몽 위아르는 농민이 달라진 것을 1860년대 세정기의 경제 변화에서 찾는다. 농민, 농촌은 그때부터 역량이 늘고 지위가 격상되어갔다.[60] 그러나 농민층 내부의 격차도 심했다. 특히 프롤레타리아

층의 출산율이 줄었으며[61] 이유는 분명 가진 것이 아무것도 없다는 데 있었다.[62]

조레스는 이 농민층에게 사회주의부터 요청하지 않았다. 소유의 문제는 아직 부드럽게 처리할 시간이 있다고 여지를 두면서 농촌민주주의를 역설했다. 마을이나 작업장에서 같이 밥을 먹고 같이 일하는 것은 좋지만, 그 때문에 농민은 지주의 의견에 순응하고 오래 내려온 고장의 위세에 눌렸다. 이 두 가지 압박에서 농민이 헤어나야 들밭에서 일하고 작업장에서 도구를 다루면서 민주주의가 구축된다고, 그래야 온 나라의 민주주의가 단단해질 것이라고 풀어갔다. 민주주의의 성벽은 당당한 생산자들이 축성하는 것이었다. 저들은 농사꾼이니 투박하고 정련되지 않은 언어를 구사해도 그만이라고 생각하지 않았다. 그는 이름 있는 툴루즈와 파리의 신문에만 기고하지 않았다. 지방의 군소지에도 글을 보냈다. 《타른 공화국》, 《타른의 깨어남》, 《타른 공화파동맹》, 《타른의 미래》, 《타른 통신》의 지면을 통해 농민들, 노동자들에게 가까이 가고 싶었다. 그에게 농민은 천부의 시정詩情과 흙을 아는 자만이 지니는 심오함이 있었고, 그는 그런 그들이 고전 문화를 감상하고 남부 고유의 방언 파투아도 구사해야 한다고 믿었다. 2000년대의 연구자 다미앵 살레가 말하듯 흙이 조레스의 공화국이고 그의 사회주의의 수맥 같았다면 이 흙과 더불어 사는 사람들은 정녕 버려진 사람들일 수 없었다. 사람답게 살 만한 소득이 보장되어야 하고 일하는 사람들끼리 협동할 수 있도록 조직을 돌보아야 했다.[63] 혁명사의 대가 조르주 르페브르가 아직 농민 연구가 척박한 시절에 노르도 농민들의 상태에 매달린 것은 조레스를 따라서였다고 한다.[64]

수탈당할 뿐 아니라 인간인 농사꾼

조레스가 정작 물은 것은, 농민 저들이 누구인가였다. 농촌 소도시에서 자랐지만 농민이 그의 뇌리에 그렇게 박혀 있었다는 것은 의아하기도 하다. 캄캄한 밤 거친 들판에서 홀로 양떼를 지키던 프루동의 경험을 모르는 그였다.[65] 왜 어떤 아이는 인간과 삶의 험난한 지경을 어려서부터 직관하는지는 해명하기 어려운 일이지만 그에게는 농촌이 목가적으로 보이지 않았다. 작은 눈이 빛날 뿐 사실 그는 세련된 도시인과는 거리가 멀었고 농부 같은 면모를 지녔다. 그런 그를 똑똑히 본 이는 조레스보다 스무 살이 적었던, 훗날 대통령이 되는 뱅상 오리올이다. 그는 1904년 툴루즈에서 톨스토이에 대해 강연하러 온 조레스를 보니 마치 밭일하다 나온 것 같아 차림새를 챙기자 조레스는 "오리올, 나도 농부요. 배운 게 있는 농부"라고 말했다고 회고했다. 지방 부르주아 집안의 딸과 중매결혼을 한 후 넓은 터가 달린 농장을 소유했지만 그의 그런 소탈한 모습은 종내 변하지 않았다.

빵과 포도주는 인간 천재성의 산물이다

1901년 논설인 〈석탄과 밀〉은 파리의 사회주의 신문 《라 프티트 레퓌블리크》에 실렸다. 글은 서정적인 비유로 넘쳤지만 논지는 분명했다.[66] 돌 캐고 흙 파고 들판에서 살아가는 사람들은 가치를 지녔다. 착취당하기만 하는 피조물이 아니다. 그는 농민의 삶과 습관 속으로 이미 사물의 운동이 들어와 있다고 느꼈다. 만약 그렇지 않다면 말은 헛되고 이론은 무력할 것이었다. 그에게 이런 마음이 없었다면 농민을 땅에서 들어 올려 형이상학의 세계로 옮겨놓기 어려웠을 것이다. 그는 어렵게 말하지 않았다.

누군가 사람들이 씨앗을 고르고 야생의 포도나무 몇 그루를 심지 않았으면 밀과 포도는 존재하지 않았을 것이다.[67]

그에게는 이것이야말로 알 수 없는 인간의 천재성 가운데서도 가장 위대한 것으로 보였다. 인간은 초원에 뿌려지는 연약한 씨앗 한 알을 만지면서도 이제 이 씨앗이 보석 같은 밀이 되리라 헤아렸다. 들판에서 몸을 구부리고 일하는 사람들은 인간의 혼을 품고 있었다.

세상에 자연산 포도주, 자연산 밀이란 건 없다. 빵과 포도주는 인간 천재성의 산물이다. 이 대양 같은 밀밭에는 인간의 혼이 깃들어 있다.[68]

그렇지만 실제 농민이 그와 같은 시야로 자신들의 노동을 관조했을까. 사람이 일에 치여 손도 굳고 얼굴도 주름지면 정신도 딱딱해지기 쉬웠다. 온유한 마음으로 낯선 이를 환대하려면 그럴만한 환경과 그렇게 해야 한다는 연습이 필요했다. 농민은 도시 노동자에게 등 돌리고 사회혁명을 완강하게 거부한다는 것은 1848년 혁명의 패배 이후 통념이 되었다. 1871년 코뮌기에 여성 저널리스트 앙드레 레오가 근심한 것도 도시와 농촌 사이의 깊은 골이었다.[69] 1880년대에 아나키스트 엘리제 르클뤼가 호소한 것도 도농 사이의 몰이해를 타파하자는 것이었다.[70] 조레스에게도 농민은 진보를 받아들이지 못하는 완고한 사람들로 보였다. "오늘날 놀라운 과학의 발명이 일어나고 사람들이 화학제품과 농기계를 사용해도 농민에게는 진보가 어쩌다 그런 일이 일어나는 우연으로 보일 뿐이었다. 그들은 이제 먹을 것이 없어 굶주리지는 않더라도 멀리 지평선은 바라보지 않았다."[71] 그럼에도 그는 밭에서 일하는 노동자들의 정신적 기품을 느꼈고 알아챘고 또 공언했다.[72] 사실 여기저기 농민층의 사정은 1830년대와는 아주 달라져서 아궁이에 불을 지펴 집을 데우고 음식을 하던 시절은 갔다. 1870년 이후에는 스토브가 농촌 가정에 들어갔고 소도시들에서도 저녁이면 시 공무원들이 거리마다 돌면서 가스등을 켰다. 1890년대 이제는 개와 황소, 수탉, 거위, 오리 그리고 돼지가 뒤섞여 지내는 농가가 보이지 않았고 농촌에 이웃한 소도시는 거리 양편에 나란한 가옥들로 단정히 꾸며졌으며 시청은 주거와 도시 위생을 부지런히 살폈다.[73] 물론 사정은 한결같지 않았다. 도시의 작가이건만 농촌 깊숙이 들어간 에밀 졸라는 이렇게 썼다. "아내이자 엄마인 농촌 여성이 죽자 식구는 흙을 파서 시신을 묻은 다음 바로 일하러 나갔다. 일손이 하나 없어졌을 뿐이다. 자연은 애도의 시간을 허락하지 않았다."[74]

많은 진보적 개혁가처럼 조레스도 농촌 문제의 근원은 소유라는 것을 알았고 그 소유의 구조는 변하지 않는다는 것을 덮지 않았다.

> 고된 일과 속에서도 한 알 한 알 씨앗을 고르는 농민의 정성. 포도 그루터기 하나마다 공들여 파는 농민의 삽질의 몫은 저들에게 갔습니다. 깊은 숲에 들어가 도끼날이 들지 않는 뻣뻣한 나무들을 악착같이 도끼질하고 외양간에서 겨우 한숨 눈을 붙이고는 새벽녘에 가축을 돌보는 수고는 언제나 저들에게 돌아갔습니다.[75]
>
> **농민을 감히 내려다보는 그들은 누구였을까**
>
> 바로 얼마 진에 로마에 다녀온 것을 사랑하는 골Gaul의 귀족들, 성대한 마상 시합 마구를 갖춘 봉건 주군들, 돈을 물 쓰듯 하는 금융가, 고약하고 인색한 부르주아가 그들이었습니다. 농부는 자기 손아귀에서 여름날의 왕성함

이, 가을의 풍성함이 날아가는 것을 보았습니다. 그가 기진맥진하게 일하는 것은 언제나 다른 이들을 위해서입니다. 하지만 그 농부가 아무리 체념하고 종속되었어도 그는 태초부터 지금까지 여러 세기 동안 강자들에게 경고하고 항의해왔습니다. 그 역시 즐길 줄 알고 즐기기를 원한다고.[76]

이 같은 조레스의 경제 비판은 물론 독창적이지 않았다. 자본주의의 뿌리에 농업의 착취가 있다는 것은 19세기의 사회 비판자들도 20세기의 전문 학자들도 논증했다.[77] 하지만 논지는 그와 유사하다 할지라도 그는 농민의 가슴에 들어갔다 나온 듯한 말을 토해냈다. 낫과 호미를 들어보지 못한 사람이 어떻게 그럴 수 있었는지는 알기 어렵지만 그는 농촌 들판을 지나가면서 전원이 주는 안정감에 취하고 부지런히 일하는 인간의 기품에 신기해하는 외부인이 아니었다. 그는 어떤 노동자든, 그러니까 농촌 노동자도 조금이라도 여축이 있어 내일도 모레도 살 수 있다 싶으면 임금을 협상한다고 전제했다. 그러나 여축이라고는 없으면 농촌 노동자는 임금 앞에서 무너진다고 진단했다. 그가 이어서 떠올린 것은 농민이 땅을 파고 있는 그 시간에 아메리카나 인도로 전신 한 통만 보내면 곡물 가격이 뚝 떨어지는, 그런 권한을 지닌 이들의 얼굴이었다.

조레스는 농민 문제가 역사적인 것임을 인식하고 있었다. 사실 1789년에 당장 벌어진 부르주아와 민중 사이의 결별은 도시가 아니라 농촌에서 훨씬 분명했다. 부르주아의 재산은 귀족에 비해 비교적 근래에 쌓인 것이었다. 농민층의 인구 증가가 어려운 중에서도 특히 프롤레타리아층의 사정이 그랬으며 많은 공화파와 사회주의자들처럼 조레스도 이 사정을 꿰뚫고 있었다.

아무것도 안 가진 사람들, 농촌의 일용직 노동자, 소작농의 자식들이 도시를 향해 떠나고 있다. 이들 빈곤층의 이농으로 소토지 소유자들은 전보다 더 확고하게 땅에 뿌리를 내린다.[78]

토지를 보유하거나 구입하기는 어렵고 생산의 몫은 지배자들에게 돌아가고 할 수 없이 농사짓던 터전을 버려야 하는 농촌의 실정에 대한 그의 현실감각은 옥시탕Occitant이라 부르는 남부의 서정과 화합하여 하나의 거대한 농촌 서사를 불러왔다. 그의 사회주의는 착취와 피착취를 말하면서도 결코 삭막하지 않았다. 그러나 그가 서정에 기운 정치인일 리는 없었다. 농촌에서 실제로 시작할 수 있다고 본 것은 농촌의 조직이었으며 이에서 움트는 농촌민주주의였다.[79] 독일에서는 산업재해, 질병, 노년, 장애에 대한 보장이 실시되고, 이 분야를 사적인 것으로 다루었던 영국도 국가 개입을 시작했다. 조레스는 농촌의 조직화가 활성화되면 프랑스도 그런 방향으로 가리라고 희망했다. 1891년 푸르미 시위의 살해가 일어났던 때로부터 10년이 지나 프랑스도 달라졌고 해야 할 일은 정밀한 조사와 입법이었다.

지식인 조레스의 사회주의는 광부들의 험한 노동과 농민의 끝없는 일손에 원천을 두게 되었다. 결국 그는 광부들과 농민들과 함께 전진하면서, 그들이 표상하는 일하는 사람 모두를 위해 가야 할 길은 오직 사회주의라고 믿었다. 따라서 우선 소유와 경제구조를 따지고 바로잡아야 했다.

혁명 전 왕정기부터 내려와 19세기의 경제 번영 속에 대자본가로 군림하게 된 카지미르 페리에 가문의 부 축적 과정을 조레스는 가차 없이 공격했다. 17세기 페리에 가문의 성채였던 그르노블의 비질성.

조레스는 정치 언어 구사와 연설 기량이 중요했던 프랑스 제3공화정에서도 손꼽히는 웅변가였다. 이 스케치는 열광하고 분노하고 포효하는 그의 웅변을 표현한다.

1906년 3월 북부 쿠리에르에서 일어난 광산 참사는 당시 유럽에서 빈번했던 광산 사고 중에서도 처참한 사건이었다. 공식적으로 1099명이 매몰되어 살아 돌아오지 못한 이 사건에 정치인들이 깊은 우려를 나타냈으며 조레스 역시 〈인간과 광산〉이라는 논설을 쓴다. 《르 프티 주르날》이 묘사한 참사 현장.

2장

사회공화국을 향해

조레스가 가려는 최종 목적지는 사회공화국이었다. 이 말은 역사가 깊었다. 1848년 혁명 때 민주사회파가 의사당과 거리에서 즐겨 썼고[1] 1871년 코뮌기에 여성 저널리스트 앙드레 레오가 농촌과 도시를 향해 호소한 주제이다.[2] 이제 제3공화정의 사회주의자들이 이 방향을 바라보았다면 그것의 정체성은 무엇일까.[3] 1906년 5월 총선에 임해 조레스가 내놓은 '공약' 사회공화국은 이 질문에 대한 하나의 답이 된다.[4] 그가 약속한 대원칙은 우선 국민주권의 원칙은 공화국으로 구현된다는 것, 하지만 지금의 정치적 공화국은 내일의 사회공화국으로 귀결해야 한다는 것이었다. 지금 임금생활자들이 정치적으로는 주권자이지만 경제적으로는 일종의 예속 상태에 놓여 있다는 것이 문제였다. 그것은 공화국의 본모습이 아니었다.

이 장에서 유한有閑자본주의의 특권을 부수어야 한다는 조레스의 논지를 살피는 것은 그 때문이다. 그렇다면 누가 그렇게 하느냐는 그의 의회 연설을 먼저 듣고 유한자본의 상황을 알아보며 마지막으로 급진파의 개인 소유론과 소유론에 대한 그의 비판을 알아본다.

사회주의의 전진은 멈추지 않는다

1893년 11월 21일 의회는 샤를 뒤퓌 총리의 새 내각 선언을 들었다. 뒤퓌 정부는 이미 그해 4월 4일에 집권했지만 여름 휴회기를 지내고 11월 14일 하원이 개원하자 내각 선언문을 의원들에게 배포했다. 의회에서 지명하고 의회에서 해산하는 정부는 의회에 나와 자신의 정책 의도와 계획을 선언하는 것이 관례였다. 사회주의자들은 이 선언에 대한 반박 질의를 준비했다. 조레스는 밀랑과 먼저 상의하고 다른 동료 의원들과도 선언문을 검토한 다음 23일에 질의하려고 했으나 총리의 요청으로 질의 날짜가 21일로 당겨졌고 발언자로는 조레스가 지명되었다.[5]

지방의 철학 교수로 출발해서 장학관을 거친 교육 전문가 뒤퓌는 조레스와 같은 해인 1885년에 하원의원이 되었고 7년 후 40대 초에 내각 수반에 올랐다. 조레스는 대뜸 이 선언문에는 개헌도 없고 교회와 국가의 분리도 없고 재정 개혁의 혁신 방안도 없다고 질타했다. "이렇게 목적을 부정하면 어떻게 과반수를 확보하여 의회를 살려갈 수 있겠습니까? 정부 수반께서 단호하게 누진세 일원화를 꺼내 들었을 때 나는 그러리라고 보았습니다." 조레스가 치켜든 누진소득세 법안은 공화정 수립 전부터 공화파가 내건 숙원 사업이었다.[6] 학자에 따라서는 이 시기 공화정의 정치적 대립은 다른 것이 아니라 바로 이 누진소득세 문제였다는 평가도 내린다.[7] 조레스는 디테일은 제쳐두고 본론으로 들어가겠다며 정부는 지금 우리에게, 사회주의자들에게 전쟁을 벌이고 있다고 논점을 바꿨다.[8]

그는 내각 수반께서는 어떤 명분으로 이 사안에 이렇듯 미온적으로 대처하는지, 이를 개정하려는 사회주의자들의 노력을 도우려는 것인지 망치려는 것인지 답변하시라고 했다. 이미 10여 년 동안 집권했지만 이 온건 공화파는 우선 정책을 교육과 식민지 확장에 두고 사회문제에는 적극적으로 나서지 않았다. 총리는 답변하지 않았고 조레스는 공격을 이어갔다. 그는 공화국에 있어 사회주의가 무엇인지를 설명하고 또 설명했다.

> 당신들은 인간과 사물의 동력을 멈추게 할 수 있습니다. 당신들은 어떤 인간들의 경우에는 저항의 의지가 얼마나 강한지 정확히 측정할 수 없습니다. 그것을 재려는 건 공허한 사회철학일 뿐 아니라 공허한 정치철학입니다. 만약 사회주의 운동이 일시적인 흥분이라면 공고한 자본주의의 집에서 사소한 것이나 개수하면서 시간을 보낼 수 있습니다. 그러나 사회주의 운동이 어디서든 일어나고 있다는 것이 충격이지요?[9]

질의는 그날로 그치지 않고 수일 동안 계속되었다. 원로급 공화파 에두아르 로크루아, 루이 바르투, 쇼탕 의원의 질의가 있었고[10] 그다음에는 폴 데샤넬, 르네 고블레, 조르주 레그, 루이 주르당 같은 공화파가 이 공방에 가세했다.[11] 11월 25일 회의가 끝나자 급진파의 중진 카미유 펠탕이 개입하여 정부가 부재한 상황에 질의를 이렇게 계속할 수는 없다고 했고 의회 복도에서는 재무장관과 상무장관이 내일 아침에 사직하겠다는 의사를 밝혔다. 밀랑은 조레스와 함께 발의한 대정부 질의를 철회한다고 단상에서 고지했다. 이렇게 해서 뒤퓌 정부가 물러난 것은 우선 9월 총선으로 의석 분포가 달라져 급진파와 사회주의자들이 전에 없이 다수 의회에 포진했기 때문이었다.[12] 정부가 물러나느냐 마느냐를 이렇게 결정하는 것은 불안정을 감수하고서 국민주권을 의회에 맡긴 의회 제도에 기인했다.[13] 이는 영국과 같은 내각책임제인 것 같으면서도 프랑스에 고유한 의회 주권의 표현이었다.[14] 조레스와 사회주의자들이 그날 그렇게 역설한 사회주의의 존재 이유는 크게 보아 돈과 사회의 문제에 있었을 것이다.

금권, 세습자본, 금융에 반대한다

세상이 잘못되어가는 것은 돈 때문이라는 문제의식은 사회주의 고유의 사회 비판이 아니다. 1890년대의 특징도 아니다. 돈이 만사 불행을 부른다는 생각은 산업화 초기 이래 사회사상가라면 거의 표현했다.[15] 경제와 사회 현실의 조화를 추구한 사회사상가 샤를 푸리에의 제자 빅토르 콩시데랑(1808-1893)은 지상의 신은 돈이라고 명언했다.[16] 1900년에는 드디어 돈의 가치를 객관적, 주관적으로 서술한 책이 발간되었는데 사회학자 게오르크 짐멜의 《돈의 철학》이다.[17] 그러나 산업자본의 조달과 유통 없이 산업화는 가능치 않으며 재정의 확장 없이 산업국 사이의 경쟁을 헤쳐 나갈 수 없다는 것은 자명했다. 그럼에도 사회적 적대감, 경쟁, 풍요와 빈곤의 대립을 부르는 근원이 금전이라고 보는 사상도 물러서지 않았다.

이 문제에 압권이었던 책의 하나가 마르크스주의자 폴 라파르그(1842-1911)의 《자본이라는 종교》이다.[18] 그러나 라파르그 역시 신랄한 풍자에 능했던 것이지 자본에 대한 실질적이며 정연한 경제적 분석은 프랑스 사회주의에서는 찾아보기 힘든 영역이었다. 여러 갈래였던 각 당파의 당대회에서도, 사회주의 통합 후 당대회에서도 경제에 대한 의제는 정책 수립에 그쳤지 영국 사회주의와 같은 정교한 이론화는 하지 못했다. 거대한 자본의 문제를 한두 마디로 포착하지 않으려 한 점도 있었을 것이다.[19]

역사학의 방향을 정치사에서 사회경제사로 돌리며 아날학파를 수립한 뤼시앵 페브르에 따르면 자본, 자본가라는 말은 19세기 후반에 흔하게 쓰였어도 자본주의라는 말은 20세기 초에도 널리 통용되지는 않았다.[20] 카를 마르크스의 《자본》이 경시되었던 것은 아니다.[21] 일찍이 1879년 마르세유 노동자대회에 참여했고 게드, 장 롱바르와 함께 프랑스 노동자당의 강령을 기초한 가브리엘 드빌(1854-1940)이 1883년에 《자본》을 번역했다. 문과·이과 대학입학 자격시험을 모두 통과한 드빌은 남부 끝 오트피레네 출신이었으나 북부의 게드주의자들과 힘을 합하게 되었고 이미 제1인터내셔널 끝 무렵부터 마르크스주의에 경도되었다.[22] 1880년대에 마르크스주의는 학계에서 다루는 철학으로 나타나지 않았다. 운동의 현장이 전유했고 이 점이 프랑스 사회주의의 커다란 특징이었다.[23]

더구나 조레스는 경제 전문가가 아니다. 그러나 자본주의의 성질은 통찰했다. "어떤 시기에도 자본주의는 다른 성분들이 섞여들지 않은 순수한 저항이나 반동의 힘이 아니다. 나누어질 수 없는 행동에 의해 그것은 언제나 하강과 고양을, 종속과 해방을 부르고 착취하고 풍요하게 한다." 더 중요한 것은 그가 프롤레타리아들이 이 사실을 헤아려 짐작하고 있다고 갈파한 것이다. "비록 이런저런 개인이 사나움을 부려 이 체제의 엄혹함에다 외적인 폭력을 덧붙인다 할지라도 프롤레타리아들은 자신들의 환경과 자신들이 작동하도록 하는 생산체제를 한 사람 또는 한 그룹의 사회적 의지가 창출한 것이 아니라는 사실을 알고 있다." 그가 전망하는 프롤레타리아들은 역사의 한 기간을 지배하는 힘, 혹은 흔히 지도자들 자신보다 막강한 힘, 광대한 비인격적 법칙을 인지하거나 예감하는 존재였다.[24] 그렇게 존재의 의미를 부여받은 프롤레타리아와 실존의 프롤레타리아는 전혀 동일체가 아니었다.

카지미르 페리에 가문

조레스 같은 개혁사회주의자도 경제적 특권을 문제 삼은 것은 이유가 있고도 남았다. 1900년에서 1910년대 프랑스인들의 소득과 재산 분포는 소수의 과점이었다. 총소득 면에서는 전체 인구의 10퍼센트인 최상층(1퍼센트)과 상층(9퍼센트)이 45퍼센트, 나머지 90퍼센트가 55퍼센트로 분할되었다. 자산 면에서는 최상층 60.5, 상층이 28, 합해서 88.5퍼센트를 차지했고 나머지 11.5퍼센트의 자산을 90퍼센트가 나눠 가졌다.[25] 유산 상속 현황을 보아도, 1911년 리옹을 예로 들면 기업가, 자유직업군, 고급 간부가 최상위를 차지하고 그다음이 대상인과 건물주, 연금생활자이며 리옹의 산업을 대표하는 견직공과 다른 노동자들은 100분의 1에도 못 미치는 수준이었다. 그 사이에 있는 중간 간부, 장인, 군인들도 상층 평균의 10분의 1에 머물렀다.[26] 독립파로 사회주의에 진출했어도 밀랑, 비비아니 같은 사회주의자들과 조레스가 처음부터 달랐던 것은 이 소유에 관한 의식이었다.

조레스가 자본의 속성인 세습자본의 형성과 행태에 고함을 친 것은 1894년 11월 파리 재판정에서였다. 이 재판은 언론인 제로리샤르가 공화국 대통령 모독죄로 기소되어 열렸다. 제로리샤르의 친구였던 조레스는 그의 변론을 자청하여 재판정의 허가를 받았다. 조레스는 피의자를 변호하는 대신 대통령 장 카지미르 페리에(1847-1907) 가문을 공격하는 것으로 포문을 열었다.

> 재판관들은 '카지미르 타도'라는 기사 제목이 모독이라고 하시는데 우리는 특정한 용어나 전반적인 취지로 보아 이 기사에 모욕이 포함되지 않았다는

것을 적시하겠습니다. "타도" 앞에 카지미르가 붙었든 페리에가 붙었든 그 기사 제목이 모독을 함유하지 않는 이유가 있습니다. 현 대통령의 선대가 문제인 것입니다. 문제는 두 세대 전 조상이 권위적이고 탐욕적이고 이기주의적이며 (보수적 자유주의 아래—옮긴이) 유혈적인 오를레앙주의[27]를 수용했고 그것이 페리에 가문의 불멸의 유산이 되었다는 점입니다.[28]

변호인 조레스는 곧 어조를 높였다. "만약 타도라는 이 말을 거리에서 외쳐 지나가는 행인을 자극했다면 기소될 수 있습니다. 그러나 이것은 문자이며 그 의미는 정치적입니다. 따라서 카지미르 타도!는 노동자 공화국 만세!를 의미합니다." "이 외침은 우리나라의 진정한 민주파와 진정한 공화파는 틀림없이 페리에 대통령의 실각을 원하고 또 준비하고 있다는, 오직 그런 뜻입니다. 그렇게 주장하는 것은 그들의 권리입니다."[29] 물론 상층 부르주아의 상을 이렇게만 보는 것은 온당치 않았다.[30] 그러나 공화국의 대의는 만인 평등임에도 기업과 은행, 언론을 점점 장악한 것은 부르주아층이며 그것이 노동자들의 현실과 너무도 배치된다는 것은 그의 사회주의의 기초였다.

그는 대통령 측근 인사들을 질책한 후 그러나 미워해야 할 것은 사람이 아니라고 했다. 그들은 사물을 따르는 도구일 뿐, 우리가 미워하는 것은 나쁜 사람들을 키우는 나쁜 제도일 뿐이었다. 그는 평등과 연대를 꿈꾼 디드로, 콩도르세 같은 계몽주의자들 옆에는 신흥 자본가의 봉건성이 공존했으며 콩도르세는 그와 같은 자본의 성격을 예감했다고 지적했다.[31] 조레스의 공격 대상은 그 후 19세기에 계속 성장해간 상층 부르주아로 좁혀졌다. 1830년 혁명을 자신들을 위해 방향을 틀어버린 것이 이들 부르주아지였다. 독점, 투기, 징세 거래로 부유해진 그들은 빚을 잔뜩 진

대영주들의 찬란한 성채를 사들였다. 클로드 페리에(1742-1801)가 바로 그렇게 비질성에 자리 잡고 크레키 레디기에르의 마지막 후계자인 빌루아의 피륙 업체를 구매했다.[32] 영지를 판 귀족들이 경멸할 것을 두려워한 이 부르주아는 귀족이 되어 대가문과 어깨를 나란히 할지, 봉건 귀족의 제도에는 미련을 두지 않고 귀족의 돈만 섬길지를 결정해야 했다. 클로드 페리에는 귀족이 되기 위해 그르노블 궁정 참사회의 잔여 회원권을 사들였다. 그다음 부르주아 혁명의 전초지였던 도피네의 성채에서 살롱을 열었다. 대규모 기업가에 최상층 부르주아인 클로드 페리에는 조금씩 부유해진 예전의 부르주아와 달랐다. 조레스가 지적한 상층 부르주아의 사회적 행태는 그 후 200년이 지난 후에도 부호들의 삶에 스며든 구조적인 것이라고 할 수 있다.[33] 상층 기업가들은 그런 방식으로 서로 결속을 도모했다.[34] 그러나 조레스가 진정으로 지적한 것은 클로드 페리에의 사업 방식이다. "페리에가 작업장에 모아들인 노동자들은 모두 태동하는 자본가 체제 아래 주인의 더러운 인색함에 짓눌린 창백한 사람들이었습니다."

> 18세기 말의 가엾은 노동자들은 옛 권력과 새 권력을 모두 감당했습니다. 귀족과 부르주아, 또 왕은 노동자들이 작업장을 떠나면 탈영병처럼 체포하게 했습니다. 노동자는 이를 피해 어디로 갈 곳이 없었습니다. 아무리 허술해도 낡은 조합밖에는 갈 곳이 없었고 혁명을 일으킬 수 있다는 것은 아직 몰랐습니다. 그처럼 하대를 당하고 멸시받고 잊힌 끝에, 1789년에 한 줌의 관대한 바람이 온 나라를 스쳐 지날 때 사람들은 노동자를 의회[35]에 불러야 한다는 것을 잊었습니다. 그러자 파리와 리옹의 노동자들이 별도로 회동하고 빈자의 진정서로 불리는 진정서를 작성했습니다. 그들은 가공할 탐욕을 위해 냉혹하게도 임금을 계산하는 일이 없기를 요구했습니다. 이 슬픈 빈자

의 진정서를 작성하도록 고무한 이들 중에 클로드 페리에 제조창의 노동자들이 있습니다. 이것이 페리에 가문과 민주주의가 첫 번째로 조우한 대목입니다.[36]

이어서 조레스는 혁명 후 혼란기를 넘기자 19세기 정치로 손을 뻗는 자본가들의 경로를 그렸다. 격동의 시기를 거쳐 공포정치의 마지막까지 클로드 페리에는 안정을 유지했으나 테르미도르 후 '양심의 선동이 지나가자 돈의 선동이 일어난' 파리에 나타나 국유지 파동, 어음 변동과 전시 조달에 기대 투기로 재산을 부풀렸다.[37] 그는 집정 정부와 통령 정부의 금융 권력자 중 하나가 되어, 귀족들은 망명을 갔으나 구체제의 제도는 남아 있는 앙쟁 광산에 입성했다.[38] 봉건적 토대 위에 부르주아의 지배를 올려놓으려는 꿈의 실현 단계에서 그는 제1통령에 의해 창설된 프랑스은행에 들어갔다.[39] 산업과 금융 투기, 또 광산 영지에서 한몫을 확보한 페리에 가문은 자본주의적 생산 전 부문으로 활동 범위를 넓혔다. 조레스는 여기서 경제적인 힘과 정치적인 야망이 조우한다고 보았다.[40] "정치권력이 필연적으로 경제 권력을 표현하는 우리 사회에서는 돈 이외의 다른 힘은 없"었다.

은행가

장차 루이 필리프의 각료가 될 카지미르 피에르 페리에(1777-1832)는 권좌를 정복하기 위해 재산을 재구축하고 확장하기 시작했다. 부친 클로드 페리에의 재산이 여러 자식에게 나뉘어 상속되었기 때문에 그는 재산 회복을 위해 일시 자금난에 몰려 내놓는 저택을 빚을 내 구입했고 쉽사리 재산을 세 배 늘렸다. "배심원 여러분, 그것이 카지미르 페리에의 본성입니다. 처음부터 돈의 출처를 포착한 대은행가들과 투기자들은 이내 힘의 원천까지 포착했습니다."[41] 지역에 따라 차이가 컸지만 기업가와 금융인들은 지방에서 자본 구축에 성공하면 파리의 연줄을 잡거나 아예 파리로 와서 움직였다.[42] 국가와 사이가 긴밀했던 프랑스 기업의 성장 경로는 프랑스보다 훨씬 개인주의적인 영국과 대비된다. 페리에는 무엇보다 포획에 숙달한 은행가였다. 조레스는 이야기를 정리했다. "고통받는 우리 사회를 파고들어 전망이 어두운 상업과 산업체를 정확히 겨냥한 다음 이들이 굴복하고 파산한 덕분에 부유해졌습니다." 조레스와 같은 비판은 사회주의에 배어들어 있었다. 개혁주의자 오귀스트 시라크는 특히 금융 투기 행태를 세세히 파악하고 줄곧 비판한 사회주의자였다. "한 나라의 이해를 뒤흔들고 수백만 명을 이동시키고 사회경제의 법칙을 위반하는 것, 누구든 일하지도 않고 갑자기 부유해져서 직간접으로 수천 명을 파산하게 하는 것은 건전한 업적이 아닙니다."[43] 더 심원하게 이미 1850년대에 프루동은 인민의 금융을 안전하게 보호해야 할 필요가 있음을 논증했다. 그러나 그 같은 프루동의 의지는 19세기 후반에 이르자 발붙일 데가 없어졌다.[44]

은행 금융가들에 대한 조레스의 비판에는 양보가 없었다.[45] 채무자들이 처한 난경이 현재로는 충분치 않고 아직 착취할 만한 상태가 아니고 자기들 저택을 더 높이 짓기에는 파산액이 모자라고 약탈할 물권이 충분치 않을 때에는 이 금융인은 누군가를 곤경, 몰락, 파산으로 몰아갔다.[46] 그는 프랑스은행의 이사 지위를 이용하여 기업인들이나 상인들에게 가혹하게 신용을 거부하는 것으로 한몫을 챙겼다. "이들이 신용도 없고 자원도 없어서 무릎을 꿇는 때가 되어야 그는 은행 창구를 열고서 고리의 어음으로 자본을 공급했습니다. 우리가, 권력을 쥔 이 은행가들의 사기성 조작에 맞서 지키려는 것은 다만 노동자 프롤레타리아뿐만이 아닙니다.

우리나라의 생산력 전체입니다." 조레스는 이런 비유까지 썼다. "고백하건대 나는 부르주아 공화국의 명예를 빈사 상태에 빠트린 이 은행, 이 고리대금의 수상한 집보다는 앙시앵 레짐 아래 구왕정의 방탕의 집이 나라를 위해 낫다고 보았습니다." 재판장이 조레스에게 발언이 너무 길고, 페리에 대통령을 고발하면서 공화국 대통령의 집을 방탕의 집과 비교한 마지막 발언은 아무리 양해해도 선을 넘었다고 지적했다. 그는 끄떡도 하지 않았다. 이 재판에서 제로리샤르는 1년 형을 선고 받았다. 장 카지미르 페리에 대통령은 제로리샤르의 재판 후 두 달이 지나 사임했다. 금융과 자본에 대한 반대는 사회주의의 전유물이 아니었으며 우익에서도 강경했다. 그러나 분명한 것은 민족 우익 인사 드뤼몽이 반자본주의의 기수였어도 양자는 전혀 같지 않았다. 드뤼몽이 분개한 것은 자본 자체라기보다 유대인이 자본을 장악하고 있으리라는 문제였다.[47]

파나마 스캔들

금융은 정치권력과 어떤 식으로든 손을 잡으려 했다. 대규모 금융은 정경유착의 위험을 불렀으며 파나마 사건이 좋은 예였다.[48] 1879년부터 10년 동안 운영된 파나마 대양간세계운하 회사가 1889년 2월 파산하자 1만여 명의 주주 또한 파산했다. 그런데 시간이 지나 1892년 9월부터, 파나마 회사의 파산 이전에 정치권이 사기성 지원을 했다는 언론 보도가 나왔다.[49] 사건에 깊이 연루되어 법정에 선 자크 레나슈 남작이 11월 20일 자살하고 민족주의자 쥘 들라아예 의원이 의회에서 수표를 받은 정치인을 문제 삼자 여론이 비등했다.[50] 조레스는 이미 영국, 독일, 미국은 사기와 탈취에 대한 법적인 방지책을 강구하고 있다고 경고했다. 그가 전거로 제시한 것은 1892년 그해에 출간된 법조인 클라우디오 자네의 저서 《20세기의 자본, 투기, 금융》이었다.[51] 그가 의회에서 파나마 사건의 결과에 대해 주의를 환기한 것은 카르모 보선으로 막 의회에 돌아온 1893년 2월이었다.

조레스 이 서글픈 파나마 사건으로 우리가 확인하는 것은 무엇입니까? 우선 분명히 말하지만 금력이 여론을 장악하고 공공 정보의 원천이 되어야 할 국민의 의식을 왜곡한 것입니다. (좌파 여러 의석에서 "잘한다!" "잘한다!") 그런데 정부는, 이 돈의 힘에 물들지 않고 노동자들이 한 푼 한 푼 아껴 모은 자금으로 만드는 노동조합의 신문들을 모조리 금지했습니다.

의장 아닙니다.

조레스 그리고 또 우리는 무엇을 확인합니까? 민주주의 국가에서 신新국가, 금융 국가가 부상한 것입니다. 철도, 은행, 대기업을 모조리 쥐고 있는 이 권력에 맞서 투쟁이 일어나지 않는다면 개탄할 일입니다. (극좌의 박수.) 우리는 일종의 사회 해체를 보고 있습니다. ("그만하라!")

의장 여러분 조용히 하고 경청하십시오. 모든 의견은 연단에서 제기될 권리가 있습니다.

조레스 저는 막연한 청렴성이 아니라 새로운 도덕의 해결책을 세워 이를 제재하고 또 도덕성을 보장하기를 요구합니다. (좌측 여러 의석에서 "잘한다!")[52]

조레스는, 우리는 작은 방에서 몇 사람이 나눈 사소한 사건을 문제 삼는 것이 아니라 새로 일어나는 정의로운 사회질서를 위해 이 자리에 있다고 말했다.[53] 그가 낡은 형태의 부르주아 지배력은 끝나가고 있다고 쓴 것은 사회주의자가 되기 전인 1887년이었다.[54] 하지만 돈의 힘이 날로 뻗치는 영역이 언론이었다.[55] 제작 기술의 향상과 독자 수요의 확장으로 유럽 어디나 번성한 언론은 대형화될수록 더 큰 자본이 필요했고 그러자 사회는 자본주의는 정의로울 수 있는가 하는 질문을 제기했다.[56] "우리는 정부의 부패, 신용 기구들의 방대한 힘에 언론이 밀리는, 자본과 금융의 체제에 항의한다. 어제도 훔쳐 갔고 내일도 훔쳐 갈 토지 신용, 크레디 리요네, 프랑스 언론을 추하게 하고 언론을 돈 가진 자들의 기관으로 추락시키는 것이 이 체제이다."

라파르그는 잘 알려진 저서 《게으를 권리》에서 자본은 이윤에 눈이 먼 사악한 것이라고 고발했다. 파리 의과대학을 다니다 정치적 시위로 추방되어 영국으로 간 수재형의 라파르그는 런던에서 곧 마르크스, 엥겔스와 만나게 되고 제1인터내셔널에 가입하며 1880년부터는 프랑스 노동자당의 지도자로 나섰다. 통렬하고 쨍쨍한 어법의 라파르그는 '자본이라는 종교'라고 명명한 짧은 장에서 1886년 런던에서 사회주의의 성장에 두려움을 느낀 제반 문명국 인사들의 실명을 열거했다. "두 세계의 대기업가, 금융가인 밴더빌트, 로스차일드, 굴드 수비란, 크루프, 돌푸스, 디츠모닌, 슈나이더가 직접 참석했거나 신임하는 대리 인사들이 왔다.[57] 폴 베르가 프레펠 대주교 옆에 앉고, 글래드스턴은 파널과 악수를 하고 클레망소는 페리와 대화하고 몰트케는 보복 전쟁의 가능성을 소재로 데룰레드, 랑크와 친밀하게 담소했다."[58] "지금의 필요에 응답할 수 있는 유일한 종교는 자본이라는 종교이다." 라파르그는 영국의 대통계학자 기픈이 다음과 같이 말했다고 적었다. "그들은 전율하며 외쳤다. '자본은 신이다.' 자본은 조국도 모르고 국경, 피부색, 인종, 나이, 성별을 모른다. 국제적인 신, 보편적인 신이다. 교황의 사절은 신의 전율 같은 것에 사로잡혀 소리쳤다. '과거의 종교는 지웁시다. 우리의 민족적인 증오, 종교적인 분쟁은 잊읍시다. 새로운 신앙의 도그마, 자본이라는 종교를 위해 우리들 마음과 정신을 합칩시다.'"[59]

카르모 기업주의 노사 의식

자본의 지배 형태는 세습자본이나 약탈적으로 보이는 금융으로만 점철되지 않았다. 사회주의의 입장에서는 근대적 기술과 기업 의지를 가진 대기업의 문제점도 적나라하게 드러났다. 1895년 하반기 내내 전국적 주목을 받은 카르모 유리병공장 파업 사건이 이를 말해주는 뚜렷한 징표였다.[60]

카르모는 양질의 토양과 인근 광산에서 쉽게 조달되는 연료로 17세기부터 유리병 산업이 성황을 이루었으며 이곳 생트클로틸드 유리병 회사는 솔라주 광업회사와 통합되었다가 전문 기업인 르세기에의 소유가 되었다. 유리병 공업은 섬유와 직물, 피혁, 토목, 건축과 같은 직종에 비해 우수한 기술이 요구되었고 임금 수준도 상대적으로 높았다. 19세기 말에도 유리병 제조 기법은 예전과 다르지 않아 뜨거운 노爐 앞에서 사람이 입으로 병을 불었고 그 기술은 전통적인 도제 훈련을 거쳐야만 숙달되었다. 하루 20리터까지도 물을 마셔야 하는 유리병공들은 7시간 반의 "짧은" 노동시간을 확보했으며 도제 채용과 훈련, 승진에 재량권을 갖고 3인 1조 작업으로 성과급을 받았으며[61] 고용주는 이에 간섭할 수 없었다.[62] 1895년 여름에 카르모 유리병공장의 파업이 일어난 것은 포도주병의 수요 침체로 사측에서 임금 산정 방식을 변경했기 때문이다. 기업주는 지금까지 생산량에 포함시켰던 폐기 유리병을 앞으로는 절반으로 계산한다는 새 방침을 밝혔다. 그러나 노사 간 골이 깊어진 것은 카르모 광부 파업처럼 이 파업에서도 유리병공들의 노조 활동에 연유했다.

조레스는 1892년 카르모 광부 파업과는 달리 이 파업 운동에 적극 개입하며 기업주에 대해 하나하나 따졌다. 의회 휴회 중 브술레 자택에 내려와 있던 그는 8월 1일 카르모로 와서 먼저 노동자들에게 작업 재개를 권했다. 파업이 시작되면 노동자들만 고생하는 것이 아니었다. 노동자들의 구매력에 의존하는 카르모의 소상인들도 피해를 입었다. 르세기에가 중재를 거부하고 공장폐쇄로 대응하자 조레스는 8월 7일 리보 내각 수반에게 전문을 보냈다. "카르모 사회주의자들에게 원한을 품고 노조를 파괴하려고 노동자들의 파업을 원했고 지금도 원하는 것은 고용주입니다."[63] 국가는 마땅히 노동과 기업 사이에 중재를 해야 한다는 것은 조레스 혼자만의 신조가 아니었다. 공화파의 뜻이었다.

기업주의 일방적인 공장폐쇄는 파업자에게 심각한 위협이 된다. 조레스는 이미 초선 의원일 때 노동자의 파업권과 고용주의 공장폐쇄 권리는 같지 않다는 논변을 폈다. 1888년 5월 파리 인근 유리병공장에서 파업이 일어났을 때 파리시의 다른 유리병공들이 자신들의 임금을 선 공제하며 파업자들을 지원하자 고용주는 3000명을 내쫓고 공장을 폐쇄하면서 노동자들의 임금은 "우리 돈"이라고 했다.[64] 조레스는 이렇게 반론을 제기했다.

> 두 가지는 다르다. 자본은 그것만으로도 커다란 힘이며 때문에 커다란 의무를 진다. 노동자들이 노동을 거부하고 물러날 때 그들이 가진 것은 오직 자신뿐이다. 자기 하나밖에는 처분할 것이 없다. 그때 그는 오직 주권을 지닌 자신일 뿐이다. 반대로 고용주가 파업을 하면 그는 사회적 순환으로부터 그의 노동, 지력智力, 행위만 빼내지 않는다. 자본 역시 빼낸다. 아무리 소유권이 신성하다 할지라도 수천 명이 그것 때문에 일하고 살아가는 공동의 그 부분을 무로 만들어버리는 데까지 갈 수는 없다.[65]

그는 인간과 기계 사이를 헤집고 들어갔다.

인간은 기계를 거부할 수 있다. 그러나 기계가 똑같이 스스로 인간을 거부할 권리는 없다. 기계를 움직이는 인간이 없는 기계는 아무것도 아니며 가치는 영零이다. 인간은 기계 없이는 굶어서 죽을 수 있다. 그러나 고통과 불안 속에서도 인간으로 남는다. 사랑하고 생각하는 가치를 보존한다.[66]

갑자기 수천 명에게 공장 밖에 나가 자유를 행사하라고 하면 기계가 없는 이 사람들은 살 수가 없다. 그것은 인간을 기계에 종속시켜 물질 앞에서 정신은 항복하라는 것이다.[67]

기업주의 노사 인식이 문제인 것은 그것이 바로 사회공화국의 핵심에 닿았기 때문이다. 8월 31일 파리 티볼리보알 회관에서 1만 명의 청중이 운집한 가운데(《라 프티트 레퓌블리크》 추산) 카르모 파업의 경과를 보고하면서 조레스는 다음과 같이 이 점을 설명했다.

노동자들이 보통선거로 대고용주들에게 정치권력을 부여하는 한 그들은 노동자들의 우상으로서 행동한다. 그러나 노동자들이 자신들 프롤레타리아의 문제에 몰두하게 되면 그들은 서슴지 않고 노동자들에게 경고한다. 당신이 당신의 주인이란 거죠. 좋소. 당신들의 대표를 택하겠다고요. 그것도 좋소. 그들은 당신의 당선인들이 될 거요. 그 대신 나는 그들을 굶겨서 쫓아내겠소. 그들은 왕이 될 것이요. 그러나 비참한 왕국의 왕이 될 거요.[68]

카스트르의 장 조레스 박물관 관장을 지낸 조레스 전공자 알랭 보스퀴스는 이 대목을 이렇게 해석한다. 대고용주는 노동자들의 임금을 정할 권리가 있고 노동자들의 생사를 쥐고 있다는 '혐오스러운' 주장을 그는 거부했다.[69] 조레스의 고용주 비판은 9월 14일 툴루즈 강연에서도 이어졌다.

> 이 강연장에 지금 2000명이 있습니다. 아마 모두 같은 주인 아래 매인 임금 노동자들일 것입니다. 당신들과 함께 앉아 있는 당신들의 고용주는 제 말을 듣고 내 권리요, 나와 똑같은 사람 나와 똑같은 시민 2000명을 굶게 하는 것은 내 권리요, 하고 소리치지 않을 것입니다. 감히 나에게 그렇게 말하지 못하는 것은 복수와 보복이 두려워서가 아닙니다. 그 오만한 권리를 노동자들이 겪게 할 수 없다는 마음속 인간애가 나 아닌 다른 사람에 대한 그것을 물리치기 때문입니다. 그러면 공화국에 의해 버림받는다고 스스로 느끼기 때문입니다.[70]

하지만 그러한 비판은 의회를 필요로 했다. 진정한 공화파라면 의회를 부릴 줄 알고 그렇게 해서 의회의 신망을 높이고 노동자들에게 의회의 의미를 보여주어야 했다. 얼마 후 10월 24일과 25일 하원에서 열린 대토론회는 장관이었다.[71] 모두 합해 네 시간 넘게 걸렸을 이 연설에서 특히 인상적인 점은 기업주의 잘못만 탓하지 않고 유리병공들의 파업에 "내가 책임이 있다"고 자신을 노동자들과 한데 묶은 그의 품격이었다. 노동자 파업을 사주하거나 독려하자는 것이 아니었다. 유리병공 마리앙 보도의 시의회 진출을 고용주가 거부한 것은 노사관계를 넘어 정치적 사안이었기 때문이다. 조레스는 파업을 당하면 처음에는 의기 있던 파업자들도 분열을 일으켜 서로 불신이 커지고 시간이 갈수록 결속은 어려운데 노동자 가족은 끼니가 어려워 고통스러워하는 것을 잘 알았다. 그래서 우선 필요한 기금을 거두기 위해 파리로 달려왔고 툴루즈로 나르본으로 쉴 새 없이 뛰어다녔다. 노동자 가족 한 세대에 하루 최소 2프랑씩 월 3만 프랑이 필요하다고 설명하며 광부 2000명이 하루치 임금인 5프랑을 월 1회 갹출하면 1만 프랑, 여기에 더해 시의회, 노조 동맹, 급진주의자들과 사회주의자들의 성금, 전국 도 단위 집회와 강연회를 통한 모금을 기획했다.

기업주는 왜 노조 결성을 그처럼 적대시하는가. 기업주의 부의 축적이 어디에 근원하기 때문인가. 그는 간단히 짚었다.

> 그렇습니다. 여러분, 우리는 고용주의 오만함이 부르는 강경책에 대면해왔습니다. 고용주는 20년 동안 노동자들에게 모든 것을 요구했습니다. 사람이 아직 살아 있을 때인데 모든 업종 중에서도 치명적인 노동으로 생명까지도 사라지게 할 수 있는 그런 노동을 딛고 고용주는 반 세대 안에 700만 내지 800만의 재산을 구축했습니다. 강력하지만 속 좁은 정치인을 고객으로 두게 되었고 그들의 힘으로 도지사와 판사들을 남몰래 두게 되었습니다. (극좌에서 박수, 중도에서 웅성웅성.)[72]

의회의 비난이 집중되자 르세기에는 공장 문을 다시 열고 자신은 퇴진했다. 여기까지 이른 것은 사회주의자들만의 공이 아니었다. 급진파 의원들, 급진파 여론의 질타가 사회적 반향을 자아냈고 의회 토론의 송곳 같은 언어들이 성과를 냈다.[73]

소유가 인격의 결과인가

사실 공화파는 일을 많이 했다. 공화정 제도를 수립하고 공화주의 인민의 심성을 가꾸며 인간 보편의 가치를 인민들 사이에 퍼뜨렸다.[74] 그러나 국민국가의 형식에만 안주하고 이념적 진전을 간절히 원하지 않는다면 정치체는 이완되고 게을러져 부패하기 십상이었다. 조레스의 목표는 현재처럼 소득세를 처리하지 못하고, 프랑스혁명에서 손댔던 상속세가 여전히 공고하고, 철도와 광산, 대농장 같은 대규모의 개인 소유에 특혜가 주어지는 구조를 끝내는 사회공화국이었다. 공화파 중에서도 중추인 급진주의를 그가 공격한 데는 복합적 이유가 있었지만 그것은 우선 지금의 사회 현실을 보라는 질타였다.

이 영광의 수도에서 주검이 어떻게 나뉘는지 아십니까

그는 19세기의 혁명아 블랑키의 논변을 끌어왔다.[75] 열렬한 애국자, 열렬한 혁명가였던 블랑키가 불행한 자들은 조국밖에 가진 것이 없다고 한 것은 심오한 말이었다. 처음으로 우리 같이 산다는 느낌을 준 것이 조국이고, 그때 조국이란 말은 어느 날 모든 사람을 위해 성취될 혁명이 그 안에서 피어나리라고 알려주는 전령이었다. 조국을 그렇게 만드는 것은 다른 힘이 아니라 사회의 정의였다. 조레스는 두 가지 수치를 들었다. "여러분, 우리의 이 찬란한 영광의 수도에서 주검이 어떻게 분배되고 있는지 아십니까? 여러분은 계급을 모르지만 주검은 계급을 알고 있습니다." (극좌 의석에서 뜨거운 박수.) 1만 명의 주민 가운데 연간 사망자가 샹젤리제는 73명, 가용은 93명, 서민들 사는 동부 19구의 아메리카 구역은 247명, 벨빌은 253명을 기록했다. 그는 의원들 앞에서 한 살도 되기 전에 죽는 어린이의 수도 제시했다.[76] 9만 8000명의 주민이 사는 8구에서는 연 33명, 주민은 그보다 약간 적은 9만 6000명이지만 노동자가 많은 4구에서는 33명이 아니라 154명의 아이가 죽고, 프롤레타리아가 몰려 있는 20구는 16만 9000명의 주민 중에서 544명이 죽는다고 알리고는 이렇게 말을 맺었다. "죽음은 아기의 요람마다 찾아다닙니다. 부자의 요람이든 빈자의 요람이든 다 둘러봅니다. 그러나 죽음은 부자의 요람에서는 한 아이를, 빈자에게서는 열 명의 아이를 데려갑니다." (극좌에서 박수.)

아르망티에르 직물공

그의 노동 의식은 5선의 중진이 되었을 때에도 도무지 무뎌지지 않았다. 1903년 10월 그는 의회조사단의 일원으로 저명한 북부 직물 공업지대인 루베 바로 옆 소도시 아르망티에르와 우플린을 방문했다. 노동쟁의의 실태 파악을 위해 그곳을 다녀온 다음 그는 동료 의원들에게 이렇게 보고했다.

> 이 직물 노동자들의 가난한 집 안으로, 일고여덟 명의 어린아이들이 바람도 빛도 없고 가구도 없고 인간 생활을 어딘가 존엄하게, 어딘가 값지게 할 수 있는 것은 아무것도 없는 사방 몇 미터의 이 비좁고 궁색한 아파트로 들어갔을 때, 아! 저는 고백하지만 우리가 겪고 있는 이기적 무관심을 자책했습니다. 우리는 모두 이 참상을 잊어버리기에 이르렀습니다. 우리는 무질서의 체제와 자본주의의 탐식이 전 부문의 노동자들을 얼마나 깊이 침하시키고 있는지 알지 못합니다. (브라보! 조레스 만세!)[77]

북부 공업지대의 이 모습은 어려서부터 그가 보았던 남부 소장인들의 생활상과 아주 달랐다. 그는 우리가 목격한 가장 빈한한 집안이 전형이나 기준치라고 말하는 것은 아니라고 단서를 달았다. 그럼에도 그는 이것은 단지 하나의 사실일 뿐이라며 사태의 진상을 얼버무리지 않았다.

> 조금만 더 참상이 증대하면 인간의 사유가 더 이상 내려갈 수 없는 정도로 온 가족이 늪에 빠져 절망에 몰리리란 것은 분명합니다. 그렇습니다. 가난이 휘저어놓은 물속에 깊이 빠진 시체들 같은 몰락한 살림살이와 파멸한 가족이 있었습니다. 그러나 이번에는 이 물에 빠진 시체들 그 위로 간신히 떠오른 수천의 남자와 여자, 그들이 잠겨버리기 직전인 것입니다.

이것은 범죄이며 가증스러운 광경이라는 것을 그는 누구에게 말하고 있었을까. 그는 자본가들에게 호소하지 않았다. 선한 의지, 선한 신앙을 지닌 사람들에게, 이 아르망티에르 노동자보다는 훨씬 나은 산업 노동자들에게 말하고 싶었다. "1주 14-15프랑의 임금, 이 기아 임금, 이 비참의 임금. 어머니, 아버지, 아들, 할머니, 젊은 처녀, 어린아이, 노인, 사춘기 아이들. 악이 싹틀 수밖에 없는 비참한 혼잡 속에서 뒤죽박죽 누워 있는, 이렇게도 작은 아파트 속에 밀어 넣은 이 궁색한 살림살이. 이것은 그쳐야 하고 이것은 수치"라고 했다. 오랜 직물의 역사에 최신 기술을 도입한 북부 직물 공업지대는 온갖 현란한 직물을 디자인하고 짜내고 프랑스 전역과 국제시장에 판매하고 있었다. 직물의 여왕으로 불리는 곳이 아르망티에르였다. "우리는 어린아이들이 덮을 한 조각 천이 없는 침대를 보았습니다. 직물의 여왕은 이 가난한 살림을 덮어줄 침대보 하나를 줄 수 없는 것입니다." (조레스 만세! 긴 박수.) 물론 대기업의 고용주들을 이렇게 일률적으로 판정하는 것은 무리를 넘어 부당하다. 1898년 총선에서 쥘 게드를 패배시킨 루베의 외젠 모트는 근실한 북부 산업자본가의 전형이었다. 푸르미, 랭스 그리고 다른 프랑스 도시들, 벨기에, 폴란드, 러시아에 공장을 가졌지만 노동자는 모르는 호사와 탐닉을 즐기는 유형은 아니었다.[78] 조레스가 비난하고 공격한 것은 근대적인 산업자본가가 아니라 자본과 노동의 체제였다.

쿠리에르 광산 참사

더구나 자본의 본질 같은 것을 느끼지 않을 수 없던 사건은 1906년 3월 북부 쿠리에르 광산에서 일어난 무참한 사고였다. 1099명의 광부가 지하 갱에 묻혀 살아 돌아오지 못했다. 파드칼레도의 쿠리에르는 18세기부터 광산을 채굴한 오래된 회사였지만 사고 직후 적절한 구조책을 세우지 못했다는 지적이 일었다. 조레스는 이 참사 앞에서 다음과 같은 논설을 남긴다.[79]

> 모든 과부와 모든 고아들은 잠시 속으로 되뇔 것이다. 우리 가족도 다시 지상으로 올라올지 몰라. (……) 누구나 자기 가족이 갱 속에서 오랫동안 불안과 번뇌를 겪으리라 짐작한다. 인간의 상상력 가운데 무엇보다 끔찍스러운 것은 산 사람들이 멸시에 의해 무덤 속에 갇혀 있다는 생각이다. 그들은 얼마나 오래 불길한 느낌에 깨어나 관棺의 내벽을 더듬겠는가? 광산 돌벽 안의 사람들 수백 명씩 언도받아야 하는 것이 이 무서운 죽음인가? 구조를 지휘하던 이들이 한 번의 치명적인 실수 때문에 구조해야 할 인간 존재가 더 이상 없다고 믿고 사람보다 오직 광산을 지키려 했다는 것이 사실인가? (……) 광산의 책임자들이 노동자들에게 "당신의 동지들을 구하는 것이 아직 가능하다. 우리를 도우시오" 하고 구조 작업이 이루어졌다면 수천 명이

살았을 것이다.

그가 이 참사를 정치적 공격의 소재로 쓴 것은 그리 개운하지 않다. 하지만 이 대목은 처음부터 급진주의에 관심이 없던 그의 정치적 입장을 설명해준다. 그는 직접 말했다. "나는 이 광경 앞에서 공화파와 민주파와 '연대주의' 철학자들이 개인 소유를 '인간의 품성이 만들어낸 결과'로 집요하게 수호하는 것을 진심으로 찬탄한다."[80]

> 역설은 진실로 잔인하다. 노동자들의 모든 생명과 모든 인격은 광산에 참여했다. 작업장이고 무덤이며 시련의 터전인 탄광 그곳에서 그들은 몇 날 며칠이나 죽음에 맞서 영웅적으로 투쟁한다. 그들은 거기에 수백 명의 동지와 친구, 자식과 형제를 남겨둘 것이다. 그들의 전복된 생명의 드라마는 광산의 비극에 섞일 것이다. 깊은 지하 갱마다 그들이 겪은 힘겨움과 괴로움이 약간 남았다. (……) 그들은 그 광산으로부터 아무것도 소유하지 않았고 그 광산에 아무 권리도 없다. 그들은 내일이면 쫓겨날 수도 있다. 광산은 그들 인격의 귀결이 아닌 것 같다. 반대로 광산은, 뭇 광부들의 생과 죽음이 가득한 이 비극과는 멀리 떨어진 곳에서, 맑은 태양 아래 활짝 핀 인생을 누리는 대주주들의 인격을 고양한다. 그것이 적어도 개인 소유 이론가들이 우리에게 가르쳐주는 것이다.

다소 비약이지만 사회주의자들도 '우리' 모두가 각자의 소유를 향유하기를 원했다. 결코 공동의 소유, 집단의 소유가 좋은 것이라고만 하지 않았다. 조레스 같은 개혁주의자들은 더구나 말할 것도 없었다. 그러나 소유라 하지만 어떤 것은 폐지하고 어떤 것은 보장해야 할지에 정답이 없어 이를 두고 한 시대 내내 싸우고 다치고를 거듭했다. 다만 분명한 것은 조레스는 개인 소유가 불문율이라고 믿지 않았고 개인의 인격이 소유로 귀결된다는 논리를 수긍하지 않았다는 것이다. 개인이 소유를 확보해야 한다는 것과 소유를 하게 된 까닭은 그럴 만한 인격을 지녔기 때문이라는 인과론은 전혀 다른 이야기다. 조레스에게는 인격이 있으면 소유하게 된다는 논리는 내용을 가리는 포장 같았다. 하지만 사회공화국은 소유와 자본, 즉 경제 관계의 파괴만으로 이루어지지 않았다. 조레스의 사회주의는 그와는 차원이 다른 문제에 착수하기 시작했다.

Deuxième Année. — Numéro 87

Cinq Centimes

JEUDI 13 JANVIER 1898

Directeur ERNEST VAUGHAN

L'AURORE

Littéraire, Artistique, Sociale

J'Accuse...!

LETTRE AU PRÉSIDENT DE LA RÉPUBLIQUE

Par ÉMILE ZOLA

LETTRE A M. FÉLIX FAURE

Président de la République

Monsieur le Président,

1898년 1월 13일 급진파 정치인 클레망소의 신문 《로로르》에 〈나는 고발한다〉라는 공개서한이 실렸다. 당대의 작가 에밀 졸라가 프랑스 대통령과 군 수뇌부를 향해 쓴 이 글이 이른바 드레퓌스 사건의 기폭제가 되었다.

유대인 포병 대위 알프레드 드레퓌스는 1894년 10월 독일 측에 기밀문서를 넘긴 혐의로 체포되어 12월 22일 군사법정에서 유죄판결을 받았다. 1895년 1월 5일에는 파리 군사학교 연병장에서 칼을 부러뜨리고 계급장을 박탈하는 파면을 당했다.

드레퓌스 사건 당시 조레스의 활약을 표현한 풍자화. 낭테르 현대사박물관에서 펴낸《드레퓌스 사건과 세기의 전환, 1894-1910》에 실렸다.

3장

드레퓌스 사건

드레퓌스 사건은 제3공화정 정치사를 좌우로 가른 중대한 계기였다. 그뿐만 아니라 조레스의 생애에, 그가 수립하려는 사회주의에, 나아가 프랑스 사회주의에 결정적인 전환점이 되었다. 1998년 사건 100년 즈음해 새로운 연구가 많이 나온 중에도 특기할 것은 조레스학회 주최로 열린 학술대회의 특집들이다. '조레스, 사회주의자들과 드레퓌스 사건', '드레퓌스 사건에서 알제리전쟁까지 사법의 문제', '"나는 고발한다!"와 증거들', '의회와 드레퓌스 사건, 진실을 위한 12년' 같은 주제가 이때 다루어졌다.

이 장은 드레퓌스 사건과 사회주의가 어떻게 관련되었으며 조레스의 입장이 무엇이었는가를 먼저 말하고 인간의 자유를 즉 인간의 권리를 사회주의와 불가분으로 맺어놓는 조레스의 사유를 살핀다. 그는 대담하게도 한 인간이 부당하게 모든 것을 박탈당하면 계급에 앞서 인간이라고 규정하고 그런 인간을 보살피지 않는 이념은 사회주의가 아니라는 데까지 나아갔다. 특히 주목할 것은 이를 사법적으로 밝히려 한 그의 노력이다. 마지막으로, 드레퓌스 사건으로 공화국 수호가 위험시되자 사회주의자가 입각하여 일어난 밀랑 사건이 중요했다. 이 문제를 살펴본다.

나는 고발한다

공화국 대통령에게 보내는 공개서한

1898년 1월 13일 작가 에밀 졸라의 긴 편지 〈나는 고발한다J'Accuse!〉를 실은 파리의 석간 《로로르》(새벽, 여명)는 프랑스의 주류 언론이 아니었다.[1] 100만 부를 찍는 대중지 《르 프티 주르날》, 정통 정치 신문이지만 하루 10만 부를 판매하는 《르 탕》에 비해 2만 부 정도 나가는 소규모 일간지였다. 하지만 급진파의 거두 조르주 클레망소의 이름으로 발행되는 신문이었다.[2] 이날 《로로르》는 파리 가판대에서 초판 3만 부가 곧 매진되어 결국 30만 부까지 찍게 되었다. 여기서부터 우리는 드레퓌스 사건에 대해 의문이 인다.[3] '공화국 대통령에게 보내는 공개서한'이라는 부제를 단 졸라의 글은 전단 제목 아래 1면 전면을 완전히 덮은 장문의 기사였다. 당대의 작가 졸라의 기념비적 문장이었고 온 거리를 광고 벽보로 도배를 하고 신문 행상들이 소리를 질렀지만 아무리 그렇더라도 인구 300만 명 수준의 도시에서 몇 시간 만에 그런 부수가 팔렸다니 무슨 일일까. 더 나아가 이렇게 촉발된 드레퓌스 사건은 1898년 1-2월만이 아니라 그해 봄, 여름, 하반기 내내 연일 신문 지면을 덮었고 이 열기는 렌Rennes 재심이 열린 이듬해 1899년 8월까지 식지 않았다.[4] 파리와 지방의 50개 일간지를 조사한 바에 따르면 사건이 한창인 때에는 1000만 명의 독자 중 최대 3분의 1이 이 뉴스를 따라가고 비판했다. 그러나 오해하지 말아야 할 사실은 드레퓌스의 재판을 다시 할 것이냐 아니냐로 갈라진 여론전에서 언론의 절대 다수는 재심 반대파였다는 점이다.[5] 재심에 반대하는 언론이 1898년 2월에 96퍼센트, 렌 재판 즈음에는 85퍼센트였다는 조사도 있다.[6]

1893년 의회의 다수는 아직 1880년대의 집권 세력인 시의파時宜派,

Opportunistes였지만 손을 놓고 있지 않았다.[7] 하원은 알프레드 드레퓌스가 군사재판을 받은 1894년 12월 그때 이미 이 재판을 다루었다. 의회는 2년이 지나 1896년 11월 드레퓌스의 유무죄가 논란거리가 되자 국방장관 비요 장군의 증언을 들었고, 1897년 12월 드레퓌스는 반역자라는 군 수뇌의 판단에 반대하는 쇠레르케스네르 의원의 질의까지 청취했다. 이 연장선에서 의회는 1898년 1월 13일 당일에 군은 결백하다고 주장하는 비요 장군을 다시 불렀으며 동시에 이에 대한 조레스의 비판도 들었다.[8] 이번 제7대 회기는 1893년 10월에 시작했지만 다음 총선이 1898년 5월로 잡혀 의회는 아직 의사일정의 여유가 있었다.

그의 죄는 다른 것도 아닌 반역죄이고[9] 대상은 참패의 전쟁을 치른 지 30년밖에 지나지 않은, 저 두려운 독일이었다. 그 독일은 통일 후 선진적인 산업, 경제, 과학기술로 전 유럽을 영향권 아래 두었다.[10] 1895년 1월 5일 토요일 오전 8시부터 시내 군사학교École militaire 마당에서 거행된 드레퓌스의 파면 의식은 엄중했다. 각급 부대에서 대표를 파견하여 약 1000명의 군인이 참석했으며 군사학교 정문 주위로 2만여 명의 시민이 모였고 외교관, 기자, 그리고 입장을 허가받은 사람들만 의식을 지켜보았다. 드레퓌스의 군복에서 휘장과 단추, 표식을 뜯고 그의 칼을 부러트리는 사이에 당사자 드레퓌스가 "병사들, 나는 결백하다. 프랑스 만세, 군대 만세" 하고 외치는 장면은 2019년 유럽 아르테 방송에서 제작한 영화에서도 재연되었다.[11]

반유대주의

그러면 드레퓌스가 유대인이라는 사실과 좌우 지식인의 입장은 어떻게 교차한 것일까. 사건의 핵심은 유대주의 대 반유대주의가 결코 아니었다. 그러나 우익 지식인 모리스 바레스가 처음부터 지적했듯이 사건 당사자가 유대인이라는 사실은 큰 문제였다.[12] 드레퓌스는 군인이었고 금융인이 아니었다. 그러나 19세기 후반 금전과 재산이 점점 사람들을 짓누르는, 그래서 "더럽고 혐오스러운" 세상의 변화 속에서 크고 작은 금융인들은 유대인 출신이었다. 프랑스는 유대인 세력의 지배를 받고 있다고 주장한 에두아르 드뤼몽의 《유대 프랑스》는 1886년 초판이 6만 부 넘게 팔린 후 1914년까지 200쇄를 찍었다.[13] 강렬한 화보 표지로 자극을 준 이 책의 성공으로 드뤼몽이 창간한 민족 우익지 《라 리브르 파롤》도 인기를 끌었다. 훗날 드뤼몽을 비난하고 편협한 반유대주의를 질타하기는 쉬운 일이었지만 대중은 드러내놓고, 식자층은 소리 없이 유대인의 존재를 거북스러워하는 시대였다.[14] 파면식에서도 연병장 밖 군중은 드레퓌스가 다가오자 "유다를 죽여라. 반역자, 유대인을 죽여라" 하고 외쳤다.[15] 1791년 혁명기에 유대인 해방령을 선포하여 유럽에서는 유일하게 유대인의 법적 신분을 보장한 나라라서 사회적 반감이 은닉되었다가 오히려 더 크게 터졌을 수 있다.[16] 하지만 민족 우익은 유대인 비난, 공화파는 반유대주의 반대로 깨끗이 갈라진 상황은 아니었다.[17]

에스테라지, 피카르 중령, 앙리 중령

알프레드 드레퓌스가 독일 대사관 쓰레기통에서 나온 문건을 근거로 독일 측에 기밀을 넘긴 혐의로 체포되어 남미 악마의 섬으로 유배 간 후 치열하지만 조용히 사건을 조사한 것은 친형 마티외 드레퓌스와 언론인 베르나르 라자르였다.[18] 드레퓌스의 유죄 판결이 내려진 근거는 첫째, 필적 감정이었고 둘째, 피고는 알지 못한 기밀문서였다. 1896년 하반기에는 범인이 드레퓌스가 아니며 독일 측과 통하던 에스테라지라는 장교로 밝혀졌다. 이 사실을 적시한 것은 참모본부 산하 첩보부를 새로 맡은 41세의 젊은 장교 조르주 피카르 중령이었다. 군 고위층에서는 피카르의 치밀한 조사 결과를 보고받았다. 재판정에 제출된 드레퓌스의 유죄 증빙 문서가 첩보부의 앙리 중령이 조작한 것이라는 사실도 알았다. 그러나 육군 대장 부아데프르 장군, 국방장관 비요 장군, 전임 국방장관 메르시에 장군, 참모본부의 공스 장군은 이미 사건에 깊이 연루되어 피카르의 조사 결과를 받아들이지 않았다. 오히려 피카르 중령은 이를 상부에 보고한 후 멀리 튀니지로 전근되었다.[19] 군 포병 대위의 재판이 문제가 되었으므로 직접 당사자가 된 군부 장성들이 소환되고 정치의 본바닥인 의회에서 1894년부터 1906년까지 12년간 드레퓌스 관련 토의를 그치지 않았다.[20] 사건 100년 후 간행된 화보집 연구서는 이리저리 사건을 그린 전단과 벽보, 사진과 삽화, 우표와 우편엽서, 연극 공연과 음악, 영화의 장면을 끝없이 보여준다.[21] 드레퓌스 지지와 반대 세력은 지면으로만 부딪치지 않았다. 소르본 거리에서 물리적으로도 싸웠다. 시간이 갈수록 사건에 휘말리지 않은 분야가 없었지만 특히 새로운 현상이 일어났다.[22]

지식인의 대두

드레퓌스 사건으로 새로 등장한 것은 19세기와 20세기를 가르는 개념인 지식인(앵텔렉튀엘Intellectuel)의 행렬이다.[23] 전위적 지식인은 이념으로나 사회 구성 면으로나 사회를 지도하는 개념을 가진 엘리트 층과 다르다. 하지만 여기서 지식인을 곧 좌파로 인식하는 것은 큰 오해이다. 공화파의 기치인 인권과 대립하여 민족적 가치를 제창하는 악시옹 프랑세즈L'Action française 역시 이 사건에서 출범한다. 전선은 일방적이지 않았다.[24] 하여튼 재심파의 첫 대열에는 급진파 클레망소, 원내의 조제프 레나슈, 쇠레르케스네르 상원의원 같은 공화파 정치인들이 섰다.[25] 1894-1895년에는 드레퓌스가 유죄라고 보았으나 점점 반대로 선회해간 이들이었다. 작가와 다른 부류의 전문가들이 계속 입장하지만 우선 정치인과 지식인의 구분이 섞이거나 흐릿해졌다.

엘리트 아닌 지식인

지식인의 대두는 제3공화정의 정치 문화와 결부되었다. 역사가 크리스토프 샤를은 이 상황을 정치와 사회문제에 있어서는 다수가 책임을 지고 다수가 권위를 행사하려 했다고 설명했다. 제3공화정이 배출한 다수는 단지 수가 많다는 의미가 아니었다는 해석이다. 책임을 지려 하고 자신들이 부여받은 권위에 걸맞게 행동하려는 다수였다. 다시 말해 사회는 특정한 기구와 특정한 자리가 다른 권위보다 우월하다는 관념을 버렸다. 샤를이 중대하게 본 것은 보통선거권의 성장, 경제 번영으로 도래한 대중이 그들 스스로 세상을 움직인다는 자신감과 책임감을 나누게 되었다는 사실이다. 권리의 평등을 지나 권위의 대등이 시작된 것이다.[26] 그러면 대중이 알아서 움직이면 되지 지식인들이 한 일이 무엇인가. 정통한 공화국 전문가 모리스 아귈롱은 이 지점을 이렇게 짚는다. 프랑스 사회는 드레퓌스가 옳다고 하는 선善과 정의의 진영, 이 같은 공화국의 가치를 경멸하는 진영으로 나뉘어 있지 않았다. 그러한 판단은 다분히 선험적 규정이거나 사후 결과론이다.[27] 일어난 일은 개인이 집단에 작용하는 기능이 확대된 것이다. 그런 재량을 보여준 개인들이 졸라, 클레망소, 쇠레르케스네르 의원, 알프레드의 형인 마티외 드레퓌스, 또 곧 보게 될 조레스였다. 이들은 하나의 개인으로서 공화국이 이제 자유민주주의 프랑스로 정착했다는 공화파의 행복감에 반기를 들었다. 다시 아귈롱을 빌리면, 개인 각자는 고립적이었으나 모두 공화국이라는 구조 안에 들어 있었다. 그 공화국을 직접 배우는 곳은 학교와 군대였지만 공화국은 자신이 그 이상이라고 일렀다. 공화국은 국가이며 조국이고 정의가 자기라고 했다.[28]

클레망소

사실 클레망소 역시 지식인이라는 낯선 말을 쓰기 시작한 때였다.[29] 공개서한의 본문은 졸라가 썼지만 인쇄 전날 밤에 '나는 고발한다'를 제목으로 뽑은 것은 클레망소였듯이 사건의 주역은 처음부터 끝까지 급진파였다. 서부 방데의 공화파 집안에서 태어난 클레망소는 정계에 입문하기 전 20대에 4년간(1861-1865) 미국에서 수학했고 미국의 정치 문화에서 받은 영향이 컸다.[30] 그가 인기를 얻은 것은 1870년 프랑스-독일 전쟁기에 파리 몽마르트르와 18구 구청장으로 선출되면서 보인 민중적 자세 때문이었다. 그의 정치 생애는 독일에 대한 항복 협상을 마치고 파리 코뮌의 봉기가 닥치는 사이인 1871년 2월 선거에서 시작되었다. 파리 코뮌의 혁명가 루이즈 미셸을 끝까지 돌보았듯이 그는 이론적 급진파가 아니었다. 1871년 코뮌 진압, 베르사유의 코뮈나르 재판 개시부터 공화파가 왕당파와 보수 우파에 이기는 1876년까지 그는 줄곧 파리 18구의 가난한 동네와 파리 시의회에 있었다. 남부 민주파의 아성 바르도의 하원의원이 되는 것은 1885년이었다. 그 후 파리에서 《라 쥐스티스》(정의)를 발행하며 급진주의 세력을 키웠으나 파나마 스캔들에 연루되자 1893년에 정계를 떠났다. 1898년 1월 《로로르》의 '나는 고발한다'는 그의 정계 귀환을 알리는 신호탄이었다.

그는 드레퓌스의 재심을 위한 투쟁은 국가이성이라는 대의, 즉 "인류를 위한, 조국을 위한" 것이며 반면 이 대의에 반대하여 "부정의를 계속 지키는 것은 저열한 심정에서 나온다"고 주장했다.[31] 특기할 것은 열렬한 재심파가 되는 조레스에 대한 급진파 클레망소의 입장이다. "조레스가 감연하게 자기 당파의 중대한 부분을—필경 그들의 의사에 반해—이 신랄한 투쟁으로 끌고 온 것은 영원히 빛날 일"이었다. 클레망소는 그것이 바로 사회주의의 근본을 위한 투쟁이라고 해석했다.[32] 그러나 1898년 5월 이후 클레망소나 조레스나 의회 안에 있지 않았다는 사실을 눈여겨볼 수도 있다. 의회 안에서는 급진파라도 사건을 피하거나 아니면 드레퓌스 무고론에 적대감을 가졌다.

사회주의의 갈등

사회주의권은 다른 어느 정파보다도 착잡한 심경이었다. 1893년 가을에 시작한 회기에 의회에 들어온 사회주의자는 600명 의원 중에 50여 명, 소수였다. 1898년 1월 13일 졸라의 '고발'을 보자 의회의 사회주의자들이 모두 모였다. 게드, 바이양, 밀랑, 비비아니, 조레스와 다른 의원들은 그동안의 사건 경위로 보아 드레퓌스가 무고하고 억울하게 형을 선고받았다는 것을 알았다. 게드는 《로로르》에 실린 졸라의 서한은 "이 시대의 가장 혁명적인 행위"라고 발표했다. 그렇다고 사회주의자들이 적극적으로 드레퓌스 지지를 표할 것은 없다는 판단을 내렸다.[33] 밀랑, 비비아니, 라비, 주르드 의원이 지적하듯이 다가온 선거가 문제였다.[34] 가장 곤란한 것은 사건 당사자인 알프레드 드레퓌스의 신분이었다. 사회주의자들은 그가 누구냐 하는 문제를 가볍게 다룰 수 없었다. 사회주의는 프롤레타리아를 위하는 것에 존재 의미가 있는데 드레퓌스는 육군 포병 대위의 신분이었다. 포병은 군인 중에서도 정예이고 드레퓌스는 사회 상층이었으며 프롤레타리아와는 아무 상관이 없었다.[35] 사회주의자 의원들은 1월 19일 프롤레타리아들은 '위선이고 거짓된' 이 부르주아의 내분에 가담하지 말 것을 촉구하는 성명서를 내놓았다.[36] 더구나 누구든 유대인 편을 드는 인상을 주는 것은 선거를 망치는 첩경이었고 이들은 더 조심스러웠다. 조레스의 드레퓌스주의 역시 반유대주의를 비판하는 맥락에 있던 것은 아니다.[37] 그러나 프랑스 '해외도'인 알제리에서 마침내 반유대주의가 폭동이 되어 유대인들이 피해를 당하자 조레스는 알제에서 분출되는 반유대주의 운동에 경고를 보냈다.

이렇게 복잡한 처지에 놓인 사회주의자들과는 달리 아나키스트들은 오히려 문제를 직시했다. 아나키스트 선전가이며 프리메이슨인 세바스티앵 포르는 올곧은 드레퓌스주의자였다. 포르는 사람들이 '군에 손대지 말라', '교회를 손대지 말라'라고 하지만 그런 이유로 사건에 침묵할 수 없다는 논지를 폈다. 사실 사회 도처에 하고많은 부정의가 만연해 있다는 것은 아나키스트들의 한결같은 비판이었다. 온건한 지리학자인 아나키즘의 중추 엘리제 르클뤼도 의견이 같았다.[38] 아나키즘 성향의 젊은 생디칼리스트 에밀 푸제, 폴 델살은 사건의 본질은 드레퓌스 한 개인의 운명의 향배가 아니라 반동 세력과 혁명 세력의 대결이라고 판단했다. 1880년대에 폭탄 투척 같은 직접행동에 나선 아나키스트들을 제어하려는 정부의 조치로 아나키스트들은 계속 재판을 받고 수감되었으며 이들 동료들의 사정을 잘 아는 아나키스트 동지들은 무고한 사람이 감옥에 갇혀 있다는 것에 민감했다.[39]

조레스가 재심파의 입장을 확고히 한 것은 1월 졸라의 서한과 5월 총선 사이의 어느 때였다.[40] 조레스는 1897년 12월 의회에서 드레퓌스의 유무죄가 문제가 아니라 군사재판이 잘못되었다는 것을 정확히 지적했고 드레퓌스가 범인이 아니라는 것도 이미 알았다.[41] 사건이 엄중해진 1월 13일 드디어 재판 비공개를 비판하게 된 것은 그 때문이었다. 그는 자신 있게 1월 13일 의회 연설문, 1월 23일 〈병사들에게〉, 1월 24일 의회 연설문, 1월 28일 〈공화국을 위해〉를 써나갔다.

부당하게 모든 것을 박탈당한 인간은 장교도 부르주아도 아닌 헐벗은 인간이다

졸라의 명문

조레스는 필경 졸라의 편지 자체에 경탄했을 것이다.[42] 그는 정치판에서 살지만 글이 주는 마력에 홀리는 정치인이었다. 소설과 시 없이는 살 수 없다는 듯 문학이 사회를 적시는 나라에서 졸라는 20권의 '루공 마카르 총서'로 프랑스 안팎에서 회자되는 대작가였다.[43] 문제의 서한에서 졸라는 1898년 그날까지의 사건 경위를 하나하나 차분하게 설명하고 자신의 입장을 밝혔다. "나의 의무는 말하는 것이며 사건에 연루되기는 원치 않습니다." 그러나 바로 다음에 졸라는 단 한마디로 사건을 집약했다.

> 자기가 저지르지 않은 범죄로 끔찍한 고통 속에 벌을 받고 있는 무고한 사람의 유령이 떠돌아 나는 밤마다 시달릴 것입니다.

졸라의 기사 전체가 사실 번역으로는 그 폐부의 소리를 다 전하기 어려운 명문이었다. 어떻든 작가는, '사건'은 군 참모본부 소관이었으며 참모본부의 한 장교가 수뇌들의 압력 아래 다른 장교들의 밀고를 받은 사건이라고 정의했다. 졸라의 마지막 문단은 이렇게 시작한다. "대통령 귀하, 이 편지가 장문이 되어 결론을 맺겠습니다. 나는 파티 드 클람 중령을 고발합니다. 무의식적이었겠지만 재판의 오류를 부른 악마적인 장본인이기 때문입니다. 나는 메르시에 장군을 고발합니다. 심약한 탓으로 세기의 불공정 사건에 연루되었기 때문입니다." 졸라는 이어서 국방장관 비요 장군, 육군 대장 부아데프르 장군과 참모차장 공스 장군, 역시 참모부의 페이외 장군과 라바리 소령, 필적 감정사 세 사람을 고발하는 데까지 나아갔고 마지막으로 군 언론담당국, 재판을 주재했던 군 제1평의회, 또 의도적으로 유죄인 자(에스테라지)의 사법적 범죄를 묻지 않은 제2평의회를 지목했다. 졸라는 이 논단이 언론법 30조와 31조의 모욕죄 처벌 규정에 위배된다는 것을 알고 있으며 기꺼이 스스로를 위험에 맡긴다고 말을 맺었다. 그는 한마디 더 해야 했다. "나는 그들을 본 적도 없고 그들에게 원한도 미움도 없습니다. 하지만 그들은 사회적 잘못의 실체이며 영혼으로 보입니다. 그에 반해서 진실과 정의를 밝히는 것은 명분이 있습니다." 누구의 명분인가에 졸라는 인류라고 명시했으며 그 인류가 몹시 고통받고 있다고 했다. 졸라는 기소되었고 2월, 3월에 재판을 받게 되자 영국으로 피신했지만 그의 재판에 대한 조레스의 논평은 거듭되었다. 〈진실〉, 〈명료하자〉에서 조레스는 졸라의 논변을 방어하고 변호했다.

> 법은, 공정성과 양식은 피고를 내리누르는 혐의와 심판의 근거인 물증에 관해 피고가 알기를 원한다. 피고가 이 혐의와 물증에 대해 토론하는 것이 허

용되지 않고 피고가 이에 답변할 수 없고 심지어는 그것들을 알지도 못한다면 재판이라고 하는 것과 물리력의 차이가 무엇인가? 문제는 재판 절차의 세부 사항이 아니다. 근본적인 법의 보장이다. 폭력과 과오에 대한 방비가 필요하다.[44]

파리의 학생들

졸라 재판이 벌어지자 작가는 영국으로 망명을 가고 사건은 나날이 확대되는 가운데 5월 총선을 맞았다. 조레스는 알비 2 선거구에서 우파에게 패했다. 드레퓌스 사건에 대한 입장이 분명 작용했다. 게드도 북부에서 낙선했다. 클레망소도 바르에서 당선되지 못했다. 그런 5월 총선 후 사건을 에워싼 대결은 본격화되었다. 민족우익 바레스의 주도 아래 재심 반대 세력이 집결하고 4월에 창설된 프랑스행동위가 행동에 돌입했다. 그때 조레스에게 더욱 자극을 준 것은 학생들이었다.[45] 정확히 언제 어디서 누구와 만났는지는 모르지만 파리 시내 대학가에서 학생들을 만났다고 알려져 있다.[46] 학생들은 그에게 항의했다. "이렇게 두고만 볼 겁니까?" 그럴 만했다. 파리에는 인터내셔널 혁명사회주의 학생그룹Gesri이 존재했다.[47] 3년 전인 1895년 사회주의 이론가 라파르그와 신예이지만 독보적 논객으로 떠오른 조레스 두 사람을 불러 대논전을 벌인 것도 이들 학생그룹이었다.[48] 그러나 파리에 드레퓌스주의 학생들만 있을 리 없었다. 졸라의 편지에 대해 대학생총협회는 "우리는 군이 모든 혐의보다 우선한다고 생각한다. 군은 조국에 대한 최상의 숭고한 표현이다. 그 수뇌들은 국가적 명예의 수호자들이다"라고 공식 발표했다.[49]

조레스는 더 직접적으로는 고등사범 사서 뤼시앵 에르의 영향을 받았다.[50] 높은 사다리를 오르내리면서 도서관 서가에 붙어 있는 이 조용한 독일학 전문 사서를 조레스는 진작 만났다. 소르본대학에 학위 논문을 제출하려고 툴루즈에 있다가 파리에 올라와 자료를 찾으러 다니던 때였다(1891년 여름). 동부 출신의 독일학 전문가로 헤겔과 마르크스주의에 해박한 에르는 이 학교로 보면 이례적으로 사회주의에 가담해 있었다.[51] 에르는 졸라의 공개서한이 발표되기 전인 1897년 말쯤 드레퓌스가 무고하다는 진정서를 쓰기로 하고 서명할 인사들을 포섭해갔다. 사회 상층 엘리트 개념과 다른 새 범주의 집단, 곧 에르가 찾는 지식인은 소르본대학 옆 퀴자스 골목 서점의 지하실에서 탄생하고 있었다.[52]

재심 반대파의 결집

드레퓌스 재심을 주장하는 이들이 그렇게 결속을 해갔지만 더 크고 강한 결속은 민족주의자들 사이에 일어났다. 1898년 6월 3일 최고 법원인 파기원에서 드레퓌스 재심 결정이 내려지자 루베 대통령이 파리 서부 오퇴유에서 민족 시위대에게 폭행을 당했다. 첩보부 앙리 중령이 작성했다는 기밀문서가 위조라는 것이 드러나도 의회는 계속 신임 국방장관 카베냐크 장군을 옹호하며 7월을 다 보냈다.

반드레퓌스 진영에 모여든 집단은 이질적이면서도 반유대, 반드레퓌스라는 깃발 아래 결속했다. 우익에게 드레퓌스주의 그것은 프랑스를 위협하고 해치는 세력이며 이념이었다. 군 장성들의 명예가 훼손되는 것을 묵과할 수 없던 군인들, 일부 왕당파, 일부 교회인, 개인보다 민족의 가치를 중요하게 본 민족주의자들, 파리 학생들, 여기저기에 걸치는 반유대주의자들, 22명의 아카데미 회원, 폴 부르제, 쥘 베른, 레옹 도데 같은 쟁쟁한 작가, 교수 들이었다.

반드레퓌스주의는 조레스와 많은 드레퓌스 재심파가 진단하는 것처럼 그렇게 간단한 문제는 아니었다. 우익 연구자인 베르트랑 졸리에 따르면, 반드레퓌스주의는 인물이나 그룹, 이념이나 행위가 모두 승리한 드레퓌스주의의 이해에 따라 손해를 입게 되었다.[53] 샤를 모라스와 모리스 바레스 같은 경우는 정밀한 연구가 이뤄졌지만 중요한 우익 인사였던 언론인 로슈포르, 역사가 아노토, 작가 쥘 르메트르, 정치인 멜린, 또 군인인 비요, 부아데프르, 뒤 파티, 메르시에 등에 대해서는 드레퓌스 사건과 연관한 본격적인 연구가 추진된 바 없다.[54] 졸리는 이 때문에도 이들이 드레퓌스의 유죄를 모두 믿고 있었는지조차 의심스럽다고 보았다.[55]

그러나 반드레퓌스파는 진정서와 팸플릿뿐 아니라 거리에서 시위하고 때로는 무력도 휘두르고 각 부문에 퍼지면서 세를 얻어갔다. 다음 2부에서 보겠지만 프랑스 애국자동맹도 나타나고 중대한 악시옹 프랑세즈의 전신 같은 언론도 나타났다. 조레스는 이들의 동향에 촉각을 곤두세웠으며 이 우익 운동은 공화국을 밑바닥에서부터 허물어뜨리는 위협이라고 보았다.

왜 사회주의의 문제인가

그는 사건이 사회주의와 연결되며 따라서 궁극적으로 부르주아에게만 맡길 수 없다는 결론에 도달했다. 이미 1월에 〈프랑스의 사회주의〉를 썼지만 5월에서 7월 사이에 그는 남부 군항 툴롱, 또 인근 몽펠리에에 내려가 연설했다. 드레퓌스 사건에 임하는 사회주의의 동향이 가장 문제였다. 게드파와 비이양파의 혁명주의자들은 사건에 개입하지 않는다는 입장을 분명히 했기 때문이다.[56] 조레스의 상념은 깊었다. 민족 우익의 공세가 이렇게 심각한데 사회주의는 온 프랑스인이 긴장하는 문제를 바라보고만 있을 것인가.

재심을 요구하고 또 재심의 필요를 설득하는 그의 명작 《증거들》에서 먼저 들려오는 것은 프랑스에 대한 태도이다. 오늘만의 프랑스가 아니고 다음 날의 프랑스를 위해 그는 이렇게 말했다.

> 재심을 할 수 있는 것은 프랑스이고, 프랑스일 뿐이다. 프랑스의 양식良識이 매일같이 모든 진실을 요구하지 않으면 파기원과 군사법정의 기구들이 이제부터 완전한 진실을 밝혀낼 능력이 없다.
> 이 때문에 사건의 폭력성과 군사재판의 사기詐欺에 대해 투쟁을 감행한 시민들은 오늘도 무장을 해제하기는커녕 국민을 일깨우고 계발하는 노력을 배가해야만 한다. 이 때문에 우리 편에서도 계속해서 프롤레타리아에게 우리가 수집한 쟁점과 증거들을 공급해야 한다.[57]

그는 사건이 어떻게 사회주의의 문제인가를 간결하게 설명했다. 드레퓌스가 부당한 재판을 받고 무고하게 고통받고 있다면 그는 더 이상 부르주아도 포병 대위도 아니고 헐벗은 인간이었다. 누구든 부당하게 핍박받고 버림받았을 때 그를 돌아보지 않는 이념, 그런 것이 사회주의일 수는 없었다. 하지만 그는 무엇보다도 사회주의를 석권하는 게드파를 상대해야 했다. 저편에서는 조레스가 자칭 사회주의자라고 하더니 결국 급진주의에 넘어간다는 의구심을 가질 수 있었다. 조레스는 또한 《라 리브르 파롤》 같은 우익 언론에서 사회주의자가 불법과 합법에 관심을 두다니, 하고 비웃을 것도 의식했다.

> 나는, 그래도 프롤레타리아가 문제 되지는 않으니 부르주아의 일은 부르주아들이 하게 내버려둡시다, 하는 친구들에게 답하겠다. 만약 드레퓌스

> 가 불법적으로 선고를 받았고 이제부터 내가 밝히는 대로 무고하다면 그는 더 이상 장교도 부르주아도 아니며 극심한 불행으로 모든 계급의 특성을 빼앗긴 한 인간이다. 그는 상상할 수 있는 최대의 비참함과 절망에 처한 인류일 뿐이다. 그는 다만 군사적 거짓말, 정치적 비열함, 권위적 범죄의 산증인이다.[58]

조레스가 날카롭게 의식한 것은 계급이라는 추상이 아니라 어느 인간 개인이었다. 그러나 그것이 계급투쟁인가 하는 반론을 의식하듯 그는 다시 답했다.

> 우리는 확실히 우리의 원칙을 저버리지도 계급투쟁을 기만하지도 않고서 우리 불쌍한 이의 울음을 들을 수 있다. 우리의 혁명적 투쟁 안에서 인간의 내장을 지킬 수 있다. 우리는 사회주의 안에 머물기 위해 인류 밖으로 나가 버려야만 하는 것이 아니다. 사회주의자들이 부끄러운 비밀과 범죄를 바닥까지 파헤치는 것은 한 사람의 노동자가 아니라 노동계급의 문제에 전념하는 것이다.[59]

개혁사회주의가 주장한 것은 개인을 떠난 추상의 인간은 생명력이 없다는 논리였다. 조레스뿐 아니라 동년배의 사회주의자 외젠 푸르니에르 역시 사회주의에 깃든 이 개인의 중요성에 공명하고 개인주의 아닌 개인의 가치에 집착했다.[60] 그의 사유는 1899년 6월에 결성된 인간의권리동맹(인권동맹)의 명분과 동일했다. 인권동맹은 6월 4일 파리 5구 박학자협회의 작은 방에서, 누구든 자유를 침해당하면 우리에게 도움과 원조를 구하리라는 창립 성명서를 냈다.[61] 조레스의 드레퓌스주의는 그 인간의 권리가 프롤레타리아의 권리라고 설정한 데서 새로웠다. "자의적인 장군들에게, 군사적 억압으로 명예로워지는 이들에게 가장 위협받는 이가 누구인가? 프롤레타리아이다."[62] 조레스의 사유에 따르면 프롤레타리아는 핍박받고 착취당하는 존재인 것만이 아니라 인간 보편을 떠맡아야 할 책임이 있고 그렇게 할 역량이 있었다.

그러나 드레퓌스 사건의 여파는 심각했다. 렌 재심이 사건을 글자 그대로 다시 심리한 것이며 드레퓌스의 무죄를 선고한 재판이 아닌 점도 재심파를 뒤숭숭하게 만들었다.[63] 창백한 모습으로 법정에 출석한 드레퓌스는 렌 재심 이후에도 형기가 10년으로 줄었을 뿐 유죄 선고에는 변함이 없었고 이 이 법적 결과는 참담했다. 다음에서 보겠지만 샤를 페기의 환멸은 제어할 수 없도록 깊었다. 드레퓌스가 최종적으로 복권되는 것은 7년이 더 지나 1906년의 일이다. 파리는 민족주의의 열기에 휩싸였다. 재심 반대 세력에서는 막 발족한 반유대동맹, 되살아난 애국자동맹에 더해 의회를 거부하는 인민투표주의자, 보나파르트주의자, 반유대주의자, 왕정주의자, 교리 없는 민족주의자 들이 잇따라 출현했다. 이 상태를 지양하고 일관된 민족 이념을 수립하고자 한 프랑스 애국자동맹은 폭넓은 지지를 받는다.[64] 그러자 문제가 된 것은 공화정이 이대로 영위될 것인가 하는 정치적 사안이었다.

밀랑 입각 사건

1899년 6월 좌우의 대립이 험악해지자 새 정부 수반 르네 발데크루소는 우익의 공격을 막아내 공화 정부를 지켜낼 의도로 파격적인 각료 선임을 했다. 중후한 온건파 공화주의자 발데크루소는 혹시 모를 공화정 전복 시도에 대비하여 든든한 국방장관을 물색했고,[65] 또한 사회주의자를 입각시켜 정부의 운신 폭을 넓히려 했다. 6월 17일 실력 있는 파리의 사회주의자 알렉상드르 밀랑이 노동 분야를 포함하는 상무장관으로 입각 제의를 받은 것은 이런 사정에서였다. 밀랑이 입각을 결정하기까지의 상황은 해석의 여지가 많다. 밀랑이 동료인 의회의 사회주의자들과 충분히 논의했는지, 이미 입각을 결정하고서 동료들의 추후 인준을 받은 셈인지, 조레스의 입장은 정확히 어떠했는지. 이런 점이 훗날까지 논란거리이다. 하지만 이는 이 자리에서 상론하지 않아도 될 것이다. 혁명파는 '입각'이 사회주의의 근본을 망가뜨린다는 걱정이 앞섰다. 사회주의의 임무는 부르주아 정부와 싸우는 것이지 그리로 들어가서 협력하는 것이 아니었다.

밀랑 사건과 독일 사회주의

조레스는 1900년 2월 10일 그간 빚어진 물의에 대한 자신의 입장을 개진했다. 이 자리에 그를 초청한 것은 파리의 인터내셔널 혁명사회주의 학생그룹이었다. 이날 강연의 제목은 '베른슈타인과 사회주의 방법론'으로 정했다.[66] 조레스의 이 제목은 다시 들여다볼 필요가 있다. 우선 왜 프랑스인이 독일인을 주제로 발제를 한 것일까. 모든 파리 학생이 베른슈타인을 아는 것도 아닌데. 당당한 사회주의자라면 그러지 않을 수가 없었다. 사회주의는 자유주의와 달랐다. 한 나라 안에서만 작동하지 않았다. 그렇게 된 데에는 무엇보다 마르크스주의 사상, 또 엥겔스의 거대한 노력이 주효했다.[67] 베른슈타인은 수정주의자이고 정통 마르크스주의자들에 비해 어딘가 헐거웠으리라 생각한다면 상당한 착각이다. 카를 카우츠키의 엄정함과 스타일이 달랐을 뿐 베른슈타인은 한 시대를 가른 거장 이론가였다. 명징하고 치밀했다.[68] 그러면 조레스는 베른슈타인의 새로운 이념의 길에 전적으로 동조했을까. 그래서 이런 제목을 지었을까. 문제는 미묘하다. 조레스는 사회주의는 민주주의 위에서 구축된다는 것을 저버리면 안 된다고 했지만 수정주의에 동조한 것은 아니다. 누군가 아무리 의심을 할지라도 그는 사회주의의 궁극적인 목적지는 혁명이라고 믿었다. 어떻든 오늘 당장에는 밀랑의 입각이 잘못이 아니라는 입장에는 양보가 없었다. 1901년 빌헬름 리프크네히트(1826-1900) 작고 일주기를 맞아 그는 입각을 비난하는 독일 측에 반론을 폈다.[69] 그해 11월 17일 자 논설 〈진정한 마르크스주의〉에서는 독일 사회주의에 대한 비판을 더 진전시켰다.[70]

밀랑 입각 사건은 프랑스의 사안을 넘어 유럽 사회주의 전체의 문제로 비화하고 독일 사민주의 측은 맹렬한 비난에 힘을 쏟았다. 폴란드 출신의 젊은 여성 사회주의자 로자 룩셈부르크의 비난도 매서웠다. 하지만 프랑스가 어디의 위성국도 아니고 왜 남의 나라 조각組閣에 다른 나라 사람들이 이렇다 저렇다 하고 열기를 뿜었을까. 1898-1899년은 10년 전 1889년 7월 파리에서 창립한 제2인터내셔널The Second International(1889-1914)이 한창 기세를 떨치던 때였다. 창립 대회는 프랑스 혁명 100주년을 맞는 파리에서 열렸다. 인터내셔널에서는 개인적이든 국가적이든 분란이 일어나면 안 된다. 빛났던 제1인터내셔널International Workingmen's Association(1864-1876)이 왜 무너졌는가. 제2인터내셔널 회원들은 그 전말을 잘 알고 있었다. 그런데 이제 사회주의자가 부르주아 정부에 협력하다니. 독일 정통파 마르크스주의자들은, 수정주의의 '반란'에 당면한 카우츠키, 사민당 창건자 리프크네히트 같은 정통파는 모두 밀랑 사건의 주도자인 프랑스 개혁파를 쳐야 했다.[71]

조레스 역시 열렬한 인터내셔널 지지자였다. 그의 사회주의는 작은 고향 타른에서 시작했지만 시간이 지나자 인터내셔널까지 넉넉히 포용했다.[72] 엥겔스, 리프크네히트 편에서도 조레스의 정치판 등장에서부터 그를 주목했다. 이 사회주의 거장들의 눈에 그는 어딘가 사회주의자답지 않으면서도 지금까지 보아온 사회주의자와는 사뭇 달랐다. 웅변, 식견, 태도, 사상의 폭이 못 보던 스타일이었다. 조레스와 그런 독일 사회주의자들의 관계는 껄끄러웠다.[73] 카우츠키는 거의 독보적인 사민당 이론가로서 밀랑 사건에 한 치도 물러설 수 없었다.[74]

독일의 폴마르에게 보내는 편지

조레스는 1900년 10월 23일, 또 1901년 2월 14일에 파리 발신으로 독일인 사회주의자에게 편지를 보냈다.[75] 상대는 남부 바이에른주에서 경력을 쌓은 독일 사민당 중진 폴마르였다.[76] 첫 번째 편지에서는 '폴마르 동지에게', 두 번째 편지에서는 '폴마르 시민에게'라는 호칭을 썼는데 둘 다 사회주의자들 사이에서 널리 쓰이는 표현이었다.[77] 서로 복잡한 속내를 지닌 외국인 사이였어도 서로 그렇게 부르는 것은 유럽 사회주의의 동지애를 말해준다. 조레스는 10월 23일 자 편지에서 "나는 북부 순회를 마치고 어제 돌아왔습니다"라며 친근하게 서두를 떼었지만 곧 당신들은 밀랑이 의회 사회주의자들과 협의한 것을 아는데 카우츠키가 어찌 이런 오류를 저지를 수 있느냐고 반문했다. 이어서 조레스가 첫째, 둘째 하고 짚어가며 폴마르에게 해명한 것은 1899년 6월 알렉상드르 밀랑의 입각 문제였다.[78]

카우츠키와 엥겔스로부터 세찬 공격을 받은 폴마르 같은 수정주의 측도 입각 사건을 양해하지 않았다. 다만 조레스는 그래도 뜻이 통할 것 같은 폴마르에게 편지를 보낸 것이다. 일찍이 1870년 프랑스-독일 전쟁에 참여하여 중상을 입고 그 후 군대를 떠나 사색과 정치의 길을 간 폴마르는 급진적이면서도 실질적이었다.

두 방법론

조레스의 결정적인 반론은 1900년 11월 북부 릴로 가서 쥘 게드와 결전을 펼친 데서 나왔다. 이 논쟁의 제목이 '두 방법론'이다.[79] 그 전해 1899년 12월 파리 자피 대회에서 사회주의자들이 그처럼 바라 마지않던 통합의 꿈은 사라지고 1900년 다시 파리 바그람 회관에서 열린 대회에서도 마찬가지의 격돌이 벌어지자 게드와 조레스 두 사람은 밀랑 사건으로 벌어진 사회주의의 원칙과 방법에 관한 이견을 만천하에 드러내야 했다. 이 소식에 11월 26일 릴 경기장에 모인 청중의 열기는 뜨거웠다. 북부 사회주의자인 귀스타브 들로리가 소란을 피우는 청중은 내보내겠다고 경고하자 박수가 나왔지만 소란꾼은 또 나타났다.

이날의 연설 전문은 소책자로 발간되었으며 장피에르 리우는 이 문건을 프랑스 사회주의의 고전이라 평하는 데 주저하지 않는다. "놀랄 일이 아니지만 게드는 자본주의적 소유의 폐지, 계급투쟁, 필연적으로 승리할 노동자 프롤레타리아만의 공세에 우선권을 두었다. 조레스는 먼저 개혁의 업적을 쌓고 개혁 속에서 혁명을 시작하는 실적을 만들기를 원했다."[80]

> 진정한 계급투쟁, 즉 모든 프롤레타리아가 조직을 이루어 자본주의와 맞서 싸우기 위해서는 자본가와 임금 생활자 사이의 이익이 적대적이라는 것으로 충분치 않습니다. 임금노동자들이 역사적 진전의 법칙을 이해하여 새로운 질서의 도래를, 소유가 더 이상 독점적이지 않고 특정하고 사적인 것이

아닌 질서를 희망해야 합니다.[81]

조레스가 말한 것은 우리가 앞서 본 사회공화국의 기초인 사회적 소유였다. 카르모에서 정치에 진출한 이래 줄곧 역설해온 생산자의 조직은 그러한 새 질서 안에서 생산과 생산의 몫을 지도하기 위해 필수적이었다. 개별적 경우는 프롤레타리아의 개별적 이익에 따라 결정할 일이었다. 릴의 대논전에서 조레스는 다시금 드레퓌스 사건이 프롤레타리아의 이해관계라는 자신의 논지를 설명했고 밀랑 사건에 대해서도 프롤레타리아가 의회 정치에 참여하는 것 자체에 지난 30년간 변화가 일어났다면서 독일의 지방의회 선거를 예시했다. 1893년에 독일 사회민주당은 지방의회에 참가하지 않기로 했다가 그러면 부르주아지가 수구파에 눌리게 되고 그 결과는 프롤레타리아의 권리 침해로 이어진다는 것을 깨달았다는 것이다.

조레스는 청중들에게 마지막으로 사회주의자들의 일선 경험이 필요하다는 점을 들고 이 경험을 살려 통합을 이루자고 결론 맺었다.

> 사회주의 당의 권한이 커질수록 책임도 커집니다.
>
> 그러나 이 책임을 우리들은 겁내지 않습니다. 사회주의 당은 겁내지 않습니다. 노동계급 안에서 조직이 하나로 뭉치리라 믿고 있습니다.[82]

독일 사회주의자들의 맹공격을 받고 프랑스 게드주의자들과 결판을 내게 되는 시점, 즉 1900, 1901년에 그는 자신이 구상하는 사회주의의 설계를 끝냈다. 이른바 개혁주의라고 지칭되는 사회주의 형성의 피나는 내적 구축이었다. 그의 사색과 현실과 지지자들은 어떻게 얽혀 있던 것일까?

KARL MARX
LOUIS BLANC
P.J. PROUDHON
BLANQUI
FOURIER
SAINT SIMON
BABEUF

Histoire
Socialiste
1789-1900
sous la direction de JEAN JAURÈS
PAR
JEAN JAURÈS (Constituante ; Législative ; Convention jusqu'au 9 Thermidor);
GABRIEL DEVILLE (Du 9 Thermidor au 18 Brumaire);
BROUSSE (Du 18 Brumaire à Iéna);
HENRI TUROT (D'Iéna à la Restauration);
VIVIANI (La Restauration);
FOURNIÈRE et ROUANET (Le règne de Louis-Philippe);
MILLERAND et GEORGES RENARD (La République de 1848);
ANDLER et HERR (Le Second Empire);
JEAN JAURÈS (La Guerre franco-allemande);
DUBREUILH (La Commune);
JOHN LABUSQUIÈRE (La Troisième République (1871-1885);
GÉRAULT-RICHARD (1885-1900);
JEAN JAURÈS (Conclusion : le Bilan social du XIXe siècle).
JULES ROUFF et Cie Éditeurs, 4, Rue La Vrillère, Paris
(Tous droits réservés)

프랑스를 흔든 드레퓌스 사건의 와중에서 조레스는 출판인 쥘 루프의 제의로 1789년 혁명 이래 1900년까지의 사회주의사 출간을 기획했다. 조레스가 프랑스혁명 시기를 맡고, 그다음은 시대별로 여러 사회주의자들이 나누어 집필했다.

조르주 자크 당통(1759-1794). 조레스는 피를 보는 권력 다툼 속에서도 도량을 잃지 않고 혁명에 대한 신념이 건실했다고 혁명가 당통을 높이 평가한다.

산악파의 거두 막시밀리앙 로베스피에르(1758-1794). 조레스는 그가 인민을 위하면서도 인민의 혁명적, 사회적 역량을 신임하지 않았다고 보았다.

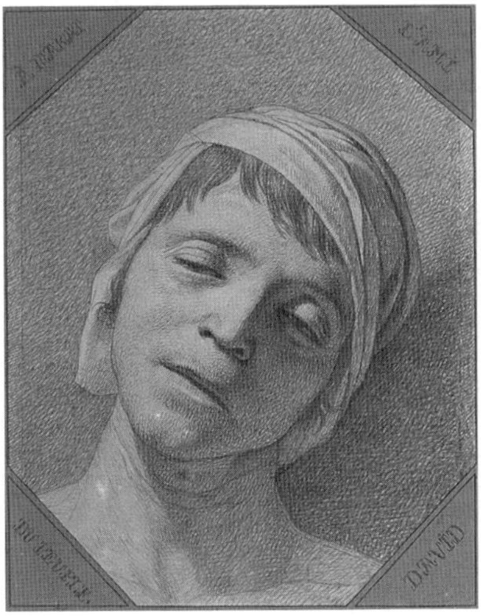

민중의 벗 장 폴 마라(1743-1793). 파리 자택에서 어느 젊은 여성에게 피살당한 그의 죽음은 혁명의 화가 다비드에 의해 재연되고 혁명의 상징으로 선전되었다.

조레스는, 혁명전쟁에 헌신하고도 혁명기의 분란으로 감옥에 갇히자 16세기 인문주의자 라블레를 읽는 젊은 장군 루이 라자르 오슈(1768-1797)의 정온함을 찬탄한다.

4장

인본사회주의

19세기 후반의 (유럽) 사회주의가 혁명주의와 개혁주의로 갈라졌다는 것은 잘 알려진 일이다. 프랑스 사회주의 역시 같은 분열에 당면했고 저마다 우리가 더 진정한 사회주의라고 믿었을 것이다. 한편은 사회주의의 원리에 우리가 더 충실하다고, 다른 한편은 시대의 요구에 우리가 더 정확하다고. 그러나 혁명주의와 개혁주의는 사회주의의 목적과 수단을 근거로 구분할 수 있지만 이제 드레퓌스 사건을 계기로 새로 도입된 인본주의 개념은 혁명과 개혁 양편 중 하나가 아니었다.

이 장은 이를 찾아가는 방법론으로 조레스의 인본사회주의는 문인위주의 사상이 아니라 혁명의 스토리를 안고 있다는 점을 드러내려고 한다. 코뮌 후 그때까지 사회주의라면 어딘가 외래적이라는 인상이 있었지만 프랑스 사회주의는 프랑스의 원천이라 할 혁명과 접목되어 프랑스에 뿌리를 내렸다. 조레스의 혁명사는 아직 우리한테는 번역되지 않았지만 그렇기 때문에도 이 문헌에 유의하고 프랑스혁명으로부터 나아간 그의 다수혁명론에 도달하고자 한다.

사회주의와 자유와 소유

조레스의 글 〈사회주의와 자유〉는 《증거들》의 논조를 넘어섰다. 더 깊고 더 과감했다.[1] 이는 곧 1893년 이래 그의 숙제인 프랑스 사회주의의 고유성을 찾아내고 정립하려는 노력의 결실과 같았다.[2] 이 시기에 사회주의라면 단연 독일이, 즉 마르크스주의가 지배적이었다. 하지만 그는 프랑스 마르크스주의자들인 게드파의 경제결정론적 사회주의에 승복하지 않았다. 그는 독일과 다른 프랑스의 사회주의를 찾으려는 집념을 버릴 수 없었다.[3] 사회주의에 기대를 거는 새 세대가 자라고 있었다.[4] 그가 자본주의와 부르주아를 한 덩이로 엮지 않고 분별한 것은 그 때문이었다. 합법성에는 두 면이 있다. 우리 사회의 근본적인 불공정을 보호하는 법들이 있고, 자본주의적 소유를 사수하고 임금노동자들을 착취하는 법들이 있다.

조레스가 역설한 것은 이 시점에서 재인식해야 할 것이 자유라는 문제였다. 자유는 자유주의자들의 독점물이 아니었다. 보존해야 할 자유가 있고 끝내야 할 자유가 있기 때문이다. 물론 프랑스에서만 자유에 천착하지는 않았다. 독일의 카우츠키 역시 《사회민주주의의 기초》에서 '사회주의와 자유'를 다루고 이에 대한 사민당의 입장을 개진했다.[5] 사회주의는 일부에서 우려하듯이 자유를 제한하고 속박하는 것이 아니라 노동과 생산관계의 족쇄를 풀어 오히려 노동계급의 자유를 키울 것이며 이로써 그 계급은 문화 계급으로 올라선다는 논지였다. 조레스는 부르주아에 대한 식견이 있었고 부르주아를 인정할 줄 알았다. 언어사회학자 마르크 앙주노에 따르면 19세기 후반 프랑스 사회주의자들은 '인민의 적' 개념에 다분히 고착되어 있었다.[6] 조레스가 의미하는 부르주아는 계급투쟁으로 타도해야 할 지배와 착취 세력으로만 환원되지 않았다.

여기서 자유를 구성하는 핵심은 근대철학의 기조처럼 조레스에게도 이성이었다. 조레스 철학 전공자에 따르면 근본적으로 합리주의자인 그는 특정한 경우에라도 이성을 부인하는 것을 비난하고 경험의 축적에 의해 사람이 이성적으로 된다는 관념을 부인했다.[7] 그러나 19세기 자유주의자의 이념과 달리 그는 자유의 필수 요건은 소유라고 두 가지를 결부시켰다.[8] 소유를 함부로 박탈당하면 자유는 즉시 무산된다. 자유의 담지자는 구체적 개개인이고 따라서 이 자유를 사회주의자가 논한다면 분명 사적 소유권을 문제 삼는 것이다. 개인의 소유, 경제적 자유가 사라짐으로써 정치적 자유, 사고의 자유가 사라지리라는 저들의 불안과 의심에 대해 조레스는 그렇지 않다는 부정의 근거를 마련해야 했다. 그는 부르주아의 그러한 우려와 혐의는 문명에 반하며 인류애에 반한다고 선험적인 명제를 세웠다. 부르주아의 논리대로라면 소수의 개인 소유를 보장하기 위해 노동계급은 임금제의 법칙 아래 종속 상태에 계속 남아 있어야 한다. 그렇다면 "이보다 더 어두운 결론은 없다. 사회적 소유가 개인의 자유를 배제한다고 여기는 자들은 이 결론에 무릎 꿇는 것이다".[9]

자유를 보장해주는 소유에 도달하려면 집산적collectviste 소유를 지향해야 했다. 집산주의란 개인이 다른 개인의 이윤을 위해 노동하지 않고 각자가 온전히 자율적이도록 모든 사람에게 해방의 수단을 보장해주는 방안이다. 다수 인간이 세습적 미신과 전통적 수동성으로부터 벗어나려면 가능한 한 최대의 과학과 최대의 사고력이 인민 사이에 함양되어야 하고 그것의 기반이 소유, 집산적 소유였다. 말할 것도 없이 부르주아는 사회주의가 들어서면 상실할 것이 있었다. 조레스는 그 계급은 가난한 자의 고통이 부유한 자의 쾌락에 섞여 있는 기이한 묘미를 잃을 것이라는 표현을 썼다. 그러나 조레스가 명백하게 주장한 것이 있다. 적대감으로 찢어진 부르주아계급과 노동계급은 승패로 나뉠 계급이 아니며[10] 두 계급은 공산주의의 도래에 의해 함께 승리를 거둘 것이었다. 프롤레타리아는 경제적 예속에서 벗어나 공동 소유라는 사회적 권리를 쟁취할 것이었다. 그러나 조레스는 그 결과는 수없이 많고 더구나 변화하는 조건들에 따를 것이라고 문을 열어두었다. 다윈의 영향은 사회주의에도 침투했듯이 그가 믿은 혁명적 진화는 기계적인 진화론이 아니었다.[11]

부르주아에게

그렇게 사회주의가 자유를 지키는 데는 중대한 선제 조건이 있었다. 부르주아, 그들은 반성해야 했다. 드레퓌스 사건을 당해 그들이 반성해야 할 필요는 더욱 명백했다. 특권 세력이 몰염치하다는 사실이 만천하에 드러났고, 사건을 합리적으로 재정립하지 않아 몰염치가 판을 친다면 공화국이 제대로 설 수 없기 때문이었다. 공화국은 어디까지나 개인들의 의지와 역량으로 세우는 것이고 공화국이 무너진 곳에 사회주의만 홀로 건립되지 않을 것이었다. 사회주의는 '당신들'의 자유를 손상시키지 않으며 오히려 진정한 자유를 수립한다는 그의 논변은 누구를 향한 것이었을까. 일부이지만 역시 부르주아였다.

조레스가 믿은 것은 반동적 우익 아닌 부르주아지의 사고 안에는 자유가 도사리고 있다는 점이었다. 부르주아지는 정신과 내면의 자유를 무엇보다 소중한 자산으로 여겼으며 그 자유의 내용은 1789년 혁명으로 확인된 모든 자유, 노동의 자유, 정치적 자유였다. 우리는 여기서 조레스가 자유를 말하고 있지 자유주의를 옹호한 것이 아니었다는 점에 새삼 주의를 해야 할 것 같다. 자유를 외치고 혁명을 일으킨 나라에서 의외로 자유주의는 성행하는 말이 아니었다. 19세기 후반 프랑스 의회에 각종 정당이 가득했어도 자유당이라는 명칭을 가진 당이 없었다.[12] 그러나 그들 부르주아는 사회주의라면 무엇보다 자유의 위축과 소멸을 초래하리라 우려했다. 고귀한 개인의 자유를 전제정이나 국가에 맡기자는 것이 사회주의로 보였기 때문에 사회주의를 꺼릴 수밖에 없었다. 조레스가 말하는 부르주아지는 추상이면서도 구체적인 의회의 동료들, 공화파, 급진파였을 것이고 그는 그들을 명시적으로 지칭하지 않으면서 그들을 향해 답을 해야 했다.

> 생산수단의 사적 소유가 사회적 소유로 대체되었을 때 개인의 자유는 모든 기초를 잃고 그들의 뭇 활동 수단은 상실되지 않겠는가? 노동과 생산의 분배는 권위적이지 않겠는가? 더구나 공동체는 더없이 조야한 욕구와 더없이 진부한 영혼의 수준으로 내려앉지 않겠는가? 그리하여 양심의 저항을 탄압하고 지적 반대를 폐지하기 위해 정부는 독재 권력을 조직하기에 이르지 않겠는가? 그러면 개인 재산, 경제적 자유가 사라지면서 정치적 자유와 사고의 자유가 사라질 것이다.[13]

1899년 말에도, 1900년에도 드레퓌스 사건은 끝나지 않았다. 그러나 조레스는 이 회오리바람 속에서 진정 기댈 곳을, 바라볼 전망을 찾게 되었다.

조레스의 혁명사

혁명사 발간 기획

파리 거리에서 "신문 사세요", "소설책 나왔습니다" 하고 소리치는 행상은 예사로 볼 수 있었다. 그런데 1900년 2월 10일 행상들이 목청을 돋우는 책의 제목은 예사롭지 않았다. 처음에는 선전 포스터도 붙였지만 그럴 돈이 없어서 이후 포스터 제작은 그만둔 이 책은 《사회주의사: 1789-1900》. 아직 선전용 별쇄본이었지만 모두 일곱 권으로 간행될 대작이었다.[14] 하지만 무거운 내용의 사회주의사를 거리에서 소리치며 팔다니? 누가, 왜 썼기에 이런 방식으로 책 선전을 한 것일까.[15] 저자는 한 사람이 아니었다. 주 제목은 사회주의사, 그다음 줄에 약간 작은 글씨로 1789-1900, 또 그 아래에는 장 조레스 책임 편집이라 적혀 있고 왼편에는 반원형으로 사회주의자 일곱 명의 초상이 글씨를 둘러싸고 있다. 하지만 1900년에 시작하여 1908년에 완간되는 이 총서가 애초의 기획대로 돌아가지는 않았다. 1899년 분란 이후 게드, 게드파의 가브리엘 드빌은 조레스의 집필진에 참여할 심정이 아니었고 폴 브루스는 병석에 누웠으며 입각한 밀랑은 사회주의자들과 소원해졌다. 예정된 집필진은 바뀌고 또 바뀌었다.[16]

문제의 책은 '사회주의사'라는 제목부터 대담했다.[17] 사회주의야 흔한 말이었지만 거기에 정통적인 말 (역)사를 붙인 것이 대담하고 또 생경했다. 표지도 소의 피 같은 검붉은 색이었다. 시대에 맞는 출간이었을까. 1895-1900년에 전화가 상용화되고 라디오 방송이 출현하고 파리에서는 푸조 자동차가 선보였다. 파리 최초의 지하철이 서쪽 마이요에서 동쪽 뱅산까지 개통한 것도 1900년 7월이었다. 1903년에는 공영 가스도 설비된다. 책은 시대를 탄다. 이 책 역시 시대의 소산이었다. 역사가 마들렌 르베리우는 이 책이 1900년대의 도래를 신호하는 기욤 아폴리네르의 시, 피카소의 그림 같은 새로움의 표상이었다고 평한다.[18]

이 책을 애초에 제의한 것은 파리의 출판인 쥘 루프였다. 펠릭스 알캉, 지아르, 코르넬뤼, 아르망 콜랭 같은 파리의 명문 출판사는 센강 좌안 5-6구에 몰려 있었지만 소규모 출판사들은 강 우안 3구의 시청 뒤 좁은 거리에도 모여 있었다.[19] 그런 생토노레 클로튀르에 주소를 둔 루프는 이미 미슐레의 혁명사,[20] 위고의 책을 펴냈고 1898년에는 드레퓌스주의자였다. 그는 드레퓌스 사건으로 누구나 생각이 많던 때 조레스와 만나 혁명으로 시작하여 19세기 말의 사건에 이르는 역사서 출판을 타진했으며 곧 이 대작을 계약했다. 아마 6월이었을 것이다. 조레스가 낙선하자 파리 사회주의자들은 파리 선거구에서 2차 투표에 출마하기를 요청했으나 그는 이에 응하지 않았다.[21] 의원 보수도 받을 수 없었다. 소르본대학의 강의 자리는 거절당했고 툴루즈대학에도 돌아가지 않기로 했다. 계약금이나 인세는 알려져 있지 않지만 이 책의 계약에는 그런 정황도 작용했을 것이다. 하지만 조레스는 이 제의에 마음이 벅찼다. 어둡고 혼란스러운 드레퓌스 사건의 와중에서 "현재에 빛을 비추기 위해 과거를 데려오고" 싶었다. 더구나 루프가 제의한 것은 그가 탐내는 주제, 프랑스혁명사였다. 1789년 혁명에 사회주의가 들어 있다는 생각은 갑작스럽지도 않고 그만이 생각한 것도 아니다.[22] 조레스가 이 제의에 끌린 데는 전략적 이유도 있었다. 드레퓌스 재심이 결정되자 완전히 금이 간 듯한 사회주의 당파를 보면서 이들이 모두 모여 큰 역사서를 쓴다면 그 역사에 의지하여 통합도 희망적일 것 같았다.[23]

제3공화정과 혁명사

사실 시대정신이 혁명사를 소환하고 있었다. 1889년 혁명 100주년에 제3공화국은 대대적으로 100년 전 공화파의 태동을 기념했다. 축제도 벌였지만 본격적인 혁명사 연구가 대두했다. 혁명의 본바닥이었던 파리 시청이 혁명사 사료 수집과 강의를 대학보다 먼저 도입하기도 했다.[24] 교육 선진국 독일을 본으로 삼아 파리에서도 대학의 체계가 잡혀가는 때, 대학은 혁명에 열을 냈다. 소르본대학에 프랑스혁명사 강좌가 개설되고 당대의 역사가 알퐁스 올라르가 초대 주임교수가 되었다. 학문적 혁명사의 첫발을 디딘 올라르의 강좌는 1887년 시작하여 1923년까지 계속된다.[25] 물론 프랑스 혁명사는 아직 왕의 처형이 일어나기도 전 1790년에 당장 서술되었다. 아일랜드 출신 영국의 정치가 에드먼드 버크는 이 놀라운 사태에 통찰의 메스를 댔다.[26] 19세기 중후반까지는 우선 보수적인 감각을 지닌 혁명사가 집필되었다. 그러나 1890년대, 1900년대의 새로운 사회풍조 아래 혁명사 서술은 정확하고 신선해졌다. 사료 이용이 달라지고 독일 역사주의의 영향도 받았다.[27]

조레스는 혁명사 학계의 동향을 주시했을 것이다. 그리고 전문 역사가들보다 더 박진하게 민중에게, 즉 농민과 노동자에게 프랑스혁명사를 내밀고 싶다는 욕망이 일었을 것이다. 그는 사회주의의 기원에 관심이 많았고 이 때문에도 혁명사에 꽂혔다. 아직 유럽을 부러워하는 미국 학계도 프랑스혁명과 근대 사회주의의 연관성에 관심을 두었다.[28] 1898년 조레스는 여름 휴가를 틈타 파리시 문서고, 카르나발레 문서고, 윌름 거리의 고등사범 도서관, 의회 도서관을 훑고 다녔다.[29] 그를 후원하던 툴루즈대학의 페루 학장은 혁명사에 관한 개인 장서를 열었다.[30] 조레스는 철학자 가브리엘 모노에게도 자료를 부탁했다. 단 몇 개월에 이 책을 다 썼다는 비판도 받지만 조레스는 책의 출간 후 독일의 베른슈타인에게 보낸 편지에서 10년 동안 혁명사 자료를 준비해왔다고 술회한다.[31] 사실 20세기 후반 툴루즈대학의 혁명사 학자 자크 고드쇼는 조레스가 1887년이나 1889년, 늦어도 1891년부터는 프랑스혁명에 관심이 깊었다고 알려주었다.[32] 어떻든 혁명사에 대한 조레스의 관심은 끈질겼다. 1902년 5월 당선되어 의회에 돌아온 다음, '프랑스혁명의 경제사회사 관련 텍스트와 문건 연구 및 간행 위원회'라는 긴 이름의 위원회 설치를 주선하고 의회에 예산을 요구했다.[33] 사회경제사의 대가 에르네스트 라브루스가 설명하듯이 조레스의 뇌리를 떠나지 않던 것은 수많은 사람들의 경제적 사정이었다.[34]

생존과 삶의 혁명

조레스는 학계 밖에 있었지만 역사의 무대에서 경제가 사회와 정치를 어떻게 움직이는지를 해명하고 싶었다. 경제가 중요하다는 것은 실은 무슨 얘기였을까. 정치는 많이 배운 사람들이 한다. 그런데 지금도 그렇지만 배움이 많으면 대체로 가진 것도 적지 않다. 반면 경제의 원천, 즉 생산은 가진 것 없는 사람들이 많이 맡았다. 게다가 가진 것이 너무 적으면 늘 일을 해도 배움이 자라지 않았다.[35] 조레스는 카르모 광부들, 남부 농민들을 만나면서 그 점을 뚫어져라 보았다. 누가 "당신들"을 가르치는 것이 아니라 감수성이 가득한 "당신들" 스스로 높은 문화와 고전을 익히기를 소망했다.[36] "우리는 민중, 노동자들, 농민들에게 1789년 혁명부터 19세기 말에 이르는 사건들을 사회주의의 눈으로 이야기하고 싶다." 혁명사 책 서론을 펴면 곧 나오는 이 구절은 경제와 정치의 머나먼 사이를 메우겠다는 회심의 포부를 드러낸다. 책은 필경 그 때문에 제작비가 많이 듦에도 혁명사의 삽화를 잔뜩 집어넣었다.[37]

조레스의 혁명사는 전문가들 사이에서 우호적 반응을 일으키지 않았지만[38] 파리의 중도 일간지 《르 마탱》은 책이 나오자 그에게 인터뷰를 청했다.[39] 1901년 2월 11일 자 이 인터뷰에서 그는 사정이 어떻게 되었든 이 혁명사는 공동 저작이라 하고 소회를 밝혔다. "(드레퓌스) 투쟁의 와중에서 (산악파가 제거되는) '테르미도르 9일'까지 썼다. 사회주의, 공화국, 민주주의의 적들에 대한 투쟁, 최선의 투쟁 방식을 둘러싼 사회주의자들 사이의 투쟁 속에서 프롤레타리아를 위한 민주주의가 위대한 승리를 거두어야 한다는 내 신념은 한층 불타올랐다."[40]

조레스는 베른슈타인에게 "나도 할 일이 많고 당신도 할 일이 많은데 혁명사 내용을 이렇게 이야기한 것은 내가 당신과 함께 얼마나 진지한 민주적 사회주의자인지 알리기 위해서"라고 했다(1902년 1월 25일 자 편지).[41]

이 총서는 방대하다. 조레스가 저술한 분량만 보아도 그렇다. 이 혁명사의 내용을 한두 마디로 간추린다는 것은 저자에게도 지금의 독자에게도 예의가 아닐 것이다. 그렇다면 혁명을 대하는 그의 시야와 필치를 느끼는 방법이 무엇일까. 우리는 이에 단편적이나마 조레스의 서술을 직접 보는 방법을 생각했다. 다음은 그런 의미에서 고른, 1938년판 조레스 선집에 수록된 《사회주의 프랑스혁명사》 국민공회 편 가운데 몇 대목이다.[42] 조레스의 글을 그대로 따라가면서 조금 압축하고 설명을 덧붙인다.

당통

1792년 2월 말 며칠 사이에 파리의 코뮌 검사보를 맡았을 때 당통은 한층 더 존경받고 공적인 평가를 받기를 원했다. 위대한 혁명 국면에서 배역을 수행하려면 누구라도 그래야 하지만 당통은 사유의 힘이 있었고 공적인 의미를 확보했으며 자신이 작성한 문건의 한 글자, 한 글자를 검토하는 사람이었다. 그러나 평소 습관과는 달리 미리 언론에 완성본 문안을 배부한 그는 신랄하지 않게, 다가올 총반격을 예감하면서 자신의 공적 생활과 사생활 일체를, 파리 시의회 선거에 낙마한 것을, 또 얼마 안 되는 재산 형성 경위를 설명했고 샹드마르스의 날(1791년 7월 17일 왕의 폐위를 요구하며 민중이 시위하여 사상자가 발생했다) 직접 참가하지 않으려 했기에 가해진 비판을 방어했다. 그는 헌법을 수호해야 했다고 선언했다. 그러나 공격받으리란 것을 예견했고 그래서 헌법에 손을 대려는 자들에게 위협적인 어조로 발언했다. 그는 근본이 대담한 인간으로 자신이 어떻게 보일까를 겁내지 않았다. 이런 강력함, 이런 정치적 능란함을 어디서 또 볼 수 있을까! 공들인 끝에 중간계급을 자신에게 합류시키고 빈번히도 자신을 공격했던 라파예트의 친구들, 온건 부르주아지의 원한을 제거하는 수완.

사태가 불확실하고 누구나 어떻게 나서야 할지 망설이는 1792년에 그는 혼란스러운 사건 속에 흩어지는 의지를 모아야 할 필요를 느꼈다. 당통은 군중에게 암시했다. 나 여기 있소. 그는 위험을 피하려 3-5월에 지롱드파와 로베스피에르 사이에 깊이 개입하지 않았다. 하루는 자코뱅들에게 외부에서 전쟁을 벌이려 하기 전에 내부의 적들을 물리쳐야 한다고 선언했다. 그는 지롱드를 공격하기를 피했지만, 로베스피에르에 대한 (지롱드의) 신랄한 비방에는 불편해했다. 그래서 어느 날은 분개하며 조국의 최상의 봉사자에 대해 이렇듯 상투적인 모욕과 중상은 끝내야 한다고 소리쳤다. 사실 당통은 지롱드를 심판했다. 지롱드는 일관성이 없고 허영심이 있다고. 하지만 그는 앞으로 예견되는 거대한 운동을 위해 자신의 힘을 부서뜨리지 않으려 했다. 그는 때로는 추상적인 로베스피에르의 이론이나 흔히는 정략적인 지롱드의 결속에 별로 기대를 걸지 않았다. 그가 많이 기대한 것은 마라Marat처럼 직접 소환하는 민중의 힘이었다.

당통이 자신은 천생 헌정의 전복을 원치 않는다고, 입헌왕정은 만약 그것이 원한다면 수 세기를 가리라 했을 때 그것은 진심이었다. 그러나 그는 이 가정 속에 정신이 잠들도록 놔두지 않았고 있을 수 있는 투쟁을 위해 깨어 있었다. 다만 겁쟁이들에게 이성의 힘이 필히 정념의 열기를 조절하리라 경고한 것이다. 어떻든 그는 이 마지막 변론을 자신의 정치 유서로 만들지는 않았다. 혁명을 유실하지 않으면서 온건하게 할 계획, 민주주의를 양도하지 않으면서 조직할 틀을 그가 가지고 있었겠지만 그는 그것을 선포하고 미래를 장악할 절호의 기회를 놓쳤다. 당통파의 저항에 놀라고 겁이 난 공안위원회는 국민공회에 명령을 내렸다. 질서를 어지럽히는 자들에게는 토론의 여지를 줄 수 없다고 그들을 잡아 데려왔다. 혁명재판소는 그들의 부재 속에 사형선고를 내렸다. 카미유 데물랭이 아내에게, 사랑해 마지않는 가족에게 얼마나 가슴 아픈 작별 인사를 남겼는가.[43] 조레스는 여기서 누구라도 이 불멸의 페이지를 읽고서 가슴이 무너지지 않는다면 인간다운 자취가 없다고 한다. 당통 역시 카미유의 아내와 어린아이들을 생각하고서 가슴이 찢어졌다. 카미유는 "당통, 갑시다. 약해지면 안 됩니다!" 하고 말했다. 그리고 당당히 사람들에게 경멸의 시선을 보냈다. 혁명가 당통, 카미유. 그들은 삶을 사랑했다. 삶을 위해서 생명을 사랑했다. 삶은 생활이고 사랑이며 자유였기 때문이다. 당통이 말했다. "이제 잠들러, 영광에 안겨 잠들러 갑시다." 그들에게 공포와 죽음을 가려준 것은 빛살처럼 퍼지는 영광이었다.

사람들 사는 것이 조용히 천천히 돌아갈 때는 현재의 필요에 부응하지 못하는 당파의 권력은 제서하는 것으로 충분하다. 권력을 잃은 당파들은 천천히 복수를 준비할 것이다. 권력을 가진 당파를 마비시키지 않고서. 그러나 혁명을 치르는 위대한 나라가 무장한 내부 도당과 싸우고 또 세계와 싸울 때는 한시라도 주저하거나 한 가지라도 잘못을 저지르면 새 질서의 운명이 수 세기 동안 위태로워졌을 것이다. 이 거대한 과업을 지도하는 이들은 생각이 다른 반대자들과 손을 잡고 그들을 설득할 시간이 없었다. 그들은 싸워야 했다. 움직여야 했다. 그들의 모든 행동에 금이 가지 않고 행동이 흩어지지 않게 하기 위해 당장 필요한 합의를 주위의 죽은 자들에게 요구했다. 혁명은 이 순간에 괴물 같은 경전이었을 뿐이다. 이 경전은 잘 숨어 보이지 않고 신속하게 사람 부리듯 결정을 부려야 했다. 하인들은 서로 싸울 권리가 없었다. 그들은 한가하지 않았다. 그들 사이에서 한마디 싸움이라도 일어나면 혁명에 대못을 박는 것이었다. 죽음이, 질서를 회복하고 책동이 계속되기를 허용했다.

당통은 민중의 자유로운 감각과 권리에 비춰 헌정을 해석하는 데 뛰어났다. 시테Cité(정치적 의미의 도시) 속 프랑스인을 낱낱이 호출하기 위해 헌정 수호자들 모두의 용기를 북돋으며 숭고한 헌법 선언을 전유한 것이 이 대담한 입법자였다. 그가 조국이 처한 위험에 맞서는 것을 프랑스인 모두의 권한으로 만든 것은 숭고한 영감에 의해서였다. 빈민의 이름이 아니었던 것이다. 조국의 이름으로 전 시민에게 정치적 평등을 요구했다. 위험에 처한 조국과 위협받고 있는 자유는 누구에게나 용기를 부를 권리가 있었다.

로베스피에르[44]

테르미도르 10일(1794년 7월 28일) 정오에 비요바렌에 의해 기소된 이들이 콩시에르주리 감옥에 이감되었다. 마지막 행로에서까지 그들은 자신들이 형장으로 보낸 모든 이들과 섞이게 되었다. 4시에 그들은 처형장으로 인도되었다. 호송 마차 뒤에서는 여자들이 춤을 추었다. 그 여자들은 로베스피에르에게 모욕을 가했다. 로베스피에르는 슬프게 미소 지었다. 아마도 그들을 용서하면서. 그는 미래에 올 정의를 굳게 믿었다. 마차가 가는 길에 한 어린아이가 뒤플레 집의 문짝에 피를 뿌렸다. 로베스피에르는 고개를 돌렸다. 그러나 눈에 이슬이 맺히지 않았다. 참담한 심경이었으나 혁명과 조국을 위해 마음을 다스렸다.

조레스에 따르면 로베스피에르는 혁명 운동 속의 인간 군상을 두 부류로 나누었다. 한편에는 부유한 이들, 가진 자들이 있고 이들은 금방 이기주의에 물들고 평등을 겁낸다. 그다음에는 관대하고 선한 사람들이 있다. 혁명을 수호하고 완수하기 위해서는 이 사람들에게 기대야 한다. 조레스는 그것은 기이한 개념화라고 했다. 민주적이면서도 퇴영적이기 때문이다. 그렇다. 법의 사회에서 약자들을 구조하게 되는 것은 사실이다. 하지만 로베스피에르는 혁명에 복음서의 구절을 적용하는 것 같다. "가난한 이들만이 하느님의 나라에 들어가리라." 로베스피에르의 사상 전반에는 장 자크의 사상처럼 민주주의와 구속적인 기독교가 어지럽고 신랄하게 혼재되어 있다. 그것의 이상은 공산주의와 부富를 동시에 배제하지만, 실상은 부는 성가시지만 필요한 것으로 관용을 받는다.

역사가는 언제든 가정假定과 운명을 대비시키는 것이 허용된다. 이렇게 말할 수 있는 것이다. 이건 사람들의 잘못, 당파들의 과오이다. 그런 잘못들이 아니었다면 사건은 다른 방향으로 흘렀으리라고. 나는 특히 5월 31일부터 로베스피에르가 수행한 거대한 봉사가 무엇이었는지를 말했다(1793년 5월 31일과 6월 2일 구 자치체인 코뮌의 압력 아래 국민방위군의 엄호를 받아 민중이 봉기하여 국민공회에 있던 지롱드 의원들을 체포, 구금한 사건을 말한다—옮긴이). 혁명 권력을 조직하고 내전과 무질서와 패배로부터 프랑스를 구한 것. 나는 또한 에베르주의와 당통주의를 진압한 후 그가 얼마나 의문과 맹목과 현기증에 시달렸는지를 말했다(급진파 에베르는 공안위에 반대하는 민중 운동을 주도했으며 로베스피에르 일파에 의해 1794년 3월 24일 처형되었다—옮긴이). "약자의 이해利害가 정의이다. 인간적이고 공정한 법은 그들 약자들에게 필요한 보호 장치이다. 툭하면 그들과 맞서는 강자들에게 법은 불편한 제어 장치일 뿐이다. 이 비열한 이기주의자들, 이 더러운 음모꾼들이 저들 강자들에게는 권능, 재산, 세력, 무기가 된다. 민중은 비참과 천상의 정의를 가질 뿐이다. 이것이 보편 세계에서 우리가 변호하는 이들의 웅대한 재판이다."

(조레스의 로베스피에르 비판은 이렇게 나아갔다.) 그렇다. 법치 사회는 약자를 보호한다. 언제나 활기찬 재산과 부유함, 섬세하고 개척적인 과학의 힘은 맞아들어야 한다. 그러나 더 이상 "약자"가 없는 사회는 왜 예견하지 못하는가? 삶이 주는 힘과 기쁨에 만인이 동참하는 것은 추구하지 않고서 왜 부를 근본적으로 부패한 것으로 보는가? 로베스피에르는 재산 이기주의가 특권자들을 혁명에 등 돌리고 인간의 권리의 의미를 내버리게 한다고 보는 것 같다. 소유 자체가 특권이기를 그치고 인류와 어울리도록 노력하지는 않는 것 같다. 민중의 "비참"은 민중을 무관심하게 만드는 조건이라고 여기는 것 같다. 민중이, 마침내 인류 공동의 것이 되는 부를 주장하지 못하도록 왜 민중을 실의에 빠뜨리는지 알 수 없다. 로베스피에르는 일부의 증대하는 부가 대담하고 가난한 다수의 정치권력에 의해 통제되는, 삭막하며 음울한 사회의 문턱에서 멈추는 것 같다.

민중에게 이렇게 말하는 것은 아부와 교활이 불쾌하게 뒤섞인 합성이다. "너희들은 약하기 때문에 덕이 있다. 가난하기 때문에 무관심하다. 무력하기 때문에 순수하다." 조레스는 그것은 영원히 비참할지라도 영원한 덕은 가졌다는 위로라고 반격했다. 모든 악덕은 부의 편으로 돌리고 모든 덕성은 빈자의 편으로 돌려 사회의 균형을 맞추려는 것은 환상이거나 거짓이다. 순진함이거나 계산속이다. 로베스피에르는 진지했다. 그러나 그의 기질은 메말랐고 사상은 깊지 않았다. 만약 민중이 로베스피에르가 민중에게 주려는 민주주의의 장치들을 장악할 수 있었다면, 만약 모든 시민과 무장한 유권자들이 혁명의 격동기가 지난 후 투표함과 총을 간수할 수 있었다면 민중은 로베스피에르가 생각했던 것보다 훨씬 대담하고 원대한 대의에 봉사했을 것이다.

마라

마라는 민중이 특권에 대해 품는 혐의가 불식되기를 원치 않았다. 그렇다고 민중이 힘을 사용하고 무절제한 폭력으로 혁명을 위태롭게 하는 것도 바라지 않았다. 마라의 말은 어떤 때는 쓰라린 고통을 남겼다. 시민은 모두 군대에 가도록 되었을 때 마라는 빈민의 이름으로 외쳤다(1789년 11월). "아! 가진 것이 하나도 없고 이렇다 할 일자리가 없는 사람들, 사회계약으로부터 얻는 것이 없는 이들에게 조국은 있는가? 이제 주인의 멍에는 벗었더라도 이들은 어디서나 동료 시민들의 멍에 아래 봉사하도록 된 운명이다. 어떤 혁명이 닥치더라도 이들의 영원한 몫은 예종, 빈곤, 억압이다. 그들의 비참한 상태를 단단히 할 뿐이고 그들의 칼날을 구부릴 뿐인 국가에 그들이 빚진 것이 무엇인가? 그 국가에 다만 미움과 저주를 빚지고 있을 뿐이다. 아! 평온하고 행복한 운명을 보장해주는 당신들에게 국가를 구하라 하시오. 우리에게는 아무것도 강요하지 마시오. 우리는 잔인한 운명으로 당신들 사이에서 살아갈 수밖에 없는 잔인한 필연성으로 충분하다." 정말이지 이것은 영원한 저주를 내뱉는 절망의 외침과 같다. 무뚝뚝한 위로조차 보이지 않는, 예종과 빈곤에 몰린 이들의 미움의 외침이다. 그들의 지옥이 특권자들과 행복한 자들의 빛나는 비전을 가로지른다.

> 이 인물들을 판단하면서 결코 잊지 말아야 할 것은 운명에 의해 그들에게 부과되었던 문제들이 가공할 것이었으며 필경 인간의 능력을 초월했다는 점이다. 아마도 단 한 세대 동안에 구체제를 쓰러뜨리고 새로운 법을 창출하며 깊은 무지와 빈곤과 참상으로부터 스스로 깨치고 당당한 민중을 소환하는 것은, 전제자들과 노예들이 결합한 세계와 투쟁하는 것은, 이 투쟁에 모든 정념과 힘을 쏟아 소진하는 것은, 동시에 열기 넘친 과도한 자유로 정상적 질서를 향해 나라를 진전하게 하는 것은 가능치 않았다.
>
> 우리는 한 세기도 더 전에 일하고 싸웠던 위대한 혁명 일꾼, 민주주의의 일꾼들에게 수 세대가 걸려야 이뤄지는 업적의 책임을 돌릴 수는 없다. 마치 드라마가 끝난 듯이, 마치 그들은 가고 역사가 이어지지 않았다는 듯이 그들을 심판하는 것은 오직 유치하고 부정의한 일일 뿐이다. 그들의 업적은 필연적으로 한계가 있었다. 그러나 위대한 것이었다. 그들은 프랑스와 세계에 자유를 향한 놀라운 약동을 주었다. 반동과 쇠락에도 불구하고 새로운 원리가 결정적으로 역사를 붙잡도록.

오슈

1792년 4월 20일 프랑스 전역의 교회 종이 울렸다. 대對오스트리아 선전포고를 알리는 종소리였다. 군사 개혁은 이미 혁명 전에 시작되었지만 국민의회는 병사들의 시민권 향유를 천명했다. 군대 조직의 개혁이 잇따라, 술 취하면 강제로 물을 마시게 하는 형벌 외에는 병사의 신체 처벌이 금지되었다. 국왕의 탈주 후 장교의 60퍼센트가 망명을 떠났고 새로

편성된 부대들은 혼란스러웠다. 북부 아르덴 군을 지휘하는 오슈의 역량과 전술은 국민공회 공안위의 카르노 장군을 탄복케 했다. 오슈는 한때는 산악파의 거물 마라와 가까웠지만 정치에 간여하지 않았다. 방데Vendée로 파견된 군인이 오슈였다. 공포정치 아래서 과격파 피슈그뤼가 반역죄 혐의로 그를 고발했다. 공안위의 군사위원장 생쥐스트(1767-1794)는 1794년 4월 1일 오슈 체포령을 내렸다(27세에 사망한 오슈가 집필한 혁명에 관한 저술은 전집으로 묶여 2000년대에도 간행되었다—옮긴이). 1793년 17명의 장군이, 1794년에는 67명의 장성급 장교들이 처형되었다. 파리로 송치되어 카름 감옥에, 다시 콩시에르주리 감옥에 갇힌 오슈는 이렇게 썼다. "만약 병사들이 너무 사랑하는 장군이 야심만만하다면 그를 놔두는 것이 위험할 것이다. 그러나 나, 내가 누구를 위해할 것인가? 나는 언제나 반듯하게 행동했다. 누가 나를 수상하다고 의심하는가?" 1910년 새로운 군제 법안을 위해 원고를 쓰던 조레스는 오슈가 라블레를 읽었다는 것을 다시금 새긴다. 밀고와 감시, 처형의 와중에서 라블레를 읽는 오슈의 심경을 헤아린다.

> 신랄한 종교개혁의 와중에서 '웃음'을 제시한 인문주의자, 라블레……. 사실 오슈가 간수에게 반입을 요구한 책 목록은 길었다. 이 젊은 군인은 제정 로마의 권력투쟁을 응시하는 세네카, 유혈 종교개혁의 세상에서 수상록을 쓰는 몽테뉴를 그리워했다.

오슈가 무척 마음에 남았던지 조레스는 한참 시간이 지나 법안으로 제출하는 〈새로운 군대〉에도 이런 구절을 쓴다. "오슈의 지성은 인간들의 음모와 갈등, 증오와 열정이 넘쳐나는 혁명의 와중에서 그 냉철한 로마의 시인을 바라보게 했다."

오슈는 혁명의 분란에 피로했지만 그에 지지 않고 당당했고, 자신이 전적으로 헌신한 혁명에 의해 참형을 당할 순간에 영혼과 자기 운명을 돌볼 방도를 찾았다. 라블레에게서 오슈에게로 옮겨 붙은 불꽃, 그것은 어느 날 인간들이 올바른 정신을 지니고 자유를 아끼며 과학적으로 살리라는 희망이었다. 오슈는 이렇게도 어지러운 삶, 제정신이 아닌 사람들을 저주하지 않고 크나큰 희망 속에서 죽음을 맞으려 했다.

혁명은 무한한 다수의 힘으로

조레스의 혁명론은 분명하게 인정하고 분명하게 반대한 것이 있다. 우리는 혁명이라고 부르는 커다란 사회변혁을 일으켜야 하지만 혁명은 소수의 업적일 수 없다는 것이다.[45] 혁명적 소수는 아무리 영민하고 에너지가 넘쳐도 현대사회에서는 혁명을 성취하기에 충분치 않았다. 그는 사회주의가 자의적인 개념이 아니고 유토피아 건설이 아니며 사실이 만드는 운동이고 경제적 변화로부터 도래한다는 19세기 후반의 사상을 충분히 이해했다.[46] 그러나 혁명의 성질이 바로 그렇기 때문에 혁명은 다수, 그것도 수많은 다수의 가담과 협력이 있어야만 했다.

역사의 흐름에는 풀어내기 어려운 문제가 있어 특정한 시기나 나라들에서는 특정한 개인들이나 집단들이 강력한 의지를 발휘하여 혁명을 빚어냈다. 그러나 종교개혁과 르네상스 이래 현대 민족들의 형성에서는 어느 한 개인이 탁월한 힘을 갖는 경우가 거의 없었다. 현대 유럽에서는 수 세기 이래 모든 개개인이 에너지와 의식과 행동의 중심이었다. 사람은 누구나 자신의 이해관계를 가졌고 현재에 애착을 두었으며 미래를 전망하고 열정과 사상을 품었다. 사회는 그 무한한 다수가 커다란 변화를 요구하거나 받아들일 때에만 새로운 형태로 진입한다.[47]

그는 여기서 말하는 다수가 개인으로 구성되었다는 것을 잘 보라고 한다.

사회주의 운동 안에서 개인은 드높은 목적이다. 개인은 자신의 발전을 방해하는 모든 사상 체계와 모든 사회 체계를 해체하고자 한다. 조국, 가족, 소유, 인류의 척도, 신의 척도가 되는 것조차 인간 개인이다. 이것이 사회주의이다.[48]

그는 어떻든 이 반세기에 대규모 대외 전쟁과 내전을 겪으며, 동시에 완만하고 지속적인 사물의 운동에 힘입어 그리고 마르크스가 예고한 장엄한 혁명적 진화에 의해 노동자가 수행하는 정치 행동의 조건은 구현되었다는 결론을 내렸다. 그러나 선결 조건은 구비되었더라도 실상은 어떠했을까. 우선 다수의 교육이 문제였다.

모든 어린이에게 사상의 싹이 있습니다

조레스는 파리 상층 구역에서 자란 사람이 아니다. 알비, 카스트르가 중세 이래 이름 있는 고장이었어도 그는 어려서부터 교육의 손길이 미치지 못한 사람들을 많이 보았으며 선거운동을 하면서는 더 많이 만났다. 민중은 환경을 뛰어넘어 도약할 수가 없었다.[49] 반 고흐가 그리고 있는 농민의 표정과 농촌의 일감을 그는 자기 눈으로 똑바로 보았다. "누추한 오두막집에서 나온 어린 학생이 부르주아 상층 구역을 지나 학교에 가면서 어떤 심정을 가질 것인가."[50] 학생에게 깊은 사색의 기회를 주는 교육을 시행하자면 사회가 진보해야 했다. 민중의 어린이들은 노동자가 될 것이지만 그들도 시민이고 그들도 인간이었다. 부르주아 자녀들과 똑같은 수준의 교육을 향유할 교육권이 있었다.[51] 그런데 교육의 향배를 쥔 것은 교사들이었다. 여교사가 활약하는 시절에 남녀를 함께 지칭하며 조레스가 교사들에게 당부한 다음의 글은 널리 알려져 있다.

> 여러분은 어린이들의 지성과 영혼을 쥐고 있습니다.
> 아무리 보잘것없는 인간에게도 솟아날 수 있는 실마리가 있습니다. 재능이 없다고 어린이를 포기할 수 없습니다. 모든 어린이에게 사상idée의 싹이 있습니다. 철자 몇 개 틀리거나 셈을 좀 잘 못 하는 문제는 이 근본에 비하면 진실로 중요하지는 않습니다.[52]

그가 어린이는 인간 사회를 알아야 한다고 했을 때 그 사회는 정직하고 아름답기만 하지 않았다. 때로는 더럽고 비참하고 욕심을 부리고 남을 해치는 인간들의 사회였다. 어린이가 정말 인간이 되려면 우리들의 비참함이 어디서부터 오는가를 직시할 필요가 있었다. 여러 형태로 출현하는 이기주의가 문제의 근원인 것을 교사는 똑바로 가르치고 아이들은 잘 이해해야 했다. 반대로 확고한 마음과 부드러운 태도가 화합하면 인간의 위대함이 태어날 수 있었다. 교사는 인간이 가진 그런 위대함을 어린이들이 깨닫고 익히도록 할 의무가 있었다.

고전을 읽는 프롤레타리아

하지만 교육이란 진전하기가 참으로 어려웠다. 만인이 교육을 받을 권리가 있다는 개념은 1791년 프랑스혁명기에 선언되었으나 국가 형성의 관점에서 우선시하게 된 것은 상층과 부르주아의 교육이었다. 간단한 자격증부터 대학입학 자격, 박사학위까지 시험을 통해 수여되었으며 의사, 법률가, 교사에게도 마찬가지 조건이 부과되었다. 19세기 전기의 상층 교육을 벗어나 만인 교육을 지향하고 정책화한 것은 제3공화정이었다. 1880년대에 6세에서 12세까지 의무 교육, 세속 교육을 법제화했으며 그 테두리 밖에 기술 교육 학교들을 설치했다. 그러나 교육은 특히 예산에 좌우되는 문제였으며 13세 이상 중등교육이 무상에 의무화된 것은 1930년대이다.[53]

조레스 역시 개혁 부르주아와 다름없이 사람들 모두 충실한 교육을 받게 되면 자유가 크고 강대해지리라고 보았다. 여기에 드레퓌스 사건은 그의 교육론에도 급진성을 불러왔다. 신동규가 설명하듯이 교사들의 노조운동이 거세지는 분위기에서[54] 《초등교육과 상급초등교육 평론》이 창간되었고[55] 조레스는 이 교사 회보에 1904년 7월 16일부터 1914년까지 10년간 204편의 논설을 실었다. 원고가 도착하지 않아 담당 교사가 직접 찾아오면 그 자리에서 바로 글을 써주기도 하면서 교사임명제, 박봉인 교사들의 처우 개선, 한 학급에 어린 학생이 때로는 60-70명이나 되는 교육 현장에 관해 제언했고 또 러시아혁명, 반전 문제 등 폭넓은 시사문제를 다루었다.[56] 그는 사회주의자였지만 국가가 개입하고 지도하는 교육이 닥치리라는 것은 철저히 거부했다. 교육은 오직 교사의 직무 역량, 교사의 품격, 교사의 성실이라고 믿었다.[57] 다만 교사가 지녀야 할 공정성은 기계적 중립을 의미하지 않았다. 교사 한 사람 한 사람이 명철한 젊은 사상가로서 교육의 계급성을 바로 보는 것이 불편부당한 공정성이었다.[58] “이렇게 많은 사람이 비참 속에 사는데 어떻게 모든 사람의 충실한 교육이 가능하겠는가?”[59] 이것이 그의 근심이었다.

교사와 공화파가 민중 교육의 빈곤을 방치한 것은 아니다. 교육의 나라 독일의 수준에 비할 수는 없어도 특히 드레퓌스 사건 직후부터 사설 학교, 민중 강좌, 민중 대학 운동이 파리와 지방에서 일어났다.[60] 지방 행정이 먼저 손을 댄 것은 도서관이다. 1848년 혁명은 실패로 돌아갔지만 봉기와 혼란은 남긴 것이 있었다. 군과 소도시마다 우선 도서관을 설치했고 도지사, 성직자, 마을의 시장 들이 서로 도와 일을 분담했다.

스위스의 저명한 아나키스트 교육자 제임스 기욤의 교육사상과 비슷하게 조레스는 지금과 같은 교육 아닌 교육을 원했다.[61] 식자층이라면 라틴어를 무난히 독해하는 시대에[62] 수준 높은 고전 교육은 일정한 계급만 향유해야 하는 것인지, 그런 사회 통념이 올바른 것인지 질문했다.

> 사람들은 아직도 부르주아가 프랑스의 지적 힘을 키우는 유일한 세력인 것처럼 말한다. 라틴과 그리스 문화를 수용해야 한다. 하지만 그런 문화가 없으면 교육이 아니라고 하는 이들은 다시 한 번 생각해보라. 당신들은 수백만 노동자와 농민, 그 생산자들에게는 어떻게 하려는 것인가? 문명을 가꾸고 프랑스라는 나라가 돌아가도록 직접 일하는 것은 그들이다. 그들이 프랑스에 영향을 미친다. 그 생산자들에 대해 당신들은 어떻게 하자는 것인가?[63]

고전과 인문주의를 가까이하는 프롤레타리아, 어려서부터 그렇게 배우는 노동자들. 그에게는 그것이 민주 사회의 진정한 요건이었다. ‘자유로운 민주주의'는 다수를 엘리트 편으로 끌어들이는 것이 아니었다. 소박한 다수를 엘리트 다수로 확장하는 것이 민주주의였다.[64]

사회주의 교육이란 없습니다

아직 20세기의 사회주의 혁명들이 일어나기 전이었지만 이미 사회주의자들은 '당신들'을 믿을 수 없다는 혐의를 받고 있었다. 무엇을 믿을 수 없다는 것이었을까. 당신들 세상이 되면 교육은 강제되리라는 우려였다. 조레스는 사회주의자였지만 사회주의 교육이란 따로 없다고 논증했다.[65] 어린이와 청소년의 정신에 일정한 공식이나 교리를 전달하고 강제하는 것은 교육도 아니고 사회주의도 아니었다.[66] 공화파 교육, 넓은 의미의 교양이란 사회주의에 경제가 중요하지만 경제보다 인간이 상위에 있다는 의미였다.[67]

> 여러분, 우리는 우리가 원하는 것을 가르치지 않습니다. 우리가 아는 것, 안다고 믿는 것도 가르치지 않는다고 말하겠습니다. 우리 그대로를 가르치며 그것을 가르칠 수밖에 없습니다. 교육은 어떤 의미에서는 하나의 세대입니다. 여러분, 하나의 민족도 똑같습니다. 자유와 생의 근본적인 것을 가르쳐야만 합니다. 개인이나 민족이나 마찬가지입니다. 현대 국가의 민중 교육은 현대 세계가 세워진 그 원리만 가르칠 수 있을 뿐입니다.[68]

사색의 자유가 없는, 정보의 교환이 박약한 그런 세상은 그에게는 사회주의가 아니었다.[69] 그는 사회주의 세상이 왔으니 누구나 똑같이 생각해야 한다면 사상의 자유를 지키는 교사는 가장 나쁜 교사로 찍히고 말리라고 썼다. 교육 강국이라 할 독일에서 사회주의자들이 주장한 교육 개혁도 자유로운 방향이었다.[70] 1905년 10월 릴에서 열린 첫 번째 교사노조대회에 나간 그의 발언은 다음과 같았다.

> 그것은 사회주의를 가르치는 것이 아닙니다. 사회주의란 어린이들의 참된 자유를 쓸모없는 교리문답 복제판으로 환원하는 것이 아닙니다. 교사는 어린이들에게 끊임없이 진화의 의미를 일깨우고 정신의 자유와 호기심을 불어넣고 전진의 의미를 익혀 이상에 봉사하게 할 수 있습니다. (……) 어린이들에게 끊임없는 인간 운동의 의미를 해명하고 진보를 짓누르는 절망의 짐과 인습의 무게로부터 어린이들을 구하고 "그래봤자 무슨 소용이 있겠어. 어차피 안 될 일인데" 하지 않도록 만드는 것입니다.[71]

조레스는 무한한, 거대한 다수라는 환한 말을 무척 좋아했다. 그러나 그 다수가 힘이 있어야 혁명의 길로 가는 다수가 된다고 조건을 붙였다. 20대에 알비고등학교 교사로 철학 강의를 하면서부터 그는 자유는 이성으로 가꾸는 것이며 각자는 전체에, 전체는 각자에게 책임을 지는 것임을 학생들에게 가르쳤다.[72] 그러려면 교사 사회는 이 다수에게 어려서부터 누구나 사상가의 싹이 있다는 믿음을 주어야 했다. 그래서 밭일하고 광산 일을 하지만 고전을 읽고 느끼는 프롤레타리아 다수가 형성되기를 바라 마지않았다. 그가 말하는 다수는 숫자로만 사회를 압박하는 다수가 아니었다. 그런 전망을 위해 그가 당장에 반드시 해야 할 일이 있었다.

2부

반대 진영

파리 시내 6구에 있는 생제르맹데프레 성당. 500년대 중세에 지은 건축물로 파괴와 재건을 거듭한 베네딕트 수도원이다. 프랑스 교회의 상징으로 싣는다.

교회와 국가의 분리를 표현한 풍자화. 노란색 옷을 입은 로마 가톨릭 교황과 삼색기 옷을 입은 공화국 프랑스 사이를 끊어내려 하고 있다.

1장

교회와 국가

드레퓌스 사건 후 프랑스의 과제는 교회와 국가의 문제에 종지부를 찍는 일이었다. 일찍이 16세기 종교개혁의 와중에 국가가 교회를 통제하기 시작한 영국에 비하면 프랑스는 1900년에도 교회와 국가의 관계가 착잡했다. 이웃 독일에서도 1871년 통일 후 종교와 국가의 문제를 정리하는 비스마르크의 문화 투쟁을 낳았으나 프랑스처럼 착잡한 일은 아니었다. 문제의 핵심은 누가 국민을 키우느냐, 어느 편이 국민의 교육을 맡느냐 하는 데 있었다.

제3공화정은 공화정의 사활이 교육에 달렸다고 보았으며, 좌파의 스펙트럼이 다양했어도 좌파는 모두 이 방향이 옳다는 데 합치했다. 하지만 사회주의는? 사회주의자들은 이 문제가 중대사인 것은 인정했으나 이를 사회주의로 끌어오고 싶지 않았다. 그건 부르주아의 소관 사항 같았다. 하지만 조레스는 달라도 아주 달랐다. 그는 집요하고 치열하게 교회와 국가의 분리를 위해 싸웠다. 이 장은 그가 왜 그랬는지, 무엇이 목적이었는지를 해명해가면서 궁극적으로 민주주의 사회에서 교회가 차지할 지위에 관심을 둔다.

혁명 후 19세기의 프랑스 가톨릭

교회의 파리

유럽 어디를 가나 그렇다고 하더라도 파리는 유난히 여기도 저기도 교회이다. 이야기의 줄거리를 잠시 떠나면 우리가 내내 신라나 고려처럼 살았으면 이렇게 절에 둘러싸였으리라 싶기도 한 풍경이다.[1] 어떻든 2019년 4월 화재를 당한 노트르담, 라탱구의 생세브랭, 거기서 대로로 나가 만나는 생제르맹데프레 맞은편의 생쉴피스, 센강 건너 우안에는 옛 시장터인 레알역의 생퇴스타슈, 시청 지나 3구의 생폴, 반대편 서쪽으로는 마들렌 성당이 있다. 파리의 표상 같은 이들 교회들 외에도 센강 좌안 13구, 15구, 강 우안인 반대편 동북쪽 18구, 가는 곳마다 교회와 마주친다.[2] 교회라면 중세와 왕정 시대 건축물인 것 같아도 파리의 교회는 의외로 1860년대 제2제정기에 많이 신축되었다. 13구 고블랭 같은 수도원은 큰 작업장으로 유명했다. 교회와 수도원은 서부 해안의 브르타뉴, 에스파냐 접경인 피레네 남쪽 카르카손, 진취적이었던 론강 일대, 지중해 가까운 바르도, 동남부 어디에나 건재하다.

그러나 이 오래된 교회의 부동산 소유주는 교단이 아니다. 가톨릭 성당, 프로테스탄트 예배당, 유대교 회당이 모두 시의회 소유이고 큰 성당은 국가에서 관리한다. 더 중요한 것은 라이시테laïcité의 형용사인 '세속적laïque'이라는 말이다.[3] 제4공화국 헌법은 1792년 공화국을 계승하여 헌법 1조에 나누어질 수 없는 공화국이며 세속적, 민주적, 사회적 공화국이라고 규정했다. 하지만 세속적이 무엇인가를 규정하는 공식 텍스트는 없었다. 이 한마디가 그만큼 난해했던 것 아닐까 싶다. 1958년 10월 4일의 제5공화국 헌법도 1946년의 헌법을 되풀이하면서 다만, 프랑스는 종교의

구분 없이 모든 시민의 법 앞에서의 평등을 보장하며 모든 신앙을 존중한다고 명시했다.[4]

혁명 후 100년

가톨릭의 나라인 프랑스에 이웃 독일의 가톨릭중앙당, 이탈리아의 기독교민주당 같은 기독교 배경의 정당은 없다.[5] 혁명 후 100년 동안 프랑스 가톨릭은 그런 염도 내지 않았다. 혁명으로 교회가 얼마나 신고를 치렀으면 그랬을까 싶지만 종교를 핍박한 혁명 측에서도 아마 할 말이 많을 것이다.[6] 프랑스혁명 전공자인 김응종, 백인호, 양희영이 모두 관심을 보인 것처럼 혁명과 교회는 처음부터 부딪쳤고 교회의 수난은 처절한 지경이었으며 이후 세월이 가도 교권과 반교권의 반목은 깊어만 갔다.[7] 교회에 대한 혁명의 핍박이 끝나자 19세기의 교회는 경건한 신앙심, 문필 활동, 종교 행사, 성지 순례 그리고 신앙에서 우러나는 애국심을 갖추었다.[8] 1890년 무렵 교회는 혁명기의 공포정치 100년을 맞아 파리의 노트르담 성당, 동부 디종의 생미셸 성당에서 그때의 수난을 추도했다.[9] 혁명은 교회의 재산과 성직자를 국가에서 제어하려 했다. 1790년 7월 제정된 성직자민사기본법의 본래 뜻은 다분히 그러했을 것이다. 하지만 교회는 출생부터 사망까지 도시와 농촌 어디서나 세례, 결혼, 장례를 기록하고 보관하는 필수적인 제도였다. 혁명정부가 성직자에게 국가에 복종한다는 선서를 요구했을 때 이에 응해 선서한 성직자는 다수가 아니었다. 혁명전쟁이 요구한 총동원령에 반발하여 서부 반혁명 봉기가 일어나자 종교 분쟁은 혁명적 폭력을 불러 모두 합하면 6만 명의 수도사와 수녀가 혁명기에 추방되었다. 1794년 비기독교화의 표상으로 로베스피에르가 '최고 존재'를 경배하게 했지만 이 이성의 신은 그의 몰락과 함께 스러지고 마침내 나폴레옹은 1801년 로마 교황과 협약을 맺고 종교 문제를 일단락 짓는다. 가톨릭교는 프랑스에서 자유롭게 행사될 것이며 대주교와 주교는 정부에서 임명하며 혁명의 결과는 계승될 것이었다.

1848년, 1870년의 19세기 혁명은 1789년 혁명으로부터 교권과 무관한 국가 이념을 승계했다. 이들 혁명이 패배할 때마다 교회의 권세는 다시 고개를 들었다. 나폴레옹 3세 시대의 대규모 파리 공사 오스만화化는 거리만 넓히고 공원만 조성하지 않았다. 말제르브 대로, 오스만 대로에 새로 성당을 짓고 높은 천장, 채색 유리창으로 교권을 과시했다. 나폴레옹 3세 집권 초인 1850년에 제정된 팔루법은 교육의 자유를 확대하면서 교회의 교육 권한을 1조에 보장했다.[10] 그럴수록 교회에 대한 민중의 반감은 거세졌다.[11] 1871년 코뮌 이전에도 공화파와 급진파의 선거 강령에는 교회와 국가의 분리가 빠지지 않았다. 그사이 제2제정기에 은근히 반교권 사상을 전파한 것은 자유사상Libre-pensée과 프리메이슨이었다.[12] 1871년 코뮌은 반교권을 직설적으로 선포했고 코뮌 민중은 때로 성직자를 모욕하고 처형하고 교회당을 파괴했다.[13] 코뮌은 유혈 진압으로 끝났지만 인민의 자유와 평등에 있어 교회의 권세는 크나큰 장벽이라는 코뮌 사상은 결국은 되살아난다.[14]

한 걸음씩

공화파는 1870년 이전 급진적 강령을 내놓았던 것과는 달리 막상 집권하자 일을 서두르지 않았다. 혁명 후 100년, 공화파는 많이 배웠다. 교회의 권한과 사업을 친다는 것은 어려운 일이었다.[15] 본격적으로 시동을 건 것은 1880년대의 집권 공화파였다. 온건파는 차근차근 불가역으로 일을 집행하려 교육 입법을 구체화하고 결사의 권리를 법제화했다. 1880년,

1881년, 1882년, 1884년, 1886년 교육법은 교회가 아니라도 사람마다 의지와 꿈을 갖고 모럴을 지키고 사회를 건설해가리라는 세속화 정신을 법으로 꾸민 것이었다. 공교육 고위 평의회에서는 주교들을 배제하고 사제가 학교에서 교리문답 교육을 하는 것을 금지했다. 공교육 기관은 수도단을 신규 채용하지 못하게 하고 기존의 수도사 교사들은 5년 안에 퇴직하도록 명령했다. 이미 1886년법 이전에 지방에서는 수도회 교사를 속인俗人 교사로 대체해갔다. 학교뿐 아니라 병원도 오랫동안 교회가 주관하는 사업이었다.[16] 병원에 관해서는 일찍이 1878년부터 지방이 결정권을 가졌다. 파리 15구의 네케르-아기예수 병원이 1886년 세속화되었고 파리 주변 센에우아즈도의 병원은 1888년 이전에 세속화를 끝냈다.[17] 한편 반교권의 상징인 듯한 이혼법은 1887년 11월 15일 제정되었다. 그 전해 1886년 12월 13일 하루 동안에 파리의 일곱 개 민사 상고법원에 출석한 이혼 신청자가 330쌍이었다. 법정은 이들 모두에게 이혼 선고했다.[18] 교회 장례 아닌 민간 장례 규정은 1884년과 1904년에 더 세밀하게 정비되었다.

교회는 일요일이나 부활절에 미사를 보고 나오면 그만인 곳이 아니었다. 사람들은 교회에 가서 독서하고 회식하고 전쟁 때는 다들 모여 군복을 바느질해서 전쟁터에 보내고 교회를 통해 전쟁 소식을 들었다. 혁명기 자코뱅만 야고보 수도원에서 회합한 것이 아니다. 이미 1600년대, 1700년대에 각 지방의 약사들, 의사들, 전문가들은 교회에 모여 직업에 관해 토의했다. 파리 생쉴피스 성당처럼 교회 문 앞은 만남의 광장이었고 나붙은 게시물은 연락망이었다. 파리 교회는 또한 파리의 지적 원천이었다. 교회는 대규모 도서관에 온갖 서적을 소장했다. 북아프리카 선교 활동에서도 이 지역의 초기 기독교 역사 기록부터 미발굴 상태인 문헌을 수집하고 보존했다. 18세기의 기라성 같은 계몽주의자들이 신학교 출신이었으며 혁명 전야의 명문 팸플릿 〈제3신분이란 무엇인가〉를 작성한 시에예스 또한 사제였다. 1830년경 교회의 권한이 위축되자 파리 인쇄 출판소의 3분의 1이 문을 닫아야 했을 정도로 교회는 더없는 인문 서적의 고객이었다. 사실 거리에서 보이는 교회당만이 교회의 전부가 아니었다. 거대한 영지 안의 수도원, 학교, 대학, 신도회, 장인 단체, 또 성직자 유산, 사회사업, 해외 선교단의 방대한 조직과 통일적 체계가 교회였다.[19]

우리가 교회를 잘 모르더라도 그런 교회가 오직 수구적이었으리라고는 상상할 수 없다. 비록 정치적 영향력은 영국과 독일에 못 미쳤어도 19세기 프랑스의 종교인 역시 자유주의의 방향으로도 갔고 교회 교육 아닌 교육의 자유를 주장했으며 사회가톨릭에도 기울었다.[20] 라므네, 몽탈랑베르, 뒤팡루는 제2제정의 보수적 가톨릭 안에서 미래 교회의 새 터를 닦고 있었다.[21] 1848년 6월 파리 몽마르트르에서 벌어진 시위대 학살에서도 생마르셀 봉기자들을 숨긴 것이 로잘리 수녀였다. 가톨릭 인문학자 프레데리크 오자남(1813-1853)과 코르뉘데는 유혈 사태를 막으려 애썼으며, 시위대와 정부군 양편 사이에 끼인 아프르 대주교는 바리케이드 위에서 죽는다.[22] 소르본 교수이면서 말없이 빈자들 속으로 들어갔던 오자남은 교회가 시련을 겪는 19세기 중반에 언어와 문학의 수려한 인문주의 작품을 남겼다.[23] 19세기 공화파의 교권 반대 속에서 가톨릭은 가톨릭대로 일을 하고 있었다.

조레스의 종교 문제와 사회주의

1959년에 역사가 미셸 로네가 발굴한 조레스의 작은 텍스트 《종교 문제와 사회주의》는 의미가 크다. 그가 편지 형식의 이 글을 쓴 때는 1889년 총선에서 패배한 후인 1891년, 카르모 보궐선거로 사회주의자가 되기 전이었다. 이 시기의 그는 정신, 영혼 나아가 신의 문제를 버리지 않았고 또한 종교의 사회적 성격에 천착하고 있었다.[24] 교회에 등을 돌리지도 않고 신앙심이 유난하지도 않은 가정에서 자란 흔적이 보이는 것 같다.[25]

1902년 〈나의 사유〉에서 해명처럼 말하듯이 그는 처음부터 종교로부터 해방되었다.[26] 그러나 정치권에 들어가고 우파 후보와 아슬아슬한 선거를 치르면서 우파의 배경이 교회의 힘에 있다는 것을 실감했다. 교권과 반교권의 알력은 카스트르, 알비, 마자메 일대 타른도의 농민, 노동자, 장인, 소부르주아 사이에서도 저마다 갈등을 일으켰다.[27]

인간 사회에 필요 불가결한 영혼

《종교 문제와 사회주의》를 쓰던 무렵의 그는 1889년 9월 낙선 후 툴루즈로 가 툴루즈대학에서 철학 강의도 하고 대중 강연도 하다가 1890년 7월 툴루즈 시의원에 선출되어 제6공교육보좌관으로 근무하는 중이었다.[28] 그는 우선 인간 생활에서 종교가 중요하다는 것, 영혼의 문제가 필요 불가결하다는 것을 말했으며 19세기 공화파의 일원으로서 종교는 각자 자유로이 결정할 사적 영역이란 것을 덧붙였다. 하지만 진취적인 식자층이 되뇌었듯이 (전통적) 그리스도교는 이제 철학적, 과학적, 정치적으로 죽었다는 것이 그의 의견이었다. 종교는 철학적으로는 실증주의에 밀려났고 과학적으로는 19세기의 자연 탐구에 졌으며 정치적으로는 자유에 압도당했다. 하지만 실증주의가 신을 대체할 수는 없었다. 인간은 지극히 높아져야 하는 것에 인간다움이 있는데 실증주의는 인간을 영원과 떨어지게 하고 인간이 높아질 권리를 부인했다. 진정한 종교는 권위의 기원이

신에 있다는 주장을 완전히 물리친 영혼의 종교였다. 문제는 그러한 종교가 사람들 사이에 널리 깊게 퍼져 있지 않다는 점이었다.

> 민약 종교가 현 사회에 깊숙이 침투하지 못했고 부르주아지는 얄팍한 영혼주의자, 어리석은 실증주의자들이라면, 또한 프롤레타리아는 예종적인 미신과 완강한 유물론 사이에 끼어 있다면 그건 현재의 사회 체제가 완고함과 증오의 체제이기 때문이다.[29]

종교 문제에 대한 그의 관심은 이 시기에《라 데페슈》에 실은 일련의 논설로도 드러난다.[30] 그러나 그가 종교와 사회 사이에서 오락가락한 것은 아니며 그의 종교 사상의 기본은 확실했다. 현 사회의 기독교는 사회적 불공정에 이바지하는 신학적 조직이기 때문에 지금 해야 할 것은 그런 기독교의 전복이었다.

그렇다면 그의 관념론에는 이같이 무한과 영혼을 추구하는 인간이라는 사유가 들어 있지 않았을까. 이듬해 2월에 소르본에 제출한 학위 논문 〈감각세계의 실재〉도 감각과 실재와 영혼과 무한의 문제를 다루었다.[31] 1894년 12월 12일과 이어서 1895년 1월 10일 두 차례에 걸쳐 파리 소르본 근처 아라스 거리 회관에서 라파르그와 벌인 유명한 논쟁 '관념론과 유물론'도 이 점에서 다시 들여다보게 되는 텍스트이다.[32] 이 논쟁은 제목만 보면 관념론과 유물론이 1대 1로 대치한 것 같지만 그렇지 않았다. 라파르그는 사적 소유는 근본적인 부정의의 원천이라고 규정했으며 조레스가 주장하는 정의 관념을 부인했다. 라파르그의 논리에 따르면 자본주의의 붕괴로 사적 소유가 사라지는 날 근본적인 부정의가 사라질 것이었다. 이에 대해 조레스는 사회경제적 조건이 인간의 정신을 결정하는 것이 사실이지만 감성과 정신의 가치가 인간 안에 선제되어 있다고 주장했다. 그는 정신과 모럴의 가치를 믿는 철학적 기조를 허물지 않고서 마르크스주의에 합류한다고 자신의 인식론을 폈다. 조레스의 친우이며 철학자였던 펠리시앵 샬레도 말했듯이 이러한 점에 그의 사회주의의 진수가 있었다.[33]

종교와 소유

조레스는 철학적인 의미에서 신의 존재를 믿었다. 무한한 존재의 실재성, 그러한 생의 충만함을 신으로 보는 것은 젊은 날 그의 형이상학 수업에서 비롯되었다. 신은 도처에 있다는 범용한 범신론이 아니라 라이프니츠를 따라 사물의 질서와 조화를 신의 것으로 인지했다. 따라서 누구나 충만한 생을, 신을 느낄 권리가 있는데 지금은 인간이 인간의 노동을 착취하여 대부분의 인간이 생을 느낄 수조차 없게 된 세상이었다. 프랑스 가톨릭이 이 사회문제를 외면했던 것이 아니다. 물질적으로 어려운 사람들에게 종교는 무엇인가 하는 고뇌는 의식 있는 가톨릭들의 가슴을 쳤다. 마르크 상니에의 밭고랑 운동이 창시되고 북부 공업 지대로 젊은 사제들이 소리 없이 들어갔다.[34]

가톨릭이 아닌 조레스에게 종교와 배고픔, 나아가 소유의 문제는 더 선명하게 붙어 있었다. 미셸 로네가 찾아낸 원고의 원제목이 '사회문제, 자본주의의 부정의 그리고 종교혁명'이었다.[35] 종교와 소유의 관계는 역사적이었다. 종교개혁이 양심을 해방시켰을 때 독일에는 거대한 사회주의 운동이 일어났다. 프랑스혁명은 묵시적으로는 신의 내재성을 인정하면서 자연의 질서와 정의-이성의 질서 사이에 합의를 찾으려 했다. 진정 문제는 정의였다. 정의는 이 시대의 많은 노동자, 많은 공화파의 언어였지만 조레스 역시 필요한 것은 정의라고 직언했다. 자선을 베풀며 부정의에 체념하도록, 그것도 그리스도의 이름으로 설교하는 이들은 위선적인 적이었으며 그래서 사람들의 미움을 샀다. 조레스가 생애의 처음부터 끝까지 양해하지 않은 것이 있다면 인간에 대한 인간의 증오였고 그는 그 증오감이 인간에 대한 인간의 착취에서 시작된다고 믿었다.

결의 차이는 있어도 사회주의자라면 종교 문제를 외면하거나 거부할 때 조레스의 입장은 사뭇 달랐다.[36] 1914년 1월 22일 아끼던 동지 프레상세의 영결식에서 그는 인본주의에 투철했던 이 사회주의자처럼 사람은 자기의 교리를 자기가 세워야 한다고 추도한다. 자신의 지력智力을 포기하면 이미 다 세워진 교리가 내 품으로 들어오라고 손짓할 것이었다. 존재의 역동성을 믿은 조레스는 그런 수동성은 질타했고 그런 의미에서 그에게 보이는 진정한 신자는 노동자들이었다. 푸르미의 시위 중 총탄에 사망한 노동자, 카르모의 파업하는 유리병공들, 격무에 파업하는 툴루즈의 전차원들, 툴루즈 시의회의 역량 있는 노동자들을 보면서 굳어진 판단이었다.[37]

> 항쟁하면서 사제들을 물리치고 종교적 표시물 없이 아이의 관 뒤에 모여 서 있는 그들, 인간에 대한 인간의 착취를 폐지하고 인간이 인간에게 보내는 증오를 거두고 인류에 대한 인류의, 민족에 대한 민족의 증오를 폐지하여 아직 오지 않은 진정한 인류를 창설하려는 이들이 진정한 신자이다. 인류를 창설한다는 것은 이성, 부드러움, 사랑을 창설하는 것이며 이것들의 밑바닥에 신이 깃들어 있는지 아닌지 누가 알겠는가.[38]

교회와 국가의 분리에 관한 법

드레퓌스 사건에서 분리법까지

1898년 드레퓌스 사건 초부터 급진파는 반反교권 캠페인이 시급하다고 느꼈다. 《라 크루아》 같은 가톨릭 신문은 처음에는 주저하는 듯하다가 곧 드레퓌스 재심에 반대하고 드레퓌스주의자들을 공격했다.[39] 1898년, 1899년 점점 더 강해지는 민족 우익의 결집에는 왕정주의자들보다 가톨릭이 더 든든한 배경이 되었다.[40] 이들 민족 우익에 맞서 급진파의 클레망소, 40년간 교육 문제를 주관한 뷔송이 반교권의 선두에 섰다.[41] 공교육이 전면화된 1880년대를 지나자 교회는 직위, 특권, 부, 명예, 독점을 모두 빼앗기는 형편이었다. 그런데 드레퓌스 사건을 치르면서 교회는 예전 어느 때보다 신망을 얻고 있었다. 급진파에게는 그것은 교회가 자선과 복지 사업에 열성을 기울이기 때문인 것으로 보였다. 뷔송은, 성직자가 귀족층에서 충원되던 세월이 지나자 종교인들이 소박하게 살고 민주주의에 가까이 갔다고 보았다. 지금은 볼테르 같은 격한 심정으로 교회를 대할 때가 아니며 싸움은 훨씬 힘들어졌다는 것이 뷔송의 통찰이었다.[42]

반교권 공화파는 여기서 밀어붙이면 이긴다는 자신감도 얻었을 것이다. 반교권을 읊는 노래는 이제 프랑스 국가가 된 〈라마르세예즈〉의 가락에 맞춰 나돌았다.[43] 다음과 같은 식의 교리문답도 유행이었다. "당신은 기독교도입니까? 아니오. 나는 자유사상가입니다. 자유사상가가 무엇입니까? 자유사상가는 믿지 않는 사람이고 과학만 받아들입니다." 1891년 교황 레오 13세의 '레룸 노바룸'(새로운 변화에 관한 교서) 반포 후 가톨릭 의원들은 공화파에 동조하는 합류파를 결성했고 프로그레시스트 같은 중도 우파도 반교권에 동의하게 되었다.[44] 보수의 중추라 할 대기업가들, 상층 부르주아인 북부의 외젠 모트, 대재상 쥘 멜린, 은행가 샤를 페리, 에르네스트 카르노, 에두아르 에나르, 상원의원 알렉상드르 리보도 반교권 측에 섰다.[45] 1902년 마침내 201명의 하원의원, 78명의 상원의원, 215개의 신문, 476개의 위원회, 155개의 프리메이슨 결사가 모여 결성한 급진당은 반교권 운동의 본부처럼 되었다.[46] 결집이나 조직화라면 고개를 돌리며 개인주의를 고수했던 급진파는 안도의 숨을 내쉬었다.

프랑스 반교권파가 학교 교육을 승부처로 삼은 데는 이유가 있었다. 페리 교육 정책에 힘입어 1890년대 이후는 공교육이 종교 교육보다 어느 정도 우세했다. 1898년에 중등 과정 남학생의 20퍼센트만이 종교 교단의 학교를 다녔다. 학교 수업 시작 전에 기도를 드리던 관행은 사라졌다. 종교와 애국심을 섞어놓은 노래도 이제 학교에서 들리지 않았다.[47] 숫자로만 보면 종교 교육기관은 아주 소수였다. 중등교육을 받는 학생이 전체 학령인구의 5퍼센트인 때 예수회 학교는 그중 5퍼센트밖에 되지 않았다. 그러나 이들 중에서 군인, 고위공직자, 사회의 유력층이 배출되었다. 예수회 출신은 1890년대에 명문 생시르 사관학교에서 18퍼센트, 폴리테크니크 학교에서는 13퍼센트, 식민지와 국가 방어에 중요한 해군사관학교에서는 22퍼센트를 차지했다.[48] 여학교는 교회에서 운영한다는 관행은 더 오래갔고 교사가 되려는 젊은 여성들은 한층 더 이에 반발했다. 수녀들은 교사 봉급을 받지 않고 교직을 수행했기 때문에 교사 지망자들의 기회를 박탈하는 경쟁자로 보였다. 국가와 교회는 동반한다는 오랜 사고방식은 쉽게 사라지지 않는 것 같았다.

조레스의 좌파 블록

1902년 5월 총선은 교권파 대 반교권파로 민심을 뜨겁게 달군 선거였다. 어떤 선거구에서는 전체 유권자의 90퍼센트가 투표하러 나왔다. 급진 좌파가 이기자 온건파 발데크루소는 루베 대통령에게 사의를 표했고 급진파에서 추대한 내각 수반은 강경한 상원의원 에밀 콩브였다. 신학교 출신의 콩브는 교권을 물리쳐야 한다는 입장에 한 치의 양보도 없었고 수구파에서는 콩브를 악마의 화신이라고도 불렀다. 신학박사이며 1902년에 이미 67세였지만 콩브는 프랑스를 로마 교황청의 손에서 반드시 구해내겠다는 일념에 불탔다. 하원도 지난 회기의 온건파 폴 데샤넬 대신 급진파 레옹 부르주아를 의장으로 선출했다. 반면 파리, 지방 할 것 없이 "땅딸보 영감 콩브"에 반대하는 대규모 시위가 벌어졌다.

조레스는 1902년 10월 민주동맹, 급진파, 사회주의-급진파가 결속한 좌파 블록에 가담하여 개혁주의 노선을 관철하기로 한다. 혁명파 사회주의자들이 미심쩍게 보는 가운데에도 그는 어디를 가나 공화국의 정착을 위해 이제 마지막 남은 관문이 교회와 국가의 분리법이라고 역설했다.[49] 그의 반교권 입장은 급조되지 않았다. 1889년 1기 하원의원 시절부터 파고든 주제였다.[50] 더구나 드레퓌스 사건을 거치면서 여기서 둑을 치고 수구적 물살을 막기로 결심했다. 1902년 총선은 급진파에 전례 없는 의석을 부여했으며 교회와 국가의 분리 문제가 빠르게 진척되는 느낌을 주었다. 그는 1902년 4월 총선에서 총투표의 51.5퍼센트를 획득하여 카르모 의원으로 의회에 복귀했고 그의 자리가 비었던 1898년 이래 의회 역시 모던한 정치를 지향했다. 명시적으로 내세우지는 않았지만 그는 교권의 문제가 정치의 문제라고 인식했다. 대체로 사회주의자들은 정치라는 영역과 전문성에 관심을 기울이지 않은 것과 대비되었다. 바야흐로 정치학이 독립된 학문으로 태동하고 정치 자체에 대한 관측과 분석이 전문화되어가는 상황임도 고려하게 된다.[51] 1902년 조레스의 사고의 지평도 정치학적인

이 관점을 내포했다.

> 교회와 국가의 분리가 수월하게 갈등 없이 되리라고 상상할 수 있는가? 정치이론가들의 견해로는 이 자유주의의 해결책에는 진정 미덕이 많아서 더 이상 가톨릭 기구와 시민권력 사이에 충격이 일어나지 않는다. (……) 문제는 미래의 정치문제로 나타난 것이다.[52]

그러나 염려스러운 것은 수구파의 원천인 광신주의와 편견의 창궐이었다. 1902년 10월 의회는 분리 문제를 종결하려는 목적으로 좌파 블록을 결성했다.[53] 프랑스식의 분산된 정치 구조에서 사정이 긴급하면 이렇게 결속하는 것은 새롭지 않았다. 새로운 정치 현상은 사회주의가 조레스의 이름으로 가담한 것이다. 좌파 대표단 4개 그룹의 공식 제안으로 조레스는 4인의 하원 부의장 가운데 1인이 되었다. 이 문제로 사회주의자들 간에 분란이 일어났지만 그는 교권 문제를 정치와 사회의 결합이라는 관점에서 파악하고 있었다. 그는 예배 예산의 폐지를 말하면서는 다수의 지혜와 정치적 에스프리를 요구했다. 콩브 정부가 과도하지 않아야 하기를 은근히 표현한 것이다. 수도원에 대한 정부의 투쟁이 민중에게는 급한 일 놔두고 딴짓하는 것으로 비치지 않도록 하면서, 민중이 공화파에게 보내는 신임을 공화파는 사회문제의 빠른 실현으로 갚아야 했다.[54]

교권파와 반교권파 사이에는 오랫동안 그랬던 것처럼 프랑스와 로마의 관계가 아직도 남아 있었다. 1904년 4월 23일부터 29일까지 루베 대통령이 이탈리아를 방문, 비토리오 에마누엘레 3세를 만나는 기회에 교황 비오 10세의 예방을 요청했으나 거절당하자 콩브 정부는 7월 29일 바티칸과 외교 단절을 결정한다. 4월 28일 교황청은 각국 정부에 루베 대통령의 로마 방문을 반대하는 서한을 보냈다.[55] 조레스 역시 이 소식에 로마 교황청의 태도를 비난했다.

교회와 국가의 분리법은 1905년 12월 9일 공포되고 이듬해 1월 발효되었다. 이미 7월에 하원 투표에서 찬성 341표, 반대 233표, 12월 6일 상원 투표에서 찬성 181표, 반대 102표로 대세는 기울어 있었다. 뷔송-브리앙위원회에서 고심하여 작성한 1905년 분리법은 법안 문구로는 과격해 보이지 않는다.[56] 제2조에서 공화국은 예배를 인정하지도 수락하지도 않고 종교 시설에 보조금을 지급하지 않고 모든 예배는 공공질서를 위반하지 않는 한 자유를 보장한다고 명시하고 국가는 종교 교단에 양도된 특정한 제도적 권리를 폐지했다. 중대한 방법은 예배에 소요되는 국가 예산을 줄이는 것이었고 이 항목은 이미 1891년에 2년 전보다 약 5분의 1이 줄었다. 하지만 교권파의 심경으로는 정도가 어떻든 반교권주의는 국가와 민족을 위협하고 개인과 가족을 해치는 것이었다.[57]

여학교

세속화 정책으로 실제 문제가 된 것은 여학교들이었다.[58] 1880년대 초부터 여학생 수는 많이 늘었다. 1881-1882학년도에 116만 1000여 명, 1901-1902학년도에는 160만 9000여 명, 수녀 교사들이 금지된 이후에는 212만 5000여 명으로 남학생 수에 거의 버금가게 되었다.[59] 콩브 정부는 분리법 제정 이전인 1902년에 그 전해에 인가를 받은 교회 여학교 125곳의 폐교를 명령했고 며칠 후 도지사들은 1901년 이전에 인가받은 모든 등급의 교회 학교를 폐쇄하도록 지시했다. 약 3000개의 학교가 이 조치에 해당되었을 것이다. 파리의 프랑스여성동맹, 또 주교들은 이에 항의했다.

하지만 보수적인 프랑스에서도 페미니즘이 시대의 전위였다. 젊은 여성들은 종교인과 수녀들이 교육을 맡는 한 개인으로서나 가정에서나 사회에서나 죽은 사람처럼 살아간다고 느꼈다. 조레스는 공적인 페미니스트는 전혀 아니었다. 사회주의자들이 거의 페미니즘을 이해하지 못하는 가운데 이 새로운 이념을 가치 있게 본 것은 라파르그였다. 1904년에 발표된 그의 《여성 문제》는 여성의 상태를 계급의 상태에 따라 분석한 유명한 문건이다.[60] 하지만 조레스가 페미니즘의 영역을 완전히 외면한 것은 아니며 그는 여성의 참정권을 특히 노동계급 여성을 위해 지지했다. 수많은 여성이 소상점과 소규모 작업장에서 일하고 있는 사실에 주목했고 공공의 광장이 없는 이들이 권리를 보유해야 한다고 생각했다.

> 그 여성들이 민주주의와 공화국을 교회에 갖다줄 것인가? 그들은 필경 남성들보다는 훨씬 더 지난날의 신조와 습관에 머물러 있을 것이다. 그들 중 대부분은 기독교도일지라도, 가톨릭일지라도 투표함과 가정과 노동에 대한 사제의 지배권을 수락하지 않을 것이다. 사실 만약에 여성들이 광신적이라면 교회와 국가의 분리법이 지금처럼 무난히 통과되지 않았을 것이다.[61]

그는 이 논설의 말미에 "조롱의 시대는 지나갔다"며 여성 참정권법을 의회에서 발의할 것이라고 밝혔다. 사실 그가 즐겨 글을 쓰는《초등교육평론》은 젊은 여성 교사들이 많이 구독했고 또 그가 독려하는 교사 노조의 지지자들이 여성이었다.

교회의 반응

프랑스 교회는 이 분리법에 관해 공식 입장을 내지 않았다. 잠잠해야 할 시간이었다. 100년의 진통과 피해 속에서 성찰한 바도 많았다. 교회의 반응은 조금 시간이 지나 로마 교황에게서 나타났다. 1905년까지 정부가 폐지할 수도원 학교, 압류할 교회 재산 목록을 작성하고 이듬해 2월 초 실제로 파리의 교회 두 곳을 압수하자 교황 비오 10세는 분리법을 규탄하는 성명을 발표했다. 분리법의 의미는 간단치 않았다. 후에 1921년 우파 가톨릭 설교사인 드니 코생은 이탈리아 주재 프랑스 대사에게 보낸 편지에서 "비오 10세는 이 분리법으로 교회에 대한 박해는 끝났음을 보지 못했다"고 쓴다.[62]

1905년 12월 분리법 이후 수녀들이 쫓겨나게 된 수도원들은 소란을 겪었다. 정통 가톨릭 지역인 브르타뉴 같은 곳에서는 농민들이 현장에 파견된 헌병들과 맞붙었다. 인근 로리앙의 병기고 노동자들은 종교 행사 중인 신자들을 공격했다. 아마 5만 명의 종교인이 콩브의 조치로 타격을 받았을 것이며 《카나르 앙세네》 같은 풍자 언론은 추방되는 수녀들을 오리 떼와 나란히 가는 것처럼 그렸다.[63] 좌파 내에서도 콩브의 과격성에 반대하는 목소리가 나왔다. 인기 없는 콩브 정부의 붕괴 후 1906년 12월 집권한 클레망소 정부는 파리 교구에 군대를 보내 분리법을 집행하기도 했으나 대체로 유화적이었다. 클레망소는 이미 1860년대부터 반교권주의자였고 쥘 페리의 식민주의 정책에는 교회의 후원이 들어갔다고 지적했으나 강경하게 분리법을 집행할 지도자는 아니었다.[64] 조레스는 1910년 1월 21일과 24일 연이어 분리법을 적용함에 있어 온유해야 할 필요를 강조했다.[65]

프랑스를 교육해야 합니다[66]

교회가 왜 민주주의와 관계가 깊은가 하는 문제는 분리법 통과 전에 급진파가 열띠게 전파했지만 조레스 역시 의회에서, 집회에서, 신문 지면에서 수없이 이를 역설했다.[67] 1904년 7월 30일 조레스의 카스트르 연설은 특히 유명하다.[68]

> 35년 전 전제정으로 조국이 겪은 가공할 재앙 후 모든 공화파에서 큰 외침이 일어났습니다. "프랑스를 재건해야 한다. 개명시켜야 하고 교육해야 한다." 그 외침은 만인의 교육으로 프랑스를 재건하고 공화국으로 모든 시민을 교육하고 그 학교의 힘으로 만인을 위해 주권이 작동하고 만인을 위해 계몽이 퍼지고 만인을 위해 책임을 지자는 것입니다.[69] 고통과 비애에 찬 단테의 위대한 이미지가, 노도에 가라앉아 숨을 헐떡인 난파당한 자들이 간신히 해안가에 닿자마자 토해낸 첫 마디가 그것입니다. 강베타가 1871년에 당장, 그리고 1872년에 외세의 점령과 베르사유의 반동이라는 이중고 아래 보르도, 앙제, 생캉탱, 페르트수주아르, 가는 곳마다 외친 것이 그것입니다. 강베타, 그는 왜 만인을 위한 가르침, 만인을 위한 교육에 그치지 않고 그것이 민간의, 세속의 교육이어야만 한다고 한 것입니까?[70]

조레스는 이 글에서 스스로 답했다. "민주주의와 세속화는 하나입니다." 무슨 뜻이었을까? 그의 설명은 다소 수사적이지만 풍요하기도 하여 직역하면 좋을 것 같다. "만약 민주주의가 모든 종교 체제의 바깥에다 정치적·사회적 권리, 가족, 조국, 소유, 주권의 제도를 세운다면, 인격을 지닌 개인들의 동등한 존엄성에만 의거하여 상호 존중을 호소한다면, 교조적, 초자연적인 어떤 개입도 없이 의식과 과학의 빛만 받아 항진한다면, 더 대담하게 인격의 권리를 해석하고 더 효율적으로 자연에 대한 정신의 지배를 수행한다면 나는 기꺼이 그것이 세속화의 초석이라고 하겠습니다." 우선 이 대목은 그의 본바닥인 합리주의의 정수를 보여주는 느낌인데 사실 그는 백과전서파, 18세기의 유물론자 디드로, 라 메트리의 편에 선다.[71] 이날 강연에서 그는 도그마는 '모던'하지 않다는 관점을 피력했다. 예술, 법, 정치는 종교에 토대를 두다가 점차 저마다 독자성을 획득해갔다. 그러나 나중에 나타난 경제는 그럴 필요도 없는 것이, 애초부터 종교적 기원과 상관이 없던 것이다. 사회 각 분야와 종교의 사이는 이로써 완전히 헤어지는 길을 갔고 그것이 제도적 모더니티였다.[72]

20세기 프랑스의 교회

국가와 교회, 누가 더 국민의 정신과 태도에 건강한 지표가 될 것인가. 프랑스의 20세기는 이 커다란 과제를 국가의 승리로 귀결하며 출발했다.[73] '교회의 것은 교회에, 국가의 것은 국가에'였다. 프랑스 가톨릭은 타격만 받고 움츠러든 것은 아니었다.[74] 교회의 수도사와 사제는 밖으로, 즉 해외 식민지로 많이 나갔다. 1914년에 6000명의 가톨릭 선교사 중에서 3분의 2는 분리법의 적용을 거의 받지 않는 식민지를 향했다. 이들이 1차대전이 발발하자 돌아와 참전한 경우도 많았다. 1901-1914년에 서품 신부의 수는 1733명에서 704명으로 줄었어도 수도에 전념하는 성직자들은 늘었고 맑은 영혼을 찾는 지식인들의 행보도 두드러졌다. 드레퓌스 사건에서는 열렬한 재심파였으나 결국 정치에 환멸을 느꼈던 가톨릭 시인 샤를 페기는 1차대전으로 전장에 나가 곧 전사하며 젊은 신부들은 참전을 위해 부지런히 고국으로 돌아온다. 1차대전 후 가톨릭은 청년 가톨릭 운동을 전개하여 낙후한 농촌을 도왔으며 2차대전기에는 공산당원이 많은 레지스탕스 운동에 합류했다. 1950년대 이후 신자의 수, 종교의식의 참례와 관행 준수는 대폭 약해지고 성직자의 충원도 현저하게 줄었어도 아직 아무도 돌보지 않는 이민 노동자들 옆으로 먼저 가까이 간 것이 이름 없는 노동사목들이었고 식민지 전쟁의 절정인 알제리전쟁에서 수난의 알제리 민족주의자들을 직접 간접으로 도운 것이 현지에 나가 있던 프랑스 가톨릭이었다.

가톨릭의 사유는 분명 메마르지 않았다. 사실 1930년대에 자크 마리탱 같은 종교철학자가 나오고 《에스프리》 같은 비판적 가톨릭 지성이 태어났다.[75] 세속화는 사람들 사이를 종교와 비종교로 갈라놓으려는 것이 아니라 사람들이 더 우애롭고 친밀해지도록 고무하려는 의도를 지녔다.[76] 정치철학자 마르셀 고셰에 따르면 분리법 전후로 신앙의 문제는 혁명적으로 변했다. "이제부터 우리는 하늘 없이 인간의 정치를 배우러 간다. 하늘과 함께도 아니고 하늘의 대신도 아니고 하늘을 거슬러서도 아니다. 경험은 당황하기를 허용치 않는다."[77] 에티엔 발리바르는 이에 더해 종교에 대해, 인간에 대해 어디까지나 열려 있어야 한다는 메시지가 세속화였다고 본다.[78]

1880년대 중반 프랑스 정치사회에 크게 물의를 일으킨 불랑제 사건의 주인공 조르주 불랑제 장군(1837-1891).

불랑제 사건 당시 불랑제를 지지하는 노래, 그림, 장식물이 쏟아져 나왔다. 불랑제가 둘러멘 막대에는 '보통선거' 라고 쓰여 있다. 불랑제와 지지자들은 의회제에 반감을 품고 미국식 대통령 선거제와 보통선거 등을 주장했다.

2장

민족 우익의 현상: 불랑제주의

민주정을 택한 정치체의 주요한 특징은 싫든 좋든 좌우가 함께 살아가야 한다는 것이다. 왕정, 혁명, 제정, 왕정복고, 다시 혁명, 다시 제정, 전쟁, 혁명적 코뮌을 거쳐 제3공화정을 수립한 프랑스에서 이 점은 움직일 수 없는 원칙이었다. 그러나 그 후 승자는 어디까지나 공화정이었고 그만큼 반대파의 낙망도 컸다. 더구나 반대파의 성격은 이제 갈피를 잡을 수 없게 되었다. 1880년대 후반 불랑제 사건은 포퓰리즘이 왜 민주주의에 반대되는가, 어떤 세력들이 모였던 것인가, 그들을 일단 군중이라 한다면 군중이란 무엇인가를 생각하게 한 첨예한 정치사회적 문제였다.

불랑제 사건을 보려는 것은 조레스가 불랑제 사건에서 주요한 역할을 했기 때문이 아니다. 공화파에 반대한 집단이나 사상, 감정 역시 분석되고 이해되어야 하리라는 연구자의 자세에서 비롯될 뿐이다. 그러나 이러한 군중 운동에 비해 조레스가 지녔던 명확한 의회주의 신념을 보는 것은 무리하지 않을 것이다.

불랑제 사건

1887년 7월 9일 토요일 저녁, 파리 동부의 리옹역에서는 대규모의 사람들이 무척 소란을 피우는 시위가 벌어졌다.[1] 5월에 내각이 재편되면서 불랑제 장군이 국방장관직에서 물러나 중남부 오지 클레르몽페랑의 13군단장으로 발령을 받아 떠나는 날이었다. 불랑제라면 지난 2년간 파리의 온갖 신문이 대서특필하고 지지자들은 점점 불어난 인기 있는 장군이었다. 7월 9일이 출발일로 정해진 것은 7월 14일 혁명 기념 국경일을 불랑제 없이 지내려는 결정이었다고 보는 견해도 있다.[2] 실제로 군대가 나서는 쿠데타 조짐이 있던 것은 전혀 아니지만 정부는 불랑제의 치솟는 인기에 겁을 내고 만약의 사태에 대비하려 불랑제의 '좌천'을 결정했다. 리옹역 구내와 선로, 열차 지붕 위, 역 주변 공터를 메운 군중은 "엘리제로!"를 외치고 불랑제가 탈 열차의 철로를 막아, 레핀 경찰청장이 직접 나와서 지휘하는 경찰과 충돌했다. 저녁 8시에 떠나야 할 열차는 한 시간이나 늦게 그것도 물러서 달라는 우익 지도자 폴 데룰레드의 간곡한 호소로 겨우 출발했다. 1870년 독일과의 전쟁에 참전한 데룰레드는 시와 연극과 병사의 노래로 대중의 인기를 끌며 1882년 애국자동맹을 결성하여 널리 알려진 우익의 문인이었다. 그는 1883년에 불랑제를 처음 만났는데 불랑제야말로 그가 찾던 인물이었다.[3] 1870년 전쟁을 이끈 강베타와 루아르 군단 사령관 샹지 장군 같다고 불랑제를 칭송했다. 이날 리옹역 시위는 가라앉았고 불랑제에 대한 대중의 열광이 지속적이지는 않았다. 불랑제파는 1889년 1월 파리 보선에서 승리했지만 사건은 1891년 7월 31일 불랑제의 자살로 막을 내렸다. 정부가 그를 반역죄 혐의로 기소하려 하자 불랑제는 1889년 7월 조용히 벨기에를 거쳐 영국으로 피신했고 불랑제파

의원들은 1893년 총선에서는 거의 살아남지 못했다. 궐석재판을 받게 된 불랑제는 벨기에로 돌아와 브뤼셀 교외의 이셀에 있는 죽은 연인의 묘지를 찾아가 권총으로 목숨을 끊었다.[4]

누군가에게 그 정도로 열광하는 군중의 모습은 제3공화정 수립 후 처음 보는 일이었다.[5] 혹자는 나폴레옹 1세 이래 처음 보는 광경이라고도 평했다. 1879년 선거 결과 왕정주의자와 보나파르트주의자를 누르고 집권한 온건 공화파는 무엇을 하고 있었기에 이렇게 민심 이반이 심했던 것일까.[6] 1880년대의 정치는 무기력하고 어수선했다. 1885년 총선에서 1차 투표 결과는 보수파 177명, 공화파는 129명 당선으로 판명이 났다. 공화파는 이내 선거를 위해 결속하여 2차 투표에서는 300명이나 되어 보수파 200명보다 훨씬 다수가 되었다. 하지만 다수파라고 언제나 힘을 발휘하는 것은 아니었다. 공화파 아닌 이들은 페리를 싫어했고 왕당파는 스스로 보수파라 칭하면서 활력을 되찾는데 시의파는 급진파에 맞서 뭉치기는 했지만 내각 구성은 매력이 하나도 없었다. 힘이 없었다. 그러자 이리저리 권력에서 밀린 각종 강경파가 개헌을 구호로 공화국 반대의 깃발을 쳐들었던 것이다. 왕당파가 주축이었던 것은 전혀 아니다. 왕위 계승 여부를 따진다면 제국공이 1879년에 사망한 후 루이 필리프의 손자인 파리 백작이 남아 있는 유일한 왕족이었는데 당사자나 주변이나 아무도 그럴 뜻이 없었다.[7]

그렇다면 독일에 대한 보복 감정이 다 같이 정부에 반대할 기치가 아니었을까 싶어도 사정은 그렇게 단순하지 않았다. 의외라고 생각할 수도 있지만 1870년 전쟁 후 공화정 정부는 독일 보복론을 꺼내지 않았다. 동부 국경지대에서 슈네블레 사건 같은 충돌이 일어나도 독일에 대해 침착했다.[8] 그러나 국방부에서 가만히만 있었던 것 같지는 않다. 잠잠하면 보복론을 꺼내 드는 이류 언론과 군사 잡지, 특히 15만 부나 팔리는 《르방샤르》(보복) 지를 은밀히 지원한 것은 국방부였다.[9] 사실 〈프랑스의 깨어남〉, 〈보복의 라마르세예즈〉, 〈비스마르크 타도〉, 〈불랑제 만세〉 같은 전쟁 찬양 노래가 상당히 퍼졌다. "프랑스 민중이여, 희망을 품자, 고개를 쳐들고, 위험은 믿지 말자, 웬 장군이 프랑스를 다시 일으켰다네, 그 장군이 불랑제야" 하는 불랑제 찬양이 나타났다. 1875년 시인 데룰레드가 펴낸 《새 병사의 노래》[10]는 빠르게 쇄를 거듭했다.[11]

불랑제는 공화파 장군인데 그의 주위로 보나파르트주의자, 왕정주의자, 강경파 가톨릭 그리고 초기에는 급진주의자와 일부 사회주의자까지 모여든 이 사건은 역사가들의 관심을 샀다.[12] 그럼에도 사태는 깨끗이 해명되지 않았다. 안민석은 불랑제 운동의 성격을 좌우로 가르기보다 운동 방식에 주목하여 새로운 정치 현상으로 보았다.[13] 어떻든 불랑제 사건은 수數의 힘에 기대지만 그 다수가 충분히 양식이 있다고 믿는 민주주의의 건전성을 의심케 했다.[14] 제2제정 후기부터 1인의 통치, 1인의 권위를 물리치려던 공화파는 타격을 입었다. 클레망소나 다른 급진주의자나 초기에는 잠시 불랑제 운동에 기웃했으나 곧 사태의 진상을 파악했다.

진짜 문제는 경제 불황과 실업, 침체한 사회 분위기였다. 농촌의 피폐에, 1882년 유니옹 제네랄 은행의 파산으로 지속된 경기 침체에 성장 부진이 겹쳤다. 밀 가격 폭락에 포도병도 만연했다. 중부의 금속업과 탄광업, 노르망디의 직물업 그리고 목재, 피혁, 건축업이 특히 위축되었다. 1885년도 파산 기업은 8024개에 이르렀다. 10년 전에는 5361개였다. 파리 건축노동자 둘 중 한 명은 실업 상태였다.[15] 파리의 신문 《민중의 외침》[16]이나 남부의 지방 신문 《드부아르》(의무)나 거리에서 아이를 낳는 여성, 끝없는 노동자 분규를 계속 보도했다. 공화파가 아직 사회개혁은 엄두를 못 내는 형편이지만 그래도 공화국이 또 무너지려 하다니. 클레망소, 급진파 랑크, 조프랭이 인간과 시민의 권리 협회를 발족한 것도 1886년 불랑제의 부상 국면에서였다. 어떻든 불랑제 장군은 구세주의 형상으로 나타났다.[17]

불랑제 장군

불랑제는 직업 군인이었다. 43세에 여단장, 47세에 사단장에 올랐다. 40대에 그 같은 장성 진급이란 군대의 연혁이 오래된 프랑스에서는 생각하기 어려운 출세였다. 공화파에서 발탁한 불랑제는 군대에 애정이 충만했고 생시르 사관학교 생도들을 사랑했다. 1881년부터 군사학교에 초빙되거나 군대를 방문하여 행한 그의 연설은 애국적 정념에 넘쳤다.[18] 군대를 개혁하겠다는 그의 의지는 소문이 났다. 공화파가 1873-1874년부터 새 군사법을 마련했고 개병제에 이어 프랑스 전역의 부대 재편성을 시도했지만 젊은 국방장관이 된 불랑제는 여기에 더해 예외 없는 징집을 결정하고 사병을 돌보았다.[19] 볏짚 위에서 자던 병사들에게 제대로 된 침구, 제대로 된 식사를 제공하고 배낭을 메고 보초 서는 규정을 폐지했으며 농촌 출신 병사들에게는 필요시 휴가를 허락했다. 1874년식 그라스 총을 미국의 신식 레벨 연발총으로 교체한 반면 연대 규모이던 기병 부대는 축소했다.

공화파 불랑제는 1881년 법을 확대 적용하여, 군대에 남아 있던 왕가와 귀족층을 제거했다.[20] 언젠가 나라에 충성을 바칠 날이 오기를 바란다고 했던 루이 필리프의 아들 오말 공을 군대에서 물러나도록 만든 것이 불랑제였다.[21] 역시 왕가인 느무르 공, 알랑송 공, 샤랑트 공도 공화국 군대를 떠나게 되었다.[22] 조레스도 불랑제의 군사 개혁에 합리성이 있는 것을 인정했다.[23] 알제리, 인도차이나, 튀니지에서 복무한 경험으로 불랑제는 프랑스 군대의 오랜 관행에 개의치 않고 단호하게 일을 처리할 수 있었다는 해석도 있다.[24] 군대는 노동자 탄압에 동원될 수 있다는 것을 거부한 군인도 불랑제였다. 그는 1886년 1월 남부 드카즈빌 광부 파업에 진압군으로 가야 했지만 가지 않았다. 민족주의 작가 모리스 바레스가 《병사를 소환하다》에서 그린 것이 그러한 장군이었다.[25] 사실 프랑스에서 군인이라면 나폴레옹 3세나 티에르 수반 같은 명문가를 가리켰다.[26] 불랑제 연구자인 정치학자 장 가리그는 장교라면 귀족 가문이라는 등식을 불랑제가 깨뜨렸다고 평한다. 아무런 배경이 없이 오직 자신의 전공戰功으로 프랑스군 장군에까지 이르렀다는 것은 보기 드문 특색이었다.

불랑제 민중

1886년 11월 14일 파리 경기장에서 열린 프랑스체조연합회 축제일. 관중은 우레 같은 박수로 그를 영접했다. 데룰레드의 선창에 따라 "프랑스 만세, 애국 만세, 불랑제 장군 만세"를 외쳤다.[27] 1887년 클레르몽페랑 전근 발령을 받았지만 불랑제는 오지에서 파리를 오가며 정치 캠페인을 벌였다. 대중이 불러낸다고 믿었다. 사람들은 외쳤다. "불랑제는 노동이다! 불랑제는 자유다! 명예다! 법이다! 불랑제는 민중이다! 평화다!" 그 민중은 "망해가는 프랑스에서 멸시받는 조국 때문에 고통받고" 있었다. 파리든 지방이든, 농민, 노동자, 중간층, 군인 어느 집단에서든 그를 따르고 그에게 기대했다.[28] 불랑제파는 말 탄 장군의 초상화뿐 아니라 선전 벽보, 놀이용 카드, 장난감으로 불랑제 선전을 했다. 참신한 방식이었다. 1886-1889년에 작사 작곡된 불랑제 노래는 370곡이나 되었다.[29] '구원자'의 마력에는 포퓰리즘이 이미 내재해 있었다. '불랑제 사건'은 이후에 생긴 말이지만 '불랑제주의'는 이때 이미 신문, 잡지에서 흔히 쓰였다. 소속은 없는데 무리 지어 모인 불랑제 지지자들은 서로 알아보기 위해 웃옷 단춧구멍에 붉은색 표식을 달고 다녔다. 불랑제는 1889년 파리 보궐선거에서 3만 9000표를 얻어 압도적인 승리를 거두고, 또 중복 선거가 가능한 제도에 힘입어 북부 노르도, 도르도뉴도, 중부 샤랑트 앵페리외르도에서도 연이어 이겼다.[30] 불랑제파 역시 1889년 10월 총선에서 43명이나 당선되었다. 파리에서는 노동자 구역 중에서도 이민 노동자가 많아 외국인을 배척하기 쉬운 구역에서 승리했다. 1891년 브뤼셀에서 거행된 불랑제 장례식에는 15만 군중이 모였다. 장 가리그는 불랑제주의보다 불랑제에 대한 환호가 더 컸다고 본다.[31] 군인의 헌신 없이는 민족이 위태롭다는 민중의 염려는 한 사람을 향해 수렴되어갔다.[32]

사람은 갔어도 자국은 남았다.[33] 조직적, 체계적이기보다 다분히 즉흥적, 자발적인 이들 군중의 동향은 20세기 정치사에 새로운 의문을 제기했다. 군중은 누구이며 무엇인가.[34] 정치색뿐 아니라 사회학적으로도 상이한 계층이 섞여 있었다. 파리의 중도 우파 신문 《르 피가로》는 앞에서 본 1887년 7월 리옹역의 군중을 부르주아 3분의 1, 노동자 3분의 1에 또 다른 3분의 1은 열 살도 안 되어 보이는 어린이를 포함한 청소년들이라고 보도했다. 곁들여 불랑제 부대도 300명은 되었으리라고 보고했다. 시위에 나온 이들이 부르주아 복식이었든 노동자의 차림이었든 누가 보기에도 청소년층이었든 이들의 이름은 정치적으로 인민, 혹은 집합명사로는 민중이었다. 구심점이 없는 불랑제 민중 사이에 무언중 합의가 있었다면 그것은 정치, 정확히는 정치인, 그들의 의원내각제, 곧 국회의원들이 마땅치 않다는 반감이었다.[35]

인기 있던 강베타, 또 강경한 티에르가 없어진 프랑스는 지루했다. 게다가 정부는 하루가 멀다 하고 바뀌었다.[36] 그레비 대통령(1879-1887)의 8년 임기 동안 내각이 열두 번 교체되고 1886년에서 1889년 사이에만 여섯 번 바뀐 것이 공화국 정권이었다. 불랑제 지지자는 공화국은 부패로 사망할 것이라고 장담하고 "차라리 단칼에 사망하면 좋겠다"는 데까지 나아갔다.[37] 그레비 대통령의 사위이며 하원의원에 기업가인 다니엘 빌송이 국가 훈장 수여에 개입하여 비리를 저질렀다는 의혹이 나왔다.[38] 빌송 스캔들은 불랑제가 클레르몽페랑으로 떠난 후인 1887년 10월 클레망소의 대정부 질의로 공개되었다. 정파 간에 알면서도 덮어두고 있던 사안이었다. 그레비 대통령은 이 의혹의 파장으로 12월에 사임하지만 민중은 "사위를 두다니 이 무슨 불행인가"로 시작하는 긴 가사의 노래를 퍼뜨렸다.[39] 빌송 사건의 풍자화도 많이 나붙었다. 불랑제의 헌법 개정 요구는 한층 대중의 지지를 받았다.[40]

다수가 뭇 정당에 신물을 내는 이 현상은 지엽적이지 않았다. 불랑제가 직접 언급했듯이 중요한 것은 더 이상 좌우, 공화파-왕당파의 대립이 아니게 되었다.[41] 의회제에 반감을 가진 터에 미국을 다녀온 불랑제는 미국식 대통령 선거제를 제의했다. 불랑제를 따르는 데룰레드는 더 나아가 보통선거에 의한 대통령 선출, 인민이 직접 참여하는 국민투표 안을 내놓았다. 그러나 더 중요한 것은 공약이 아니라 애국자동맹을 장악하여 스포츠, 교육 단체를 설립하면서 이를 선전하고 조직화하는 것이었다.[42]

왕정에도 평등이 있고 제국에도 평등이 존재한다. 제국도 애국 위에 토대를 두었다. 그러나 공화국의 평등, 공화국의 애국은 제국의 애국과 다르다고, 데룰레드는 두 가지를 분간했다.[43] 굳이 역설이라 할 건 없지만 불랑제 사건의 결말은 공화국의 재구축을 도왔다고 할 수도 있었다.[44] 민족주의자 바레스 역시 다른 방향에서 불랑제 캠페인이 민족의 재생 운동을 이끌리라 믿었다.[45] 정치학자 피에르 로장발롱에 따르면 19세기 말 프랑스에서 벌어진 이 난망한 문제에 사회주의와 공화주의가 내놓은 답변은 근본적 가르침이었다. 달리 우회할 길이 없었다. 사회문제를 폭넓게 정의 내려 사회 국가를 만드는 것, 공화주의와 사회주의는 다 같이 동시에 그것만이 답이라고 했다.[46]

조레스의 의회주의

1885년 이후면 조레스는 20대 후반의 초선 임기인데 그의 입장은 어떠했을까.[47] 별말이 없었다. 1888년에는 세 차례 논설을 쓰지만 프랑스 전역에서 불랑제 운동이 벌어지는 초기에는 의견을 내지 않았다.[48] 사건의 위중함을 모르기도 했고 정치 초년병으로 신중했을 것이다.

사실 훗날 "나는 잘 몰랐다"고 고백했다. "영국 귀족은 자식들이 어디로 진출하든 당해내도록 가르치는 정치 문화가 있는 것과 달리 우리의 고등사범이나 대학교나 그런 점에서는 중학교와 다르지 않았다. 우리는 정치에 문외한이었고 형이상학에만 빠졌다."[49] 사건의 와중인 1888년과 불랑제의 자살로 사건이 귀결된 1891년에는 굳건한 합리주의, 투철한 공화파의 입장이 주로 드러났다.[50] 스스로는 나서지 않으면서 측근과 지지자들을 내세워 정치에 손대려는 것은 공화국에 대한 중대한 이반이었다. 동년배 사회주의자 외젠 푸르니에르도 1888년 《라 르뷔 소시알리스트》에 군과 민을 한 손에 쥐려는 불랑제의 시도에 우려를 표했다.[51] 이 빛나는 사회주의 평론을 창간한 코뮌의 노장 브누아 말롱도 의회 해산, 제헌의회, 헌법 개정이라는 불랑제의 3대 공약의 이유가 무엇인지, 불랑제가 어떤 방식으로 이를 실현하려는 것인지 분명치 않다고 논평했다.

조레스는 처음부터 철저한 의회주의자였다. 그에겐 의회가 곧 공화국이었다. 미국식 대통령제에 대해서는 관심도 지식도 없었다고 한다. 그래서 오히려 의회에 반기를 든 불랑제 운동에 대해 반反의회라는 말을 쓰지 않았다.[52] 하지만 지금같이 느리고 복잡한 의회를 개혁해야 한다는 것은 분명히 했다.[53] 이런 신조와는 별도로 그는 불랑제 민중의 피로감을 납득했다.[54] 또한 1890년대 초 아나키스트들의 매서운 반의회주의의 의미를 수긍했다. 그러면서 의회를 재정비하고 지키고 프롤레타리아의 의회로 만들고 싶다는 염원을 품었다.

> 의회의 메커니즘을 간단히 하자. 지금과 같은 번다한 절차와 장시간을 혁파하자. 그래서 결국은 산업체의 노동자들과 농촌의 노동자들이 정치를 지도하는 의회가 되도록 하자.[55]

그러나 제3공화정의 의회주의에 대한 일반의 불만과 경시는 불랑제 사건을 훨씬 넘었다.

동부 로렌 출신의 민족주의 작가이며 정치인 모리스 바레스(1862-1023). 《자아 예찬》, '민족의 에너지' 3부작을 썼다.

안정과 전통의 왕정주의로 돌아가려 한 20세기 민족 우익의 대사상가이며 작가인 샤를 모라스(1868-1952).

민족 우익의 구심점이 되는 '악시옹 프랑세즈'는 드레퓌스 사건 당시 재심파의 공화사상에 반대하여 발족한다. 이 운동·조직의 대변지인 《악시옹 프랑세즈》의 화보. 민족 우익 작가 레옹 도데의 독일 첩보 소설 《세계의 해충》을 선전하고 있다.

3장

민족 우익의 이론·서정·행동

불랑제 사건은 불랑제의 자살과 그를 추종한 군중의 패배로 끝났지만 그 흐름은 끝나지 않았다. 민족의 앞날을 우려하는 물밑 민심과 19세기 말 우익 지식인들이 새로 결합하면서 우익 사상은 이론적으로 정비되고 강렬한 정서적 에너지를 발산하게 되었다. 세계시장의 쟁탈전이 첨예해지고 유럽의 식민지 분할이 거의 끝나가지만 공화국 정체政體 앞에서 민족에 대한 우익의 우려는 한층 깊어지고 격렬해졌다.

우리는 이 반대 진영의 표상으로 우선 로렌의 민족주의 문인이며 정치인인 모리스 바레스를 보고 이어서 민족혼의 정결함을 피나게 추구한 시인 샤를 페기를 알아보려 한다. 그다음 프랑스 우익의 대표적인 사상가 샤를 모라스를 거장으로 예우하며 그의 사념과 서정성의 자락을 살펴보려 한다. 이 장에서 조레스는 거의 등장하지 않는다. 이들과 일일이 대면하는 구도가 아니었건만 그의 공화국, 민주주의, 사회주의는 크나큰 반격의 상대를 만났다.

로렌의 바레스

대지의 죽은 자들

"저는 로렌 사람입니다."[1] 모리스 바레스는 1899년 3월 10일 그의 유명한 강연을 이렇게 시작했다.[2] 장소는 파리 시내 센강 좌안 렌 거리, 애국자동맹 회관이었다. 우리는 이 시간과 장소를 살펴야 하지만 우선 바레스를 따라가고 싶은 마음이 앞선다. 로렌이 왜, 어떻기에 연사는 출신지를 먼저 꺼냈을까. 바레스는 한 마디로 "로렌은 프랑스 땅이 된 지 겨우 한 세기입니다"라고 시공간을 들었다. 그렇다면 지난날 프랑스 왕국의 막강한 경쟁자였던 부르고뉴 공국, 알비 십자군의 손으로 평정된 남부 툴루즈 일대가 프랑스에 통합된 역사와는 사뭇 달랐다. 프랑스 왕정기 내내 사법의 중추였던 고등법원은 파리를 중심으로 동서남북에 포진했지만 설립 연대는 크게 달라 끈질기고 전방위적이었던 프랑스 왕국의 확장을 말해준다. 프랑스의 고등법원은 1250년 파리 고등법원 설립을 시작으로 툴루즈는 1443년, 서부 보르도는 1451년, 그보다 위쪽인 노르망디가 1488년에 설립되는데 동부는 그로부터 200년이 늦다. 그것도 같은 로렌에 속해도 메스는 30년 전쟁이 끝나는 1648년, 메스 고등법원을 통합하여 낭시에 고등법원이 설치된 것은 혁명이 임박한 1786년이었다.[3] 북쪽 메스에서 아래쪽 낭시까지 직선거리로는 60킬로미터 정도인데 로렌과 프랑스의 관계는 상당히 복잡했던가 보다. 하지만 1899년에 바레스가 소환하는 것은 한가한 옛이야기가 아니었다.[4]

바레스가 "저는 로렌 사람입니다"라고 했을 때 울려오는 것은 멀지도 않은 1870년에 유럽의 중후한 고도 스트라스부르가 독일군의 포화로 무너지는, 도시민들이 죽어가고 고색창연한 성당이 부서지고 수백 년 된 도서관이 잿더미가 되는 참화, 군마까지 잡아먹으면서 버텼어도 결국 항복을 해야 했던 메스의 전시 기아, 1871년 5월 알자스-로렌을 할양하는 프랑크푸르트 조약으로 고향을 떠난 수십만 이주민의 비애였다.[5] 전화戰禍로부터 멀었던 남부의 툴루즈, 리옹, 마르세유는 모르는 고난이었다.[6]

일찍이 스무 살에 파리로 오지만, 로렌 중에서도 수림이 깊은 보주의 샤름에서 태어나 명문 낭시고등학교를 다닌 바레스에게 로렌은 영원한 내 고장이었다.[7] 그의 민족주의는 여기서부터 발원했다. 그가 로렌의 역사와 대지에 발을 묻고 명확히 한 것은 로렌은 농사와 군사로 이루어졌다는 사실이었다. 병사들의 부모는 농사꾼이었고 농민의 자식들은 병사였다. 민족은 이 떼어놓을 수 없는 두 힘, 두 노력의 결실이었으며 검소하게 살고 감연히 싸우는 두 요소는 고갈될 수 없는 민족의 에너지였다.[8] 드레퓌스 사건 속에서 군대를 비방하는 재심파를 바레스는 용서할 수 없었다.

르낭도 미슐레도 프랑스 민족다운 것을 발굴했지만 흙과 군사는 바레스의 걸작이었다.[9] 흙과 병사를 흠모하는 바레스의 그 깨끗한 이미지, 반짝이며 잔잔한 표현은 파리 라탱구 젊은이들의 탄성을 자아냈다.[10] 물질의 범람과 주식시장의 투기에 질리는 세상에 그런 것은 프랑스인의 가치가 아니며 이 민족은 소박하고 근면하고 싸울 줄 알았다는 바레스, 그의 사상은 공화파의 형이상학을 물리쳤다. 사실 바레스는 드레퓌스 사건의 '위기' 앞에서 '민족의 에너지' 3부작을 발표했다.[11] 1899년에서 1902년 사이에 쓰인 《뿌리 뽑힌 이들》, 《병사를 부르다》, 《저들의 형상》은 로렌의 젊은이들이 수도 파리로 와서 맞닥뜨리는 이질감, 군대와 민중을 위하려는 불랑제의 행적, 의회의 난맥상, 파나마 사건 같은 누추한 실상을 그렸다.[12] 소설 《병사를 부르다》는 리옹역 군중의 열기로 시작하여 1889년 1월 27일 파리 선거, 재난, 또 그의 신경쇠약까지 다루며 모두 530여 쪽

21개 장에서 불랑제를 착실히 따라갔다. 돈이 휘젓는 세상의 불식을 위해서는 국가의 권위를 모든 당파의 우위에 놓으려는 불랑제주의 같은 이념이 요구되었다.[13] 바레스 문학의 주된 테마인 자아 숭배는 개인적 자아로부터 집단적 자아의 단계로 전이했다. 이제 불랑제 운동에 매료되었던 바레스는 가고 불랑제 국면을 넘어서는 새로운 '민족'이 빚어졌다.[14]

바레스는 전업 작가이며 1906년 프랑스 아카데미 회원에 선출되지만 1889년부터 파리 의사당에 들어간 하원의원이었다. 1898년과 1902년 파리와 낭시에서 각각 패한 것을 제외하면 1889년 이래 연속 당선되었다. 그러나 농업 정책의 멜린, 외교의 델카세, 급진파 클레망소, 혹은 사회주의자 조레스 같은 정치인과는 성격이 달랐다. 그의 정치는 농민과 생산자와 경제인보다 작가와 변호사, 교수가 많았던 제3공화정 의회의 성격을 반영한다. 작가 빅토르 위고가 제정 치하 공화파의 거두였던 문학의 위세도 생각하게 한다.[15] 정치인 바레스의 저작에는 프랑스 보수주의의 특성도 들어 있었다. 19세기가 다 끝나도록 프랑스의 보수주의는 현재에 부응하면서 과거와 이어지는 근대 정당을 창출할 수 없었다. 혁명적 파탄 없이 근대 정치로 넘어온 영국은 19세기 중반 든든한 보수 정당을 국민 앞에 내놓았지만[16] 프랑스에서는 그런 일은 가능치 않았다. 혁명의 압력으로 무너진 왕정, 패전으로 끝난 제정의 왕정주의자들과 보나파르트주의자들은 공화파에 계속 밀렸다.[17] 불랑제 운동 역시 제대로 커나갈 발판이 없었다. 그러면 위험하고 나약해 보이는 공화국 체제는 나날이 자리를 잡는데 그에 대적할 우파는 부진한 이 상황이 언제까지 갈 것인가? 우파의 이 불안감을 씻어줄 확실한 계기가 드레퓌스 사건으로 도래했다.[18] 민족 진영은 정치 원칙을 창출했다. '반역자' 유대인 포병 대위 드레퓌스의 무고함을 주장하는 이들은 군을 모욕하고 파괴하려 했다. 군대와 통치가 일치했던 왕정과 제정 체제와 달리 공화국은 군과 민을 떼어놓았다. 바레스는 조레스가 군대를 파괴하려는 것이라고 분명히 말했다.[19]

바레스의 조국

바레스에게 조국은 태어났더니 이 나라 사람이더라는 그런 천부적 존재가 아니었다.

> 우리는 프랑스 조국이 우리 취향에 맞기에 찾아온 것이 아니다. 사실 우리는 독일에도 짓밟혔지만 프랑스에도 짓밟혔다. 그런데 우리는 바로 그 때문에 온 것이었다.[20]

르낭은 민족을 영혼이며 정신적인 원리로 정의했지만, 바레스에게 "우리한테 조국은 무엇보다 대지이고 육신이며, 우리를 태어나게 한 이들과의 화해"였다.[21] 그들 로렌인은 프랑스가 세계를 향해 인간의 권리 선언을 제출했기 때문에 프랑스인인 것이 아니었다.[22] 1789년 혁명 이래 프랑스 공화파 혹은 프랑스 인민의 자부심이 인권선언을 제창한 나라라는 것과는 다르다. 로렌에 필요했던 것은 어떤 정신, 어떤 원칙에 가담하는 것이 아니라 질서와 평화였다. 다른 곳에서는 질서와 안정을 찾지 못했기 때문에 프랑스에 온 "우리의 조국애는 이상주의나 철학적인 구석이 없다". 바레스 역시 약자에게 시선이 가 있었다. 사회주의에서 반박하듯 그의 민족주의를 특권자를 비호하는 사상이라 할 수는 없었다. 조레스는 결코 바레스라든가 누구의 이름을 지칭하지 않았던 것을 유념해야 하지만 민족주의자들이라는 집합명사에 대한 공격에는 유보가 없었다. 1898년 5월 총선에서 낙선한 직후 조레스는 '민족주의자들'이라는 제목의 논설을 발표했고 이 가운데 일부를 발췌하면 다음과 같다. 이 기사는 파리 시내에서 코뮈나르이며 사회주의자인 에두아르 바이양에 대한 민족 우익의 공격이 일어난 직후에 나왔다.

> 이른바 민족주의자들은 반동적일 뿐이다. 그들은 조국을 (민족의) 과거와 혼동하고 있다. 그들이 구하려는 것은 민족(나시옹)이 아니라 민족의 삶을 짓누르고 자본주의적 특권을 보호하려는 낡은 형태일 뿐이다. 그들은 민중 앞에서 자본에다 조국의 얼굴을 씌우려 한다. 민중이 혼란을 일으켜, 이를 쳐야 한다는 것을 모르게 하기 위해서다.
>
> 나는 홍미로워서 "민족주의자들" 집단이 무엇인지 묻겠다. 이 집단의 정책이 무엇인가? 성직자, 반유대주의 가톨릭, 반유대주의 비가톨릭, 탈선한 급진파, 원칙 없는 강경파로 구성된 이 집단은 어디에도 일관성이 없는 당파이다.[23]

민족주의라는 제목 아래 쓰인 조레스의 기사는 흔치 않다. 그러면 그는 이러한 공격 외에 자신의 민족주의는 어떻게 구상하고 있었을까. 이에 대한 답은 이 논설의 마무리 부분에 나왔다.

> 체임벌린의 연설 후에 밀부아에 같은 열렬한 민족주의 당파는 세계는 미국과 영국 같은 앵글로-색슨 민족과 영국인을 싫어하는 다른 모든 민족, 라틴과 가톨릭의 민족들이 러시아의 지도 아래로 갈라질 것이라고 예고했다.[24]
>
> 우리는 프랑스를 그 두 진영 어디에도 예속되게 하지 않을 것이다. 우리는 영국의 야심에 프랑스를 놓기를 원치 않는다. 앵글로-색슨과 프로테스탄트를 물리치기 위해 러시아 차르와 교황을 위해 싸우기는 더욱 원치 않는다.

프랑스 자신이 프랑스 자신을 위해 세계의 모든 착취받는 이들과 억압받는 이들의 사회정의, 사회주의적 질서를 선언하면. 그러면 프랑스는 정의의 혁명이 부리는 힘으로 인류 안에서 위대한 역할을 재개할 것이다.[25]

이 논설은 이렇게 끝을 맺었다. "우리가 애국적이지 않다고 비난하는 이들에게 우리는 경멸만을 보낼 권리가 있다." 어떻든 조국에 대한 감각, 민족의 의미, 그런 것이 정말 누구나 심각하게 생각해야 할 무서운 문제였을까. 작가 데룰레드, 작가 바레스, 시인 페기, 사상가 모라스는 모두 그렇다고 굳게 믿었다. 개인이 중요하지만 민족이 허물어지면 개인은 설 자리가 없고 이를 막는 것은 사람들의 감성과 정신, 태도이며 작가라면 사람들에게 이를 고지하고 위험을 방지할 책임이 있었다. 민족의 영혼과 실체, 번영과 쇠퇴, 약동과 부진을 멀리 두고 작가인 내가 따로 존재하지 않았다.[26]

조국의 시인 샤를 페기

프랑스의 국민시 같은 〈잔다르크〉를 쓴 시인 샤를 페기에게는 특히나 민족, 그 이상 가치 있는 것이 없었다.[27] 간결하고도 심오한 〈잔다르크〉의 시인은 오를레앙 출신이었다.[28] 파리 고등사범에서 수학하고 소르본대학 거리에 아지트 겸 책방을 차린 20대의 페기는 매주 목요일 바로 옆 콜레주 드 프랑스의 베르그손 강연을 들으러 갔다. 조르주 소렐, 페기보다 10년이 젊은 자크 마리탱, 그의 아내 라이사 마리탱, 역시 동년배의 에르네스트 프시카리가 페기와 어울려 다녔다. 물질주의에 함몰된 세상에 반발하는 젊은 세대는 유물론적인 논의, 도덕철학을 거부하고 직관에 창조적 의미를 부여하는 베르그송이 마음에 들었다. 그런 페기가 민족주의에 다다른 경로는 바레스와는 판이했다.

드레퓌스주의에서 민족으로

20대의 페기는 드레퓌스 재심이 열린 1899년 말까지는 맹렬한 드레퓌스주의자였다. 혼신을 다해 뛰어다녔다. 소르본 거리에서 1898년과 1899년에 드레퓌스파와 반드레퓌스파가 부딪치고 주먹 싸움이 벌어지는 일은 예사였다. 누군가 "뒤르켐이 당한다. 세뇨보스 방이 뚫린다" 하고 외치면 페기는 대번에 "집합" 구령을 내렸다. 군사 용어로 말하기를 좋아한 페기는 소르본으로 몰려간 젊은이들에게 막대기를 휘두르며 "당신들은 위층으로", "당신들은 복도 끝" 하고 지시했다.[29] 페기와 가까웠던 동년배의 작가 다니엘 알레비는, 페기가 운영하는 벨레 책방에 사건을 훤히 뚫고 있는 뤼시앵 에르가 다니고 클레망소는 거기서 에르의 책을 독파하고 또 조레스는 젊은 친구들에게 관대했다고 들려준다.[30] 그러던 페기가 민족주의자로 전환하는 데는 몇 가지 사건이 겹쳤지만 어떻든 페기 혼자만의 반응이 아니었다.[31] 드레퓌스가 무고하다는 법적 진실에도 불구하고 재판의 결과는 사면령에 그치고 또 드레퓌스파는 그것을 받아들이는 모습이 페기 같은 젊은이들에게는 너무나 정치적으로 보였다. 1894-1895년 고등사범을 다니면서 파리의 집산주의파 학생으로 조레스를 흠모하고 불로뉴 숲에서 그가 암송하는 《페드라》, 《르 시드》를 들었던 페기는 점점 그를 경원했다. 1903년 초 조레스가 하원 부의장이 되자 저속한 권위라고 했으며 1904년 말쯤 만남을 끝으로 더 할 말이 없다고 절교했다.[32] 페기는 '불순하고 정략적인' 것을 참지 않았다.

1900년 창간 후부터 곧장 비용 문제로 시달렸지만 기어이 후대에 남긴 그의 잡지가 《카이에 드 라 캥젠》이다. 페기 자신의 평론과 여러 필자들의 사회 비평이 많이 실렸다. 1913년 호에는 '돈'이라는 제목을 붙인 페기의 글이 실렸다.[33] 짐멜의 《돈의 철학》 같은 논리적 경제사회학이 아니라 오를레앙에서 보낸 어린 시절이 담긴 에세이였다. 샤를 페기는 이 글에서 강건하고 담백한 어조로 어제와 오늘에 대해 많은 이야기를 했다. 20세기의 작가 조르주 베르나노스, 폴 클로델과 유사한 맥락이지만 페기는 이렇게 썼다. 세상에서 처음으로 돈이 유일한 인간 정신의 얼굴이 되었고 세상사에서 처음으로 신 앞에 오직 돈만이 나타나게 되었다.[34] 아마 금전 위주의 모던한 세계에 대한 사회비판이라 할 수 있겠지만 그런 요약은 페기의 참뜻을 가리는 것 같다. 오를레앙 같은 품위 있는 도시에서 장인들이 곁에 있는 환경에서 자란 페기는 '지금'과는 다른 민중을 알고 있었다. 마차를 제작하는 장인인 어머니가 늘 일하는 모습이 그에게는 민중의 화신이었고 그렇게 정성을 기울이며 생각하고 손을 쓰는 노동은 종내 그의 그리움이었다. 그 때문에 계급 이론에 기대지 않고 넉넉히 이 글을 쓸 수 있었다. 페기가 의거한 것은 순전히 자신의 잠재의식이었으며 소환한 것은 기억에 저장된 장면들, 선했던 사람들의 모습이었다. 그러나 사라진 과거에 대한 개인적 애수는 아니었다.[35]

> 민중은 이제 없다. 예전의 좋은 것은 이제 없고 모두가 부르주아가 되었다. 예전의 부르주아지는 금전 부르주아지가 되었다. 노동자들을 보면 한 가지 생각밖에 없다. 부르주아지가 되겠다는 것. 예전대로 남아 있는 것은 농민뿐이다.[36]

세상 변하는 것은 뚜렷이 보이고 소란만 가득할 뿐 정적靜寂은 사라진 마당에 지난날의 소박한 삶, 사람들 사이에 흐르던 연민은 버릴 수 없는 재산이었다. 어떤 민족주의든 민족주의를 키운 배경에는 이 상실감이 있었고 페기는 그렇게 모두를 잃어버리면 얼마나 두려운 세상이 되는지를 직감했던 것이다.[37] 영혼을, 순결을 잃었다면 그것은 더 이상 민족이 아니었다.[38]

누추한 정치

시인 페기에게 누추하기 짝이 없어 온 나라nation를 망치고 있는 것은 정치였다.[39] 현실에서 일어나는 타협과 양해는 어쨌든 사악한 것이었다. 공화국 수호의 명분으로 1902년 좌파 블록에 참여한 조레스는 다름 아니라 이 정치적인 것의 표상이었다. 조레스를 좋아했기 때문에 조레스에 대한 환멸은 너무 깊었고 거부는 철저했다. 1차대전 전야에 페기는, 만약 전쟁이 일어난다면 우리가 누구보다 먼저 처단해야 할 자는 조레스라고 쓴다.[40] 한편 조레스는 《사회주의 연구》라는 책의 첫 장을 페기에게 보내는 편지(1901년 11월 17일 자)로 시작했다.[41] "친애하는 페기에게, 당신은 나에게 내가 지난 몇 달 동안 《라 프티트 레퓌블리크》에 기고한 글을 《카이에 드 라 캥젠》을 위해 모아주기를 요청했었습니다." 그러나 페기 측으로부터는 아무 반응이 없었다.

페기가 경악하며 지탄한 것은 조레스에게 어떤 개인적 비리의 혐의가 있다는 뜻이 아니었다. 정치라는 것 자체의 속성이나 필요성, 혹은 나와 너 사이의 이견 조정이 페기의 혐오를 자아냈다. 그보다 더 심원하게는 페기는 누추함이 세상사라는 것을 인정하기가 분했다. 그는 비현실적이지 않았다. 페기에게는 다음 장에서 볼 모로코 문제, 즉 프랑스와 떨어질 수 없는 독일의 그림자가 어른거렸다. 아닌 게 아니라 1905년 3월 모로코를 선점하려는 프랑스에 경각심을 가진 독일의 군함이 모로코 탕헤르항에 나타난다.[42]

민족의 영혼

페기의 민족주의를 생각하면 한 가지 짚고 넘어갈 대목이 있다. 한글로 민족주의라고 옮길 수밖에 없는 Nationalisme의 내용과 성분이 우익 민족주의로만 간단히 처리될 수 없다는 지점이다. 이 문제를 계속 생각하게 하는 것은 프랑스 정치학자 라울 지라르데이다. 파리 정치학교(시앙스포) 교수였으나 알제리 독립을 인정하려는 드골에 반대한 후 잘 언급되지 않았지만 그는 정통한 민족주의 학자였다. 지라르데는 민족주의는 너무나 복잡하고 모호하고 갈피를 잡기 어려운 사상이자 용어임을 특기한다. 민족주의가 이탈리아 민족운동가 마치니에 의해 1836년에 사용되었어도 이 말은 1870년, 1882년에도 사전에 오르지 않았고 의미가 확실하지 않았다.[43] 강대국의 지배를 받던 유럽 국가들이 해방을 외친 1848년에는 좌파의 대의였던 민족주의가 1898년에는 우파의 기치가 되었다. 그러면 페기의 경우 민족주의와 공화국은 어떤 관계였을까. 페기에게는 공화국이란 하나의 명제였다. 따라서 공화국을 지지하는가 아닌가는 문제가 되지 않았다.[44] 살아 있는 것을 지켜야지 추상적 명제를 껴안을 수는 없었다.

> 어제나 오늘이나 그들이 노동자이기는 마찬가지인데 지나친 전문화가 스스로 작동하는 지금 사회에서 지적인 기능과 손작업 기능은 이들에게 도무지 귀속되지 않는다. 지적 노동자들은 손일을 거의 모두 버렸고 손일 노동자는 정신적 작업, 이성의 행사를 거의 모두 버렸다. 우리가 탄생시킬 씨앗

을 준비하고 있는 조화의 도시에서는 지적 기능과 손의 기능이 사람들 사이에 조화롭게 배분될 것이다. 이 사람은 이 일, 저 사람은 저 일 하는 식으로 배분되지 않고 같은 사람이 가슴속으로부터 마음껏 그 일을 거두어들일 것이다. 문제는 이전될 것이다. 왜냐하면 우리는 인간의 문제들을 폐지하겠다고 말한 적이 없기 때문이다. 우리는 다만 불모의 해결책만 받아들일 뿐인 부르주아의 영토로부터, 경제적 예속으로부터 마침내 해방된 인간의 영토로 문제를 옮기길 바라기 때문이다. 우리는 옛것을 만지는 일꾼들과 새로움을 심는 교회에 기적을 남겨둔다. 우리는 낙원을 약속하지 않는다. 자유로워진 인류를 준비한다.[45]

폐기에 대해서는 역사가 자크 쥘리아르의 말을 경청하고 싶다. 학자와 저널리스트로 노동과 정치에 대해 수많은 글을 써온 쥘리아르는 2003년 "우리가 지금 페기를 찾는 것은 그는 진실에 목말랐고 우리의 시대는 진실을 사랑하지 않기 때문"이라고 썼다.[46] 글 쓰는 이는 상황이 어떻든 시대가 언제든 어느 때나 울려오는 글을 쓰며 그런 사람이 페기라고 했다. 그리고 페기의 변증법은 파스칼에서 프루동을 지나 소렐에 이르는 과정에 있다고 풀이했다. 1914년 8월 1일 1차대전 총동원령이 내리자 페기는 8월 2일 일요일 파리 남쪽 부르라렌에서 수도로 올라와 전선으로 떠났다.[47] 1914년 9월 5일 북부 마른에서 이마에 총상을 입고 전사한 페기 하사는 지식인은 행동한다는, 조국에 충성한다는 증언으로 남았다. 그가 전사한 마른 인근 빌루아에는 페기 박물관이 건립되었고 페기를 비롯한 일선 병사들의 소소한 군 장비들을 보존하고 있다. 프랑스 국방부 문서고에도 군 수첩 복사본, 복무 기록 등 276연대 소속이었던 페기의 자료를 비치했다. 화염처럼 타오르며 맑디맑은 글을 썼던 페기의 정신은 사회주의와는 다른 의미에서 혁명적이었고[48] 사람들이 나중에는 그의 그 정결함을 알았다. 페기라는 이름을 넣은 학교와 학원, 유아원은 오를레앙, 마른뿐 아니라 파리 민중 구역인 19구, 전선 지역이었던 북부의 코뮌들, 모두 열일곱 곳에 존재한다. 또한 문학적, 지적, 정치적인 페기 연구는 프랑스를 넘어 이웃 영국과 에스파냐, 남미, 브라질, 일본에 뻗어 있다. 아마도 민족주의 그 자체보다 누추한 인간사에 지지 않고 정결함을 끝없이 추구하고 타협이라고는 모른 그의 영혼, 빛나는 시문학을 기리는 것 같다.

민족주의는 페기의 시 같은 근원적 존재론이기도 하고 바레스의 문학 같은 절실한 유기체론이기도 했다.[49] 그러나 민족을 근심하여 신문을 읽고 집회에 모이고 투표장에 나가는 이들이 실재하지 않았다면 그처럼 박력 있게 공화국을 반대하는 운동이 가능하지 않았을 것이다.

악시옹 프랑세즈

애국자동맹에서 악시옹 프랑세즈로

민족 우익의 구성원들이 누구였는지는 정확히 알기 힘들다. 신원과 직업, 또 규모를 알려주는 통계와 수치가 거의 부재한다. 다만 확실한 것은 불랑제 사건에서 드레퓌스 사건까지를 이어나간 조직은 데룰레드의 프랑스애국자동맹이었다. 이 단체는 세기말 사회 일각에 퍼진 데카당스의 분위기에 저항했다. 만약 사람들이 애국자이기를 열망한다면 민족을 기리는 책도 읽어야 하지만 심신을 단련하는 체조를 하고 또 사격을 배워야 했다. 한마디로 군사적이며 애국적인 교육을 받아야 한다. 그것이 애국자동맹의 정관 2조였다. 우리가 곧 상상할 수 있다시피 이 동맹은 반유대주의의 지원을 많이 받았지만 상층이 가입했고 정치인과 군인이 많았다. 데룰레드가 발의하고 주도한 이 기구는 역사가 앙리 마르탱 외에도 작가 빅토르 위고, 정치인 발데크루소, 쥘 페리, 또 드레퓌스를 옹호한 조제프 레나슈 등의 성원을 받았다.[50] 유명 인사만 중요하지 않았다. 교육과 연구 기관, 문학과 예술 종사자들, 법관, 의료인 그리고 대학생이 가담했다. 이외에 연금 수령자들이 약간 있었고, 농업, 산업, 각종 서비스업 종사자와 사무원이 포함되었다. 노동자가 많은 파리에서 이 조직에 가담한 노동자들은 아주 적었다.[51] 장피에르 리우의 조사로 밝혀진 애국자동맹 소속원들은 아카데미 회원 26명, 일반적인 대학과는 다른 프랑스 최고의 교육기관 콜레주 드 프랑스 61명, 대사, 도지사 외에 프랑스의 최고 행정기구인 회계원, 국무원, 감사원 43명, 정치인으로는 전현직 상원의원 15명과 하원의원 73명, 도의원, 군의원, 시의원, 시장이 178명이었다. 군인은 현역 군인과 해외에 나가 있는 군인을 합해 장성급 11명, 고급 장교 137명, 하급 장교 108명이었다. 이 세 부류가 모두 합해서 전체의 7.3퍼센트인데 비해 67퍼센트는 교육 및 연구자, 작가, 예술가, 법률가, 의료인 그리고 대학생으로 구성되었다.[52] 기업인, 상공인의 비중은 모두 합해도 16퍼센트이고 그중에도 상인과 장인이 다수였다. 장피에르 리우는 이를 다시 반원형 도표로 그려 크게 보아 문인 계열이 70퍼센트에 달하는 것을 보여주었다. 이를 직업별로 나누면 자유직업인 35.5, 공무원 17.8, 학생 16퍼센트였다.[53]

애국자동맹 결성은 드레퓌스 사건의 와중인 1899년에 시작되었다. 그때 34세의 철학교수이던 앙리 보주아와 26세의 문학비평가 모리스 퓌조가 회색 표지의《르뷔 드 락시옹 프랑세즈》를 월 2회 발간하기 시작했다. 두 사람은 애국자동맹을 아카데미로 끌어와야 한다는 생각이 있었다.

두 사람 다 왕정주의자가 아니었지만 왕당파 잡지《라 가제트 드 프랑스》(1898)에 글을 쓴 샤를 모라스를 주목하게 되었다. 흔히 모라스는 악시옹 프랑세즈의 지도자이자 대변인처럼 인식되어 있다. 하지만 악시옹 프랑세즈는 정확히 무엇이었을까. 범위를 좁히면 악시옹 프랑세즈는 1908년에 발족하여 비시 정부가 끝나는 1944년까지 발간된 신문을 가리킨다. 그러나 정평 있는 정치학자 장 투샤르에 따르면 운동으로서의 악시옹 프랑세즈는 1908년에 돌연히 시작된 것도 1944년에 마침내 사라져버린 것도 아니다. 더구나 1914년 이전에는 악시옹 프랑세즈는 어디서부터 어디까지이고 다른 민족주의는 어떤지 확실히 금을 그을 수 없었다. 그러나 어디까지나 현실의 반영이었다. 1905년부터 모로코에서 벌어진 독일과의 경쟁이 불을 댕겼고 1906년 드레퓌스의 군 복귀 결정이 더 운동을 강화했다. 민족주의자들은 1908년에는 에밀 졸라의 팡테옹 이장을 거부하기도 했다.

악시옹 프랑세즈의 구성

1906년 10월 10일《악시옹 프랑세즈》는 명단을 하나 실었다. 1894년 10월 드레퓌스의 군적 박탈 후 12년이 지나 마침내 1906년 7월 12일 군대 복귀가 결정되자 이에 반대하는 메르시에 장군이 상원에서 연설했고 악시옹 프랑세즈는 이 연설 기념 금메달을 제작하기로 하는데 제작비 기부자가 수백 명이 넘었다.[54]《악시옹 프랑세즈》는 메르시에의 연설과 이 연설을 지지하는 편지들을 소개한 다음 84쪽부터 122쪽까지 총 38쪽에 기부자의 이름과 직업, 지역별 기부금 액수를 열거했다. 앙리 보주아 국장, 레옹 드 몽테스키우 백작, 샤를 모라스, 라 투르뒤팽 후작, 자크 뱅빌 같은 편집진, 퇴역 중령, 베르나르 드 베젱 백작, 앙리 로슈포르, 모리스 바레스, 그리고 공스 장군을 비롯한 아홉 명의 장군과 여러 명의 고위 장교들이 있었다. 군인들은 그다음에 게시된 두 번째와 세 번째 명단에도 많았다. 개인은 백작이 100프랑, 언론인들이 20프랑, 다수는 10프랑 이하 또는 1프랑 이하의 소액으로 군의 명예를 지키려는 이 사업에 꼭 참여하려 했다. 악시옹 프랑세즈는 처음부터 이들 구성원만으로 충분하다고 믿지 않았다. 독자적인 연구원을 차리고 연구와 강론 프로그램을 짰다. 공화정은 대학이라는 지적 기구의 엄호를 받고 있었기 때문이다. 연구원이 별 효력이 없다면 행동대를 내세울 수 있었고 왕의 부대라는 명칭의 젊은 이 집단은 그러한 임무를 띤 행동대였다. 한편 가톨릭이 악시옹 프랑세즈에 얼마나 영향력 있는 지원군이었는가는 문제적이다. 프랑스 가톨릭이 지닌 사상의 진폭은 미묘하고도 넓어 좌우로 그 내부를 가르는 것은 거의 무모하다.[55] 당시에는 흔치 않던 일이지만 악시옹 프랑세즈 운동에는 여성들도 가담한 편이다. 종교적 자선을 중요시하고 실천하던 여성들이 보다 분명한 의미를 보이는 정치 단체로 발걸음을 옮긴 예이다.[56]

드레퓌스 사건 직후 민족주의자들이 두드러지게 진출한 곳은 파리 시의회였다.[57] 이들 시의원 중에는 1890년 불랑제파에서 1900년 민족주의자로 옮겨 자기 성향을 지킨 경우도 많았다. 그러나 파리 시의원들을 통해 우리가 볼 수 있는 것은 다음 사실이다. 1908년 당선자 42명 가운데 민족주의자로 분류된 이는 시내에서 1명, 방돔 광장에서 1명, 앙팡루주 II 지역구에서 1명이었다.[58] 하지만 민족주의자가 이 3명뿐이었던 것은 또 아니다. 한 사람이 두 가지, 세 가지 정치색을 띠었으며 집권 세력인 공화파는 점점 중도파와 급진파로 나뉜 반면 우파의 정치 지형은 더 쪼개지고 더 개별적이었다. 다소 어지럽지만 이 상황을 보기 위해 다음의 일람표를 예시하려 한다. 1900년 파리 시의회에는 민족주의자 보수주의자 3명, 민족주의자 자유주의 공화파 보수주의자 1명, 민족주의자 자유주의 공화파 프로그레시스트[59] 자유주의자 5명, 민족주의자 반집산주의 공화파 1명, 민족주의자 독립파 사회주의자 1명, 민족주의자 프로그레시스트 자유주의자 1명, 민족주의자 집산주의 반대 공화파 1명, 민족주의자 독립 공화파 1명이 있었다.[60]

1908년과 1912년 선거는 파리에서는 좌파가 여전히 우세하고 더 상승세임을 보여주었고 우파의 우세는 지속적이지 않았다.[61] 지방의회와 지방행정의 실력이 좌우로 편차가 나는 것은 전혀 아니었으며 지자체 엘리트들의 역량이 훨씬 중요했다.[62] 탄광 지대인 파드칼레, 북부 생캉탱, 중부 부르주, 서부 보르도에서 사회주의 시의원들이 급진파와 제휴하여 혹은 단독으로 민족주의자들을 눌렀다. 루아르 지방의 몽소레민, 생테티엔, 툴루즈 그리고 더 남쪽 카르카손에서도 같은 상황이었다. 악시옹 프랑세즈 역시 남부 프로방스, 지중해의 랑그도크, 북부, 또 서부 브르타뉴에 심어졌다.

강력한 공화파의 정치 원리 혹은 사회 규범에 도전하려면 악시옹 프랑세즈에 필요한 것이 있었다. 선거라는 수치의 승부로 셈을 끝낼 수는 없었다.

거장 샤를 모라스

왕정

샤를 모라스는 악시옹 프랑세즈에 새로운 성분을 도입했다. 왕당파라도 왕정복고에 대한 가망은 버린 시대에 프랑스에는 반드시 왕정이 필요하다고 주장하고 이를 확고하게 믿은 것이 모라스였다. 프랑스를 보존하려면 왕정으로 돌아가야 한다는 자신의 신념을 사방에 퍼뜨리기 위해 그는 전력을 다했다. 1911년에는 왕정 수립에 관한 설문조사도 실시했다.[63] 만약 왕정의 복구가 어렵다고들 본다면 그건 프랑스의 재생이 어렵다는 증명이었다. "공화국은, 더 선전할 것도 없이, 스스로 멸하고 있었다. 공화국의 원리부터가 중차대한 공화국의 독이기 때문"이었다.[64] 1890년대부터는 왕정주의자들이 무력해졌고 민족 우익 또한 왕당파와는 거의 손을 떼었다는 것은 누구든 확인하는 바이다.[65] 그럼에도 모라스는 이 현실에 지지 않았다. 문제의 핵심은 공화파냐 왕당파냐, 누가 권력을 쥐느냐 마느냐가 아니었다. 프랑스는 지금과 같은 혼돈과 무질서를 정통과 질서로 돌려놓아야 했다.

혼돈과 무질서는 모라스의 적敵이었다. 남부 부슈뒤론의 검소하지만 오래된 가문에서 출생한 모라스는 어려서 부친을 여의고 열네 살에 갑자기 청력을 잃었으나 타고난 비범함으로 엑상프로방스의 가톨릭 학교에서 라틴어와 그리스어에 통달하게 되고 고전기 미학에 탐닉했다. 풍요한 자연에다 로마의 흔적이 남은 남부에서 고유한 지방어(파투아)를 버리는 시점이었다. 국어 일원화 정책이 북부에서 일찍 실시된 것과는 달리 남부의 시골에서 이중 언어 사용은 자연스러웠다. 귀족은 아니지만 전통 있는 집안의 여성들 틈에서 자라고 가톨릭 신부의 가르침과 보살핌을 받으면서 그는 상실과 상심을 이겨내는 길을 찾았다.[66] 프랑스 우파 역사학의 대가인 피에르 쇼뉘는 모라스 사상의 밑바닥에 우선 이 같은 고전적 정온靜穩이 가득했음을 상기한다.[67] 그리스 건축이 주는 간결한 질서감, 그리스의 유려한 미학에 빠진 모라스의 정서는 남부인에게는 적잖이 이질적인 파리에서 더 깊어졌다. 그가 리옹 학교를 마치고 파리 소르본대학으로 올라와 드레퓌스 사건을 목도하고 곧장 반드레퓌스주의에 기운 데에는 이 정서가 깔려 있었다. 악시옹 프랑세즈의 기원을 추적한 빅토르 응구엔에 따르면 모라스 사상의 심오함은 그의 고전주의에서 샘솟았다.[68] 덧붙여 노장인 쇼뉘는 간결하지만 인상적으로 흔히 우익은 기독교적이라는 통념과 달리 모라스는 기독교에 반대한 고전주의 사상가라고 판단했다.

2+2=4가 아니다

20세기 프랑스에서 가장 다작의 문필가였다고 하는 모라스는 간단히 말할 사상가가 아니다. 응구엔은 모라스를 가리켜 "그에게는 2+2=4가 되지 않았다"고 직관한다. 모라스는 예술가이고 언어의 마술사였으며 이 힘으로 풍요하고 강력한 민주주의 반대론을 개진했다.[69]

> 민주주의가 세상을 지배하게 되면 어떻게 되는가. 민주주의에서는 질서 있게 유기적으로, 즉 단정하게 차린 조직을 꾸려나갈 수 없다. 보통선거는 사실은 보수적이다. 공화국 프랑스는 제대로 기능하지 못하고 있다. 계급의 정부이다. 공화국은 과두정이다. 의회주의는 어쩔 수 없이 불안정을 부른다. 민족정기가 부재한다.[70]

쇼뉘에 따르면 모라스가 우리에게 주는 의미는 '무엇을 했다'는 것에 있지 않다. '감히 하려 한' 것에 있다.[71] 바레스처럼 모라스에게도 조국을 사랑한다는 것은 중앙만 바라보고 수도에 가야만 버젓하게 대접 받는 삶이 아니었다. 어디 살든 가치 있게 느끼는 탈중앙화, 지방화가 조국을 아끼는 바른 길이었다. 하지만 민주주의 제도의 의회 공화국은 중앙집중화를 불렀으며 그에 근거했다. 오래 내려온 세습 지도자를 배척하고 반대하는 공화정은 부정否定의 논리를 따르는 테제였다. 모라스는 이렇게 판정했다. 공화파, 급진파, 예전 자유주의자들 그리고 사회당은 당파였다. 공화국이 행하는 통치란 무엇인가? 정당들의 통치, 그것일 뿐이다. 그러면 당이란 무엇인가? 분열과 분할이다. 이 체제가 그 나름으로 기능하는 한 분열이 작동하고 내부 투쟁이 벌어질 뿐 정치적 결실이 맺어지지 않는다. 프랑스는 찢어졌다. 온 나라를 생각하는 정치인이 아니라 당파의 인물들이 프랑스를 다스린다는 공화국에 대한 이러한 비난은 모라스 정치사상의 근본이었다.[72]

돈의 민주주의

그는 악시옹 프랑세즈 사상이 성공을 거두고 있다고 확신했다. 이 같은 모라스의 정치적 신념은 그가 주도한 민족 우익의 대변지《악시옹 프랑세즈》에 간결하고 명확하게 나타났고 큰 선전 효과를 보았다. 동명의 평론지에 이어 1908년 3월 21일 일간지로 재탄생한 이 민족 언론은 1930년대에 왕성하게 활동했고 1944년 8월 비시 정부의 종식으로 금지되었다.[73] 다시 생각해보지만 수단과 분리하여 악시옹 프랑세즈의 정치철학만 본다면 허황한 논리라고 할 수 없을 것이다. 공화국이 지향하는 민주주의, 그 말, 그 제도의 핵심에 문제가 있었던 것이다. 민주주의가 고안한 진보는 우리가 각자 평생 자원을 누린다는 것이었으나 무상은 아니었다. 대가가 무서웠다. 모든 사람을 자본주의적이고 자신보다 우월한 조직에 속하도록 만들었다. 국가는 조직을 운영하거나 주관하여 그 조직의 절대적인 주인이 된다. 모라스뿐 아니라 민주주의의 외곽에 있던 날카로운 관찰자들이 민주주의라고 하는 것을 수상쩍게 본 이유가 있었다. 민주주의 제도 아래 권력을 만드는 것은 금전이라는 문제였다. 돈이 없이는 신문도 없고, 돈이 없이는 유권자도 없고 여론이라는 것도 없다. 돈이 모든 민주주의적 권력, 모든 선출된 권력, 여론에 종속된 모든 권력의 시조이다. 이러한 모라스의 비판은 공허하지 않았다. 민주주의가 자본주의와 결합하는 주의 중에서 가장 나은 제도인 것은 맞았다. 그러나 모든 제도의 속성처럼 민주주의 안에도 위험하고 우려스러운 점이 많았다.[74]

그러면 사라진 것은 무엇이고 지금 빚어지고 있는 것은 무엇일까. 모라스는 분명한 핵심어들을 열거했다. 권위, 연속성, 질서, 지방 조직, 직능 조직이었다. 한마디로 자유주의 공식의 대척점이었다.

> 혁명으로 잃어버린 위엄은 전통을 바라본다. 민주 사상이 쓸어버린 인간 활동은 수공업 원리를 지향한다.[75]

모라스가 말하는 전통과 수공업 세계는 고답적이지 않았다. 보수주의를 세운 메스트르, 보날드 혹은 르낭의 방식과는 헤어지고 19세기의 대들보인 실증주의적 과학을 채택하고 그것으로 민족주의 교리를 구축했다.[76] 다시 쇼뉘에 따르면 공화국의 원리이며 가치인 자유, 평등, 개인에 대해 모라스만의 대안이 있었다. 자유에 대해서는 자유와 의무를 동시에 내세웠고 평등에 대해서는 삶을 위한 투쟁이 필요하다며 무조건의 평등 사상을 위험시했다. 개인에 대해서 가족, 계보, 연속성을 보라고 했으며, 우애에 대해서는 필요한 만큼의 준엄함을 잊지 않도록 경고했다. 모라스는 인류란 아직 존재하지 않고, 확실하게 존재하는 것은 민족/국민뿐이라고 명확히 말했다.[77] 한편으로는 앵글로색슨, 다른 한편으로는 게르만, 그리고 소생하는 이슬람, 깨어나는 황색인, 또 아프리카 사이에서 이 조그만 프랑스가 기를 펼 수 있을 것인가?[78] 모라스 역시 지금의 형세에 두려움이 많았고 이것이 공화국에 반대하는 기초였다.

프랑스 사회주의는 1900년이 지나면서는 민족주의 세력을 그리 심각하게 의식하지 않았다. 조레스가 부심한 것은 그 세력 자체가 아니라 그들이 위협하는 평화의 문제였다. 각 나라의 자주성이 인류의 자유와 진보에 불가결하다고 믿는 그에게 그들의 민족주의는 공세적 배타적 민족주의였다.[79]

> 왜 그들은 자기들이 민족주의자라고 내세우는가? 우리 역시 있을 수 있는 모든 외국의 침략에 맞서 민족의 독립과 완전성을 수호한다. 우리는 국제적 종속을 원하는 것이 아니다. 우리가 원하는 것은 자유와 정의와 노동 권능을 지키는 국제주의이다. 타 민족이라면 배타적이고 자기 민족은 우월하다는 공격적 민족주의에 대항하여 유럽의 각기 특수하고 자주적인 민족들이 인류의 자유와 발전을 도모할 전제 조건임을 알고 있다.[80]

1907년이면 조레스는 페기와도 멀어지고 지난날 교분이 두터웠던 부르주아 지식인들과도 소원해졌다.[81] 민족주의자들과 반유대주의자들은 반동적 대중을 길들이고[82] 민족주의 언론은 조레스를 맹렬히 비난했다.[83] 1965년에 열린 첫 번째 조레스 학술대회의 주제가 '조레스와 민족'이었음은 조레스의 정치 생애 전체에 얼마나 민족이 문제였는가를 시사한다. 조레스 연구 초창기에 이 대회를 준비한 르베리우는 1차대전 전야에 조레스는 '조국의 공적 1호, 독일의 요원'으로 비난받았다고 문제의 중요성을 일깨웠다.[84] 어떤 입장이든 1905년 이후 프랑스인의 뇌리를 떠나지 않은 상대는 분명 독일이었다.

1870년 프랑스-독일 전쟁은 비교적 짧은 기간의 전쟁이었으나 독일의 통일 의지와 군사적 역량을 보여준 19세기의 중대 사건이었다. 9월 2일, 스당 전투 패배로 항복한 프랑스 황제 나폴레옹 3세와 독일 재상 비스마르크.

프랑스-독일 전쟁으로 독일에 양도된 알자스-로렌 문제는 이후 1차대전까지 프랑스 민족주의에 잠재된 응어리였다. 알자스-로렌 병합에 상심하는 자매를 표현한 당시의 조각상.

4장

독일은 적인가

프랑스라면 늘 독일을 적으로 의식했으리라고 예단한다면 틀린 이야기다. 그런 적대감 혹은 적대적 관계는 1870년 독일과의 전쟁 후에 일어난 완전히 새로운 상황이었다. 제2제정 역시 군사 대국이었건만 1870년 전쟁에서 두 달도 안 걸려 스트라스부르 포격을 당하고 수도 파리가 독일군에 둘러싸이고 메스 요새까지 무너지고 드디어 광대한 알자스-로렌을 양도하는 항복 문서에 서명했다. 그러나 이 패배로부터 일어선 제3공화정은 대독 보복론을 대외정책의 기저로 삼지 않았다. 공화정은 통일 독일의 교육, 노동문제, 군사적 기량을 관찰하고 냉정을 지켰다.

특히 주목할 만한 것은 독일에 대한 프랑스 사회 일각의 인문주의이며 그러한 사례의 하나가 바로 조레스이다. 그는 1870년 전쟁 평가에 냉정했으며 독일 사상을 존중했다. 우리는 이러한 면면을 그의 철학으로 먼저 헤아리고 이어서 베를린에서 발표하기로 되었던 그의 연설문, 그리고 조레스의 독일관을 환상적이라고 보았던 샤를 앙들레르의 비판을 검토한 후 관건이었던 프랑스와 독일 사이의 군사적 현실까지 살핀다.

1870년 프랑스-독일 전쟁론

통일 후 독일

한 가지 분명한 것은 만약 통일 후 독일이 놀랍게 뻗어가지 않았다면 프랑스에서 독일에 대해 그렇게 날카롭게 반응할 필요가 없었으리란 점이다. 누구나 쉽게 말하듯이 독일은 프랑스에 비해 정치가 후진적이었다. 1870년 9월 4일 파리 시청에서 선호된 프랑스 공화국은 신생 독일은 넘보지 못할 선진적 민주주의를 굳혔다. 그러나 체제란 것이 그처럼 간단히 평가할 일이었을까. 독일 부르주아지가 이룩한 것이 있었다. 독일 산업 경제의 약진은 누구도 부인 못할 사실이었다.[1] 독일은 예나 전투 100년을 맞아 《비스마르크와 프랑스》도 간행했다.[2] 1896년 프랑스와 독일의 산업 현황을 조사한 어느 책은 먼저 독일의 항구와 독일 가까운 지역의 항구를 살폈다. 흔히 얼음에 막혀 접근이 어려웠던 풍랑 심한 함부르크, 또 안트베르펜, 로테르담, 브레멘이 대서양과 지중해의 "우리 항구" 낭트, 브레스트, 셰르부르, 르아브르, 됭케르크, 바욘, 세트, 마르세유와 경쟁하게 되었다. 함부르크와 브레멘의 물동량은 1890년대 전후 10년 사이에 두 배 이상 뛰었고 프랑스의 항구들은 그렇지 않았다.[3]

1890년에서 1895년 사이 단 몇 년 안에 프랑스와 독일의 수출 물량은 차이가 벌어졌다. 독일 마르크화(백만) 기준으로 1890년에는 독일 3326.3, 프랑스 3002.7인데 5년 후인 1895년에는 각각 3318.1과 2699.0이 되었다.[4] "독일인들은 타고나기를 호기심이 많다. 무엇이든 기록하고 정보를 수집하기를 좋아한다. 말은 없고 끈기 있게, 철저한 근로 자세로 소리 없이 작은 이익을 쌓아가며 어떤 장애가 있든 천천히 체계적으로 모든 상업 시장을 찾아다닌다."[5] 독일의 성공 비결이 단합과 결속에 있다고 어디서나 감탄했다. 영국인 윌리엄스의 책《메이드 인 저머니》는 선풍을 일으키고 있었다.[6] 의미심장하게도 이 책의 서문은 프랑스 하원의원이 썼다. 그는 독일을 갈 때마다 개인의 주도권과 국가의 노력이 합쳐 사업을 일으키는 모습에 매번 놀랐다. 불랑제 사건도 드레퓌스 분란도 결국은 독일을 의식한 일이었다.[7]

조레스의《프랑스-독일 전쟁》에 주목하게 되는 것은 그가 이러한 압박 아래서 전쟁 패배의 책임이 프랑스에 있다고 했기 때문이다. 이 책은 프랑스혁명사 총서 가운데 열한 번째 권으로 1907년 8-9월에 별쇄본이 나오고 1908년 2월에 정식 출간되었으나 그리 주목받지 않았다. 1971년에 총서에서 분리되어 군사 문제 전문가 뒤로젤의 해설과 함께 작은 책으로 나왔다.[8] 제목은 '프랑스-독일 전쟁(1870-1871)'이지만(원제가 '프랑스-프로이센 전쟁'이 아니다), 군사 전문서는 아니다. 작가 졸라는 이 전쟁을 그린 소설《패주》(1892)[9]로 매국노라는 비난을 받았지만 1870년 가을, 겨울 프랑스는 참담했다.[10] 20세기 두 차례의 세계대전으로 이 전쟁의 중요성이 밀린 것과는 달리 1914년 이전 프랑스는 이 전쟁을 잊을 수 없었다.[11] 9월 2일 스당 항복 후 독일 군대의 남하는 서부 루아르강까지 뻗쳤고 중동부 벨포르에서 간신히 막았을 뿐 프랑스 전체 면적의 4분의 1 이상이 독일 몰트케 총사령관의 수중에 들어갔다.[12] 무엇보다 파리가 포위되었다. 1815년 워털루 전쟁 후 영국이 프랑스를 점령했어도 웰링턴 장군이 점령군을 엄격히 통제하여 파리 시민들은 적군을 보지 못했다.[13] 공화국을 선포하고 임시 국방 정부를 세웠다고 패전을 막을 수는 없었으며 1871년 3월의 코뮌 봉기는 여기서 발원했다.

전쟁을 수행하는 독일이 주는 교훈

전쟁 수행 방식과 경과는 이미 1870년 8월 군사 전문가들의 주목을 끌었다. 미국 남북전쟁이 막 끝난 시점이라 미국에서도 촉각을 세운 전쟁이었다. 프랑스군은 전쟁이 끝나자 곧장 정밀한 전쟁사뿐 아니라 전쟁에 대한 증언과 군사적 분석을 내놓았다.[14] 파리 공병학교 출신으로 중요한 공화파가 되는 프레시네도 전쟁을 침착하게 기술했다.[15] 그런 분위기를 알고 있던 조레스는 "내가 본 데까지 전쟁의 교훈을 끌어내는 것이 목적이며 전쟁 자체는 주요 사건만 간략히 다루겠다"고 했다. 그러고는 바로 독일군 편제와 사령관, 이어서 프랑스군 군제와 사령관을 열거했다.[16]

> 독일 측은 전 독일이 프로이센과 단합하여 프로이센, 하노버, 헤센의 북독일 의용군들이 바이에른, 뷔르템베르크, 바덴의 남독일군에 합세했다. 3개 군단으로 나뉜 제1군 병력 약 45만 명이 라인강 도하 후 8월 초부터는 바이에른의 팔라티나트와 라인 프로이센으로 들어와서 우리의 알자스-로렌 국경에 닿았다. 우안의 제1군은 슈타인메츠 장군의 명령으로 자르와 모젤 사이로 진입했고 주축인 제2군은 프리드리히 카를 공의 명령을 받아 자르 우안 자르브뤼크 맞은편에 주둔했다. 프로이센 왕가의 지휘를 받는 제3군은 라인 좌안 비셈부르크 고지에 당도했다. 이 세 군단은 서로 바짝 붙어 정보를 상호 보완하고 필요하면 혼성 이동했다. 마치 세 발 달린 쟁기처럼 한 몸 한 뜻으로 움직일 수 있었다.

이 몇 줄 안 되는 서술로 조레스는 독일군의 치밀한 전쟁 준비, 총사령부의 충실한 합동작전 계획, 남독일과 북독일 사이의 마찰 없는 지휘력을 모두 전했다.

프랑스군은 수적으로 훨씬 열세여서 제1군이 25만 명을 넘지 않았는데 그것도 자르브뤼크로부터 벨포르까지 넓은 북동부 국경과 알자스 동부에 산개했고 이 불충분한 병력이 더구나 7개 군단으로 나뉘었다. 막마옹 원수가 지휘하는 제1군단은 스트라스부르 본부를 비켜 비셈부르크 근처에서 왕실 부대와 마주 보았다. 메스 북쪽 제2군단은 프로사르 장군, 제3군단은 바젠 원수, 제4군단은 라디미로 장군, 제5군단은 파이이 장군이 지휘했다. 제국 수비대는 바르바키 장군의 정예 부대였으나 나머지 부대는 작전 현장에 출동하지 않았다. 제6군단은 캉로베르 장군의 지휘 아래 동부 아래쪽 샬롱에서 편성되었다. 국방장관 르브뢰프 원수의 보좌를 받는 황제는 의지박약에다 이미 수전증으로 손을 떨면서 전군 총사령관을 겸했다. 펠릭스 두에 장군의 지휘를 받는 제7군단이 알자스의 남쪽 끝 벨포르에 진주했다.[17]

조레스는 여기서부터 단 9쪽에다 전쟁의 경과를 압축한 후 전쟁의 결말도 간단히 썼다. "(1871년) 3월 1일 프로이센인들이 파리에 입성했고 샹젤리제를 점령했고 다시없이 가혹한 조건으로 평화가 체결되었다. 50억 프랑의 배상금을 지급하고, 벨포르만 제외할 뿐 알자스, 메스를 포함한 로렌을 양도하는 조건이었다.[18]

이 전쟁의 책임

바로 이어진 2장의 제목이 '이 전쟁의 책임은 누구에게 있는가'이다. 조레스는 수사를 부리지 않았다. 2장 첫 줄에, 두 강대한 민족이 겨룬 분쟁에 프랑스는 크고 깊은 책임이 있다고 말했다. "이렇게 고백하기는 고통스럽다. 항복한 전쟁에 크게 책임이 있다고 인정하면 패배자의 패배를 가중하는 것 같다. 그러나 그것은 오히려 우리를 구하고 재건을 준비할 진실의 단壇 위로 올라가 패배를 피하는 길이다."[19] 비스마르크 씨는 "프랑스는 정치적으로는 모든 민족 가운데 가장 무식하다. 다른 나라 사정이 어떤지 모른다"고 했다고 한 후[20] 그는 전체 분량의 3분의 2 이상을 전쟁 책임론에 할애했다. 전쟁의 책임이 프랑스에 있다는 그의 관점은 그 자체로 새롭지는 않았다. 전쟁의 책임은 상대방에게만 있지 않다는 것은 이미 패전 속 공화파 지도자의 입장이었고 시민들의 반응이었다.[21] 군사 대국은 패전의 이유를 상대에게 돌리고 싶지 않았을 뿐 아니라 매서운 자기비판이 참화로부터 일어서는 길임을 숙지했다.[22] 더구나 조레스는 이렇게 지적했다. 전쟁을 거의 불가피하게 만든 것은 독일에 대한 프랑스의 반발과 미움, 독일의 생존 조건을 무시하고, 필요하고 정당한 독일 통일에 귀를 막은 사실이다.[23] 그는 이 책을 급히 썼다고 했지만 하인리히 폰 지벨 같은 독일 역사가, 베를린 주재 프랑스 대사 베네데티 공작, 1870년 제2제정의 외무대신 그라몽 백작, 1898년에 간행된 비스마르크 회고록, 또 참모총장 몰트케의 전쟁사 초판(1895), 그 외 여러 종류의 사료를 사용했다. 공화파 장교인 피카르디의 비판적 전쟁사도 여러 차례 인용했다. 조레스는 군사 정책은 전반적인 국가 정책과 유리되지 않는다고 보고 237쪽에 걸쳐 에밀 올리비에,[24] 아돌프 티에르 같은 제2제정 정치가들의 정책을 논했다. 독일-프랑스 관계를 프랑스혁명기부터 써 내려갔으나 역점을 둔 것은 혁명 후 19세기 독일의 민족 형성기였다.

> 1870년의 참혹한 비극에 맞닿는 것은 이 지점이다. 독일 통일을 창조하고 준비하는 이 프로이센의 과업 앞에서 프랑스의 자세는 어떠한 것이어야 했는가?
>
> 프랑스의 절대적인 의무는 이 운동의 자유를 존중하고 심지어는 격려하는

것이었다. 실질적인 협력은 아니더라도 적어도 진지하고 명백하게 공감하면서. 왜? 그 이유는 우선 프랑스는 독일에 대해 과거 힘의 폭력, 범죄, 악용을 배상해야 할 입장이었기 때문이다. 오랫동안 프랑스는 독일을 예속시키기 위해 체계적인 독일 분할에 힘을 오용했다.[25]

조레스의 관점은 다음과 같이 간추릴 수 있다. 프랑스 민주주의는 독일에 대해 해야 할 일이 있었다. 프로이센이 불러일으키는 독일의 힘찬 통일을 프랑스가 비난하도록 두는 것은 민주주의가 아니었다. 그는 프랑스라는 나라가 어떻게 형성되었는지를 확실하게 했다. 프랑스는 지방들이 자발적으로 가담하여 자유로운 연방 체제를 이룬 것이 아니다. 오랜 왕정이 전쟁과 정복으로 빚어낸 것이 프랑스였다.[26] 1648년 베스트팔렌 조약은 독일을 소공국으로 쪼갰고 이 소공국들은 끊임없이 침공을 받았고 루이 14세의 전제, 혁명의 전제, 나폴레옹 1세의 전제를 독일은 감수했다. 이제 하나의 국가가 형성될 기회가 도래했다. 프랑스는 이 기회를 빼앗아 독일의 희망을 유산시킬 수 없었다. 조레스는 외교와 무력에 의한 비스마르크의 독일 통일 정책을 세심하게 살폈으며 쉽게 비판만 하지 않았다.

그는 결론을 내렸다. “미래를 푸는 것은 이 원한과 폭력으로 점철된 슬픈 혼란을 헤쳐가며 법에 토대를 둔 평화를 정초하여 새로운 분쟁을 도발하지 않고 모든 민족이 살아가는 것이다.” 조레스는 알자스-로렌 문제에도 입장이 확실했다. 보복론도 안 되고 국토의 상실도 잊지 않는다는 것이었다.[27] 그러나 이 전쟁사로 독일에 대한 그의 문제의식이 해명되지는 않는다. 그는 프랑스인들에게 독일 고유의 사상적 가치를 이해하기를 요구하고 있다.[28] 왜 그랬을까?

독일 사회주의의 기틀

프랑스 공화정이 보는 독일

제3공화정의 시민 사회는 협량하지 않았다. 부르주아의 문화 현상이라고 지나칠 수도 있지만 프랑스인들은 1870년 전쟁 후 그전보다 훨씬 더 독일 문화에 호기심을 보였다. 1887년 5월 바그너의 〈로엔그린〉을 상연할 때는 극장 밖에서 반反게르만 소동이 일어 경찰이 개입하는 일도 일어났지만, 그래도 1891-1914년에 파리 오페라 극장은 〈로엔그린〉 외에도 바그너 작품 아홉 편을 327회 상연했다. 파리는 니체에도 탐닉했다. 조레스 역시 스위스 제네바 강연회에 나가 니체에 관해 세 차례나 발표했다.[29] 이는 물론 소수 지식인의 동향이었으며 아직 대학 철학과에서 헤겔과 니체를 강의하고 연구하는 때는 아니었다. 그러나 라틴 문명과 게르만 문명은 엄연히 다른 것이라는, 라틴은 세련되었고 개인이 주인이며 게르만은 여전히 거칠며 무리를 짓는다는, 19세기 내 역사책에 쓰였던 일종의 속설은 이제 물러가야 할 때였다. 이름 있는 파리 문예지 《메르퀴르》에서 실시한 프랑스-독일 관계 설문조사에 1895년에는 니체가 네 번 등장했다. 1902년에는 스물세 번 언급되었다.[30]

독일적인 것에 대한 지적 갈증은 프랑스와 독일 사이가 날카로워지는 1905년 무렵에도 주저앉지 않았다.[31] 그해 1월 파리 생제르맹의 저명한 서점 알캉에서는 《게르만 평론》이 선보였다.[32] 독일과 스칸디나비아, 네덜란드와 영국, 미국을 게르만권으로 잡고, 연간 5회 발행하는 잡지였고 발간 후원자는 릴, 리옹, 낭시 대학이었다.[33] 지적 아방가르드는 파리만 독차지하지 않았다. 게르만 전문지 출간은 나폴레옹 전쟁으로 독일을 유린한 시대가 지나자 1830년대부터 곧 나타난 현상이었다. 1890년대에는 더구나 게르만적인 모든 것에 대해 정신을 바짝 차려야 했다.[34] 소르본의 근대철학 강좌를 맡고 있던 조레스의 고등사범 동기 레비브륄은 독일 국가에 대한 프랑스의 이해 부족을 짚고 독일 통일을 크게 보았다. 1907년에 발간된《라이프니츠 이후의 독일》서문에서였다.[35]

에드가 키네

군중이 점점 중요해지는 시대였지만 공화파든 사회주의자든 시대에 기여한 것은 숫자, 즉 다중의 압력에 지지 않은 것이다.[36] 조레스의 독일론도 일단 그런 눈으로 읽을 수 있다. 그는 일찍이 독일 사상에 예민했던 에드가 키네(1803-1875)에게 주의를 기울였다.[37] 1831년에 키네는 우수한 독일 공동체가 필연적으로 민족의 정치 공동체로 표현되리라고 보았다. 따라서 독일 통일은 프로이센에 의해 실현될 것이며 무거운 원한과 오래된 미움을 갖춘 이 힘은 돌연히 거칠게 터져 유럽과 프랑스를 위협하리라고 예고했다. 독일은 위대한 인식에 도달했건만 그 인식이 적용될 국가적 영토는 쪼개져버린 이 모순은 더 이상 지속될 수 없다는 것이 키네의 판단이었다. 키네는 1848년에 의회에 들어갔고 혁명의 패배 후 망명을 갔지만 이 용감한 공화파는 독일의 정신, 종교, 사상을 이해해야 한다는 신조가 있었으며 그의 열린 자세는 다음 세대로 이어진다. 더구나 조레스는 1859년생, 독일 통일 이후 사람이었다. 1848년 이후 독일이 의회정치에 의해 통일을 이룬다는 환상을 이긴 것은 살아갈 땅pays이 충족되어야 했기 때문이라고 이해했다. 통일의 방식이 전쟁이었지만 독일만 현실주의를 택한 것이 아니었다. "누구나 알듯이 35년 전에 이상주의는 실패했다. 독일이나 프랑스나 이 점에서 어느 한쪽이 더 이상적이었던 것이 아니다." 그는 애매하게 사실을 덮지 않았다.

전쟁을 경유해서만 우리는 공화국에, 당신들은 통일에 도달했다.[38]

무엇보다 조레스 역시 북방에서 퍼지고 있던 열망을 이해하는 새로운 공화파 세대였다.

우리는 이 모든 사상 체계, 오래 발효된 지성, 인민을 형성한 북방 철학이 정치적 사건이 되어 마침내 자신의 모습을 드러내기를 바라 마지않았음을 알고 있다.[39]

독일 사상에 대한 조레스의 탐구는 오래되었다. 툴루즈 시의원으로 재직할 때 준비하여 1892년 2월 소르본대학에 철학박사 학위 논문을 제출할 때 라틴어 부논문의 제목이 '독일 사회주의의 기틀'이었다.[40] 필경 고등사범 철학과 출신이어서 나온 철학적 사유의 소산이었다. 다시 말해 그는 코뮌 후 스위스 취라로, 런던 빈민가로 발길을 옮기며 간난에 지지 않고 몸으로 싸운 사회주의 세대에 속하지 않았다.[41] 코뮌 후 외로웠던 그들 프랑스인이 독일 사회주의자들과 맺은 인맥이나 친분이 없었다.[42] 그러나 학문적으로 독일 사회주의에 관심이 깊었다.

피히테, 헤겔, 라살레

작은 논문이지만 헤겔 이전에 뿌리내렸을 것 같은 독일 사회주의 사상의 뿌리를 찾으려 한 조레스의 논문은 루터, 칸트와 피히테에서의 국가, 피히테의 집산주의를 다루고[43] 마지막 4장에 헤겔, 마르크스 그리고 라살레를 넣었다. 실제로는 헤겔의 《법철학》, 마르크스의 《자본》, 《정치경제학 비판》 그리고 라살레의 《자본과 노동》 및 《노동자 강령》을 다루었다. 종교가 아니라 사회철학의 관점으로 루터를 본 것은 프랑스 공화파 지성의 계승이기도 했다.[44] 설법의 어조는 엄숙했지만 루터의 종교개혁은 해방적이었다. 누구나 해석과 논평의 자유가 있다는 논리로 이성과 양심을 동시에 해방시켰다. 그리고 신앙을 넘어서도록 한 것이 이 해방의 이성이었다.[45] 루터는 물론 신학자이지 철학자가 아니었지만 독일에서는 '우리처럼' 철학이 신학과 분리되지 않았다. 루터의 직접적인 목적은 시민사회의 개혁이 아니라 정신적 상태, 의식, 신앙의 개혁이었다. 하지만 그렇게 뿌리내린 평등 의식은 사회적 평등으로 나아갈 것이었다. 고리대금업을 단칼에 치고 현세의 부패에 치를 떨었던 루터는 돈의 지배에 (아마) 최초로 반대를 시도하고 돈 자체에 독설을 퍼부었다. 루터는 지상의 사물을 겨냥하지 않았고 시민적 질서를 개혁하려 하지 않았지만 의도와는 상관없이 독일의 기존 질서를 전복시켰다.[46]

조레스는 루터에서는 인간들 사이의 평등과 우애라는 종교적 이념을 예우했다.[47] 칸트에서는 법과 정의의 기초인 개인적 자유를, 피히테에서는 각자의 자유 수호를 존중하는 정의를 직감했다. 헤겔에서는 개인의 자유를 초월하는 절대적 자유 같은 국가를 읽었다. 마르크스에게는 명료한 가치 이론, 헤겔 변증법의 현실적인 활용이 있었고 이 모든 것에서 독일 사회주의는 태어나게끔 되었다. 코뮌 망명 중에 라살레를 읽은 말롱처럼 조레스도 라살레에게 경애의 심정이 있었다. "라살레는 마르크스보다도 더 미래 사회의 건립을 그렸다. 라살레 안에서 헤겔과 피히테는 섞이고 거의 화해를 이루었다." 헤겔 철학과 경제학과 역사의 도가니를 만들어 유럽 어디에서도 넘볼 수 없는 강력한 사회주의 사상을 건립한 독일 사회주의에 대해 조레스는 베벨과 그의 동지들이 말하는 특정한 형태 이상의 거대한 사상적 흐름이 존재한다고 믿었다. 그래서 그 사유와 의식의 원천을 찾아 루터의 기독교 사회주의, 피히테의 도덕적 사회주의, 그리고 헤겔과 마르크스의 변증법적 사회주의를 검토했다.[48]

조레스는 무엇보다 헤겔 정신과 독일 인민 사이를 맺어놓을 줄 알았다.[49] 목전의 현실을 저버리지 않고서 보편 관념을 도출하는 헤겔의 업적은 하나의 인민 전체가 사변에서 행동으로 건너갈 "대담한" 다리를 세운 것이었다.

> 그러나 프랑스인들의 시선으로는 체계라는 대담한 구조물이 심연을 건너는 이 통렬한 풍경이 낭만주의의 안개비에 빠진 것으로밖에 보이지 않았다.[50]

> 솔직히 말하면 만약 프랑스가 좀 더 깊이 독일 사상을 파고들었다면 독일 관념론이 추상적이거나 공허하지 않고 오히려 정밀한 현실 감각을 지녔으며 모든 현실을 고양하기 위한 거대한 정신의 노력임을 알았을 것이다.[51]

심사위원들은 프랑스어 주논문 〈감각세계의 실재〉보다 독일 사상을 다룬 이 부논문에 엄격했다.[52] 라틴어 오류도 지적했지만 사회주의 사상에 대한 영국, 프랑스의 기여를 다루지 않은 것을 비판했다. 이때 이 논문을 심사했던 프랑스혁명사가 올라르는 시간이 지나 1925년에 이렇게 문제를 풀었다. "그가 프랑스에 다대한 영향을 준 마르크스주의 사회주의를 그 이전의 독일 사회주의자들을 거쳐 설명하려 한 이유를 생각하게 된다. 그것은 프랑스혁명에 영감을 준 보다 이상적이었던 사회주의를 찾을 수 있으리란 선언과 같았다."[53]

어떻든 조레스는 사회주의를 당대의 산물이 아니라고 추정하고 "사회주의의 깊고 진정한 원천에 도달"하기를 원했다.[54]

1905년 미완의 베를린 연설

1905년 7월에 조레스는 독일의 수도 베를린에 가서 연설할 예정이었다. 독일 사회주의자들의 초청이었고 그는 이 초청을 기꺼이 수락하면서 공들여 연설문을 작성했다.[55] 그러나 파리 주재 독일 대사는 조레스에게 이 방문이 바람직하지 않다는 뜻을 전해왔다.[56] 독일로서는 프랑스 사회주의 지도자가 지금 이때 독일 사회주의자들 앞에서 연설한다는 것은 만류해야 할 사안이었다. 석 달 전 3월 독일 황제 빌헬름 2세는 대서양 연안의 모로코 항구 탕헤르 앞에 군함을 정박하고 모로코의 보호자로 자처하는 프랑스에 대해 시위를 벌였다.[57] 프랑스는 일단 독일의 요구대로 1898년부터 외교를 맡은 델카세 장관의 사임을 6월 6일에 결정했다. 9월에는 모로코에 관한 프랑스-독일 협정이 조인된다.[58] 그렇지 않아도 유럽 대국인 러시아가 아시아의 일본에 패한 것은 프랑스에도 깊은 우려를 불러일으켰고[59] 1905년을 고비로 전쟁이 일어날 수도 있다는 긴박감이 감돌았다.[60] 결국 베를린 방문은 무산된다. 그러나 연설문은 연설 예정일인 7월 9일 자 프랑스 《뤼마니테》와 독일 사민당 공식 기관지 《포르베르츠》에 나란히 실렸다. 4월 23-26일 파리 글로브 회관 창당 대회로 통합당의 건설을 대내외에 천명한 사회당은 위기 속에서도 사회주의가 일을 한다는 것을 보여주고 싶었다. 조레스는 당수가 아니었지만(당수, 당대표라는 직책은 프랑스 사회당에 없었다) 실제로는 게드와 나란히 당을 지도하는 것이 분명했다.

베를린 현장에는 못 갔지만 그는 프랑스 의회의 사회주의 의원 그룹의 일원으로 이 자리에 왔다고 의회를 앞세웠다. 프랑스 공화국의 상징인 의회를 자부하는 심경이 그대로 드러나는데, 그는 아무 설명 없이 바로 프랑스와 독일은 대등하다는 논점을 폈다. "우리는 서로의 앞에서 배타적이 될 것도 자만을 부릴 것도 없습니다."[61]

오만, 증오, 오류

한 편이 다른 한 편을 나무랄 수 없다는 전제 아래 조레스는 현재 양국 관계를 좌우하는 중요한 열쇠는 오만, 증오, 지나간 과오라고 분명히 말했다. 하지만 지금 가장 중요한 것은 오만과 증오를 넘는 프랑스와 독일 사이의 평화, 그것도 결정적이어야 하는 평화였다. 시절은 순탄치 않았다. 지난해 1904년은 특히 독일인들의 사기를 꺾었다. 오랜 경쟁자이던 영국과 프랑스가 협력 관계로 들어간다는 경종이 울렸다. 1904년 4월에 체결된 영국-프랑스 협정은 오랫동안 앙숙이던 두 나라의 경쟁, 적대 관계가 끝난다는 청색 신호였다. 그 결과 독일의 고립을 초래하리라는 독일인들의 두려움은 엄살이 아니었다. 조레스는 베를린에서 영국, 프랑스의 외교정책을 자세히 설명하여 독일의 두려움을 덜고자 했다. 바로 지난 봄 탕헤르 사건에서 보듯이 유럽 분쟁의 큰 불씨는 모로코 문제였지만 조레스는 모로코 문제와 독일을 분리하려 했다. 그는 독일인들을 향해 '우리'는 프랑스 민족진영의 대독 보복론에 지지 않으리라는 다짐도 했다.

긴 연설 끝에 그는 결국 프롤레타리아로 돌아갔다. 그가 믿는 프롤레타리아는 군사에 기대는 국가, 보복론의 국가가 위대하다는 환상에 미혹되지 않는 프롤레타리아였다. 이번에 닥칠 전쟁은 민주주의에 반하며 따라서 프롤레타리아의 이익에 반하기 때문이었다. 민족의 주권은 민주주의와 프롤레타리아, 그 두 가지에 의해 보상되었다. 프랑스가 앞으로 독일에 대한 보복 전쟁을 생각도 안 한다는 조레스의 언변으로 독일인들이 안도할 리는 없었다. 프랑스가 지난날 독일인들에게 어떻게 했는데……. 당연하달까, 조레스 자신이 독일에 대해 프랑스가 벌였던 침범의 역사를 돌아보았다. 그는 한 사람의 의회 의원이었을 뿐 그 이상 아무런 대표성이 없었다. 외교장관도 아니었고 하원 외교위원장도 아니었다. 그러나 지나간 일을 없었던 것처럼 덮고 두 나라의 관계를 논할 수는 없었다. 그는 1500년대 샤를 8세부터 1640년 왕위에 오른 루이 14세, 그리고 나폴레옹까지 프랑스가 벌인 그 숱한 침공과 유린을 이렇게 표현했다. "다른 나라들보다 앞서 형성된 민족의 통일을 너무도 흔히 남용하여 아직 조각나고 유기적이지 못한 나라들을 난폭하게 침범했습니다." 그는 프랑스가 혁명기에도 보편적 자유와 인류애에 열광한 나머지 지배와 자만에 너무 일찍 도취되었다고 했다.[62]

정말 그러냐고 따져야 할 것은, 프랑스는 독일에 대해 전쟁 의사가 없다는 조레스의 명제였다. 독일에 대한 전쟁론은 전혀 바람직하지 않다는 의견은 강베타 이후 프랑스 정부의 정책 기조였다고 할 수 있다.[63] 정부의 일방적인 의지였다고 할 수도 없을 것이다. 관건은 알자스-로렌이었지만 이 광대한 요충지의 역사는 간단치 않았다. 600년 동안 신성로마제국의 소유였던 이 지역은 30년전쟁의 결말인 1648년 베스트팔렌조약으로 프랑스에 넘어왔으며 1870년 전쟁으로 다시 독일이 가져갔다.[64] 프랑스에 병합된 이후 알자스-로렌인들이 실제로 프랑스에 편입된 것도 아니었다.[65] 더구나 조레스는 동부의 애환을 모르는 남부 사람이었다.

생소한 독일

1900년대 지금 프랑스인들이 독일 황제의 탕헤르 출현 앞에서 발칵 했던 데는 현실적 이유가 있었다. 프랑스에서 외교라면 오랫동안 해협 건너 영국과의 관계였다. 영국이라면 정보가 훤하고 양자 간 불화를 다루는 관행이 쌓였다. 나폴레옹 전쟁을 치러본 러시아와도 갈등에 대비할 준비가 되어 있었다. 그러나 독일과 대외 문제로 부딪친다는 것은 처음 있는 일이었다. 프로이센이 독일 통일을 선도하기 전에는 독일은 쪼개진 공국들이었고 소공국들이 강대국 프랑스의 외교적 상대는 아니었다.[66] 하지만 외교의 경중은 상대의 경제력에 달려 있었다. 이제 독일은 함부르크에서 이집트로 보내는 수출 물량이 1891-1895년에 600퍼센트의 증가세를 보였다. 인도차이나는 프랑스의 것이며 독일은 사이공, 하노이, 하이퐁에 아무것도 없건만 독일 선박의 싱가포르 출입 횟수는 프랑스보다 높았다. 신생 독일은 하루가 다르게 성장하고 있었다.

하지만 물적인 것이 세상의 전부는 아니었다. 조레스는 사물 전체에 흐르는 것과 개별적으로 나타난 것을 구분하려 했다. 독일 사회주의와 독일 국가를 하나로 뭉뚱그리지 않았다.[67] 민주파 독일, 수구파 독일이 있다고 독일을 구분했다. 그러한 구분은 《르 탕》의 공격처럼 다분히 관념적이었다고 할 수도 있다.[68] 그러나 우리가 잠시 보았던 것처럼 그는 독일은 인구도 많고 조직이 우수하지만 프랑스 같은 혁명 전통, 투쟁 정신은 약하다는 신념이 있었다. 그 때문에 당당했다. "우리들 프랑스 사회주의자들은 여러분 앞에서 모든 잠재적 적대감, 상호 의심을 물리치고 프랑스와 독일의 공고한 평화를 위해 합의하고 행동할 것"을 맹세했다.[69]

샤를 앙들레르: 독일에 대한 조레스의 환상

때로 참지 못할 분노는 서로 잘 아는 사이에서 생겨난다면 조레스의 그러한 독일관에 분개한 것은 사회주의자 샤를 앙들레르였다. 스트라스

부르 출생에 니체 전공자인 앙들레르는 파리의 노동자 사회주의자 장 알르만의 당파에 들었고 1905년 4월 사회당 창당 때 곧 입당했고 조레스와 친했다.[70] 조레스보다 일곱 살 아래인 앙들레르는 독일학 전문가인 뤼시앵 에르와 친구 사이로 드레퓌스 사건에서는 에르처럼 열렬한 재심파였다.[71] 1897년 앙들레르의 박사학위 논문 주제가 사회주의의 법과 경제였다. 법 관념, 경제관, 생산, 분배에 대한 헤겔, 자비니, 강스, 라살레, 로드베르투스의 논지를 비교한 것이었고 그건 독일 사회주의의 성격을 규명하기 위해서였다.[72] 앙들레르는 당파적이지 않았으며 사회주의는 미움의 유토피아가 아니라 모든 사람의 희망이 되어야 한다는 문명관을 피력했다.[73] 프랑스와 독일 사이에서 무조건 어느 한 편을 중요하게 여겨야 한다는 생각은 없었다.

하지만 여러 차례 독일을 방문한 후에 이제 독일에서 사회주의가 정치화됐고 도덕성은 약해졌다고 지탄했다. 독일의 비중이 큰 제2인터내셔널에 대한 비판도 그에 연관되었다.[74] 1907년 켐니츠 사민당 대회를 참관하고 새로 등장하는 사회주의자들을 주시한 앙들레르는 독일 사회주의에서 제국주의적인 것을 보았다.[75] 1912-1913년 그는 독일의 제국주의적 사회주의를 상세히 분석 기술하면서 무엇보다 조레스의 잘못을 짚고 들어갔다. 독일 사회주의를 대하는 조레스의 관점은 "환상적"이었고 따라서 공격을 받아야만 했다. 후에 1차대전이 끝나고 회상하지만 앙들레르는 조레스의 진지함을 의심하지는 않았다.[76] 그러나 앙들레르가 경계한 것은 독일의 사회주의는 조레스가 보는 것처럼 그렇게 민주적이지 않다는 문제였다. 사민당은 가톨릭중앙당과 너무 빈번하게 연합하고 당내 우파는 제국주의적이라고 할 수밖에 없는 사회주의를 형성하고 있었다.

나는 독일 사회주의당을 통째로 제국주의적이라고 고발하지 않았다. 내가 비난한 것은 권력층의 절대적이고 보수적인 제국주의에 대해 독일 사회주의자들이 너무 단조롭고 무력하게 반대하고 있다는 점이었다.[77]

앙들레르의 독일 사회주의 비판은 독일의 무장에 대한 상세한 분석으로 뒷받침되었다.[78] 그러나 조레스의 반론도 만만치 않았다. 어떻게 모든 독일인이 정복자의 사나움과 제국주의의 정신 상태에 있다고 보는지, 무엇을 근거로 독일 사회주의자들마저 그렇다는 것인지 강하게 반문했다.[79] 조레스의 반문은 근거가 있었다. 1907년 8월 슈투트가르트 인터내셔널 대회 후에는 독일이든 프랑스든 국가를 초월하려는 정치 문화가 확연했다.[80] 조레스가 독일을 무조건 믿은 것은 아니다. 그러나 외교 영역에서도 독일 민주주의, 프랑스 민주주의가 있고 프랑스 수구파, 독일 수구파가 있다고 구분을 했다. 군사적이고 카스트적인 독일이 있고 민중과 민주주의, 평화의 독일이 있으며, 프랑스가 하나가 아니듯이 독일도 하나가 아니었다.[81]

독일 문제의 핵심은 이웃이 선하냐 아니냐를 재단하는 데 있지 않았다. 상대를 제압하겠다는 일념으로는 아무 문제도 해결되지 않을 터였다. 정치인도 인식하고 의회 밖 '무한한 다수'도 인정해야 할 것이 그 점이었다. 많은 프랑스 지식인들이 우려하는 독일의 국가주의를 조레스는 언급하지 않았다.[82] 조레스만이 아니었다. 프랑스 사회주의자들은 내적인 분열에도 불구하고 적 관념을 생성, 유포, 확대하는 일을 벌이지 않았다.[83] 조레스는 1910년 2월 10일 파리 박학자회관에서 집산주의 학생그룹의 초청으로 '베른슈타인과 사회주의 방법론의 전개'라는 제목의 강연을 했다.[84] 이는 조레스 개인의 선택으로만 읽을 수 없다. 독일의 진취적 역사,

사회, 문화, 철학에 프랑스 사회가 관심이 있던 것이다.[85]

사실 독일 사회는 프랑스와는 비교할 수 없이 과감하고 진취적인 면이 있었다. 여성 문제가 그러했다. 사민당 지도자 베벨의 《사회주의와 여성》은 독일과 미국 어디서든 인기를 끌었다. 성의 영역에서도 독일은 프랑스보다 훨씬 진보적이었다. 독일인은 우직하다는 일부의 인상은 사실이 아니었다. 조레스 사후에 나온 〈위대한 인민의 친구 조레스론〉은 독일인 오토 폴카르트가 썼다.[86] 하지만 그런 면은 모두 이지적 분야이다.

조레스의 독일론을 가차 없이 공격한 앙들레르의 우려는 다분히 현실에 근거했다.

군사주의의 현실

얀 드 블로크, 앞으로의 전쟁

군사 문제가 유럽 각국의 첨예한 관심사인 것은 분명했다. 1899-1900년 파리에서는 여섯 권으로 된 러시아의 군사 문제 도서가 프랑스어로 번역 출간되었다.[87] 주 제목 '전쟁' 아래 '앞으로의 전쟁'이라고 다시 박고 '기술 경제 정치의 관점에서'라고 부제를 달았다. 프랑스어판으로는 모두 6권, 각권이 30-70쪽 정도인 이 책은 독일에서도 같은 시기에 간행되었고 영어판도 1903년에 도표를 충실하게 넣어 300쪽 이상으로 출간된다. 책의 저자는 프랑스어로는 장 드 블로크이지만 폴란드의 유대인 기업가 집안 출생이고 이름도 얀 드 블로크(1836-1902)로 알려져 있다.[88] 베를린 훔볼트대학에서 수학한 그는 철도 사업에서 성공한 금융인으로 경제학을 연구하고 기술적, 경제적으로 불가능한 강대국들 사이 전쟁의 불가능성을 썼고 소책자인《전쟁과 평화의 진화》를 간행했다.

이 책은 러시아 제정 정부의 요청으로 집필되었다는 설도 있지만[89] 그의 저술 목적은 유럽 전쟁이 발발하는 경우를 대비해서 각 부문의 군사 전략, 무기 사용과 전략 비품을 조사하고 예측하려는 것이었다. 책의 내용은 군사 전술의 메커니즘, 전쟁 준비, 해상전, 전쟁으로 초래되는 경제적 교란과 물자의 손해, 전쟁 진압 노력과 인명 손실, 국제 재판을 통한 평화의 사례로 나뉘었다. 1900년 헤이그 국제사법재판소의 기초 작업에 참여하고 헤이그에서 연설했듯이 블로크의 궁극적 목적은 평화 구축에 있었다고 보이지만, 만약 대전쟁이 일어날 경우 그 전쟁을 좌우하는 것은 기술과 경제력이며 전쟁이 전 사회적 문제가 된다는 것을 처음으로 예고했다. 물론 이 시기에 나온 군사적 관측과 전쟁에 대한 전문가들의 우려는 수도 없었을 것이다.

그만큼 1914년 이전 유럽은 이미 20-30년간이나 전쟁의 늪에 빠져 있었다. 영국이 아프리카 남단에서 벌이는 험난한 보어전쟁, 걷잡기 어려운 화약고가 된 발칸의 전쟁, 적대적이기도 한 독일과 프랑스가 함께 원정군을 파견한 중국 의화단사건, 유례가 없이 아시아 일본과 러시아가 붙은 러일전쟁이 잇달았다. 군사 전문가들은 긴장했으며 양측이 각각 50만 명을 동원하는 러일전쟁은 현장에 직접 가서 보려 했다. 바야흐로 세계적인 군사력 증강의 시대였다.

제3공화정의 군대

프랑스 역시 제2제정하에서 이미 군대의 체계와 병력이 계속 강화되었다.[90] 1870년 전쟁의 패배가 곧 제2제정이 군사력에 신경을 쓰지 않았다는 뜻은 아니다. 제2제정의 군대는 크림전쟁(1853-1856)을 시작으로 중국 원정, 인도차이나 원정을 나가고 7년이나 끈 멕시코전쟁(1861-1867)에 출정했다. 1870년의 패전으로 수립된 제3공화정이 처음부터 군대에 고심했을 것은 당연하다. 정부는 패전 직후인 1872년에 대대적인 군대 개편안을 수립했고 1881년 보병 군사학교(생맥앙)와 기병학교(소뮈르) 신설에 이어 1884년 베르사유에 포병과 공병학교를 설립했다. 보수 공화정의 막마옹 원수는 강한 화포를 생산했고 온건 공화파도 75밀리 포와 레벨 총을 군대에 도입했다. 반면 급진 공화국의 군비는 1909년까지는 실망스러웠다. 그동안에도 계획은 있었으나 믿을 만한 중포가 채택된 것은 1914년 7월 15일이었다. 그러나 전반적으로 지난날 같은 전투력은 기대하기 어려운 것이 사실이었다. 세계 제2위의 해군 보유국이라던 명성도 퇴색했다. 해군이 주력인 식민지 정복 전쟁은 중서 아프리카와 인도차이나 또 조선(1866 병인양요)까지 뻗었으나 제해권은 영국과 독일의 경쟁이 되고 프랑스는 두 나라 모두에 밀렸다.[91]

1900년대에 프랑스는 특히 인구가 늘지 않는 나라가 되었다. 지난 수 세기 동안 유럽 최대 인구를 가졌던 나라가 1860년 이후로는 러시아, 독일, 오스트리아-헝가리, 영국 다음 다섯 번째가 되었고 이탈리아 역시 바짝 따라왔다.[92] 특히 문제가 된 것은 1870년 전쟁 이후 1914년까지 프랑스 인구는 독일 인구의 놀라운 성장세에 비해 현저하게 밀린다는 사실이었다. 1870년부터 1914년 사이 40여 년을 비교하면 독일은 3950만 명에서 6800만 명까지 증가했지만 프랑스는 3850만 명에서 3990만 명으로 간신히 늘었다. 인구 저하의 원인이 어디에 있든 당장 군대의 징병이 문제가 되었으나 한번 인구 침체에 빠지면 금방 인구를 늘리기 힘들었다. 더구나 젊어지는 유럽 인구에 비해 프랑스는 노년이 많았고 농촌 인구가 다수였다. 제3공화정 정부는 아무래도 편치 않았다.[93] 그 전에 흩어진 지휘본부의 통합을 위해 참모본부를 새로 설치했으며 이 직책을 맡은 조프르 장군은 토착민(알제리)을 징집한다는 새로운 방침을 세웠다. 공화정은 1905년 법으로 교육받은 젊은이를 포함하여 해당 연령의 인원은 전원 2년 군대에 간다는 새로운 복무제를 실시했고 지휘의 효율성을 위해 하급 장교 수를 늘렸다. 1905년 독일의 징집병은 50만 명, 프랑스는 30만 명이었지만, 1911년에는 독일 병력은 64만 5000명, 프랑스는 52만 4000명이었다.[94] 1912년, 1913년, 1914년 프랑스는 증대하는 독일의 병력을 따라가야 하는 과제를 안았다.

제3공화정은 군대에 중요한 것은 정신적 기풍이며 새로운 민주적 질서라고 믿었다. 클레망소 정부는 위계가 엄한 군인들 사이에 민주주의의 기풍을 세우려 했다. 1907년 법령으로 각 도에 공식 행사가 있을 때 도지사, 상하원 의원, 도의회 의장이 장성보다 상석에 앉도록 조치했다. 제3공화정 아래 양성되는 장교의 식견이나 취향은 제정 시대를 넘어섰다.[95] 군사 교육은 군사적 전문화뿐 아니라 인문 교육을 갖추어야 한다는 인식도 퍼졌다. 1899년 생시르 사관학교는 당대의 역사가 라비스 주관으로 프랑스 한림원의 학자들, 소르본의 철학 교수, 명문인 앙리 4세 리세의 폴 르위죄르를 초빙하여 '시대를 사는 군대'라는 넓은 주제를 다루었다.

새로운 군대

유럽 군사주의의 위기 앞에서 자유로운 프랑스인은 없었을 것이다.[96] 드레퓌스 사건에서 재심파와 반대파, 즉 좌익과 우익이 군을 놓고 가열한 투쟁을 벌인 것도 사실은 군에 대한 걱정이었다고 할 수 있다. 좌우의 방법론이 달랐을 뿐이다. 1898년 초부터 가열했던 조레스의 군 수뇌부 비판도 이런 배경에서 고려할 수 있다. 하지만 군은 어디까지나 공화정의 군대였다. 드레퓌스 사건에서 군의 일탈을 우려하는 목소리도 컸지만 군은 본분을 넘지 않았다. 19세기 내 프랑스군이 민에 복종했다는 것은 군사 전문가이며 민족주의 학자인 라울 지라르데의 지론이다.[97]

조레스가 1911년에 출간한 《새로운 군대》는 국가의 방어와 사회주의를 하나로 이으려는 보기 드문 텍스트이다. 군대에 대한 조레스의 비전은 근거가 있었다. 1789년 혁명기의 '위대한' 군인 카르노가 군대는 국민과 훨씬 가까워질 수 있다는 영감을 주었다.[98] 조레스는 지금처럼 재산에 따라 장교를 선발할 것이 아니라 어떤 계층이든 장교에 선발될 수 있어야 한다고까지 보았다. 그것은 군대의 전통적 승진 제도를 무시한 것이 아니었으며, 그는 프롤레타리아의 상승에 따를 위험도 지적했다. 그는 군인도 법관, 화학자, 엔지니어, 의사, 교수 들의 연구 센터에서 교육받아, 대학에 군사학이 자리 잡기를 바랐다.[99] 그런 교육을 받은 장교라면 프롤레타리아를 부정하거나 이해 못 할 리가 없었다.[100] 군대에 관한 조레스의 사려는 오래되었다. 드레퓌스 사건으로 군 참모부를 공격하기 전인 1895년, 35세의 이 젊은 의원은 의사당에서 무조건 현재와는 다른 현실을 만들 것을 촉구하지 않았다. "여러분은 평화를 원합니다. 진심으로 원합니다. 그러나 나라의 방어에 끊임없이 불안해해야 합니다." 그는 이렇게 전제한 다음 무한 경쟁과 과잉 생산의 이 시대에 군대들 사이에도 그 경쟁과 과잉 생산이 개재한다고 지적했다. 산업 자체가 전투가 되었고 전쟁은 격앙된, 열광하는 산업이 되었다.

그로부터 10년이 더 지나 조레스는 군대가 절대적 희생을 하려면 조건이 있다고, 사회의 선한 의지를 군대가 믿어야 하는 것이 그 하나라고 발상의 전환을 요구했다. 자신의 태도가 사회주의에서 다소 생경하고 부르주아 정부를 두둔하는 입장이라고 비판받을 것을 그가 모르지 않았다.

그러나 그는 군대와 나라의 방어가 너무 중요했다. 그 지점을 위해 지금의 군대를 훨씬 다른 모습으로 바꾸기를 진심으로 원했다. 군대의 지시 체계와 추종 관계가 예리하게 다가온 것은 다른 많은 정치가, 군사 전략가들처럼 그에게도 1905년 러일전쟁의 상황이 긴급하게 느껴졌기 때문이기도 하다. 《새로운 군대》는 그가 군대의 문제가 사회 전반에 얼마나 핵심적인 것인지 밝히고, 특권적인 것을 헤치고 민주주의로 가는 길, 그것도 프롤레타리아와 함께 가는 사회의 민주주의를 반드시 관철하려 한 의지의 결실이었음을 부정하기 어렵다. 특히 이 책의 9, 10, 11장은 숙연할 정도로 서로 배려하고 민주적인 군대의 미래상을 그리고 있다.

하지만 지금 인기를 끄는 것은 《무기가 부르다》 같은 군사적 모험기, 식민지 탐험과 정복이 있는 대로 번진 시대에 식민지 병영 생활을 그린 소설이었다. 저자 에르네스트 프시카리는 앙리 4세 리세와 소르본대학을 나온 후 민족 우익에 호응한 장교였다. 필체도 뛰어났지만 식민지 콩고, 마다가스카르 같은 미지의 열대 기후와 풍토, 침공과 제압의 장면들이 유럽 대륙의 프랑스인들에게는 무척 재미있었던 것 같다.[101]

3부

폭력의 문명을
허용치 않는 사회주의

1905년 3월 독일 황제 빌헬름 2세가 모로코의 요충지 탕헤르에 도착하여 행진하고 있다. 모로코를 둘러싼 프랑스와 독일의 긴장 관계는 나날이 고조되어 프랑스는 독일에 콩고를 할양하는 조건으로 모로코를 보호령화한다.

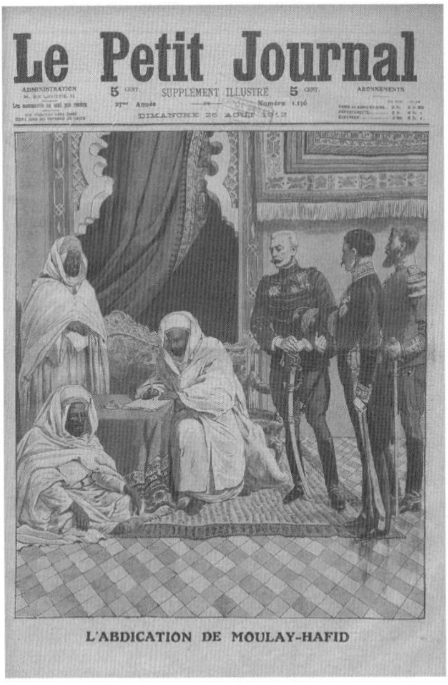

1912년 8월 25일 자 파리의 대중지 《르 프티 주르날》 화보. 3월 보호조약 체결 후 모로코의 아브드 알 하피드 술탄이 프랑스 고위 인사들이 지켜보는 가운데 양위 각서에 서명하고 있다.

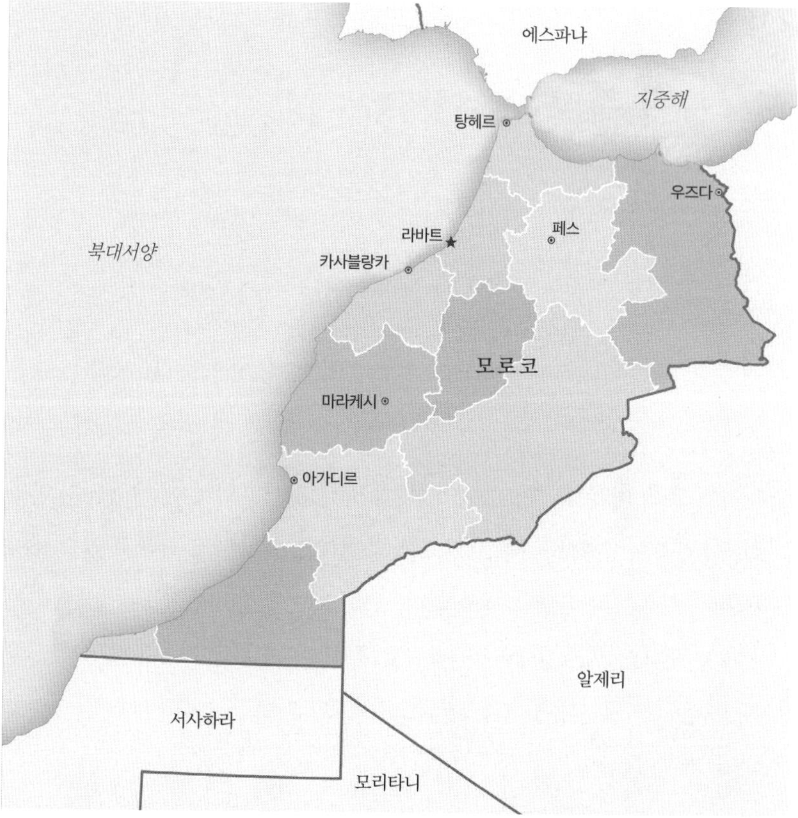

1900년대 주요 도시를 표시한 모로코 지도.

1차대전 후 리프전쟁으로 제국주의 침탈에 대한 모로코의 항쟁이 폭발한다. 리프의 전사들.

1장

모로코

지중해 서쪽 끝 모로코는 19세기 말에도 서양의 손에 장악되지 않았다. 알제리는 1830년 이후 프랑스에 완전히 정복당하고 튀니지 역시 1881년 프랑스 보호령이 된 다음이었다. 모로코는 알제리와 달랐다. 알제리는 1500년대부터 튀르키예(터키)의 보호 통치 아래 놓였으나 모로코는 지중해 국제 교역지인 유서 깊은 왕국으로 1777년 미합중국의 독립을 승인한 나라였다.

그러나 지금은 1900년대. 서방 기독교 문명과 대치했던 동방 이슬람 문명의 마지막 보루 모로코가 서구 열강을 막아낼 것인가. 중부 지중해 석권에 성공한 프랑스는 서부 모로코를 마저 차지하려는 욕망과 필요에 집착했다. 하지만 모로코는 어느 한 나라가 지나치게 손을 대면 유럽의 다른 나라들이 한꺼번에 달려드는 '벌집'과 같았다.[1] 조레스는 이 국제적인 벌집을 파고 들어가 모로코의 상황을 깊이 살피고 프랑스를 향해 비판의 함성을 멈추지 않는 정치적 역량을 지닌 사회주의자로 크게 성장했다. 무엇 때문에, 누구를 위해서? 이 장은 낯선 모로코를 그려가며 1900년대 모로코와 조레스를 향해서 그러한 질문을 던지고자 한다.

1885년: 쥘 페리와 클레망소

제3공화정의 식민지 팽창 정책

제국주의의 개념화는 간단치 않지만 에르네스트 프시카리가 서술한 프랑스의 식민지는 사방에 펼쳐져 있었다.[2] 프랑스는 오랜 식민지인 카리브해 제도에 더해 1853년에는 남태평양의 누벨칼레도니, 19세기 말에는 서아프리카의 세네갈, 코트디부아르, 다호메이, 기니, 오트볼타(오늘날의 부르키나파소), 지부티, 콩고에 이어 동아프리카의 수단, 말리를 침공했다. 조프르 장군은 고대부터의 아프리카 문명 도시 팀북투를 장악하고 갈리에니 장군은 면적이 프랑스의 85퍼센트나 되는 마다가스카르섬을 정복했다. 해군력, 전신망, 해저 전신 같은 기술이 이를 도왔다. 프랑스는 또 1896년, 1897년에는 라오스와 캄보디아를 차례로 보호령화하고, 2년을 끈 베트남 정복 전쟁 끝에 유력한 정치인 폴 두메르가 인도차이나 총독으로 부임한다.[3]

자유·평등·우애의 공화국을 제대로 실현해보려 한 나라가 왜 힘든 식민지 정복 전쟁을 계속 벌이고, 무기도 기술도 정치도 나약한 상대방을 괴롭히고 굴복시키는 일에 그렇게 열중했을까. 우선 이 시대의 프랑스에 분명했던 것은 프랑스는 영국과 나란히 가야 하고 동시에 흥기하는 통일 독일에 밀리면 안 된다는 이중의 안보의식과 경쟁심이었다. 외교에 정통한 식자층에게 프랑스의 식민 지배는 운명적이고 필연적이었다.[4] 따라서 "프랑스는 공화국이면서 제국이었다. 어떻게 공화국이 제국이었는가?" 하는 의문이 제기되는 것은 이 시기가 아니다. 두 번의 대전쟁을 치르고 아시아-아프리카 국가들의 독립을 지나 1980-1990년대 포스트식민 사조의 시대에 들어와서 공화국과 제국 사이의 모순이 따갑게 다가왔다.[5]

1900년대에 이미 신문기자 펠리시앵 샬레, 작가 아나톨 프랑스처럼 식민지인들의 고통에 민감했던 이들도 적지 않았지만 대부분의 동시대인들은 공화국과 제국이 함께 간다는 모순을 지각하기 어려웠다.[6] 공화국 창건자들은, 아마 대국의 품에서 살아온 국민들이 "우리"는 여전히 다른 나라를 거느린다는 안도감을 가지면 공화정 체제를 거부하지 않으리라, 무언중 해외 통치의 위세에 의존했을 수도 있다.[7]

식민지 팽창을 기획하고 실현한 쥘 페리에 따르면 문제는 급하고 오직 실제적이었다. 상선이든 군함이든 석탄 보급 없이는 아직 15일 이상 운항할 수 없는 시대였다. 상업과 군사의 경쟁은 세계적 규모로 확대되는데 세계의 기항지를 놓친다면 프랑스는 어떻게 될 것인가. 쥘 페리는 1885년 의회에서 이 상황을 차분히 설명했다.[8] 아닌 게 아니라 이 상황을 정리할 필요가 있어 1885년 베를린회의는 유럽 열강 사이의 식민지 분할을 준공식화한다. 이 험난한 경쟁 속에서 쥘 페리의 프랑스는 서아프리카, 동아프리카 그리고 인도양 건너 인도차이나 정복을 마쳤다. "루이 15세 시대에 상실하고 나폴레옹이 경시한 식민지를 공화정은 계속 추구할 것"이었다.[9] 모두 병사와 용병과 현지인 부대의 힘을 빌려 공략했다.[10] 하지만 이 시기의 정치인들이 모두 무장 점령과 정복에 안도하고 누구나 박수를 보낸 것은 아니다.

클레망소의 반론

야권의 급진주의자 클레망소는 1885년 7월 30일 쥘 페리의 식민정책에 근본적인 물음을 던졌다.[11]

의장 클레망소 씨 차례입니다.

클레망소 여러분, 튀니스, 통킹, 안남, 콩고, 오보크(홍해 남쪽의 지부티 인근 지역—옮긴이) 도처에서 우리는 식민지 원정을 수행했고 하고 있고 할 것입니다. (……) 우리는 돈을 잔뜩 썼고 앞으로 더 쓸 것입니다. 우리는 프랑스인의 피를 가득 흘렸고 더 가득 흘리게 할 것입니다. 사람들이 우리에게 묻습니다. 왜 그러냐고. 지금은 답할 시간입니다.[12]

이틀 전 28일에 의원들 모두 식민정책에 대한 페리의 긴 설명을 듣고 난 다음이었다. 페리는 27일 조르주 페랭, 카미유 펠탕 같은 급진파 의원의 식민지 팽창 비난에 대해 식민지 정책의 합당성을 설득하려 했다.[13] 페리는 큰 그림으로 프랑스 전체의, 앞날의 이익과 필요를 길게 봐야 한다고 주장했다. 식민지 팽창은 세계적인 산업 팽창에 따른 법칙과도 같고 프랑스의 문화유산을 보존하는 방식이었으며 프랑스의 복지이고 공화국의 영예였다.[14] 클레망소는 그 모든 논리는 제대로 된 정책에서 나온 것이 아니라 사후 합리화일 뿐이라는 논지로 이렇게 발언했다.

나라pays가 상의를 받지 않았습니다. 나라에 철두철미 진실을 숨겨왔습니다. 원인을 위한 방편으로 꾸며낸 교리를 사실에다 갖다 맞추는 것입니다.[15] 프랑스의 지리적 정치적 조건을 고려할 때 프랑스가 식민지를 획득할 수 있고 획득해야만 하는지를 알아야 합니다. 그러면 어떤 식민지를? 더구나 그 식민지들이 치르는 대가가 무엇이며 이 사업은 어떻게 수행되고 그 성격은 어떠하며, 그 결과 우리가 기대할 수 있는 것은 무엇입니까? (좌파와 우파 의석에서 잘한다! 잘한다!)[16]

10년 후 집권한 클레망소는 자신의 식민주의 비판을 부인한 것도 현실의 당위에만 매몰된 것도 아니지만 거대한 모로코 문제에 봉착하고, 모로코 현장에서는 가혹한 일이 일어난다.[17] 이 장면은 나중에 '카사블랑카 포격'에서 보려 한다.

공화파 조레스에서 인터내셔널의 한 사람으로

1885년부터 4년간 하원의원 첫 임기 시절 조레스는 광부 문제, 농업 문제뿐 아니라 대외 문제도 열심히 공부했다. 23-24세 때는 식민지 민족들, 아랍인, 통킹인, 안남인에게 프랑스의 언어를 교육하고 가르치면 그들의 지평이 환해질 것이라고, (프랑스 같은) 위대한 민족의 영광은 스스로를 위해 싸우는 것이라고 말했다.[18] 그가 크게 변한 것은 카르모 광부 파업과 유리병공 파업을 지켜보고 점점 프랑스 전역 노동문제의 실상을 알고 그러면서 사회주의를 철학적으로 연마하고 겹쳐서 사회주의 의원으로 발언하고 인터내셔널을 알게 되는 사이라고 보인다. 그는 종류가 다른 듯한 현실과 이론, 고향과 국제감각을 하나로 수렴하고 식민주의 문제를 그 교차점들에 놓았다.

1896년 7월 제2인터내셔널 런던 대회 전에 발표한 그의 논설은 10년 전 공화파 때와는 사뭇 다르다. 조레스는 이때 처음 인터내셔널 대회에 나가는데 그전에 대회가 할 일을 스스로 작성한 글 같다. '사람 한 명도 예산 한 푼도 식민정책에 쓰지 않는다'는 게드주의 당파의 노선에서도 영향을 받았겠지만 그는 간명하게 국제 사회주의에 자신의 원칙을 제의했다. 모든 민족의 식민주의 경쟁이 전쟁으로 귀결하지 않도록 사회주의자들은 항시 감시해야 한다는 것, 아시아·아메리카·아프리카의 정복당한 민족들과 순종하게 된 인종을 위해 가장 인간적인 처우를 최대로 보장해야 한다는 것. 그리고 그가 세 번째 원칙으로 든 것은 각 민족에 탐욕의 손길을 뻗는 경제 세력의 문제였고 이것의 국제적 성격을 다루어야 한다는 점이었다. "지금 모든 유럽 민족이 나일강 상류를 차지하고 아프리카의 호수들을 차지하려는 것은 이집트 지배와 아프리카의 모든 발전이 거기에 달려 있기 때문"이었다.[19] 특기할 것은 조레스가 1898년 드레퓌스 사건 초기부터 일어난 알제리 반유대주의에 관심을 기울이고 그곳 젊은이들의 거친 반유대주의 행위를 비난한 사실이다.[20] 또 1900년에 필리핀 독립운동을 지지하고 의화단사건이 벌어진 중국과 유럽의 대응을 비판한 점도 주목할 만하다.[21]

이런 사유를 거쳐 그가 프랑스 식민주의 문제에 본격적으로 개입하는 것은 1904-1905년이며 이후 10년, 생의 마지막까지 식민주의의 부당함에 대한 그의 분석과 통탄은 날카롭게 펼쳐졌다. 다시 말하지만 '무엇 때문에, 누구를 위해서, 어떻게'가 우리의 질문이다.

탕헤르, 1905년 3월 31일

모로코 서북단의 항구 탕헤르는 로마인들이 다스렸던 전략적 요충지였다. 지중해와 대서양 두 해양을 끼고 있는 천혜의 환경으로 교역이 호조를 띠었다.[22] 오래전부터 모로코의 곡물과 피혁 제품, 청동류를 수출했고 1856년 상업 조약으로 서양과 교역이 공식화되어 영국, 프랑스, 독일산 물품들이 시장에 깔렸다. 유럽인들은 상업 도시이며 외교 단지가 있는 탕헤르, 신구 수도인 라바트, 페스, 마라케시, 또 그보다 작은 메크네스, 신설된 항만 도시 카사블랑카에 거주했다.[23] 해발 2000미터가 넘는 아틀라스 산들에는 항상 눈이 쌓여 마르지 않는 강물이 평야로 흘러들었고[24] 내륙 아프리카로 직행하는 길이 트여 탕헤르 언덕에는 멀리서 올라온 대상들의 말과 나귀가 무리를 지어 누워 있었다.[25]

독일 황제 빌헬름 2세의 탕헤르 출현

탕헤르항에 독일의 빌헬름 2세가 기항한다는 소식이 파리에 날아든 것은 1905년 3월 20일. 신생 강국인 독일의 황제가 유람차 탕헤르에 들를 리는 없었다. 독일은 모로코를 놓고 프랑스에 할 말이 있던 것이며 따라서 프랑스는 외교부뿐 아니라 파리 시민들이 아연 긴장했다. 독일의 베른하르트 폰 뷜로 재상이 세운 이 계획에 프랑스인들이 놀란 데는 이유가 있었다. 독일은, 모로코 여기마저 프랑스인 당신들이 가져갈 수는 없다는 뜻을 공포하려고 했다.[26] 프랑스 특사 생르네 타양디에가 페스로 가서 술탄을 방문하고 프랑스 주도의 모로코 근대화 계획을 제안한 터였다. 프랑스가 모로코에 공을 들인다는 것은 유럽 외교가에서 다들 알고 있었다. 상인과 민간인들의 여행 벽도 겹쳐 19세기 후반 프랑스는 모로코에 대한 정찰과 견문, 지리 탐사를 계속 수행했다.[27] 아틀라스산맥과 농작물과 광물자원뿐 아니라 모로코 주요 부족들의 관습과 상거래 제도와 결혼 풍속을 속속들이 파악했다.[28]

3월 31일 탕헤르항에 도착해 곧 시내로 들어온 빌헬름 2세는 50여 명의 수행원을 대동하고 군복 정장에 칼을 차고 권총을 휴대한 공식 복장으로 술탄이 보낸 특사의 영접을 받았다. 1898년과 1900년 두 번의 건함법 제정으로 영국에 필적하는 해군력을 과시한 독일은 국제적 지위 향상을 원했다. 황제는 술탄의 주권에 경의를 표하며 모로코의 독립성 수호에 성의를 다할 것이라고 확인했다.[29] 모로코 궁정이나 도시와 농촌의 유력 부족들이나, 서로 갈등 관계에 있어도 모로코가 프랑스에 먹히고 있다는 심정은 같았다.

영국과 협정을 맺는 델카세 외교

1882년 독일, 오스트리아-헝가리, 이탈리아의 3국동맹이 결성되자 프랑스는 1893년에 독일 건너 러시아와 드디어 동맹을 달성했지만 유럽보다 아시아와 극동에 관심이 있는 러시아만 믿고 있을 수는 없었다. 오직 영국과 다시금 친해져서 '우리는 앙숙'이라는 오랜 적대감을 해소해야 고립되지 않을 수 있었다. 외교장관 테오필 델카세는 신중하고 면밀하고 경험이 많은 사람이었다. 1898년 외교장관에 오른 델카세는 부임 초에는 이집트는 영국에, 모로코는 '우리' 몫으로 거래한다는 구상을 달가워하지 않았다. 1904년 4월 8일 런던에서 체결된 영국-프랑스 화친협정은 위태로워 보이는 국제정세의 산물이었다.[30] 6년 전 파쇼다 사건처럼 두 나라가 이집트 문제로 마찰을 일으키지 않는다, 모로코 문제에서는 영국이 프랑스를 통제하지 않는다는 두 가지 합의가 앞으로 영국-프랑스-러시아 3국협상 체제로 나아가는 발판이 되었다. 델카세가 이를 조용히 밀고 간 것은 이 시대의 많은 프랑스인들처럼 비스마르크를 믿지 않았기 때문이다. 비스마르크가 물러났어도 새 독일 황제에게도 신뢰를 보내기 어려웠다. 델카세는 영국부터 붙잡지 않았다. 먼저 처리할 사항이 있었다. 델카세는 리비아를 프랑스와 이탈리아 세력권으로 상호 인정하는 비밀 협정을 1900년에 모로코와 체결했고 1902년부터 에스파냐 측과 모로코 분할 협상에 들어갔다. 지리적, 역사적 인접성으로 서부 북아프리카는 에스파냐의 영역 같았지만 에스파냐는 19세기 후반에 영국, 프랑스에 대적하지 못했다. 양옆의 이탈리아, 에스파냐와 셈을 치른 프랑스는 복잡해진 모로코 술탄의 계승 문제에 개입하고 차근차근 '평화적'으로 침투하고 있었다.

1903년과 1904년의 일이다.

프롤레타리아가 알아야 하는 대외정책

러일전쟁 발발 직후인 1904년 2월 27일 조레스는 파리 서쪽 공업지대인 르발루아페레에서 열린 모임에 나가 연설을 한 일이 있다. 이날 연설에는 대외 전쟁이 먼 나라 일이 아니라 프롤레타리아가 알아야 할 문제라는 그의 신념이 뚜렷이 표명되었다.[31] 그에게는 그것이 사회주의 진영의 원칙이었다. 사회주의자들이 이룩하려는 것은 노동자의 권리와 동시에 노동자의 평화였고 나만의 평화가 아니라 '저들'의 고통과 희망을 나누는 인류의 평화였기 때문이다. 조레스는 이날 "여러분은 국가에 세금을 내는 만큼 프랑스와 러시아의 조약, 또 러일전쟁에 대해서 잘 알아야 한다"고 강조했다. 1894년 청일전쟁이 일어나게 된 경위도 설명하고 향후 인도차이나와 일본의 관계가 어떻게 될 것인지도 경계했다. 청중석에서 영국의 이집트 문제도 알려달라고 하자 문제의 기원을 풀어 말했고 러시아와 극동의 관계도 다루었다. 그가 청중으로부터 다짐을 받고자 한 것은 국제 사정이 이러니 '결국 전쟁을 해야 하는구나' 하는 마음이 일어나서는 안 된다는 점이었다.

그는 자칫 타성에 젖기 쉬운 식민지 침투를 날카롭게 파고들었다. 르발루아페레 연설 후 얼마 지나지 않은 4월 8일 영국-프랑스 협정이 체결되었을 때 조레스는 의회에서 장시간 발언했다. 문제는 이집트와 모로코였다. 비밀 조항으로 프랑스의 모로코 보호령화, 영국의 이집트 보호령화를 서로 양해한 협정이었다. 조레스는 프랑스가 모로코에 진입해야 한다는 프랑스의 논리를 부정하지 않았다. 하지만 민간 금융업이 이 일을 주관하는 것은 허용할 수 없었다. 이 때문에 식민지 당파 의원 외젠 에티엔의 이름을 들었다. "나는 횡령이나 다름없는 조세를 부족들에게 물리는 술탄을 비난하지만, 재원은 고갈되고 여러분이 받을 채무의 이자는 늘어날 때 술탄은 한층 더 고율의 조세를 부과할 것이니 의회는 이를 책임지지 않을 수 없습니다."[32] 그는 결국 의회는 평화로운 침투라 할지라도 침투를 포기해야 하리라는 데까지 나아갔다.

> 술탄은 무릎을 꿇을 것이고 여러분은 모험과 무력에 지금보다 열 배는 더 예산을 들여야 할 것입니다. 그러면 유혈이 낭자할 것입니다. (극좌에서 박수.)[33]

그는 말문을 돌렸다.

> 내가 두려워하는 것이 무엇인지 아십니까. 여기 있는 여러분 곧 채권자들입니다. (좌측, 극좌 그리고 우측 여러 의석에서 박수!) 진정한 채권자가 되어야 할 것은 프랑스입니다. 정부입니다.[34]

조레스는 식민지 당파라는 어휘를 쓰지 않고 식민지 당파의 끈질긴 탐욕, 연체 이자, 배당금 수취를 비난했다. 물론 모로코의 사정도 꿰뚫고 있었다.

군사와 경제가 허약한 모로코 왕정

휘청거리는 모로코의 정세는 점점 외세가 어디로 어떻게 가느냐에 달리게 되었다. 잠정적으로는 에스파냐의 지중해안 도시 알헤시라스에서 1906년 1월 16일부터 4월 7일까지 열린 회의가 모로코의 운명을 결정했다. 알헤시라스 회의에는 프랑스와 독일을 각각 지원하는 유럽 국가들(오스트리아-헝가리, 이탈리아, 러시아 영국, 에스파냐, 포르투갈, 벨기에, 네덜란드, 스웨덴)이 참가했고 회의를 주재한 나라는 미국이었으며 모로코 대표는 4인이었다. 독일도 모로코 문제에 관한 감독권을 인정받았지만 프랑스와 에스파냐가 항만 경찰 설치, 국제적인 국영은행 창설 같은 특수 권한을 획득했다.

프랑스와 모로코의 이 역사는 1900년에 시작되지 않았다. 이미 1844년 이슬리 전투에서 모로코는 프랑스 군대에 졌다. 프랑스의 침략에 저항하는 알제리 항쟁군을 도우려 한 이 전투에서 모로코 군대는 프랑스의 알제리 총사령관 뷔조 장군을 이길 수 없었다. 모로코가 허약하다는 것을 확인하자 에스파냐는 1860년 지중해 연안의 요지 테투안을 침략하고 모로코에 거액의 전쟁 배상금을 물렸다. 때를 만난 프랑스는 국력을 키우지 못한 모로코 술탄에게 외교와 군사, 재정을 들이밀었고 이제 이 프랑스를 견제할 세력은 독일뿐이었다. 독일의 힘도 만만치 않았다. 라라슈, 라바트, 마자간, 알카스르, 페스 곳곳에서 벌이는 독일인들의 상업 활동은 프랑스인이나 영국인들과 충분히 겨룰 만했다.[35] 독일 역시 모로코에 벌여놓은 판이 작지 않은데 만약 밀린다면 중대한 실책이었다. 프랑스는 1880년 열강 사이에 체결된 마드리드 조약을 내세워 선제적인 군사적 이권을 요구했다. 무기도 훈련도 전법도 허술한 모로코 군대에는 프랑스 장교들이 요긴하다고 모로코 왕실을 압박했다.

모로코는 국제경제를 모르는 후진국이 아니었다. 무기류를 제외한 모든 품목의 교역이 허용되었다. 주요 수입품은 베네치아에서 온 목재, 아프리카 수단으로 다시 나가는 청동, 주석, 강철, 롬바르디아와 독일제 무기류, 일부 귀금속이었다. 밀라노제 철기류, 옻칠 제품과 유황 제품도 들어왔고 제노바에서는 면직물, 프랑스 부르고뉴에서는 나사를 보내왔다. 남부 프랑스 페르피냥과 이탈리아 피렌체의 특산물은 식물과 광물질 염료였다. 수입 품목에는 에스파냐의 발레아레스 군도 및 시칠리아산 향신료와 약품도 빠지지 않았다. 반면 모로코에서 사방으로 나가는 수출품으로는 특히 말이 중요했고 피혁 원재료, 무두질한 가죽 제품, 마그레브에 언제나 많은 가축들에 양초와 기름도 여러 종류였다.

하지만 지금은 모로코의 모든 세관에서 프랑스가 수입품 가격의 10퍼센트를 선공제해갔다. 1906년 알헤시라스 조약이 프랑스에 이 이권을 허락했고 조약의 조항에 세관 경찰이 명기된 것은 이 때문이었다.[36] 모로코와 프랑스 사이의 수출입 대금은 다른 유럽 국가보다 액수가 컸고 세관에서 미리 가져가는 공제는 안전하게 다루어져야 했다.[37] 그러나 수출입 교역에서 빳기는 것만이 모로코 경제를 강타했다고 말할 수는 없을 것이다. 우선 모로코의 국고는 거의 비어버렸다. 재정이 부실해진 지 이미 오래되었고 그렇게 된 원인은 복합적이었다.

1666년 이래 지속된 알라위트 왕조는 1800년대 후반에도 영토를 관할하고 부족을 통일하고 근대국가의 형태 아래 산업화를 추진할 동력을 만들어내지 못했다. 학자에 따라 진단과 해석은 다르지만 궁정이나 지도자들이 개혁을 시도해도 성사되지 못했다. 원인은 안팎에 다 있었을 테지만 우선 개혁에 필요한 만큼 엘리트층의 지지를 확보할 수 없었다는 점이 지적된다. 그보다 더 중요하게는 근대국가의 토대인 인민의 통합이 거의 가능하지 않았다. 부족이라고 번역하지만 모로코를 구성한 민족들은 산에 사는 유목민 같은 집단이 아니다. 번화한 도시민들도 모두 각각의 부족이었다. 그 결과라 할까, 술탄의 통치권 즉 조세와 군사력이 미치는 지역이 한정적이었다. 술탄의 통치권이 미치는 지역은 아랍어로 통치를 의미하는 마크젠이라 불렀고 각 부족이 통치권을 발휘하는 지역은 시바라고 불렀다.[38] 하지만 시바에서도 모로코라는 왕국의 존재와 이슬람 술탄의 권위를 가볍게 본 것은 아니었다.

문제는 군사력과 경제력의 허약성이었다. 하산 1세 술탄(1873-1894)은 유럽인들의 거센 압박 아래 이미 1870년대에 유럽 군사교육 사절단을 수락했다.[39] 술탄은 이 군사 전문가들의 정체성을 의문시했으나 군사 훈련, 군수품 제조, 탄약 제조, 대포 조작, 군사 기록의 작성과 보존을 서양인의 개입 없이 해결할 수 없었다. 군사사절단에 드는 비용은 막대했다. 프랑스 화포 사절단 하나에 지출하는 비용이 연간 6만 프랑이었다. 1887년에 모로코 부족이 프랑스인 장교를 살해했을 때는 10만 프랑을 물었다.

3개월의 회의 끝에 1906년 4월 7일 체결된 알헤시라스 조약은 결국 프랑스의 모로코 관할권을 공적으로 인정했다.[40] 에스파냐와 나누어 가진 권한이었고 군대가 모로코 영토로 진입하지 않는다는 조건이 붙었지만 하산 1세의 뒤를 이은 아브드 알 아지즈 술탄은 실권을 다 놓게 된 셈이었다. 프랑스의 모로코 침투는 무엇보다 재정과 금융을 사용했다.

모로코회사와 모로코위원회

1904년 2월 르발루아페레 공장지대에서 조레스의 강연을 들은 이들은 잘 몰랐을지라도 파리에는 모로코회사가 있었다. 모로코 사업을 기획하고 재정을 공급할 이 중추 기관은[41] 거물 기업인 슈나이더를 비롯한 일군의 기업가들이 1902년에 세웠고 각종 사업에 관해서는 외교부에 지원도 요청했다. 회사의 존속 기간은 향후 50년이었으며 양도받은 사업 분야는 모로코의 상업, 농업, 금융, 동산, 부동산과 모든 산업 및 토목공사 전

부문에 걸쳤다. 독일 역시 셍크 폰 슈바인베르크 외교장관이 이미 모로코로부터 크룹 사 수주를 받아놓았고 뷜로 재상이 밝혔듯 독일의 모로코 정책도 탄력적으로 작동했다.[42]

《모던 식민지회보》에 늘 명단이 실렸기 때문에 확인할 수 있는데 식민지 당파에는 금융인들이 들어왔다.[43] 프랑스 은행업은 나폴레옹 3세 시대에 규모와 네트워크가 정비되어 탄탄했으며 1886년부터 본격적으로 모로코에 진출한 주 은행은 파리와페이바 은행이었다.[44] 제국적 경제는 제국적 금융을 필수적으로 요구했고 이것은 다시 강대국의 역사와 떼어놓을 수 없었다.[45]

모로코가 서명한 채무 계약 제1조에 따르면 채무액은 명목상 6250만 프랑으로 정하고 이 채무는 모로코 제국 정부의 금고에서 직접 책임지기로 했다. 앞서 잠시 말했듯이 정부는 이 배상액을 모로코 항구의 세관들에서 직접 갹출하여 보증했다. 조레스는 민간 회사와 민간 금융의 이크나큰 역할을 받아들일 수 없었다. 그는 회사와 관련 기업인을 직접 거명하지는 않았다. 그러나 프랑스가 모로코를 재편하려면 민간 아닌 국가가 해야 한다는 것이 그의 지론이었다.[46]

회사의 사업보다 더 넓은 의미에서 식민지 사업을 후원하는 기구는 모로코위원회였다. 위원회를 주관한 이는 식민지 당파의 중진의원 외젠 에티엔이었다. 알제리 서부 오랑도 출신인 그는 식민지 문제 차관으로 5년간(1887-1892) 근무하여 식민지 경제와 유럽인 정착민과 무슬림 통치에 일가견이 있었다. 알제리 침공군에 복무했던 군인 집안의 정착민으로 우선 식민 지배의 타당성을 철석같이 믿었다.[47] 1890년 프랑스아프리카위원회 창설을 도왔고 2년 후에는 의회 내 식민지 당파 그룹을 결성했다.[48] 아프리카위원회와 의회 식민지 당파 두 기구는 식민화의 대의를 선전하고 지지층을 확보해나갔다.[49] 위원회의 자금은 성금에 의존했지만 50퍼센트는 금융권 인사들의 몫이었다. 1910년에는 최대 기부자가 파리은행조합이 되며 이 조합은 술탄에게 제공하는 대여금을 조정하여 모로코위원회를 지원하려 했다.

식민지 당파는 가만히 앉아 있지 않았다. 거리가 멀고 생경한 이역의 지리, 기후, 자원, 동식물, 주민, 역사, 종교, 관습, 상업 방식, 화폐, 가옥, 음식, 의상, 결혼 제도, 모든 부문의 정보와 지식을 정확히 파악했다.[50] 카리브해, 아프리카, 아시아의 식민지 관련 책자는 그렇게 획득한 정보와 이미지를 싣고 프랑스 전역으로 퍼져 나갔다. 이 신기한 책자들은 파리 관청가인 릴 거리, 아프리카와 식민지 전문 책방, 또 신문 가판대에 놓였다. 진기한 수집품, 원주민들 모습이 가득한 식민지 선전 책자는 항구 도시인 보르도, 그 위의 브레스트, 르아브르, 캉, 또 동부 내륙에서 이들 항구로 수출품을 보내오는 디종, 랭스, 남부 툴루즈에 배포되었다. 수스, 알제, 오랑, 탕헤르에도 물론 들어갔고 튀니스에서는 이 책자들을 구입할 책방의 주소를 정확히 기재했다. 회원 수는 약 2600명이었고 회지에는 식민지 교육을 전적으로 다시 해야 한다는 논변도 실렸다.[51]

다른 면도 있었다. 식민지 관리, 상인, 군인, 업자들뿐 아니라 식민지로 향하는 유람객도 많았다. 선박의 출항 시간과 날짜는 미리 알렸다. 선박회사는 각기 달라도 출항지와 목적지에 따라 한 달에 1-2회 떠났다. 마르세유에서 인도차이나로 가는 배는 6월, 오세아니아 너머 칼레도니행은 7월에 떠났다. 동아프리카 마다가스카르와 레위니옹행은 그보다 자주 한 달에 한 번씩 출항했고 인도차이나행도 한 달만 기다리면 됐다. 지중해만 건너면 바로 닿는 오랑, 알제, 본, 부지, 필립빌, 또 튀니지의 비세트르는 마르세유와 세트항에서 주 1회 정기 여객선이 출발했다. 프랑스는 지중해 동쪽의 시리아와 레바논을 장악해보려다 실패한 후 지중해 서부인 북아프리카 일대는 놓치지 않으려 했다.[52]

식민지에 관한 전문가 집단도 빈약하지 않았다. 지리학회, 해양과 식민지연구회, 프랑스아프리카위원회, 프랑스식민지동맹, 마다가스카르위원회, 알제리합동연구, 프랑스아시아위원회, 기안위원회, 프랑스세속선교회, 인도차이나상공업위원회, 모로코위원회가 있었다. 파리 법과대학을 나온 경제학자 폴 르루아보리외(1843-1916), 그리고 오랑의 외젠 에티엔을 제외하면 식민지 당파 리스트는 전문직, 기자, 작가, 사업가, 정치꾼들이었다.[53] 위원회의 의견과 목적은 회원들의 성금으로 발행하는《캥젠 콜로니알》에 실렸다.[54] 그렇다고 이러한 스케치로 프랑스인들이 식민지 획득을 반기고 식민지라면 들떴다고 말하는 것은 부분적인 시각이다. 이 시기 프랑스 민족주의가 강했어도 민족주의자들이 모두 식민주의를 지지한 것은 아니며 위기가 닥치자 식민주의자가 되었다는 설명도 있다.[55]

이러한 식민지 열기 속에서 모로코에서 행사하는 프랑스의 세관 통제는 점차 강화되고 세관 외의 다른 수입도 프랑스 측 요원에게 제출되었다.[56]

모던한 사회주의의 역량

어떻든 사회주의 역시 톱니장치처럼 돌아가는 이 식민지 침략이 남의 일이 아니었다. '우리나라' 프랑스의 일이었고 더구나 잘못이 있다면 달려들어야 했다. 심각한 문제를 방관하면서 기다리면 내일 좋은 날이 오리라는 것이 사회주의는 아니었다. 1904년 4월 1일과 10일 연속해서 델카세의 모로코 외교를 따지던 조레스는 4월 19일 외교장관에게 직접 질의를 했다.[57] 외교라면 사회문제와 달라서 의회가 일일이 따지고 들 일은 아니지 않았을까. 그렇지 않았다. 의외라고 할 수도 있지만 제3공화정 의회는 내치뿐 아니라 외교정책을 장악하고 있었다.[58] 의회주의는 빈말이 아니었다. 정책 자체는 외교의 델카세, 재정의 루비에[59]가 책임졌으나 의회의 표결에 따라 정책은 집행될 수도 좌절될 수도 있었다.[60]

조레스의 치밀한 대외정책 질의는 개인적이지 않았다. 정치 역량과 사회주의를 그는 분리하지 않았고 사물을 파고드는 그의 질의는 사회주의도 모던해졌다는 것을 분명히 가리키고 있었다.[61] 사회주의가 대외정책을 현실감 있게 다루는 것은 의사당 밖에 있는 사회주의 지지자들의 바람이었을 것이다. 조레스와 동지들의 개혁주의란 비판만 하지 않고 일을 할 줄 아는 이념을 의미했다. 그러나 모로코 문제의 향방이 사회주의자들의 비판으로 조금이라도 달라질 수 있었을까? 식민지 침투에 대한 그의 사유는 나날이 침통해갔다.

모로코 역사가 조르주 오베드는 프랑스의 모로코 정책을 비판하는 데 있어 조레스가 누구보다도 많은 발언을 했다고 판정한다.[62] 사실 1904-1905년이면 성취되어가던 사회당 통합으로 정부를 몰아세울 마음이 발동했을 것이다. 그런데 다시 오베드에 의하면 약탈이란 말을 처음으로 꺼낸 사람이 조레스였다.[63] 1909년 독일과 협정 체결 때 두 번, 1911년에 두 번, 합해서 네 번 이 말을 사용했다. 유럽이 식민지에 나가 약탈을 하고 있었다는 개념은 다분히 20세기적인데 그러면 그는 시대를 한발 앞서갔던 것일까. 지나친 단정일까.

1905년의 조레스는 식민정책은 모두 잘못이라는 비현실적 원칙에 매달리지 않았다. 모로코에 프랑스의 중차대한 이익이 걸려 있다는 사실을 수긍했다. 1904년 4월 《뤼마니테》 창간 이후 장 롱게, 알베르 토마 같은 젊은 동지들과 어울리면서 그의 세계관은 전보다 더 신선해졌다.[64]

1906년 12월 26일 그는 긍정하고 부정하는 철학적 사유를 정치에 끌어 왔다.

> 우리가 요구하는 것은 포기가 아닙니다. 나는 여러분을 귀찮게 하는 사람이 아닙니다. 나는 우리나라의 장래를 겁내지 않습니다. 나는 해가 지면 내일은 어디로 기어들 것인가만 생각하고 눈을 들어 저녁 하늘을 쳐다보지 못하는, 지쳐버린 여행자가 아닙니다. (극좌의 박수.) 나는 프랑스가 해야 할 위대한 일이 있다는 것을 잘 압니다. 프랑스는 위대하며 아름답고 멸망하지 않는 나라입니다. 그러나 그 프랑스의 업적, 위대한 업적은 사회정의, 국제 평화의 업적일 것입니다. 나는 모로코의 모험에 세상의 평화, 조국의 드높은 운명을 엮어 넣어 위태롭게 하기를 원치 않습니다.[65]

그는 식민지가 약자라 하여 엄호하지 않았다. 모로코 통치 권력의 혼란을 똑바로 말했다. "강탈적이고 무정부 상태이고 폭력적이고 나라의 모든 자원을 빨아 삼키는 광신주의가 요동치면 흔들리는 것은 모로코의 통치입니다. 그렇습니다. 우리나라의 경제적, 도덕적 행동이 그리로 뻗치고 자리 잡아야 합니다." (다수 의석에서 박수.)[66] 조레스는 그러나 그다음 이야기를 했다.

> 그러면 여러분, 어떻게 그렇게 할 것입니까? 전쟁을 해서? 여러분 그 누구도 그것을 갈망하지 않고 원하지 않습니다. 그것은 대단히 무겁고 어려운 일입니다. 여러 부족이 지금은 흩어져 있어도 무장한 외국인들을 보면 단결해서 싸울 것입니다. 그러면 우리는 아마도 잔인하고 피 흘리는 군사적 행동을 벌이지 않을 수 없을 것입니다. 그러면 우리가 우리 곁으로 데려오고자 한

사람들마저 몇 세대를 두고 원한을 품게 될 것입니다. 무력을 사용하면 닥칠 끔찍한 일이 그것입니다.[67]

다시 말하지만 모던한 사회주의의 특징은 나라에 닥친 어려운 문제를 파고들어 국정에 참여하는 것이었다.[68] 조레스는 모로코의 '우리 대포'가 얼마나 강력하며 또 '우리 탄환'은 얼마나 경이로운가, 하고 신랄한 심경을 표한다.[69] 신문기자 샬레처럼 콩고와 인도차이나를 찾아 현실을 목격한 적이 없고 모로코도 가보지 않았으며 콩고의 원주민들, 인도차이나의 고무 농장은 전해지는 소식으로만 알았을 뿐이지만 조레스의 마음에는 식민지인들의 어려움이 가득 담겨 있었다. 그 때문에 "식민화 열기의 병"을 낫게 하는 수단은 사회정의를 키우는 것이라고, 관계없는 듯한 문제를 하나로 연결했다. 그의 망막에는 르발루아페레 공장 노동자들의 얼굴과 열대 수림의 식민지 일꾼들의 얼굴이 겹쳐 있었다.

1907년 8월 카사블랑카 포격

우즈다 침공

모로코에 들어온 유럽인들은 카사블랑카, 라바트, 살레 같은 도시에 수천 명씩 거주했다.[70] 본국에서 가장 신경 쓰는 것은 어떤 목적으로 거주하든 이들의 안전이었다. 그런데 1907년 3월 23일 파리의 주요 일간지 《르 탕》, 《르 피가로》, 《레코》는 프랑스 의사 에밀 모샹이 모로코에서 살해되었다는 소식을 전했다. 모샹이 사망한 것은 3월 19일. 이 소식은 식민지의 군사작전에 반대해온 급진파도 응징을 외치도록 했다.

의사가 왜 모로코 현지인들의 미움을 샀는가는 정확히 말하기 어렵다. 캐나다 학자 엘렌 앰스터의 연구처럼 문제를 아주 깊게 볼 수도 있다.[71] 모로코인들은 일찍 서양 의학을 알고 있었으며 프랑스 의약국도 여러 도시에 새로 세워졌다. 그런데 의사들이 외교부의 밀명으로 일종의 정탐을 한다는 소문이 돌았다. 거기에 모샹이 자기 집 지붕 위에 안테나를 설치한 것이 전신이라고 오해를 받아 거리에서 갑자기 군중에게 살해되었다는 것까지는 연구자의 조사로 밝혀져 있다.[72] 파리의 사회주의자들은 의사 모샹이 피살된 사건을 두고 의견이 갈렸다. 사건을 급진 정부에 대한 정치 공세의 빌미로 삼기도 했고 귀스타브 에르베는 정부에 더 강경했으며《뤼마니테》는 모로코인들이 의사를 죽일 합당한 이유는 없었다고 썼다.[73]

그때 알제리 남서부에서 모로코 쪽 접경지대의 동향을 주시하고 있던 리요테 장군은 파리의 명령에 따라 3월 29일 출발하여 북상한 후 모로코의 우즈다를 침공했다.[74] 파리에서는 만약의 경우 테투안, 탕헤르, 라라슈, 라바트, 카사블랑카, 아가디르를 점령할 군대가 지중해 양안의 오랑과 툴롱에서 출항할 계획을 세워놓고 있었다. 우즈다 점령은 별다른 저항 없이 '조용히' 종료되었다. 우즈다는 황량했을 뿐이지만 점령은 의미심장한 일이었다. 서쪽으로는 모로코 평원, 북으로는 리프산맥에 면해 중세 알모라비데 제국 때부터 왕조마다 확보하려 한 전략 거점이 모로코 변경의 우즈다였다. 훗날 유명한 모로코 총독이 되는 리요테의 정치 경력은 이 작전에서 시작되었다.[75] 사건은 심상치 않았다. 관할 구역을 명시한 알헤시라스 조약 위반이었다. 프랑스 군대가 이제부터 모로코 안으로 들어가겠다는 신호탄이었다.

이 군사작전에 대한 조레스의 반응은 어땠을까. 아직 리요테의 우즈다 진격이 알려지기 전인데 그는 군대의 우즈다 점령으로 해결되는 것은 없다고 보았다.

> 마침내 마크젠이 프랑스의 요구대로 배상액을 지불한다 해도 국제적인 경쟁으로 악화되고 있는 모로코의 혼란 속에서 새로운 사건은 계속 일어날 것이다. 그러면 어떻게 할 것인가? 우즈다를 다시 한 번 점령하는가. 반복하면 효력이 떨어진다. 그 이상 다른 거점들을 점령하고 이 나라의 심장부까지 침투하게 되면 리보 총리가 공언한 바와는 달리 프랑스는 모로코에 구속된다. 그렇지 않고 마크젠이 프랑스의 요구에 만족할 응답을 못 하거나 안 할 수도 있다. 그러면 어떻게 되는가. 안 좋은 의도로든 아니든 중심 도시나 알제리 변경 지대 유럽인들의 안전을 보장하지 못할 것이다. 우즈다 점령은 그러면 '무슬림의 광신주의'를 밀어붙여 모로코의 반프랑스 혹은 반유럽 감정에 불을 붙일 것이다. 그러면 우리는 페스, 마라케시, 연안 도시에서 새로운 위기가 닥치는 날에도 우즈다에서 꼼짝 못 할 것이다.[76]

카사블랑카

고대에는 안하르라고 불린 카사블랑카는 페니키아인들의 도시였으나 근대에 들어와서는 1880년대까지도 아직 선박의 피항 시설도 없는 원시 그대로인 항구였다. 해군 군함이나 대형 수송선은 정박할 수 없었다. 19세기 말 서양 문물이 밀려들면서 카사블랑카의 모습은 완연히 달라졌다. 영국산 면, 프랑스와 독일산의 세련된 직물, 커피, 차, 설탕, 양초, 성냥, 모로코에는 없는 식칼과 냄비, 크리스털 제품이 들어오고 모로코의 피혁 제품, 곡물, 도기는 밖으로 나가면서 신흥 부유층이 늘고 유럽인이 정착했다. 1900년대의 카사블랑카에는 전차도 다니고 프랑스 양식이면서 아랍풍인 우아한 건축의 호텔, 레스토랑, 카페가 늘어섰다. 연극과 음악 공연이 열리고 영화관도 생겼다.[77] 1906년 알헤시라스 조약 이후에는 모로코 특산인 황금빛 밀, 귀리의 직접 수출도 허용되었다.[78] 하지만 이런 변화는 카사블랑카나 너른 배후지 농촌을 뒤숭숭하게 만들었다.[79]

카사블랑카 해안에서부터 동쪽 아틀라스 하부까지 질펀하게 펼쳐진 평야는 샤우이아인들의 지역이었다. 기후가 맑아서 전염병이 아주 드문 곳이 모로코였고 사람들은 황금빛 밀, 귀리, 옥수수를 식량으로 삼고 어디서나 양羊으로 육류를 섭취했으며 소도 많았다. 완두콩, 렌틸콩, 강낭콩은 수출 가능했으며 지중해성 과일인 오렌지, 건조한 무화과, 타트체리는 풍성했다. 사탕수수와 뽕나무도 심었다.[80] 그렇게 살아가는 샤우이아는 하나의 부족을 뜻하지 않았다. 13개 또는 14개 부족의 연합체가 샤우이아였다. 이들의 관할 지역은 광대했고 부족이라 불리지만 사실은 뼈대 있는 정치체였다.[81]

이슬람 성지를 지나는 카사블랑카 철도

아무리 카사블랑카가 서양화되어가도 이곳의 사정은 샤우이아인들의 관할에 속했다. 600킬로미터의 세부강이 바다를 향해 흐르는 샤우이아의 지역은 중요한 지역 시장을 통괄했다.[82] 아랍어를 사용하는 농경민들은 도시의 필수품인 곡식을 공급했고 도시는 도시대로 장인 길드에 공급하는 피혁, 양모, 금속, 산업용 연료인 석탄을 농촌 지역에서 조달해왔다. 그에 따라 페스와 메크네스와 그 주변 농촌 부족들은 경제적으로 긴밀했고 마크젠이 필요로 하는 병사와 관리들은 이들 부족과 더 북쪽의 부족 집단에서 공급했다.[83] 증대하는 조세와 강제 조치는 그렇지 않아도 곤궁해진 농촌을 더 옥죄었고 주민들은 심란해졌다. 지금까지 평온하던 지역에까지 도적질과 반란이 만연했다. 부족의 봉기를 두려워한 상인 계급은 더 이상 잉여 자본을 도시에 투자하지 않았다. 테투안, 페스, 카사블랑카 같은 대도시가 영향을 받았고 그보다 작은 도시인 마라케시, 살레도 마찬가지였다. 목축민인 베르베르인들의 항의는 더 거셌다. 평원에서부터 중부 아틀라스, 더 남쪽까지 목축지와 수원을 찾아, 또는 사나운 부족들을 피해 대이동을 해온 베르베르인들은 내분에 시달리면서도 마크젠을 다스릴 만큼은 힘이 있었다.[84] 샤우이아의 주력은 주로 그들이었다. 오래된 도시에는 이슬람 지성의 정예인 울라마 집단이 어디나 존재했다. 이슬람 최고最古의 대학을 지켜온 페스의 울라마는 특히 정치와 사회문제에 목소리를 냈다.[85] 울라마의 의견은 술탄도 경청했다. 카사블랑카처럼 급히 세워진 신흥도시에는 그런 울라마의 권위가 부재했다.[86]

1907년 7월 29일 11개 부족 대표단이 카사블랑카의 카이드를 방문했다.[87] 대표단은 시디 부 베크르 벤 부지에게 카사블랑카 항구의 공사 중단을 요구했다. 그러나 시디는 아무 실권이 없는 인사였다. 관건은 카사블랑카의 철도 공사였다. 모로코회사가 앞날을 보고서 항만을 준설하고 선적 설비를 위해 대공사를 시작한 참이었는데 설계에 따라 기차가 이슬람의 성소인 묘지를 바짝 스쳐 지나가게 되었다. 대표단은 선로의 설계 변경을 요구했다. 카사블랑카 항구 건설 공사에 쓰일 큰 석재를 운반하기 위해 협궤철도를 놓는 중이었다. 샤우이아 대표들은 철도가 묘지뿐 아니라 자신들의 지역 깊숙이 통과하는 것도 허용할 수 없었다. 그들은 7월에 막 도착한 프랑스인 세관 검사원의 축출도 요구했다.[88] 카사블랑카 주재 프랑스 영사는 본국에 출타 중이었다.

7월 29일과 30일 유럽인이 시내에서 공격을 받는다는 소문이 돌았다. 전령은 사람들에게 프랑스인들과 일절 접촉하지 말라고 소리쳤다. 그날 오후 기차가 다시 묘지를 지나가자 한 무리의 사람들이 철로에 돌을 쌓아 기차를 막았고 프랑스인 기관사가 기차에서 내리자 때려죽였다.[89] 약 150명이었던 군중은 채석장으로 몰려가 공사 하청업체에서 일하던 유럽인 노동자 9명을 죽였다. 프랑스인 3명, 이탈리아인 3명, 독일인 3명이었다. 시체를 바위에 널고 돌을 던져 시체는 절단되었다.[90] 7월 31일에는 샤우이아인들이 도시를 장악했다. 유대인들은 상점 문을 닫거나 피신했고 유럽인들은 영사관으로 몰려 들어갔다.[91]

카사블랑카 함포 사격

8월 2일, 3일을 지나 4일까지도 카사블랑카는 아무 일 없는 듯 지냈다. 순양함 갈릴레이호는 7월 31일 저녁에 탕헤르를 떠나 카사블랑카에 도착했지만 올리비에 함장은 상부의 지시를 기다렸다. 파리 케도르세(외교부)의 지시로 해군은 8월 5일 새벽 필리베르 제독의 지휘 아래 전함을 먼저 들여보내고 바로 이어서 뒤샤일라, 게동, 잔다르크, 콩데, 포르뱅호를 합류시켰고 여기에 에스파냐의 포함 알바로 데 바산이 추가되었다.[92] 포격은 8월 5일 새벽에 시작되었다. 주민이 아직 잠든 사이에 화력이 강한 멜리나이트 폭약을 장전한 포탄이 시가지로 날아왔다. 항구에 가까운 서민 구역 트나케르가 특히 포탄을 뒤집어썼다. 대모스크, 알랄 카루아니 Allal Qarouani 같은 성소도 예외가 아니었다. 해군은 샤우이아 전투원들이 시내에 들어오지 못하도록 특히 성문을 집중 포격했다. 포격과 동시에 66명의 병사가 소형 보트를 타고 차례로 상륙했다. 민간인도, 영사관 경비를 맡은 모로코 군인도 죽음을 면치 못했다.

진짜 학살은 8월 7일 원정군의 도착으로 개시되었다.[93] 아프리카 작전은 흔히 아프리카 부대원들을 사용했다. 카사블랑카에도 기다리던 세네갈 부대원과 외국인 용병 2000명이 그날 정오에 들어왔다. 세네갈 부대는 서아프리카 정복에 공을 세운 루이 페더브에 의해 1859년에 창설되었다. 아프리카 부대는 1880년대에 더 확충되었다. 서부 수단 정복에 유용하게 쓰였고 망쟁 장군처럼 아프리카에 복무한 군인들의 건의로 1900년에 서아프리카와 적도아프리카에서 대규모로 징집되었다.[94] 외국인 용병 부대는 일찍 알제리 정복을 시작한 1831년에 편성되었다. 굼Goum이라는 이름의 북아프리카 부대는 아랍 부족을 가리키는 말 카움qwam에서 나온 것이며 150명 이하의 소규모지만 사나웠던 부대를 가리킨다. 이들 부대는 카사블랑카 거리를 가가호호 수색하고 유대인, 아랍인 가릴 것 없이 보는 대로 사살하고 어느 집이든 식량 한 톨 남는 것이 없도록 약탈했다. 이 부대는 8월 11일에 계엄 법정에 서기도 했지만 알제리로 곧 귀환했다. 계속된 함포 사격은 멀리 피난민이 숨어든 외곽까지 뻗쳤다. 주민들은 운이 좋으면 피해보려고 지하수 통로를 따라가면 나오는 수르 지드Sour Jdjid 캠프로 향했다. 이들이 피했던 수로는 나중에 시체가 쌓인 공동묘지가 되었다. 파리 《르 마탱》 특파원 부르동은 "내가 본 것은 형용할 수 없다"고 썼다. 3일간 비 오듯 쏟아진 포탄에다 지상군 용병대의 약탈과 학살로 유럽인 지구를 제외하면 살아남은 사람이 없는 것 같았다.

토벌 작전

포격은 완전한 도시 점령의 전조였을 뿐이다. 카사블랑카는 8월 18일에 진정되었고 희생자 수를 두고는 주장이 엇갈린다. 프랑스 저자들에 따르면 사망자가 600명에서 1500명 사이이다. 독일인들의 보고에 의하면 2000명에서 3000명 수준이다. 모로코인들은, 간신히 피신하거나 살아남은 몇몇 사람들 외에는 다 죽었다고 보았다. 중화기와 기관총으로 중무장한 다마드 장군의 샤우이아 토벌 작전은 1907년 8월부터 이듬해 2월까지 도시 주변과 광대한 샤우이아 평야로 뻗어 나갔다.[95] 다마드를 이은 드뤼드 장군은 대지를 불태우고 주민을 학살하는 방식으로 작전 실패를 면했다.[96] 사실 카사블랑카 봉기는 모로코 역사상 전대미문의 사건이었다. 이로써 알라위 가문의 왕좌와 서부 고지대 아틀라스의 베르베르 수장들이 손을 잡는 일이 일어났기 때문이다.

모로코에 주둔하는 다마드 장군도 카사블랑카 교외에 아홉 문의 공격용 소구경 포를 배치했다가 라지아 전법을 채택했다. 알제리 정복 전쟁에서 잘 알려진 라지아는 대규모 병력과 첨단 장비보다 지형 조건에 맞는 기동성을 갖추고 소규모 기습전을 연발했다. 적의 마을과 도시를 송두리째 폐허로 만들기 위해 주민의 필수 식량인 곡물은 모두 불태우고 가축은 모조리 죽이고 수목은 무너뜨리고 가옥은 불을 질러 파괴했다. 남은 것이라고는 하나도 없도록 하는 이 방법을 아랍어로 라지아라고 불렀다.[97] 1909년 파리의 국방부가 모로코 주둔 장병을 3800명으로 줄이자 다마드 장군은 굼이라고 불린 모로코 현지인을 동원했다. 무서운 것은 무슬림은 무슬림이 무찌른다는 침략자의 전술이었다. 식민지 정복의 역사와 함께 쌓여온 이 수법은 식민지 사회에 지워지지 않을 어둠을 주었다.[98]

1907년 카사블랑카의 참극이 파리 신문에, 특히 《르 마탱》에 속속 보도되어도 카사블랑카와 파리 두 지점 간의 지리적, 심리적 거리는 멀고도 멀었다. 그렇더라도 고난을 당하는 이들 편에 서려는 이들도 있었다. 조레스와 사회주의자들은 카사블랑카와 샤우이아 사태를 보면서 적어도, 저들은 응징되어야 한다는 승자의 논법을 조금도 수긍하지 않았다. 1907년 8월 11-14일 동부 낭시에서 제4차 프랑스 사회당 전국 당대회가 열렸고 4일 후인 8월 18일에 가까운 독일 슈투트가르트에서 제2인터내셔널 대회가 열린다. 프랑스 사회주의자들이나 다른 유럽 사회주의자들이나 긴박하게 돌아가는 모로코 사태를 주시하고 있었다.[99] 보어전쟁, 러일전쟁, 1905년의 탕헤르 사건에 이은 위기의 순간이었다. 그러나 낭시 대회가 열린 8월 11일에는 8월 5일부터 벌어진 카사블랑카 포격과 토벌 작전의 실태를 제대로 알기 어려웠다. 식민지 문제는 아직 그만큼 구체적으로 부각되지는 않았다. 슈투트가르트 인터내셔널 대회에서도 식민지 문제가 거론된 것은 부르주아 비판, 자본주의 비난, 전쟁의 동기라는 관점에서였다.

이권의 줄 끝에는 대포와 곡사포와 중무장이…

조레스는 1907년 9월 4일, 9월 5일, 9월 11일, 9월 24일에 연이어 논설을 쓰며 모로코 상황에 주의를 기울였고 원정군 파견에 대해 우리는 진실을 모른다고 했다.[100] 1907년 여름의 포격에 이은 부족 항쟁에서 시작하여 1908년 1년 내내 모로코 정세는 혼란에 빠진다. 외세의 침입에 겹쳐 술탄의 재위를 둘러싼 심각한 정쟁이 벌어지고 여기에 부족 간 갈등이 얽히고 이 사태는 다시 프랑스의 개입을 촉진한다. 카사블랑카 참극의 와중인 8월 16일 아브드 알 아지즈 술탄의 이복형제 아브드 알 하피드가 자신이 술탄임을 선포했다. 그는 궁정이 있는 페스를 피해 남부 수도 마라케시를 거점으로 삼았다. 신학자 출신인 알 하피드는 남부 대영주들의 지지를 받으면서, 군대를 비롯한 국가기구를 개혁하고 프랑스 세력을 몰아내겠다고 약속했다.[101] 1908년 두 술탄의 세력 싸움은 내전으로 번졌다. 페스의 울라마까지 얽힌 내전은 알 아지즈 술탄의 패배로 끝났고 프랑스군은 이 혼미한 정세 내내 페스와 샤우이아를 떠나지 않았다. 프랑스 군대의 추방을 기약하고 새로 술탄에 오른 알 하피드는 1909년 영국과 프랑스의 인정을 받은 후 지하드를 포기하고 1906년의 알헤시라스 조약을 수락했다.[102] 프랑스의 차관을 다시 받아들이고 투르크식 군대 개혁을 버리고 프랑스군 고문관을 따르는 것밖에 달리 방법이 없었다.[103] 자신에게 반기를 든 부족의 지도자 키타니와 아부 히마라를 수감하고 고문, 처형하는 방식은 알 하피드의 시커먼 속을 보여주었다.[104]

나날이 더 벌집처럼 되어가는 모로코를 보면서 조레스는 어떤 반응을 보였을까. 그는 먼저 집권한 급진 정부를 무턱대고 비난하지 않았다. 카사블랑카 포격은 혐오스럽고 원시적이라 하고 그러나 계획되었던 것은 아니라고 덧붙였다.[105] 알헤시라스 조약을 위반하고 있다는 사실을 계속 지적했다.[106] 조레스보다 연배가 높고 코뮌 이래 사회주의자인 바이양 역시 모로코를 혼자 책임지려 하지 말고 국제 협상에 의존하라고 정부에 충언했다. 사회주의자들은 왜 그랬을까. 조레스는 1907년 9월 4일 자《뤼마니테》에 "우리는 이제 모로코 사태를 뒤집어썼으며 성난 고양이에게 할퀴이듯 얼굴을 있는 대로 찢기기 전에는 여기서 헤어날 수 없다. 식민지당파는 일을 잘도 꾸민 것이다"라고 서두를 떼었다.[107] 납품업자, 야심가, 은행가, 투기꾼 들이 보장한다고 했겠지만 길게 꼬인 그 이권의 줄 끝에는 대포와 곡사포로 중무장한 원정군이 섰다.[108] 조레스는 정책을 바꾸지 않는 한 군대는 모로코 땅으로 더 들어가게 되어 있다고 직언했다. 사실이었다. 1908년 3월 15일 다마드 장군의 지시로 시엘우리미 마을 학살이 벌어져 1500명의 시체가 쌓였고, 다시 마크라에서 학살이 일어났다. 살해당한 이들은 독립을 수호하기 위해 봉기한 사람들이었다.[109]

카사블랑카를 넘어 샤우이아 벌판 일대에 낭자했던 유혈은 종내는 20세기 모로코 민족운동을 키운 저항의 밭이 되었을 것이다.[110]

저들은 깨어 일어날 것입니다

콩고-마다가스카르-인도차이나

모로코는 유럽이 감당하기 어려운 완강한 샤리프 제국이었음에도 카사블랑카 포격이 감행되었다. 그렇다면 애초에 국가가 부재한 내륙 아프리카 침략의 내막은 짐작하기도 어렵다. 펠리시앵 샬레는 1905년 5월에서 8월까지 콩고 곳곳을 탐방하면서 보고 만난 흑인들의 상태를 보고한다. 그들의 땅은 채취한 고무를 거의 다 내놓아야 하는 무거운 세금, 언제 어디서 끝날지 모르는 노역으로 모든 생기 있는 것은 사라지고 식량은 남지 않는 헐벗은 촌락이었다.[111] 1900년부터 콩고의 풍부한 천연자원을 들어 콩고 개간을 주장한 것도 식민 당파의 거물 외젠 에티엔이었다. 프랑스 정부에서 콩고의 땅과 이권을 불하받은 회사들은 도합 프랑스의 5분의 1 크기인 땅을 오구에강 상류 지역에서 양도받았고 상어를 잡고 희귀 목재, 고무를 채취해 갔다. 폭력적인 기습과 약탈 라지아는 콩고에서도 행해졌다. 콩고의 정황은 파리에서도 우려했지만 걱정하는 사람들이 당장 바꿀 수 있는 것은 아무것도 없었다. 1907년, 1908년, 1909년 조레스의 식민지 감각은 날로 날카로워졌다.

그곳이 콩고 계곡이든 마다가스카르 수림이든 하노이든 하이퐁이든, 그런 이름들은 자원과 땅과 '우리'가 가서 만들어야 할 시설, 한마디로 물질과 대상으로만 나타난다. 《캥젠 콜로니알》이나 《아날 콜로니알》의 기사들은 이들 언론이 의도하지는 않았더라도 그런 점을 느끼게 한다. 식민지에서는 자원, 물질이 주인이었다. 그 땅을 갈고 지하자원을 캐내고 무거운 짐짝을 실어 나르는 사람은 그 자원과 이윤을 위한 사물이 되어 있을 뿐이다. 지금 당장 여기서나 거기서 무엇을 바꿔놓을 수가 없던 이

냉혹한 체계이자 비체계 안에서 사회주의자들이 그래도 한 일이 있다면 그것이 무엇이었을까. 대표적으로 1903년, 더 뚜렷하게는 1905년 이후 조레스의 경우를 들어 생각해보면 콩고, 인도차이나 그리고 모로코의 상황에 대한 그의 비판과 항의는 분명하게 가리키는 것이 있다. 그는 저기에 사람들이 살고 있다고 말했다. 그는 거기서 고무와 목재와 면직물과 금광, 인광, 철광만 보지 않았다.

그는 집요하게 추구된 모로코 정벌 작전에서 프랑스의 이해를 고려했다. 그러나 포탄과 사격과 살해 행위로 쓰러지는 사람들을 거기서 보았다. 콩고인들의 눈빛, 표정을 보았고[112] 짐짝에 짓눌린 인도차이나인들의 어깨를 느꼈다. 유럽의 중국 침공은 성격이 달랐으나 그의 보편주의는 아시아에도 깊은 관심을 갖게 했다.[113] 피부가 다르고 인종이 다른 그들에게서 부당한 중압에 부서진 드레퓌스의 '인간'을 투시한 것이다. 식민 지배자 콜롱의 지배에 눌린 마다가스카르의 민중은 여기의 프롤레타리아와 다름없는 인간이었다.

위대한 역사의 인민입니다

"한 손으로는 무기, 다른 손으로는 간계를 들고 정복하는" 이 시대 식민지 사업의 회오리 속에서 조레스는 단순하지 않았다. 그는 의석의 의원들에게 먼저 "여러분, 우리 병사들의 영웅주의를 치하할 줄 압시다"라고 말했다. 그러나 동시에 다른 것을 말해야만 했다.

그는 자신이 무슬림 문명을 목가적으로 그린 적이 없다고, 무질서와 독과점의 착취에 대부족 지도자들이 흔히 개입되어 있다는 것을 잘 알고 있다고 했다. 궁정이나 엘리트층이나 무함마드 4세 시대(1859-1873)에 와서는 모로코 개혁의 필요성을 깨달았다. 근대화는 비용이 드는데, 부족들에게서 세금을 더 거두려면 항명이 일어나고 부족을 통제할 군대는 돈이 없어서 양성을 못 하는 악순환이 거듭되었다. 그러나 조레스는 모로코 사회는 놀랍도록 복잡하면서도 모든 가능성이 열려 있다고 전망했다. 술탄 소유의 재산, 부족장들의 봉건적 대소유, 부족들의 집단 소유, 땅을 갈고 씨를 뿌리는 농민의 개인 소유, 상인, 무역상, 작은 상점, 소규모 작업장, 큰 시장에서 피혁을 매만지고 금속을 두드리는 장인의 권한, 고도의 유럽 문명이 들어간 항구들과 연계된 내륙의 농업인들, 유연하고 다채로운 문명, 지중해와 대서양 항구의 유럽인 학교에 다니기 시작한 어린이들. 그 사물의 바닥을 들여다보면 모로코 문명에는 필요한 변혁, 고대적이면서도 근대적인 문명의 진화와 진보를 추진할 역량이 있었다.[114]

유럽 아니면 열등하다는 사상이 흔히 통하는 시대를 조레스는 거슬렀다.

> 신사 여러분, 문명의 증진을 위해서라고, 이 사나움의 방식으로 모로코에 손을 댄 것이 문명의 이름이라고 덧붙이지 마십시오.[115]

사회주의의 본질이라 할 이념적 저항의 면모는 그 점에 있었다. 조레스가 모로코 인민을 치켜들어 말한 것은 그 나라의 역사에 대한 예의였다. 모로코 인민은 "한때는 에스파냐를 정복한 민족이었고 페스에서 고매한 수준의 철학에 도달한" 이들이었다. 지중해 동부에서부터 서부까지 아랍 철학의 거장들이 머문 곳이 페스였다. 1360년 이븐 할둔 시대에 틀렘센, 페스는 문예와 철학, 이슬람 신학, 또 중세 법학의 거장들이 유학을 오고 서로 만나 지식과 전망을 교류하는 지적 거점이었다. 책이 많았고 궁정마다 도서관이 즐비했다. 아프리카의 심장부인 오늘의 세네갈, 네덜란드령 니그리티아, 니제르에 무슬림 문명을 전한 것이 모로코인들이었다. 베르베르인도 마찬가지였다.

> 여러분이 잘 아시지만 수 세기 동안 위대한 역사를 키우며 베르베르인들이, 우리의 경멸에도 불구하고 전통과 자부심을 지켜왔습니다. 무슬림 세계의 가장 위대한 역사가들이 그들 베르베르인들이 개척해 나아간 것을 서술하고 그들 지성에 배인 아름다움을 자랑했습니다.[116]

사회주의자 마르셀 상바[117]가 이때 중국어를 배워야 한다고 했듯이 조레스도 중국 상황에 열중했다. 그가 보기에는 분명 튀르키예(터키)도 이집트도 중국도 깨어나고 있었다. 지배와 정복, 수탈과 희생으로 점철된 19세기와는 다른 20세기의 기류가 밀려오기 시작했다.[118]

하지만 그들 인민은 정복의 말발굽 아래 눌렸는데 어디서 힘을 얻기에 일어날 수 있는가? 조레스는 그 억눌림이 깨어남을 일으키는 진정한 힘이라고 지목했다. 그들 인민에게는 그 힘을 찾아낼 권리가 있었다. 모든 나라의 프롤레타리아들이 어떤 민족들에 의한 강탈과 폭력, 정복 행위에 반대할 때 그들은 무슨 말을 하고 있는가. "당신들의 정책은 필요하지 않다는 것입니다." (극좌 의석에서 힘찬 박수.) 조레스의 이 의회 연설은 지나칠 수 없다. 그는 식민지의 인민을 피해자로만 보지 않았다. 돌보아야 할 후견인으로서 대하지 않았다. 그는 여기의 프롤레타리아와 저기의 식민지 민중을 잇는 교량 위에 서 있었다.

조레스는 영국은 자신들의 몫을 할애하여 파탄을 방지하며 능란하게 식민지를 다스리겠지만 그럼에도 이 깨어나는 이들의 세상은 새로워지리라고 장담했다. 모로코에서나 튀르키예에서나 무슬림 세계는 외세의 족쇄와 위협을 흔들어 독립을 쟁취하거나 보존하기 위해 크게 움직이고 있었다. 더구나 튀르키예와 모로코의 운동은 연계되어 있었다.[119] 조레스가 걱정한 것은 프랑스가, 프랑스 의회가 이 현실을 모르고 답답한 정책을 펴고 있다는 지점이기도 했지만 본질적으로는 중국처럼 페르시아에서도, 페르시아처럼 튀르키예에서도, 튀르키예처럼 이집트에서도 각성하고 종교적으로, 지적으로 봉기하고 있는 민족들의 모습이었다.[120] "이들 민중 사이 어디서나 새로운 도덕의 힘이 깨어나고 자유의 욕구, 독립의 욕구가 존재한다."[121] 군사주의가 식민 지배의 바탕에 깔려 있다는 것은 젊은 사회주의자 폴 루이가 이미 설명했지만 조레스 역시 그 젊은이들의 해석에 점점 다가갔다.[122] 모로코를 비롯 콩고와 인도차이나, 중국에 대한 정부 정책을 조레스는 집요하게 물고 늘어졌다.[123] 하지만 1900년대의 젊은 세대는 심히 꿈틀거렸고 행동 우선주의로 나아가는 경향이 강했다. 조레스에게 그것은 진정한 행동이 아니었다.

> 여러분은 유토피아에, 민주주의, 이성, 평화의 환상에 속았습니다. 하지만 그렇게 하는 것은 행동이 아닙니다. 새로운 방법으로 새로운 질서를 창출하는 것이 행동입니다. 그렇지 않으면 우리는 또다시 폭력의 구태에, 지난날 야만의 습관에 빠질 것입니다. (극좌 의석에서 다시 박수.)[124]

그의 희망으로는 폭력을 마다하는 힘도 커가고 있었다. 1913년 1월 하원 회의에서 그는 이렇게 전망했다. 아일랜드, 폴란드, 알자스-로렌에서 정복자에게 패배한 민족들은 그 지배자가 누구든 어떻게 사납게 지배하든 이제 오랜 민족성의 기억을 지우거나 천성과 전통과 문화의 힘을 소멸해버리지 못하게 되었다. 그러나 그가 필사의 노력으로 설명하고 설득하고 있는 평화의 다른 한편에서 폭력은 자기 힘을 보여주기에 주저하지 않았다.

폭력은 보어전쟁을 끝낸 영국이 영국령 수단에서,[125] 서남아프리카 식민지를 개발해가는 독일이 헤레로에서 사용하는 전형적인 식민지 통치 수법이었다.[126] 더 의미 있다고 할 사실도 있다. 학살에 해당하는 식민지 참극은 1914년 이전 정복의 시대에 끝난 것이 아니며 1950년대 식민지 독립의 시기에 확대 반복되었다.[127] 1945년 5월 알제리 동부 세티프와 겔마 일대를 목표로 한 프랑스군의 포격과 현지의 유럽인 민병대가 동원된 무슬림 탄압은 세계적 사건이었다.[128] 함포 사격은 1946년 12월 북부 베트남 하이퐁에서도 일어나고 폭력적 탄압은 같은 시기 인도양 마다가스카르 민족 단체의 시위, 서아프리카 코트디부아르의 항쟁에 행사된다. 그것은 모두 미래의 사건일 뿐인 1908년에 조레스는 이렇게 우려했다. "확실한 것은 이 학살의 비극에 광대한 이슬람 세계, 1억의 무슬림이 분개하고 절망하여 우리 프랑스에, 나쁜 프랑스인들이라는 것보다 더 나쁜 이름을 주리라는 사실이다."[129]

피 흘리는 질서, 1912년 3월 모로코 보호령

모로코와 콩고의 교환

새로 등극한 아브드 알 하피드 술탄은 1910년에 다시금 새로운 차관 계약서에 서명했다.[130] 1905년 탕헤르 위기 후 프랑스은행, 모로코회사, 차관, 채무 이행 그리고 군사고문단 같은 말은 하루도 모로코를 떠나지 않았다. 1911년 초에는 여러 부족이 페스를 공략해 들어왔고 4월 15일이 되자 상황은 절망적이었다. 5월 4일과 11일 프랑스 군대가 페스와 메크네스를 점령하며 5월 21일에는 무아니에 장군 휘하 부대가 페스의 봉쇄를 풀고 입성했다. 명백한 알헤시라스 조약 위반이었고 페스 봉기 기간에 2만 7000명이 된 프랑스군의 병력 증강 역시 명백한 조약 위반이었다. 프랑스도 이렇게 위험을 무릅쓰면 독일과 문제가 생기리란 것을 알았다. 2년 전 1909년 2월에 프랑스와 독일은 모로코 이권을 나누는 협정을 체결했기 때문이다.[131]

대서양에 면한 아가디르항에 독일 전함 판처가 나타난 것은 7월 11일이었다.[132] 독일 사업가들은 영국과 프랑스에 비해 4분의 1 수준인 독일의 모로코 교역을 늘리기 힘들었고 베를린 정부를 그냥 두지 않았다. 독일권에 드는 동유럽 보스니아·헤르체고비나 문제로도 독일의 긴장 수위는 높아갔다. 프랑스 군사사절단의 모로코 파견은 독일을 한층 불편하게 했다. 파리 외교부는 전쟁으로 가지 않고 독일을 달래며 모로코를 확보할 방안을 궁리했다. 아프리카는 광대한 대륙이었다. 광대한 땅을 건 프랑스와 독일의 정식 협상은 1911년 9월 초에 시작되어 두 달이 더 걸렸다.[133] 협상 전 여름에 이미 독일의 요구 사항이 흘러나와 식민지 당파들은 손익을 따지고 문제를 검토할 시간을 벌었다. 독일은 충분히 보상을 받는다면 모로코를 프랑스 지배하에 둘 의사가 있었다. 독일이 처음에 요구한 영토는 서아프리카 안쪽으로부터 해안까지 닿는 큼지막한 프랑스 식민지 전체였다.[134]

식민 당파의 언론《캥젠 콜로니알》의 입장에서는 이는 있을 수 없는 요구였다. 베를린 주재 프랑스 대사 쥘 캉봉과 1911년 6월부터 내각 수반이 되는 조제프 카이요는 모로코에 대한 프랑스의 양보는 협상 대상이 될 수 없다고 전제했다. 판처 사건 후 얼마 지나지 않은 7월 21일에 다행히 영국이 케도르세를 편들었다.[135] 11월 4일에 콩고와 모로코에 관한 프랑스-독일 협정이 종지부를 찍었고 독일은 모로코 문제에 개입하지 않는 조건으로 프랑스령 콩고 전체를 받았다.[136] 무주공산으로 알고 지도에 금을 그은 25만 제곱킬로미터가 여기서 저기로 양도되었다.[137] 조레스와 사회주의자들은 이 거대한 교환에 조금도 응하지 않았다.

1911년 12월 14일부터 20일까지 이어진 의회 토론은 이 문제에 집중되었다.[138] 의원들은 마음이 무거웠다. 조레스는 해를 넘긴 1912년 1월 5일 자《뤼마니테》에 이 일을 추진하고 성사시킨 급진파 정권에 대해 썼다.

> 급진파는 옹색한 오만과 사나운 지배욕을 부리면서도 스스로를 믿지 않는다. 급진파는 프랑스도 공화국도 충분히 믿지 않는다. 인민이 만들어내는 위대한 희망을 보지 못하고 이해하지 못했다. 민주적이고 개혁적이며 명예롭고 정의로운 프랑스가 맡을 위대한 역할을 포착하지 못했다. 식민지 문제에서도 현재와 다른 명예롭고 정의로운 정책이 있을 수 있다.[139]

페스 조약

1912년 초, 프랑스는 모로코와 사이에 남은 마지막 사안을 처리해 갔다. 1월 5일 모로코의 아브드 알 하피드 정부에 대한 승인을 공식화하고 양국 간 원한을 청산하는 협상을 시작했다.[140] 프랑스의 입장에서는 의사 모샹 사건에 대한 모로코의 배상금이 미지불 상태였고 샤우이아 상황을 처리해야 하는 것이 미결이었다. 1월 31일 탕헤르 주재 외젠 레노 장관의 인솔 아래 프랑스 대사관 사절단이 페스에 도착한 후 협상은 예상보다 빨리 진행되었다. 3월 14일 샤우이아 주둔 프랑스 병력의 철수에 관해 임시 협정이 체결되고 다시 2주 후 2차 협정으로 모로코-알제리 국경의 경계선이 결정되자 마지막 사안이 종결되었다.[141] 각료 전권대사인 외젠 레노가 알 하피드 술탄으로 하여금 보호조약에 서명하게 하는 책임을 졌다. 술탄을 설득하는 데 한 주일이 걸렸다. 프랑스 군인 5000명이 페스 궁전의 높은 성벽 아래 배치되고 서부와 동부의 광대한 지역을 프랑스가 점령한 상황에서 1912년 3월 30일 보호조약은 술탄의 서명을 받았다.

페스 조약에 의하면 모로코는 이론상 군주 국가로 남고 술탄은 화폐 주조 같은 왕의 특권을 보유했다. 조약 1조는 이슬람 신앙의 수행, 술탄 권좌의 종교성 보존 및 신앙 기구hubus의 안전을 보장했다. 하지만 이러한 권리들이 보호령 정부에 의해 잠식되는 경우에 대비한 안전장치는 없었다. 2조는 술탄의 승인 없이 모로코 영토와 해외에 군대를 파견하는 것을 허가한 듯이 읽힐 수 있었다. 3조는 더 직접적이었다. 프랑스 정부가 군주권과 왕조를 보존하도록 의무화했다. 대표단이라는 법적 허구를 생성한 4조로 사실상 모든 권력은 새로운 보호령 정부의 손에 들어갔다. 모로코 관리들은 상징적 권력만 보유했다.[142]

보호령은 법적으로 판단하면 식민지와 다르다. 보호받는 국가의 형식적 주권이 인정된다. 법적으로 보호령을 창설하려면 그 국가에는 반드시 보호가 필요하다거나 보호를 원하는 토착민 공동체의 동의를 획득해야 한다고 되어 있다.[143] 프랑스가 이 동의를 획득했는지는 의문이다. 획득했다면 어떤 방법이었는가가 문제였겠지만 법률상 이에 대한 제한 규정은 없었다. 모든 유럽 세력의 동의를 얻어야 한다는 것에는 프랑스가 할 만큼 했다. 프랑스의 경우 보호하려는 국가는 보호해야 할 대상이 있는 곳에 특별한 이익을 가지고 있어야 한다는 국제법 조항에도 들어맞았다. 그러나 여기까지 설명한 국제법 학자는 흔히는 보호받는 국가들의 진정한 소망은 중요시되지 않는다고 단서를 달았다.[144] 술탄 하산 1세(1873-1894),

술탄 아브드 알 아지즈(1894-1908), 술탄 아브드 알 하피드(1908-1912) 치하에서 집요하게 추구된 프랑스의 모로코 보호령화는 완수되었다.

북아프리카가 대체로 그렇지만 특히 모로코는 지하자원의 보고로서 세계 최대의 인광 생산국이며 세계 잠재 보유량의 75퍼센트를 갖고 있다.[145] 페스 조약은 우이산 철광산의 개간을 에스파냐의 리프 광산 회사에 양도했다. 이 광산에서 해안의 멜리아까지 이어지는 철도 부설 권한도 양도했다. 이 양도권은 페스 조약에서 끝나지 않고, 1차대전 후 곧 전개되는 리프전쟁의 원인이 되었다.[146]

> 급진파는 음험한 욕심으로 모로코를 장악했으니 현실주의적이라고 자평하겠지만 법을 무시하고 국제적 약속을 깨뜨리고 폭력과 속임수를 써서 상스러운 지배의 욕구를 온 세상에 촉발했다.
> 이는 에스파냐가 리프와 물라야로 가는 길을, 이탈리아가 트리폴리타니아로 가는 길을 열어준 것이며, 전에는 폴란드로 간 길, 어제는 페르시아로 가고 오늘은 만주로 가는 길을 차르 지배에 열어준 것이다.[147]

조약은 6월 28일 프랑스 의회의 표결에 부쳐졌다. 사회주의 진영은 페스 조약을 두고 여러 경향으로 갈라지기도 했지만[148] 7월 1일 사회주의자들은 전원 페스 조약 인준을 반대했다. 사회주의가 급진파보다 진보적이라고 믿게 할 길은 식민주의 비판이었다.[149] 나아가 외교 역시 인민의 주권보다 상위에 있지 않다는 조레스의 주장은 국민은 반드시 국가 밑에 있지 않다는 의미였다.[150] 독일이냐 프랑스냐가 문제의 전부가 아니었다. 독일이든 프랑스든 정복하고 식민지를 만드는 모든 정책은 정치, 금융 그룹의 조종을 받고 있다는 것을 똑바로 알아야 했다.[151]

1911년부터 1914년까지 프랑스 사회주의자들의 의회 발언의 3분의 2가 대외 분야였던 것은 주목할 일이다.[152] 사회주의는 외교의 뉘앙스도 섬세함도 모른다고 한 논평도 일리가 있었다. 그러나 '파괴 먼저, 건설은 그다음'이라는 식의 사회주의는 구식이 되었다. 1900년대의 사회주의자들은 정치 현장에서 일하기로 결단을 내렸고 외교라면 정해진 형식이 있다는 통념을 납득하지 않았다. 사회주의자들은 "당신들"의 보호조약은 진실을 감추는 나쁜 외교 관행임을 그들이 인정하도록 노력했다. 특히 이들 젊은 사회주의자들과 함께한 조레스는 있는 힘을 다해 국가 너머, 당장의 실익 너머 인간 사회가 가야 할 보다 높은 곳이 있다고 확신했다.

페스 봉기

모로코 술탄과 프랑스 정부가 주고받은 조약 문서로 일이 다 끝나지는 않았다. 페스 조약이 공포되고 4월 17일이 되자 페스에서 보호령 반대 봉기가 일어났다. 격렬했다. 《뤼마니테》는 4월 22일 '피 흘리는 질서'라는 제목 아래 조레스의 논설을 실었다.

> 20세기 공화국 프랑스에 무력으로 모로코의 항거를 진압했다는 확신이 있다면 진정 얼마나 대단한 승리인가.
> 그러나 이 무슨 야만의 연속인가? 침공, 정복의 사나움은 봉기를 도발한다. 불운한 프랑스 장교들과 하사관들이 목이 졸렸다. 어느 젊은 전신국 직원은 사망했다. 응징이 시작되고 모로코 수도는 포격을 당했다. 프랑스인 시체들이, 800구의 모로코인 시체 더미가 보호령의 첫째 트로피이다. 1000명의 토착민들이 체포되었고 재판을 받을 것이다. 재판정에 선 그들은 전투원으로, 전쟁 포로로 처우받지 않을 것이다. 반란자들이다. 그들은 침공에 봉

기로 답했고 거짓에 속임수로, 살해에 살해로, 흙바닥 어린이들과 여자들의 두아르(농가)를 쓸어 없애는 포환에 야만의 암살로 답했다.[153]

조레스는 잇따라 페스 봉기의 이유를 읽었다.

우리는 우리 사법권의 재판정에서 그들에게 이렇게 물을 것이다. 무슨 권리로 당신들은 당신들의 주인인 외국인에게 저항하는가? 그 (외국인)만큼 병사가 있는가? 대포가 있는가? 당신들의 예전의 독립이 조국이라고 할 것을 당신들에게 주었다고 생각하는가? 그러고는 매우 적법한 절차로 매우 공들인 선고를 내려 그들을 총살할 것이다.[154]
보호조약이 체결되자마자 조약은 피로 덮였다. 조약에 항거한 샤리프 부대는 불운한 프랑스 지휘관들을 살해했다. 침략자의 멍에에 굽히지 않기로 한 페스 주민들이 행동에 나섰다. 안에 흩어져 있던 프랑스 종대가 뛰어나갔다. 혁명을 일으킨 수도를 굴복시키는 데 이틀이 걸렸다. 모로코인 800명의 시체가 거리에 피를 뿌렸고 천 명의 죄수들이 재판을 기다리고 있다. 인간의 진보와 문명의 훌륭한 결산이다.[155]

그는 물론 비도덕적인 작전은 소득이 없다고, 이제 다시 이슬람의 마음을 얻자고, 그러려면 알제리, 튀니지, 모로코에서 행정을 공정하게 하고 조세를 인하하고 탈취한 재산을 복구시키고 토착민의 안전과 복리를 새롭게 보장하자고도 했다. 튀르키예와 페르시아, 중국을 언급하고 폴란드의 사정, 이탈리아의 트리폴리탄 침공을 빌미로 침투하는 러시아 전제정의 그물망 속에 있는 프랑스를 조감했다. 그러나 당장의 프랑스의 현실이 그의 모든 이성과 이상을 덮지는 않았다. 그는 신랄한 비애의 심정을 비치기도 했다. 침공은 저항을 부르고 봉기는 탄압을 부르고 거짓은 배신이 되니 약탈과 정복의 정책은 성과가 있다는 것은 저절로 커가는 문명의 악순환이었다.

그러나 1912년 6월, 조레스의 의회 질의는 다시 근본적인 것을 물었다. "우리는 무슨 권리로 모로코를 장악하는가?"[156] 의회 단상에 오른 그는 여러분은 프랑스의 이익을 위해, 알제리의 이익을 위해 모로코를 외국의 개입으로부터 보존해야 했다고 말하지 말라고 했다. 모로코의 어지러운 내부 정세도 빼지 않고 말했다. 그들이 지닌 저항이 분노이며 폭발이며 우리들 혁명의 시대에 그랬던 것처럼 재난과 범죄를 동반한 고매한 봉기임을 아무도 모르지 않을 것이라고 발언했다. 그가 발언했을 뿐 아니라 의회는 그 말을 모두 듣고 있었다.

> 그런데 우리는 그들을 어떻게 다루었으며 어떻게 다루고 있습니까? 자신의 땅, 자신의 독립성을 수호하려는 것에 어떻든 유죄를 적용했습니다. 여러분은 매일같이 지키려 불어넣는 그 자존심의 수호에 말입니다.[157]

그처럼 치열하게 그처럼 세밀하게 프랑스와 모로코를 같이 보면서 수행해온 조레스의 식민주의 비판은 당장은 아무것도 바꿀 수 없었지만 저기 있는 인간들이 겪게 될 어려움은 알았고 고통은 투시했다.

> 그러면 이 전쟁이 끝나면 모로코의 봉기는 흔적 없이 무너질 것인가? 알 수 없다. 처음에는 공포심에서 증오를 가슴속에 눌러 담을지라도 증오는 필경 때를 기다릴 것이다. 확실한 것은 잔인한 체제가 점점 확대되리라는 것이다. 수상쩍다는 혐의가 퍼지고 매일같이 경고를 발하면 보호령이라고 하는

것은 험악한 정복, 가차 없는 탄압이 되어갈 것이다.[158]

그리고 그들의 봉기에 미래의 씨앗이 들어 있다고, 진전과 변화의 가능성이 여기에 있다고, 그는 그 희망 앞에서 경례했다.

1913년 5월 25일 파리 동북부 교외 프레생제르베 언덕에서 열린 대규모 반전 집회에서 조레스가 연설하고 있다. 의상으로 보아 부르주아도 많이 참가했음을 알 수 있다.

1914년 7월 31일 조레스는 파리 몽마르트르 신문 거리의 크루아상 식당에서 암살당한다. 8월 4일 파리에서 열린 조레스의 장례식.

2장

반전反戰: 운동과 사상

1차 세계대전(1914. 7. 28-1918. 11. 11)은 탱크와 비행선 같은 신형 병기, 참호전과 화학전 같은 신전술, 대규모 탄약 제작과 수송 같은 현대적 병참, 유럽과 미국, 오세아니아에 걸친 40여 참전국, 식민지 병사 동원 체제 등 모든 면에서 역사상 처음 보는 거대한 전쟁이었다. 이 대전쟁은 유럽 정세에 대한 미국의 개입을 부르고 러시아혁명의 배경이 되고 식민지 민족운동을 촉발한 점에서도 세계사의 전환점이었다. 4년 4개월의 전쟁으로 군인 전사자 970만 명, 민간인 사망자 890만 명, 도합 약 1860만 명이 죽었다.[1] 프랑스의 전쟁 결과는 총인구 3960만 명 중에서 군인 전사자 139만 7800명, 민간인 사망자 30만 명으로 도합 사망자 169만 7800명, 군인 부상자 426만 6000명을 기록했다. 식민지 군인이 많이 포함되었지만, 18-27세의 프랑스인 남자 27퍼센트가 죽었다. 부상자 중에서도 사지가 절단되고 화학전으로 중상을 입고 실명당한 사람들이 속출했으며 전쟁미망인 68만 명, 전쟁고아 76만 명이 발생했다.[2]

3년법

파리에서는 1912년 내내 반전 집회가 열렸다.[3] 장소는 흔히 시내에서 먼 파리 동북쪽 19구 샤포 루주 공원이었다.[4] 1913년 봄부터는 군복무 기간을 2년에서 3년으로 늘리는 3년법이 주요한 문제로 떠올랐다. 1912년 3월 모로코 보호조약 후 독일과의 군비 경쟁은 더 첨예해지고, 위험한 발칸 정세는 1913년 2월, 3월 더 악화되어갔다.[5] 1913년 초에는 독일군이 병력을 12만 명 가까이 증원하여 현역병 총 85만 명을 보유하려 한다는 소문이 돌았다. 독일은 중화기 혁신 계획을 세워 15억 마르크의 예산을 베를린 의회에 청구했고 독일 사민당은 이 예산을 승인한 때였다.[6] 군복무 인원은 그대로 두면서 병력은 증강되는 3년법은 정부와 다수 의원들에게 타당해 보였고 이에 3년법 반대 세력은 한층 긴장했다. 정부는 이를 위험하게 보고 해마다 5월이면 파리 노동자와 사회주의자들이 여는 페르라셰즈 코뮌 추모 시위를 불허했다.[7] 3월 6일 의회에 3년법이 발의된 후 독립 사회주의자 브리앙의 정부가 두 달도 못 가 무너지고 중도 급진파 루이 바르투 정부가 들어선 참이었다. 1913년 2월 취임한 레몽 푸앵카레 대통령 역시 병력이 충분치 않은 인민의 평화는 가능하지 않다고 선언했다.

1913년 3월 군 합동참모본부에서 요청한 3년법 발의에 사회주의자 바이양은 즉각 '범죄행위'라며 반발했다.[8] 코뮈나르인 바이양은 혁명 정신이 투철했으나 어조는 항상 부드러운 사람이었다. 조레스 역시 '미친 짓'이라 했으며 3월 7일 《뤼마니테》에는 그의 논설 〈광기에 반대하여〉가 실렸다.[9] 《뤼마니테》는 이미 3월 1일 자로 프랑스어와 독일어로 된 반전 선언문을 나란히 싣고 프랑스와 독일 사회주의자들이 반전에 서로 동의한다는 뜻을 전했다. 독일 수정주의파인 루트비히 프랑크는 제국 정부가 결정한 병력 증강안을 거부하고 프랑스와 공동으로 전쟁 저지 방안을 찾으려 했다.

사회당의 3년법 반대는 드레퓌스 재심파였던 프랑시스 드 프레상세에 의해 불꽃처럼 튀었다. 서부의 산업항 브레스트에서 제10차 사회당 전국 당대회가 열린 것은 3월 23일, 3년법이 발의되고 얼마 지나지 않은 시점이었다.[10] 조용한 프레상세의 연설이 그날 얼마나 당대회를 울렸던지 당은 이 연설문만 따로 인쇄해서 배포하기로 결정했다. 20대 초부터 교육부에서 일하기 시작한 프레상세는 콘스탄티노플(이스탄불)과 워싱턴에서 근무한 외교 경험으로 국제 관계에 정통했다.

> 당신들이 어떻게 하든 당신들의 3년법은 이 불길하고 사악한 길에 대항마가 되지 못합니다. 5년 복무가 되더라도 당신들은 만족하지 못할 것입니다. 국방을 핑계로 늘 병영을 채우려는 것을 프랑스는 그만두어야합니다. 3년 복무는 이미 져버린 영역에서 벌이는 바보 같은 경쟁일 뿐만 아니라, 장군들과 전쟁 고위평의회는 오류가 없다고 믿는다는 뜻입니다.[11]

1913년 5월 프레생제르베 반전 시위

그날 파리 교외 프레생제르베 언덕

사회당 전국위는 3년법 반대 시위를 결정하고 정국이 급박하게 돌아가는 사이에 전격적으로 공고했다. 새 정부의 조각이 문제가 되었다.[12] 3월 23, 24일 당대회에 조레스와 게드가 브레스트까지 오지 못한 것은 그 때문이었다. 파리의 정국을 지켜보아야 했다. 3년법 반대 시위를 발의한 것은 수도 파리를 포함하는 센 연맹이었다. 당의 80여 개 도 연맹 중에서도 가입 노동자가 많고 정치적 발언도 강경했다.[13] 의회사회주의 그룹은 소속 의원 전원의 이름으로 센 연맹의 결정에 동의한다는 입장을 밝혔다. 《뤼마니테》는 이미 3년법 반대 청원자들을 모집하고 있었다. 각 도와 코뮌에 청원자 명단을 정리해 보내달라고 요청하자 하루 4000명, 9000명이 서명하여 5월 16일 48만 4668명, 5월 23일 56만 9946명을 기록했다. 3년법 반대 선전은 대대적이었다. 반대 벽보를 3만 장 찍어서 전국에 배포했는데, 5장에 1.5프랑, 100장을 구입하면 20프랑으로 할인 판매했다. 신임 루이 바르투 정부는 22일 연맹의 벽에서 모이는 코뮈나르 추모 집회를 허가하지 않았다. 군복무 기간이 2년이냐 3년이냐 하는 것은 농민, 노동자 중하층이 모두 관계된 국민적 사안이었다.

시위 날짜는 5월 25일로 고지되었다. 파리 민중, 사회주의 진영, 노동조직 누구에게나 5월 마지막 주간은 코뮌의 주검에 경의를 표하는 때였다. 5월 26일 자 《뤼마니테》는 1면 헤드라인 아래 작은 상자에 "코뮌에 경의를" 문구를 넣었다. 시위 장소는 파리 외곽 동쪽 언덕의 넓은 벌판 프레생제르베로 정했다. 준비 기간이 단 이틀밖에 없었지만 3월 16일 거의 같은 장소에서 집회를 연 경험으로 행사 준비는 차질이 없었다. 집회는 시간대에 따라 조직되었고 서로 멀리 떨어진 네 개의 문 입구에 시위 플래카드를 내걸어 각 집결지로 가는 방향을 안내했다. 안내위원들은 자전거를 타고 다니며 행사를 지휘했다. 음료수 행상들이 돌아다녔고 사회당 의원 26명이 참여했으며 아나키스트, 생디칼리스트가 많았다. 안내문은 연설을 듣고 4시 정각에 완전 해산한다, 시위 장소 밖에서는 깃발을 흔들지 않는다, 센 연맹 집행위는 아침 10시에 프레생제르베 구청에서 회동한다, 어린 여성들과 어린아이들이 집회 현장에서 각 구의 안내를 받아 대회 기념 표식을 판매한다고 조목조목 규칙을 정해두었다.

반전 군중

이날 프레생제르베의 장대한 집회는 브랑제의 흑백사진으로 기록되었다.[14] 또 가스통 프뤼니에의 그림은 5월 벌판의 초록 위로 붉은 기가 휘날리는 평화로운 분위기를 재현했다. 마치 대규모 민중 축제 같기도 했다.[15] 이때 열일곱 살이었던 초현실주의 작가 앙드레 브르통은 붉은 깃발, 선명한 표지와 기념물이 넘실대던 민중 집회였다고 또렷이 기억한다.[16] 집회 장소가 너무 넓어서 열다섯 개 지점에 목제 연단을 설치하고 연단 주위로는 붉은 기를 죽 돌려 꽂았다. 오후 2시 30분부터 팡파르가 울리고 노랫소리가 퍼졌다. 〈인터내셔널가〉, 〈17연대에 영광을〉 같은 노래를 합창했다.[17] 인터내셔널가 가사는 다음과 같았다. 대지의 저주받은 이들이여 일어서라! 굶주림의 형을 받은 이들이여 일어서라! 이성이 화산처럼 벼락 친다. 종말이 쏟아진다. 과거는 깨끗이 지워버리자. 수도 없는 노예의 무리여, 일어서라! 일어서라! 세상은 저 밑동부터 변한다. 우리는 아무것도 아니다. 모든 것이 되자! 최후의 결전이다!

집회 참가자는 주최 측 추산 15만 명, 경찰 역시 10만 명 선으로 보았다. 정부가 페르라셰즈로 가려는 1500명의 노동자를 막은 것이 오히려 프레생제르베 인파를 더 늘렸다. 3년법 반대, 전쟁 반대의 염은 가득했건만 그 많은 시위자들은 흥분하지 않았다. 파리 전역에 정치 집회가 금지된 상황에서 사람들은 조용히 강연장 언덕으로 올라왔다. 오랜 집회 훈련도 다수의 군중을 차분하게 만들었다. 《뤼마니테》는 이 많은 사람이 너무도 차분했다고 썼다.[18] 군중은 노동자 일색이 아니었다. 브랑제의 사진은 부르주아 차림의 중절모 쓴 남성들, 양산 든 여성들이 많았던 것을 확실히 보여준다.

연사는 사전에 지정했는데 80-90명이나 되어 한 사람당 연설 시간을 15분으로 제한했다. 면면은 사회당 의원들, 파리 시의회 의원들, 각종 노동자 사회주의 기구의 대표들이었다. 사회당 연사는 마르셀 카생, 바이양, 장 알르만, 조레스 등이었으며 획기적인 것은 여성 사회주의자들이 등단한 모습이었다. 3-5명이 나섰는데, 이날 취재 나온 사진기자들이 많았건만 아직 여성에게는 주의를 기울이지 않는 시대여서 그랬는지 이들의 모습은 카메라에 잡히지 않았다.[19] 연단에 선 여성 사회주의자들은 그해 1월에 창설된 사회주의 페미니스트 그룹에 속한 이들로 여성인권동맹 대표 마리아 베로네, 센 연맹 대표 루이즈 소모노, 교사인 알리스 주안 등이었다.[20] 여성 연사들의 등단은 모던해지는 사회주의를 가리켰으며 평화를 만인의 것으로 넓히려는 사회주의의 의지도 드러냈다.[21] 건축연맹과 토목연맹은 참가하지 않았지만 껄끄러운 사이였던 사회당과 노동총연맹이 힘을 합하게 되어 노동자들이 많았다. 다시 말하지만 부르주아 청중도 상당히 많았다. 전쟁을 하게 되리라는 불안감이 사회에 강하게 퍼졌으며 전쟁을 막으려는 반전 의식이 소수의 것이 아니었음을 알 수 있다. 사실 1차대전 전야의 반전은 한 당파나 한 개인이 주도하지 않았다. 서로 연합하지는 않았으나 사회주의, 노동운동, 부르주아, 가톨릭, 지식인이 공동으로 추진한 일이었다.[22]

우리는 이 야만적인 우연의 놀이를 하지 않을 것이다

이날 브랑제의 사진으로 남은 조레스의 얼굴은 노장의 기색이 역력하다. 쉰네 살이었지만 얼굴은 주름살이 파이고 수염이 하얗게 셌다. 파리 로제비올레 갤러리[23]에 보관된 이 사진의 원화는 흑백이었는데 나중에 누군가가 색을 입혀 목에는 장미꽃을 달고 삼색기 스카프를 매고서 커다란 적기를 휘두르는 그의 모습은 의원이 아니라 싸움에 몰입한 투사였다. 벌써 여름 같은 날씨에 조레스는 땀을 흘리면서 사람들에게 인사하고 적기에 경례하고 행복한 표정이었다고 노조 신문《바타유 생디칼리스트》는 전했다.[24]

이날 조레스의 연설은 기록으로 남지 않았다. 다른 연사들도 마찬가지였지만 준비된 문안을 읽은 것이 아니었기 때문이다. 그러나 특히 1905년 이래 부단히, 완강하게, 온 힘을 기울여 평화를 외쳐온 그의 논리와 의지와 심경은 충분히 짐작할 수 있다. 조레스는 1905년부터 분명히 말했다. "저는 '안심하고 잠드시오. 여러분을 보호하는 방죽과 장벽이 있소'라고 말하지 않습니다. 우리는 독일 사회주의자들에게도 이 놀이를 하지 않습니다." 그의 신문, 그의 연단은 이탈리아-튀르키예(터키) 전쟁, 발칸전쟁의 내막을 파헤치고 전쟁이 무엇인가를 드러내는 데 열중했다. 혹시라도 있을 수 있는 혁명을 바라고 전쟁을 부추기는 방식을 그는 단연코 거부했다.

> 유럽 전쟁으로부터 혁명이 분출할 수 있고 지도층은 그런 꿈을 꿀 것이다. 그러나 또한 그로부터 한참 동안 반혁명, 격노한 반동, 과도한 민족주의, 숨 막히는 독재, 가공할 군사주의의 위기가 닥칠 수 있다. 반동의 폭력, 저열한 증오, 보복과 예속화가 연쇄적으로 닥칠 수 있다.
>
> 우리는 이 야만적인 우연의 놀이를 하지 않을 것이다. 프롤레타리아들이 진취적으로 해방을 성취하리라는 확실성, 아무리 약소한 민족이라도 가리지 않고 모든 민족에게 남겨진 공정한 자율권, 유럽의 사회주의적 민주주의의 온

전한 승리. 우리는 거기에다, 그 놀이에다 모든 것을 내맡기지 않을 것이다. 그 때문에 우리들 프랑스 사회주의자들이 인류 그 누구의 권리라도 낮추었다고 아무도 비난할 수 없을 것이다. 프롤레타리아에 긴요한 민주주의와 사회주의의 정착과 성장, 그것을 가능케 하는 조건은 무엇보다도 평화이다.[25]

그는 '평화의 사도'였다. 아무리 전쟁을 반대했어도 대의의 깃발만 나부꼈을 뿐 속절없고 결국은 무력했다는 평으로 반전 운동을 무화할 수는 없을 것이다.[26] 신랄하게 반전을 주창한 이들도 1914년 8월 총동원령과 함께 에르베처럼 애국주의로 돌아선 것은 흔히 모순으로 지적되어왔다. 그러나 전쟁과 평화의 문제는 개인과 집단의 반전 의식을 삼켜버릴 만큼 거대한 현실이었으며, 중요한 것은 노동자들 가운데서 전쟁을 원치 않는 목소리가 높았다는 사실이다.

《병사의 지침서》

1902년에 출간되어 1905년에 13쇄를 찍은 조르주 이브토(1868-1942)의 《병사의 지침서》는 진솔한 이야기였다.[27] 표지에 제목을 이탤릭체로 예쁘게 쓰고 부드러운 테두리 선을 넣어 격렬한 인상을 지웠고 지은이는 예리한 사상을 잔잔하게 들려주었다. 어려서 고아로 자라 교회를 다녔을 뿐 정규 교육을 받지 못한 이브토는 파리 외곽 오퇴유의 교회에서 자랐다. 고아원 사업단에서 인쇄업을 배웠고 훗날 사망할 때에는 이 사업을 이끈 루셀 사제에게 존경심을 표했다.[28] 폐결핵으로 군대에 가지 않은 그가 아나키스트가 되고 노동운동에 가담한 것은 노동회관 창시자인 페르낭 펠루티에[29]와 만난 다음이었다. 펠루티에의 이른 사망 후 노동회관 총서기를 맡은 그는 1914년까지 노조 대회가 열리면 어떤 노조든 어디든 달려갔다. 정치에 반대하고 군사주의에 반대하는 노동자의 의미를 선전하기 위해서였다. 열렬한 반전 활동은 그를 계속 재판정에 서게 했고, 벌금 처분을 받거나 몇 달씩 수감되어도 그는 굽히지 않았다. 1905년 판에서 '새 병사의 지침서'로 제목을 바꾼 이 문건으로 다시 기소되었을 때는 자기는 한 줄도 쓰지 않았고 서기로서 서명만 했을 뿐이라고 변호했다. 사실 41명의 피고인이 저마다 자신이 필자라고 법정 진술을 했지만 이 책은 오히려 더 유명해져서 1914년 이전에 20쇄를 찍었다. 모두 20만 부가 팔린 이 책은 이렇게 시작한다.

> 우리의 부모와 조부모, 불행한 조상들은 조국이라는 이 마법 같은 말을 배워 썼지만 무엇보다 그 말의 희생자였다.[30]

이브토는 과격한 언사를 쓰지 않았다. "우리도 어려서부터 칼과 총을 노리개 삼아 군사주의에 인이 배도록 자랐으며 군대에 가면 상명하복에 길들어 나온다"고 지적한다. 군대가 몸에 밴 사회에 대한 저항인 반군사주의는 이 무렵에 갑자기 생성된 것도 아니다. 전쟁 동원만이 문제가 아니었다. 수많은 노동자가 군대에 가고 그 군대는 자칫 노동자 시위에 총을 겨누는 처지가 되는 모순이 군사주의에 대한 반감을 키웠다.[31] 우리는 신행선의 연구로 1914년 이전 프랑스 노동자들이 조국을 혐오한 것만은 아니며, 전쟁 발발 전에는 반전 입장에 섰다가 막상 전쟁이 벌어지자 참전한 것은 다른 문제라는 것을 알고 있다.[32]

그러나 반군사주의는 정서적이거나 심정적이지 않았고 아나키즘이라는 거대한 사상의 비호 아래 자랐다. 아나키즘이라면 곧 반反국가로 통하는 것 같지만 바쿠닌은 조국과 국가를 구분했다. 조국은 모든 개인, 모든 인간 집단, 결사, 지역, 지자체, 민족이 가지는 이론의 여지 없는 신성한 권리를 표상했다.[33] 유럽 아나키스트들은 1899년 말에 최초의 아나키즘 반군사주의 기구를 설치했고 1902년 12월에는 이 기구를 반군사주의 동맹으로 발전시켰다.[34] 이 동맹의 공동 창립자였던 이브토는 곧 서기가 되었으며 혁명적 생디칼리슴이 반군사주의와 연결되는 데 주요한 역할을 했다.[35] 1908년 10월 마르세유에서 열린 노동총연맹CGT 대회는 조국이 자본주의의 소유가 된 것을 어떻게 막느냐 하는 문제로 치열한 토론을 벌였다.[36]

누구의 조국인가

《병사의 지침서》는 어떤 조국을 원했을까. 이브토는 전쟁에 반대하는 수많은 이의 염원을 대변하여 간명하게 말했다.

> 우리는 어려서부터 선함을 경탄하고 약자를 연민하는 대신 전쟁을 찬양하고 힘을 경외하도록 배웠다.[37]

반전주의 노동자들, 이들이 납득할 수 없는 것은 조국이 누구의 조국인가 하는, 어쩌면 단순한 문제였다. 그들의 조국은 국경선 안에 갇히지 않고 매우 보편적이었다.

> 우리나라를 사랑해야 한다! 그러나 그건 마치 산 너머 강 너머 바다 건너 사는 사람들이 모두 행복해야 한다고 하듯이 여기 사는 사람들이 마음을 모아

행복을 원하기 때문이 아닌가. 우리와는 언어와 풍속과 관습이 다르고 기후가 다른 그들의 행복마저 우리가 원하기 때문이 아닐까.

우리나라는 프랑스이며 우리는 그를 사랑해야 할 뿐 아니라 오직 그에만 봉사해야 한다. 자기 나라를 사랑하는 이들만이 그렇게 말할 권리가 있다. 그것을 증명할 수 있기 때문이다. 일하고 생산하는 이들. 밭을 가는 농부, 물품 제조하는 노동자, 만인을 위해 복리와 미를 창조하는 발명가, 학자, 예술가. 온 힘과 온 솜씨를 다해 사회정의를 위하는 혁명가들. 이들이 진정한 애국자가 아닌가?[38]

《병사의 지침서》는 저 고대로부터 평화를 희구한 철학자들과 작가들의 이름을 빌렸다. 작가와 사상가에 의지한 것은 경제적으로 착취하고 군대를 불러 방패로 삼는 부르주아와, 프랑스의 정신과 문화를 일궈온 부르주아를 구분했기 때문이다.

전쟁을 항상 악으로 삼은 것은 키케로, 세네카, 마르쿠스 아우렐리우스 황제였다. 파스칼과 라이프니츠 이래 칸트까지 일련의 사상가들, 톨스토이와 그라트리 신부, 라브뤼에르와 볼테르 이래 하인리히 하이네, 빅토르 위고, 라마르틴까지 풍자 작가와 시인들은 끊임없이 전쟁은 부당하며 부조리하다고 선언했다.[39]

이 책을 손에 든 독자들은 이어서 에라스무스, 디드로, 마블리, 샤토브리앙, 또 다른 작가들의 전쟁과 평화, 살육과 인류에 관한 명 구절을 읽었다. 모파상, 위고의 한 구절도 나왔다. 《병사의 지침서》는 유럽의 군사 예산을 항목별로 모두 적시하고 또 나폴레옹 전쟁 이래 19세기 내내 전쟁에 동원된 병사들, 희생자들의 수도 밝혔다.

이브토에게는 "십자가에 성호를 긋는 것이나 국기에 경례하는 것은 모두 똑같이 서글픈 정신 상태"로 보였다. 더 나은 교육이 이루어져야 했다. 자신은 높은 곳의 사회, 높은 곳의 인류, 왕 없는 사회, 국경 없는 인류를 향해 손을 뻗는다고 한 저자는 결국 전쟁을 반대하고 조국을 다시 정의 내리고 군비를 거부하는 그 일을 해야 하는 것은 우리들이라고 마지막 구절을 썼다.[40]

에르베의 반전, 반조국

더 거세게, 더 요란하게 반전의 기수로 나선 이는 리세 교사를 지낸 선전가 에르베였다. 중부 욘 연맹의 사회주의자인 그의 본령은 언론이었으며 이에 힘입은 그의 반전은 지나치기도 했지만 그때까지는 모르던 수준으로 반군사주의의 반경을 넓혔다. 자본주의하에서 국가를 수호할 의미가 없다는 그의 반전 이념은 1905년 이후 당에서나 노동자들 사이에서 지지를 받았다.[41] 계속된 반전 활동으로 교사직을 잃은 그는 '사회전쟁'이라는 제호의 주간지를 간행하고 다른 동지들과 함께 이 논단에 반전의 정당성을 폈다.

> 조국이 우리의 사랑하는 땅, 우리의 마을, 우리의 도시들이라고 하는데 나는 그 땅에 1센티미터의 땅도 갖고 있지 않다. 마을과 도시 역시 땅만큼이나 전혀 나의 것이 아니다. 집주인에게 무거운 비용을 지불하지 않는 한 거기서 거주할 수 없고 집주인이 스위스인이든 독일인이든 프랑스인이든 그 사실은 마찬가지다. 조국은 나의 동포들로 구성되어 있다고 하나 그들 중에는 나의 적들, 내가 속한 계급의 적들이 있다. 빈곤한 자들의 노동을 착취하

는 자본가들이다. 나는 사람을 동포와 외국인으로 구분하는 것을 허용치 않는다. 우리는 물론 헌법에 많은 자유를 갖고 있지만 사람은 자유롭기 위해서는 자유를 이용할 물질적 가능성을 가져야만 하며 프롤레타리아는 그 가능성이 없다.[42]

1906년에 창간되어 1916년까지 간행된 《사회전쟁》은 1910년 즈음에는 5만-6만 부를 발행하며 넓은 의미의 반전 의식을 북돋았다.[43] 자본주의에 반대하고 노동자의 투쟁을 옹호하고 의회주의와 사민주의를 비판하고 인터내셔널을 주시하고 경찰의 권위를 따지고 여성 억압에 반대하는 이념이 반군사주의였다. 사회주의 진영에서는 대립적 논쟁을 일으켰지만 에르베의 "반애국"은 병영을 파고들었다.[44]

총연맹의 반전 운동

조르주 이브토, 또 에밀 푸제, 에밀 파토 같은 혁명 그룹의 등장으로 노동운동의 반군사주의는 반조국과 결합했다. 산별노조가 조직되기 전에도 노동자들은 파업 때 군대가 고용주 편을 드는 것에 분개했다. 국가와 식민지의 분쟁을 보면서는 고용주와 기생적 부르주아 계급에 속고 희생당한다고 느꼈다. 반군사주의는 총연맹에 단계적으로 스며들었다.

1911년 7월 1일 아가디르항의 판처호 사건 후 7월 하순에 레옹 주오와 22명의 프랑스 노동자 대표는 베를린의 노동자 반전 대회에 참석했다. 독일 노동자들 역시 진지하게 반전에 나섰고, 자유롭게 반전 집회를 열 수 있다는 확고한 느낌을 주었다.[45] 대회는 저녁 8시 시작인데 7시부터 사람들이 가득 모여들었다. 주최 측은 인파가 몰리리라 예측하고 회의실을 두 개 잡아두었다. 총연맹 서기 주오는 주 회의실에서 발언할 예정이었다.[46] 며칠이 지난 8월 4일 파리에서도 바그람 회관에서 같은 성격의 집회가 열렸다. 독일, 에스파냐, 네덜란드, 영국 대표들이 반전의 우의를 다졌다. 프랑스 대표들은 마드리드와 바르셀로나에서 열린 반전 대회에도 참석했다. 이어서 9월 24일 파리 외곽 항공공원에서 5만 명은 모였을 반전 시위가 조직되었다. 1912년 3월 모로코 보호조약이 체결되고 10월에는 발칸전쟁이 발발하자 총연맹은 비상 대회를 개최했다.[47] 오스만 제국은 리비아에서 패배하자 마케도니아를 통제하려 분쟁을 일으켰다. 세르비아, 불가리아, 그리스, 몬테네그로가 연합하고 프랑스와 러시아의 지지를 받았다. 발칸 정세가 얼마나 유럽 전체의 문제인지, 따라서 얼마나 프랑스의 문제인지 총연맹도 잘 알고 있었다.

그해 11월 24일과 25일에 열린 총연맹 파리 비상 대회는 유난했다. 마치 한 시대를 증언하겠다는 듯 그동안의 노동자 반전운동의 역사를 전문前文처럼 실었다. 우선 제1인터내셔널부터 반전 의식이 치열했음을 되새겨 1867년 로잔, 1868년 브뤼셀 대회의 반전 선언문을 수록했다.[48] 그 중에도 극적이고 절실한 반전 발언은 1870년 7월 독일과 전쟁 개시 후 나온 노동자들의 목소리였다.[49] 노동자들의 반전 의식은 이념이 아니라 생활 문제를 다루는 협동조합에서도 공유했다.[50] 주오는 "어제까지는 낙관적이었으나 지금은 그렇지 않다"고 하고 '우리들'의 책임을 명시했으며 이 중요한 사태에 임하여 다 같이 의논하고 결정하기 위해 노동자들에게 서신을 보낸 것이라고 했다. 연맹 대표, 노조Union 대표 또는 노동회관 대표를 망라해서 사태의 위중함은 노동자들에게 공유되었다.[51]

총연맹은 1913년 7월 의회에서 3년법이 통과되는 시점에 파리에서 사흘 동안 대회를 열었다.[52] 상황의 긴박함으로 파리 밖으로 멀리 나가기가 어려웠다. 정작 전쟁이 일어나면 곧 전쟁터로 나가야 하는 것은 젊은 병사들이었다. 하지만 그들 젊은이가 모두 반전 의식을 지닌 노동자는 아니었다. 젊은이들과 전쟁을 주제로 박사학위 논문을 작성한 욜랑드 코엔은 반군사주의 젊은이들과 민족주의 젊은이들이 부딪친 장면을 비중 있게 보았다.[53] 우익 민족진영은 젊은이들을 사로잡아야 한다는 의식이 강했다. 조국의 앞날이 그들에게 달려 있었다. 사실 10년 전 드레퓌스 사건 때와는 분위기가 달라져 대학이 민족진영에 끌렸다. 민족주의 젊은이들은, 군대를 부르주아 군대라고 거부하고 지금같이 조국 없는 나라를 만들려는 자들의 반대편에 섰다. 이들은 공화파 군대가 무능하다고 보고 엄격한 위계질서를 다시 세워 나라를 소생시키려 했다. 사회의 부정의에 저항하는 것은 양편 다 마찬가지였다.[54]

여기까지는 총연맹 노동자들과 조레스의 프롤레타리아 관념이 어긋나지 않았다. 그러나 조레스의 '프롤레타리아와 조국'은 이를 지반으로 프롤레타리아의 책무를 한껏 높이고 넓혔다. 이렇게 불공정한 자들이 횡포를 부리는 힘, 자본주의와 묶여 이 무수한 다수를 전쟁으로 몰고 가려는 힘과 대결하는 주역이 프롤레타리아였다.[55] 여기서 에르베의 논리를 무너뜨려 이 논란에 균형을 잡아야 하는 것은 조레스의 책임이었다. 조국은 배타적인 경제적 범주에 기초를 두지 않았다. 조국은 가진 자들의 좁은 계급성에 갇혀 있지 않았다. 조국은 훨씬 높은 이상, 깊은 유기성을 갖는다. 조레스는 조국을 프롤레타리아의 조국으로 세워야 한다고 믿었다. 따라서 군은 인민과 혁명과 뗄 수 없는 관계를 맺고 있었다.[56]

반전의 인터내셔널

조레스와 인터내셔널

조레스는 공화파에서 사회주의로 넘어온 경우이고 코뮌 세대가 아니었다. 코뮌과 연관된 인터내셔널 운동을 모르고 20대를 지냈다. 그러나 카르모 광부와 농민들의 지지를 받아 의회에 들어오자 그는 의사당 연단에서 인터내셔널 문제를 꺼냈다. "25년 전 우리는 실제 영토의 일부는 잃었지만 프랑스라는 자부심, 자유와 생의 권리는 잃지 않았다"고 전제하고[57] 인터내셔널은 그 자유와 연결된다고 풀이했다. 그는 "그러나 모든 나라의 모든 사회주의자들은 평화가 실현되기를 기다리면서 있을 수 있는 외국의 침략자들에 맞서 각자 조국을 수호할 의무가 있습니다" 하고 자신의 입장을 세웠다. (중도 좌파, 좌파에서 잘한다!)[58]

물론 그는 독일의 베벨, 오스트리아의 아들러, 프랑스의 게드와 바이양, 벨기에의 안세일러, 이탈리아의 투라티, 에스파냐의 이글레시아스 그리고 러시아의 플레하노프 같은 인터내셔널 창건자 그룹에 들지 않았다. 그러나 제2인터내셔널의 성세는 유럽 대중 정당의 출범과 동반했으며[59] 다음 4부 1장에서 보듯 프랑스 사회당의 창당과 건설에서 조레스의 몫은 크기만 했다. 그의 비중은 1896년 7월 런던 대회에서 다른 사회주의자들처럼 입장하려는 아나키스트들을 밀어내는 데 가담하여 생디칼리스트들이 조레스를 마땅치 않게 보던 때와는 아주 달라졌다.

조레스에게 인터내셔널은 무엇보다도 반전의 이상이자 실천 기구로서 절실하게 다가왔다. 1848년 혁명으로 민족 문제가 사회주의와 중첩되면서 어디에도 해답은 없었을 것이나 제1인터내셔널(1864-1876)에서도 전쟁 반대는 주요 의제였다. 1870년 독일-프랑스 전쟁 후 공백이던 반전 문제를 일으켜 세운 것은 1889년에 발족한 제2인터내셔널(1889-1914)이었다. 어느 대회에서든 노동자들은 전쟁에 반대했고 노동자 해방의 우선 조건으로 평화를 제창했다. 이 분위기는 파리 창립 대회, 1891년 브뤼셀 대회, 1893년 취리히 대회, 1896년 런던 대회에서 변함이 없었다.

조레스가 인터내셔널에 매력을 느낀 또 하나의 이유는 이 거대한 결사체가 빈틈없는 과학성에 기반하고 있다는 점이었다. 과학성이란 인터내셔널이 문제를 피하지 않고 각자의 의견과 해석의 차이를 모두 드러내고 한자리에 모여서 공개적으로 발언하고 비판하고 지적으로 싸우는 그 자체였다.[60] 각 회의실에서 열리는 인터내셔널 위원회는 시대의 요구인 과학성에 입각했으며 누구도 총괄할 수 없는 분업 체제의 기구였다.[61] 인터내셔널의 과학성은 전례 없는 산업 기술의 변화, 경제구조의 변화, 노동의 변화와 연관되었다. 대회마다 동서 유럽, 또 미국, 러시아, 남아메리카 각국 대표들은 빈손으로 오지 않았고 대회 참석자들은 각국이 처한 산업과 노동문제 보고서를 산같이 쌓아놓고 쟁점을 공유했다.

마리루이즈 고에르겐은 이 시기 독일과 프랑스 사회주의자들의 교신과 통섭 상황을 알려주었다.[62] 독일과 프랑스 노동자들,[63] 프랑스와 독일 사회주의자들은 상대방의 당대회에 번갈아 참석하여 정보와 우의를 나누었다. 독일의《디 노이에 차이트》,《조지알리스티슈 모나츠헤프터》, 프랑스의《라 르뷔 소시알리스트》,《르 무브망 소시알리스트》같은 일류 잡지들에 양측의 필진이 기고했다.[64] 소규모이지만 양측 사회주의 문건의 번역본도 나왔다.

유럽의 국제 중재

조레스와 사회주의자들이 끊임없이 국제 중재를 촉구하고 또 이에 기대를 걸었던 것은 허상에 빠진 것이 아니었다. 칸트의 영구평화론, 훔볼트의 과학성을 가진 독일 역시 평화주의를 추구하고 있었다.[65] 독일의 반전운동은 소리 나지 않게 널리 퍼졌다.[66] 19세기의 윤리적, 인도적 평화라는 가정은 물러가고 과학적인 개념과 방안이 평화론에 들어왔다. 1898년 독일평화협회는 재정은 빈약했어도 74개 지부, 약 8000명의 회원을 두었다.[67] 1880년 이후 중재 기구들이 네덜란드, 스위스 베른, 제네바에 수립되었고 영국, 벨기에, 이탈리아, 스위스가 참가하는 평화 회의가 열렸다. 의회 간 국제회의에는 프랑스 의원들도 참여했다. 이 회의는 함부르크, 토리노, 베른, 스톡홀름, 로마, 제네바, 헤이그, 파리, 글래스고, 루앙, 르아브르, 보스턴, 루체른, 밀라노, 뮌헨, 런던, 브뤼셀에서 개최되었다.[68] 그러나 반전은 어려운 문제였다. 당은 통합과 함께 전쟁, 즉 대외정책에 시달리리라 한 제바예스의 예상은 적중했다.[69] 조레스는 자기는 슈투트가르트 대회 후 독일에 며칠간 남아 부르주아 신문, 사회주의 신문 모두 많이 읽었다며 독일 사회주의 지도자 카우츠키의 견해도 소개하고 독일 사민당의 예나 당대회의 전망도 전했지만 압권은 이 자리에 앉아 있는 당신들 프롤레타리아, 이 자리 바깥에 있는 무수히 많은 프롤레타리아에게 대쪽같이 한 말이었다. 슈투트가르트의 반전 방안을 실현하기 위해서는 프롤레타리아의 노조 가입과 조직과 활동이 필요했다.[70]

> 여러분이 지금 같은 혁명의 이상, 도약의 힘을 지니고 5600만 명의 산업 프롤레타리아 가운데 50만 명이 아니라 단 몇 년 만에 첫 100만 명에 도달한 독일 노조원 같다면, 지금 이 순간 노조 대회에 회비를 내는 노동자 170만 명이 착석해 있는 영국의 노동조합Trades Union 같다면, 여러분이 이 열정과 비약에 숫자의 힘을 더한다면《르 마탱》,《르 탕》,《레 데바》, 또 다른 신문

들의 지지를 받아 국민이 원하지도 않는 식민지 원정을 참도록 하는 그런 정부가 서지 않을 것입니다.[71]

1907년 슈투트가르트 대회

인터내셔널은 문을 닫고 자기들끼리만 자본주의의 착취에 분개하고 그러고는 조용히 자기들 나라로 돌아가는 맥없는 시공간이 아니었다. 1907년 남부 독일 슈투트가르트에서 열린 대회에서 보듯 인터내셔널 대회가 열리면 세계 최대 언론사에서 특파원들을 파견했고 대회 일정을 하루하루 보도했다.[72] 인터내셔널 측에서도 3년이나 4년에 한 번씩 열린 대회마다 대회장의 장식, 선전 책자, 군중 시위, 축하 공연을 세심하게 꾸몄다. 만찬, 개막 행사, 대중 시위, 상징물, 죽은 자들에게 바치는 경의, 대회의 플래카드가 좌중을 압도했다.[73] 노래도 빠지지 않았다. 슈투트가르트 대회에서도 개막식 합창단이 〈라살레 찬가〉를 불렀다. 라살레 추모는 마르크스-엥겔스주의가 확실하게 당 이념이 되는 1890년 이후 많이 축소되었지만 그래도 노동자들의 라살레였다. 연단 오른편에 붉은 천을 드리운 커다란 라살레 흉상을 놓았다. 오스트리아의 사회주의 지도자 아들러는 슈투트가르트 대회를 둘러보고 세상에 일찍이 없었던 장엄한 걸작이라고 평했다.[74]

인터내셔널은 무엇을 지시하는 기구가 아니었지만 그리스에서 에스파냐까지, 러시아에서 이탈리아까지 계급 정당이 모두 모였다. 한 나라에는 하나의 당을 수립한다는 것이 인터내셔널의 원칙이었지만 실제로는 셀 수도 없는 지방 조직이 그물망처럼 뻗어 있었다. 라이프치히, 헤센, 바덴, 취리히, 바르샤바, 셰필드, 브뤼셀, 릴, 밀라노 또 유럽을 넘어 시베리아, 시카고, 뉴욕, 볼리비아에서 당 신문과 노동 언론이 인쇄, 배포되고 있었다. 핍박을 받는 아르메니아도, 국가가 없는 유대인들도 연차 보고서를 작성해서 대회장에 들고 왔다. 주목할 것은 사방의 지역별 노조, 산별노조들이었다. 여느 대회처럼 슈투트가르트 대회에서도 임금과 고용, 조직, 실업, 파업 현황을 보고했다. 1890년대 말 4000만 명 선에 이른 유럽과 북미 산업 노동자의 자신감, 양질의 노동, 거친 착취, 새로운 기계류 도입이 혼재했다. 노동생산성을 1880년대에 비해 12.5퍼센트 올린 기술력, 수출 신장, 파업을 해야 하는 노동계급의 현실이 보고서에 담겨 있었다.[75]

참석자 884명의 대의원은 더구나 1905년 1월 러시아혁명으로 자못 의기양양했다.[76] '프롤레타리아의 전쟁 반대'는 이 분위기에서 슈투트가르트 대회 일정에 올라 있었다. 전쟁에 대한 답이 평화냐 혁명이냐 하는 두 개의 전술, 선택의 대립이었다. 혁명을 강력히 제창한 것은 폴란드 출신의 룩셈부르크와 러시아의 레닌이었다. 독일 측에서는 베벨과 폴마르가 방어전과 공격전을 구분할 것을 요구했으며 오스트리아의 아들러는 더 신중하게 프롤레타리아에게 전쟁은 불가하다는 의식을 심어주는 것 외에 인터내셔널이 전쟁을 저지할 방법은 없다고 했다. 오히려 프랑스 측에서 에르베의 독설 같은 반전론이 나왔고 청중이 새겨듣는 온건한 바이양조차 총파업과 봉기론을 주장했다. 조레스 역시 "의회 행동으로는 충분치 않고 노동계급의 천재성을 소환해야 한다"고 주장했다.

우리가 배신자입니까?

자기 나라 군대를 그렇게 존중하는 사람이 인터내셔널 대회에 와서 전쟁은 막아야만 한다고 하는 것은 다분히 모순이 아니었을까.[77] 조레스는 "여러분은 평화를 열렬히 원한다"고 전제했다. 유럽의 정부와 인민은 평화를 원했다. 그런데 누구나 평화를 원하건만 군사 예산은 해마다 증액

되고 있었다. 이 모순을 없애는 길, 인민들 사이의 전쟁을 없애는 길은 개인들 사이의 경쟁, 경제의 전쟁, 무질서를 없애는 것 외에 다른 방법은 없었다.

슈투트가르트 대회의 주제는 전쟁 반대 문제였다. 베벨이 대변한 독일 사민당의 결의안은 조국은 계급 지배의 국가와 자본주의 체제만으로 이루어진 것이 아니라고 설명했다. 독일의 교육, 예술, 문화는 모두 미래 프롤레타리아의 재산이며 이것을 사랑하고 또 공격받지 않도록 지키는 것은 잘못된 조국애가 아니며 노동자들에 대한 배신이 아니었다.[78] 베벨은 더구나 신생 통일 국가의 다수당 지도자로서 책임을 지고 신중해야 할 이유가 많았다.[79] 전쟁이 발발하는 경우 노동계급이 할 수 있는 행동 방안도 미리 규정할 수 없었다.[80] 사회의 무질서를 폐지하는 것만이 전쟁을 막을 방법이라는 것은 독일 사회주의자들이나 프랑스 사회주의자들 그리고 다른 인터내셔널 대의원들 모두 숙지하고 있는 사실이었다.[81] 그러나 슈투트가르트에서 독일과 프랑스 양자 간 전략 차이가 선명하게 드러났다는 것은 인터내셔널 역사가들에 의해 누누이 지적되었다.[82]

조레스는 9월 초에 파리 시내 티볼리보알 회관의 연단에 섰다.

> 《르 마탱》은 슈투트가르트 대회 초에 큰 활자로 이렇게 인쇄했습니다. "다른 모든 외국 사회주의자들은 애국자이다. 조국을 버리고 조국을 싫어하는 이들은 프랑스인들뿐이다." (청중 동요.) 대회가 끝난 뒤에는 "반反프랑스 대회 폐막". 《르 라디칼》, 《르 탕》, 《레 데바》, 모든 부르주아 신문이 이구동성이었습니다.
>
> 시민 여러분, 제가 아무리 이런 일에 익숙하다 해도 놀라운 마음이 들었습니다. 우리는 특권자들과 부르주아가 황폐하게 한 나라를 언제나 영웅적으

로 구해온 이 프랑스 프롤레타리아를 대표합니다. 그런 우리들이 하루아침에 배신자가 되어 카이자 놀이를 하는 끔찍한 독일 사회주의자들의 함정에 빠진단 말입니까?[83]

1914년 7월 조레스의 마지막 베즈 연설

사라예보

1914년 6월 28일 일요일 사라예보의 총성이 울렸으나 이를 보도하는 《르 탕》, 《뤼마니테》의 논조는 침착했다. 《르 탕》은 사라예보 통신원의 속보 기사로 오스트리아 황태자의 피살 사건을 1면 중간에 싣고 제국의 계승자였던 황태자의 생애를 자세히 곁들였다. 《뤼마니테》는 이튿날인 월요일 29일 자에 1면 한가운데 세 단을 할애하여 페르디난트 황태자 내외의 사진을 싣고 내용도 충실히 보도했지만 앞으로 이 사건이 위험을 부르리라는 식의 섣부른 예단을 삼갔다. 파리뿐만이 아니었다. 베를린 신문들도 기사의 제목과 논조를 과장하지 않았다. 1차대전의 발발 책임이 누구에게 더 있는가를 둘러싼 역사학의 논쟁은 전쟁 후 100년이 지나도 미해결 과제이다. 그러나 파리나 베를린이나 들뜨지 않았다. 사람들이 전쟁을 바라지 않았기 때문일 수도 있다. 사건이 일어난 세르비아는 직접적으로는 오스트리아-헝가리 제국의 행정 지배하에 있었다. 그러나 오스트리아는 독일과 긴밀했고 세르비아인들은 슬라브 민족에 속했다. 사라예보의 총탄은 같은 슬라브 민족 러시아로서는 방관할 수 없는 사건이었고 러시아는 프랑스와 동맹 관계였다. 오스트리아의 군사력은 세르비아를 압도할 만큼 충분히 강했지만 다른 유럽 국가들과 상대하기에는 약한 수준이었다. 독일의 지원이 확실해야 세르비아를 칠 수 있었다. 오스트리아는 한 달 남짓 지나 결정을 내렸다. 7월 23일 저녁 6시, 오스트리아 대사가 세르비아 수도 베오그라드 외교부를 찾아와 오스트리아 정부의 '최후통첩'을 전하고는 48시간 내 공식 답변을 요구했다. 이틀 후 25일 저녁 6시, 황태자 피살 사건을 충분히 조사하고 있지만 오스트리아의 직접 조사는 거부한다는 세르비아의 공식 답변을 듣자 대사는 바로 대기하고 있던 자동차로 기차역으로 가서 베오그라드를 떠났다.

조레스는 그날 25일 오후에 파리에서 남쪽 리옹으로 이동했다. 리옹에서 보궐선거가 예정되어 있었다. 이날 그는 리옹시 베즈 선거구의 보선에 나갈 마리우스 뮈테를 지원하기 위해 리옹에 갔다. 선거일이 다음 날이었고 베즈에는 4년 전에 새로 지어 수천 명이 들어가는 큰 회관이 있었다. 베즈는 오래된 도시 리옹 북쪽, 노동자와 서민이 많이 사는 구역이었다. 리옹 사회당 인사들의 준비도 치밀했지만 사라예보 사태 후 정세가 긴박하니 리옹 인근의 다른 도에서도 사람들이 모여들었다. 모두들 반전의 투사인 조레스의 말을 듣고 싶었다. 토요일이라 저녁 8시 넘어 시작한 강연회에 3000명이 운집했다. 이날 조레스의 강연은 리옹이 속한 론 연맹이 발간하는 《라브니르 소시알리스트》(사회주의의 미래) 8월 1일 자에 실렸을 뿐 문건으로 남지 않았다. 이 연설은 조레스의 명연설 중에서도 고전으로 손꼽히는 연설로, 프랑스 국민의회 웹사이트에 실려 있다.[84]

리옹 베즈 회관에 선 조레스

조레스는 베즈의 연설 첫머리에 유럽이 이처럼 위협적이고 비극적인 상황을 맞은 적이 없었다고 정세의 급박함을 알리면서 책임 문제를 상기했다. 프랑스의 대외정책과 유럽의 외교 관계를 정밀하게 분석하고 질타하고 배후의 비밀스러운 정책을 거부해왔지만 실제로는 외교에 어떤 영향도 줄 수 없는 그에게 무슨 책임이 있었던 것일까. 프랑스 외교관들이 조레스의 의견을 참조한 바는 없었다.[85] 그러나 그가 책임이 있다고 한 것은 '나는 발언할 책임이 있다'는 뜻이었다. 지금 어느 국가에 더 책임이 있는가를 따지려는 것이 아니었다. 물론 프랑스도 책임이 있었다.

> 오스트리아가 보스니아·헤르체고비나를 병합할 때 우리들 프랑스인들은 반대해서 최소의 건의를 할 수도 없습니다. 왜냐하면 우리가 모로코에 개입해 있고, 먼저 다른 이들의 죄를 용서하고 우리의 죄를 용서받을 필요가 있기 때문입니다. (……) 우리가 무력으로, 군대로 모로코로 침투해 들어갔을 때 야심과 질시와 분쟁의 시대를 여는 것이라고 우리가 말했을 때 저들은 우리를 나쁜 프랑스인이라고 비난했습니다. 프랑스를 걱정한 것은 바로 우리들입니다. (……)
> 어느 민족이나 손에 손에 작은 횃불을 들고 유럽의 거리를 가로지르며 이제 불길이 솟고 있습니다.[86] 시민 여러분, 우리는 우리가 책임져야 할 몫이 있습니다. 그렇다고 다른 이들의 책임이 감춰지는 것은 아닙니다. 우리는 독일 외교의 음험함과 거칢, 또한 러시아 외교의 이중성을 고발할 권리가 있고 의무가 있습니다. 오스트리아에 반대해서 세르비아의 편을 드는 러시아는 아마 이렇게 말할 것입니다. 위대한 슬라브 인민인 나의 가슴은 세르비아의 약소한 슬라브 인민에게 누가 폭력을 행하는 것을 참지 못합니다. 누가 세르비아의 심장부를 쳤습니까? 러시아 외교장관이 오스트리아 외교장관을 만나는 자리에서 러시아는 오스트리아에 말했습니다. "당신이 보스니아·헤르체고비나를 병합하는 것을 용인하겠소. 내가 콘스탄티노플 가까이 흑해로 나갈 교량을 하나 세우게 허용한다면."

조레스는 러시아의 이즈볼스키 외교장관과 오스트리아 에렌탈 외교장관 사이에 오해가 일어났다고 지적하고 러시아는 오스트리아와 공모했다고 판정했다.[87]

> 30년 전부터 만약 오스트리아가 보스니아·헤르체고비나 인민들에게 잘했다면 오늘 유럽이 이렇게 힘들지는 않았을 것입니다. 그러나 성직자의 오스트리아는 전제주의였고 보스니아·헤르체고비나를 가톨릭으로 개종시키려 그들의 신앙을 박해했으며 인민의 불만을 초래했습니다. 프랑스의 식민지 정책, 러시아의 음험한 정책 그리고 오스트리아의 사나운 의지가 지금 같은 가공할 상태의 창출에 기여했습니다. 유럽은 악몽에 빠졌습니다.

그는 연단에 오르기 30분 전에 오스트리아와 세르비아 사이의 외교적 파탄 소식을 들었다. 그러나 이것이 곧 오스트리아와 세르비아 간의 전쟁 발발을 의미한다고 말하지는 않았다. 더구나 그는 "만약 전쟁이 일어난다면 불가피하게 유럽 전쟁으로 확대되리라고 말하고 싶지 않다"고 확언했다. 막아야만 하는 것은 1912년 발칸전쟁 앞에서 탄식했던 인간의 살육이었다. 아무리 자본주의에 원인이 있어도 전쟁으로 자본주의를 파괴하는 것이 아니라 전쟁을 막아야 했다.

> 여러분은 발칸전쟁을 보았습니다. 군단 하나가 거의 전부 전쟁터에서, 병원 침상에서 쓰러졌습니다. 하나의 군단은 30만 명의 일부입니다. 30만 명 가운데 10만 명이 홍역에 걸렸습니다. (……) 유럽의 재앙이 어느 정도일지 생각해보십시오. 발칸 같은 30만 명의 군대가 아니라 200만 명의 군대 넷, 다섯, 여섯 개입니다. 이 사태가 어떤 학살일 것이며 어떤 폐허, 어떤 야만성

이겠습니까. 폭풍의 암운이 이미 우리에게 드리운 때에, 아직도 완전한 범죄가 일어나지는 않았기를 바라는 이유입니다.

1914년 여름이면 사회당은 그전 회기보다 의석 수가 많이 늘었다. 석 달 전 5월 총선은 3년법 지지파를 응징이라도 하듯 사회당 의석을 103석으로 늘려주었다. 조레스 역시 카르모에서 다시 당선되어 6선 의원이 되었다. 6월에, 사회당은 떠났지만 사회주의자인 르네 비비아니를 수반으로 좌파 정부가 구성되었다. 한편 사회당은 반전의 결의를 다지기 위해 7월 14-16일 파리에서 비상 대회를 열었다. 인터내셔널은 8월 15일 오스트리아 빈에서 회동하고 반전의 수단을 다시 강구할 예정이었다.[88] 라인 양안이 모두 휴가 중인 사회주의 지도자들을 불러들였다. 게드는 리모주에서, 카우츠키는 로마에서, 오스트리아의 아들러는 바드나우하임에서 수도로 돌아왔다.

반전을 이렇게도 바라는 우리는 아마 질 것이다

7월 25일은 선전포고 일주일 전, 열차들이 전선으로 젊은 병사들을 나르는 중이었다. 조레스는 그 속에서 그래도 평화를 방어하고 그래도 이 나라 저 나라 인민의 우애를 바라보았다. 목적은 오직 가공할 대량 살해를 막기 위해서였다. 다른 이들도 그랬지만 조레스 역시 전쟁을 막을 어떤 대안이 남아 있지 않았다. 사실 사회당원 프레상세는 1913년 10월 브레스트 당대회에서 반전의 임무를 설명하면서 이렇게 말하기도 했다. "반전을 이렇게도 바라는 우리는 아마 질 것입니다." 조레스의 베즈 연설도 이렇게 끝났다.

어떻든 시민 여러분, 저는 일종의 절망으로 이 이야기를 합니다. 살해와 야만의 위협을 받고 있는 이 순간 평화의 유지와 문명의 구원을 위해서는 프롤레타리아가 프랑스, 영국, 독일, 이탈리아, 러시아의 수많은 형제들에 기대야 할 것입니다. 이 수많은 사람들이 이 무서운 악몽을 피하도록 진심으로 마음을 합쳐 행동해야 할 것입니다.

7월 휴가철이라 부르주아와 어린이들이 휴양지로 떠나 파리는 텅 비고 조용했다. 7월 27일 전쟁에 반대하는 노조원들의 시위도 경찰의 강경 대응으로 조용히 끝났다. 러시아와 회담하러 상트페테르부르크로 향했던 푸앵카레 대통령과 비비아니 총리는 스칸디나비아 일정을 취소하고 29일 파리에 도착했다. 조레스는 29일 인터내셔널 사무국이 있는 브뤼셀로 갔다. 프랑스 대표단의 일원으로 게드, 르노델과 동행했다. 인터내셔널은 비상 상황에 대처하기 위해 사무국 회의를 소집했다. 회의를 마치고 브뤼셀 왕립서커스단회관에서 다시 한 번 반전을 역설한 조레스는 7월 30일 저녁 파리행 기차에 올랐다.

그는 이튿날 31일 오후에 케도르세에 들러 새로운 소식이 없는지 알아보고 저녁에는 뤼마니테에 갔다가 신문사 옆 카페 크루아상으로 자리를 옮겨 젊은 편집인 동료들과 지면 구성을 의논했다. 장 롱게가 크루아상 말고 코크도르 식당으로 가자고 했는데 조레스는 거기는 음악 소리가 나고 시끄럽다며, 하던 대로 크루아상으로 가자고 했다. 저녁 9시가 가까웠다. 《뤼마니테》 식구들이 모두 모였다. 외신부장 장 롱게, 사회주의 의원 피에르 르노델, 또 다니엘 르누, 앙드레 르누, 뒤케르시, 사회당 서기 루이 뒤브뢰유, 협동조합의 에르네스트 푸아송, 화학자인 《뤼마니테》 운영자 필리프 랑드리외, 문학과 법학 학위가 있고 아나키즘에 해박했던 신문인 아메데 뒤누아.[89] 여러 사람이 합석했기 때문에 식탁을 여러 개 모아 긴 회식 자리를 만들었다.[90] 모두 내일 나올 신문 이야기를 하고 저녁 먹고 서로 쳐다보는 중이었다. 창가에 앉은 조레스를 정확히 겨냥하여 발사된 두 발의 총탄이 그의 목을 명중한 것은 그때였다.[91] 암살자 라울 빌랭은 동부에서 온 민족주의자였으며 파리의 학생이었고, 단독 범행이었다.

하루하루 정세가 긴박하니 신문 나오는 몽마르트르 거리에 사람들이 많았다. "조레스가 죽었다"라는 외침과 함께 사람들이 몰려 내려왔고 이미 숨을 거둔 그의 시신은 파시 자택으로 운구되었다.[92] 모자를 벗은 사람들 열두 명이 파리 서쪽 파시 자택까지 병원차를 따랐다. 모리스 바레스는《레코 드 파리》에 조레스의 딸에게 보내는 편지로 곧 애도를 표했다. 프랑스의 총동원령은 8월 1일에 내려졌다. 그날과 이튿날 연이어 동원 명령을 받은 예비군, 지상군이 가벼운 배낭을 메고 가족과 함께 역으로 가서 전선으로 떠났다. 열차는 쉬지 않고 병사들을 실어 날랐다.[93]

총연맹 노동자 레옹 주오의 추도사

독일의 대프랑스 선전포고는 8월 3일, 조레스의 장례식은 8월 4일. 그의 장례식에 추도사를 전한 인사는 프랑스 정계를 거의 망라했다.[94] 수많은 추도사 가운데서도 노동총연맹의 지도자 레옹 주오의 연설은 특히 역사에 남았다.[95] 주오는 친구에게 말하듯 고인을 튀tu라고 불렀다. "당신은 떠났어. 평화의 사도, 국제 협의의 사도는 갔어. 유럽을 피로 물들였던 그 어느 시대보다도 전쟁의 기운이 세상을 짓눌러도 열렬하기만 했던 당신의 인류애, 그 애정의 희생자, 당신의 눈은 시뻘건 화염의 광채를, 포탄이 땅에 쌓아놓을 끔찍한 시체 더미를 보지 못하겠지."

우리는 이 전쟁을 원하지 않았다. 피 흘려야 하는 목적을 이루려고 범죄적 주도권을 꿈꾸고 이 전쟁을 시작한 이들은 응분의 벌을 받아야 할 것이다. 싸울 수밖에 없게 되면 우리는 역사가 물려준 문명, 관대한 이념의 유산을 지키기 위해, 나쁜 세력들의 손에서 어렵게 빼앗은 몇 가지 자유를 망치지 않을 것이다. 우리의 뜻은 언제나 인민의 권리를 더 키우고 자유의 영토를 넓히는 것이었다. 지금 우리가 총동원령에 부응한다면 그 뜻을 따라서다.[96]

레옹 주오는 말을 맺기 전에 조레스에게 이런 인사를 보냈다.

조레스는 평화를 원하며 우리가 벌이는 열정적 행동을 북돋우는 동력이었다. 평화가 승리하지 못했다면 그것은 그의 잘못도 우리의 잘못도 아니다. 이미 출발한 노동자들의 이름으로, 나 또한 떠날 사람들의 이름으로 대규모 살해가 일어나기 전에 나는 이 관棺 앞에서 끔찍한 범죄를 저지른 야만적 제국주의, 군사주의에 우리의 모든 증오를 보낸다.[97]

주오가 노동자였듯이, 전쟁이 끝난 후 1924년 11월 23일 조레스의 유해를 남부 향리에서 파리 팡테옹으로 이장할 때 운구를 맡은 이들은 카르모의 광부 노동자들이었다.[98]

4부

당의 건설

1904년 8월 암스테르담에서 열린 제2인터내셔널 6차 대회. 분열되었던 프랑스 사회주의 통합의 방향이 여기서 결정되었다.

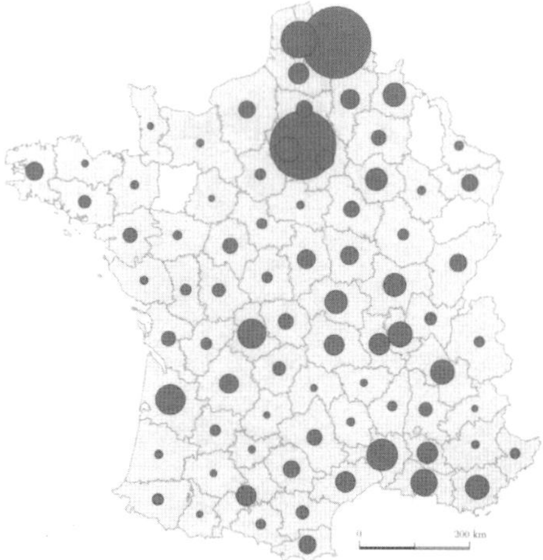

1905년 4월 통합사회당 창당은 당원이 늘고 의석이 신장하는 발판이었다. 지도는 1913년 사회당 가입 분포도이다. 그림 속 문구는 "우리 피에르가 사회주의자가 되겠대요", "《사회주의 대중화》 구독하여 당신의 서재를 완벽하게…".

1장

인터내셔널과 프랑스 통합사회당SFIO 창당

조레스는 갔다. 그러나 그가 사라지기만 했을까. 확실하게 남은 것이 있었다. 당이었다. 마침내 1905년 4월 30일 파리 글로브 회관에서 창당 대회를 연 그 프랑스 통합사회당은 또한 '노동자인터내셔널 프랑스지부Section Française de l'Internationale Ouvrière'(약칭 SFIO)로 불렸다. 이때부터 1920년 투르 당대회까지 해마다 열린 사회당 전국 당대회 속기록에는 표지 상단에 두 이름이 나란히 걸렸다.

그러나 우리는 프랑스 사회주의가 분열을 끝내고 새날을 맞는 이 국면에서 사회주의의 적이자 동지인 급진주의를 먼저 생각하지 않을 수 없다. 1914년 이전 급진주의는 프랑스 정치의 가장 중요한 이념이자 세력이었기 때문이다. 그리고 프랑스 사회주의의 운명을 결정하는 1904년 8월 제2인터내셔널 6차 대회를 살펴보려 한다. 이 대회의 역사적 중요성 때문에 전반적인 대회 모습과 독일 사회주의에 도전한 조레스의 개혁 이념을 구분하며, 마지막으로 당의 통합을 위해 인터내셔널이 내린 패배에 지지 않기로 하는 조레스의 결단과 지도력에 주목한다.

급진당을 창당하는 프랑스 급진주의

프랑스 민주주의의 정통, 급진주의

프랑스 사회주의의 통합 과정을 보려 하면서 본론으로 직행하지 못하고 굳이 급진주의를 먼저 보려는 데는 이유가 있다. 1871년 제3공화정 첫 번째 총선 이래 반원형의 총의석 분포도에서 공화파와 급진파 그리고 그 옆의 소수 사회주의자들은 어김없이 하나의 좌파를 이루었다.[1] 자크 쥘리아르가 크게 그려 보인 프랑스 좌파의 반경은 누구라도 이탈할 수도 거부할 수도 없는 역사적 문제였다.[2] 좌파 내의 이념과 세력의 변경과 분산과 생사에도 불구하고 18세기 후반부터 20세기 초반을 하나의 맥 속에 포섭할 수 있다. 여기에 19세기 프랑스는 실질적인 좌파 결합의 가능성을 장치했다. 개인주의적 정치 풍토의 약체성을 지양하려 한 이 틀 역시 어느 당파도 불복할 수 없는 제도였다. 1차 투표에서 어느 후보도 과반을 얻지 못하면 약세인 후보는 강세인 다른 후보에게 양보하는 방식은 1880년대 이래 시의회 선거, 도의회 선거, 하원 총선의 불문율이었다. 급진주의는 개혁적이었던 프랑스 부르주아들이 공들인 작품이었다.[3] 제정 말기 강베타의 벨빌 강령(1869) 이래 1889년 클레망소의 공약까지 급진파는 언제나 개혁의 상징이고 실체였다. 개헌, 행정의 탈중앙화, 사법 개혁, 인적 쇄신, 교회와 국가의 분리, 누진소득세, 퇴직연금법 모두 급진파가 제창했다. 자크 카이제르는 급진주의의 역사적 투쟁은 1820년 반동의 시기부터 내려왔다고 설명한다.[4] 급진주의로 옮기는 프랑스 말 라디칼리슴radicalisme은 영국의 정치 언어인 래디칼radical에서 왔다.[5] 《영국 노동계급의 형성》은 영국의 급진적 정치 문화가 19세기 초부터 확고했음을 실증하는 사회사 책이다.[6] 프랑스 급진파는 1848년 혁명에서 반동 세력에

졌지만 남부 랑그도크 일대, 지중해 연안 내륙에서 성공하며 종내는 서부와 북서부, 동부 국경지대를 제외하면 거의 전국적인 지지를 받았다.[7] 나폴레옹 제정을 밑바닥에서부터 갉고 있던 것은 급진파였고 1871년에는 코뮌과 베르사유 정부 사이에서 제3의 역할을 시도한 것 역시 그들이었다. 급진파 지지층은 어느 지역에서나 지주와 연금 생활자, 은행가, 대상인, 기업인, 변호사, 건축가, 엔지니어, 신문기자, 의사, 공무원, 사무직, 군인, 농업인을 두루 포함했으며 소장인과 노동자가 다수였다.[8] 남부, 수도 파리에서 급진파는 명망 있는 스타 인사를 쉬지 않고 배출했다.[9] 카미유 펠탕, 페르디낭 뷔송, 조르주 클레망소. 이들은 대체로 소, 중간 규모의 재산가였고 프리메이슨과 결부되었지만 센도, 부르고뉴, 상트르 어디서나 자기들 고장에 밀착해서 정치를 했다.[10] 정치학자 미셸 오페를레가 보여준 것은 이 시기 파리 시의회를 연속 석권한 급진파 시의원들이다.[11] 그렇게 토대를 닦은 급진파는 1893년부터 1910년까지 총선에서 언제나 다수를 차지했다. 1893년 이래 프랑스 사회주의는 급진파에 훨씬 못 미쳐도 급진파와의 경쟁을 의식하며 성장했는데 이제 급진파의 급진당 결성을 보게 된 것이다.

이 사정은 독일 사민당은 모르는 일이었다. 독일 사민당은 독일인들이 1871년 통일 과업을 선포하기 전에 이미 출범한, 그것도 노동자들의 조직에 근거한 정치 세력이었다. 1870년대 초에는 갑작스러운 라살레의 죽음에도 불구하고 그가 닦아놓은 전독일노동자협회ADAV의 기반 위에 마르크스주의의 이론을 접목하여 처음부터 거대 정당의 길을 갔다. 1871년 코뮌 후 프랑스 사회주의는 깨지고 다치고 소수 분파로 나뉘고 진통을 겪는 시간이었다. 그렇지 않아도 1848년 이래 공화파의 민주적 혹은 혁명적 핏줄은 급진주의에 모두 흘러 들어갔다.[12] 사회주의는 자본주의 아래 개혁하자는 급진파와 다르다고 하면서도 급진파 옆에 가까이 가면 안 되었다. 1898년 드레퓌스 사건에서 혁명사회주의파가 드레퓌스 재심에 적극적이지 않았던 것도 급진파와 한데 섞이는 것을 원치 않았기 때문이다. 반면 급진파는 드레퓌스 사건으로 정치적 신망도 얻고 인간의 권리라는 근대적 이념을 권리 선언이 아니라 개인에게 적용되는 사실로 만들었다.[13] 중대한 정치적 수확이었다.

1902년 급진당 창당

1902년 급진당 창당은 19세기 내내 프랑스 정치사에서 볼 수 없던 큰 정당의 수립이 가능하다는 놀라운 뉴스였다. 물론 일사불란하게 체계적으로 조직된 정치 결사체는 아니었다. 1902년 6월 파리에서 열린 급진당 창당 대회는 볼만했다. 전국 각지의 급진파-급진사회주의 그룹과 급진주의를 지지해온 선거위가 모였다. 476개 선거위와 155개 프리메이슨 지부, 215개 공화파 신문 외에 급진파 신문, 급진 사회주의 신문이 두루 모인 조직 아닌 조직이 급진당이었다. 애초에 이 일을 주도한 것이 파리의 공화파 신문《르 라펠》이었다.[14] 급진당 창당 대회에 모인 1132명의 참석자는 상원의원 78명, 하원의원 201명, 도의원과 시장, 시의원, 선거위원, 프리메이슨 지부 회원, 여러 종류의 결사체 성원, 신문사 편집위원 들로 구성되어 짜임새가 촘촘한 프랑스 부르주아의 정치 문화를 유감없이 드러냈다. 개인주의적인 각지의 연맹이 공화파 개혁의 기치 아래 하나가 되었다.[15] 급진당의 창당은 산업화의 폐해를 막고 민주정을 잘 유지하려는 프랑스 사회개혁의 중추가 되었다.[16]

사회주의가 근본적으로 사회철학에 기반하듯이 급진주의 역시 철학적이었다. 실증주의가 가장 공통된 철학적 자세였을 것이다.[17] 그러나 급진파는 19세기의 기둥인 자유주의를 지키면서도 거기서 벗어나야 한다는 강박관념이 있었다. 첨단 학문인 사회학의 태동으로 학문적 지원을 받았으며 드레퓌스파로 활약하고 뒤르켐과 같이 《사회학연보》를 간행한 셀레스탱 부글레(1870-1940)가 대표적이다.[18] 부글레가 그렇듯이 사회주의적 급진파라는 이름으로 급진파의 왼쪽 세력이 형성된 것도 그런 이유에서였다.[19]

금권 만능 풍조에 대한 반감은 좌파만 독점했던 것이 아니며 우리가 페기나 모라스에서 잠시 보았듯이 민주주의는 금권 위주라는 관념은 우파에서 더 날카로웠을 것이다. 그러나 해결책을 내놓은 것은 좌파인 급진파였다. 급진파는 정의와 자유가 대립적이라는 부르주아의 "오만"을 버리고 싶었다. 그러면 대안이 어디에 있는가? 샤를 지드의 원대한 경제사상은 칸트의 윤리 의식을 물질 관계에 도입하는 장場이었다.[20] 빈곤에 대한 국가의 관심은 오래되었어도 국가가 나서야 한다는 사상은 프랑스에서 받아들이지 못하고 있는 때에[21] 레옹 부르주아를 비롯한 급진파 정치가들은 국가 개입 정책을 정당화하는 근거를 추구했다. 한창 발전하는 조사와 통계가 원군이었다. 국가 개입이라면 질색을 하는 보수파를 달래고 의회와 관료들을 자극한 것은[22] 파리 뮈제 소시알Musée social이었다.[23] 사회와 노동의 온갖 자료를 모으고 레옹 드 세일라크의 자원으로 수많은 노동자 대회를 쫓아다니며 통계학을 수립한 이 민간기구는 1895년에 문을 열었다.[24] 급진파 정치 이론은 19세기 과학의 힘을 빌렸다. 파스퇴르의 유기체적 생존 방식, 더 나아가 다윈주의의 세계관과 연결되었다. 다윈의 진화론은 오직 적자생존, 고삐 풀린 개인주의로 해석되지 않았다. 이 개체 간의 우애와 상부상조의 자세는 요즘의 사회주의 연구자 필리프 샤니엘이 주목하는 양상과 같다.[25]

지금은 사회적 끈이라고 부르는[26] 이 연대주의는 빚 개념을 설정하고 빚이란 갚아야 하는 것이니 그 빚을 지금 사회에서는 타자들에게, 미래를 위해서는 다음 세대에게 갚아야 한다는 결론을 내렸다.[27] 개개인을 넘어 개인들을 융합하는 것이 결사체association이니 누구나 결사체의 다른 사람에게 불의와 사악함, 위험이 닥쳤을 때 빚을 갚을 의무가 있었다. 레옹 부르주아의 연대는 이 문제를 쉽게 풀어 설득력을 얻었다. 연대주의에는 부르주아, 중간층, 소중간층의 삶의 방식, 원하는 것들이 섞여 있었다.[28] 혁명기로부터 19세기 중반까지 우애가 맡아 하던 일을 연대가 이어받으면서 레옹 부르주아가 숙달된 입법자였듯이 법의 공화국에서 법적 승인을 받게 되었다. 독일이나 벨기에에 비한다면 아직 프랑스의 제도는 노동 입법, 노동 중재, 노사관계 모두 미약한 편이었다.[29] 그럼에도 부르주아 사회에서 정책만이 아니라 자신의 사회에 고유한 사회철학을 세워간 것은 의미가 깊다.[30] 그것은 아마 요약하면 프랑스 정치철학의 핵이라 할 나moi에서 나를 부수지 않고 우리nous를 만들려는 시도이자 노력이었다. 이러한 새 방향 역시 인간을 돌봐야 한다는 드레퓌스 사건의 깨달음과 연관이 있었다.

클레망소에 대한 조레스의 반론

조레스는 이 급진주의를 피하지도 두려워하지도 않았다. 파고들었다.[31] 사회주의 진영에서 누구보다도 급진파를 의식하고 급진주의를 반박하면서 급진당 창당에 경각심을 가진 것은 그였다. 그는 1885년 불랑제 사건이 대두하던 즈음의 급진주의 상황도 돌아보고 무엇이 급진주의의 약점인가를 유추했다.[32]

그것은 현실 정치를 대단히 중요하게 여기는 그의 정치적 안목에서 비롯되었다. 또한 잘 해결되지 않는 소유의 문제, 즉 이론과 현실의 괴리가 무척 고민스러웠기 때문이다. 개인 소유의 논리와 그에 집착하는 사람들의 심정을 인정하면서도 이를 물리쳐야 사회주의가 뻗어나갈 것이었다. 원칙적으로 그는 계급으로 구분되는 현 사회의 모순을 급진주의의 개인과 연대로는 깨뜨릴 수 없다고 보았다. 1부 2장에서 소유에 대한 조레스의 논의를 잠시 보았지만 그는 결국 클레망소와 맞붙었다. 일곱 개 정당이 표를 나눈 1906년 5월 총선에서 급진당이 총의석 585석 중 246석, 총득표의 28.53퍼센트를 차지하는 대성공을 기록한 때였다. 조레스는 이에 기죽지 않고 6월 12일, 14일, 15일 그리고 19일까지 하원 토의에서 내무장관 클레망소를 물고 늘어졌다. 정부는 왜 노동자 파업에 탄압의 정책밖에 못 갖고 있는가. 질의의 핵심은 그 점이었다.[33]

> 지금 제가 내각 수반께 말하고 있는 이 순간에 파리에서 파업을 한 20만 명의 노동자, 파리와 외국의 모든 노동자는 자신의 자유가 침해되었다고 믿고 있습니다. (……) 집결하게 된 이 노동자들은 의회에, 정부에 묻습니다. 당신들은 우리를 위해 무엇을 합니까? 사회문제에 대해 당신들이 내놓는 해결책은 무엇입니까? 아, 저는 내무장관께서 은근히 당황하고 분개하는 것을 이해합니다. 그는 지금까지 모든 제도에 대해 부정적인 비판을 해왔습니다. 그러나 새로운 사회, 새로운 체제에 대한 결론이 없습니다.[34]

조레스는 1906년 급진파의 집권 이후, 노동계급과 접촉하는 급진주의가 있고 보수화된 급진주의가 있다고 나누었다. 급진주의가 새 비전을 세울 수 없는 것은 근본적인 정치철학의 문제에 달렸다고 조레스는 본 것 같다. 1906년 8월 14일 《르 주르날》지와의 긴 인터뷰에서 조레스는 "나는 급진파가 아니었던 것이 사실이다. 나는 그때부터 이미 급진파가 사람에 대해서는 공격적이고 사물 앞에서는 소심한 것을 책망해왔다"고 말했다.[35] 그러나 급진파를 부인하고 공격하는 조레스도 실질적이고 이념적인 급진주의의 공적을 잘 알고 있었다. 사회 입법은 이 시기 프랑스에서 빨리 진척을 보기에는 너무나 복잡다단한 과제였다. 복지국가로 가는 길에는 민법 관련 문제들, 안전과 자유의 철학, 위험에 대한 방비 논의, 기술적 차원의 문제들, 사회적 권리에 대한 분석, 모든 것을 정치적으로 처리해야 하는 어려움이 담겨 있었다.[36]

프랑스 사회주의와 급진주의 사이를 다그쳐 말하기 어렵지만 어떻든 양자는 가까웠어도 무척이나 달랐다. 사회주의는 독일인, 벨기에인, 이탈리아인, 또 영국인이 모두 모인 인터내셔널과 한 식구였고 급진파는 그런 것에 조금도 마음이 동하지 않았다. 프랑스 안에서 프랑스인들하고만 싸우고 친하면 문제가 없었다.

프랑스 사회주의, 암스테르담으로 가다

1904년 8월 제2인터내셔널 암스테르담 대회

1904년 여름 네덜란드 암스테르담의 음악당 콘세르트헤바우에서 열린 제2인터내셔널 6차 대회는 8월 14일부터 일주일간 계속되었다. 시 남쪽 공원 옆이라 주위에는 수목이 우거졌고 대회장 안에도 사방에 꽃 장식을 하고 깃발을 세웠다. 현수막 아래 22개국 444명의 대표가 각자 배치된 테이블에 앉았다. 오스트리아 사회주의자 아들러는 이 찬란했던 장면들은 모든 이들의 뇌리에서 잊힐 수 없으리라고 했다.[37] 하지만 대회장의 프랑스 개혁파는 심란하기만 했다. 우선 세勢 싸움에서 불리했다. 프랑스 대표 82명 중 혁명파 게드주의자가 41명, 개혁파는 이보다 10명이 적은 31명이었다. 혁명파에는 게드, 바이양, 마르크스주의 이론가 A. 브라크, 교수 마르셀 카생, 또 북부를 제패한 릴 시장 들로리도 있었다. 개혁파에는 비비아니, 브리앙, 프레상세, 루아네, 제로리샤르, 르노델, 그리고 알르만파 여섯 명이 합세했다. 중요한 것은 몇 해가 지나서도 1899년 사회주의자 밀랑의 공화 정부 입각 논란이 가라앉지 않았다는 사실이다.

하지만 양 진영 모두 여비를 들여 암스테르담까지 온 이유는 국내의 싸움을 재연하기 위해서가 아니었다. 프랑스 사회주의 통합 문제에 결정권을 쥔 것이 독일을 비롯한 유럽 사회주의자들이었다. 대회의 의제는 일곱 가지나 되었고 '사회주의 정책의 국제 규정'이라는 해당 의제는 유럽 사회주의 전반의 향방이 걸린 중대사였다.[38] 수정주의를 중심으로 이른바 개혁주의가 독일, 프랑스, 이탈리아 등에 쫙 퍼지고 있었다.

인터내셔널 연단의 조레스

조레스는 이 싸움에 굽히지 않았다. 〈의회 연설문 서론〉이라고 이름붙인 조레스의 긴 논설은 암스테르담 대회 몇 주 전에 편집이 끝났다.[39] 인터내셔널에서 자신이 베벨, 카우츠키 같은 독일 정통파의 공격을 받을 것이고 게드파는 독일 측의 지원으로 승리할 것이라는 예감 속에 쓰인 글이었을까. 그렇지는 않았을까. 조레스는 이 논설에서 자신의 사회주의가 게드주의와 어떻게 다르고 또 클레망소의 급진주의와 어떻게 다른가를 명확히 했다. 그렇게 준비를 마친 그는 8월 19일과 21일 암스테르담 연단에서 유럽 사회주의 대표 440명을 앞에 두고 통역이 따라갈 수 없는 긴 호흡으로 포효했다.[40] "조레스, 당신은 계급투쟁이라는 사회주의의 근본을 부정했으며 부르주아 정당에 협력한 것은 배신"이라는 게드, 베벨, 룩셈부르크의 지탄에 그의 분노와 비판은 끝이 없었다. 암스테르담 대회 속기록뿐 아니라 그해 《라 르뷔 소시알리스트》 40호에 전문 그대로 실린 그의 긴 연설을 몇 줄밖에 옮기지 못한다.[41]

> 사회주의라는 말을 전파하기 위해 게드와 내가 함께 일할 때 가끔 들은 말이 있습니다. 그는 가끔 3800만 프랑스인 중에서 집산주의에 직접 반대하는 계급은 20만 명도 안 된다고 했습니다. 대중은 그 모습이 잘 보이지 않는 데다 이질적이고 한결같지 않지만 그런 대중을 내버려두려는 것은 어리석음을 넘어 범죄적이기도 합니다. 사회주의의 프롤레타리아는 대자본에 반대하는 고유한 계급 정당으로 조직되어 그 당에 영향을 미치고 그 당을 인도해야 합니다
>
> 프롤레타리아의 당이 독자적인 목표, 조직, 방식을 가져야 한다는 것은 맞습니다. 그러나 자본주의가 단번에 무너집니까? 개혁을 비웃는 것이 마땅한 일입니까? 프랑스에서 급진파는 넓은 스펙트럼을 갖고 있습니다. 민주적 농민, 장인, 상점주 들을 대표합니다. 급진파는 소득세, 사회보장, 심지어는 공공설비의 국유화를 약속했습니다.[42]

조레스는 거기서 그치지 않았다. 독일을 향했다.

> 한 치도 망설이지 않고 말하겠는데 그들은 드레스덴 결의안을 인터내셔널의 뜻으로 만들어 그들을 붙잡고 있는 불확실성과 망설임을 세계 사회주의

에다 몰래 집어넣으려는 것입니다. 그러면 지금 평화와 자유를 보장해야 할 유럽과 세계에 중요한 것이 독일 사회민주주의의 비극적 무력함이 됩니다. 진보와 평화를 지키려는 프랑스 사회주의의 대담한 시도가 아니라. (……) 지난 6월 300만 표를 획득하고서도 당신들은 진정한 정치 행동으로 나아가지 못했습니다. 왜 그런지 압니까? 당신들은 혁명가로 행동하지도 못하고 의회인으로 행동하지도 못하기 때문입니다.

그는 독일을 아프게 찔렀다.

역사적으로 당신의 노동자들 사이에는 혁명의 전통이 부재합니다. 그들은 바리케이드 앞에서 보통선거권을 획득한 일이 없습니다. 그것은 위에서부터 내려왔습니다. (……) 당신들이 제국의회에서 다수여도 사회주의가 주인이 되지는 않을 것입니다. 당신들의 의회Parliament는 사이비 의회이기 때문입니다. 제국은 당신들의 것이 아닙니다. 당신들의 수도에서 인터내셔널 사회주의를 영접할 수 없는 것입니다.

어느 정도 수세에 몰린 베벨은 그날 오후 2시, 회의가 재개되자 "확실히 독일은 반동적, 봉건적이고 경찰국가이고 유럽에서 가장 나쁘게 운영되는 국가이다. 그러나 누가 밖에서 와서 우리의 상황이 얼마나 참담한지 가르쳐줄 필요는 없다. 공화국이라고? 그것이 아마 낫겠지. 그러나 우리가 그 때문에 머리를 싸맬 일은 없다." "부르주아 왕국이나 부르주아 공화국이나 모두 계급 국가이다"라고 호언했다.

프랑스 사회주의의 통합 원칙 표결

밀랑 사건은 1898-1899년 수정주의의 '반란'과 동시에 일어났고[43] 카우츠키, 빌헬름 리프크네히트 같은 정통 마르크스주의자들은 밀랑 사건의 주도자인 프랑스 개혁파를 쳐내야 했다. 그러나 조레스는 결코 만만한 상대가 아니었다. 엥겔스, 리프크네히트가 조레스의 정치판 등장에서부터 그를 주목한 것은 이유가 있었다. 그는 어딘가 사회주의자답지 않지만 지금까지 사회주의자들은 갖지 못한 면모를 보였다. 웅변, 식견, 태도, 사상의 폭이 사회주의권에서는 낯설고 처음 보는 스타일이었다. 울리크 브뤼메르트에 따르면 조레스의 인터내셔널주의는 고향과 조국을 버리지 않는 사상이었다. 작은 타른에서부터 인터내셔널까지 반원에 더 큰 반원, 더 큰 반원이 그려졌다.[44]

인터내셔널 사무국BSI은 사회주의 통합 원칙이라는 의제의 비중에 비추어 분과위를 결성하여 본회의에 제출할 의안을 준비했다.[45] 각국 대표 두 명씩으로 구성된 제5분과위에는 기라성 같은 유럽 사회주의자들이 망라되었다. 카우츠키, 베벨, 룩셈부르크, 반데르벨드,[46] 아들러, 조레스, 게드 외에 이탈리아의 페리, 에스파냐의 파블로 이글레시아스, 영국의 램지 맥도널드, 미국의 대니얼 더레온, 러시아의 플레하노프 등이었다. 문제의 핵심은, 불발되었으나 중대했던 밀랑의 입각 문제였다. 그렇게 여러 나라, 여러 경향의 사회주의자들이 5분과위에 배치되었지만 수정주의의 반란 속에서도 독일 사민당은 막강했다. 의석뿐 아니라 54개의 일간지, 78개의 정간물을 가진 사회주의 세력이었고 아직 카우츠키, 베벨 같은 정통파가 힘이 있었다.[47] 애초의 독일 측 안에 게드 측이 동의한 안이 밀랑 입각을 파문한 랭스-드레스덴 안이었다. 이 안을 완화한 반데르벨드-아들러 안은 사회주의의 토대는 계급투쟁이라는 것까지 명시하고 밀랑 입각을 금한다는 문구를 넣지 않았다. 반데르벨드와 아들러는 조레스의 입장에 너무 가혹하지 않으려는 뜻도 있었지만 이 안은 찬성 16표, 반대 24표로 패배했다.[48] 하지만 랭스-드레스덴 안이 찬성 21표, 반대 21표를 얻자 찬반 동수는 무효인 규정에 따라 세 번째 안이 제출되었다. 카우츠키, 베벨, 아들러, 반데르벨드, 페리(이탈리아), 트뢸스트(네덜란드) 등이 공동 합의한 이 안은 한 나라에는 하나의 사회당이 있어야 한다고(하나의 프롤레타리아만이 있기 때문에) 명시했고 찬성 27표, 반대 3표, 기권 10표로 통과되었다.[49]

인터내셔널의 결의는 개혁파를 물리쳤어도 대회장에는 조레스에게 동조하는 분위기가 물씬 감지되었다. 대회에 참석했던 독일의 사회주의 평론가 막스 베어는 조레스의 연설이 좌중을 흔들었다고 확신했다.[50] 조레스는 인터내셔널을 무척 아꼈다. 그것이 같은 개혁파여도 밀랑, 비비아니 같은 이들과 완전히 다른 면이었다. 1896년 사회주의 신참으로서 런던 대회에 참석했을 때부터 그는 인터내셔널에 대한 자신의 비전을 구상했다.[51] 내 작은 고장으로부터 내 나라로, 거기서 더 넓혀서 인터내셔널로 간다는 확장성은 그의 철학의 근본인 보편주의에서 나왔다.[52]

조레스의 패배와 결단

인터내셔널의 결정은 혁명파에게는 회심의 개선凱旋이었고 개혁파에게는 쓰라린 패배였다. 하지만 프랑스에 대한, 또 유럽 사회주의에 대한 조레스의 기여는 바로 이 장면에 있었다. 암스테르담 대회가 끝난 8월 하순부터 9월 하순까지 그는 아무 글도 쓰지 않고 그렇게 좋아하는 《뤼마니테》 편집국에도 가지 않았다. 자신과 동지들의 사상, 비전, 그간의 싸움, 프랑스의 고유성을 부정하는 인터내셔널 앞에서 어떻게 할 것인가. 어쩌면 굴욕과 같은 이 역부족을 감수하고 통합당을 세울 것인가. 그것이 틀린 길인가. 그는 침묵을 지켰다. 후두염으로 목이 쉬어도 집회에 나가고 신문 기고를 거른 일이 없던 그가 아무 말도 하지 않았다. 혁명파에서는 8월 30일에 암스테르담의 원칙에 따른 사회주의 통합을 서두르자고 조레스의 개혁파에 비망록을 보낸 터였다. 그가 말문을 연 것은 한 달이 지난 9월 21일. 《뤼마니테》 지면에 통합 원칙에 관해 낱낱이 썼다. 게드 진영에서 통합당 구성을 서두르는 것을 비난하지 않고 자신의 순차적 구상을 설명했다.

1904년 9월부터 1905년 초까지 그는 혼신을 다했다고 할 수 있다. 무엇보다도 중요한 것이 지금 같은 대립, 그로 인한 수많은 일선 당원들의 실망이었다. 종일 일하고도 저녁이면 모여 8시간 노동, 산재사고, 노동자 교육을 논의하는 현장 노동자들, 센 연맹의 청년 당원들에게 무엇이라고 답할 것인가. 그가 마침내 자신의 방향이 아닌 당의 통합을 하겠다고 한 것은 대세이니 할 수 없다는 태도를 말하지 않는다. 통합 문제에서 그는 목전의 현실만 보지 않았다.[53] 우선 합의위원회를 설치하여 주요 대표들이 만나고 전국 각 조직의 자율성을 해치지 않으면서 차츰 조정을 해갈 것을 당부했지만 눈길을 끄는 것은 그다음에 한 말이다. 당이 성장하고 민주주의의 논리에 따라 매일 개혁을 해갈수록 높은 이상을 지키는 것이 중요하다는 얘기였다. 그에게 당은 실천과 이상의 결합체인 데 의미가 있던 것이다. 이틀 후 9월 23일에 다시 툴루즈 신문에 보낸 논설 〈사회주의의 통합〉에서도 그는 만약 어느 한편이 다른 편을 쓰러뜨리려 한다면 통합은 물거품이 되리라고 썼다.[54] 인터내셔널 대회가 정치적 경향을 정할 수 있지만 그 이상 나아갈 수는 없다고 못 박았다. 프랑스 사회주의는 혁명주의를 채택한다는 암스테르담 결정에 조금도 유감을 표하지 않으면서 개혁주의가 결코 패자가 아니라는 믿음을 드러냈다.

조레스의 개혁은 먼 날을 바라보았다. 인터내셔널이 질타한 좌파 블록에서 물러나기로 결정하지만 어느 날인가는 프롤레타리아가 정부에 참여해야 한다고, 지금 의회와 시의회에 나가듯이 프롤레타리아의 정부 참여는 결국 닥칠 일이라고 했다.

> 고백하지만 내가 이해할 수 없는 것은 우리 당이 지지했던 정책의 유용성은 인정하면서 그에 직접적으로 공개적으로 책임을 지려 하지는 않는 태도이다.
>
> 그러면 다른 좌파 그룹과는 일체 소통을 하지 말고 대화도 거부해야 하는 것인가? 그렇게 고립되면 의회 회의 중 기습이 닥쳐도 그만이지 않은가. 의회에 대표를 보내고 영향을 미치고 행동할 모든 수단을 제거해버려, 자리나 지키는 사람들이나 되도록 만들겠다면 의회주의는 포기하고 밖에 나가 사상 선전을 하거나 이론 교육만 하라는 것이다.[55]

그는 사회주의를 정치판에다 붙박아야 한다는 뜻이 확고했고 그 점이 소유와 경제에 사회주의를 한정시키려는 편과 아주 다른 그의 특장이었다.

1905년 1월 러시아혁명

조레스를 분발하게 한 것은 1905년 1월 러시아 상트페테르부르크의 피의 혁명이었다. 1905년 이전의 조레스에게 러시아는 늘 위험을 부르는 적으로 보였다. 러시아와 동맹을 추진하는 프랑스의 대외정책에 반대했고 1904년 2월 러일전쟁의 발발을 보자 러시아 전제정을 더욱 비난했다.[56] 《뤼마니테》의 젊은 지식인들과 대화하며 그는 러시아의 사태 진전을 놓치지 않았고 지금은 결정적 순간이며 마침내는 평화로운 혁명의 날이 도래하리라고 평했다.

그는, 프랑스의 수구적 언론은 상트페테르부르크의 가혹한 살해, 차르의 비겁함이 양심의 저항을 도발하리란 것을 숨길 수 없다고 썼다.[57] 1892년 프랑스-러시아 사이의 정치적, 군사적 조약으로 러시아에 보내는 대여금이 한층 확대되고 있었다. 이 사태가 러시아의 붕괴로 이어지고 차관은 파산하지 않을까 하는 《르 피가로》와 우익 드뤼몽의 우려에 조레스는 단언했다. 러시아를 파국으로 이끄는 것은 혁명이 아니었다. 위대한 민족의 경이로운 자원을 탕진하고 고갈하는 차르 지배, 자의恣意, 낭비, 광기였다. 막대한 비용이 드는 전쟁은 차관 확대를 불렀고 힘겨운 수많은 사람을 절망적인 항거로 몰아넣었다. 그는 혁명이 일어나면 대공들과 무식하고 약탈적인 관료제의 기생주의가 무너지고 (……) 일본과 평화를 체결할 것이라고 예측했다. 그는 결론적으로 이 시련의 끝에 혁명가들이 이길 것이고 그 승리는 전 세계에 남아 있는 전제주의에 맞서는 심대한 결과를 가져오리라 보았다.

사실 파리에서도 노조들의 미팅이 활발했으며 티볼리 회관에서 바이양이 주재한 사회주의 단체 시위에는 쥘 게드, 알르만, 조레스가 같은 연단에 올랐다. 뤼시앵 에르는 러시아에서 일어나고 있는 폭력적 행위를 격려했다.[58] 통합 창당 대회를 기약하는 3월 초에 나온 조레스의 러시아 혁명 논설은 더 상세히 혁명적 프롤레타리아의 전진을 그리면서 이렇게 말을 맺었다.

인류가 여태 보아온 이래 가장 무섭고 가장 커다란 이 드라마 속에서 러시아 사회주의 정파들은 단결해야만 그들의 온 힘을 발산할 수 있다. 각 당파의 이론과 경쟁심은 부차적인 것이다. 사건의 위대함에 발맞춰 의무도 거대해야 한다.[59]

마침내 통합준비위에서 창당 대회 일정을 정했다.

파리 글로브 통합사회당 창당 대회

1905년 4월 23일 창당 대회에 모인 각 도의 대의원은 285명. 첫 대회라서 아직 어느 도연맹이든 대의원이 적었지만 5명 이상인 곳이 많았고 특히 노르도 연맹은 47명, 센도 연맹도 47명이었다.[60] 당 서기 루이 뒤브뢰유는 통합준비위 보고서에서 인터내셔널의 원칙을 준수하는 당임을 명시하고 통합당을 구성하는 당파로 세 개 당파와 이름 없는 하나의 당파를 들었다.[61] 1900년 이후 크게 갈라졌던 혁명파와 개혁파에 알르만파, 그리고 어느 파에도 속하지 않는 독자 당파였다.[62] 그간 폴 부르스파가 분명 중요한 사회주의 정파였건만 통합준비위에서는 빠졌다.[63] 각자 역사가 뚜렷한 정파들의 합당인 만큼 청산위원회가 다각도로 구성되어 통합 이전의 모든 조직과 각종 위원회는 15일 이내에 대차 대변을 상세히 보고하기로 했다.

통합 대회에 참석한 대표들 누구나 감회가 깊었다. 코뮌의 역사로부터 사회주의의 모든 영욕을 알고 있는 노장들, 이제 새로운 세기라고 힘주어 다짐하는 신진들. 통합 대회에는 해외에서도 여러 통의 축전이 도착했다. 영국의 독립노동당, 네덜란드의 민주사회주의노동자당, 벨기에 노동자당, 룩셈부르크의 사회당, 세르비아의 사회당, 러시아의 혁명사회당, 미국의 사회노동당, 폴란드 사회당 그리고 독일은 베벨, 카우츠키, 로자 룩셈부르크가 각각, 네덜란드의 트룰스트라도 자기 명의로 축전을 보냈다. 축사는 대회 폐막일에 반데르벨드와 카미유 위즈망이 인터내셔널 사무국을 대표하여 했고 대회에 참석한 축하객 중에는 루바노비치 같은 러시아 사회주의자들, 벨기에 사회당원, 이탈리아 사회당원이 보였다.

23일 일요일 오전 회의부터 화요일 오후 회의까지 각 회의마다 의장 1인, 감사 2인이 회의를 주재했으며 1871년 코뮌 정부의 재무장관 카멜리나가 첫 번째 의장이었다. 당은 급진당과 달라서 5월 1일 노동절 기념 건의도 있었고 8시간 노동을 당면 과제로 정했으며 서남부 공업지 리모주에서 발생한 시위 노동자 탄압에 고통스러운 유감을 표했다.

온유한 성품의 프레상세는 통합 대회가 열린 글로브 회관 문을 나서면서 매우 기뻤지만 이제부터가 문제라는 것은 직감하고도 남았다. 그는 "우리는 통합을 진지하게 여긴다. 이편의 승리냐 저편의 승리냐 그것이 문제가 아니"라는 대회장의 정서를 전했다.[64] "통합을 감옥처럼, 혹은 악당처럼 여기면 안 된다. 모두 우애 있게 지내자면서 이를 핑계로 형제를 울리며 어리석고 약하게 굴면 안 된다. 다른 사람의 의도를 존중하려면 자신을 존중해야 한다"라고 썼다.[65] 프레상세가 고른 정치적 어휘는 지금도 울려오는 생명력이 있다. 형제를 울리지 말자는 것. 어리석어도 약해도 안 된다는 것, 나의 뜻처럼 너의 뜻도 존중을 받아야 한다는 것. 이 말들은 정치는 정치체의 구성원들이 너와 나의 윤리를 의식하며 살아갈 때 비로소 정치가 된다는 표현에 다름 아니었다. 이탈리아 정치학자 살바토레 베카는 정치와 윤리의 관계가 오래된 것이면서 다양한 가치 규범 속에

서 잊지 말아야 할 것임을 여러 주제로 논의했다.[66]

프랑스 전역의 사회주의 연맹에서도 작건 크건 통합 대회를 각자 개최했다. 인터내셔널의 압력과 고무에도 불구하고 당을 만들어갈 것은 이 산지사방의 도연맹 지부들이었다. 르베리우가 통합당 출범에 대해 프랑스 사회주의는 나라nation와 하나가 되었다고 평했을 때 거기에는 분명 이 기층 구성원들의 부르주아 당 아닌 당을 향한 염원과 노력, 역량이 들어 있었다.

오스트로고르스키의 정치학

창당 대회 바로 전 3월에 마지막으로 열린 개혁파의 루앙 대회에서 조레스는 암스테르담 대회의 자초지종을 보고하고 좌파 블록 대표단의 실적을 정리하고 사회 입법의 추진과 정부 예산 수립 등 모든 사안에 당이 책임을 진다는 것을 확실히 했다. 의원과 원외 당원의 관계, 행정의 지방화, 생디칼리슴과 의회, 급진파와 사회주의자 사이의 주요 현안을 모두 당원들에게 보고하여 모두들 통합 대회에 씩씩하게 임하도록 격려하고 마지막으로 인터내셔널에 충실할 것을 다짐했다.[67] 지난 해 8월 이래 그의 결정과 행동은 비단 프랑스 사회주의의 향배에만 해당하지 않았다. 근대 이데올로기와 근대적 정치를 어떻게 결합하는가 하는 과제의 이정표와도 같았다.

이 시기 정당의 출현을 근대 정치학의 초석으로 놓은 학자는 러시아 출신의 오스트로고르스키였다.[68] 상트페테르부르크에서 법학을 전공하고 1884년 파리 정치학자유학교에 등록한 후 1885년 제출한 논문이 민주주의의 실제 작동과 기능, 그중에서도 정당의 기능을 다루었다. 프랑스어로 쓰였지만 1902년에 영국에서 먼저 영어로 번역 출간되고 이듬해 뉴욕에서도 곧 출간된 이 논문은 영국의 사례를 분석했다. 오스트로고르스키가 파리의 학교에서 논문을 쓰면서 왜 프랑스에 손을 대지 않았는가는 이 분야에 관심이 있는 이라면 짐작할 수 있는 문제였다.

오스트로고르스키의 책에 긴 해설 서문을 쓴 정치학자 피에르 아브릴도 이를 짚었다. 프랑스 정치의 특징은 사회화된, 사회화를 요구하는 정치였다. 정치라면, 정치를 도맡는 층이 따로 있고 그들 끼리 행하는 것이라는 19세기의 관념을 의심하고 부인하고 정치 엘리트 아닌 사회 일반과 정치를 접목한 것이다.[69] 혁명 이래 19세기를 다 내려오도록 자코뱅의 존재, 직접민주주의에 대한 혁명적 갈망은 정치가 사회를 대변한다는 개념을 거부하도록 했다. 그에 따라 정치인이 노동자의 대표라는 개념은 동의할 수 없었다. 혹은 적어도 그런 정치에 무게를 두지는 않았다.[70] 조레스가 처한 입장은 단순히 개혁이냐 혁명이냐의 논란 그 이상의 좌표에 위치했다.

코뮈나르 에두아르 바이양(1840-1915)은 혁명주의자였지만 혁명파와 개혁파로 갈라진 사회당 통합에서 조레스의 개혁 노선을 양해한 면이 크다. 페르라셰즈 코뮈나르의 묘지를 방문한 바이양.

1880년대 초부터 마르크스주의의 기치 아래 북부와 중부 등 프랑스 전역에 노동자당POF을 건설한 쥘 게드(1845-1922). 조레스와는 1900년 '두 방법론'으로 날카롭게 대립했다.

의사 출신 사회주의자 폴 브루스(1844-1912). 코뮌을 겪고 스위스 등에서 여러 사회주의자들을 만난 후 무엇보다 새 방법을 지향하여 시정 사회주의 구축에 기여한다.

파리 인쇄공 노동자로 프랑스에 독특한 노동자 사회주의를 일군 장 알르만(1843-1935). 코뮈나르로 유형 갔던 그는 끝까지 노동자 중심의 세계관을 지켰다.

남부에서 파리로 올라온 피혁공, 인터내셔널 회원, 코뮈나르인 브누아 말롱(1841-1893). 정치 당파에서 물러나 프랑스 사회주의사에 빛나는 《라 르뷔 소시알리스트》를 창간한다.

2장

합류: 게드주의, 브루스주의, 알르만주의

1905년 4월 23일 파리 글로브 회관에서 창당 대회를 연 통합사회당은 1969년까지 노동자인터내셔널 프랑스지부SFIO 그 이름을 지킨다. 물론 1920년 프랑스 공산당의 출범으로 실제로는 당이 두 조각 났지만 SFIO의 명맥은 흔들리지 않았고 1969년에 사회당으로 당명을 개칭한다. 여기서 새삼 유념할 것은 어려운 창당을 하고 나서 당은 1차대전, 파시즘, 2차대전을 딛고 살아남았을 뿐 아니라 프랑스인들 사이에 사회주의의 뿌리를 내렸다는 사실이다.

이 당은 분열의 집합체였다. 정치적, 이념적 분열은 뜻을 같이했던 사람들의 가슴을 쓰라리게 만드는 결함이 있다. 그러나 각 파가 사상가라는 사실은 정당원에게 뿌듯한 자부심을 준다. 정당은 오직 정권 획득에만 목숨을 걸지 않는다. 그런 의미에서 이 장은 바이양의 정치적 의미, 게드주의의 조직력과 브루스파의 실천 의지, 알르만파의 노동자주의에 저마다 가치를 주려 한다. 마지막으로 노동자 말롱에서 지식인 조레스에게로 흐르는 것이 있지 않았을까를 문제로 던진다.

에두아르 바이양의 역할

어려웠던 통합의 성사에는 에두아르 바이양의 보이지 않는 역할이 주효했다.[1] 조레스는, 꼿꼿한 코뮈나르이지만 도량이 있는 바이양을 존중했으며 그 때문에 강경한 게드 측과의 통합에서도 믿을 데가 있었다. 코뮌 후 10년 동안 런던에서 망명 생활을 한 바이양은 혁명주의자였지만 막혀 있지 않았다. 중부 셰르 비에르종의 중산층 출신으로 풍부한 교육을 받고 영국 노동자들과 교류한 그의 경험은 조레스는 모르는 사회주의였다. 바이양은 22세에 에콜 상트랄 공예학교를 나와 엔지니어가 된 후 파리 소르본대학에서 4년간 이과 수업을 듣고 콜레주 드 프랑스와 자연사박물관에서도 수학했다. 그다음 의학 수업을 받은 후 26세에는 독일로 가서 화학을 공부했다. 하이델베르크, 튀빙겐, 빈을 다니면서 철학도 연구했고 독일권 사회주의자들을 만난 것이 이때였다. 그는 포이어바흐를 비롯한 독일 사상을 받아들이면서 프랑스의 프루동주의를 따르게 되었다. 1880년까지는 혁명아 블랑키파 중앙혁명위CRC에 가입했다. 하지만 1880년대에도 봉기 혁명을 믿는 블랑키주의자는 아니었다. 코뮌 정부의 교육위원으로 참가하고 코뮈나르 진압을 목도한 그는 혁명적이면서도 혁명의 지평을 멀리 보았다. 바이양 연구자 졸리온 하워스는 프랑스에 마르크스주의를 도입한 것은 바이양이라는 해석도 내린다.[2] 바이양은 더구나 브뤼셀 인터내셔널 사무국에 참가할 정도로 국제적으로 신망받는 프랑스인이었다. 게드파는 이 바이양의 당파인 중앙혁명위와 합당하자 조레스를 맹공격할 자신감을 얻었다.[3]

바이양은 혁명파였지만 공화국에 대한 입장에서는 조레스와 통했다.[4] 바이양과 조레스 두 사람은 1895년에서 1896년 사이 파리의 사회주의 언론《라 프티트 레퓌블리크》에 같이 기고했다. 1895년 카르모 유리병 공 파업 관련해서도 바이양은 조레스의 노력을 상찬했으며 바이양의 당인 중앙혁명위 회합에 조레스도 나갔다.[5] 하지만 드레퓌스 사건에서는 노선이 갈렸다. 바이양은 드레퓌스의 결백을 믿었고 공화국의 가치를 인정했어도 조레스처럼 이를 사회주의의 문제로 확정하지는 않았다. 공화파 의원들과 결속하는 좌파 블록을 우려하던 바이양은 조레스가 좌파 블록을 끝내고 밀랑 사건을 마무리하자 안심을 표했다.

바이양은 매우 강직하고 흔히는 예의 바르고 조용한 인물이었으나 사회학, 경제학, 의학, 위생에 학식이 깊었으며 엔지니어 같은 체계 감각이 있었다. 전반적인 노동계급의 해방을 생각하면서도 자기 선거구의 화장실 개선과 하수구 개량 사업을 먼저 살핀 이가 바이양이었다.

게드주의의 이론과 조직

흔히 코뮌 이후 30년간 프랑스 사회주의는 분열 일색이었다고 알려져 있지만 우리는 이 지점에서 생각이 좀 다르다. 1882년 혁명사회주의 노동자당 생테티엔 대회에서 게드파로부터 떨어져 나온 브루스파, 다시 1890년 샤텔르로 대회에서 브루스파와 갈라진 알르만파 각파의 개성과 부단한 자기방어는 저마다 노력하여 사회주의의 밭을 넓히는 방식이기도 했다.[6] 지금은 마르크 앙주노 같은 사회언어학자의 공격을 받지만[7] 쥘 게드, 게드주의, 게드주의자는 코뮌 후 프랑스 사회주의를 소생시킨 실질적 발판이었다. 게드와 조레스의 진영이 1904년 암스테르담에서 일대 투쟁을 벌인 후 100년이 지나 장뉘마 뒤캉주는 이런 판정을 내린다. "게드는 강경파, 조레스는 협상파로만 몰아버릴 이유는 없을 것이다."[8]

게드는 조직과 이론 양 날개를 펼쳤다. 두 가지 모두 1880년대의 프랑스 사회주의에 더없이 필요한 중대 요소였고 이 같은 게드주의의 미덕을 산업화에 근거하여 밝혀준 것은 1970년 클로드 비야르의 저작이다.[9] 게드는 1871년 코뮌에 참가한 것은 아니며 남부 몽펠리에의 급진파로서 쓴 신문기사 때문에 경찰에 쫓겨 프랑스를 떠나야 하자 처음에는 에스파냐로 갔다. 그의 정치 생애를 결정한 중대한 계기는 1873년에서 1875년 사이 브뤼셀과 런던에서 마르크스주의자들을 만난 일이었다. 1879-1880년에 사면받은 코뮈나르들이 귀국하기 전인 1876년에 파리로 일찍 돌아온 그는 프랑스에서는 처음으로 본격적인 사회주의 선전을 시작했다.

게드는 1878년에 예정했던 파리 인터내셔널 대회를 정부에서 금지해 파리 생펠라지 감옥에 갇히자 혁명적 사회주의 강령을 작성했고 이것이 프랑스 노동자당POF의 기초가 되었다. 1879년 10월 마르세유의 프랑스 사회주의 노동자대회에 파견되었던 대표 중 한 명이 게드주의를 받아들이고 북부로 돌아왔고 1880년에는 릴의 서남부에서 노동자 후보가 선거에 나섰다. 게드주의자들이 창간한 신문《레갈리테》를 쥐고 릴과 북부 공업도시의 골목골목을 돌던 노동자 운동원들의 지원이 컸다.[10] 귀스타브 종케, 귀스타브 들로리, 앙리 카레트는 이 신문의 힘으로 북부 사회주의의 터전을 닦았다. 릴 주위의 루베, 코드리, 르카토, 드로느, 두에, 발랑시엔 같은 오래된 공업지대로 새로운 형태의 이념이 번졌다. 북부에서 직행 도로가 뚫린 됭케르크까지 노동자당의 소조직이 착근했다. 프랑스 유수의 광산, 직물, 기계공업 노동자들은 계급투쟁과 혁명을 선전하는 게드주의에 감응했으며 조직이 뿌리를 내렸다.[11] 북부의 여성 역사가 마르틴 포트랭에 의하면 북부는 게드에, 게드주의에 빚졌다.[12] 루베 시내에 게드의 동상이 서 있기도 하지만 사회주의는 삭막한 공장, 술집 외에는 갈 곳이 별로 없는 노동자들의 씁쓸한 공간을 동지와 당원들의 열기로, 토론으로, 헌신으로, 희망으로 채워주었다. 1920년대부터 중요한 공산주의자가 되는 마르셀 카생은 후에 이 운동의 중심이었던 쥘 게드가 관용이 많고 사람들에게 진심이었다고 기렸다.

북부 외에도 중동부 그리고 지중해 연안이 게드주의의 요지가 되었으며 나중에는 서부 영불해협에 면한 망슈, 그보다 내륙인 루아르, 되세브르까지 게드주의가 침투했다. 대체로 태어난 자리에서 붙박아 살며 일하는 노동자들의 비중이 높은 지역이었다.[13] 게드주의는 동남부와 남부의 바르, 부슈뒤론, 가르, 에로, 오드도에서도 꾸준히 지지를 받으며 조직적 성과를 거두었다. 당세가 부쩍 크지는 않았지만 1898년에는 광산과 소공업의 남부 타른도에, 양질의 흙이 발견되어 도기 산업으로 이름을 날리는 리모주에 침투했다. 당은 또한 산업노동자로만 충원된 것이 아니어서 1899년에 당원의 17퍼센트는 상인이었다. 소상인들이나 작은 가게를 겸하는 장인들은 작은 요구를 관철하기 위해 상인들과 더불어 싸우면서 당을 지지했다. 노동자당은 지중해 바르에서 동피레네까지 퍼지고 알리에, 오브, 마른도의 농민들을 포섭했다. 그렇게 산을 넘고 물을 건너 "우리가 사회주의자로 살아야 할 이유"를 읊어도 계급투쟁의 이념은 낯선 이들의 심금을 울리기 어려웠다. 노동자당의 당원은 프랑스 산업 인구 전체의 0.2퍼센트를 넘지 못했다.

게드주의 이론의 요체는 소유의 개인주의를 지양하고 집산주의로 가야 한다는 것이었다.[14] 그러나 1879년 마르세유 대회 이래 집산주의는 게드파만의 것은 아니었다. 파리 학생들도, 조레스도 받아들인 사회주의의 뿌리 같은 신념이었다. 한 마디로 자본주의의 착취적 성격, 자본가의 행태, 현저한 착취에 대한 반대가 집산주의로 뭉뚱그려져 표현되었다. 노동자들이 집산주의를 대하고 처음부터 "좋소" 한 것은 아니다. 부모와 가족, 친구들이 그런 말 하는 이는 멀리했고 저 집 남자는 집산주의자라고 알려지면 가족이 셋집을 구하기도 어려웠고 빈틈없는 정보망을 가진 경찰에 의해 찍히면 곧 고용주에게 통지되었다. 그런 사회주의자들의 숨통을 틔운 것은 시의회 선거였다. 릴, 루베, 투르쿠앵, 아르망티에르에서 사회주의 시의원들이 표를 얻은 것은 게드와 라파르그의 전단과 소책자를 저녁이면 인쇄해서 뿌리고 또한 춤추고 노래하고 모이며 정치 스타일을 쇄신하는 노동자들 덕이었다.[15] 글로브 창당 대회에는 1890년 릴에서 시의원에 당선된 라파르그, 브라크, 보니에, 들로리, 게키에르, 르페브르, 라스칼, 방돔이 참석했다.[16]

브루스파의 실천적 사회주의

폴 브루스 역시 1905년 창당 대회에 참석했지만 1890년대에 보여주었던 지도자 상은 남아 있지 않았다. 그러나 코뮌 사면 후 1883년에서 1890년 사이에 사회주의 운동과 도시 민중 사이에 교두보를 놓은 것은 브루스였다. 파리시의 동북부 변두리 몽마르트르, 벨빌, 에피네트, 더 동쪽 콩바, 또 남쪽 13구의 크룰루바르브 같은 서민 동네에서 브루스의 사회주의 사상을 이해했다. 계급투쟁을 말하는 게드주의는 파리에 들어오지 못한 것과는 달랐다. 이미 1882년 생테티엔 대회에서 게드주의자들이 자리를 박차고 나갔을 때 대회장에 남은 82명 가운데 다수가 여기까지 내려온 파리인들이었다.[17] 브루스의 이념과 노선은 사회주의자 아닌 사람들도 믿고 따를 든든한 토대가 되었다. 이 분야를 전공한 서이자에 의해 소개된 가능주의자들, 즉 브루스파의 프랑스사회주의노동자연합FTSF은 게드주의와 달리 구체적이었다. 대표적으로 공공서비스론을 내놓았다.[18]

폴 브루스가 공공 서비스 개념에 천착한 것은 코뮌 후 에스파냐를 거쳐 스위스 베른에서 바쿠닌을 만났을 때이다. 남부 몽펠리에의 의사 집안에서 태어나 의학 수업을 받은 브루스는 처음부터 실천적이었다. 1867년 콜레라가 창궐한 때는 일선에 투신했고 파리 코뮌을 목도한 후 더구나 실천에 대한 꿈에 집착했다. 스위스에서 《집산주의 소유와 공공서비스》를 쓴 이후 그는 1885년 파리 시의회 선거에 당선되고 20년이 지나 1906년에는 하원에 들어갔지만 공공론은 변함이 없었다. 그의 실천 사상에 공명하는 노동자 동지들이 있었다. 조프랭, 클레망, 로지에, 폴라르, 피에르 모렐은 파리 및 숙련 노동자가 많은 중부 연맹 노조 중심이었으나 브루스파는 일정한 규율을 내세우지는 않았다.[19]

공공서비스라는 이름만 들으면 친국가적인 것 같지만 오히려 국가로부터 자유를 추구하는 아나키즘의 비전과 연관되었고 19세기 후반 유럽 사회주의에 뿌리를 내린 중요한 사상의 하나였다. 국가가 '우리들' 삶을 도맡아 처리하면 독점의 우를 범할 것이라는 개념은 영국에서 출발했다. 1905년 10월 브루스는 파리시의 평의회 의장으로서 런던시 평의회의 공식 초청을 받아 1주간 일정으로 런던과 다른 도시를 다니면서 깊은 인상을 받았다.[20] 현장이 원하는 실천이자 공허하지 않은 이념이었다.

국가에 모든 것을 맡길 수 없기 때문에 사회주의자들이 직접 실천해야 한다는 이념은 부르주아에 영합한 것이 아니었다. 공공에 봉사하여 사회주의가 생산적인 것이 된다는 주장은 벨기에의 위대한 사회주의자 세자르 드 파프의 창안과 같았으며 브루스는 드 파프와 교류가 많았다.[21] 가장 문제는 사람들이 사는 읍, 면, 도시의 도로, 거리, 가로등, 상하수도, 교통, 우체국, 전신, 특히 교육과 학교였다.[22] 브루스는 현재와 같은 사교육 체제는 물리쳐야 한다는 주장 아래 교육 문제에 집중했다.[23] 국가가 임의로 교육을 하지 않아야 한다는 것은 파리 학생그룹의 강력한 요구이기도 했다. 브루스는 자신의 정치적 영향력이 줄어든 1890년대에도 파리 북쪽 클리시 대로 81번지 자택 문을 열어두고 선거구민들을 만나며 그들의 고충을 들었다. "이 선량한 사람들은 나한테 와서 배가 고프고 일자리가 없다고 한다. 나는 그들에게 우리가 그 밑에서 살고 있는 이 체제가 혐오스러우니 하루라도 빨리 체제를 무너뜨리라고 하지 않는다. 우리는 이 나쁜 체제 아래서 과도기를 견뎌야 한다고 말할 뿐이다."[24] 브루스파가 역점을 두었던 시정 사회주의는 그러한 이념의 실험장이자 수확물이었다.[25]

알르만파의 노동자주의

1891년 샤텔르로 대회에서 폴 브루스파와 결별한 노동자 장 알르만은 파리에서 뼈가 굵은 식자 인쇄 기술공이었다.[26] 다시 말해 코뮌은 물론이고 1848년 혁명가들을 알고 있는 파리 인쇄공들 곁에서 자란 엘리트 노동자였다. 교회가 많은 파리 5, 6구는 장인들이 몰려 있는 그르넬 거리 외에도 생쉴피스 거리, 당트 거리에 인쇄소-서점이 깔려 있었다. 1900년대까지도 그렇지만 인쇄소는 흔히 출판사를 겸했고 식자 조판공, 인쇄공, 제본공, 도판 장식공은 한결같이 조용하면서도 정치의식이 예리한 사람들이었다.[27] 1871년 코뮌으로 체포된 노동자들 중에 알르만처럼 인쇄 출판공이 많았던 것은 우연이 아니다. 유명한 아페르 보고서에 따르면 파리

의 그래픽 노동자 1354명 가운데 819명이 코뮌 후 수감되었다.[28]

알르만은 게드와는 면식이 없었다.[29] 그건 파리 노동자는 진취적이어도 프랑스 외부의 세력을 가까이하지 않았다는 뜻이다. 알르만이 파리를 지키고 다른 나라 사회주의자들에 기웃거리지 않은 면은 생각보다 소중한 프랑스 사회주의의 자산이었다. 국민방위군 59대대에 속했던 알르만의 코뮌 경험 역시 게드와 다르다. 코뮌에 직접 참가했고 동지들을 형장으로 보내고 자신은 수많은 코뮈나르와 함께 누벨칼레도니로 유형을 갔다. 이러한 결속으로 1895년 9월 파리에서 열린 알르만파 대회의 구성원도 대체로 노동자들이었다.[30] 기계 절단공 페르블랑티에, 제지공 샤롱, 흑단공 캉브뤼리에, 선반 금속공 포수아외르, 청동 연마공 시클리스트, 표백공 클리시, 그리고 마차 제조공과 시영 서비스 노동자 들로[31] 각자 남다른 기술자였고 세상 물정에 휩쓸리지 않았다.[32] 드레퓌스 사건 중에 고등사범 사서 뤼시앵 에르가 소르본 아래 있는 알르만 인쇄소를 드나들었던 것은 그들의 기상과 품격, 그리고 카메라 같은 관찰력 때문이었다.[33] 에르는 조레스에게 알르만의 의미를 알리기도 했다.

코뮌의 신랄한 경험을 삭인 알르만은 말이 적었다. 코뮌 회고록에서도 정부에 대한 적개심이나 부르주아에 대한 원한에 사무치지 않았다.[34] 그러나 부르주아 정치를 보는 판단력은 날카롭기만 했다. 알르만은 불랑제 사건에서 이는 단지 군중의 불만이 아니고 나폴레옹의 전설을 따라 군중이 요동치는 것이 아니라고 했다. "급진파 여러분"의 사치 사랑, 지배의 갈망, 사회주의에 대한 적의 표출이 사건의 본질이었다.[35] 알르만 전공자 시안 레이놀즈는 알르만이 센도에서 출마하여 두 번 하원에 진출했지만 권력에 마음이 없었다고 본다.[36] 사실 알르만과 동지들은 파리 시의회에 나갔을 뿐 전국적인 세력 확장을 의도하지 않았다.

알르만은 1905년 통합당에 들어오기가 편치 않았다. 당은 인쇄공 외에 제철공, 금속공 등의 노동자들과 함께하는 노동자 사회주의와는 거리가 너무 멀었다. 원치 않는 세계였고 무척 주저되었다.[37] 창당 후에도 알르만파는 노동문제에 독자적인 입장을 지켰고 조레스에 원한을 갖기도 했다.[38] 조레스는 부르주아가 의원이 된 것이고, 품이 너무 넓다는 불만이 나왔다. 하지만 게드와 조레스의 대결 장면에서 알르만파는 조레스 편을 들었으며 이 점은 드레퓌스 사건에서 두드러졌다.[39] 알르만은 밀랑 사건에서는 밀랑을 어서 치워버리기를 바랐지만 공화국을 수호해야 한다는 대의에는 의심이 없었다.[40] 알르만은 세월이 가도 변하지 않았다. 남부 끝 피레네에서 노동자 부모를 따라 어려서 파리로 올라와 인쇄공으로 시작한 노동자 생애의 신념, 태도에 스스로 충직했다. 정치운동, 사회주의 진전에 불가결한 요소가 다름 아닌 그 정직과 충실함이었다고 미셸 비녹은 지적한다.[41]

사회당에는 이상의 게드주의, 브루스주의, 알르만주의 정파 외에 일정한 지도자 없이 지역을 대표할 뿐인 독자적 연맹들이 건재했다.[42] 중부의 부쉬드론, 그 아래 동남부의 바르, 에로, 우리가 반전운동에서 본 욘도 연맹, 또 서부 끝 브르타뉴, 북부의 솜 연맹이 특히 그러했다.

그러면 마지막으로 파리 학생그룹은 통합사회당과 어떤 관계였을까. 1894년에 라파르그와 조레스를 초청해 논전을 벌이게 한 것도, 드레퓌스 사건을 사회주의에 붙여놓은 것도 학생그룹이었다.[43] 젊어 한때 이들이 보여준 패기와 이해관계를 떠난 비판, 예리한 글쓰기는 숨은 보석 같았다. 긴 저술로 남지 않았어도 그들 소르본 거리 학생의 소리는 사회는 언제나 긴장해야 한다는 경고였다.

미완의 합류? 말롱에서 조레스로 흐르는 것

그러나 사회당 창당을 보면서 우리는 마냥 흡족하지는 않다. 20년 전 브누아 말롱이 뜻한 당을 생각하면 거리가 멀기 때문이고 1893년 9월 13일 말롱이 작고했을 때[44] 조레스가 얼마나 애도했는가를 생각하면 더 그렇다. 코뮌 후 오랜 망명 생활을 겪은 말롱이 숙환이라는 건 사회주의자들이 알고 있었지만 그를 보내는 장례 행렬은 침묵만 흘렀다. 말롱의 직계였던 조르주 르나르, 루아네, 푸르니에르 같은 사회주의자들만 침통해했던 것이 아니다. 노동자가 아니든 못 되었든, 지적인 유럽 사회주의자들의 마음이 비감했다.[45] 1871년 코뮌 때 막 30세였으니 1893년이면 아직 52세, 누가 다시 말롱 같은 일을 할 것인지. 9월 23일 자 《라 프티트 레퓌블리크》 신문에, 다시 월간 《라 르뷔 소시알리스트》 10월호에 수록된 조레스의 추도사는 정치와 노동 어느 면으로 보나 의미심장했다. 그는 말롱이 노동자였다는 누구나 다 아는 사실을 먼저 말했다.

> 친애하는 루아네, 당신의 심경에는 비할 수 없지만, 나 역시 우리의 스승 중 한 분이었던 그에게 고통스러운 존경심으로 작별을 드리려 합니다. (……) 초기에는 겸허한 노동자로서 투쟁하고 고통을 겪었던 그는 정온하고 넓은 시야의 철학을 만들어냈습니다.[46]

말롱

조레스가 말롱을 가리켜 우선 노동자라고 한 것은 말롱이 먼 남쪽 생테티엔의 시골 프레시외에서 태어나 목동으로 자라고 줄곧 노동을 하다가 22세인 1863년 파리로 상경해 파리 서북쪽 변두리 퓌토의 염색 공장에 다닌 노동자였기 때문이다. 말롱은 험한 염색 노동 속에서도 인터내셔널 파리 지부에 가입하고 왕복 네 시간을 걸어 파리를 오가며 매주 인터내셔널 회의에 다녔다. 리모주, 브레스트, 생테티엔 각지에서 일거리를 찾아 올라온 숙련 기술자들이 많고[47] 파리 일원의 노동자가 40만 명이 넘는 때였다. 시청 위 3구 그라빌리에 거리 44번지의 작은 방에서 모인 프랑스 인터내셔널은 젊고 의식 있는 파리 노동자들의 아지트가 되었다. 매주 세 번씩 일과 후 저녁 8시에 열린 파리 지부 회의는 현장 노동자 일색이었다.[48] 1871년 1월 5일 회의 참석자는 보석공, 흑단 가구공, 인쇄공, 판화공, 대리석공, 금은세공사, 장식끈 제조공, 건물 화공, 양탄자공, 모든 종류의 직물공이었다. 그 외에 제2, 제4 그룹, 연구 서클, 마르미트(국냄비),[49] 다른 세 개 그룹, 루이 병원, 스트라스부르 의학교 회원도 있었다.[50]

조레스의 추도사는 그 같은 노동 세계에서 자란 말롱의 지적 세계를 소개했다.

> 그는 특히 마지막 두 권의 책에서 범신론의 세계관을 되풀이했습니다. (……) 그 때문에 이탈리아 르네상스의 신비하고 공산주의적인 자연주의에 매료되었습니다. 중세의 좁은 세계를 부순 조르다노 브루노와 캄파넬라를 붙잡고 늘어졌습니다. 한편으로는 자연과 신의 융합, 다른 한편으로는 개인과 국가의 융합을 지향한 스피노자에게 경배를 보냈습니다. (……) 그는 마지막으로 우리의 위대한 유토피아 스승인 생시몽, 푸리에, 투레유를 복권시켰습니다. (……) 그는 자신의 삶과 작품에 프랑스와 인류를 떼어놓지 않았습니다.[51]

여기서 마지막 두 권이란 말롱이 1890년에 출간한 《온전한 사회주

의: 이론의 역사와 일반적 경향》, 말롱 사후에 나온《사회의 모럴: 모럴의 기원과 진화》이다.[52] 조레스는 거기서 프랑스적이고 보편주의적인 성향을 알아챘다.[53]

바를랭은 피의 주간에 살해되었지만[54] 말롱은 진압을 피했다. 1872년 9월 30일 군사법정이 "무장 도당에서 주된 역할을 수행한" 죄로 유형과 2년간의 요새 수감을 선고할 때 말롱은 스위스에 가 있었다. 인터내셔널 지도자 제임스 기욤[55]이 말롱을 마중 나왔듯이 스위스에 닿은 그는 아나키즘을 많이 받아들였다. 1880년 7월까지 제네바, 뇌샤텔, 루가노를 옮겨 다니며 앙드레 레오[56]와 함께 키아소, 밀라노, 사르데냐의 칼리아리, 시칠리아의 팔레르모 등지를 찾아 모두 4년간이나 이탈리아에 머물면서 이탈리아 사회주의자들과 만났다.[57]

말롱 역시 다른 코뮈나르들처럼 이 망명 과정에서 프랑스 사회주의가 몰랐던 경제적 사회주의의 의미를 터득했다.《프랑스 프롤레타리아의 세 번째 패배》에서 분명히 말하지만 말롱은 부르주아의 수탈은 끝나지 않는다고 보고 왜 그런가를 이해하려고 했다.[58] 말롱은 마르크스, 엥겔스, 그륀 등의 경제 이론을 섭렵한 후 이 착취라는 사실을 노동자들에게 명쾌하게, 그러나 학문적으로 들려주는 라살레를 흠모하며 라살레의《자본과 노동》을 번역한다. 그러나 말롱은 사회주의에 필수적인 것이 경제와 모럴 두 날개라고 믿었고 조레스가 말롱을 경애한 것도 바로 이 지점이었다. 말롱이나 조레스나 생각의 줄기가 같았다. 유럽의 정신적 기둥이던 종교는 서서히 침식되어가고 금전의 위세, 물질의 유혹 앞에서 다중은 헤매는데 사회주의가 삶의 정신, 도덕성, 책임성에 경각심을 갖지 않는다면 사회주의라고 할 것이 없었다.

《라 르뷔 소시알리스트》

말롱은 망명 마지막 해인 1878년 루가노에서 사회주의 잡지를 월 2회 간행한다. 현재 소장본이 귀한 그 잡지가 벨기에의 세자르 드 파프와 공동 편집한《르 소시알리슴 프로그레시프》이다.[59] 1878년 1월에 첫 출간해 그해 12월에 중단하지만 철학, 종교, 기독교와 유대주의, 의회, 정당, 경제, 농촌, 법, 사회학 학파, 콩트의 실증주의, 다윈, 사회문제, 협동조합 이론, 사회조사 통계를 두루 망라했다.[60] 당시로는 선구적으로 여성 문제도 다루었다. 코뮌기 바를랭이 특히 여성 문제에 선도적이었지만 말롱 역시 코뮌 전부터 폴린 롤랑과 잔 드루앵, 루이즈 니코타가 추진력을 알아본 여성주의자였다. 잡지 간행을 중단하고 프랑스 사회주의의 분란을 겪으면서 말롱이 원한 것은 지식과 인식, 자세와 윤리, 미래를 위한 각자의 내적 힘을 키울 수단이었고 그렇게 나타난 것이 프랑스 사회주의사에 빛나는《라 르뷔 소시알리스트》였다.

1885년 1월 이 잡지의 창간사에는 어떠한 교리, 이론, 당파의 야심이 보이지 않았다.[61] 다만 지금 사회주의에 필요한 것이 모던한 사회의 온갖 현상을 관찰, 조사, 분석하는 일이라 하고 "필자들은 해명할 것이 없고 사실에 관한 연구, 사상운동에 관한 연구 속에서 어느 정도의 진실을 찾겠다"고 했다.[62] 1880-1890년대 사회 전 분야에서 일어나고 있는 과학적인 것, 실증적인 것에 대한 탐닉을 사회주의 역시 놓치지 않았다.[63] 잡지의 내용은 구체적이었다.

노동자 말롱은 경제에는 경제 식으로는 자본주의에 항거하지 못하리라, 더 크게 준비하라는 간곡한 당부를 하고 있었다. 당대와 다음 세대에, 여기와 저기에.[64] 조레스는 노동자가 아니었지만 그 뜻을 충분히 알아들은 사회주의자였다.

사회와 정치는 하나여야 한다

말롱은 1871년 코뮌 세대의 행적과 달리 귀국 후 정치운동에 참여하지 않았다. 1882년 생테티엔에서 열린 혁명사회주의노동자당 6차 당대회에서 마르크스주의를 주창하는 게드파가 대회장을 나가 따로 당대회를 여는 것을 지켜본 뒤부터 말롱은 정치를 가까이하지 않았다. 그는 1880년 7월에 망명지에서 돌아왔기 때문에 1879년 10월 마르세유 사회주의 노동자대회에 참석하지 못했다. 그래서 생테티엔 대회에 기대가 컸다. 부르주아와 다른, 노동자들의 당을 만들어야 한다고 믿은 말롱이었다. 생테티엔 대회 바로 전에 그는 《새로운 당》을 간행하고 당 개념과 조직에 대한 구상을 밝혔다.[65] 모든 사정을 알 수는 없지만 이를 마지막으로 그가 정치에서 발길을 돌렸어도 주의할 것은 미완에 그친 그의 정당론이다. 그는 경제를 정치의 본질로 삼아야지 정치에 경제가 종속되어서는 안 되리라 보았다. 그래서는 사회적 생산의 몫은 언제나 정의롭지 않을 것이었다.

말롱은 부르주아지가 고용주의 기생적 특권을 포기하고 프롤레타리아의 평등의 흐름에 합류하는 일은 없을 것이라고 했다. 정치와 사회가 분리되지 않아야 한다고 본 말롱은 개혁과 혁명을 반목적이라 하는 것은 순수 혁명주의자들의 중대한 오류라고 지적했다.[66] 노동자였으며 노동자를 아는 말롱이 혁명과 개혁은 함께 흐른다고 한 것은 조레스의 혁명과 개혁의 융합론을 받쳐주었다.

> 말롱이 이러한 인간의 관념으로부터 출발할 때 그는 고정되고 추상적인 어떤 절대로부터 출발하지 않았다. (……) 그는 역사의 흐름에 따라 표현되고 배출될, 깊고 본원적인 본능을 그 인간에 섞어 넣었다. 브누아 말롱이 말하는 사회 모럴은 이처럼 구체적인 인간의 현실과 역사의 진화로 받쳐졌다.

> 물려받은 것 하나 없고 박탈당하고 헐벗은 프롤레타리아들이 그들 자신을 위해 요구할 때 그들은 누구를 위해, 무엇을 위해 요구하는가? (……) 부를 위해서? 그들은 가난하다. 자본을 위해서? 그들은 임금노동자이다. 고도의 과학을 위해서? 그들은 이제 간신히 어둠으로부터 빠져나왔다.

1905년 사회당 통합은 사실 1848년 노동의 조직을 시도하고 공산주의 선언과 조우하고 6월 봉기의 패배를 겪고 파리 코뮌의 봉기와 살해에서 살아남고 흩어지고 각 당파의 결속을 매개로 다시 모인 그 긴 과정의 중대한 결산이었다.[67] 그럼에도 파리 글로브 회관의 사회당 창당 대회는 25년 전 마르세유 사회주의 노동자대회에서 노동자들이 '우리 그렇게 하리라' 믿었던 당의 그림과는 크게 달랐다. 4000명이 모였다고 하는 1879년 10월 마르세유 대회는 대회장의 장면도 장관이었지만 노동의 의미와 가치를 원대하게 잡았다. 바쿠닌주의와 마르크스주의의 갈등에 시달리던 제1인터내셔널이 코뮌 후 결국 종언을 고했어도, 노동자당은 노동자들이 만든다는 대의는 아직 확고했다.[68] 마르세유 발신으로 전국의 노조와 노동자협회에 서한을 보내고 대회 조직을 준비한 장 롱바르부터 시계 보석공, 판화공이었다.[69] 조직위 집행평의회 구성원은 봉제공인 두 여성을 필두로 제화공, 석공, 철물공, 열쇠공, 석공, 제빵공, 금속 금박공, 보석공, 화지 접착공, 기계 조종공, 금속 선반공, 소목수, 석재 재단공, 시계 수리공이었다.[70] 그들은 "권리 없이 의무를 지지 않을 것이며 또한 의무를 지지 않고 권리만 요구하지 않는Pas de devoirs sans droit, Pas de droit sans devoirs" 노동자들이었다.[71] 노동자당은 노동자들이 만든다는 사상의 맥이 당으로 흘러 들어오기는 너무 어려운 일이었을까. 왜? 당이라는 기구의 본성, 속성은 노동 중심이 아니었기 때문에?

부르주아 당파에 섞이지 않고 노동자 고유의 세상을 설계한 노동운동가 페르낭 펠루티에(1867-1901)는 노동자들의 일상과 지식을 돌보는 지역 조직에 크게 기여했다. 툴루즈의 노동회관 그리고 노동회관에 필수적이었던 노동자 도서실.

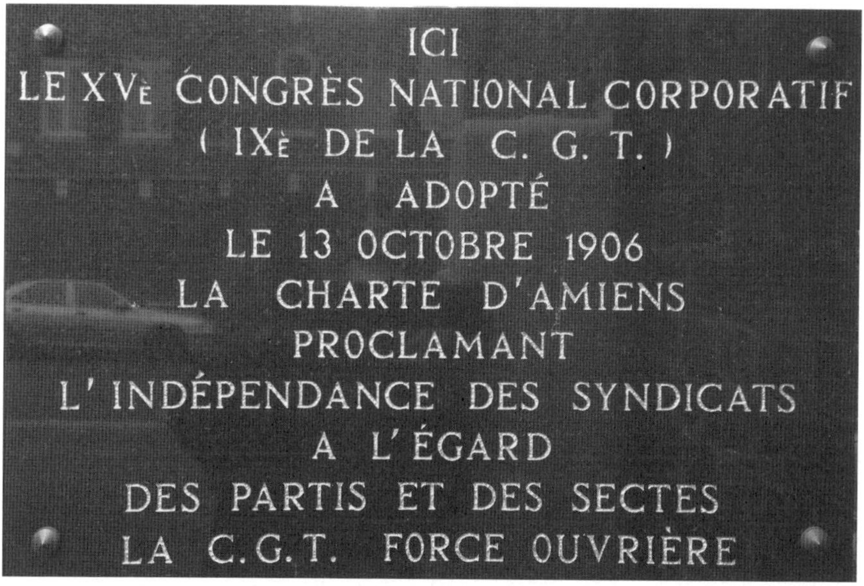

프랑스의 대표적인 산별노조 통합 조직인 노동총연맹CGT은 1906년 10월 아미앵 대회에서 당과 노조의 분리를 선언한다. 총연맹과 '노동자의 힘'의 이름으로 제작한 아미앵 헌장 기념판.

1895년 리모주 대회에서 창설된 노동총연맹CGT은 1906년에 이르러 사회적 논쟁의 최전선에 섰다.

3장

어려운 사이인 당과 노조

프랑스 사회주의는 통합당 이전이나 이후나 어려운 문제에 봉착했다. 어느 지도자, 어느 당파가 풀어낼 수 없는 성질의 어려움이었다. 흔히 당과 노조parti et syndicat라고 불리던 이 문제는 누구보다도 조레스가 안게 된 난제였다. 우리는 이에 접근하는 방법으로 당과 노조 양편에 서려는 무모한 시도를 버리고 노동 편에 서서 문제를 보자고 제안한다.

이를 위해 먼저 비숙련 노동자가 다수 등장하는 시대에 그들을 헐벗은 프롤레타리아로 두지 않고 과학과 지식의 노동자로 만들기로 한 펠루티에(1867-1901)를 보기로 한다. 이를 바탕으로 노동총연맹이 주장한 노동자 독자성이 무엇이었는가를 알아보고 드디어 총연맹CGT이 당과 노조의 분리를 선언하는 아미앵 헌장으로 갈 것이지만 사회당이나 조레스나 이 문제로 착잡했던 것까지 본다. 마지막에 사상가 조르주 소렐의 프롤레타리아관에 다가가려는 것은 노동의 차원은 당과 노조의 세력 경쟁을 넘는 근본적 문제였다는 생각에서다.

페르낭 펠루티에의 노동자 독자성

어느 직종에서 무슨 일을 하든 노동자는 무엇을 원했을까. 가장 필요하고 아쉬운 것은 지금보다 나은 임금, 안정적인 일자리, 마당에 채마밭도 있는 집이라면 더 좋지만 따뜻한 방 한칸이라도 집세 걱정 없는 주거였을 것이다. 하지만 그것만으로 살 수는 없었다. 실업자는 꾸준히 늘어나는데[1] 일자리가 없거나 일자리를 잃은 노동자가 취업을 하려면 되도록 똑똑하고 전문적 소양이 있어야 했다.[2] 취업이 아니라도, 이렇게 과학지식이 퍼지고 철로가 온 유럽을 누비고 전신이 대양을 넘어 대륙을 잇고 사진이 신문을 덮고 자동차, 비행기가 나타난 시대에 노동자들의 지적 무기는 너무 부실했다. 산재사고에 관한 법률들이 의회에서 통과되니 노동자들은 당연히 구체적 절차를 알아야 했다. 더 나아가 노동자들은 기계가 아니었다. 구식과 신식의 노동 방식이 자신들에게 미치는 영향, 신형 기계들의 특징, 공작 자재의 제작 등에 관해서 듣기를 원했다.

1898년 노동총연맹 대회에서 보듯이 12, 13세에 초등학교를 떠난 노동자들은 직업 강좌에 관심이 많았고 일요일 저녁의 시 낭송회에도 많이 모였다. 특히 투사 노동자들에게 지식은 필수적이었다. 노조 서기는 어느 정도는 웅변가에다 저널리스트다워야 업무를 수행할 수가 있었다. 기소장과 보고서를 제대로 작성할 수 있고 문제의 진상이 무엇인지를 차분하게 주위에 알려야 했기 때문이다. 펠루티에처럼 무보수로 근무하는 노동자 서기들은 그러한 지적 역량을 혼자 힘으로 획득해야 했다. 하루 일을 버리고 어디 가서 무엇을 배울 금전적 여유가 없었다. 만약 펠루티에, 그가 세상에 안주하려는 사람이었다면 노동회관 서기를 하지 않았을 것이라고 소렐이 말했지만 사실 서기 일은 전일제에 격무였다. "프랑스 노동계급은 자본가의 착취를 항상 불평하면서 자신의 봉사자들은 항상 착취했다"고 소렐은 이 실상을 지적했다.[3]

노동회관

1890년대에 태동한 새로운 노동운동이자 조직의 이름은 '노동의 부르스Bourses du Travail'였다. 이 역사적 용어를 함의대로 옮기기 어렵지만 일단 노동회관이라 한다면[4] 지금도 그때처럼 노동자 취업 지원을 하며 무엇보다 건물이 남아 있다. 1900년대 광산 도시였던 북부 소맹은 현재도 인구가 1만 2000명 정도인 소도시인데 거리에는 노동회관 본부 창설 연도는 1899년, 법인이며 임금노동자들의 노조라고 명기되어 있다. 파리시 남쪽 러시아인, 유색인들이 많이 사는 동네 빌쥐프에도 노동회관은 존속했다. 남부 툴루즈의 거리에도 노동회관 표시가 잘 되어 있다. 툴루즈에서 내륙의 산악 쪽으로 가면 나오는 광산 도시 생테티엔에도 노동회관은 남았고 현판에는 '진정한 민중의 집'이라고 쓰여 있다. 1888년에 지금의 장 조레스 광장에 이곳 스테판 지역 첫 번째 부르스가 설립되었다는 설명이다. 파리의 부르스는 센강 북쪽 샤토도 거리에 1887년 2월에 세워졌다. 전면과 측면이 똑같은 석조건물이고 건물 안 회의실도 전혀 초라하지 않다. 지중해 연안의 주요 군항인 툴롱 옆의 작은 코뮌 센쉬르메르에도 노동회관이 있던 자리임을 가리키는 도판이 걸려 있다.[5] 모임, 노조 업무, 상호부조 활동, 또 야간 강좌를 위해 건물 부지가 마련되자 1903년 완공된 건물에는 큰 회의실과 노조 사무실을 두었고 해군에 속한 조선소 노동자들을 지원했다. 서부 산업 항구 브레스트, 그 아래에 있는 소도시 생브리외크의 노조회관에도 같은 도판이 부착되어 있다.[6]

이들 회관은 모두 페르낭 펠루티에의 업적이다. 물론 노동운동은 한

두 사람의 지도자 격인 운동가나 이론가에 의해 성장하거나 쇠퇴하지는 않았다.[7] 운동은 파업과 같은 조직적 표상, 개인과 조직 사이를 잇는 여러 가닥의 끈, 조직이 결집할 때 발산되는 에너지가 작용하며 성장한다. 노동회관은 이 에너지가 뿔뿔이 흩어져 외롭도록 두지 않았다. 지역과 지역을 잇고, 직종이 달라도 한 도시에서 살고 일하면 그 노동자들 사이를 잇고, 그러면 자본에 눌린 노동자들을 살리는 방법이 나온다고 펠루티에는 믿었다. 그 때문에 차비가 안 들고 특별히 시간을 내지 않아도 되는 가까운 거리가 요건이었다.

어느 도시에서나 노동회관의 기반은 생디카였다. 1880년대 후반부터 자생적인 노조, 프랑스말로 생디카라고 부르는 소모임들이 수없이 생겨났고 생디카의 특징은 노동자만이 가입할 수 있다는 점이었다. 즉 같은 작업장에서 같은 일을 해도 십장, 감독관 같은 이들은 가입하지 못했다. 1895년에 2163개가 된 생디카 하나하나가 모두 노동회관 연맹이나 전국 생디카 연맹에 가입했던 것은 아니며 상위 기구에 소속되지 않은 독립적 생디카도 많았다. 1898년 서부 도시 렌의 노동회관에는 20개의 생디카가 가입했다. 소목공, 제책공, 제화공, 프랑스철도 지부, 대목수, 피혁공, 솔 제조공, 석재 재단공, 석공, 석고공, 마차공, 모자 제조공, 아연공, 신문 판매인, 유통업 종사자, 용역인, 제분업 종사자, 광부 들이 연맹에 들어갔다. "이렇게도 범죄적이고 이렇게도 냉혹한 부르주아 사회가 수백만의 사람들을 빠뜨린 열등한 삶으로부터 프롤레타리아를 끄집어내고 보다 고상한 수준으로 그들을 끌어올리기 위해서 생디카들은 투쟁했다."[8]

노동회관은 개탄만 하지 않고 일을 했다. 구직자가 어느 도시 어느 지방이든 찾아가서 직업을 구할 수 있는 구인 정보, 취업 장소, 임금, 지역 노동시장의 현황 등을 누구에게든 알렸다. 파리, 리옹, 마르세유, 툴루즈처럼 노조원이 많은 대도시에서는 노조원의 3분의 1이나 4분의 1이 노동회관에 다녔다. 이들 스스로 신문으로 활동을 선전하고 파업자들에게 성금을 보내고 자체의 보험 보장 금고를 두었다. 또 야간 숙박, 상담, 소비협동조합을 운영했다.[9] 노동자들의 여비 보조는 필수적인 사무였다.[10] 펠루티에는 노동자들이 여비 부족으로 유랑 걸인처럼 떠돌아다니면서 비참해지는 것을 막으려고 했다. 돈이 떨어지면 멀쩡한 사람도 범죄자가 되는 것을 그는 알고 있었다. 1888년에 센도 경범죄의 23퍼센트가 그 같은 경우에 해당했고 1892년에는 48퍼센트로 늘었다. 사실 노동자에게 여비를 보조하고 낯선 도시에서 묵을 곳을 알선한다는 개념은 새롭지 않았다. 서책 노동자, 모자공, 대목수 등의 직인조합에서 노동자들의 수련을 위한 '프랑스 일주'에 수반되는 관행이었다. 노동회관 사상도 1830년 제한왕정기의 몰리나리에서 나왔으며 더 멀리는 1790년 혁명기까지 거슬러 오른다. 그러나 1848년 혁명기에도, 제2제정하에서도, 제3공화정이 시작되고서도 이 운동은 실패했다.[11]

1884년 2월 3일 파리 노동회관 개관식은 그러한 실패가 이제 끝났다는 신호 같았다. 회관은 노동자들의 것이었지만 시와 사회가 무관심하지 않았다. 파리 하원의원과 상원의원, 파리 시의원, 센 도의원, 내무장관, 상공장관, 센 도지사, 언론계 대표들, 180명의 노동자 그룹 대표들이 개관을 축하했다. 파리 시의원 므쥐뢰르가 이 일을 기획한 지 3년 만이었다. 같은 해 4월에 경제학자 샤를 지드가 노동자들과 만났던 남부 도시 님, 이어서 1888, 1889, 1890년에 마르세유, 생테티엔, 툴루즈에서 회관이 문을 열었다. 시의회가 특별히 사회주의적이지 않아도 시는 민중과 가까웠다. 노동회관이 규정에 따라 시의 보조금을 받은 것 때문에 체제 통합적이었다고 하는 비판은 온당치 않다.[12] 파리시는 1897년과 1907년에는 노동회관

의 폐쇄를 의결한다.[13]

회관은 무엇이었을까. 그 집에 가면 언제나 문이 열려 있고 동지들이 모여 있고 책도 보고 임금도 서로 알아보고 웃기도 하고 노래도 부르고 여행 못 가는 사람들이 다른 나라 소식도 듣고 하는 그런 분위기가 노동하는 사람들에게 절실히 필요했다.[14] 일상을 사노라면 감정의 정화가 필요하듯 노동에도 밝은 감정이 필요했다.[15]

페르낭 펠루티에

그는 노동자가 아니었다. 코뮌의 바를랭이나 말롱, 알르만과 달랐다. 피혁공도 인쇄공도 제본공도 아니었다. 그렇다고 뤼시앵 에르, 샤를 페기, 장 조레스 같은 골수 지식인인가 하면 그렇지도 않았다. 그는 서부 해안가의 생나제르에서 성장했으며 집안은 부유하지도 어렵지도 않은 형편이었다. 그가 좋아하고 잘하고 또 그를 키운 것은 신문이었다. 18세부터 서부 민주파 신문에 글을 썼을 뿐 아니라 혼자서 제작 공정을 익혀 신문을 만들었다. 하지만 문인 같은 글이 아니고 빡빡한 문체로 사실만을 기술하는 엄한 글이었다. 그는 문체가 화려하고 언변이 좋은 운동가라고 할 수 없었다.[16] 정치적으로 초기의 그는 공화파였으며 게드주의파에도 일시 가담했으나 아나키즘이 가장 마음에 들었다.[17] 노동의 문제에 기울어지게 된 데는 국가를 거부하는 아나키즘 사상에 영향을 받아서였다.[18] 그렇게 쓴 글 《노동회관, 기원과 제도와 미래》, 《노동자의 삶》은[19] 1901년 34세로 사망하는 그의 생의 거의 마지막에 간행되었다.[20]

그보다 몇 해 전인 1898년부터 그는 《두 세계의 노동자》를 노동회관 월간지처럼 발간했다.[21] 펠루티에 전공자인 자크 쥘리아르가 전하는 이 잡지의 내용은 다음과 같다.[22] 1. 각국의 노동 입법 연구 2. 프랑스와 외국의 노동 3. 노동자의 생활(위생, 식품, 노동시간, 임금, 실업, 질병 감염률, 사망률) 4. 농촌의 노동운동, 사회주의, 농업 5. 19세기 노동운동 사건 6. 두 세계의 직종별 연맹 사건 7. 각 분야의 특수 노동 조건 8. 국제 협동조합 운동 9. 노동자의 월간 사업 목록 10. 사회적 홍보. 이런 내용을 실은 이유가 있었다. 펠루티에의 철저한 원칙은 노동운동은 반드시 과학적이어야 하며 그러려면 노동자들의 사고방식과 태도가 과학적이어야 한다는 것이었다. 그에 앞서 말롱과 말롱의 젊은 동지들이 제시한 길과 하나도 다르지 않았다. 다만 다른 것은 말롱은 사회주의와 노동운동을 대승적 차원에서 두루 수용했고 펠루티에는 노동의 경계를 확실히 그었다는 점이다. 애초에 펠루티에는 파리나 지방 도시의 쟁쟁한 노동운동가들이 익히 아는 인물이 아니었다. 생나제르의 춥고 비 내리는 스산한 길가에서 행여 일자리를 구하려나 서성이는 실직 노동자들이 펠루티에의 삶을 결정지었던 것 같다.

파리로 올라온 그는 서민 동네 벨빌에서 근근이 살았다. 동거하는 여성이 붕대 제조 일로 약간의 수입을 갖고 왔을 것이다. 펠루티에의 수입원은 연극 대본 필사, 기술 서적 번역 일이었다. 부르주아 사회주의자들과 대비되었다. 그 역시 사회주의 잡지와 아나키스트 잡지에 기사를 썼지만 고료라고 할 게 못 되었고 몇 년 후 공화파 거두인 클레망소가 간행하는 신문《로로르》에 기고해서 월 100프랑을 받게 된다. 그런 상황에서도 그는 노동자주의ouvriérisme라고 불린 신조를 굽히지 않았다. 프랑스의 고유 색이 짙은 이 용어는 첫째 벼락부자가 되지 않는다는 것이었다. 하지만 실정이 그렇게 장밋빛이었을까. "대중은 무관심하고, 투사들은 진지하기보다 구변만 좋다"고 비관할 수도 있었다. 노동운동의 책임자들은 스스로 또 동지들을 향해 자신을 던져 노동자의 자생력을 키우는 데 거름이 되기를 바랐다. 그것이 노동을 포섭하려는 사회주의에 대항하는 오래갈

방편이었다.

> 그런 날이 그리 멀지 않았을 텐데 프롤레타리아가 자신의 이해를 의식하고 그로부터 개선할 수단을 의식하여 거대한 결사를 형성할 날이 올 것이며 그 날에는 더 이상 자본도 없고 비참함도 없고 계급도 증오도 없을 것이다. 사회혁명이 완수되는 것이다.[23]

페르낭 펠루티에의 이름을 붙인 거리는 파리 서쪽 르노 자동차의 도시 불로뉴비앙쿠르, 파리 북쪽 클리시 구역, 멀리 알비, 님에 산재해 있다.

노동회관 도서실

다중의 과학성을 기르는 수단은 잡지와 책뿐이었다. 그러나 이 세계에 깊숙이 들어갈 수 있는 것은 소수 운동가들뿐. 더 많은 노동자가 더 깊이 책과 글에 익숙해지고 구체적인 문제를 정확히 이해하고 비판하고 반론할 수 없을까. 펠루티에 운동의 핵이 도서실이 된 것은 이 문제의식때문이었다. 산업화 시기에 들어왔어도 19세기를 내려온 도제 교육이 허물어져가고 새 방식의 직업교육은 전문화되지 못한 상황에서 펠루티에 같은 노동운동가들은 긴장했다.[24] 직업교육이 부족한 터에 도서실을 관리하고 강좌를 운영하려면 독서량이 상당하고 어느 문제든 응답할 수 있는 엘리트여야 했다. 하지만 조건이 따랐다. 그는 반드시 현재 직업이 노동자여야 했다. 노동문제에 관심을 가진 지식인 출신은 노동회관의 운영자가 될 수 없었다.

지금 파리나 지방이나 할 것 없이 동네마다 시립 도서관, 혹은 노조

도서관이 갖춰져 있는 것은 그런 연유가 있다. 펠루티에는 도서관과 강의실이 없으면 노동회관이 아니라고 원칙을 정했다.[25] 하지만 실제 지방 도시의 도서관 상황은 미약하고 편차가 컸다. 노조 회의 보고서, 인구와 산재 통계, 사전류, 소설 등을 합한 장서가 남부 마자메는 250권, 브장송 300-400권, 앙제 1200권, 릴은 3000-5700권, 파리가 3000-6000권이었다. 반나절 쉬는 '영국식 토요일'이 절실한 때 많은 노동자들이 도서실에 와서 책을 읽기는 힘들었다. 파리의 경우 실직한 노동자들은 아침 9시에서 저녁 7시 30분 사이에, 낮에 일한 노동자들은 저녁 8-10시에 도서실에 들렀다. 누군가의 손에 닳고 닳은 책들의 표지를 보면 하루 10시간, 12시간 일하고 나서 책을 읽고 또 읽는 노동자들을 상상할 수 있다. 놀라운 장서를 갖췄던 노동자이며 운동가인 폴 델살 같은 사례는 예외이긴 하지만 엘리트 노동자의 표상이었다.[26] 노동자들은 신문 잡지 책이 범람하는 시대를 따라가야만 했다. 여기서 낙오하면 어떻게 될 것인가. 부르주아 사회의 중추는 책과 사상과 토론의 단련에 놓여 있었고 국가는 정권의 변동에 관계없이 도서관 정책을 강화해 기존 도서관들을 확충 병합하고 세심하게 감독하고 지원했다.[27]

펠루티에의 문제의식은 결코 단명하지 않았다. 1961년 파리 북쪽 드랑시에서 열린 제3차 전국기업위원회 회의에서 노동총연맹은 노동자들에게 필요한 민주주의는 지적인 민주화라고 천명한다. 노동총연맹은 노동자는 아무리 수가 많아도 주변인이니 노동자가 사회의 민주주의에 진정 기여하기는 어렵다는 인식을, 통념을 거부한 것 아니었을까. 사실 펠루티에를 소생시키며 펠루티에 평론을 발간하여 연구를 시작한 것은 1950년대 프랑스 노동조직(CGT/FO)이었다.[28]

노동총연맹의 혁명성

노동총연맹CGT은 1895년 첫 번째 단계에는 산별 조직으로 출범했다. 그러나 1902년 펠루티에의 사망 이후 본격적으로 지역 노조와 산별노조를 통합했다. 펠루티에 같은 운동가는 혁명을 갈구하면서도 소수가 지도하는 봉기 전략에 반대했듯이[29] 총연맹 역시 각 노조와 기구를 통합 조정하는 기구였음에도 선명한 이념성을 지향했다. 이 시기 프랑스 총연맹의 성격이 유난히 혁명적이었다는 것은 1960년대의 자크 쥘리아르부터 시작하여 연구자들이 계속 강조한 바이다.[30] 2차 산업혁명으로 새 직종이 활기를 띠고 기술과 경제의 진전이 두드러지며 자본주의는 전면적인 노동 포섭에 들어간 시대에 총연맹 역시 새로운 방향을 채택해야 했다. 혁명적 생디칼리슴으로 불리는 이념은 북부 이탈리아, 카탈루냐, 미국 산별노조, 심지어 영국과 아일랜드에도 존재했다. 그러나 쥘리아르에 따르면 다른 곳에서는 프랑스 같은 진폭으로 큰 반향을 일으키지는 않았고 그 같은 프랑스의 독창성은 생디칼리슴이 노동계급의 열망과 필요에 부응하려 한 데서 나왔다. 노동이 추구하는 최종 행위가 노동이 수행하는 평상적 행위와 분리되지 않았다는 해석이다.[31]

하지만 역사는 재해석을 부르며 2010년대의 관점은 이와 다소 다르다. 경쟁적이던 자본주의가 과점적 자본주의로 변형되며 노동 합리화, 테일러주의로 다수 노동자를 포섭하게 되자 노조는 다수의 파업에 의거하게 되었다. 독일과 북유럽권에서는 산업의 집중화와 사회민주주의 이념이 노조에 깊이 들어온 반면 산업이 분산되고 자유주의는 아직 초창기인 이탈리아와 에스파냐는 아나키즘의 영향력이 컸다. 주목할 것은 프랑스는 이 두 갈래의 흐름이 오랫동안 충돌한 사회였고 생디칼리슴의 독자성은 그 중간의 해결책이었다는 시각이다.[32] 하지만 어떻든 혁명적 생디칼리슴이라는 강렬한 이념은 실제 노동운동 없이 키워지지 않았다.

파업의 직종들

미셸 페로의 대작 《파업하는 노동자들》에는 1871년부터 1890년 사이 노동자 파업의 직종이 명시되어 있다. 농업 부문에는 농업 부속업, 임업, 염전, 식품 부문에는 설탕업, 저장, 제분, 제빵, 화학 부문에는 가스 공장, 각종 화학공업, 연초업, 지류 서책 부문에는 인쇄, 제본, 제지, 지류가 들어 있다. 피혁업에는 신발 제조, 안창 제작, 무두질, 직물 의류업에는 염색, 실 드리기, 직조, 제사, 재봉, 내복과 의복 재단, 모자 제조, 양탄자 제조업이 있었다. 목재 분야에는 광주리 짜기, 목재 톱질, 골조 제작, 목공, 흑단공, 수레 제조, 나무통 제작, 목재품 제작, 목판화 제작이 있었다. 금속 부문에는 금속 생산, 지금地金, 선반, 대장간, 칼붙이 제조, 보일러 제조, 철선 건조, 기계 조정, 기계공업, 시계공업, 기계 건축, 금은보석 세공이 모두 포함되었다. 돌과 달군 흙 공업 부문에는 유리 공업, 도기, 자기, 석재 건축업에는 토목, 석재 재단, 슬레이트 제조, 석공, 지붕 작업, 페인트칠, 장식 공업이 있었다. 상품 운반과 운송업에는 마차와 짐차의 말 끌기, 전차, 운반 관련업, 철도, 선원과 수부, 배 끌기업이 있었고 기타 기계 전문, 하수구 퍼내기, 서비스업이 있었다. 이 장면에서 다소 장황하게 노동 직종을 열거한 이유가 있다. 이 모든 노동자들의 평균 파업 일수는 1870년에서 1890년대까지 점점 늘었다.[33] 그러면 노동의 밖에서, 더구나 정치인들이 다양하고도 정밀한 기술과 생산력과 부문별 수준과 감독의 필요와 건강과 노후와 자녀 교육의 노동자 문제를 얼마나 잘 알 수 있었을까? 언뜻 생각해도 답은 회의적이다. 노동운동가들에게는 그건 의문이 아니었다. 당신들은 모른다는 것은 확신이었다.

산업과 기술과 설비가 한층 발전하는 1900년대에 오자 파업 건수도 늘고(1902년 512건, 1906년 1309건) 파업자 수, 총파업 일수도 늘었다. 산업과 상업, 투자와 이윤율의 상승으로 경제에 대한 믿음이 커간 것과 파업의 성장은 나란히 갔다.[34] 노동자 파업의 성행은 가내 노동 감소와 식품, 목재, 피륙, 토목, 채석, 도자기, 화학, 직물, 금속, 광업 각 방면에서 늘어난 산업 인구의 활기를 반영하기도 했다.[35] 파업 운동이 약화되어간 것은 1910년에서 1913년 사이이다. 하지만 공공부문의 파업은 새로운 양상이었다.[36] 1906년 4월의 우편체신원 파업으로 320명이 해고되었음에도 불구하고 우편체신원들은 다시 1909년 국가를 상대로 파업을 벌였으며 그 결과는 클레망소 정부에서 취한 해고 확대였다.[37] 파리 전기공 파업도 중요했다. 동료 시영 직원들의 흡수를 요구한 이 전기공 파업은 전례 없는 전략으로 하루 10시간 노동, 한 달 4일 휴가, 연차 유급휴가를 획득했다. 파업은 무익하지 않았다. 요구 조건이 관철되는 비율이 실패의 경우보다 높았다. 파업의 수준과 대외 교역과 실업의 수준 사이에는 상관관계가 그려졌다. 이 파업들에는 부분적으로 노동총연맹의 개입이 있었다.

1908년 드라베유 노동자 시위

총연맹 지도자들이 특히 검거되고 재판을 받은 파업은 1908년 여름 파리 교외 드라베유에서 일어난 사건이었다. 드라베유빌뇌브 생조르주는 파리 동남쪽 센에우아즈도의 노동자 소도시였다. 이 작은 소도시에서 1908년 클레망소 정부 치하 치안 군대가 시위자들에게 총을 쏘아 6월 2일 2명의 노동자가 숨지고 두 달 후 4명이 또 총탄에 사망하는 참사가 발생하여 프랑스 노동사에 남는 지명이 되었다.[38] 총연맹은 6월 2일에서 3일 사이 야간에 파리 시내에 벽보를 붙였다. "이 파업은 평상적인 파업이 아니다. 이 총살은 다른 총살과 같지 않다."[39] 이후 시위는 산발적으로 계속되고 있었다.

7월 30일 아침부터 건축노동자들이 열차로 파리에서 약 20킬로미터 떨어진 드라베유에 몰려들었다. 리옹역에서 떠난 이들이 2200명 이상이며 도보로 온 이들도 많아 4천 명이 넘었을 것이다. 시위자들은 곤봉을 쥐었고 브라우닝 자동소총을 들기도 했다. 시위 인원이 넘쳐, 중심 대로에서 미팅을 하려다가 근처 벌판으로 나아갔다. 거의 전원 건축노조연맹 소속 노조원들이었다. 여러 연사들이 가설 연단에 올랐다. 용기병 부대가 나타났으며 시위대가 빌뇌브 생조르주 묘지로 올라가 시위를 계속하려 하자 기병이 해산을 시도했다. 시위대는 노조 깃발을 흔들고 인터내셔널 노래를 부르고 돌무더기를 쌓아 해산을 막았다. 도지사, 부도지사, 베르비에르 장군이 도착하고 기병 소대가 말에서 내려 돌무더기를 헤치고, 봉기자들은 칼을 찬 병사들에게 돌을 던졌다. 《르 탕》[40]의 보도를 쥘리아르가 채록한 바로는 오후 5시쯤 2천 명의 시위대가 시내 대로를 차지했고 공사 중인 건물을 에워싸고 두꺼운 널판과 철책으로 바리케이드를 쌓았다. 시위대는 돌과 석고판을 기병대에게 투척했고 계속 돌질을 하는 시위자들을 겁주기 위해 베르비에르 장군은 공포탄을 연속 쏘게 했다. 파업자들은 공사판으로 들어가거나 술집으로 피했다. 이 공방이 스무 번도 더 계속되는 가운데 파리 거리, 시청 대로, 학교 거리에서 시위자들과 지치고 부상당한 병사들이 악착같이 싸웠다. 병사들도 수십 명이 부상당해 피를 흘렸고 양측 모두 기진맥진했다. 출구가 막히고 작은 드라베유역 광장으로 몰린 시위대에서 사망자들이 발생한 경위는 복잡하다. 한 명의 사망자가 먼저 길에 쓰러졌고 건축노조연맹의 비서 데르는 팔에 총을 맞았다.

클레망소는 1891년 5월 푸르미에서 노동자들이 시위 중 살해되었을 때 하원에 나와 희생자들을 추모하고 포도에 흐른 무고한 피를 무슨 일이 있어도 씻어야 한다고 말했다.[41] 총연맹의 의견으로는 이미 2년 전부터 클레망소 정부와의 투쟁이 공개적인 투쟁이 되었다. 공화국이 가진 사회와 정치 사이의 심각한 균열이 노정되었다.[42]

클레망소는 7월 30일 그날 저녁으로 검찰총장에게 사건 조사를 명하고 곧 총연맹 지도자 31명을 체포하게 했다. 파리 총연맹 사무국에서 심야 회의가 속개된 사이에 영장 집행관들은 현장에서 아침이 되기를 기다렸다. 체포자들은 감옥에 갇히기 전에 예정된 일을 처리하느라고 분주했다. 총연맹의 총서기 빅토르 그리퓌엘, 《민중의 소리》 편집자 에밀 푸제, 노동회관 연맹[43] 서기 조르주 이브토, 피혁연맹 서기 앙리 드레트, 스위스로 피신한 인쇄 책임자 피에르 모나트가 체포자 명단에 포함되었다.

노조원이 적은 총연맹의 성장

프랑스는 노동자들이 노조에 잘 가입하지 않는 나라였다. 1900년대 전국 노조원이 독일은 400만, 벨기에 60만, 영국 500만 명인 때 프랑스는 1900년에 10만 명 정도였고, 1902년부터 부쩍 늘었어도 1911년에 35만 명, 전체 산업인구의 2-3퍼센트에 지나지 않았다. 인민전선기(1936-1939)와 2차대전 후, 그리고 68운동 시기를 제외하면 프랑스의 노조 가입률은 언제나 낮았다. 가입률이 높은 직종도 9퍼센트였다.[44] 노동조직을 총연맹이 독점한 것도 아니다. 프랑스 노동운동은 총연맹, 어용적 성격의 황색노조, 기독교 노조의 3분 구조로 나뉘었다.[45] 사회문제를 인정한 교황의 '레룸 노바룸' 반포(1891) 이후 기독교 노조 운동은 북부와 남부 리옹에서 동시에 강했다. 가톨릭교회는 사유재산의 파괴를 기약하는 무신론적 유물론을 반대하면서 소수의 독점으로 다수의 노동 과실을 착취하는 자본주의의 악덕을 비난했다. 친기업 노조는 슈나이더가의 크뢰조 공장, 몽소레민 광산, 카르모 광산 같은 대기업에 잠복했다. 파리 일원 역시 중요한 어용 노조의 근거지였다. 소수가 운동을 책임진다는 총연맹의 성격은 이러한 노동조직의 구도에서도 비롯되었다. 하지만 급진정부하에서도 8시간 노동, 산재 입법, 노사 중재, 퇴직연금이 모두 늦고 의회의 표결과 토론은 끝이 없었다. 1908년 드라베유 시위처럼 시위 노동자에 대한 공권력의 탄압은 식을 줄을 몰랐다. 뭔가 옹골찬 저항의 방안이 필요했다.[46]

총연맹은 경험상 파업을 수단으로 철옹성 같은 대기업을 뚫을 수 있을 것 같았다. 1899-1900년 크뢰조의 대파업에서 금속노조가 창설될 때 총연맹이 개입했다.[47] 6000명의 노조원이 연맹 가입서를 썼다. 파업은 실패로 돌아갔고 회사는 즉각 어용 노조를 설립했지만 노조라고는 상상할 수 없는 슈나이더라는 아성도 틈새가 보이기 시작했다. 이 시기의 산업화 수준에서 1만 5000명을 하나의 공장에서 채용하고 1만 명이 같은 공장에서 숙식하는 것은 프랑스 최대 규모였다. 도로, 광장, 철로, 예배당이 기업 소유였고 이 도시의 병원, 복지 서비스, 여가 시설을 모두 독점한 슈나이더는 아직 프랑스에서는 거의 알려지지 않은 노동자들의 질병구조금고, 병원, 퇴직금고, 무상 약국을 운영했다.[48] 학교도 운영했는데 1914년 이전에 학생 수가 총 1250명이었다. 종교 행사 참석은 의무였지만 출신에 상관없이 우수한 인재를 엄선했고 학생들은 계속 교육받아 사회적 상승의 기회를 가졌다.

1902년 이래 혁명 노조주의를 주장해온 운동가들이 거의 구금되자 총연맹의 지도 노선도 선회했다. 하지만 총연맹이 이로써 나약해진 것은 아니었다. 노동자의 죽음에 노동자들이 응답했다. 아직 가입을 관망하던 광부노조연맹이 총연맹에 들어왔다. 광부노조는 철도노조, 직물노조와 함께 대표적인 구산업으로, 노조 가입률이 약한 프랑스에서 수도 많고 연혁도 오래되고 의회와 관계도 깊었으며 다른 나라 광부노조들과의 연대도 강했다. 광부노조만의 신문과 회지도 다수였다.[49]

기병과 헌병과 시위자들이 어떻게 대치했든 노동자들이 보는 앞에서 노동자가 살해되었다는 것은 변명의 여지가 없었다.[50] 프랑스의 노조 가입률이 낮았어도 1908년 총연맹에 가입한 직종 연맹에는 없는 직종이 없었다.[51] 남부 농업노조 대표들이 30명, 북부의 농업노조는 2명, 오를레앙, 니오르, 페리귀외, 센, 툴롱, 마르세유 등지의 요리사, 제빵사, 초콜릿 제조인, 크림 제조인 등이 속한 식품연맹, 성냥제조연맹, 가구연맹, 슬레이트연맹 대표들이 참석했고 건축연맹은 전국 사방팔방에서 산하 직종의 대표들을 파견했다. 아미앵, 알비, 셰르부르, 뒹케르크, 낭시, 나르본, 니스, 생클루, 셰르부르, 생캉탱, 트루아, 튀니스에서 벽돌공, 채석공, 석공, 석재 재단공, 대리석공, 금박공, 배관공, 아연 배관공, 대목수, 시멘트공, 열쇠공, 토목꾼, 석회공 들이 왔다. 보석세공연맹, 벌목연맹, 도기연맹, 모자제조연맹, 의류연맹, 판화연맹, 해상연맹, 사무직연맹, 연초제조연맹, 기계노동연맹, 서적노동자연맹 등 외에 철도연맹, 금속연맹은 특히 대표수가 많았다.

노조 가입이 어려운 풍토에서도 변화는 일어나 1904년에 노조원이 단 1000명이던 건축업에서 1909년에는 전체 건축업 노동자의 30퍼센트가 노조원이었다. 총연맹에 가입하려는 노조는 산별노조와 지역 노조에 동시에 가입해야 했다. 연맹 지도부와 나란히 산하 지부도 자율적인 규율과 빈틈없는 직무로 노조의 자존심을 지켰다.[52] 1차대전 발발 2년 전, 총연맹은 성대하게 자라나 있었다.[53]

아미앵 헌장: 당과 노조의 분리

1906년 10월 아미앵 대회

아미앵 헌장이라 이름 붙여진 문건의 아미앵은 1906년 10월 총연맹 대회가 열린 북부 공업도시 아미앵의 이름이다. 이 대회는 8시간 노동을 요구하고 총파업 선전위를 설치하기로 했다. 총연맹에는 여러 계파의 노조원들이 모였고 이런 헌장을 만들게 된 경위는 복잡했다. 총연맹의 연맹원 중에서도 생디칼리스트라 불린 이들이 작정하고 주도한 일이 아니다. 게드파와 연결된 온건 성향의 직물노조원 빅토르 르나르가 총연맹과 사회당 사이에 유대가 있어야 한다고 먼저 제안했다. 생디칼리스트라고 통칭되는 혁명파 노조원들은 당을 싫어했고 이 제안에 반대했다. 금속노조의 알퐁스 메랭이 유니온(노조)은 모든 합법주의, 모든 공권력에 대한 간단없는 계급투쟁을 수행해야 한다고 주장했다. 르나르의 제안에 어림도 없다는 반대를 천명한 것이다. 같은 강경파인 총연맹 서기 빅토르 그리퀴엘이 메랭에 동조하는 동의안을 제출했고 대회장의 의결을 받았다.

아미앵 헌장

이 그리퀴엘 동의안이 아미앵 헌장이 되었다. 총연맹은 공식적인 모든 정당의 밖에 위치하며, 자본주의를 파괴할 직접행동을 한다는 것으로 요약될 수 있다. 총연맹 하면 곧 직접행동을 연상하게 되는데 직접행동이란 무엇이었을까. 단순하다. 정치적 행동이 아닌 경제적 행동을 의미했다. 이 헌장이 얼마나 노동자들의 가슴을 파고들었는지는 알기 힘들지만 이는 하나의 역사적 소산이었다. 1879년 마르세유 대회 이래 같은 목적, 즉 프롤레타리아를 위하려는 두 기구가 계속 팽팽하게 경쟁을 벌여온 결

과였다. 당이 하나의 사회당으로 정립되는 것을 보자 노조 측에서도 선을 확실하게 할 필요가 있었다.[54]

아미앵 헌장은 당대에나 연구사에서나 당과 노조의 분리 선언으로 평가되었지만 세르주 볼리코프는 보는 눈이 다르다. 당과 노조의 분리가 중요한 것이 아니라 훨씬 근본적인 것은 노조의 야심이 재확인되었다는 사실이다. 노조가 비록 오늘은 노동의 요구를 위해 투쟁을 하지만 내일은 오늘과 달리 살리라는 비전이 있었고 바로 그 때문에 당과 노조의 갈등 그 이상의 것이 이 헌장에 걸려 있었다.[55] 가장 중요하고 독창적인 모습은, 비단 정치와 경쟁하는 것이 아니라 사회당에서는 내놓지 못하는 다른 전망을 발의한 것이었다. 아미앵 헌장은 당원이 노조에 가입하거나 노조원이 당 활동을 하는 것은 막지 않았다. 그건 개인의 재량에 맡겨두었다. 노동자들은 마르세유, 릴, 카스트르, 파리 등 도처에서 노조와 당, 그리고 시정 활동을 겸하는 경우가 빈번했다.[56]

당시 미국에서도 경이로워한 이 생디칼리슴은 투표 자체를 '저속한 민주주의 사상'으로 밀어냈다. 푸제, 이브토 같은 이른바 생디칼리스트들에게 투표로 무엇을 배운다는 것은 우스꽝스러운 일이었다. 투표는 자신을 다른 사람들의 행위와 사상에 의존하게 했다. 대의제도는 노동자들에게 정치가의 약속을 믿도록 권하겠지만 보통선거란 애초에 의식이 없고 무력한 개인들이 속아 넘어가도록 하는 행위였다. 그날이 언제이든 그런 세상 아닌 다른 세상을 만드는 것이 그들 생디칼리스트의 목표였다.[57] 갑자기 돈을 버는 출세 거부, 타협에 대한 혐오, 세상에서 알아준다는 유명세를 경멸하는 체질, 그러나 주어진 임무에 헌신하는 자세, 그 임무를 교양과 지식으로 수행하는 가치관을 그들은 존중했고 사람들은 그러한 그들의 속내를 알아보았다. 실제 노동자를 익히 알고 있던 역사가 콜레트 샹벨랑은 그들에게 혁명은 정치적 봉기 이상의 것이었고 이론이나 도그마와 다른 무엇이었음을 강조한다.[58] 지식인이며 부르주아인 중개자가 끼어들 여지를 주지 않고 노동자들끼리 고용주에 맞서고 국가에 대항해서 직접행동을 하는 것만이 진정한 민주주의였다. 고용주, 정부, 의회 그 누구든 권력의 대표단은 노동자들의 문제를 대신할 수 없었다. 여기에는 분명 제1인터내셔널의 근본인 "노동자들의 해방은 노동자들 자신의 작업"이라는 사상이 계승되어 있었다.

생디칼리슴의 총파업론

하지만 그런 세상을 만드는 방법론이 무엇이었을까. 총파업론은 이 막다른 골목과도 같은 상황에서 고안된 개념이다. 원래는 1840년대의 영국 노동운동에서 시작된 이 발상이 50년이 더 지나서도 노동운동가들을 매혹한 것은 엄밀한 계획성 때문이 아니다. 강렬한 의지가 그 말에 담겼기 때문이다. 총파업론의 선두 주자는 펠루티에였다. 1892년 이후 펠루티에는 (브리앙[59]과 함께) 노동자 대회와 정당의 대회들을 빠지지 않고 돌며 총파업을 선전했다. 선거로 이기자는 사회주의자들의 선전에 맞불을 놓기 위해서였다. 노조가 살길이었다. 그 때문에 인쇄공 노조 같은 온건 노조도 총파업론을 지지했다. "이기적이고 부정직한 부르주아지, 곪아 터진 사회에서" 인쇄공들은 "어느 날 멋진 꿈이지만 실현 가능한 꿈인 총파업을 선언할 것"이었다.

하지만 펠루티에나 그의 동지들, 또 총파업을 신화로 끌어올린 소렐은 들뜨지 않았다. 총파업론을 매우 냉철하게 생각했다. 총파업은 몇몇 전략 산업 부문에 국한될 것이지만 지난 시대 같은 낭만적 봉기가 아니라 폭력을 포함하는 모든 수단을 동원해서 국가를 타도하고 경제 권력을 노동자들travailleurs에게 부여하는 세상, 즉 혁명이었다.[60] 총파업으로 이룩할 사회, 거기서는 거리마다 집집마다 생산도구를 소유하고 빵집에는 빵 굽는 노동자들이 마음껏 모여 생산과 분배를 의논하는 결사가, 철물 작업장에는 철물공 집단이 재간껏 기량을 발휘하는 생산 체제가 나타날 것이었다. 총파업론은 이상만으로 채워지지 않았고 미움과 원한, 파괴 의지, 해체의 욕망이 모두 들어 있었다.[61] 펠루티에 사후에도 새날을 바라는 총파업 정신은 사라지지 않았다.

조레스의 총파업론 비판

총파업론에 당면하여 조레스 역시 난감했다. 1905년 11월《뤼마니테》에는 "푸제가 총파업이 러시아혁명에 지대한 역할을 했다고 한 것은 옳다"고 시작하는 조레스의 논설이 실렸다.[62] 그는 1789년 혁명에서 총파업에 방불한 과정이 있었다고 상기했지만 자신의 신념을 밝힌 것은 그다음 대목이다.

> 새로운 혁명가가 지난 일을 그대로 복제한다면 유치할 것이다. 러시아혁명에서도 그건 하나의 형태, 하나의 계기였다. 전체적인 성과는 무수한 갈래가 모여 협력할 때의 동력으로 일어난다. 푸제가 프랑스 프롤레타리아에게 러시아혁명의 교훈을 적용하려 하면서 잊어버린 점, 그러나 잊어버려서는 안 되는 것이 그 점이다.[63]

그는 정치와 보통선거와 의회에 적대감을 가진 총연맹의 노선에 대

해 하고 싶은 말이 있었다.[64]

> 노조 조직이 더 혁명적이고 사회주의 조직은 그보다는 진화론적일 것이라고 미리 결론지을 수 없다. 독일의 노조와 사회주의의 관계는 프랑스와 반대이다. 프랑스에서는 노동총연맹이 사회당보다 혁명적이라고 믿는다. 정치 고유의 행동은 모두 거부하며 노동자의 해방은 직접행동, 즉 혁명의 유일한 수단인 총파업으로만 이루어진다고 믿는다. 독일에서는 진지하게 조직되고 진지하게 회비를 내는 100만이라는 거대한 다수가 더 총파업 사상을 거부한다.
> 독일에서는 노조가 지난한 노력을 기울여 이만한 세력을 만들었다. 이 힘은 더 커질 것이며 프롤레타리아는 그 힘을 받아 더 나은 조건으로 자본과 협상하고 임금노동자에게 유리한 집단 계약을 부과하면서 세상의 전면적 변혁이라는 이상을 잊지 않을 것이다. 투쟁자들을 전멸시키는 헛된 시위와 총파업으로 힘차게 자라나는 이 조직을 위험에 빠뜨리지 않을 것이다.[65]

알랭 보스퀴스가 역설하듯이 조레스, 이 국회의원은 노동자의 조직화를 정치 생애의 처음부터 끝까지 소원하고 독려했다.[66] 그러나 총연맹의 거부와 사절로 의회 사회주의자들은 파업 노동자들에게 가까이 가지 못했으며 조레스는 특히 총연맹이 지목한 거부 1호 인사였다. 이 문제는 단순히 말하기 어렵다.[67] 조레스의 텃밭인 타른도의 사정은 그와는 달랐기 때문이다. 작은 공업도시 그롤레에서 피혁공들은 파업을 일으키며 그를 불렀고 그는 1910년 2월 12일 오전에 파업 중인 그롤레에 와서 자신을 경호하려는 파업자들과 함께 저녁을 보내다가 새벽 2시에 호텔에서 나왔다.[68] 그롤레 파업과 연관하여 하원에서 행한 그의 연설은 그가 피혁공들의 일상을 얼마나 세세히 알고 있는지, 정치의 장 의회에서 그런 발언이 일으킨 효과는 무엇이었을지 생각하게 한다. 카스트르, 인근의 피혁 공업지 마자메 어디서나 그는 파업자를 이해하고 지원했다. 노사 사이에 그가 일종의 중개자로 나서 파업이 타결되었다고 할 사례도 20년간 지속되었다.[69] 카르모 광부들이 1902년 최저임금 확정과 8시간 노동을 요구 조건으로 파업을 벌였을 때에도 조레스는 변함없이 파업을 지지했다.[70]

1906년 총연맹의 아미앵 대회를 보고 사회당은 얼마나 심란했을까. 노동조직의 냉대를 받는 당이 어떻게 프롤레타리아 정당으로서 입지를 굳히고 선거에 이겨서 당세를 키울 수 있겠는가.

이듬해 1907년 8월 11일 개막한 낭시 당대회는 12일 오후 본토론 일정이 시작되자 군사주의 동의안들을 먼저 다루고는 당과 노조의 관계에 온통 매달렸다. 당원이면서 노조원인 대의원들도 많았지만 12일 늦은 오후, 이어서 속개된 야간 회의, 13일 오전, 오후 회의에 10여 개 연맹 대표가 발언했다. 이미 작년 리모주 대회에서 "내가 25년간 당원이고 25년간 노조원인데 이 얘기가 끝나는 날이 없다"는 한탄도 나왔다. 총연맹은 개인적인 당 가입과 당 활동을 억제하지 않았다. 하지만 당에 가입하는 동료가 있으면 어느 노조원은 "뭐라고! 정치 그룹하고 노조 두 곳에다 회비를 낸다고!" 하면서 생디칼리슴만으로 충분하다고 역설했다. 낭시의 당과 노조 토론이 무슨 결실을 본 것은 없었다. 그러나 연맹 대표들은 유감없이 속내를 드러냈다. 생디칼리슴을 나무라지 말고 총파업론, 혁명성을 존중해야 한다는, 사회주의가 정말 프롤레타리아에게 먹히고 있느냐는, 총연맹을 잘 알지도 못하면서 비난만 하지 말자는, 노조가 당에 합류하지 않는 까닭은 프롤레타리아의 교육이 미비해서 그렇다는, 교육을 잘하자는, 작년 아미앵 대회에 내가 직접 갔었다는, 영국, 독일, 스위스의 상황도 살피자는, 당신들은 정치운동과 생디칼리슴을 어떻게 잘 엮어보려는 것이지만 그건 아무리 해도 소용없다는, 노조 사람들이 《뤼마니테》에 글을 쓰게 하지 말자는, 공권력 쟁취라는 당의 목표가 프롤레타리아에게는 전부가 아니라는 무수한 의견이 분출되었다.[71] 발언자는 10여 명이었으나 저마다 연거푸 길게 말했다.

이 실망과 혼란 속에서도 조레스는 생디칼리슴을 존중하면서 부인하는 입장을 지켰다. 노조에 문을 여는 것이 다시없이 필요하다고 보았다. "누구보다도 생디칼리슴의 공격을 받는 것은 나"이지만 총연맹이 아무리 우리를 옥죄어도 지금 이 순간 총연맹이 존재한다는 것은 하나의 사실이다. 이제 노동계급이 조직화를 시작했는데 당이 조금 불편하다는 이유로 이를 사전에 차단한다면 사회주의와 노동자가 원대하게 만나는 날은 마냥 늦어진다고 했다. '우리' 입장에서는 껄끄럽더라도 총연맹은 길게 보아야 할 존재였다.[72] 그러나 사회당원들이 조레스에게 승복했던 것만은 아니다. 조레스의 입장은 정치를 근본으로 하는 당에 대한 생디칼리스트들의 반대, 아예 생디칼리스트들이 사회당에 가까이 오지 못하도록 하자는 게드주의파의 반대 사이 협곡과 같았다. 1914년 이전 사회주의와 노동의 관계를 구명하려는 노력은 특히나 프랑스의 경우 당과 노조의 기 싸움 수준을 넘었다.

G. 소렐: 생산자의 모럴

사상가 소렐

폭력Violence은 좋은 말이 아니다. 크든 작든 폭력을 가하는 측이 있고 그 폭력을 당하는 측이 있으며 아무리 부당한 사유로 가해를 해도 일정한 물리적 공간에 갇힌 피해자는 가해자를 공격할 수 없다. 두 차례의 대전과 식민지 전쟁, 끝나지 않는 국지전을 치른 20세기 후반에는 폭력이 주요한 정치 개념이 되어 크게 주목을 받지만 1900년에는 그렇지 않았다. 그런데 이때 중요한 사상가 조르주 소렐(1847-1927)의 책 제목이 '폭력에 대한 성찰'로 나타났다.[73] 여기서 우리말로 폭력이라고 번역하는 Violence는 단순한 가해적 물리력을 의미하지 않는다. 정치철학적인 어휘이며 사회 개혁을 위한 비판, 현 사회에 대한 비판을 농축한 합성어이다. 2012년 소렐을 다룬 한 논문은 이 폭력을 지성사의 측면에서 파악하고 있다.[74]

소렐의 이름은 정작 중요한 그의 사상서와 사회학 논문들보다 흔히는 《폭력에 대한 성찰》로 알려지게 되었다. 1906년 이 책 출간 전에 소렐은 《아리스토텔레스에서 마르크스로》, 《근대 경제 입문》, 《마르크스주의의 해체》를 저술했다.[75] 그가 해석한 마르크스주의의 결산과도 같은 《하나의 프롤레타리아 이론을 위한 자료》는 1922년 사망하기 몇 해 전인 1918년에 나온다. 대두하는 사회학에 관심이 많았던 소렐은 이탈리아와 독일 학술지에 줄곧 논문을 발표했다.[76] 그 때문인지 프랑스에서는 그가 오랫동안 잊혔어도[77] 크로체, 파레토의 이탈리아에서는 이해받고 알려졌다. 후기 소렐은 무솔리니의 파시즘과도 관련되며 민족주의, 볼셰비즘의 시초로 간주되기도 했다. 그렇게도 보이는 소렐의 면모는 김용우도 지적한 바 있다.[78]

자크 쥘리아르는 1983년 《카이에 소렐》을 창간하면서 소렐이 그렇게 여러 얼굴의 사상가임을 먼저 설명하고 미완의 이해로부터 그를 구해내려는 학문적 포부를 밝혔다.[79] 소렐은 근대 사상에서는 당연하게 여기기 쉬운 사회계약론, 프랑스혁명 사상에 메스를 가한 사상적 반역아였다.

1960년대에 외국 학술지는커녕 작은 포켓북도 구하기 어려운 여건에서도 소렐의 반反주지주의를 논구한 우리나라 정치학 논문 역시 이 사실에 주목했다.[80] 한편 소렐의 사상적 고뇌를 논저보다 더 핍진하게 드러내는 것은 정리된 본만 1500통에 달하는 그의 편지이다. 《카이에 소렐》은 이에 주력하여 독일의 베른슈타인, 절친한 사이였던 작가 다니엘 알레비, 노동운동가 에두아르 베르트 같은 인사들과 소렐이 주고받은 편지를 계속 발굴하고 해설했다.[81]

조레스와 관련하여 당과 노조 편을 마치면서 이 논하기 어려운 소렐과 굳이 만나야 하는지는 무척 망설여지는 문제이다. 소렐은 어디까지나 사변가였고 이 시기 프랑스 파리의 그 숱한 사회주의 정파, 노동운동 조직에 가입한 바 없다. 다니엘 알레비에게 보낸 편지인 《폭력에 대한 성찰》 서문에서 소렐이 이 점을 직접 말했다.

> 나는 교수가 아니며 대중 작가도 아니다. 어느 당의 지도자가 되기를 열망하지 않는다. (나는) 어떤 인물들 고유의 자기 교육에 소용이 되는 평론을 제출하는 한 사람의 독학자이다. 그 때문에 기법의 규칙은 한 번도 나에게 그리 중요하지 않았다.[82]

소렐과 조레스는 서로 부딪치지도 않았고, 1894년 파리의 라파르그-조레스 논쟁, 1900년 릴의 게드-조레스 논전처럼 만나서 대결을 벌인 적이 없다. 아무리 사회주의라는 문제에 양자 모두 골몰했어도 한편은 엄정한 학자였으며 다른 한편은 현실 정치의 한 주역이었다. 더구나 소렐의 계급투쟁은 조레스의 정치적 투쟁과 근본적으로 어긋났다.

부르주아 사회의 퇴락

프랑스 서부 셰르부르 출신인 소렐이 파리에서 수학한 분야는 토목공학이다. 저명한 공학학교(에콜 폴리테크니크)를 마친 엔지니어로 처음에는 남부 피레네에서 직장을 찾았고 한때는 알제리에서 근무한 적도 있다.[83] 잘 알려지지 않은 경위로 45세가 된 1893년 마르크스주의와 사회주의에 경도되는데 그전에 기상학, 수리학, 건축, 물리학, 정치, 종교, 철학의 역사에 관해 글을 썼다. 그러나 소렐의 두 시기는 단절적이지 않았다. 그는 인간 사회의 토대인 경제, 공학에 관심이 많았던 것이며 공학 개념은 그의 사상서에 유난한 과학적 성격을 불어넣었다고 한다. 그러나 1906년 '폭력에 대한 성찰'이란 제목으로 모인 논설들은 공학적이고 냉철한 문장들로만 구성되지 않았다. 소렐은 너무 날카로운 어휘도 차용했다. 그러나 이 여러 편의 글을 쓰던 상황과는 관계없이 그가 《폭력에 대한 성찰》에서 재삼 분명히 한 전제는 부르주아 사회는 썩었다는 것이다. 그렇게 썩어 들어가는 이유는 사회가 금전을 근본으로 작동하기 때문이었다. 민주주의라고 하지만 사실은 금전을 토대로 하며 의사당에 나가서 정치를 논한다고 하는 이들은 탐욕에 눈이 먼 정치꾼들이고 기본적으로 의회주의는 더러운 것들 사이의 '협상'을 통해 작동했다.[84]

2020년 한글로 번역된 《진보의 환상》도, 아직 번역되지 않은 《고대 세계의 폐허》 같은 다른 주요 저작도 잡지에 실은 일련의 논설과 논문을 모은 것이다.[85] 소렐은 1886년부터 1927년 작고할 때까지 서평과 신문기사를 제외하고 모두 50여 개의 학술지와 평론지에 250편의 논문을 실었다.[86] 《폭력에 대한 성찰》은 특히 《르 무브망 소시알리스트》에 1906년 1년 동안 실린 일련의 논변이며 그 전에 이탈리아 학술지에 먼저 발표한 논문들이었다. 부르주아 사회에 대한 소렐의 비난은 《르 무브망 소시알리스트》의 성격에 맞았다. 국내외 정세와 사회에 날카롭고도 해박한 이 사회평론지는 1899년 1월 15일 자로 창간호를 냈다. 한창 드레퓌스 사건의 와중이었다. 애써 공화국을 세웠지만 특권은 여전하다는 판단 아래 젊은이들은 '사건'을 계기로 깨끗한 도덕성이 현실을 지배하기를 원했다. 패기에 찬 젊은이 라가르델이 주도했고[87] 장 롱게, 에밀 뷔레, 라울 브리케, 필리프 랑드리와 같은 집산주의 학생그룹이 첫 번째 편집위에 들어 있었다.[88] 소렐은 그때 나이 쉰이 넘었지만 매주 목요일 소르본대학 옆 페기의 책방에 나와 젊은이들에게 둘러싸여 시사 문제를 토론하고 정견을 피력했다. 드레퓌스 사건에 대한 소렐의 비난은 10년이 지나 서술되지만 라탱구의 소크라테스로 불린 이때 이미 부르주아 사회에 대한 그의 입장은 확실했다.[89]

생산자인 노동자[90]

소렐의 관점으로는 국가와 사법, 정당 정치의 타협으로 끝난 것이 드레퓌스 사건이었다. 자유주의 부르주아의 타락상이 그대로 노정되었다.[91] 저들 브리앙, 조레스, 밀랑은 이 크나큰 항의 운동을 제대로 이용하지 못했다. 그들이 따르는 의회주의가 문제였다. 의회에 대한 혐오감은 여기저기서 표출되었지만 소렐에게도 의회주의가 계급투쟁의 장벽이었다. 그러나 소렐은 기본적으로 신중함의 법칙을 설교한 이론가였다.[92] 그의 혁명성은 피상적이지 않았다. 뭇 사상은 지금 이 시간에 쓸모가 있어야 한다는, 지금의 이 금전만능 부르주아 사회에 맞서야 한다는 것이 그의 혁명성의 진원지였다. 그래서 노동자 자주성을 주창한 펠루티에가 경이롭게도 부르주아 세계가 아닌 데서 답을 찾았다는 해석을 내렸다.[93]

소렐은 여기서부터 문명의 진보관을 부정하는 데까지 나아갔지만 그의 신중함을 생각하면 그것은 위험에 대한 방비이기도 했다. 19세기 말 진보에 대한 비관론은 산업화와 과학화로 승리를 구가하는 서구에 대한 내적 반격이었다.[94] 그런 소렐이었기 때문에 사회주의 정치세력이 그렇게 우려스러웠다. 이들은 마르크스주의 교리 본연의 임무를 저버린 당파였다. 프롤레타리아의 대의는 사회민주주의자들에 의해 대변되지 않았다.

> 프롤레타리아를 오직 물질적 이해관계의 방어벽 속에 가두는 것은 영원히 예속된 계급의 상태로 남아 있으라며 파문하는 것이다. 최종 목표를 그저 더 많은 임금 쟁취로 설정한 것이다. 프롤레타리아는 중간계급과 달리 자신의 생활 조건 속에서 연대와 반항의 감정에서 양식을 찾는다. 하루하루 서열과 소유와 전쟁을 벌이고 있다. 따라서 프롤레타리아는 전통이 받쳐온 도덕적 가치와 반대되는 가치를 품을 수 있다. 이 시대 사회주의의 높은 독창성은 전투적 프롤레타리아에 의해 세상의 모든 가치가 이렇게 새로이 평가되는 것 안에서 성립된다.[95]

"나의 사상을 하나의 공식으로 요약한다면 사회주의의 미래 전체가 생디카 노동자의 자주적인 발전에 달려 있다는 것"이었다. 이윤 법칙에 매인 노예이기를 끝내고 새로운 권리, 새로운 사회의 전망을 열어젖힐 주인공이 생디칼리슴이었다.[96] 소렐이 상정한 생산자의 상은 테일러주의 방식에 얽매이는 현대 노동자가 아니었다. 19세기의 수공업 장인이었다. 아직 부르주아의 역량에 맞설 계급적 기술을 갖추고 자부심에 차 있던 생산자들이었다.[97] 그러나 19세기 말의 사회는 어제의 사회가 아니었다. 생산자와 기술자들은 물질과 번영의 실질적 공급자이건만 헤게모니의 주변부로 배치되었다. 헤게모니 장악에 성공한 소수, 그리고 도시 소비자들은 생산 조건들에 관심을 기울이지 않는다. 생산 자체의 의미는 밀어내고 생산이 부르는 이득은 다 취하겠다는 사회, 그런 사회는 분리와 분열을 부르고 결국은 도덕적 타락을 부른다는 것이 소렐의 경고였다. 한 가지 방법이 있다면 프랑스혁명 이래 갈망해온 학교와 작업장의 결합이었다.[98] 타락은 무서운 것이었기 때문이다. 전체의 붕괴를 가져오는 것이 타락이라고 믿는 소렐에게 대안은 기술과 인격을 구비한 생산자의 상이었다.

소렐에게는 자본주의와 한편이 되어 진정한 사회주의에 반대하는 것이 이른바 민주주의였다. 모든 의견이 가치가 있다는 전제 아래의 다수는 산술적일 뿐이다. 다수 결정론으로는 타협이 불가결하고 타협은 깨끗하지 않다는 것이 소렐의 고뇌였다.[99] 더구나 소렐은 인간의 숭고함을 염원하는 정결한 사상가였다. 그의 고뇌는 깊었다. 소렐은 1908년 이후 혁명적 생디칼리슴에 대한 관심과 지지를 접고 침묵의 시기로 들어갔다.[100] 부르주아 사회의 퇴락과 정치꾼, 지식인에 대한 환멸, '그들'의 민주주의에 대한 부정은 그를 20세기의 다른 신사조로 이끌었다. 그러나 다시 생각해보아도 소렐의 《폭력에 대한 성찰》은 매우 섬세하고 문명의 심연을 파고 들어가는 논의 구조를 갖췄다고 보이며 물리적인 폭력을 수긍, 사주, 독려하는 논제로 들리지 않는다.

그가 문제 삼은 것은 세기말의 철학자, 사색가, 교회, 교육자 들이 한결같이 바라본 새로운 모럴이었다. 소렐도 이제 필요한 것은 모던한 모럴이라 보고 모럴이란 무엇인가를 정의 내리려 하면서 자신의 사상의 한 축이었던 프루동의 뜻을 전했다. "내가 프랑스는 자신의 풍속을 잃었다고 할 때는 자신의 근본을 잃었다는 뜻이다." 실제로 가장 문제가 된 것은 사회와 노동자 사이의 모럴이었으며 문제의 의미는 깊었다. 소렐 자신이 지금 '우리'가 해결해보려는 문제는 사회주의 저자에게 닥친 가장 큰 난제라고 했다. 무엇보다 그는 어느 날의 사회주의 세상을 위해서가 아니라 '지금 여기'를 위해 말하려 했다. 교회가 온 세상의 모럴을 맡아온 까닭에 마르크스주의 사회주의자들이 모럴이라면 고개를 돌리는 것을 그도 이해할 수는 있었다. 그러나 소렐은 그것은 사회주의가 아니라는 판단을 내렸다.

그러면 왜 이 문제가 그처럼 사상가 소렐을 번민하게 했을까. 그의 어조는 매우 학구적이었지만 논지는 상식적이었다. 결국 그는 근대인이 오랫동안 노동자들에게 어떻게 대했는가를 물었다. 근대인은 노동자들에게 아리스토텔레스가 했던 말 이상 다른 말을 해야 한다고 믿지 않았다. "우리는 그들에게 질서를 줄 것이다. 어린아이인 양 부드럽게 나무랄 것이다. 생각을 많이 할 수는 없는 피동적 도구처럼 다룰 것이다."[101] 조르주 소렐은 그런 관념을 단연코 거부했다. "어떻게 현재의 인간이 주인 없는 작업장에서 일하며 자유로운 생산자의 상태로 나아갈 것인지를 우리는 생각해볼" 것이었다.

1908년 10월 툴루즈 전국 당대회는 당의 노선을 가르는 분수령이 되었다. 당 본연의 모습이 이런 것인가 하는 생디칼리스트 사회주의자 라가르델의 항의에 조레스는 개혁과 혁명의 융합론을 제창한다.

아직 남자 성인 8시간 노동은 꿈 같은 일이었다. 1906년 4월 파리의 풍자 언론《아시에트 오 뵈르》에 실린 유명한 포스터. 8시간 노동, 8시간 수면, 8시간 휴식을 주장하고 있다.

4장

당의 존재 양식: 연차 전국 당대회

노동조직의 지원을 받을 수 없었지만 어떻든 통합사회당은 성장했다. 1914년 1월 25일 북부 아미앵에서 열린 제11차 전국 당대회는 전쟁의 도래를 예감했던 것은 아니련만 당의 그간 성장세를 일목요연하게 정리하여 보고했다.[1] 이웃 나라 노동당과 사민당에 비교한다면 미흡했지만 우선 당원 수가 늘었다. 창당 시의 3만 5000명에서 9만 3000명이 되었고, 당원은 산업 노동자 1000명당 68.1명이었다.[2]

당은 무엇이었기에 그 많은 사람들이 예전 대장간과 신식 센도 공장에서 당의 향배를 지켜보고 저녁이면 모여서 당을 걱정하고 당증을 곱게 간수하고 무관심한 이웃에게 당 신문을 보여주고 자랑도 하고 했을까. 조레스는 이런 당에 어떻게 기여하고 있었고 어떤 점이 난관이었다고 보아야 할까. 이 질문에 답하기 위해 당의 구조와 당의 생명인 당대회를 먼저 둘러보고 당이라면 속성처럼 따르는 당내 분란을 중시하며 마지막으로 조레스의 융합론을 보려고 한다.

대표 없고 공천권 없는 연맹 구조의 당

우선 이 당에는 당대표에 해당하는 직책이 없었다. 당헌 1조, 2조, 3조에 자본주의 사회를 집산주의 혹은 공산주의[3]로 이끌어 갈 사회 변혁을 목적으로 하며 이를 지키는 이들만이 당원이 된다고 명시한 후 총 8부 57조에 당대표의 임무는커녕 명칭도 나오지 않는다. 따라서 게드도 조레스도 라파르그도 젊은 토마도 모두 한 사람의 평당원 신분이었다. 당의 주축이자 당세의 향배를 쥔 것은 오직 도 단위 연맹Fédération이었다.[4] 여기서 누군가 연맹이라면 어색하니 지구당이라고 쉽게 말하자고 할 수 있지만, 정당 체제는 나라마다 다르다. 프랑스 사회당에도 당 지도부에 해당하는 기구 전국평의회가 가동했지만 중앙당-지구당 체제가 아니었다. 중앙당이라고 할 버젓한 당사도 없었고 당의 지도자들이 기초 단체든 하원 선거든 의원 공천권을 갖지 못했다. 연맹, 연방, 연합이라고 옮길 수 있는 정치 용어 Fédération에는 중앙의 권위에 종속되지 않고 모든 조직을 수평화하는 것이 바람직하다고 믿은, 프루동(1809-1865)을 거치면서 더구나 확고해진 19세기 정치사상이 배어 있다.[5]

19세기 말이면 수많은 소도시까지 철도가 들어갔다. 서해안과 동북부와 남부 곳곳의 시장들이 근소한 여비로도 타 도시의 대회와 회의를 오갈 수 있었다. 릴 시장 들로리는 노동자당의 노르 연맹 대표로 당 통합 전에도 1899년 파리의 자피 대회, 1902년 노동자당의 로안 대회에 참석했다.[6] 다른 지역에 나가 낯설고 참신한 의견과 실적을 듣고 돌아와 시민에게 보고하는 행위는 연맹 대표에게 부과된 정치적 의무였다.

사실 그것은 여행이 자유롭지 못한 동료 노동자들에 대한 공직자의 예의이기도 했다. 가톨릭과 보수 공화파의 세력이 막강한 카르모에서 광부인 칼비냐크 시장은 몽소레민 광부노조 대회, 생테티엔 광부노조 대회, 프랑스 전국 광부노조 대회에 참석했다. 대표권을 위임한 카르모 광부들에게 가깝지만 큰 도시인 생테티엔 시정의 실패를 전할 필요도 있었다.[7] 다른 도시를 직접 방문하는 것은 어렵더라도 1884년 법으로 시의회 속기록이 공개되자 지방의회들은 자기 고장과 다른 도시들을 비교해볼 수 있었다.[8] 북부의 릴, 루베, 칼레, 드냉, 중부 마시프상트랄의 리모주, 몽뤼송, 코망트리, 로안, 피르미니, 남부에서는 마르세유, 툴롱, 세트, 카르모가 서로 교신할 수 있었다.[9] 다른 도시의 신규 시설에 대한 경쟁심도 일었고 파리에 대한 지방 도시들 사이의 연합 심리도 작동했다. 파리, 보르도, 리옹 같은 대도시에서도 구마다 행정이 다른 데다 대부분의 도시가 인구 1-2만 혹은 수천 명 수준이었기 때문에 시정은 효과적으로 주민들을 파악했다. 행정을 맡긴 위임자와 피위임자가 친하다는 것은 정치를 성립시키는 첫 번째 조건이었다.

연맹이 성사될 내적 외적 조건이 이처럼 무르익었더라도 연맹의 실제 권한과 책임은 어떠했을까. 콩페르모렐이 주관한《사회주의 백과전서》'사회주의 연맹' 편 1, 2, 3권에 따르면 각 연맹은 고유의 사회주의 역사를 안고 있었다. 가장 중심이 되는 기구인 기초 선거위에는 수년 이상 계속 일하는 몇몇 요원들이 포진했다. 공업 지역에서는 노조 활동과 연맹 활동이 겹쳤으며 연맹 내 여러 곳에서 저마다 노동자 대회, 사회주의 대회를 개최했다.[10]

프랑스 전역을 순회하는 연차 전국 당대회

그러면 프랑스 내 80여 개 도의 연맹을 한 자리에 모으는 계기가 있었을 것이다. 그런 계기이자 공간이 연차 전국 당대회였다. 대회는 당의 모든 의지와 결정을 수렴하고 또 사방에 퍼뜨리는 권위와 장치가 있어야 했다. 1905년 파리 창당 대회 이후 1906년부터 1914년까지 특별 대회 외에는 수도 파리에서 열린 일이 없고 각지를 돌아다닌 것은 이런 의미가 있었을 것이다. '우리'가 서로 멀리 떨어져 살아도 지역 간 평등하다는 감각을 당이라면 불어넣어야 했다. 개최지는 전해 대회에서 신청을 받아 1년 전에 선정했다. 개최지의 재정과 정치적 역량을 참작했으며 충분한 준비 시간을 두었다.

당의 영혼인 당대회

당대회는 길면 5일간 오전 오후 내내 열렸다. 짧아도 사흘은 계속했다. 아침 9시 30분 대회 개막 전에 각 연맹의 대표들은 위임장을 정성껏 간수하고 입장했다. 아직 창당 초기인 1906년 11월 리모주 대회에서도 200명이 넘었고 1914년 아미앵 대회에서는 370명이 된 참석자 이름과 소속 연맹이 정확히 기록되었다.[11] 위임장 수에 따라 비례제로 당비를 납부하기 때문에 어느 대회나 몇 시간씩 걸리더라도 위임장 수와 실제 참석자 수를 꼼꼼히 점검해 당대회 속기록 서두에 도별 집계를 밝혔다. 당대회는 자랑스럽고 엄숙하고 성대한 자리였다. 대회장 전면은 붉은 깃발로 장식하고 벽에는 역시 붉은색 바탕에 황금빛으로 '사회당-노동자인터내셔널 프랑스지부'라는 휘장을 펼치고 대회 집행부 연단 맞은편에는 '만국의 프롤레타리아여 단결하라' 플래카드를 걸었다. 대회장에는 정연하게 테이블을 배치하여 대표들이 소그룹으로 앉도록 배려했다. 노동자 악대가 인터내셔널가를 울렸다. 야간 회의를 여는 경우에는 사무를 신속히 처리하도록 자리를 재배치했다. 적어도 연맹 대표 300명과 그 외 청중과 보도진을 합해 400명이 들어갈 대회의실이 필요했다. 대회장의 규모나 성대함은 못 따라가지만 암스테르담이나 슈투트가르트의 제2인터내셔널 대회 장면과 다르지 않았다.[12] 독일 사민당의 당대회 광경을 보아도 큰 테이블을 수없이 배치하여 대회를 치르는 것은 같다.[13] 선전이 각광받는 시대라 당은 한창 유행인 기념 우편엽서를 발행하여 당대회를 홍보하기도 했다.

당대회는 법적 인준을 받은 자리였다. 당 정관에 당의 지도를 맡는 것은 당대회라고 명시하여 비인격체에다 직능과 권한을 양도한 것이다. 당대회는 당의 마음, 영혼이라고 해석되었다. 제작비도 많이 들고 우수한 속기사가 아니면 다루기 힘든 당대회 속기록을 전문全文 발간한 것도 그 때문이었다. 사실 1905년 글로브 창당 대회, 그해의 샬롱쉬르손 대회, 이듬해 리모주 대회까지도 요약본analytique을 간행했다. 당대회의 개막부터 폐막까지를 담은 전문 속기록compte rendu sténographique 간행은 상당히 어려운 일이었다. 그러나 1907년 8월 낭시 대회에서 시작하여 이후 1920년 12월 투르 대회까지 그치지 않았다. 역사가 프로샤송이 당의 투사인 속기사 코르코스 형제의 정성과 배려를 언급한 것은 이유가 있다. 하지만 정말 당대회가 그랬을까. 혹시 눈가림 아니었을까. 누군가, 말하자면 대표에 준하는 인격체가 당에 영향을 미치고 대회의 틀도 미리 조정하면서 문구만 멋있게 당대회가 당의 영혼이라고 포장했던 것은 아닐까.

개인주의가 확고했던 급진당은 더 그랬지만 왕정과 보나파르트주의자들에 대항해 줄곧 싸워온 프랑스 좌파는 한 사람의 지도자를 추앙하지 않았다. 더구나 1871년 코뮌 후 어느 사회주의 정파나 목자牧者라고는 없는 방목 상태에서 살아왔다. 정치학자 레몽 위아르에 따르면 이는 프랑스 노동자당POF, 노동자사회주의연맹FTSF 모두의 원칙이었으며 이들 당파가 모여서 이룬 통합당은 당연히 그러한 구조를 갖게 되었다.[14] 그런 분위기라면 당대회 문을 활짝 열어두어야 하지 않았을까. 다시 말해 신문기자들이 한 자리에 같이 앉아 우리 하는 얘기를 모두 듣는 게 좋은 일일까. 게드파는 비공개를 주장했다. 보도진의 입장이 허용된 것은 창당 후 3년째인 1907년 8월 낭시 대회였다. 오늘 대회에서 무슨 소리들을 했는지 당원이라면 궁금했다. 《뤼마니테》는 대회 다음날 신문에 소식을 자세히 실었다.[15] 밤을 새서라도 기사를 정리했다. 릴에서, 중부 부슈뒤론에서, 님에서 연맹 당원들은 우리 대표가 어떤 발언을 얼마나 멋있게 했는지 찾아보고 또 보았다.

노르 연맹과 센 연맹

연맹이 당의 토대라 해도 동서남북 전국의 도가 동등하지는 않았다. 실세인 연맹은 몇 개 안되었다. 1906년 경제지표에 의하면 전국 87개 도 가운데 14개 도에서 국민 총 산업생산의 40퍼센트 이상을 차지했는데 이 지역들이 바로 당대회에 대표를 많이 보낸 연맹들이었다. 1906년 리모주 대회에 제출된 위임장은 노르 42장, 센은 36장에다 센 주위의 센에마른, 센에우아즈, 센앵페리외르를 합해 48장이었다. 북부 공업지 파드칼레가 그다음이었고 60여 연맹은 1-10장이었다. 이런 순서는 경제지표가 부쩍 향상되고 당세가 신장된 1914년 아미앵 대회에서도 크게 달라지지 않았다. 위임장은 10년 전에 비해 크게 늘어 50장 이상을 들고 온 연맹이 다수였지만 노르 497, 센 443(역시 센 인근 3개 연맹을 합치면 540)으로, 순위는 거의 그대로였다.

하지만 북부와 센 일원에서 대회를 더 많이 유치하지는 않았다. 대회는 창당 이듬해인 1906년 남중부 리모주에서 열렸고,[16] 이듬해에는 동부 낭시, 그다음 동남부 툴루즈, 이어 거기서 가깝지만 광산 공업지인 생테티엔, 그다음 1910년에는 급진파의 터전인 님을 돌아 유서 깊은 북부 공업도시 생캉탱으로 올라갔다.[17] 그 후 1912년부터 1914년 사이에는 동남부 중심지 리옹, 서부 산업 항구 브레스트, 북부 아미앵을 순회한다. 이 순회 일정은 정무 감각에 따른 지역 배려는 아니었다.[18] 크게 보면 서부는 우파적이고 동부는 좌파적이라고 할 수 있었지만 각 도에는 좌우, 가톨릭, 급진주의, 사회주의가 섞여 살았다. 오히려 당대회를 개최할 수 있느냐 하는 가늠자는 각지의 산업화와 노동 인구, 정치적 훈련 그리고 자금 동원 능력이었다. 대회를 열게 된 도시는 자금과 인력과 경험을 총동원하여 지방 신문에 미리 홍보를 하고 대회 준비에 임했다.[19]

툴루즈, 리옹, 생캉텡, 생테티엔 어느 도시든 1880년대 이래 노동자들의 직종 대회를 계속 치러 대회 준비에 자신이 있었다. 개혁이냐 혁명이냐, 게드주의냐 브루스파냐 하는 그 동안의 이념적 분란에도 불구하고 노동운동은 지역에 발 딛고 지역에서 살았던 것이다.[20] 1899년이 되었을 때는 노동자당에서만 600개 그룹이 19개 연맹으로 모였다.[21] 특히나 1893년 이래 북부의 루베, 릴, 남부의 생테티엔, 리옹 같은 공업도시들에서 계속 약진하는 시정 사회주의는 당의 신뢰를 키웠다.[22] 인구 10만도 안 되는 특히나 공업도시에서 중대한 정치 행사를 치르면 당원 아니라도 관심을 기울이고 은근히 도시를 자부했을 수도 있다.

의회 그룹과 연맹의 당원

당은 의회와 불가피하게 연결되었다. 제3공화정 의회는 프랑스의 자부심이었으며 분명 역사의 계승자였다. 의회 정치는 혁명기 의회에서 불현듯 정점을 이루고 무너지지는 않았다. 제한왕정으로 넘어갔어도 의회의 근본은 연속되었다. 게다가 의회는 1848년 혁명의 진앙지였다. 제3공화정 의회는 더군다나 더 이상의 상위 권력이 없는 최고 권력이었다. 정부 조각, 대통령 선출, 국가 예산 승인, 대외정책과 외교 모든 사안이 의회 표결로 결정되었다.[23] 그래서 당은 의회에 복속되었을까. 개의치 않았던 것 같다. 당의 실세는 각 연맹의 평당원이었다고 할 수 있다. 물론 각 연맹이 고루 당대회를 주도하지는 않았다. 조레스, 게드, 바이양, 또는 콩페르모렐, 에르베, 상바 같은 논객들이 대회장의 스타가 되기 쉬웠다. 그러나 그것은 개인 역량이자 인기이지 의원이기 때문이 아니었다. 의원들은 하나의 그룹으로 간주되었고 당대회 앞에서 머리를 숙였다. 이념 정당이란 허상이 아니었고 이 점은 급진당에 비해 두드러지는 사회당의 특징이었다. 한 가지 덧붙일 사항은 영국 노동당, 독일 사민당의 문서고에는 의회 대표들 사진이 있지만 프랑스 사회당에는 그런 자료가 없다는 점이다.

이 사실은 예사롭지 않다. 정치학자 마르크 사둔은 프랑스 민주주의의 특징이 정치는 정치, 사회는 사회로 구분한 것이라 진단한다.[24] 정치는 짐작이 가지만 그러면 사회란 무엇일까. 우선 사회주의자는 당파적 성향이 어떻든 자유주의 개념에 반대한 점에서는 같았다. 여기서 자유주의는 집약하면 이해관계와 여론을 대표하는 이념이고 정치인의 자율성과 심의 절차를 가치 있게 여긴다. 사회주의자들은 이해관계도 (부르주아적 형태인) 여론도 개의치 않았다. 의원은 선거로 선출되는데 흔히 선거를 좌우하는 것은 각지의 선거위였다. "우리가 당신들을 당선되도록" 한 것이다. 당원들이 의원들을 매섭게 쳐다보는 데는 더 근본적인 정치 심리가 작용했다.

한번 당선되고 나면 의원이라고 재고 당무에는 소홀한 것 같았다. 입법을 척척 해내냐 하면 그것도 아니었다. 프롤레타리아에 필요한 입법은 통과시키지 못하는 '무능력'만 확인시켰다.

당은 우선 의원들의 당비 납부에 날카로웠다. 1906년 리모주 대회에서 그런 결정이 내려졌다. 당의 첫째 수입원은 연맹의 당비였지만 액수로는 원내 의원의 개별 세비가 이에 버금갔다.[25] 원내 그룹은 당비만 충당한 것이 아니었다. 의정 실력이 있고 당에 충실하게 살았다는 것을 대회에 보고하기 위해 원내그룹 공동 명의로 당대회 3개월 전에 의정활동 보고서를 제출했다. 그러면 당 상임위에서 문제점이 없는지 살피고 당대회 서두에 공표하여 당원들의 비판과 질의를 받았다. 1911년 4월 16일 생캉탱 대회 개막일에 보고를 맡은 위페르 루제 의원은 "우리는 2월 24일에 보고서를 마무리했다", "여러분이 보고서를 모두 읽었으리라 생각한다"고 했다.[26] 질의하는 대의원과 답변하는 의원 양쪽은 각각 동지Camarade, 의원 동지라는 호칭을 사용했다.[27] 이 같은 경계는 의원들을 긴장시켰지만 당에 좋은 일만은 아니었다. 센 연맹에서는 의원들의 자율성을 옹호하고 의원과 당원 간 팽팽한 긴장을 누그러뜨리려는 움직임도 일어났다.[28]

통합당 이전에도 개혁파든 혁명파든 약간의 차이가 있었을 뿐 개혁 공약은 누구나 열심히 공표했다.[29] 그러나 아무리 좋은 정책도 대회장에서만 듣고 말면 무슨 소용이 있었을까. 다른 선전 매체가 없는 때였다. 상임위는 순회강연을 기획했고 의원들은 근소한 여비를 쥐고 전국 각지를 뛰어다녔다. 기차도 타고 마차도 타고 걷고, 생전 들어도 못 본 벽지도 찾아갔다. 가장 많이 다닌 이들은 초선의원이었다. 한 사람이 1년에 196일, 240일까지도 다녔고 지역 당원조차 들어보지 못한 50개 코뮌과 도시에 가서 사회주의를 선전했다. 당에 가입한 85개 연맹 중 67개 연맹 대의원

들이 의원도 만나고 또 파리 의사당의 의원도 농촌의 현황을 보았다.[30]

1908년 10월 분란의 툴루즈 당대회

당원들이 그렇게 열심이니 당은 화목했을까. 절대로 무너지지 않는다고 느꼈을까. 1908년 10월 15일 개막한 툴루즈 당대회는 1910년 총선에 대비하여 농촌 선전 방안도 의논하고 노동자퇴직법, 독점과 교육, 청년 조직 등 여러 연맹의 안건을 다룰 예정이었다. 그러나 대회를 사로잡은 것은 당의 일반 행동/활동이란 주제였다. 대회는 15일 개막 후 16, 17, 18일 사흘 내내 오전, 오후 회의에다 야간 회의까지 진행했다. 당이 어디로 가느냐가 정녕 심란했기 때문이다.[31] 사실 통합당에 박수를 친 것은 통합하면 의석이 죽죽 늘고 선거에서 이기리라 하는 희망 때문이 아니었을까. 그런데 1906년 총선은 허탈했다. 1902년 선거에 비해 겨우 4석이 늘었다. 지난 회기에는 48석, 이번 회기에는 52석이 되었을 뿐이다. 당에서 떨어져 나간 독립파 사회주의자가 20명이나 되어서 그런 결과가 되었지만 급진당은 247명이 당선된 판이었다. 급진 정부는 어떻든 같은 좌파인데 1906년, 1907년을 지내며 노동 분규로 환멸만 주었다.

1908년 툴루즈 대회의 압권은 라가르델의 공격성 발언이었다. 개막 다음 날인 10월 16일 밤 9시 30분, 야간 회의 첫머리에 발언을 시작한 라가르델은 혁명적 생디칼리슴만이 바른 혁명론이며, 따라서 지금의 사회주의는 생디칼리슴 쪽으로 기울어야 한다고 주장했다. 그가 보기에 지금의 사회당은 제대로 된 당이라 할 수 없었다. 사회당이라면 농촌에서 일하는 사람들과 친해야 했다. 선거를 위해서가 아니라 이 고귀한 노동, 고

귀한 삶과 언제나 친해야 했다. 그것이 사회주의의 존재 이유였다. 반대로 말하면 당이 농촌에는 선거철에나 들르고 노동계급을 위한 정당이라 하면서 정말 노동자와 친한 것 같지 않았다. "이렇게 가면 당은 망할 것이다." 당대회 연단에서 코뮌 이래 노장들, 마르크스주의 혁명파, 한다하는 지식인 개혁파를 앞에 놓고 그는 이렇게 말했다.

> 우리는 노동계급을 향해 우리를 보고 배우라고 할 것이 없고 우리가 그들로부터 배울 것만 있습니다. 이를 고백할 겸허한 용기를 가집시다.

그는 누구였을까.

위베르 라가르델

라가르델은 우리에게 잘 알려진 이름이 아니다. 거론되더라도 1910년 이후 특히 생애 후반, 즉 생디칼리슴에서 파시즘으로 가는 라가르델에 관심을 두기 쉽다. 그러나 보르도대학에서 수학한 크리스틴 부노의 박사학위 논문으로 1890년대부터 비시 정부 참여까지 그의 사상과 행동이 상론되었다.[32] 소렐이나 다름없이 라가르델은 민주정이라는 이름의 제도에 깊은 함정이 패어 있다는 인식 혹은 통찰로 설명된다고 할 수 있다. 툴루즈 대회가 열린 1908년에 라가르델은 34세, 툴루즈대학에서 노동문제를 주제로 법학박사 학위를 받았고 특히 잡지 《르 무브망 소시알리스트》를 창간하고 편집국장을 맡아 이탈리아, 독일에도 잘 알려진 쟁쟁한 이론가였다.[33] 그의 지론은 명백했다. 사회주의는 노동자 사회주의로 가야 하고 계급투쟁은 혁명적 생디칼리슴만이 수행할 수 있었다. 라가르델 같은 소수는 딜레마에 부딪쳐도 물러서지 않았다.[34] 술수, 애매함, 타협, 적당함에 안주하는 체제가 어떻게 인간 영혼의 가장 좋은 감정을 발전시키겠는가?[35]

라가르델은 젊은 학생들과 한편이었다.[36] 이들은 아나키즘에 기울기도 했지만[37] 공화국 사회주의에 필요하다는 민주주의라는 것에 회의가 짙었다.[38] 이 시기의 학생운동이 많이 규명되지는 않았지만,[39] 총학생연맹은 1882년 낭시, 1887년 파리에서 결성된 후 1907년에는 전국 조직이 되었다. 학생들에 대한 적대감이 희석되자 파리의 인터내셔널 혁명사회주의 학생그룹Gesri이 태어났다. 1893-1894년에 학생그룹은 한 달에 한 번씩 사회주의를 대표하는 인사들을 불러 강연회를 열었다. 가브리엘 드빌, 외젠 푸르니에르, 장 알르만, 폴 브루스, 쥘 게드, 장 조레스, 에두아르 바이양, 드레퓌스 사건의 언론인 베르나르 라제르, 아나키스트인 지리학의 대가 엘리제 르클뤼가 모두 초대에 응했다. 소르본 거리 인근 세르팡트 거리 28번지 박학자협회 회관에서 야간에 열리는 강연회에는 500명의 청중이 모였다. 1893년 12월 18일에는 푸르니에르가 사회 형태의 진화를 다루었고 조레스는 1894년 1월 22일 개인과 집산주의를 제목으로 강연했다.[40] 주최 측은 출입구로 경찰이 숨어 들어올까 신경을 쓰고 늦게 온 방청객은 빈자리가 없어서 45분을 기다려야 했다. 학생그룹은 1892년 카르모 광부 파업에 성금 25프랑을 보냈고 5월 1일 노동절과 5월이면 돌아오는 코뮌의 피의 주간 추모 행사에 대표단을 파견했다. 학생그룹 역시 다른 사회주의 그룹들처럼 국제적으로 움직였다. 의미 있는 Gesri의 행적은 소책자 몇 권으로 남았을 뿐이지만[41] 변혁은 그들 젊은이들에게 경제적 진화를 기다리고 있으면 저절로 일어나는 것이 아니었다.[42]

작업장에서 실현되는 인간의 존엄

라가르델에게 중요한 것은 작업장의 자유, 자주, 작업장에서 실천되는 인간의 존엄, 책임이었다. 당이 프롤레타리아와 생산 노동자와 진정 함께 살아가는가 하는 라가르델의 반문은 근대 사회주의 정당의 허점을 찔렀을 것이다. 의회 단상에서 프롤레타리아를 말하고 《뤼마니테》 지면에 노동자 파업이 대서특필되지만 당이나 정치인은 얼마나, 어떻게 프롤레타리아를 만나고 있는가.

그는 명시적으로 조레스를 겨냥했다. 조레스에 대한 그의 비판에는 애정도 기대도 묻어 있었고 아쉬움도 남았다. "나는 이런 말도 덧붙여야겠다. 당신이 옳다. 전적으로 옳다. 그러나 당신의 행위는 계급 협력의 행위이다. '조레스 시민'에게 말하겠다. 즉각적이고 실천적인 정책을 중요하게 여기는 것은 옳다. 당신은 추상적 상태에 머무는 이론의 확립은 공허하고 필요 없다고, 그건 환상이며 덜 익은 의견이라고 한다. 당신(라가르델) 역시 현실에 기울게 되는 때가 오리라고, 왜냐하면 좌절에 좌절을 거듭할 것이기 때문이라고." 라가르델은 민주정은 절차와 행동 방식으로 보아 새로운 가치를 창출할 수가 없다고 단정했다.[43] 그에 따르면 '조레스 시민'은 노동하는 이들의 생산자로서의 가치를 묵시적으로는 인식했다. 그러나 명확히 가리키지 않았다.[44] 프롤레타리아의 정치 역량을 공고히 해가자는 입장은 좋지만 당은 생산 노동자의 창조성을 모르거나 주시하지 않았다. 프루동이 빛나게 한 생산 노동자와 마르크스주의 계급론이 그들 생산자 안에서 조우한다는 것을 당은 재인식해야 했다. 조레스의 사회주의는 프롤레타리아 운동은 부정하고 민주, 우애, 평화, 정부라는 낡은 사상을 열어놓은 것이었다.[45] 선거와 의회 행동은 부정적인 느낌만 들 뿐 참신하지 않았다.[46] 라가르델은, 딱 부러지게 말하겠는데 (조레스의) 개혁주의와 생디칼리슴은 화해할 수 없다고 했다. 당은 노동계급의 순수한 힘을 신임하지 않았다. 툴루즈에 오기 전에도 그는 이미 간략히 말했다.

> 숫자가 법칙은 아니고 수량이 기준이 아닙니다. 의회주의는 혁명가들이 기대하는 전통적 가치를 모조리 파괴했습니다.[47]

토의하고 심의하고 비판하는 당

툴루즈 대회는 무척 신랄한 공방전이었지만 발언하고 토론해서 합의를 이끌어낸다는 정당 정치의 형식에 충실했다.[48] 270명 참석자 가운데 간단히 발언한 40명을 포함하여 도합 73명이 수십 분 이상 한 시간 넘게 발언하며 '우리 당'은 토의하고 심의하는 당이란 것을 증언했다. 프로샤송은, 속기록으로 잘 가다듬어서 그렇지 실제로는 훨씬 더 고성이 오가고 험했을 것이라고 추측한다. 이듬해 1909년 생테티엔 대회도 끝난 줄 알았던 밀랑 입각을 두고 대립을 반복하고 개인적이며 파당적인 반목에 매달린다.[49] 오트비엔 연맹의 대표 프레스만의 생테티엔 발언에는 다음과 같은 대목이 있다.

"이러지 맙시다. 우리가 모이고 엄청난 비용을 들여 피곤하게 대회에 온 것은 매번 개인적인 경쟁심, 파당 싸움을 들으려는 것이 아닙니다. (……) 여러분은 노동자들이, 농민들이 우리가 벌이는 이 모양을 보면 우리 당에 힘을 실어주고 신뢰를 보내리라 보십니까?"[50] 그래도 당대회는 보도진에 문을 열었다. 이유가 분명했다. "공중은 모르도록 비밀리에 모이는 것이 당인가? 아니다. 어떤 사항을 의결하느냐만이 중요한 것이 아니라 대회에서 중요한 것은 토론한다는 것이다. 그렇게 해서 애매한 것을 불식해야 한다. 오늘날 프랑스 어디를 가든 모든 사회주의자들, 모든 노동자들은 우리 사상에 동조적인 신문뿐 아니라 적대적인 신문까지 온갖 신문을 다 읽는다. 무엇이 진실인가를 알려고 한다."[51]

툴루즈 대회는 특히 토론의 자유와 비판의 미덕을 키우는 당의 모습을 보여주었다. 밤 9시 30분에 야간 회의를 속개하면서 개혁파의 탕제, 바렌, 르노델, 뒤브뢰유, 북부 게드주의 당파의 브라크, 중진인 라파르그, 라포포르, 바이양, 콩페르모렐, 또 젊은 롱게, 그리고 독자적인 알르만이 각각 원고 없이 수십 분 이상 한 시간씩 연설했다. 요점만 간략히 말하면 되지 그렇게 장시간 그렇게 많은 말을 하면서 논리에서 논리로 넘어가는 표현 방식이 필요했는지, 무엇에 소용이 있었는지 의아하기도 하다. 그러나 따가운 비판이 존재해야 당이며 공격과 반격을 허용해야 정치이며 그럴 능력이 있어야 사회주의자라는 합의가 있었다는 느낌도 든다. 지식인 출신 연맹 대표들도 대회에 꼬박꼬박 앉아 있었다. 당대회의 토의 방식이 파괴되지 않고 잘 지켜진 것은 모두들 언제나 다른 대표들의 발언을 잘 듣고 잘한다고도 하고 따질 것은 따지고 익살도 부리고 웅성거려 언어의 값어치를 올렸기 때문일 것이다.

필리프 브로의 정치사회학 교재에 따르면 당은 선거 메커니즘으로서 중요하다. 그러나 당대회는 당원과 당원 간 우의와 결속을 다지는 잔치 마당이었다. 토론과 숙의의 장으로서 의미가 컸다.[52]

우리가 지금 이렇게 하지 않는다면: 조레스의 융합론

조레스는 대회 폐막 전날인 17일 오전 회의의 마지막 순서로 발언을 신청했다. 프로샤송에 의하면 그건 책략이었다. 그러면 점심 휴식 후 오후에 다시 발언을 이어갈 수 있고 오후 첫 발언은 다들 주목하는 순서였다.[53] 그는 먼저 식을 줄 모르는 개혁과 혁명의 분란에 대한 자신의 결의를 밝혔다.

우리는 비상한 당입니다. 개혁이 잘될 아무런 기회도 없는데 개혁을 상정하고 상상하고 또 요구하고 정식화해야 하는 최초의 정당입니다. 개혁은 소소하고 미약하고 시들어가는데 우리는 그것을 아끼고 껴안고 보호합니다. 하지만 개혁이 우리의 노력으로 자라나고 발전하자마자 우리는 그것을 거부하고 물리칩니다. 그건 결국 아무것도 하지 말자는 것입니다. (웃음, 박수.)[54]

그는 노동계급만의, 오직 노동계급에 의한 사회주의 전략을 추구해야 한다는 라가르델에 대해서는 생디칼리슴과 민주주의를 대립시키는 것은 옳지 않다고 비판했다. 모든 근대적 운동의 발상지인 민주주의는 노동자들이 행동할 수 있는 터전이었고 사회주의는 새로운 민주주의이며 우월한 민주주의였다. 사회주의에 있어 소수의 역할은 다수를 흔들고 깨우는 것이지 지도하고 지배하는 것이 아니었다.[55] 결론적으로 당과 노조의 문제에 있어 사회당은 의회와 선거에만 치중할 것이 아니라 노조에 개입해야 했다.[56]

끝으로 조레스는 "누가 무슨 소리를 하든 사회당은 노동계급의 대표, 곧 프롤레타리아의 정당"이라고 천명했다.[57] 그러면서 자신과 대립한 라파르그에게 사회주의와 인간을 대하는 관점을 불어넣었다.

라파르그 시민, 사람이 동물과 아무리 흡사해도 사람만의 특성이 있습니다. 그건 굴레를 쓰고 채찍질을 당해도 자신의 힘을 의식하는 것입니다. 사회

법칙은 (동물 보호의) 그라몽 법칙이 아닙니다. 왜냐하면 프롤레타리아는 마치 동물인 듯 예종적이고 언제까지나 체념하지 않고 매일 깨어나고 매일 조직을 하고 노조에 모여 나 하나의 허약함을 이기고 만인을 강력하게 만들어내기 때문입니다. 이 조직되고 감시하고 의식 있는 프롤레타리아가 개혁의 길은 진원지였습니다.[58]

"시민 여러분! 만약 우리가 지금 이 시간이 우리에게 주는 혜택을 이용하지 않는다면 우리는 어리석은 것입니다"라는 그의 마지막 인사에 청중은 뜨거운 기립박수로 호응했다.[59] 당내 분파들이 개혁과 혁명, 생디칼리슴과 사회주의를 두고 치고받았어도 그것은 당의 좌초를 위한 것이 아니었다. 그는 개혁을 쌓아 혁명으로 가는 길을 준비하고 개혁을 부르주아에 영합하는 것으로 만들지 않고, 정치에 주력하지만 노조와 보조를 맞출 것이며 그것이 20세기를 바라보는 당의 새로운 방향이라고 역설했다. 그가 대표한 타른 연맹의 동의안은 출석 326표 중 찬성 325표로 통과되었다.

툴루즈에서 보인 그의 웅변, 어휘, 빼어난 정치적 기량은 당의 엔진과 같았다. 개혁과 혁명, 사회주의와 생디칼리슴의 논리적 합성만이 아니었다. 그렇게 살아가자는 신념, 당원들과 나누는 연민, 정치라는 비폭력 수단에 대한 무한한 애착의 융합이었다. 또한 대회에 나온 대표들이 두고 온 산간과 소도시와 공업지의 수많은 동지들이 보내는 신뢰가 대회장의 감성을 자극했을 것이다. 브로에 따르면 감성과 감정은 이성과 추론의 반대항이 아니라 정치에 작용하는 결정적 요소이다. 말과 논리로 다 표현할 수 없는 서로의 관계와 서로의 신뢰 또한 정치의 주요 요소였다.[60]

시간이 지나 생각해보면 사실 당이 앞섰다. 현실을 훨씬 앞섰다. 통합당 전에도 그렇거니와 통합당 이후에도 도무지 가능할 것 같지 않은 공약을 언제나 의결했고 당원들은 박수를 쳤다. 왜 그랬을까. 혹시 그 모든 공적 약속을 필히 '정상적이며 공고한 현실'로 만들려 하지만 오늘 다 못 하니 우리가 가도 내일 이 일은 지속되리라, 대회장에 앉은 당원들이 그렇게 멀리 보아서였을까. 조레스와 사회주의 동지들이 집필한《사회주의사》12권 총서의 마지막 대목은 이 질문에 답을 하는 것 같다.

> 아니오, 아니오. 역사의 진정한 신神은 침침한 대장간에서 쇠를 주무르는 대장장이이다. (……) 노동자들의 천재성은 겉보기에는 모순되는 두 방법, 사상과 행동을 동시에 쓰거나 교대해서 써가면서 이를 화해시켰다. 지금은 마르크스주의가 예견했던 상황이 아니다. 그러나 프롤레타리아의 근본적 방법론은 그가 그린 것이 되어야 한다. 고통스럽고 풍요하던 위대한 세기에 민주주의를 넘어서 민주주의를 창출한 것은 노동계급의 업적이었다. 민주주의를 초월하면서 민주주의를 지도하여 마침내 사회주의로 들어 올리는 것은 내일 그들의 위대한 업적일 것이다.[61]

온갖 부문의 신문과 잡지가 범람하는 시대였지만 1904년《뤼마니테》의 창간은 중요한 사건이었다. 조레스 생전에는 그의 뜻으로 제호 아래 '정치국장 장 조레스'라고 박혔다.

해박한 지식과 넓은 국제적 안목으로 동서유럽 정세와 러일전쟁, 중국과 일본 상황을 자세히 보도하며 신문의 외신면을 키운 사회주의자 장 롱게(1876-1938). 카를 마르크스의 외손자이다.

고등사범 출신의 역량 있는 개혁사회주의자 알베르 토마(1878-1932). 《뤼마니테》 편집위원이었고 세계노동기구에서 일했으며 1차대전기 군수와 노동을 맡은 각료였다.

l'Humanité

JOURNAL SOCIALISTE QUOTIDIEN

SEPTIÈME ANNÉE. — N° 2369.

MERCREDI 12 OCTOBRE 1910

5c. Le Numéro

RÉDACTION & ADMINISTRATION

Directeur Politique : JEAN JAURÈS

LA GRÈVE GÉNÉRALE EST DÉCLARÉE

2e ÉDITION

Défi au bon sens

JEAN JAURÈS

Voir en deuxième page l'article de MARCEL SEMBAT

LA GRÈVE GÉNÉRALE DÉCLARÉE

ORDRE DU JOUR

Le « Nord » entier est en Grève

NI VOYAGEURS NI LETTRES NI MARCHANDISES

Nos Enquêtes sur le Réseau

LA JOURNÉE D'HIER

A LA GARE DU NORD

A la Plaine-Saint-Denis

1910년 10월 파리 북부선 철도원들이 벌인 대규모 파업은 곧 패배로 돌아갔으나 《뤼마니테》는 사건의 경위, 철도원들의 생활고, 격무를 자세히 보도하고 해직자들의 복귀를 계속 촉구했다.

5장

당은 《뤼마니테》와 함께

당대회가 당의 영혼이라면 당 신문은 당의 보물이었다. 1830년대의 어린 영국 노동자가 그랬듯이, 유난히 신문이 범람하는 나라에서 여기저기 당원들이 보물처럼 신문 한 부를 껴안고 다녔다. 그 신문, 《뤼마니테》는 창간 120년이 되어가는 지금도 살아 있다. 어떤 프랑스인들은 아무리 신문 방송이 흔해도 《뤼마니테》가 꼭 있어야 한다고 믿는다.

《뤼마니테》는 오랫동안 자신의 신문을 갖고 싶었던 조레스의 야심작이었으며 성글었던 그의 당 개념으로는 당에는 어떤 조직보다 좋은 신문이 긴요했다. 그렇다면 그때 좋은 신문이란 무엇이었으며 실제 지면이 어떠했는지, 편집진이 프롤레타리아들이 읽기를 진정 바랐으면 그대로 잘 되었는지, 노동자들에게 다가간 증거가 있는지, 조레스 그는 왜 그렇게 글을 좋아하고 정치는 문필에 기대야 한다는 깊은 인상을 남겼는지.

사회주의자 조레스가 밟아온 정치 생애, 넓게 보면 세기 전환기 프랑스 정치사의 한 자락을 본 이 책의 마지막에서 우리는 이런 질문들을 버릴 수 없었다.

창간 선언: 자본에 기대지 않는 신문입니다

1904년 4월 18일 월요일 《뤼마니테》 창간호. 맨 왼편에는 창간사에 해당하는 조레스 기명의 '우리의 목표', 중간 사이에는 '정책'이라는 논단, 보도 기사로는 직물공 파업 등을 싣고 눈에 가장 잘 띄는 오른편 두 개 단은 러일전쟁 뉴스를 자세히 보도했다. 2면에 '프랑스 밖'이라는 고정란이 있고 3면, 4면에는 사회면 기사도 가득이지만 아나톨 프랑스의 소설, 또 다른 작가의 연재소설도 시작하고, 신문에 필수인 광고에 지면을 할애했다. 주된 광고는 '전 상품 급매 청산'이라는 백화점의 상품 대방출 광고였다. 사회주의 신문이라는 특색은 어디에 있었을까. 이런 관점의 연구를 위해서는 동시대 신문들과의 실증적인 비교 연구가 필요하다. 인상만으로 말하기에는 내용이 흐릿하고 자의적이 되기 쉽다. 그런데 《뤼마니테》에 관한 치밀한 학구적 논구는 이 책에서 다룬 다른 주제에 비해 간소한 편인 것이 문제이다.[1] 아마도 신문과 정치, 또는 신문과 이념을 견주어 논하는 것이 무척 어렵다는 증좌인 듯하다.

창간

하지만 이 신문의 뜻은 분명했다. 조레스는 창간사인 '우리의 목표'에서 이 신문이 사회주의 신문이라고 확언했다. 그러면 곧 제호가 왜 사회주의는 안 들어가고 인간, 인간애, 인류, 인류애를 의미하는 '뤼마니테 l'Humanité'인지 해명할 필요가 있었다. 뤼마니테는 드레퓌스 사건에서 인간의 의미를 선창한 에르 또는 국제 감각이 높은 롱게의 발상이었다고 전해진다.[2] '라랑테른(등불)', '20세기' 같은 제목도 물망에 올랐지만 고등사범 출신들이 '뤼마니테'에 끌렸던 것 같다. 또는 어느 하나만 사회주의 문화라고 하지 않던 여유 있는 분위기에서 이런 제목이 나왔다는 해석도 있다.[3] 하여튼 뤼마니테가 제호가 된 이유는 현재 인류가 아직도 이 나라 저 나라에서 도발과 간계와 증오와 폭력으로, 적대적이고 상처받은 누더기 조각 같은 인류이기 때문이었다. 사회주의의 원대한 목표는 그러한 인류 아닌 아름다운 인류였고 모든 나라의 프롤레타리아가 진정으로 사회 정의를 위해 노력할 때에 그 목표는 이뤄질 수 있었다. 조레스는 사회주의와 프롤레타리아는 신문이라는 수단과 도구를 통해서 하나로 결합할 수 있으리라는 전망을 피력했다. 사회주의, 노동, 아나키즘 계열의 저널도 다수였지만[4] 조레스는 더 근사하게 노동자들의 양식糧食이 되는 신문을 만들리라고 작심했던 것 같다. 독일어에 능통한 그는 독일의 쟁쟁한 사회주의 언론도 의식했을 것이다.[5] 벨기에 역시 나라는 작아도 일찍 민주화한 나라로서 사회주의와 노동운동의 세는 두터웠다.[6] 신문 창간에는 당장의 정치적 필요성도 컸다. 밀랑 사건 후 사회당 통합의 마지막 단계에서 인터내셔널에 나가 싸워야 하는 책무를 안고 조레스는 어느 때보다 더 자기 신문을 원했을 것이다.

이런 뜻에 동의한 신문사 편집진은 누구였을까. 창간호 1면 왼편 상단에는 편집국의 구성과 이름이 낱낱이 공표되었다. 편집국장이라 하지 않고 정치국장이라고 칭한 장 조레스 아래 편집주간은 저명한《라 르뷔 소시알리스트》의 편집인 귀스타브 루아네이고, 의회와 당을 아는 알르만, 브리앙, 푸르니에르, 프레상세 등이 정치면 기고자였다. 그리고 외신은 프레상세, 에르, 롱게, 샤를 앙들레르가 맡았다. 물론 여느 신문처럼 특파원도 임명하여 독일, 오스트리아-헝가리, 영국, 벨기에와 이탈리아, 스위스의 굵직한 사회주의 정치인과 언론인에게 위임되었다. 그 외 전문 교정인, 각 부서를 연계하는 사무 요원이 필수적이었다. 이 구성원이 계속 그대로 가지는 않았다. 몇 달 후 암스테르담 인터내셔널 대회 후 브리앙은 통합당을 거부했고 에르도 멀어졌으며 앙들레르는 독일을 놓고 조레스와 대립하지만 롱게는 오래 남고 새로 젊은 개혁파 알베르 토마가 들어오기도 했다.

하지만 편집진이 아무리 열의에 차 있고 기량이 있어도 신문은 논단 필진, 특파원, 기고자에게 고료를 지급하고 편집자, 교정 전문가, 제작 기술자에게 봉급을 보장하고 수가 많지는 않아도 필수 인력인 사무직원들의 봉급도 지불해야 했다. 신문사 운영은 편집국 임대료를 내고 값비싼 인쇄기와 윤전기를 돌리고 판매망을 확보하려면 매일같이 비용이 나가야 하는 전문 사업이었다.

자본에 침식당하는 언론

창간 자금은 어렵지 않게 모을 수 있었다. 창간 발기인 18명 모두 개인으로 참여했는데 우선 조레스의 친우들이 자기 신문을 가지려는 그의 뜻을 이해하고 도왔다. 고등사범 동창인 철학자 레비브륄, 사서 에르, 인권동맹의 프레상세[7] 그리고 조레스보다 13년 연하로서 1920년대에 파탄이 나는 사회당을 짊어질 레옹 블룸 등이었다. 모두 드레퓌스 사건에서부터 재심파라는 점에서 동지 의식을 나눈 사이였다. 그러나 이들 문인층만으로 기금이 모였을 리 없다. 의사, 건축가, 교수도 있었고 출판인들이 참여해주었다. 사회주의 혁명사를 간행한 쥘 루프에게는 조레스가 직접 참여를 청했다. 《뤼마니테》 연구로 2004년 박사학위를 받은 알렉상드르 쿠르방은 창간 기금을 낸 인사들 중에는 파리 서쪽 부르주아 구역에 사는 이들이 많았다고 파악한다. 300프랑부터 10만 프랑까지 차이가 심한 기금액을 분류하면 총액의 75퍼센트는 소수의 금융인과 출판인들이 냈다.[8]

창간 기금의 내역은 아직도 해명되지 않은 부분이 있다는 평이며 유대인 자금이 들어갔다는 비방도 오래갔다. 그러나 기금 출연자들이 신문 운영에 개입하는 바는 없었다고 쿠르방은 자신한다.[9]

그렇게 창간은 했지만 돈을 쌓아놓고 만든 신문은 아니다. 독자가 계속 늘지 않으면 운영이 위태로워질 것은 뻔했다. 사실 위기는 곧 닥쳤다. 피에르 르노델은 7만 부가 나가면 운영이 된다고 보았는데 그런 수준의 판매 실적을 올리기 힘들었다. 1905년 1만 5000부로 출발하여 1907년이 넘어서야 5만 부가 되었을 뿐이다. 그 사이 1905년 하반기와 1906년은 재정난이 심각했다. 《뤼마니테》가 잘 돌아가지 않는다는 소문은 언론계에 파다했다. 사회당 창당 전해, 일간지만 하루 60종이 나오는 파리였다. 언론은 사회를 지배했고 그렇다는 것은 언론 자본이 막강해지고 있다는 뜻이었다. 그러나 자본에 기대지 않고 자본이 신문에 개입하지 않도록 하겠다는 것은 조레스의 확고한 창간 이념이었다.

그는 신문의 독립성이 튼튼하지 않으면 모든 거짓과 편파적 정보, 강요된 뉴스, 비방의 방식이라는 위험이 있을 수 있다는 것을 알았다.

> 신문의 자본을 증액해야 하는 때가 오면 우리는 공중을 전적으로 신뢰하고 민주주의와 프롤레타리아에게 공적으로 호소할 것이다. 위대한 신문을 어떤 기업체의 손에도 맡기지 않는 것은 지난한 일이지만 할 수 없는 일은 아니다.[10]

사실 대형 신문인 《라 랑테른》 사장 빅토르 플라숑이 《뤼마니테》에 제의를 한 일이 있었다. 만약 《뤼마니테》가 금융계를 좀 못 본 척하고 러시아에 새 차관을 공여하는 것을 공격하지 않는다면 15-20만 프랑을 기부하겠다고 했을 때 조레스가 이를 거절한 것도 그러한 원칙에서였다. 1909년 6월 그는 언론의 부패 문제에 대해 다시금 프롤레타리아가 원하는 것은 그런 거짓됨이 아니라고 했다.

> 어제 아침에 《뤼마니테》 운영진에게 어느 선전가가 찾아와서 해군 비품 공급자에게 이런저런 유익한 기사를 써주기를 제의했다. 다음번 공사에 특정 기업이 수주하게 하려는 것이 목적이었고 우리 친구들은 적절히 응답했다. 문제는 대규모 공급자들, 대자본가들이 이런 탐색을 하는 것이다. 그들이 관심을 갖는 것은 한 가지뿐이다. 언론을 물 먹이고 여론을 속이고 공인을 끌어들여 어떻게 그중 가장 큰 몫을 차지하는가, 그것뿐이다.[11]

지금은 "회계 수지를 맞춰 독립성을 보장해왔던 영국의 대언론조차 수상한 의도를 물리치고 스스로를 지켜야 하는" 시대였다. 그렇게 외부의 압력에 버티려면 그들의 돈을 안 써야 하고 그러려면 신문을 잘 만드는 수밖에 없었다.

롱게의 외신면

이 시기 《뤼마니테》에서 눈에 띄는 것은 외신이었다. 치밀하고 자세하고 지역을 가리지 않고 기사에 논조가 보였다. 1904년 9월 6일 자 하루에만도 상트페테르부르크발, 중국 지푸발, 런던발, 만주 지역 푸산발 기사를 모두 모아 다각도로 전황을 알렸다. 9월 5일 얀타이 북쪽의 퇴각, 밀려난 일본군의 침공, 목단강 진군, 일본군의 공세 작전, 러시아 포병 부대의 손실, 러시아 사령관 리니에비치의 포진, 일본군의 포트아서(뤼순) 최후 공세를 소제목으로 각각 5-16줄씩 기사를 내보냈다. '프랑스 밖' 난에는 독일 제국공의 약혼식, 이탈리아 사르데냐 노동자 파업, 튀르키예(터키)의 아르메니아인 봉기, 뉴욕 유대인 구역 화재를 자세히 보도했다.[12] 러시아혁명은 1905년 내내 1면을 차지했으며 1910년에도 '러시아의 잔인성'이란 제목 아래 러시아 전제정에서 행해진 고문을 보도했다(9. 25). 1906년 1월 22일 자에는 1면에 혁명 1주년을 맞아 러시아의 거장 막심 고리키가 유럽에 보내는 지지 호소문을 크게 실었다.[13] 멕시코 여러 곳의 특파원발 기사로 멕시코혁명을 사진과 함께 계속 실었고 공화주의 교사 페레르를 처단한 에스파냐의 정치 분위기에 대해서도 연속 논평했다.[14] 1907년 10월에는 헝가리 전역에서 일어난 민중 시위를 부다페스트 강변에 있는 헝가리 의회 사진과 함께 보도했다.[15] 또 새뮤얼 곰퍼스가 이끄는 미국 노조 활동을 보도하여 아직 새로운 미국에 독자들이 다가가는 기회를 제공했다(1909. 11. 27).

조레스의 초빙으로 외신을 담당하게 된 롱게는 창간 당시 28세였다. 이 마르크스의 외손자는 프랑스어와 영어를 구사하고 이탈리아어와 독일어 문헌도 늘 대하는 재기 발랄한 국제통이었다. 파리 법과대학과 문과대학에서 수학하면서 사회주의 그룹에 들었고 특히 라탱구의 신문 잡지 발간에 간여했다.[16] 롱게는 《뤼마니테》에 발을 딛기 전이나 후나 라가르델의 《르 무브망 소시알리스트》, 작고한 말롱의 《라 르뷔 소시알리스트》와 외국 잡지에 기고했다. 특히 해외 지식인들과 교류가 활발했다. 프랑스 통합사회당의 공식 명칭이 노동자인터내셔널 프랑스지부SFIO가 된 것도 4분의 3은 롱게의 발상이었다고 한다.[17] 그는 앙들레르에게서 독일에 팔렸다는 소리를 들으면서도 독일 소식을 많이 전했고 1904년 일본 사회주의 서적도 펴내고 튀르키예인의 저서도 번역하고 콩페르모렐의 12권짜리 사회주의 백과전서의 한 권으로 인터내셔널 운동을 집필했다.[18]

롱게의 취재와 필력이 프롤레타리아 독자들의 마음을 흔들고 국제적인 시야를 넓혔을까. 아직 낯설었던 영미권의 민주주의, 러시아와 발칸의 상황, 아시아와 아프리카의 민중을 가까이 느끼게 했을까.[19] 롱게나 외신 담당 특파원들도 이런 반응을 재고 있을 여유는 없었다. 외세의 압력에 대응하는 변혁기 중국의 정치사회 기사를 1면에 싣고 1914년에는 일본 해군의 스캔들과 민중의 항의도 보도하고 포르투갈의 시위도 1면에 싣기에 바빴다. 먼 곳을, 피부색이 다른 사람들을 낯설지 않게 보게 하는 그 시선 연습은 "우리들 통신"이 이행해야 할 임무 중 하나였다. 자유롭고 당당한 노동자, 그 상은 젊어서 간 펠루티에의 소망이었을 뿐 아니라《뤼마니테》창간의 약속이기도 했다.

토마의 개혁주의

외신뿐 아니라《뤼마니테》의 특징은 모든 노동자 대회를 정성껏 보도한 사실이다. 이 시기 노동자를 필수인 듯 따라다닌 산재사고를 자세히 해설한 태도이다. 노동문제에 주목하는 기사를 쓴 기자는 1차대전 동안 전시 정부의 군수장관을 지내는 알베르 토마(1878-1932)였다. 조레스가 처음부터 초빙한 20대의 토마는 노동자 시위, 노동자들의 삶, 생디칼리슴, 사회문제를 담당했다. 그는 노동자의 얼굴과 무언의 표정을 유심히 볼 줄 알았다. 고등사범 출신 법학자였지만 제빵사 아버지 옆에서 가난한 사람들의 모습을 지켜보고 무거운 빵 자루를 배달했던 시간이 그를 떠나지 않았다. 노동 개혁을 주도하여 국제노동사무국BTI 초대 국장에 선임되며[20] 경제 전문가가 드문 사회당에서 1차대전 전에 프랑스 은행의 국영화를 예견하고 석유 사업, 주류, 보험의 국가독점안을 수립하는 그는 현장이 주는 가르침을 받아 안은 개혁론자였다. 1910년경까지 토마에게 조레

스는 옛 스승이었고 조레스에게 토마는 소중한 부관이었다.[21]

1906년 3월 북부 쿠리에르 광산 참사를 보도한 기사가 토마의 현장 감각을 예증한다. 젊은 기자 토마는 남편을 잃은 여성들의 창백한 얼굴과 때로는 붉어진 눈에서 사고가 난 지 1주일이 지났어도 그들의 고통이 어떤 것인지를 읽었다. 어린아이 일곱을 남겨두고 남편이 사라진 가난한 어머니를 만났고, 어느 방문자가 찾아와 '힘을 내라고, 산 사람은 살아야 한다고' 하는 상투적 말에 어리둥절한 그 여성을 이해했다. 토마 기자는 광산 지하로 내려가 설치물을 하나하나 뜯어보았고 사고가 발생한 4갱, 3갱, 2갱으로 들어갔다. 구조대원, 노동자, 릴대학 인턴, 엔지니어 50여 명이 지치고 비통해하며 구조 작업 중이었다. 토마는 이 대형 사고의 책임이 회사 측에 있다는 것은 재론할 필요가 없다고 하고 문제점을 더 구체적으로 지적했다. 쿠리에르 회사가 모방해야 하는 것은 독일의 광부 구조 체제만이 아니다. 베스트팔렌과 실레지아 광산에서 사용되는 수력 매립 방식을 배워야 한다. 쿠리에르 회사의 수익을 고려하면 1000여 명의 목숨을 구할 수 있는 설비에 100만 프랑을 아낀다는 것은 범죄다.[22] 베른슈타인의 영향을 받으며 젊어서부터 개혁주의의 원칙을 지킨 기자의 논평이었다.[23] 노동 감독 문제에 있어서도 토마는 감독관이 방문해야 할 386만 4007명의 노동자 중에서 218만 4023명만이 감독을 받고 있는 것을 알았다. 따라서 167만 9984명의 노동자와 사무원은 어떠한 법적 보호를 기약받지 못했다. 토마는 이 지점에서 아직 감독이 부실한 국가만 나무라지 않았다. 노조들이 이 상황을 잘 파악하고 주의를 기울이기를, 현재까지 이뤄진 성과를 잘 지키면서 그 위에 더 나은 개선책을 얻어내기를 요청했다.[24] 국가는 더 이상 물리쳐야 할, 자본과 결탁한 기구만이 아니었다.[25] 알베르 토마의 식견은 이웃 나라 영국, 독일을 가보았고 또 러시아 상황을 추적하는 국제 감각에서 비롯되기도 했다.

토마는 드라베유 시위, 우편원 파업 그리고 1910년 철도원 대파업을 지지하면서 국가의 올바른 기능을 촉구했다.

당의 수입원인 당 신문

《뤼마니테》의 구독자는 잘 늘지 않았다. 하루 400만 부가 팔리는 대형 일간지들과 비교할 수는 없지만 일러스트레이션과 사진으로 경쟁하는 것은 《뤼마니테》도 마찬가지였다. 사회주의 신문이라서 삭막한 것은 전혀 없었다. 이 신문만 보아도 신식 실내를 갖춘 국제선 호화 열차, 사이클리스트, 1900년 엑스포, 서구 열강에 침략당하는 중국의 형세와 항거, 비양쿠르의 르노 형제 자동차회사, 끔찍한 자동차 전복 사고, 파리 법정 최초의 여성 변호사 선서, 경찰과 대치하는 시위 노동자, 미국산 싱어 재봉틀, 연기 안 나는 최신 난방기구, 약품 같은 최신 상품, 또 해외 식민지 뉴스를 다 알 수 있었다. 1면에 자주 사진도 실렸고 때때로 실리는 1면 하단의 풍자 삽화도 재미있었다. 티푸스의 창궐, 삼림 화재, 자살같이 누구나 들여다보는 사회면도 빠지지 않았다. 사고, 범죄, 자살 기사가 화보 중심의 《르 프티 주르날》(1863-1944), 《르 프티 파리지앵》(1876-1944)보다는 훨씬 적었지만 《르 피가로》보다 많았다.[26] 1907년 3월 9일 자 파리 전기공 파업을 보도하면서는 '빛의 도시, 촛불을 켜고 즐기다'로 제목을 뽑기도 했다. 사회에서 일어나는 범죄에 사회의 책임이 있다는 발상은 1차대전 이후에 조금씩 부상하며, 아직은 범죄 그 자체로 흥미와 두려움을 주는 시대였다.[27] '결혼하려면 벌금을 내야 한다'는 제목의 기사도 1면 오른편에 실었고(1907. 7. 17) 당대 최고의 인기 작가 외젠 쉬의 연재소설, 졸라의 《나나》, 플로베르의 《마담 보바리》, 샤를 말라토의 《두 사랑 사이에서》를 재수록했다. 비싼 주거비 반대(1911. 5. 30), 위생적인 노동자 공동주택, 생활물가에 대한 여러 통계 조사를 싣고 한편 1910년쯤부터는 1면 하단의 정치 문화 사회 비평을 일러스트레이션으로 장식했다.

신문을 팔고 당비를 걷다

신문은 사회당의 얼굴이고 더 심각하게는 당의 수입원이었다. 《뤼마니테》가 통합 초부터 당의 신문은 아니었다. 처음에는 게드파의 신문 《르 소시알리스트》가 당의 공식 언론이었다.[28] 개혁파의 《뤼마니테》를 제2 언론으로 인정한 것은 개혁파가 당에 정착하고 당의 분위기가 《뤼마니테》에 동조적인 된 다음이다. 어떻든 외부 지원이라고는 없던 사회당의 처지에 신문 구독료는 세 번째로 중요한 수입원이었다. 의원 세비에서 갹출하는 당비와 연맹의 당원증 당비 다음으로 중요한 것이 신문 팔기였다. 당은 돈이 없었다. 당 서점에서 단 1프랑짜리 작은 책도 더 팔리기만 바랐다. 서점에 들여오는 책 구입비, 소책자, 전단, 노래집 모두 잔돈인 상팀까지 계산했다.[29]

1907년 낭시 대회부터 당대회는 《르 소시알리스트》와 《뤼마니테》 두 신문의 연간 경영과 문제점, 판매 상황을 보고했다. 연맹과 지구당의 신문 구독은 당에서 부과하는 의무 사항이었다. 신문 이상의 다른 선전 매체가 없는 때에 노르, 에로, 쥐라 어디서나 신문이라면 열성을 다해 팔았고 팔린 만큼 당비를 걷었다.[30] 1908년 툴루즈 대회에서 브라크는 1907년 이후 구독자가 조금씩 상승 추세라고 알리고 《뤼마니테》의 성공 요인을 비용 절감에서 찾았다. 지대와 우편료로 하루 40프랑을 줄인 것이지만 상당히 큰 절감이었다. 르노델은 노동계급의 협력을 받는 신문 판매망이 효과를 거두고 있고 아직까지는 파리와 센도 일원이지만 지방으로 이를 확대하겠다고 보고해 대의원들의 박수를 받으면서 솜, 엔, 파드칼레, 노르 지역의 협조를 간곡히 요청했다. 센 연맹의 뒤부아는 지방 당원들이 5프랑을 부르주아 신문 보는 데 쓰지 말고《뤼마니테》에 돌리기를 청원했다. 반대자들이 있었지만《뤼마니테》는 드디어 1911년 생캉탱 대회에서 당의 공식 기관지로 승인을 받았다. 1913년에는 4면에서 6면으로 증면할 만큼 재정이 안정되었다. 한 푼을 아껴 일하는 신문 실무자들 덕분이었다.[31] 1909년 조레스도 직접 구독자 증대를 호소했다.[32]

총연맹에서《뤼마니테》를 두고만 보지 않았다. 1911년 4월에 창간한 총연맹의 신문《라 바타유 생디칼리스트》(노조원의 전투)에 구독자가 쏠렸다.《뤼마니테》는 파리에서 구독자 4000-5000명을 상실했고 1912년 2월 리옹 당대회에서 이 경위를 설명했다. 목적이 같은 신문을 두 개 구독하기에는 노동자들의 호주머니가 너무 헐거웠다.[33] 1911년 3월부터 12월 말까지 신문 판매 상황을 월별로 나누어 일일이 보고했다. 파리와 외곽, 다시 파리 안에서도 차고와 가두 판매대, 지하철과 기차역 판매량을 각각 계산하고 지방도 위탁 판매대와 아셰트 직판대, 기차역을 구분했다. 별도의 북부판을 내보려 했지만 비용만 날리고 허사가 되었다. 한편 노르와 파드칼레에서는 1200부 정도 발행하던 데서 1911년 초에 약 3300부로 늘었다. 1910년 10월 프랑스를 흔든 철도원 대파업이 계기였다.

1910년 철도원 파업 지원

실패하는 북부선 철도원 대파업

1910년 10월 《뤼마니테》 1면 지면은 철도원 뉴스로 덮였다. 10월 9일, 10일, 11일, 12일 1면 제목은 '총파업 선언. 북역 일제 파업, 여객, 문서, 물품 없음'이었다. 철도원이란 말은 광부, 철강 노동자와 달랐다.[34] 사람들이 기차를 타면 기관사의 목소리를 듣는다. 그 전에 기차를 직접 탄다. 1908년 6월 드라베유 토목공 파업, 1909년 우편원 파업은 일반이 양해할 수 있었다. 철도원 파업은 누구든 양해하기 어려웠다. 정부는 물론 처음부터 강경했으며 흔히는 노동자 파업에 동조적인 급진파 신문들도 고개를 돌렸다. 파리-릴의 북부선은 더구나 산업과 국방의 기간선이었다. 출퇴근 인구도 많지만 북부 산업 기지와 사이에 오가는 물동량이 많고 중요했다. 열차는 반드시 아라스, 보베, 캉브레를 거쳐 릴에 닿아야만 했다. 릴에서는 다시 대서양 쪽으로 루베, 됭케르크, 동쪽으로 발랑시엔, 앙쟁, 동부 국경지대로 지선이 뻗었다.

이 철도원 파업으로 박사학위를 받은 일본인 학자 후카사와에 따르면 샤펠역 생드니 창고 노동자들이 10월 9일 저녁 8시경에 작업을 중단하기 시작했고 10일 오전과 오후 북역 전체에서 각 부문 철도원들이 작업을 중단했다.[35] 몽마르트르, 벨빌에 인접한 북역은 북쪽 변두리 생드니로 나아가는 거점이었다. 파업 중앙위는 10일 밤 11시에 임금인상, 퇴직연금법 소급 적용, 작업 강도 조절, 철도원 전원에게 주당 휴식 적용, 전 직원의 월차 수당, 일용 노동자에게 연간 최저임금 1850프랑 지급을 요구 사항으로 파업 개시를 가결했다. 철도원들은 1907년, 1908년에 쉬지 않고 임금 인상 요구를 관철하려 했다.[36] 《뤼마니테》 역시 철도의 중요성을 모르지 않았다. 그럼에도 철도원 파업을 지지한다는 논조를 분명히 한 것은 우선 저임금 노동자들의 실태를 알고 있었고 우려했고 분노했기 때문이다. 노동자 파업에 임해 신문이 할 수 있는 일은 정확한 보도였다. 한 마디 정확한 보도가 열 마디 구호보다 나았다.[37] 12일 자에 '빵, 포도주, 설탕, 기본 식품 가격 올라'라는 제목 아래 지난 2년 사이 생필품 가격 앙등에 따른 생활지수 변동 실태를 자세히 적었다. 생디칼리스트 피에르 모나트의 잡지《라 비 우브리에르》(노동자의 삶)는 철도 기업 가문 로트실드와 굶주리는 철도원을 대비했다.

파업위원들이 체포되는《뤼마니테》편집국

파업은 이틀 혹은 사흘을 견디고 무너졌다. 정부는 사전 대책에 따라 군대를 파견해 주요 역과 창고를 곧 점거했고 파업위와 정부 간 대화는 거부되었다. 12일 수요일까지는 파업자들이 밀고 나가 전선電線 절단, 선로 절단, 기둥 쓰러뜨리기, 노동의 자유 침해, 탈선, 투석 같은 난폭 행위가 발생했다. 그러나 13일 목요일에 이미 파업자 수는 더 늘지 않았다. 파업 지도부 체포가 예감되었다. 12일 저녁 7시쯤 에르베의《사회전쟁》편집장 R. 페르소와 르노델이 파업위원 전원《뤼마니테》사에서 체포당하자는 제의를 했다. 20여 투쟁자가 네 개 항목의 공동 성명서를 인쇄한 후 12일 밤을《뤼마니테》편집국에서 지내게 되었다. 새벽 4시쯤 조레스, 바이양, 토마, 콩페르모렐, 콜리 등 사회당 의원들이 한 사람씩 편집국에 들어왔다. 아침 9시 반에 레핀 경찰청장이 치안국장 아마르와 함께《뤼마니테》사옥 입구에 나타나 르노델의 안내로 편집국에 들어왔다. 조레스가 "공화국과 파업권의 이름으로 이 자의적인 체포에 강력히 항의한다"고 하자 레핀 청장은 "페르라셰즈에 가서 하는 연설을 계속하시오" 하고 응답해서 일동의 항의를 받았다. 아마르가 여섯 명의 주소지를 하나하나 부르고 체포 영장을 건넸다. 다섯 명이 체포, 호송되었다.[38]

《뤼마니테》가 철도원 파업을 전폭적으로 지지한 데는 사연이 있었다. 철도노조는 광부노조와 함께 전통적으로 의회와 가까웠다.[39] 의회는 1870년대의 정치적 혼미 속에서도 철도원수호위를 창설했다. 대형 철도 회사들의 힘이 얼마나 막강한가를 조레스는 철도원수호위의 입법 활동으로 실감하고 있었다. 1909년 12월 오랫동안 철도노련 서기로 봉사한 외젠 게라르가 사퇴하고 강경파로 교체되었어도 철도노련은 금속연맹과 달랐다. 이 때문에도 조레스는 철도원들을 가깝게 느꼈다.

대파업을 맞아 《뤼마니테》가 문제 삼은 것은 프랑스 국가의 성격이었다. "이탈리아, 스위스, 벨기에, 프로이센에서 국가État는 흔히 탁월하게 운영된다. 사기업에 운송 서비스 권리를 주기로 한 나라가 없다. 프랑스가 특별히 무능하다"는 의견을 보였다.[40]

> 진실을 말하면 이 나라는 민주주의 자본가의 권력과 사적 독점을 위하는 국가의 교태로 고통을 받고 있다. 분규를 일으킨 경영자들이 운영한 철도선 하나만이 아니라 전체를 국가에서 회수해야 했다.
>
> 그렇게도 오랫동안 구舊서부선 회사의 무정부 상태와 무능력과 관행이 용인되었던 것이 놀랍다. (……) 이제 용서할 수 없는 자본주의의 과오들 속에서 파국의 압력을 받아 공공서비스를 짓누르려는 자들은 참으로 경박하다. 자본의 독점에 반대하고 최대한 정확한 산업 조직과 최대한 고성능의 기술 설비를 갖추고 노동자와 나라의 통제 아래 공공서비스를 민주적으로 관리하며 과감하게 확장하는 것만이 프랑스의 경제적 이해에 걸맞은 정책이라는 것을 국민은 곧 깨달을 것이다.[41]

16일 《뤼마니테》는 철도원, 노동자, 동지, 독자에게 보내는 격문을 실었다. 정부의 사주를 받은 신문들이 말하는 것은 거짓이라며 지원을 요청했다. "우리는 이틀 전부터 5000프랑의 성금을 받았다. 많은 액수이지만 충분하지는 않다. 승리에는 신속과 정력이 필요하다. 독자 동지 여러분, 빨리 여러분의 성금을!" 일반 신문들은 사보타주 행위를 부각하고 철도 노동자들이 직업과 기계를 아낄 것을 촉구했다.[42] 대기업들이 언론에 물을 먹이고 있다는 《뤼마니테》의 싸움은 부르주아 언론과의 전면전과도 같았다.[43]

파업자들의 요구 사항 자체는 이듬해 1911년에 차츰 수용되었지만 결국 3만 8000여 명이 해고되었다. 정부가 들어주는 것은 아니지만 《뤼마니테》는 1911년 초까지 파업자의 직장 복귀를 요구하는 논설을 계속 실었다. 철도원 파업을 지원한 일로 조레스는 더 곤경에 빠졌다. 총연맹 책임자들은 조레스를 직접 찾아와 파업 당시 그의 태도가 중대한 결과를 빚었다고 가차 없이 질책했다.[44] 조레스는 이를 반박했지만[45] 프롤레타리아에게 충실하려는 지식인들의 신문과, 의회와 지식인을 의심하고 경원하는 노동운동가들의 사이는 험하고 멀었다.

정치국장 조레스의 인문·인본주의

이상 《뤼마니테》 10년의 투지와 애환을 보면서 조레스의 신문과 정치에 대해 하나의 결론을 내릴 수 있을까? 인상적인 것은 "나의 직책은 정치국장"이라고 한 그의 말이다. 창간사에서 그 말을 했고 《뤼마니테》 1면 상단에 그렇게 썼다. 보통은 편집국장이라 할 직책이었다. 실제로 사회주의 언론이지만 《르 탕》 같은 정치신문과 다름없이 정부 수립, 내각 개편, 선거를 크게 실었다. 또 자신이 정치국장이라 했듯이 의회 일정에 특기할 사건이 없는 날도 조레스는 오늘 의회는 볼품이 없었다고 하며 머릿속에서 의회를 떠나보내지 않았다.

사실 정치인이라면 나만의 고유한 신문을 갖고 싶어 한 것은 19세기 프랑스의 큰 특징이었다. 우선 개인의 야심과 자기 세력화를 목적으로 한 것이지만 클레망소의 《로로르》, 브리앙의 《라 랑테른》, 경제학자 샤를 지드의 《레망시파시옹》, 샤를 모라스의 《악시옹 프랑세즈》를 보노라면 신문과 정치의 이 밀착은 더 파고들 주제인 것 같다.[46] 이로써 20세기의 혼란으로 들어오기 전 19세기 후반에 이뤄진 그 정치의 토대를 해명해보고 싶은 것이다. 조레스는 이 조건이 결격된 것을 반드시 채우려 한 것 같다. 20대에 글을 쓰기 시작한 《라 데페슈》는 평생의 동지 같았지만 그가 더 이상 가까이할 수 없는 대형 신문이었다.[47] 오랜 남부 문화의 대변자였고 민주 신문으로서 신망이 높았다.[48] 드레퓌스 사건 내내 기고하던 파리의 《라 프티트 레퓌블리크》에는 1902년에 발길을 끊었다.[49] 사회당 창당 전해, 일간지만 하루 60종이 나오는 파리에서 사회주의, 노동, 아나키즘 계열의 저널도 다수였지만[50] 조레스는 더 근사하게 노동자들의 양식糧食이 되는 신문을 원했다.

그러면 《뤼마니테》에서 발견되는 몇 가지 성격을 그가 행하고자 한 정치와 연결해도 좋을 것이다. 그는 '내 신문' '우리 신문'을 갖게 되었지만 늘 신문사에 나와 편집을 지휘한 것은 아니다.[51] 편집국은 처음에는 그의 사무실을 마련했다가 치워버렸고 그가 직접 나와 일하게 되면 편집위원인 르노델이나 관리부 랑드리의 방으로 들어갔다.[52] 창간부터 조레스 사망까지 《뤼마니테》 편집국 서기를 지낸 스넬은 이렇게 회상한다. "거의 매일 저녁 6시에서 7시 사이에 전화가 왔고 오늘은 지면이 어떠냐고 물어왔다. 그러고는 전화기에다 너무 크게 말을 해서 오히려 잘 들리지 않았다. 내가 만약 잘 들리지 않은 음절을 넘어가면 조레스는 반드시 복창해 보라고, 한 줄도 그냥 넘기지 않았다. 그리고 그는 어떤 기사든 욕설 비슷한 것이 풍기기만 해도 안 된다고 모든 편집국원에게 신신당부했다. 한번은 누가 급진파를 경멸적으로 부르는 '라디카유radicaille'라는 단어를 기사에 집어넣었다. 조레스는 일주일 내내 우리를 질책했다." 사실 사회주의와 프롤레타리아의 대의는 비방의 방식이 필요치 않다는 것은 창간사에 들어 있었다. 스넬에 따르면 그런 경우 외에는 그는 누구를 보든 칭찬을 퍼부었고 편집 방침을 지시할 때는 애교를 떨 듯이 속삭였다.[53] 상대가 아무리 마음에 들지 않더라도 비방을 하지 않는 것, 혐오를 내뿜지 않는 것. 그것이 인문주의를 기본으로 장착한 조레스 정치의 요소이며 실현이었던 것 같다.

편집국의 소수는 그럴 수 있더라도 다수 프롤레타리아를 향해 말하고 있는 만큼 때로는 선동적이고 격노하는 표현도 정치에는 필요하지 않았을까. 조레스와 《뤼마니테》 그 점을 거부했다. 《뤼마니테》는 모든 뉴스에 침착했다. 대망의 사회주의 통합당 대회를 보도하면서도 이 중대한 뉴스를 가운데 배치했을 뿐 다른 기사 제목과 같은 크기로 했다. 1905년 3월 31일 빌헬름 2세가 탕헤르항에 나타났다는 놀라운 뉴스도 중앙 두 개 칼럼만 썼고 이튿날 델카세 외교에 대한 장문의 해설을 실었다. 모던한 프롤레타리아라면 모든 교양과 자연과학과 문화를 알아야 한다는 전언이었다.[54] 그것이 다수를 향한 선전이었던 것이다. 폴 루이는 콩페르모렐의 《사회주의 백과전서》에 프로파간다(선전)와 이념은 같이 간다는 미래적 의견을 70쪽에 걸쳐 설명했다.[55]

앞서도 잠시 보았지만 노동자 시위와 노동자 대회는 늘 중요하게 다뤘다. 정치면인 1면 또는 2면에 총연맹 대회뿐 아니라 금속노련, 철도노련 등 중요한 노동자 대회는 빠뜨리지 않고 실었다. 그 점이 같은 정치 신문이어도 《르 탕》과 달랐다. 사회당 전국 당대회는 해마다 특파원 기사로 하루하루 일정을 보도했고 이웃 독일 사민당 대회도 간추려 실었으며 1907년 슈투트가르트, 1912년 바젤 인터내셔널 대회도 보도하고 해설했다. 중도지에 비해 확연히 차이가 난 점은 1908년 드라베유 시위, 1910년 철도원 파업처럼 노동자들의 항의를 상세히 보도한 것이다.

조레스는 정말 글쓰기를 좋아했다. 의사당 복도에서 누구를 만나면서도 종이에 글을 썼고 지방 출장을 간 때는 원고 없이 장문의 논설을 전화로 부른 적도 있다. 그리고 자기가 부른 그대로 활자화되었는지 점검했다. 언어에 세심했다. 치열한 계급투쟁의 정당성을 깔고 있는 언론이 문예 같은 부르주아의 지적 '사치'를 멀리 하기는커녕 프롤레타리아의 자산으로 돌리려 한 이유는 다 해명할 수 없더라도 이 물결에 작가, 신문쟁이, 정치인이 하나같이 뛰어들고 있는 것은 분명했다. 아나톨 프랑스, 옥타브 미르보, 마르셀 알라르가 《뤼마니테》에 기고한 이유가 있는 것이다.[56] 아직 고등교육은 생각도 못 하는 프롤레타리아를 보면서 그들의 지적 지평을 한껏 넓히고 싶은 욕망이 거기에 깃들었다고 한다면, 고전과 현재를 휘감는 인문의 자양분을 자기들만이 가로채지 않겠다는 결의가 있었다면 지나친 추론일까.

18세기 계몽의 정치 문화를 이으면서 19세기의 자유주의를 지도한 부르주아에 비해 사회주의의 지반인 노동자들은 문자와 사색에 몰두할 조건이 배제되었다. 코뮌의 바를랭, 말롱, 북부의 들로리, 파리 시의원 노동자들은 모두 놀라운 지식인이었으나 그런 예는 소수이고 예외였다. 이 시대의 유럽 사회주의는 파리와 베를린뿐 아니라 스위스 로망드, 벨기에, 영국의 셰필드 어디에서나 그 장벽을 뚫는 길을 찾고 있었다. 염가인 신문으로 읽을 수 있는 좋은 글은 지상의 양식이었다. 《뤼마니테》는 말롱의 뜻을 이어 경제에 대항하려면 경제를 넘는 이상과 윤리, 신념과 사실에 대한 취향이 동반해야 한다는 것을 매일같이 선전하고 있었다.[57] 어떤 당파, 어떤 계급이든 우리가 쓰는 보고서의 충실함, 우리가 제공하는 정보의 확실함, 우리들 통신의 둘도 없는 정확함을 인정하도록 하겠다는 창간사의 다짐을 지키고 있었다. 노동자 출신의 말롱이 터득한 것이 경제구조에 맞서기 위해서는 경제사상만으로는 되지 않는다는 문제였다.

1914년 7월 31일 저녁, 신문사가 지척인 식당에서 조레스가 총격으로 운명하고 동석했던 편집자들이 혼란과 비통으로 경황 없는 속에서도 몇 사람은 정치국장의 시신을 뒤로 하고 "신문을 만들러 갑시다. 내일 아침 신문이 늦지 않게" 하고 뤼마니테로 발걸음을 옮겼다.[58]

1914년 7월 31일 암살당한 조레스의 유해는 1차대전이 끝난 뒤 1924년 11월 23일 고향에서 파리 팡테옹으로 이장된다. 그의 선거구인 카르모의 광부들이 운구를 맡았다.

1936년 6월 인민전선 수반에 오른 레옹 블룸은 7월 31일 조레스 추모식에서 이렇게 그를 기렸다. "내 생애에 진정 위대한 사람들에 다가갔지만 아마도 알베르트 아인슈타인을 빼고는 이토록 천재성이 각인된 인물은 만난 적이 없다."

노동을 알려 하고 사상을 두려워하지 않는 의회

조레스는 직업 정치인이었다. 1885년 9월, 26세에 최연소 의원으로 의회에 들어온 이래 낙선은 있었지만 생애 끝까지 출마를 포기한 적이 없는 정통 의회인이었고, 600명 의원 중 하나로 끝날 자기 직업을 무척 좋아하고 그 업을 잘하려고 기를 썼다. 이는 이 시기 (유럽) 사회주의자로서 매우 독특한 면이었다. 그에게는 의회가 사회주의의 목적을 위한 수단이 아니라 자신의 꿈, 욕망, 연설, 논리를 휘둘러 부정의와 맞서려는 거친 싸움터였다. 때문에 의회에 빈손으로 나가는 일이 없었다. 그날의 신문과 급변하는 해외 정세를 살피고 고전, 신간을 뒤적이고 의회 도서관, 고등사범 도서관, 시청 문서고를 다녔다. 칼을 벼리듯 말과 글을 벼리고 갈고 닦았다. 그것이 파리 고등사범 출신 하원의원인 그가 인민에게, 프롤레타리아에게 보내는 존중과 경애의 징표였다.

제3공화정 의회는 당시의 말을 빌리자면 부르주아적인 의회였다. 의회 표결을 좌우하는 것은 정치가들의 능변과 술수로도 보였다.[1] 그러나 의회는 우선 헌정사가 흔들렸던 나라에서 헌정을 반석 위에 올려놓아야 했다.[2] 때로는 민중과 합세한 민족 세력의 완강한 반대에 지지 않고, 1인의 결정권에 나라를 맡기지 않는다는 의회주의의 원칙을 수호하려 했다. 그 의회는 단순히 우리가 흔히 말하는 자유민주주의의 보루가 아니었다. 조레스는 의회를 이렇게 멀리 보았다.

> 의회는 요람이 아니고 원천이 아니다. 도달한 결론에 지나지 않는다. 세력들이 창출되고 배태되는 곳이 아니다. 그러나 세력들이 창출되고 배태된 후 프롤레타리아 속으로 들어가고, 또 프롤레타리아가 노력해서 민주주의 속으로 들어가기로 결심하면 그 진동은 의회에까지 퍼진다. 그 진동은 의회 내로 침투할 것이다. 그러면 우리들 의회 대표들은 기계 장치의 마지막 회전을 조정하는 엔지니어에 지나지 않는다.[3]

그날이 언제일지는 몰라도 의회는 우선 사상을 겁내지 않았다. 피하지 않았다. 국가의 권위를 부정하는 아나키즘을 거부했을 뿐 어떠한 반대도 비판도 의사당에서 공공연하게 표현되었고 이튿날 아침 8시까지 발행하는 의회 관보에 실렸으며 관보는 거리에서 팔렸다. 그 의회가 이상적이었다는 뜻이 아니다. 그러나 의원들 저마다 지적 연마로 자신의 주장을 정립하고 퍼뜨리고 설득하고 반론을 물리쳐야 하는 일대 투쟁은 시민들에게 낱낱이 공표되었다. 나중에 알제리전쟁(1954-1962)의 와중에서 그리고 산업사회의 변화로 19세기의 정치체제가 기능을 잃자 제3, 제4 공화정의 의회주의는 물러나지만 그 같은 의회의 이지적 기반이 사라진 것은 아니다. 부르주아적인 의회였음에도 프랑스 제3공화정이 의회 제도로 의회 밖 다수의 정치적 감수성, 정치 역량, 인내심, 자기 규율을 키운 것은 역사적 업적이었다. 생전의 조레스는 내각 수반도 각료도 아니었지만 그 공화정 의회의 한 사람으로 생애를 관철했다. 그의 장대한 의회 연설, 치열한 대정부 질의는 사회주의자가 충분히, 어느 자유주의자보다도 더 화려하게, 더 뼈아프게 부정의를 질책하며 정치를 수행해간다는 증언이었다.

우리의 이념 정당은 우리나라의 가치를 지키고 건설한다

그는 사회당 창건에 이바지했다. 1904년 8월 암스테르담에서, 독일, 이탈리아, 벨기에 그 어느 나라도 자기 나라 당의 문제에 인터내셔널의 개입을 받지 않았다고 했다. 그러나 프랑스는 그렇게 된 현실을 인정했다. 그러나 외부의 영향력을 받아들이면서도 다 받아들이지는 않았다. 그는 열패감 속에서도 자신이 있었다.[4] 이념 정당일수록 의회를 믿고 의회라는 막강한 수단을 노동계급을 위해 써야 한다는, 그렇게 하겠다는 정치적 의지가 굳건했다.

조레스나 개혁파가 의회를 그렇게 신임한 면이 있어도 당은 고개를 흔들었다. 이념과 정서와 경험이 다른 사람들이 같이 산다는 것은 어려운 일이었다. 질시와 경계, 의심과 반목이 그치지 않았다. 하지만 이 시대 빈부 격차 속에서 자식의 중등교육은 바라기도 어려운 노동자의 현실에서 노동자를 위하고 그들의 이익을 위해 정식으로 싸우는 당은 '우리들'의 당뿐이었다. 하지만 당이 노동자를 잘 아느냐는 것은 문제적이었다. 생디칼리스트들이 직시한 것처럼 의원들이, 지식인들이 노동자를 그렇게 잘 안다고 할 수 없었다. 그 고운 피륙을 짜건만 침대보 하나 없는 아르망티에르 노동자의 살림살이 앞에서 그가 '우리는 노동자들의 삶이 어디까지 내려와 있는지 알지 못한다'고 한 것은 중요했다. 정치에 있어 모르는 것을 모른다고 하는 것은 작은 일이 아니다.

그럼에도 그는 이렇다 할 창의적 당 개념을 세우지 않았다. 그가 꼭 그렇게 작정을 했다기보다 어느 나라에서나 당은 자기네 토양에서 자라기 때문일 것이다. 프랑스는 당을 꾸려도 당원마다 개인주의적이고 너나없이 말하기를 좋아하고 무슨 주제든 따지는 데 능한 나라였다. 그러면 조레스는 사회당이라는 이념 정당을 위해 무엇을 했다고 할 수 있을까. 그는 이념과 실천 사이를 지나치게 벌려 이데올로기의 신망을 떨어뜨리는 위험을 피하려 했다. 계급 정당을 표방한 당의 가치와 임무를 자기 나라와 역사와 현실과 엮었다. 1904년 8월 15일, 17일, 19일 암스테르담 인터내셔널 연단에서 그가 막강한 유럽 사회주의 세력에 대해 포효한 것은 국가주의, 더구나 경화된 민족주의가 아니었다. 내 땅을 아끼고 밭길을 거닐고 수레바퀴를 꼼꼼히 만들고 피혁을 두드리는 수많은 농민 노동자의 애정을 담았을 뿐이다. 아무것도 아닌 사람들이 지니고 지켜온 생각과 가치와 지금보다 나은 세상에 대한 열망을 대변했을 뿐이다. 그에게는 '우리' 같이 나누는 그 가치의 이름이 혁명이며 공화국이었다.

> 공화국이 지금 어느 나라에서나 경제적이고 사회적인 진보에 필요한 조건이 아니라 하더라도 프랑스에서는 기원이 그렇습니다. 일련의 정치적 사건이 그렇게 만들었습니다. 1791년 샹드마르스의 진정서, 1792년 민중의 튈르리 궁 진입, 1793년 루이 16세의 머리가 땅에 떨어질 때의 콩코르드 광장, 1830년, 1848년, 1871년 모던한 프랑스를 창출한 것은 혁명운동의 성과였습니다. 민주정의 지고의 형태에 운동을 가한 것은 언제나 프롤레타리아였습니다. 공화국이라는 하나의 상징에 프롤레타리아는 희망을 붙잡아 맸습니다.[5]

당은 범상하고 진부해지기 쉬웠다. 금전과 정치는 어느 정도 떼어놓았더라도 더 커다란, 보이지 않는 금전의 마수가 당을 포위할 수 있었다. 그럼에도 거액의 자금 없이 성대한 당대회를 열고 의석을 획득하고 유권자를 늘려가는 피나는 노력을 조레스와 동지들과 일선 당원들은 마다하지 않았다. 그것이 사회주의 당이 후대에 물려줄 크나큰 밑천이었다. 그 때문에 마르셀 카생 같은 공산주의자들이 당 이름이 바뀌었어도 그의 정신은 데리고 갔다.[6] 러시아혁명의 영향 아래 1920년 12월 투르 당대회에서 창당된 프랑스 공산당에서 그는 부정되지 않았다.[7]

온 나라 온 인민의 교양과 교육에 바친 영혼, 조레스

조레스는 누구였을까. 저명한 저널리스트 막스 베어는 그를 가리켜 "계급의 이해에 충실하면서도 언제나 온 나라를 생각하는 정치인Staatmann 사회주의자"였다고 평한 바 있다.[8] 우리는 베어의 이 평가에 십분 동의하면서 이 책의 각 부분을 구성했고 그가 어떻게 그렇게 했는지를 그려보려는 데 글의 목적이 있었던 것 같다. 독일어권 베어의 평이 외부에서 조레스를 보는 시선이었다면 당연히 프랑스 안에서 그를 그렇게 판단하고도 남았을 것이다. 조레스 사후 1920년대의 심각한 좌우 대립 속에서도 두루 신망을 얻은 급진파 에두아르 에리오(1872-1957)는 섬세하면서 시야가 넓은 정치인이었다. 리옹 시장과 정부 수반을 겸했던 에리오는 이 사회주의의 거장을 온 인민의 이름으로 바라보았다.[9] 1924년 11월 23일 조레스 유해를 팡테옹에 이장하는 예식에서 에리오는 다음과 같은 추도사를 낭독했다.

> 자기 나라를 너무 사랑했기에 암살당한 조레스를 혁명기에 세워진 이 팡테옹에 모신다. 향리에서부터 유해를 운구한 이들은 광부 노동자들이며 유해

가 뉘인 관이 파리를 가로지르는 동안 우리는 모든 인민의 이름으로 그를 영접했다. 마시프상트랄 자락의 질박한 도시 카스트르에서 자란 조레스는 자기는 노동자와 농민들 사이에서 자라고 사람이 되었다고 돌아보기를 좋아했다.[10]

에리오는 조레스가 도저到底한 지적 수준에 이르렀건만 자기가 아는 것을 대학인처럼 가두지 않고 온 나라 사람들에게 퍼뜨리려 했다고 짚었다. 그의 가르침은 그런 것이었기에 "우리는 국민의, 인민의 교양과 교육에 바친 그 영혼을 잊지 않을 것"이었다. 조레스도 자신의 생애를 넘어 존재할 청중들을 믿고 자신이 반대하려는 이념과 노선과 방식에 맞서 끝없이 싸웠을 것이다. 사실 1914년 8월 2일 레옹 주오의 조레스 영결식 추도사는 노동자들이 그의 뜻을 넉넉히 알아들었다는 표시였다.

코뮈나르 말롱이 가리킨 정치와 사회의 거리감은 잘 좁혀지지 않았지만 말롱이 바랐던 인문의 노동자, 이성을 고수하고 수數의 압력을 버텨내는 인문주의는 노동자들에게 남겨졌다.[11] 많이 팔아야 하는데 구독자가 성큼 늘지 않던 신문 《뤼마니테》는 말롱으로부터 조레스로 넘어온 기나긴 메시지였다. 19세기 전반기 어느 대사상가가 뤼마니테를 위대한 존재라 정의했듯이 그 말은 인간, 인간애, 인류 그리고 인본을 표상했을 것이다. 사실 《국가론》을 집필한 샤틀레가 개혁주의와 함께 짚는 인본주의의 품은 넓다. 기독교 인본주의, 공화주의적 인본주의, 사회주의적 인본주의, 인문주의와 평화주의, 인본주의와 인간의 권리가 모두 들어가 있다.[12] 말롱 사후에도 사회주의자들이 계속 파고 있던 자양분 넘치는 흙, 인문주의, 인본주의는 조레스의 의회와 당을 오가며 흐르는 수로와 같았다.

이 책이 의회와 당, 노동자를 축으로 조레스를 그리고 싶었던 동기는 중요하지 않다. 모든 연구는 자기네 토양에서 싹이 돋고 자라났을 뿐이다. 좀 더 의회다운 의회, 이렇듯 분단이 지속되어 사상적 대립이나 거부가 강한 사회에서도 뭇 사상을 키우고 섞어 다음의 시간으로 건네는 도량 있는 의회, 의원들의 그 기품 있는 언어를 듣기만 해도 지적 만족감에 웃음이 나는 의회, 노동자를 사회적 약자라 치부하지 않고 좀 더 인본주의로 예우하는 이념 정당, 밝고 따뜻하고 무엇보다 정신과 지성을 풍요롭게 하는 생산자들의 당, 당보다 한 걸음 더 나아가 이렇듯 심한 금전 위주의 사회적 토양을 한 이랑씩 갈아엎으려는 노동자, 인문이 선사하는 비옥한 거름을 가진 자들의 처분에만 맡기지 않고 내 것으로 만들어 노동을 더 기름지게 빚어내는 생산자. 이 책에 흐른 그런 문제의식은 젊은이들이 피를 뿌려야 했던 나라의 지난날 정치사에서 나왔을 뿐이다.

주

서장_젊은이들에게 보내는 연설

1 Lycée Albi. 리세Lycée는 혁명 후 나폴레옹 시대에 설립되었다. 서정복, 〈나폴레옹 시대의 교육 정책과 제국 대학〉, 《서양사론》 74 (2002), 61-67쪽. 그러나 19세기 말 지방 소도시의 리세 학생은 아주 적었고 1930년대에도 리세가 없는 농촌이 많았다. 중학교Collège를 졸업해야 리세에 입학하는 교육제도는 1970년에 수립되었기 때문에 조레스 시대의 리세는 우리의 고등학교와 다르지만, 편의상 이렇게 옮겼다.

2 영어권의 조레스 평전은 진보적 학풍의 미국 위스콘신대학에서 1962년에 출판되었다. Harvey Goldberg, *The Life of Jean Jaurès*, Madison: University of Wisconsin Press, 1962. 연구사가 무르익은 후 2014년에 간행된 캉다르, 뒤클레르의 조레스 전기는 가장 세밀하고 전문적인 학술서로 평가받는다. Gilles Candar, Vincent Duclert, *Jean Jaurès*, Paris: Fayard, 2014. 전기작가 막스 갈로의 조레스 평전은 우리말로 번역되었다. Max Gallo, *Le grand Jaurès*, Paris: Robert Laffont, 1984; 막스 갈로, 《장 조레스 그의 삶: 프랑스 사회주의 통합의 지도자》, 노서경 옮김, 당대, 2009. 다른 주요 연구물은 '부록 4'에서 요약 소개했다.

3 이하 인용은 〈젊은이들에게 보내는 연설〉, 장 조레스, 《사회주의와 자유 외》, 노서경 옮김, 책세상, 2006; Jean Jaurès, "Discours à la jeunesse," *Oeuvres de Jean Jaurès*, tome 9, *Bloc des gauches*, édition établie par Gilles Candar, Vincent Duclert et Rémi Fabre, Paris: Fayard, 2016, pp. 50-59. '젊은이들에게 보내는 연설'이라는 형식의 연설이나 글은 통상적이라 할 수 있고 이 시대에 젊

은이라는 집단과 개념이 정치 사회적으로 주목을 받게 된 사실을 함의한다. 작가 에밀 졸라도 드레퓌스 사건의 와중에서 14쪽의 소책자로 '젊은이들에게 보내는 편지'를 발표했다. Émile Zola, *Lettre à la jeunesse: l'affaire Dreyfus*, Paris: Eugène Fasquelle, 1897.

4 이용재 · 박단 외, 《프랑스의 열정: 공화국과 공화주의》, 아카넷, 2010.

5 프랑스 혁명기의 의회는 제헌의회, 입법의회, 국민의회, 국민공회 같은 여러 이름을 갖는다. 국민의회Assemblée nationale라는 이름은 19세기 내내 매우 급진적으로 들려서 어떻게든 공화국을 정착시키려 한 제3공화정 창건자들은 이 명칭을 피하고 의회를 상원Sénat과 대표원Chambre des députés(통칭 하원)으로 명명했다. 국민의회로 돌아간 것은 2차 세계대전 후 비시 정부를 물리치고 전후의 사회 쇄신을 지향한 제4공화정 때였다.

6 일찍 고등법원Parlement이 설치된 남부 중심권 툴루즈에는 툴루즈대학이 이미 설립되었다. 그러나 대학에 진학하는 것은 부르주아 층에서도 아직 흔한 일이 아니었다. Christophe Charle, *Les Élites de la République 1880-1900*, Paris: Fayard, 1987, pp. 71-120.

7 Bibliothèque et manuscrits de Jean Jaurès, Inventaire des collections du Musée de l'histoire vivante, 1994.

8 J. Jaurès, *L'Armée nouvelle*, Paris: Éditions sociales, 1977. 의회에 제출할 법안의 부속 문서로 작성되었다가 1911년 책으로 출간되었다.

9 앙시앵 레짐과 차이 나는 나폴레옹 제국 시대의 군사 문화는 이용재, 〈나폴레옹 전쟁—총력전 시대의 서막인가?〉, 《프랑스사 연구》 34 (2016), 특히 66-69쪽.

10 "Leur clameur heurte les étoiles d'or," Virgile, *L'Enéide*, II, 488 (trad.), Les Belles Lettres, 2002.

11 에밀 뒤르케임, 《사회분업론》, 민문홍 옮김, 아카넷, 2012. 원제목은 '사회적 노동의 분업La division du travail social'. 영어판 제목 역시 'Division of Labor in Society'이다.

12 외젠 바를랭에 대한 연구는 현재열, 〈상호부조에서 '집산주의'로—'1867년 노동자위원회'와 프랑스 인터내셔널의 발전〉, 《역사와 경계》 66 (2008. 3), 117-142쪽; Jacques Rougerie, *Eugène Varlin. Aux origines du mouvement ouvrier*, Paris: Éditions du Détour, 2019.

13 프랑스 사회주의사의 기념비적인 잡지 《라 르뷔 소시알리스트*La Revue socialiste*》를 창간한 브누아 말롱에 관해서는 이 책의 4부 1장 참조.

1부 정치란 무엇이며 사회주의는 어떻게 하는가

1장 광부들 그리고 농민들과 함께

1 Albert Tailliandier, *Législation comparée sur les délégués à la sécurité des ouvriers mineurs*, Université de Paris, Faculté de droit et des sciences économiques, Paris: A. Rousseau, 1898.

2 Rolande Trempé, *Les mineurs de Carmaux, 1848-1914*, tome 1, Paris: Éditions ouvrières, 1971, p. 23.

3 *Congrès international des mineurs tenu à Londres du 22 au 31 mai 1901: rapport de la délégation belge*, Désiré Maroille, Fédération nationale des mineurs belges, Charleroi/Cuesmes: Impr. coopérative ouvrière, 1901. 이 대회의 주요 의제는 8시간 노동, 최저임금제 그리고 총파업 문제였다. 영국은 나라가 아니라 요크셔, 랭카셔, 더비셔, 브리스톨처럼 지역 단위로 대의원들이 참가했고 독일, 벨기에, 프랑스 등 유럽 다른 나라 대표들이 모였다.

4 Michelle Perrot, *Les ouvriers en grève, France 1871-1890*, tome 1, 2, Paris/La Haye: Mouton, 1974.

5 1894년에 발간을 시작한 《의정 평론*La Revue politique et parlementaire*》은 의회 잡지였지만 노동과 사회주의를 치밀하게 알리고 객관적으로 논평했다. Gérard Beaulieu, *1894-1994 Les cent ans de la Revue politique et Parlementaires*, Paris: PUF/Revue Politique et Parlementaire, 1994. pp. 9-127. 《뮈제 소시알*Musée social*》은 급진파의 사회경제 연구기관으로 출발한 파리 뮈제 소시알Le Musée social에서 발간하는 사회경제 연구회보였다. 같은 월간인데 1899-1901년은 'Musée social', 1902-1914년은 'Le Musée social Annales'로 제호가 다르다.

6 R. Trempé, *Les mineurs de Carmaux*, tome 2, p. 619.

7 J. Jaurès, "Corruption électorale," *La Petite République*, 18 août 1892; "Situation à Carmaux," *La Petite République*, 25 août 1892.

8 R. Trempé, *Les mineurs de Carmaux*, tome 1, p. 61.

9 광부들과 회사는 1880년대 말에 광부 공제금고Caisse de secours des mineurs의 통제권을 둘러싸고 충돌을 일으켜 반목이 한층 심해졌다. R. Trempé, "Carmaux: Les premières luttes des mineurs de Carmaux," *Cahiers internationaux*, n° 62 (janvier 1955), pp. 49-66.

10 북부 푸르미Fourmies의 직물공 시위에 공권력이 총격으로 대응하여 프랑스

전역에서 항의 여론이 비등했다. 카르모에서도 회사는 해고를 철회해야 했다. Madeleine Rebérioux (s.d.), *Fourmies et les premier mai*, Pairs: Éditions de l'Atelier, 1994.

11 민유기, 〈프랑스 사회주의 시정의 탄생—시정사회주의 논쟁에서 통합사회당의 시정프로그램까지〉, 《프랑스사연구》 28호 (2013. 2), 195-201쪽.

12 조레스는 이듬해 1886년 6월 29일 중매로 만난 지방 유지의 딸 루이즈 부아 Louise Bois와 결혼한다. 결혼식은 민간과 종교 예식으로 치렀으며 조레스 내외는 곧 파리의 서부 교외 라 모트 피케 대로 19번지에 살림을 차린다.

13 이용재, 〈쥘 게드와 프랑스노동당(P.O.F.)〉, 서울대학교 석사학위 논문, 1986; 서이자,〈1890년대 프랑스 알르만파의 의회정치 이탈과 노조연맹으로의 전환〉, 《역사교육》 90 (2004), 229-249쪽.

14 l'École impériale des Arts et Métiers d'Aix-en-Provence. "Mémoires d'un militant mineur: J.-B. Calvignac, maire de Carmaux," présentés par R. Trempé, *Le Mouvement social*, n° 43 (avril-juin 1963), pp. 121-138.

15 Pierre Rosanvallon, *Le Sacre du citoyen, Histoire du suffrage universel en France*, Paris: Gallimard, 1992, pp. 382-390.

16 카르마뇰 노래의 가사에는 다음과 같은 구절이 있다. "카르모 사회주의자들이여, 카르모의 투표함으로! 노동절이 다가온다. 우리의 안녕과 프랑스를 위해, 카르모 속으로. 불쌍한 귀족 놈들, 얼굴 시커먼 사람들이 권력을 잡겠다. 적기여 앞으로, 공화파는 무엇을 원하는가? 노동을 위해 강철을, 복수를 위해 납덩이를, 형제를 위해 빵을!"

17 Gillet Marcel, "Aux origines de la première Convention d'Arras: le bassin houiller du Nord et du Pas-de-Calais de 1880 à 1891," *Revue du Nord*, tome 39, n° 154 (avril-juin 1957), pp. 111-123.

18 R. Trempé et Alain Boscus, *Jaurès et les syndicats du Tarn*, Institut tarnais d'histoire sociale (CGT) du Tarn-V.O. Éditions, 1994, pp. 121-137.

19 *La Dépêche*, 8 novembre 1892.

20 *La Dépêche*, 2 septembre 1892.

21 밀랑은 9월 17일 파업자들의 집회에서 한 특권회사가 정치적 자유와 노동자들의 투표권을 몰수하려 한다고 회사를 성토했다. 보댕과 사회주의 선전가 뒤케르시는 8월 20일 이후 카르모에 상주했으며 파업자 대의원들은 그들의 조언을 경청했다. R. Trempé, *Les mineurs de Carmaux*, tome 2, p. 695.

22 *La Dépêche*, 25 août 1892.

23 *Jaurès enfant de Castres, Actes du colloque 23-24 octobre 2009*, Castres: Centre national et Musée Jean Jaurès, 2011.

24 Georges Retail, *Les Caisses de secours et de retraites des ouvriers mineurs (loi du 29 juin 1894)*, thèse, Université de Paris, Faculté de droit et des sciences économiques, Paris: L. Larose, 1900.

25 좌파의 사회 입법과 노동자의 상호주의의 관계에 관해서는 Henri Hatzfeld, *Du paupérisme à la sécurité sociale 1850-1940, Essai sur les origines de la Sécurité sociale en France*, Nancy: Presses universitaires de Nancy, 1989(1971), pp. 126-198.

26 Gaston Laraud, *Les Délégués à la sécurité des ouvriers mineurs*, Poitiers: Imprimerie Maurice Bousrez, 1907, pp. 15-17.

27 R. Trempé et A. Boscus, *Jaurès et les syndicats du Tarn*, p. 39.

28 전국광부연맹을 창설한 미셸 롱데Michel Rondet(1841-1908)는 상호부조 경향의 공화파로 출발해 노조에 투신했다. 광부안전 대표 법안을 선전하기 위해 멀리 노르도와 파드칼레도를 순회하고 하원의원들에게 편지를 보내 법안 통과를 독려했다. Claude Cherrier, *Michel Rondet Biographie*, St.-Étienne: Action graphique, 1993.

29 1887년 6-7월, 1888년 3월 광부안전 대표 법안 심의. 1889년 5월 광산노동자 공제금고 심의. 1894년 5월 광산 국유화 법안 제출. 1895년 12월 노동자들의 독립적 공제금고 관리에 대한 질의, 1902년 10월 광산 노동자들의 총파업에 관한 대정부 질의(광산 노동자 퇴직연금법, 8시간 노동, 최저임금제). 1906년 4월 쿠리에르Courrières 광산 참사에 관한 질의와 산업재해 사항에 대한 질의. 1912년 3월 광산 노동시간 법에 관한 질의. 1912년 7월, 1913년 11월, 1914년 2월, 광산노동자 퇴직연금 관련법 제안. 전체 임금생활자와 관련되는 부문에서는 1886년 4월 노동자 퇴직 및 공제금고 창설을 위한 법안 제출, 1888년 5월, 1897년 10월 산재사고 심의를 들 수 있다.

30 조레스는 8776표를 얻어 9632표의 우파 아브리알Léon Abrial에게 패했다.

31 M. Rebérioux, "Jean Jaurès élu municipal de Toulouse (1890-1893)," *Cahiers internationaux*, n° 107 (septembre-octobre 1959), pp. 69-75.

32 R. Trempe et A. Boscus, *Jaurès et les syndicats du Tarn*, pp. 31-46.

33 *La Dépêche*, 25 août 1892.

34 밀랑은 카르모의 광부 파업 경험을 통해 노동자를 위한 정책 개발과 입법 추진을 결심하게 되었다. Leslie Derfler, *Alexandre Millerand The Socialist*

Years, Paris/Hague: Mouton, 1977, pp. 64-67.

35 이미 1830년대 제한왕정기에 선거위가 있었고 더 멀리 프랑스혁명기에 선거인단 선출위원회가 구성되었다. 그러나 1848년 혁명에 이어 1849년 5월에 선거를 치렀을 때 더 많이 나타났다. 파리 민주사회주의자 선거위는 180명의 파리 대표와 38명의 교외 거주자로 구성되었는데 선거가 끝난 후에도 계속 활동했다. 1848년의 패배 이후 위원회를 매개로 농촌 지역에 파고든 공화파가 1870년대 급진주의의 그물망이 되었다. 20명 이하로 집회 허가를 제한한 규정이 역설적으로 조직의 소규모화를 불러 서로 친밀하게 구체적 사안을 의논할 수 있었다. 10명 이상이면 코뮌commune이나 캉통canton에서 하나의 위원회를 구성할 수 있었고 이 기층 단위의 위원회들은 연 회비를 지불하면 도 위원회 가입이 가능했다. 1890년대에 이르자 위원회의 규모가 커지고 위원들의 사회적 구성이 민중적이고 노동자 위주로 되었다. Gérard Baal, *Le Parti radical de 1901 à 1914*, thèse dactylographiée, université de Paris-I, 1991, pp. 415-430. (급진주의에 관한 대작 논문을 필자에게 보내준 바알에게 감사드린다.)

36 R. Trempé, *Les mineurs de Carmaux*, tome 2, pp. 858-906.

37 Jean Rabaut, *Jean Jaurès*, Paris: Perrin, 1981(1971), pp. 50-52.

38 H. Goldberg, *The Life of Jean Jaurès*, p. 106.

39 정치학자 앙드레 시그프리드는 클레망소, 조레스, 브리앙, 강베타, 발데크루소의 웅변을 비교하면서 조레스에 관해 이렇게 논평했다. “그는 어휘와 사상, 논제, 온갖 시대와 나라의 문학작품을 웅변에 담았다. 정치인이 되고서도 시와 형이상학, 문학적 역량으로 자신의 웅변을 비교할 수 없는 것으로 만들었다. 이상하게도 그 같은 교양을 지니고서 대중 연설에 적합한 이가 조레스였다. 그의 웅변은 의회에서나 대중 집회에서나 한결같았는데 청중이 많고 민중적일수록 연설이 더 편하게 들려왔다. 자신이 농민들과 가까운 소부르주아 출신이어서 그랬던 것 같고 목이 단단하고 짧고 농부 같은 체격에서도 그런 느낌이 왔다.” André Siegfried, *Savoir parler en public*, Paris: Albin Michel, 1950, pp. 77-86.

40 R. Trempé, “Jaurès député de Carmaux,” *Ils ont fait la république. Jean Jaurès*, presenté par Vincent Auriol, Paris: PUF, 1962, pp. 86-119.

41 J. Jaurès, *Préface aux discours parlementaires*, présenté par M. Rebérioux, Genève: Slatkine Reprints, 1980, p. III.

42 조레스는 1892년 3월 27일 사회주의 선전 강연차 툴루즈에 온 게드를 만난 적

이 있다. 그러나 그가 게드의 노동자당에 잠시라도 입당했던 것은 아니다. E. Benoît Feller, *Jaurès et l'unité socialiste*, Diplôme d'Etudes Supérieures, La Faculté des Lettres de Paris, 1962, pp. 14-19.

43 R. Trempé, *Solidaires Les Bourses du travail*, Paris: Scandéditions, 1993, pp. 25-40.

44 Roger Price, *An Economic History of Modern France 1730-1914*, MacMillan Press, 1983 (1975), p. 227.

45 Éric Alary, *L'Histoire des paysans français*, Paris: Perrin, 2016, pp. 15-71.

46 Colin Jones, *The Longman Companion to the French Revolution*, London & New York: Longman, 1988, pp. 289-294.

47 *Bulletin mensuel du Comice agricole de Castres*, 1898, 1902, 1910 (1888-1941).

48 *Histoire. Classe de Seconde, De l'ancienne France à la fin du XIXe siècle*, Coll. Berstein, Milza, Paris: Hatier, 1987, p. 132, 'Évolution de la productivité de l'agriculture'.

49 Société nationale d'agriculture de France (1837-1915), *Bulletin des séances de la Société nationale d'agriculture de France*, Paris. 프랑스 농업정책의 기조를 알리는 이 공보물은 1897년부터 1914년까지의 간행본이 파리 뮈제 소시알에 보존되어 있다.

50 Georges Dupeux, *La société française 1789-1970*, Paris: Armand Colin, 1972, p.19.

51 막스 갈로, 《장 조레스 그의 삶》, 22-33쪽.

52 H. Goldberg, "Jaurès and the Formulation of a Socialist Peasant Policy, 1885-1898," *International Review of Social History*, Vol. 2, Issue 3 (December 1957), pp. 372-391.

53 19세기에 완만하게 발전해간 협동조합 운동에는 농촌 역시 포함되었다. 1885년부터 뚜렷해진 밀 시장의 국제경쟁과 뒤이은 포도주병에 기인한 포도농업의 타격으로 협동조합 운동이 시작되었다. Nicolas Philippe, "Emergence, développement et rôle des coopératives agricoles en France. Aperçus sur une histoire séculaire," *Économie rurale*, N° 184-186 (1988). Un siècle d'histoire française agricole, pp. 117-118.

54 Paul Lafargue, "La propriété paysanne et l'évolution économique," *Cahiers Jaurès*, n° 195-196 (janvier-juin 2010); Programme agricole du Parti ouvrier français, Lille: G. Delory, Bibliothèque du Parti ouvrier, 1895.

55 *La Dépêche*, 11 janvier 1893; 18 octobre 1893; 30 octobre 1893.

56 Christian Ambrosi, Arlette Ambrosi, *La France 1870-1990*, Paris: Masson, 1991, p. 63.

57 흑해 오데사 출신의 유대인 가문 에프루시Ephrussi, 또 드레퓌스 가문은 밀의 제왕으로 불린 대금융가이다. 샤를 에프루시(1849-1905). 세계적인 곡물 수출상으로 유명한 예술계 후원자이며 미술품 수집가였다. 알자스 출신인 드레퓌스 가문의 레오폴드 드레퓌스(1833-1915) 역시 대도매상으로 러시아와 중부 유럽에서 밀을 수입하여 자신의 함대를 가진 거상이었다. *Oeuvres de Jean Jaurès*, tome 5, *Le socialisme en débat 1893-1897*, édition établie par Alain Boscus, 2018, p. 330, 각주 1.

58 J. Jaurès, "Agriculture, Industrie, Spéculation," *La Dépêche*, 13 août 1887.

59 Damien Saley, *Jean Jaurès et les questions paysannes dans La Dépêche de Toulouse (1887-1914)*, mémoire de master 2, université Lumière Lyon 2, 2012, 특히 Conclusion.

60 Raymond Huard, "'Rural'. La promotion d'une épithète et sa signification politique et sociale, des années 1860 aux lendemains de la Commune," *Revue d'Histoire Moderne & Contemporaine*, 45-4 (1998), pp. 789-806.

61 J. Jaurès, "Le mouvement rural," *Études socialistes*, présentation M. Rebérioux, Genève: Slatkine Reprints, 1979 (Paris: 1902), pp. 3-11.

62 프랑스 전체가 침통해했지만 조레스도 심각하게 여긴 것은 1907년 봄 남부에서 일어난 포도 생산자들의 시위였다. 가르, 오드, 에로와 피레네까지 남부 4개 도에서 포도농들의 항의 시위가 벌어져 수개월을 끌었다. 대평원인 바랑그독의 밀집 포도 농지, 루실롱의 기나긴 포도밭은 1900년에 프랑스 전체 포도주 생산의 35퍼센트를 차지하는 정도의 대규모 산업이었다. 그런데 포도주 경기는 침체 상태인데 외지산 포도주는 늘어나는 데다 만연한 포도나무 전염병이 결정타가 되었다. 시위는 몽펠리에, 베지에, 님으로 번졌고 대규모 포도 생산자에다 직접 포도를 심는 농민들, 일용 노동자들이 가세했다. 그렇지 않아도 포도주 산업에 흔한 사기꾼, 투기꾼에게 시달리다가 재난을 당한 사람들은 협동조합을 결성하고 이 지역 공화파 시장들의 지원을 받았다. 세금을 낮추고 수요를 보장하라는 포도 생산자들의 요구가 빗발쳤지만 정부는 대책을 세우지 못했다. J. Harvey Smith, "Agricultural workers and the French Wine-Growers' Revolt of 1907," *Past & Present*, No. 79 (May 1978), pp.

101-125. 정확히 말하면 포도농은 농민의 범주에 들지 않았다. 혁명기를 다룬 경제사학자 라브루스에 따르면 포도농은 농민이라기보다 도시와 농촌 사이에 있었고 포도 생산의 성격상 애초에 집단적이었다. Ernest Labrousse, *La crise de l'économie française à la fin de l'Ancien Régime et au début de la Révolution*, Paris: PUF, 1944, pp. 598-600. 사회주의의 고민은 포도농들이 진정한 농민인가, 이들의 이익을 지키는 것이 사회주의의 임무인가 하는 것이었다. 포도 산업의 국유화가 근본 대책이라는 조레스의 생각 역시 임시적이었다. Jean Jaurès Député, "La viticulture française et la législation," *Cahiers Jaurès*, n° 195-196 (2010/1), pp. 49-69. 3월 초에 시작된 시위가 계속 번져 5월에 20만 명을 넘긴 시위 대열이 6월 초에 50만 명에 달하고 일부 시위는 거센 소요로 확대되자 클레망소 정부는 군대를 보내 진압했다. 조레스는 정부가 사람들의 어려움을 느끼지 못한다고 비판했다.

63 D. Saley, ch. 3 Assurer aux paysans des revenus décents, Deuxième partie: L'organisation paysanne et la coopération entre les travailleurs, *Jean Jaurès et les questions paysannes*.

64 Albert Soboul, "Jaurès, Mathiez et l'histoire de la Révolution," *Annales historiques de la Révolution française*, n° 237 (1979), p. 453. Georges Lefebvre pour le vingtième anniversaire de sa mort.

65 Aimé Berthod, *P.-J. Proudhon et la propriété: un socialisme pour les paysans*, Paris: V. Giard et E. Brière, "Bibliothèque socialiste internationale," 1910.

66 J. Jaurès, "La houille et le blé," *La Petite République*, 31 juillet 1901.

67 Ulrike Brummert, *L'universel et le particulier dans la pensée de Jean Jaurès: fondements théoriques et analyse politique du fait occitan*, Tübingen: GNV, 1990.

68 J. Jaurès, "La houille et le blé".

69 André Léo, "Aux travailleurs des campagnes," *La Sociale*, 9 avril 1871.

70 Élisée Reclus, *A mon frère le paysan: Groupe de propagande communiste-anarchiste par la "brochure à distribuer"*, Paris: au bureau des "Temps nouveaux", 1899.

71 J. Jaurès, "Socialisme et paysan," discours prononcés à la Chambre des députés les 19, 26 juin et 3 juillet 1897, Paris: Corbeil Imprimerie Ed. Crété, 1897.

72 Rémy Pech, "Jaurès et les paysans tarnais," *Jaurès enfant de Castres, Actes du colloque 23-24 octobre 2009*, Castres: Centre national et Musée Jean-Jaurès, 2011, p. 150.

73 Eugen Weber, *Peasant into Frenchman, The Modernization of Rural France, 1870-1914*, CA: Stanford University Press, 1976.

74 Emile Zola, "Types de femmes en France," *Le Messager de l'Europe* (novembre 1878), *La femme au XIXe siècle*, textes réunis par Nicole Priollaud, Paris: L. Levi-S. Messinger, Les Reporters de l'histoire, 1983, p. 27.

75 R. Pech, "Jaurès et les linéaments d'une politique agricole socialiste," *Cahiers Jaurès*, n° 195-196 (janvier-juin 2010), pp. 103-106.

76 Ibid.

77 Robert Brenner, "The agrarian roots of European capitalism," *Past & Present*, No. 97 (Nov. 1982), pp. 16-113.

78 J. Jaurès, "Le mouvement rural," pp. 3-11.

79 J. Jaurès, "Que font les paysans?," *La Dépêche*, 23 septembre 1901.

2장 사회공화국을 향해

1 김인중, 〈1848년 2월혁명과 공화주의〉, 《西洋史論》 51권 1호 (1996), 103-126쪽.

2 노서경, 〈빈곤한 여성들의 코뮌(1871): 루이즈 미셸과 앙드레 레오의 대변〉, 《서양사연구》 59집 (2018. 11), 102-112쪽. 여성 작가이며 언론인인 André Léo는 열렬한 코뮌 지지자였다.

3 "인민에게 민주사회공화국을Au Peuple, République démocratique et sociale". 1848의 혁명가 카베Cabet, 라스파유Raspail, 토레Thoré의 선거 전단 제목이다.

4 J. Jaurès, "Profession de foi," *L'Humanité*, 29 avril 1906.

5 좌우 어느 파 정치인의 연설이든 중요한 의회 연설과 집회 연설은 팸플릿 형태로 인쇄되어 팔렸다. 이 연설은 조레스의 의회연설집에 '공화국과 사회주의'라는 제목으로 수록되었다. J. Jaurès, "Republique et socialisme," *Discours parlementaires*, Recueillis et annotés par Édmond Claris, Paris: Édouard Cornély et Cie, 1904.

6 소득세 등 정부 예산에 대해 조레스나 사회주의자들이 원칙을 세우는 것은

1900년대 초가 되어서이다. 그렇더라도 조레스는 1893년 재선 이후 조세개혁과 사회개혁은 한 덩어리의 문제라고 보았다. Nicolas Delalande, "Jaurès, les socialistes et l'impôt: les incertitudes du discours républicain-Conférence Jaurès 2010," *Cahiers Jaurès*, n° 197 (juillet-septembre 2010), pp. 4, 14-16.

7 Robert Elliot Kaplan, *Forgotten Crisis. The Fin-de-Siècle Crisis of Democracy in France*, Oxford: Berg, 1995, pp. 27-43.

8 "Le devoir du gouvernement de la République," Séance du 13 mars 1893 tenue sous la présidence de M. Casimir-Périer, *Discours parlementaire*, tome premier précédé d'une introduction de l'auteur sur "Le socialisme et le radicalisme en 1885". Paris: Édouard Cornély, 1904. pp. 339-342.

9 "Le devoir du gouvernement de la République," J. Jaurés, *Discours parlementaire*, pp. 339-342.

10 Édouard Lockroy(1838-1913). 제2제정기부터 활약한 급진파 중진으로 특히 사회주의적 급진파였다. Louis Barthou(1862-1934). 1894년 이후 15번에 걸쳐 재정, 건설, 외교, 국방 장관을 지낸 전문 관료였다.

11 Paul Deschanel(1855-1922). 공화파 집안의 문인이자 정치가. René Goblet (1828-1905). 북부 솜도에서 1870년 국방정부에 참여한 후 정치 경력을 쌓은 신문인이며 급진파 정치가이다. Georges Leygues(1857-1933). 중도 공화파로 1893년 38세부터 내무, 교육, 식민지 장관을 지냈다.

12 R. D. Anderson, *France 1870-1914 Politics and Society*, London: Routedge, 1977, pp. 167-168.

13 A. Soulier, *L'instabilité ministérielle sous la troisième république*, Paris: Recueil Sirey, 1939, pp. 112-117.

14 영국에서는 의회제도가 왕권과 정치적 민주주의를 화해하려는 목적을 지녀 각료들이 점진적으로 왕권이 아니라 하원에 책임을 지게 되었다. 프랑스에서는 역사적 이유로 민주주의가 공화정 형태로 전개되어 공화주의 민주주의가 의회정부와 일체가 된 것이다. Richard Barron, *Parties and Politics in Modern France*, Public Affairs Press, 1959, pp. 25, 199.

15 Marc Angenot, *L'ennemi du peuple, Représentation du bourgeois dans le discours socialiste, 1830-1917*, Discours social/Social Discourse, Nouvelle série, vol. IV, 2001, p. 27. 한편 앙주노의 저서와 논설은 https://marcangenot.com.

16 Victor Considérant, *Destinée sociale*, Paris: Libraires du Palais-Royal, Bureau de La Phalange, 2 vol., 1838.

17 Georg Simmel, *Philosophie des Geldes*, Leipzig: Duncker & Humblot, 1900; 게오르그 짐멜, 《돈의 철학》, 김덕영 옮김, 길, 2013.

18 P. Lafargue, "La Religion du capital," *Paresse et Révolution. Ecrits 1880-1911*, Préfacé et annoté par Gilles Candar et Jean-Numa Ducange, Paris: Tallandier, 2009, pp. 96-145; 폴 라파르그, 《자본이라는 종교》, 조형준 옮김, 새물결, 2014.

19 Guibert Bernard, "Théorie naïve des ensembles capitalistes," *Revue économique*, vol. 36, n° 3 (1985), pp. 481-508.

20 Lucien Febvre, Henri Hauser, "Mots et choses: capitalisme, capitaliste," *Annales d'histoire sociale*, 1-4 (1939), pp. 401-406.

21 Guillaume Fondu et Jean Quétier, "Comment traduire Marx en français," J.-N. Ducange, A. Burlaud (s.d.), *Marx, une passion française*, Paris: La Découverte, 2018, pp. 113-123.

22 Gabriel Deville(1854-1940). 사회주의 이념과 현실에 관한 논설, 저술을 많이 발표했고 당대에 에스파냐어, 이탈리아어, 러시아어, 독일어, 루마니아어, 영어로 번역 출간되었다. 특히 다음 저작들이 많이 읽혔다. 《사회경제 강의: 자본의 진화*Cours d'Économie sociale. L'Évolution du Capital*》, Paris: H. Oriot, 1884; 《카를 마르크스의 자본*Le Capital de Karl Marx: résumé et accompagné d'un aperçu sur le socialisme scientifique*》, Paris: Flammarion, 1887; 《국가와 사회주의*L'État et le socialisme: conférence faite au Quartier latin le 26 avril 1895*》, sous les auspices du Groupe des étudiants collectivistes, Paris: Publications du Groupe des étudiants collectivistes, 1895.

23 오랫동안 프랑스에 알려진 마르크스주의 저술은 소책자 두 가지였다. 엥겔스의 《반뒤링론》에서 발췌한 《유토피아 사회주의와 과학적 사회주의》(파리, 1880), 드빌의 《과학적 사회주의 개관》(파리, 1883). Marie Ymonet, "Les héritiers du Capital. L'invention du marxisme en France au lendemain de la Commune," *Actes de la Recherche en Sciences Sociales*, 55 (1984), pp. 4-6, 9.

24 J. Jaurès, *L'Armée nouvelle. L'organisation socialiste de la France*, Paris: Éditions sociales, 1977, p. 268.

25 Antoine Prost, *Les Français de la Belle Époque*, Paris: Gallimard, 2019, p. 28.

26 Ibid., p. 30.

27 오를레앙주의는 입헌왕정주의를 의미하지만 1880년대 이후 정치적 의미는 사라졌다. 여기서 조레스가 사용한 오를레앙주의는 1830년대 왕정기의 대규모 노동자 탄압을 가리킨다고 보인다.

28 Jaurès contre Casimir-Perier, contre l'oligarchie bourgeoise (1894), http://www.jaures.eu/ressources/de_jaures/jaures-contre-casimir-perier-contre-loligarchie-bourgeoise-1894/.

29 Jaurès contre Casimir-Perier, contre l'oligarchie bourgeoise.

30 Jean Lhomme, *La grande bourgeoisie au pouvoir, 1830-1880: essai sur l'histoire sociale de la France*, Paris: PUF, 1960.

31 마르퀴 드 콩도르세, 《인간 정신의 진보에 관한 역사적 개요》, 장세룡 옮김, 책세상, 2019(2002).

32 Créqui-Lesdiguières(1742-1801). 레디기에르 공작은 16세기에 이름을 날린 도피네의 영주 샤를 크레키 가문의 자손이다. 비질Vizille성은 남부 이제르도의 레디기에르가 저택이었다.

33 Michel Pinçon, Monique Pinçon-Charlot, *Grandes fortunes-Dynasties familiales et formes de richesse en France-Grand Fortunes, Dynasties of Wealth in France*, New York: Algora Publishing, 1999; 미셸 팽송, 모니크 팽송-샤를로, 《부자들의 폭력: 거대한 사회적 분열의 연대기》, 이상해 옮김, 미메시스, 2015. 발자크의 소설 역시 이 자본가의 모습을 그리고 있다. 김종현, 〈발자크의 인물들과 세습자본주의—〈고리오 영감〉과 〈외제니 그랑데〉의 인물들을 중심으로〉, 《프랑스학연구》 83 (2017), 195-215쪽.

34 오를레앙파의 지도자 오드리페 파스키에Audriffet-Pasquier 공작과, 프랑스에서 가장 풍요한 앙쟁 광산의 최대 주주인 카지미르 페리에 집안은 혼인 관계였다. 혁명이 귀족의 특권을 폐지한 반면 귀족들이 사업에 종사하면 강등되는 규범은 혁명으로 사라졌다. 귀족들은 대사이며 프랑스 한림원 회원인 보그Vogue 후작처럼 P.L.M. 철도회사, 수에즈 운하, 생고뱅 유리회사, 화학기업에 나타났을 뿐 아니라 그보다 작은 규모의 철공업회사 주인이고 지류 제조업의 고용주였다.

35 기초의회Assemblées primaires는 혁명기인 1789년 12월 각 도에 설치되었다.

36 Jaurès contre Casimir-Perier, contre l'oligarchie bourgeoise.

37 혁명 전후 국가 채무의 유동성으로 약 12개의 상급은행Haute Banque이 번성했다. 프랑스은행의 설립은 이들 대규모 사설은행의 대표들이 주도했다. R.

Price, *An Economic History of Modern France*, p. 154.

38 1757년에 설립된 후 프랑스 최대의 석탄 채굴량을 가진 앙쟁 광산은 에밀 졸라의 소설 《제르미날》의 배경이기도 하다. Marcel Gillet, *Les charbonnages du nord de la France au XIXe siècle*, Paris/La Haye: Mouton, 1973.

39 1800년 창설된 프랑스은행을 국유화하려는 법은 프랑스 사회주의 정당의 공약사항이었으며 2차 세계대전이 끝났을 때 샤를 드골에 의해 부분적으로 실현되었다.

40 근대 경제에 대한 은행의 역할과 영향력을 부정적으로만 치부하는 것은 온당치 않다. Hubert Bonin, "Vers la banque moderne," *La banque et les banquiers en France du Moyen-âge à nos jours*, Paris: Larousse, 1992, pp. 96-169.

41 문지영, 〈19세기 파리 로스차일드은행의 설립과 성장〉, 《서양사론》 104 (2010), 177-205쪽.

42 서부의 보르도, 르망, 투르, 동부의 브장송, 디종, 그르노블, 동부 끝 스트라스부르가 모두 주요한 신용의 자원이었다. 파리에만 1826년에 적어도 220개의 사금융이 있었으나 약한 수준이었다. 은행이 체제를 갖추고 성장해간 것은 1870년대 이후이다. R. Price, *An Economic History of Modern France*, pp. 142-159.

43 19세기 전반기에 이들 은행은 아직 구체제적인 국가 채무, 투기와 단기 차액을 노리는 상업은행이었다. 1845년 북부선을 시작으로 대규모 철도 건설의 재정을 조달하게 된 것이 은행 근대화의 전기가 되었고 국가의 재정 경영과 은행업은 긴밀히 연결되었다. Auguste Chirac, *Les Rois de la république, histoire des juiveries. Synthèse historique & monographies*, Paris: É. Dentu, 1888; ___, "La haute banque dans la politique," *La Revue socialiste*, T. 2, n° 8 (août 1885), p. 239; ___, "La souveraineté des parasites," *La Revue socialiste*, T. 2, n° 9 (septembre 1885); "La Banque de France," *La Revue socialiste*, T. 13, n° 75 (mars 1891).

44 H. Bonin, *La banque et les banquiers en France*, pp. 117-156.

45 J. Jaurès, "Peuple et les banquiers," *La Lanterne*, 4 juillet 1897.

46 H. Bonin, *Histoire de la Société générale*, tome II: 1890-1914. *Une grande banque française*, Genève: Librairie Droz, 2019.

47 Grégoire Kauffmann, "Rothschild & Cie. La bourgeoisie juive vue par Édouard Drumont," *Archives Juives*, Vol. 42 (2009/1), pp. 51-68.

48 J. Jaurès, "A propos du Panama," *La Dépêche*, 21 novembre 1892.

49 Christophe Portalez, "La Revue socialiste face à la corruption politique: du scandale de Panama à l'affaire Rochette," *Cahiers Jaurès*, n° 209 (2013/3), pp. 15-32. La corruption et ses critiques. Des débats en Europe vers 1900.

50 Jean-Guy Degos, Christian Prat dit Hauret, "L'échec du canal de Panama," *Revue française de gestion*, n° 188-189 (2008/8), pp. 307-324.

51 Claudio Jannet, *Le Capital, la spéculation et le finance au XIXe siècle*, Paris: Plon-Nourrit, 1892.

52 J. Jaurès, "Les conséquences sociales de l'affaire du Panama," Intervention à la Chambre des députés, séance du 8 février 1893, *Oeuvres de Jean Jaurès*, tome 4, *Le militant ouvrier 1893-1897*, édition établie par Alain Boscus, 2017, pp. 348-351. '파나마 사건의 사회적 결과'라는 이 제목은 조레스 전집 4권 편집자 보스퀴스의 몫이다.

53 J. Jaurès, "La Chambre," *La Dépêche*, 14 février 1893.

54 J. Jaurès, "La fin des classes dirigeantes," *La Dépêche*, 12 novembre 1887.

55 Dominique Pinsolle, "Le Matin, les affaires et la politique, 1884-1897," *Le Mouvement social*, n° 232 (2010/3); Marc Martin, "Retour sur "l'abominable vénalité de la presse française"" *Le Temps des médias*, n° 6 (2006/1), pp. 22-33.

56 J. Jaurès, "Justice capitaliste," *La Lanterne*, 30 janvier 1898, *Oeuvres de Jean Jaurès*, tome 6, *Les temps de L'affaire Dreyfus (1897-1899) 1 novembre 1897-septembre 1898*, édition établie par Eric Cahm, 2001, p. 343.

57 방델Wendel 같은 제철 기업가들은 예전에 삼림 소유를 허락받았고 탄광을 양도acquiescer받아 독일의 하른Harn, 네덜란드의 오링헤나사우를 소유했다. 오탱게르Hottinguer, 로스차일드, 피에빌, 앙드레 같은 가문은 19세기에 늦게 도착하여 파리 교외의 커다란 영지를 사들였다. 설탕 백만장자인 소미에Sommier가 구입한 푸케가의 유명한 보르비콩트Vaux-le-Vicomte 궁전, 빈의 은행가인 하베르가 딸을 위해 구입된 쿠랑스Courances가 그러한 예이다.

58 P. Lafargue, "La Religion du capital," pp. 97.

59 Ibid., p. 102.

60 R. Trempé et A. Boscus, Jaurès et la grève des verriers de Carmaux (Août-Novembre 1895); Article de Jaurès relatifs à la verrerie ouvrière, *Jaurès et les syndicats du Tarn*, pp. 97, 111-112.

61 Léon de, Seilhac, *Une enquête sociale. La Grève de Carmaux et la verrerie d'Albi*, Paris: Perrin, 1897, pp. 57-99.

62 Joan Wallach Scott, *The Glassworkers of Carmaux. French Craftsmen and Political Actionin in a Nineteenth-Century City*, Cambridge, Mass.: Harvard University Press, 1974, pp. 19-52, 특히 pp. 24-30의 그림들.

63 *Discours de Jean Jaurès*, Chambre des députés séance du 24 octobre 1895, p. 4. 《레코 드 파리》(파리의 메아리), 《르 라디칼》(급진파), 《렝트랭지장》(강경파) 같은 공화파 신문들이 카르모 유리병공 파업의 원인 제공자는 기업주이고 노동자들로서는 파업이 불가피하다고 논평했다.

64 Xiao Xiao Hong, *Jaurès face aux mouvements des grèves (1885-1914)*, thèse de doctorat, t. 1. 2, Toulouse: Université de Toulouse-le-Mirail U.F.R., 1990, dactylographie, p. 329.

65 J. Jaurès, "Droits des syndicats ouvrières," *La Dépêche*, 27 mai 1888.

66 Ibid.

67 Ibid.

68 "Le grand meeting de Tivoli pour les affamés de Carmaux, Discours de Jaurès," *La Petite République*, 2 septembre 1895, *Oeuvres de Jean Jaurès*, tome 4, *Le militant ouvrier 1893-1897*, p. 91.

69 *Oeuvres de Jean Jaurès*, tome 4, p. 94. 회사가 중재를 거부하고 문을 닫자 유리병공들은 일요일인 8월 18일에 총회를 열고 9표가 빠진 전원 찬성으로 파업을 결정했다. 조레스는 우선 파업 위에서 "프랑스 노동자와 사회주의자와 공화파들에게 보내는 호소문"을 발표하도록 조언했다.

70 *La Petite République*, 19 septembre 1895.

71 La grève des verriers de Carmaux. Discours à la Chambre, Chambre des députés séances des 24 et 25 octobre 1895, *Oeuvres de Jean Jaurès*, tome 4, pp. 99-161.

72 *Oeuvres de Jean Jaurès*, tome 4, p. 114.

73 Léon de Seilhac, *Une enquête sociale La grève de Carmaux et la verrerie d'Albi*, pp. 57-110; Marie-France Brive, Roger Loubet, *La verrerie ouvrière d'Albi*, Paris: Scandéditions, 1993, pp. 26-65.

74 홍태영, 《국민국가의 정치학》, 후마니타스, 2008, 180-216쪽.

75 "Pour l'armée nouvelle," Chambre des députés, 1912, Séance du 9 décembre; *Oeuvres de Jean Jaurès*, tome 13, *L'Armée nouvelle*, édition établie par Jean-Jacques Becker, 2012, p. 527.

76 변기찬, 〈파리지역 여성노동과 어린이의 죽음(1872-1914)〉, 《서양사학연구》 1 (1998.1), 203-236쪽.

77 J. Jaurès, "Discours d'Houplines, L'Avenir d'Armentières," 25 octobre 1903, *La Petite République*, 26 octobre 1903; "Les grèves d'Armentières," *La Revue socialiste*, n° 227 (novembre 1903), pp. 578-589.

78 Ch. Charle, *Les Élites de la République 1880-1900*, pp. 149-178.

79 다음의 두 인용문은 〈사람과 광산〉, 장 조레스, 《사회주의와 자유 외》, 25-27쪽. 번역은 약간 수정했다.

80 연대주의자들은 프랑스 급진파의 사회개혁가들을 말한다. 연대주의는 사회주의의 파괴적 면을 거부하고 사회적 격차를 실질적으로 줄여가자는 이념이었다. 오경환, 〈연대성의 정치—에밀 뒤르껭, 앙리 미쉘, 레옹 뒤귀〉, 《역사학연구》 32호 (2008), 409-438쪽; 강수택, 〈고전 사회학의 연대 사상〉, 《사회이론》 36호 (2009), 117-145쪽.

3장 드레퓌스 사건

1 에밀 졸라, 《나는 고발한다》, 유기환 옮김, 책세상, 2005.

2 영국, 네덜란드와 함께 프랑스 신문의 역사도 오래되었지만 1890년대의 신문 발간과 판매는 새로운 현상이었다. 《르 프티 주르날》 100만 부, 《르 프티 파리지앵》 100만 부, 《르 주르날》이 45만 부 팔렸다. 이제 신문은 1830년대 오를레앙 시대의 공식 통로 같지 않았고 공화정 초기 1870년대와도 달리 부쩍 활기를 띠었다. Ch. Charle, *Le siècle de la presse (1830-1930)*, Paris: Le Seuil, 2004, pp. 129-200.

3 V. Duclert, *L'affaire Dreyfus*, Paris: La Découverte, 2018. 치밀한 연대기적 연구사는 George R. Whyte, *The Dreyfus Affair A Chronological History*, Palgrave Macmillan, 2008. 국내 번역서는 아르망 이스라엘, 《다시 읽는 드레퓌스 사건》, 이은진 옮김, 자인, 2005.

4 Emmanuel Naquet, "L'historiographie récente de l'affaire Dreyfus (2006-2009). À propos de quelques parutions (suite)," *Revue historique*, n° 656 (2010/4), pp. 933-957.

5 새로운 증거를 이유로 재판을 다시 하는 것은 프랑스 법의 특징이었다. 영미법에서는 행정 명령이 있을 뿐 법제가 그렇지 않다. "The Dreyfus Case," *Har-*

vard Law Review, Vol. 13, No. 3 (Nov. 1899), p. 215.

6 임종권, 〈드레퓌스사건에 대한 저널리스트들의 논쟁—민족주의·반유대주의와 정의·인권〉, 《숭실사학》 25 (2010), 351-385쪽.

7 1880년대 집권 공화파가 공화국 헌법을 공고히 하고 의회주의를 정착시킨 것은 분명하다. Pierre Lévêque, *Histoire des forces politiques en France*, tome 2, 1880-1940, Paris: Armand Colin, 1994, pp. 13-25. 그러나 이들은 곧 Opportunisme, Opportunistes로 불렸고 이 말은 일정한 도덕적 원칙을 지키기보다 상황에 따라 처신한다는 의미를 띠었다. 이를 우리말 기회주의(자)로 옮기면 이미 폄훼가 들어간다고 보여 잠정적으로 '시의파時宜派'라는 이름을 채택한다.

8 좌파와 극좌파 대부분이 드레퓌스 지지 입장인 가운데 중도파는 찬반으로 갈라지며 정치 지형에 영향을 끼쳤다. *Le Parlement et l'Affaire Dreyfus. Douze années pour la vérité, 1894-1906, Jean Jaurès Cahiers trimestriels*, n° 147 (1998), pp. 57-68. Wayne Anthony Dejohn, The Dreyfus Affair and the Chamber of Deputies 1897 to 1899: An Analytical and Interpretative Study, Ph.D. thesis, Madison: University of Wisconsin, 1975, pp. 118-159.

9 Pierre Birnbaum, "Dreyfus avant Dreyfus: Drumont et la mise en scène de l'affaire," *Mil neuf cent. Revue d'histoire intellectuelle*, n° 11 (1993), pp. 71-76. Comment sont-ils devenus dreyfusards ou anti-dreyfusards?

10 "The German Peace and the Germanization of Europe (1870-1914)," Gulielmo Ferrero, *Problems of Peace, from the Holy alliance to the League of Nations, A Message from a European Writer to Americans*, New York: G. P. Putnam Sons, 1919.

11 〈J'accuse〉, film de Roman Polanski, 2019. 사건에 관한 영상물은 이미 1899년에 프랑스에서 제작되었다. 1930년대에 이어 1960-1970년대에 프랑스뿐 아니라 미국과 독일에서도 기록물, 극영화, 텔레비전 영상물을 계속 출시했다.

12 마은지, 〈드레퓌스 사건을 통해 본 프랑스의 분열과 통합〉, 《서양사론》 135권 (2017. 12), 193쪽.

13 문지영, 〈19세기 말 에두아르 드뤼몽의 《유대인의 프랑스》와 반유대주의〉, 《프랑스학연구》 63권 (2013), 318-335쪽.

14 Édouard Drumont, *La France juive. Essai d'histoire contemporaine*, Paris: Flammarion, 1886. 처음에는 2권 1200쪽으로 간행된 이 책은 유대인 3천 명의 이름을 올리고 이들의 사회 경제적 성공 사례를 6만 건 이상 나열했다. 로스차일드 가문 외에도 베를린, 함부르크, 안트베르펜을 연계하는 유대인 금

융 가문은 즐비했으며 나폴레옹 3세의 제2제정기 금융 유대인의 모습은 공화정에 들어와서도 변치 않고 오히려 더 두드러지는 것 같았다. 드뤼몽은 1892년 유대인 장교들을 반역의 소인이 있다며 비난했고 그의 《라 리브르 파롤》은 1894년 11월 처음으로 드레퓌스를 사건화한 신문에 속했다. 드뤼몽은 1898년 5월 총선에서 알제의 '반유대' 의원으로 선출되었다.

15 G. R. Whyte, *The Dreyfus Affair: A Chronological History*, Uk: Palgrave Macmillan, 2008, p. 59.

16 양희영, 〈그레구아르 신부와 프랑스혁명기 유대인 문제〉, 《프랑스사연구》 30 (2014), 75-88쪽.

17 Michel Dreyfus, *L'antisémitisme à gauche. Histoire d'un paradoxe, de 1830 à nos jours*, Paris: La Découverte, 2011; Marc Crapez, "Le socialisme moins la gauche. Anticapitalisme, antisémitisme, national-populisme," *Mots. Les langages du politique*, Vol. 55/1 (1998), pp. 74-94.

18 Bernard Lazare, *Comment on condamne un innocent: l'acte d'accusation contre le capitaine Dreyfus*, Paris: P.-V. Stock, 1898.

19 G. R. Whyte, *The Dreyfus Affair A Chronological History*, pp. 65-108.

20 상하원 모두 1894년 12월부터 드레퓌스 유죄 판결에 대한 논의를 시작했으며 1896년 11월부터는 드레퓌스파와 반드레퓌스파로 나뉘었다. 1898년 사법과 군대를 대비한 논의에 이어 1899년에는 재심과 국가 방어를 주제로 토의했으며 1903년에서 1906년까지는 드레퓌스의 복권 문제가 논제가 되었다. *Le Parlement et l'Affaire Dreyfus*, pp. 20-295.

21 *L'Affaire Dreyfus et le tournant du siècle, 1894-1910*, Ouvrage sous la direction de Laurent Gervereau et Christophe Prochasson, Nanterre: Musée d'histoire contemporaine-BDIC, 1994.

22 Janine Ponty, "La presse quotidienne et l'affaire Dreyfus en 1898-1899. Essai de typologie," *Revue d'histoire moderne et contemporaine*, 21-2 (1974), pp. 193-220.

23 Ch. Charle, *Naissance des "intellectuels" 1880-1900*, Paris: Minuit, 1990, pp. 139-182. 클레망소를 비롯하여 재심을 주도한 급진파의 입장도 지식인의 측면, 즉 정치를 글쓰기로 수행하는 관점에서 읽을 수 있다. 클레망소는 사건 3-4년간 650개의 기사와 논설을 신문 잡지에 썼고 이 글은 스톡 출판사에서 7권의 책으로 간행되었다. André Wormser, "Georges Clemenceau dans l'Affaire," *Commentaire*, 71 (1995. 3), p. 533.

24 Henri Brisson, *Souvenirs affaire Dreyfus avec documents, sténographie de débats parlementaires, texte des arrêts de la Cour de Cassastion. Projets de lois, lettres, discours, etc.*, Paris: Édouard Cornély, 1900; Daniel Halévy, *Regards sur l'Affaire Dreyfus*, Paris: Éditions de Fallois, 1994. pp. 31-176; Le centenaire de l'Affaire (1894-1995), *Jean Jaurès, Cahiers trimestriels*, n° 136 (avril-juin 1995).

25 Maurice Agulhon, "La République," *L'Affaire Dreyfus et le tournant du siècle*, p. 50.

26 1880년에서 1900년 사이에 저널리즘이란 말이 등장하고 이 직업에 전적으로 종사하는 저널리스트들이 정치와 사회에 중요해졌다. Ch. Charles, *Le siècle de la presse*, pp. 143-149.

27 Michel Winock, *Clemenceau*, Paris: Perrin, 2013, 16. Le dreyfusard.

28 M. Agulhon, "La République".

29 Pascal Ory, Jean François Sirinelli, *Les intellectuels en France. De l'affaire Dreyfus à nos jours*, Paris: Armand Colin, 1992, p. 6.

30 Yves Henri Nouailhat, "Clemenceau et la démocratie américaine," *Clemenceau et la justice. Actes du colloque de décembre 1979* organisé pour la cinquantenaire de la mort de G. Clemenceau, Paris: Publications de la Sorbonne, 1983, pp. 23-38.

31 Jean Garrigues, *Le monde selon Clemenceau. Formules assassines, traits d'humour, discours et prophéties*, Paris: Tallandier, 2017(2014), pp. 188-198. 아래 인용문도 같은 출처임.

32 Clemenceau, "Les confessions de Labori," *La Justice*, 3 novembre 1901. 라보리는 드레퓌스의 변호사였다. 이 사건을 대하는 조레스에 관해 클레망소가 언급한 바는 같은 기사에 들어 있다.

33 Catherine Moulin, "L'affaire Dreyfus, un insoluble 'rébus' pour les guesdistes," *Jean Jaurès, Cahiers trimestriels*, n° 138 (octobre-décembre 1995), pp. 19-30.

34 라비Jean-Baptiste Lavy는 1896년 생망데 강령 이후 밀랑, 비비아니 등에 동조했다. 게드와 가까웠던 주르드Antoine Jourde는 부르주아 작가에게 끌려다닐 수 없다고 보고 사회주의자들의 기권을 주장했다. Jean Maitron (s.d.), *Dictionnaire biographique du mouvement ouvrier français*, tome 13, Paris: Éditions ouvrières, 1979, pp. 133-134, 224-226.

35 J.-N. Ducange, *Jules Guesde L'anti-Jaurès?*, Paris: Armand Colin, 2017, pp. 95-101.

36 성명서의 취지는 게드와 바이양이, 문안은 대부분 조레스가 작성한 것으로 보인다. J.-J. Fichter, *Le Socialisme français: De l'affaire Dreyfus à la grande guerre*, Genève: Droz, 1965, pp. 49-50; Jaurès, les socialistes et l'Affaire Dreyfus, *Jean Jaurès Cahiers trimestriels*, n° 138.

37 J. Jaurès, "La question juive," *La Dépêche*, 2 juin 1892; H. Goldberg, "Jean Jaurès and the Jewish Question: The Evolution of a Position," *Jewish Social Studies*, Vol. 20, No. 2 (Apr. 1958), pp. 67-94.

38 Élisée Reclus, "Pourquoi sommes nous anarchistes?," *La Société Nouvelle. Revue internationale* (1889), Bruxelles, p. 153.

39 J. Maitron, *Le mouvement anarchiste en France, 1. Des origines à 1914*, Paris: François Maspero, 1983, pp. 251-330, 331-381. Jeremy Jennings, *Syndicalism in France A Study of Ideas*, Macmillan, 1990, pp. 32-34.

40 *Oeuvres de Jean Jaurès*, tome 6, *Les temps de l'affaire Dreyfus I. novembre 1897-septembre 1898*; tome 7, *2. octobre 1898-septembre 1899*, édition établie par Eric Cahm, 2001.

41 J. Jaurès, "Idole tarée," *La Petite République*, 27 novembre 1897.

42 Alain Pagès, "Émile Zola: je trouvais lâche de me taire," *Mil neuf cent. Revue d'histoire intellectuelle*, 11 (1993), pp. 136-140; "J'accuse…! & les Preuves," Colloque de Médan Musée Zola, 30 mai 1998, *Jean Jaurès, Cahiers trimestriels*, n° 151 (2000), pp. 5-95.

43 정명환, 〈É. Zola에 있어서의 문학과 정치—Vérité를 중심으로〉, 《불어불문학연구》 11 (1976), 227-228쪽.

44 J. Jaurès, *Preuves*, pp. 1-2.

45 Géraldi Leroy (éd.), *Les écrivains et l'affaire Dreyfus: actes du colloque d'Orléans, 29-31 octobre 1981*, Orléans: Centre Charles Péguy, Université d'Orléans, PUF, 1983.

46 Ch. Charle, "Les étudiants et l'affaire Dreyfus," *Cahiers Georges Sorel*, n° 4 (1986), pp. 61-78.

47 Gesri: Groupe des étudiants socialistes révolutionnaires internationalionalistes.

48 *Idéalisme et matérialisme dans la conception de l'histoire: conférence de*

Jean Jaurès et réponse de Paul Lafargue, Groupe des étudiants collectivistes, Paris: Impr. spéciale, 1895. 이 단체 집산주의 학생그룹이 인터내셔널 혁명사회주의 학생그룹Gesri으로 변경되었다.

49 l'Association générale des étudiants. M. Winock, "Les grands moments de l'affaire Dreyfus," *L'affaire de Dreyfus et le tournant du siècle*, p. 20.

50 Hubert Bourgin, *L'Ecole normale et la politique* (*De Jaurès à Léon Blum*), Paris: Arthemen Fayard, 1938, pp. 189-253; Charles Andler, *La vie de Lucien Herr*, Paris: François Maspero, 1977, pp. 141-179.

51 Anne-Cécile Grandmougin, *Lucien Herr: Socialist Librarian of the French Third Republic*, Litwin Books, 2020; D. Lindenberg, P. A. Meyer, *Lucien Herr, Le socialisme et son destin*, Paris: Calmann-Lévy, 1977, pp. 121-122.

52 Ch. Charle, *Naissance des "intellectuels" 1880-1900*, pp. 65-93; "Les Normaliens et le socialisme (1867-1914)," M. Rebérioux et G. Candar (s.d.), *Jaurès et les intellectuels*, Paris: Éditions de l'Atelier-Éditions Ouvrières, 1994, pp. 139-158.

53 Bertrand Joly, "Antidreyfusards, Antidreyfusisme. une histoire à écrire," *Jean Jaures Cahiers trimestriels*, n° 137 (juillet-septembre 1997), pp. 84-91.

54 앙리 로슈포르Henri Rochefort(1831-1913). 오래된 귀족 가문 출신의 인기 있던 언론인. 가브리엘 아노토Gabriel Hanoteaux(1853-1944). 외교관, 역사가. 쥘 르메트르Jules Lemaître(1853-1914). 악시옹 프랑세즈 회원이었던 극작가, 비평가.

55 B. Joly, "Les antidreyfusards croyaient-ils Dreyfus coupable?," *Revue Historique*, T. 291, Fasc. 2 (590) (Avril-Juin 1994), pp. 401-437.

56 Leslie Derfler, *Paul Lafargue and the Flowering of French Socialism 1882-1911*, Cambridge, MA: Harvard University Press, 1998, pp. 206-211; G. Candar, *Édouard Vaillant, L'invention de la gauche*, Paris: Armand Colin, 2018, pp. 98-104.

57 J. Jaurès, "Préface," *Les Preuves: affaire Dreyfus*, Paris: La Petite République, 1898.

58 J. Jaurès, *Les Preuves*, pp. 12-13.

59 Ibid.

60 Eugène Fournière, *Essai sur l'individualisme*, Paris: Félix Alcan, 1901, pp.

100-179.

61 인권동맹이 결성되자 이 기구의 이름으로 곧 여성들에게 보내는 호소문이 발표된 것은 종교와 가정, 주변인들에게 영향을 미쳐 모던한 인권 사회로 변하는 사회적 계기를 여성이 제공했음을 말해준다. Wendy Ellen Perry, Remembering Dreyfus: The League des Droits de l'Homme and the making of the modern French human rights movement, Ph.D., Chapel Hills: University of North Carolina, 1998, pp. 244-302.

62 J. Jaurès, "Introduction à la "Morale Sociale" de Benoît Malon," *La Revue socialiste*, n° 114 (juin 1894), pp. 641-655.

63 1990년대 이후 대표적인 드레퓌스 사건 전공자는 뱅상 뒤클레르이며 그의 여러 저서 중 다음 책에 자세한 사건 연대기, 사료, 참고문헌이 풍부하다. V. Duclert, *L'Affaire Dreyfus. Quand la justice éclaire la République*, Toulouse: Privat, 2010.

64 Jean-Pierre Rioux, *Nationalisme et conservatisme. La ligue de la patrie française*, Paris: Éditions Beauchene, 1977, pp. 5, 23-24.

65 민족주의자들이 다수는 아니지만 조직적이고 자신들이 무엇을 하려는지 잘 알고 있다고 발데크루소는 보았다. 따라서 군을 통제할 국방장관 선임이 가장 문제였다. Pierre Sorlin, *Waldeck Rousseau*, Paris: Armand Colin, 1966, pp. 399-404.

66 "Conférence faite le 10 février 1900 sous les auspices du Groupe des étudiants collectivistes de Paris, à l'hôtel des Sociétés savantes, sous la présidence du citoyen Jean Allemane," *Le Mouvement socialiste*, n° 29 (1er mars 1900), pp. 257-273; n° 30 (15 mars 1900), pp. 353-368.

67 Institut du Marxisme et Leninisme, N. Ivanov, T. Béllakova, E. Krassavina, *Engels, sa vie et son oeuvre. Documents et photographies*, Moscou: Éditions du Progrès, 1987.

68 최영태, 《베른슈타인의 민주적 사회주의론—수정주의 논쟁과 독일사회민주당》, 전남대학교출판부, 2007. Manfred B. Steger, *The quest for evolutionary socialism Eduard Bernstein and social democracy*, Cambridge: Cambridge University Press, 1997, pp. 120-147.

69 J. Jaurès, "Liebknecht," *La Petite République*, 12 août 1900; "Paroles de Liebknecht, Liebknecht et la tactique," "Élargir non resserrer," J. Jaurès, *Etudes socialistes*, 1902.

70 J. Jaurès, "Le vrai Marxisme," *La Petite République*, 17 novembre 1900.

71 Wilhelm Liebknecht(1829-1900). 1848년 혁명기부터 혁명에 참여하고 엥겔스를 만나며 1870년 전쟁에서는 혁명적 전쟁 반대를 외쳐 반역죄로 수감되었다. 베벨과 함께 독일 사민당 기관지 《포르베르츠*Vorwärts*》(전진)의 편집장이었고 당의 세력화에 크게 기여한 사민당 지도자였다. Raymond H. Dominick III, *Wilhelm Liebknecht and the Founding of the German Social Democratic Party*, Chapel Hill: University of North Carolina Press, 1982.

72 U. Brummert, *L'Universel et le particulier dans la pensée de Jean Jaurès*, pp. 79-96.

73 J. N. Ducange, *Jean Jaurès et Karl Kautsky, Le socialisme et la Révolution française*, Paris: Demopolis, 2010; ___, *La Révolution française et la social démocratie. Transmissions et usages politiques de l'histoire en Allemagne et Autriche 1889-1934*, Presses universitaires de Rennes, 2019. 뒤캉주의 학위논문은 *Élaborer, écrire et diffuser l'histoire de la "Grande Révolution française" dans les social-démocraties allemande et autrichienne, 1889-1934*, Normandie: Université de Rouen, 2009.

74 "Un portrait inédit de Jean Jaurès par Karl Kautsky," Introduction; traduction et notes de "Souvenir sur Jean Jaurès" par J. N. Ducange, *Cahiers Jaurès*, n° 185 (juillet-septembre 2007), pp. 107-113.

75 Lettres à Georg von Vollmar, Sources IISG V. 1027 (암스테르담의 국제사회과학연구소 폴마르 문서고), *Oeuvres de Jean Jaurès*, tome 8, pp. 17-23.

76 F. L. Carsten, "Georg von Vollmar: A Bavarian Social Democrat," *Journal of Contemporary History*, Vol. 25, No. 2/3 (May-Jun., 1990), pp. 317-335. 아우구스트 베벨의 지원으로 남부 사민당 언론을 맡았던 폴마르는 1882년 제국의회에 당선되었으며 비스마르크에 의한 사회주의자 진압법 아래 사회주의 지도자로 성장해갔다.

77 M. Angenot, "Citoyen, Camarade, Compagnon: Sur les formules d'allocution de la Deuxième Internationale," *Cahiers de recherche du Centre universitaire d'analyse du discours et de sociocritique des textes*, Montréal: CIADEST, 1992.

78 Marjorie Milbank Farrar, *Principled Pragmatist The Political Career of Alexandre Millerand*, Berg, 1991, pp. 31-54. 1905년 통합사회당 창당 시 입당을 거부한 밀랑은 1차 세계대전기와 전후의 정부에서 상업과 건설을 맡아 전

시 경제에 기여했다.

79 *Les Deux méthodes*, Conférence par Jean Jaurès et Jules Guesde à l'Hippodrome lillois, 26 novembre 1900, Lille: l'impr. de P. Lagrange, bibliothèque du Parti Ouvrier Français, 1900. 매우 작은 활자의 소책자로 모두 15쪽이다.

80 J. Jaurès, *Rallumer tous les soleils*, Textes choisis et présentés par J.-P. Rioux, Paris: Omnibus, 2006, pp. 457-458.

81 Ibid., pp. 479-482.

82 Ibid.

4장 인본사회주의

1 J. Jaurès, "Socialisme et liberté," *Revue de Paris*, 1er décembre 1898; 《사회주의와 자유 외》, 89-138쪽.

2 René Rémond, "L'originalité du socialisme français," *Tendances politiques dans la vie française depuis 1789*, Paris: Hachette, 1960, pp. 41-64; M. Rebérioux, "Existe-t-il avant 1914 un socialisme français spécifique?" *La Sociale-démocratie en question*, Paris: RPP/PUF, 1981, pp. 35-66.

3 J. Jaurès, "Socialisme français," *La Petite République*, 3 janvier 1903.

4 Yolande Cohen, "Avoir vingt ans en 1900: à la recherche d'un nouveau socialisme," *Le Mouvement social*, n° 120 (juillet-septembre, 1982), pp. 11-29, Entre socialisme et nationalisme: Les mouvements étudiants européens.

5 카우츠키, 《사회민주주의의 기초》(에르푸르트 강령에 대한 해설), 이상돈 옮김, 백의, 1991, 107-114쪽.

6 M. Angenot, *Les grands récits militants des XIXe et XXe siècles: Religion de l'humanité et sciences de l'histoire*, Paris: L'Harmattan, 2000, Notes, pp. 119-142.

7 *Oeuvres de Jean Jaurès*, tome 3, *Philosopher à trente ans*, édition établie par Annick Taburet-Wajingart, 2000, pp. 14-17. 편집인 AJW의 해설 전문임.

8 정미라, 〈소유권과 자유〉, 《철학논총》 34 (2003. 10), 464-466쪽.

9 이상형, 〈소유로서의 자유와 그 한계〉, 《철학논총》 77 (2014), 250-253쪽.

10 M. Angenot, *L'ennemi du peuple*, pp. 27-59.

11 J. Jaurès, "En cinquante ans," *Études socialistes*, pp. 35-42. 이 책은 시인 샤

를 페기의 잡지《카이에 드 라 캥젠》1901년 호에 실린 일련의 기사를 편집하여 1902년 파리에서 발간된 책을 재출간한 것이다.

12 프랑스의 자유주의는 19세기 전반 경제주의의 기조가 되고 헌정 체제 수호에 이바지했으나 1848년 혁명기에 민주주의와의 사이에 공백이 벌어졌으며 제2제정 후반 1860년대에 소생한다. 그러나 정당이 활력을 얻는 체제가 아닌 이때 자유주의는 가톨릭으로 흘러 들어갔다. 제3공화정 초기에는 공화국에 반대하는 보수주의의 강세로 자유주의 정치세력의 성장이 막혔다. Louis Girard, *Les libéraux français 1814-1875*, Paris: Aubier, 1985, pp. 48-240.

13 J. Jaurès, "Socialisme français".

14 이 총서의 원제목은 '사회주의사: 1789-1900Histoire Socialiste: 1789-1900'이다. 1922-1924년에 프랑스혁명사가 알베르 마티에즈가 총서 중에서 조레스의 혁명기 서술만 떼어내 간행하면서 제목을 '사회주의 프랑스혁명사'로 달았다. 그 후 1960년대 말 프랑스 공산당 출판사 에디시옹 소시알에서 알베르 소불의 편집과 주석으로 출간할 때 마티에즈 본의 제목을 그대로 가져왔으며 이 책은 2014-2015년에 다시 같은 출판사에서 간행되었다. Jean Jaurès, *Histoire socialiste de la Révolution française*, préface d'Ernest Labrousse, Paris: Messidor/Éditions sociales, 1968-1973 (7 vol.), édition revue et corrigée par Albert Soboul.

15 신간 소개를 위해 거리에 큰 전단을 세워 두는 것은 1900년대 그때나 알제리 전쟁기의 문제작(Henri Alleg, *La question*, Paris: Minuit, 1958)이 나온 1950년대 말이나 같았다.

16 조레스는 처음에 사회주의노동자연맹FTS의 브루스, 혁명사회주의노동자당POSR의 알르만, 프랑스 노동자당의 게드 그리고 혁명사회주의당의 바이양에게 집필을 의뢰했다. 하지만 게드와 알르만은 거절했고 바이양은 취소를 선언했다. 바이양은 자신의 동지인 블랑키주의자 루이 뒤브뢰유에게 일을 맡겨 통렬한 필치의 코뮌의 역사가 나타났다. 집필진은 다시 짜였다. 노동자당의 가브리엘 드빌이 테르미도르 9일부터 브뤼메르 18일까지를 맡고 그 다음 단계인 독일 예나 전투에서 왕정복고 전까지는 나중에 (통령기와 제국으로 1799-1815 개편) 앙리 튀로에게 돌아갔다. 튀로는 북부 생캉탱 노조를 대표하며 개혁파에 가담했다. 한편 병석의 브루스를 대신하여 루이 노게르가 참여하고 왕정복고는 르네 비비아니가, 루이 필리프 시대는 말롱의 후계자 외젠 푸르니에르가 썼다. 개혁파 귀스타브 루아네는 결핵 투병으로 집필을 포기하지만 알렉상드르 밀랑과 조르주 르나르가 1848년 공화국을 집필하기로 했다. 조레스의

고등사범 동창인 샤를 앙들레르와 뤼시앵 에르가 제2제정(1852-1870)을 약속했지만 결국은 알베르 토마가 쓰고 앙들레르는 서문을 수락했다. 마지막 제3공화정의 집필은 여러 사회주의 언론에 글을 썼고 드레퓌스 사건에서 활약한 파리 시의원 존 라뷔스키에르가 맡았다. 밀랑과 언론인 제로리샤르는 일을 포기한다.

17 사회주의에 관한 평론과 각종 문헌은 이미 1880년대부터 1914년 이전에 유명 무명의 작가들에 의해 쏟아지다시피 나왔다. 그러나 사회주의를 역사의 반석에 올려놓으려는 의미를 지닌 '사회주의사'라는 제목은 새로웠다. 한편 독일에서는 1895년 여러 단행본을 모아 사회주의사를 편찬 간행했다. *Die Geschichte des Sozialismus in Einzeldarstellungen von E. Bernstein, C. Hugo, K. Kautsky, P. Lafargue, Franz Mehring, G. Plechanow*, Bd. 1, *Die Vorläufer des neueren Sozialismus*, 2 Tl., Stuttgart: Verlag von J.H.W. Diek, 1895.

18 M. Rebérioux, "Le Livre et l'homme," *Jean Jaurès, Histoire socialiste de la Révolution française*, Paris: Éditions sociales, 1969, p. 35.

19 Jean-Yves Mollier, Patricia Sorel, "L'histoire de l'édition, du livre et de la lecture en France aux XIXe et XXe siècles," *Actes de la recherche en sciences sociales*, Vol. 126-127 (mars 1999), Édition Éditeurs (1), pp. 39-59.

20 김응종, 〈미슐레의 공화주의 프랑스혁명사〉, 《역사와 담론》 91 (2019), 285-319쪽.

21 J. Jaurès, "Après la défaite," *La Dépêche*, 11 mai 1898; "Réponse de Jaurès aux socialistes parisiens," *La Petite République*, 3 mai 1898.

22 Yves Guyot, *Les principes de 89 et le socialisme*, Paris: Librairie Ch. Delagrave, 1894.

23 M. Rebérioux, "Jaurès historien de la Révolution française," *Annales historiques de la Révolution française*, n° 184 (1966), pp. 171-195, La pensée socialiste devant la Révolution française.

24 김민철, 김한결, 〈분류하고 저장하고 기억하기: 프랑스혁명과 아카이브〉, 《역사학보》 245호 (2020), 378-384쪽.

25 Alphonse Aulard, *Histoire politique de la Révolution française. Origines et développement de la démocratie et de la République (1789-1904)*, Paris: Armand Colin, 1913(1901).

26 에드먼드 버크, 《프랑스 혁명에 관한 성찰》, 이태숙 옮김, 한길사, 2017(개정판).

27 Frederic Harrison, "Histories of the French Revolution," *The North Ameri-*

can Review, Vol. 137, No. 323 (Oct., 1883), pp. 388-402.

28 Jessica Peixotto, *The French Revolution and Modern French Socialism*, New York: Thomas Y. Crowell & Company, 1901; David W. Lovell, "The French Revolution and the Origins of Socialism The Case of Early French Socialism," *French History*, Vol. 6, No. 2 (1992), pp. 185-205.

29 팔레 부르봉 의회 도서관은 혁명기인 1796년 3월, 몰수된 귀족 장서와 서고를 시작으로 설립되었고, 19세기에는 화가 외젠 들라크루아의 손으로 도서관의 둥근 천장과 홍예를 장식했다.

30 Claude Perroud. 20대의 조레스에게 대학 강의를 배정한 툴루즈대학 학장이며 혁명기의 지롱드파 롤랑 부인Madame Roland을 전공한 혁명사가였다.

31 "Lettre à Eduard Bernstein," *Oeuvres de Jean Jaurès*, tome 8, *Défense républicaine et participation ministérielle*, édition établie par Maurice Agulhon et Jean-François Chanet, 2013, pp. 369-370.

32 Jacques Godechot, "Jaurès historien," *Jean Jaurès*, présenté par Vincent Auriol, pp. 149-171.

33 1903년 11월 27일 의회 발언. 아직 국가가 학문적인 연구에 적극 지원을 하는 때는 아니었다.

34 E. Labrousse, "Préface," J. Jaurès, *Histoire socialiste de la Révolution française*.

35 노동계급이 문화와 예술을 향유하게 하자는 것은 유럽 사회주의자들 공통의 열망이었다. 그다지 성공적이지 않았지만 프랑스의 민중교육 운동도 이 시기에 일어난다. Lucien Mercier, *Les universités populaires: 1899-1914, Éducation populaire et mouvement ouvrier au début du siècle*, Paris: Éditions ouvrières, 1986, pp. 87-176.

36 J. Jaurès, "L'esprit de l'éducation populaire," *La Revue de l'Enseignement Primaire et Primaire Supérieur*, 1 (3 octobre 1909). 이 잡지는 이하 *REPPS*로 약칭함.

37 책에는 어느 권이나 역사적 장면을 그린 삽화가 많이 들어 있고 조레스 자신이 그림을 선정하며 기뻐했다고 한다.

38 G. Candar, "L'accueil de l'Histoire socialiste de la Révolution française," Illustrer la Révolution, Iconographie de la Révolution française dans les oeuvres de Louis Blanc et Jean Jaurès, Actes du colloque de Castres du 15 et 16 novembre 1989, *Jean Jaurès Cahiers trimestriels*, n° 1 (1991), pp.

81, 97.

39 1900년 12월에 별쇄본으로 책을 선보인 다음 조레스의 '제헌의회', '입법의회' 편이 1901년 2월에 나오고 '국민공회' 편이 1903년 12월에 종료되었다. Ibid., p. 83.

40 G. Lefebvre, "Les historiens de la Révolution française," Leçon d'ouverture d'un cours public sur l'histoire de la Révolution, *Bulletin de la Faculté des Lettres de Strasbourg*, n° 2 (décembre 1929), pp. 43-102; E. Labrousse, "Dans l'horizon historique de Jaurès: L'Histoire en marche de la révolution française au socialisme," *La Pensée*, n° 142 (décembre 1968), pp. 5-26; Christine Peyrard et Michel Vovelle (dir.), *Héritages de la Révolution française à la lumière de Jaurès*, Publications de l'Université de Provence, 2002; Bruno Antonini, "Jaurès historien de l'avenir: gestation philosophique d'une "méthode socialiste" dans l'Histoire socialiste de la Révolution française," *Annales historiques de la Révolution française*, n° 337 (2004), pp. 117-142.

41 J. Jaurès, "Lettre à Eduard Bernstein," *Oeuvres de Jean Jaurès*, tome 8, p. 370.

42 *Pages choisies de Jean Jaurès*, Introduction et notes par Paul Desanges et Luc Mériga, Paris: Éditions Rieder, 1928, pp. 113-170.

43 변호사이며 신문기자였던 카미유 데물랭Camille Desmoulins(1790-1794)은 지방에서 파리로 올라와 장학생으로 명문 루이르그랑 학교에서 수학했으며 일찍 프리메이슨에 가입했다. 1792년부터 국민공회 의원이었지만 지롱드파가 제거된 후 산악파와 멀어졌다. 2013년 영화 〈혁명 속의 한 여인〉에 데물랭의 모습이 보인다.

44 로베스피에르에 대해서는 장 마생, 《로베스피에르: 혁명의 탄생》, 양희영 옮김, 교양인, 2005 참조.

45 J. Jaurès, "Majorité révolutionnaire," *Études socialistes*, pp. 43-51.

46 J. Jaurès, "Histoire socialiste," *La Dépêche*, 14 février 1900.

47 "Majorité révolutionnaire," J. Jaurès, *Études socialistes*, pp. 43-44.

48 Ibid.

49 "Les délégués mineurs," discours à la Chambre des députés, 24 mai 1889, *Oeuvres de Jean Jaurès*, tome 1, *Les années de jeuness 1859-1889*, édition établie par Madeleine Rebérioux et Gilles Candar, 2009, pp. 613-623.

50 "Les instituteurs classement et traitement," Séance des 18, 20 et 21 mars 1893, J. Jaurès, *Discours parlementaires*, pp. 403-427.

51 J. Jaurès, "L'organisation de l'enseignement primaire," *Action socialiste*, pp. 21-32 특히 24-25.

52 J. Jaurès, "Aux instituteurs et institutrices," *La Dépêche*, 15 janvier 1888.

53 1879년에는 각 도에 남녀 교사 양성 중등학교 설치를 의무화했고 1881년 법은 모든 초등학교와 중등학교(콜레주)의 수업비를 폐지했다. 1886년에는 세속교사만이 공립학교 교사가 된다는 법을 시행하고, 뚜렷한 종교교육은 폐지했다.

54 신동규, 〈제3공화정의 교원노조, 교사 그리고 교육개혁〉, 《프랑스사연구》 30호 (2014), 175-204쪽.

55 *Revue d'Enseignement Primaire et Primaire Supérieur.* 1914년 전야에 모두 12만 명의 교사가 재직 중이었는데 그중 4만 명이 이 교육회지의 정기구독자였다. 초등교육 다음에 붙는 상급초등교육은 1914년 전에는 아직 초등학교를 마치고 더 배우는 과정이었으며 정식 학제 과정은 아니었다. Laurence Ruimy, "La Revue de l'Enseignement Primaire et Primaire Supérieur, 1890-1914 (1997)," *Jean Jaurès Cahiers trimestriels*, n° 146 (octobre-décembre 1998), pp. 17-28; Jacques Girault, *Instituteurs, professeurs. Une culture syndicale dans la société française (fin XIXe-XXe siècle)*, Paris: Publication de la Sorbonne, 1996, p. 34.

56 J. Jaurès, "La valeur des maîtres," *REPPS* (25 octobre 1908); "Nomination des instituteurs," *REPPS* (15 février 1914).

57 Pierre Caspard, Luc Jean-Noël. "Questions sur l'enseignement primaire au XIXe siècle," *Histoire de l'éducation*, n° 6 (1980), pp. 47-56.

58 J. Jaurès, "La jeunesse pensante et le Peuple," *La Dépêche*, 14 juin 1889.

59 *Histoire socialiste de la Révolution française,* tome VI, p. 22.

60 Geneviève Poujol, *Education populaire: histoires et pouvoirs*, Paris: Éditions ouvrières, pp. 90-119.

61 James Guillaume et la pédagogie de l'émancipation, https://theconversation.com/james-guillaume-et-la-pedagogie-de-lemancipation-68007.

62 J. E. Coombes, "Jean Jaurès: education, class and culture," *Journal of European Studies* (March 1, 1990), pp. 23-58.

63 "Prolétariat et culture classique," *REPPS*, n° 1 (1 octobre 1911); "Morale

proletarienne et humaine," *REPPS* (14 novembre 1909).

64 "L'Organisation de l'enseignement primaire," Chambre des députés, Séance du 1er décembre 1888, J. Jaurès, *Action socialiste*, p. 23.

65 Charles Rappoport, *Jean Jaurès, L'Homme, le Penseur, le Socialiste*, Paris: Marcel Rivière, 1925 (Émancipatrice, 1915), p. 120.

66 김정인, 〈기조의 아이들—프랑스 19세기 두 번째 세대 남교사들〉, 《프랑스사 연구》 4호 (2019), 115-143쪽.

67 Guy Dreux, "Jaurès, l'espérance et l'éducation," sous la direction de G. Candar, G. Dreux, Christian Laval, *Socialismes et éducation au XIXe siècle*, Lormont: Le bord de l'eau, 2018, pp. 157-162.

68 Chambre des députés, séances, les 14 et 24 janvier 1910.

69 Ibid.

70 James M. Olson, *Radical Social Democracy and School Reform in Wilhelmian Germany*, Reviewed work(s): *History of Education Quarterly*, Vol. 17, No. 1 (Spring, 1977), pp. 3-16.

71 J. Jaurès, Les instituteurs et le socialisme, *REPPS* (15 octobre 1905).

72 Vingt-neuvième leçon, De la liberté: responsabilité, remords, *Oeuvres de Jean Jaurès*, tome 3, pp. 73-81.

2부 반대 진영

1장 교회와 국가

1 Ralph Gibson, "Why Republicans and Catholics Couldn't Stand Each Other in the Nineteenth Century," Frank Tallett, Nicholas Atkin (ed.), *Religion, society and politics in France since 1789*, London: Hambledon Press, 1991, pp. 107-120.

2 https://www.sortiraparis.com/arts-culture/balades/articles/171654-les-plus-belles-eglises-de-paris.

3 '라이시테'는 속인 신도 라이크Laïque의 시테Cité(정치적 의미의 도시)를 말한다. 그러나 이 말이 내포하는 정치적, 철학적, 사법적 의미에 대해 단일한 규정을 내리기는 어렵다. Jacqueline Lalouette, "Anticléricalisme et laïcité," J.-J. Becker et G. Candar (s.d.), *Histoire des gauches en France*, Vol .2. *le siècle* *à l'épreuve de l'histoire*, Paris: La Découverte, 2004, pp. 646-649. 이 말을 어떻게 번역하는가를 두고 국내 전문가들 사이에 이견이 있다고 보인다. 법학자 전훈은 번역에 회의적이다. 〈프랑스 헌법에서의 라이시테(la laïcité, 비종교성) 원칙에 관한 고찰〉, 《공법학연구》 제10권, 제3호 (2009. 8). 김응종은 '세속성'이라고 옮겼다. 김응종, 민유기 외, 《프랑스의 종교와 세속화의 역사》, 충남대학교 출판문화원, 2013, 머리말. 또한 임승휘, 〈근대 초 프랑스의 정치적 세속화(laïcisation)—프랑스 종교내전에서 루이 13세 치세까지〉, 같은 책, 80-83쪽 참조. 이 책에서도 본래 의미를 충분히 반영하지 못하더라도 '세속성'으로 표기한다.

4 2000년대 이후 정교분리에 관한 논쟁은 이슬람에 얽힌 사건들에 대한 프랑스 국가의 대응에서 비롯되었다. "Macron envisage d'amender la loi de 1905 sur la séparation des Eglises et de l'Etat. Une réflexion est en cours pour "réduire l'influence étrangère" et prévenir les dérives intégristes," par Virginie Malingre, publié le 05 novembre 2018. *Le Monde* 웹사이트.

5 독일 기독교민주당인 중앙당Deutsche Zentrumspartei은 독일 사회민주당과 비슷한 시기인 1870년에 창설되어 강력한 정당으로 성장했다. 이탈리아에서는 1945년 이후 기독교민주당 세력이 정권의 중심이 되었다. 프랑스의 경우 2000년대에 소수 정당인 기독교민주당의 이름이 한시적으로 보였을 뿐이다.

6 혁명기 가톨릭이 겪은 정치적이고 물리적인 핍박에 관해서는 김응종, 〈프랑스 혁명과 가톨릭교회의 수난〉, 《역사와 담론》 83 (2017), 107-128쪽.

7 백인호, 《창과 십자가: 프랑스혁명과 종교》, 소나무, 2004; 양희영, 〈프랑스 혁명기 성직자들의 입헌선서에 대한 고찰〉, 《서양사연구》 17호 (1995), 43-89쪽.

8 Joseph F. Byrnes, *Catholic and French Forever Religious and National Identity in Modern France*, PA: Pennsylvania State University Press, 2005, pp. 95-145.

9 J. Lalouette, "Centenaire de la terreur et théologie de la réparation," *La France démocratique. Mélanges offerts à Maurice Agulhon*, réunis et publiés par Christophe Charle, Jacqueline Lalouette, Michel Pigenet et Anne-Maie Sohn, Paris: Publications de la Sorbonne, 1998, pp. 343-349.

10 팔루법 1부 1장 1조는 공교육 고등평의회는 장관 주재 아래 4명의 대주교나 주교로 구성된다고 규정했다. 개혁 교회 목사 1명, 아우구스부르크 고백교회 목사 1명, 이스라엘 장로 1명도 구성원이었다.

11 Germain Sicard, "L'offensive de laïcisation de 1870-1871," *Revue d'histoire* *de l'Église de France*, tome 81, n° 206 (1995), pp. 35-46. L'enseignement catholique en France aux XIXe et XXe siècle.

12 영어 자유사상가Free-Thinker에서 온 말 자유사상은 1830-1840년대에 프랑스어에 나타났으며, 제도적으로 정비되고 전성기를 누린 것은 1880-1914년 사이이다. 병원, 학교, 공공기념물, 거리 이름, 종교 행진, 민간 장례 등 생활 분야의 세속화에 자유사상회의 역할이 기반이 되었다. J. Lalouette, *La libre pensée en France 1848-1940*, Paris: Albin Michel, 1997, pp. 259-367. 잘 드러나지는 않았지만 프리메이슨Freemason/Franc maçon은 프랑스에서도 다른 나라들처럼 민주주의의 토대 세력이었다. Avner Halpern, *The Democratisation of France, 1840-1901: Sociabilité, Freemasonry and Radicalism*, Atlanta: Minerva Presse, 1999, pp. 284-315.

13 *Les églises de Paris sous la Commune*, Paris: Alcan, 1873. 코뮈나르들이 교회를 대하는 태도는 일관되지 않았다.

14 교회와 국가의 분리는 1871년 4월 2일 코뮌 법령으로 선포되었다. 세속성 la laïcité은 자유와 함께 평등을 의미했다. 코뮌은 예배 예산을 폐지하고 공공부조와 병원을 세속화했으며 학교 교육을 세속화하고 반교권주의를 제창했다. J. Lalouette, "L'anticléricalisme sous la Commune," Michel Cordillot (coordonné par), *La Commune de Paris 1871. Les acteurs, l'événement, les lieux*, Paris: Éditions Atelier, 2021, pp. 682-684.

15 J. Lalouette, *La séparation des églises et de l'État, Genèse et développement d'une idée 1789-1905*, Paris: Le Seuil, 2005, pp. 243-416.

16 병원 사업 같은 교회의 사회활동이 일찍 정착한 역사에 대해서는 이성재, 〈17세기의 신앙심과 형제회〉, 《프랑스의 종교와 세속화의 역사》, 113-119쪽.

17 1789년 당시 프랑스에는 2200개의 병원이 있었다. 전체 수녀 3만 5000명 중 140개의 수도 단체에 소속된 1만 4000명의 수녀가 병원 사업에 종사했다. 백인호, 〈18세기는 세속화의 결정적 시기였는가?, 프랑스 혁명을 중심으로〉, 《프랑스의 종교와 세속화의 역사》, 164쪽.

18 Jean-François Six, *1886, Naissance du XXe siècle en France*, Paris: Le Seuil, 1986, p. 34.

19 박현숙, 〈독일제국(1871-1918)의 교회와 국가의 관계〉, 《신학논단》 69 (2012), 65-97쪽.

20 Émile Poulat, *Liberté, Laïcité, la guerre des deux France et le principe de modernité*, Paris: Cerf/Cujas, 1987, pp. 53-58.

21 Robert Havard de la Montagne, *Histoire de la démocratie chrétienne. De Lamennais à Georges Bidault*, Paris: Amiot Dumont, 1948; Maurice Montuclard, *Conscience religieuse et démocratie, La deuxième démocratie chrétienne en France, 1891-1902*, Paris: Le Seuil, 1965. Félicité de Lamennais(1754-1854). 서부 생말로 출신으로 교회의 각성과 양질의 신부 교육을 주장하고 교회의 안일함에 저항한 종교인이다. Charles de Montalembert(1810-1870). 의회에 나간 정치인이며 자유주의 가톨릭 이론가이다. Félix Dupanloup(1802-1878). 가톨릭 교육의 의미를 강조한 열린 종교인으로 정치에 참여했고 한림원 회원이었다.

22 Soeur Rosalie Rendu(1786-1856). 1820년대 왕정복고기와 1830년대 제한 왕정기에 파리 5구 무프타르 같은 빈민가에 들어가서 가난한 이들을 도왔고 1848년에 봉기자들을 돌보았으며 나폴레옹 3세 시대까지 계속 활동했다. Léon Cornudet (1808-1876). 19세기의 저명한 자유주의 가톨릭 인사 몽탈랑베르Montalembert와 가까웠던 세속인 가톨릭이다. Denys Auguste Affre (1793-1848). 126대 파리 대주교. M.-H. Vicaire, "Le catholicisme français au XIXe siècle [note critique]," *Annales. Économies, Sociétés, Civilisations*, no. 3 (1949), p. 319; Christine Franconnet, "L'homme et son message à travers sa correspondance," *Revue d'histoire de l'Église de France*, n° 214 (1999), pp. 11-25.

23 Frédéric Ozanam(1813-1853). 당시는 프랑스 소유였던 이탈리아 밀라노에서 태어나 법학을 전공했다. 리옹에서 변호사로 일한 다음 문학 학위를 취득하고 소르본대학에서 8개 국어를 구사하는 외국문학 교수로 12년간 재직했다. 경건한 속인으로서 파리 생뱅상 드 폴 구역에 들어가 사회 프로그램을 주도했다. *Œuvres complètes de A.-F. Ozanam*. T. 1-11, Paris: Jacques Lecoffre, 1870.

24 J. Jaurès, *La Question religieuse et le socialisme*, édité par Michel Launay, Paris: Minuit, 1959, 59 p.

25 M. Rebérioux, "Jean Jaurès: La nouvelle idée laïque," *Laïcité 2000. Actes du colloque national organisé par la Ligue française de l'enseignement et de l'éducation permanente*, Centre de conférence du Panthéon, Paris, 21-22-23 avril 1986, BIU Lettres, 1987, pp. 28-29.

26 J. Jaurès, "Mes raisons," *La Petite République*, 12 octobre 1901.

27 Jean Faury, *Cléricalisme et anticléricalisme dans le Tarn (1848-1900)*,

Toulouse: Service des publications de l'université de Toulouse le Mirail, 1980, pp. 412-431.

28 Lucien Goldmann, "La question religieuse et le Socialisme," *BSEJ*, n° 1 (1960), pp. 6-12.

29 J. Jaurès, La question religieuse et le soialisme, p. 47.

30 종교 문제, 교회와 민주주의, 교회와 사회문제, 레오 13세의 교서, 신, 종교혁명, 노동자들의 교황, (교회와 국가의) 분리, 가톨릭의 행동, 추기경들의 편지, 진취적 가톨릭인 알베르 드뮝Albert de Mun의 사유, 허무, 유대인 문제가 1889년 10월부터 1892년 7월까지 발표된 논설 제목이다. *Oeuvres de Jean Jaurès*, tome 2, *Le passage au socialisme 1889-1893*, édition établie par M. Rebérioux et G. Candar, 2011, pp. 467-557.

31 주 논문 〈감성 세계의 실재La réalité du monde sensible〉에 대해서는 고전적인 로비네의 해설을 참고할 수 있다. André Robinet, *Jaurès et l'unité de l'être*, Paris: Seghers, 1964, pp. 41-54.

32 *Idéalisme et matérialisme dans la conception de l'histoire.* 이 소책자는 1927년과 1946년에 재간행되었으며, 2006년 장피에르 리우의 조레스 선집 《모든 태양을 밝히다》에는 조레스의 강연문만 실려 있다.

33 Félicien Challaye, *Jaurès*, Paris: Mellottée, 1936, pp. 104-117.

34 교회와 사회문제를 결합하려 한 가톨릭 마르크 상니에의 밭고랑 운동에 관해서는 André Darricau, *Marc Sangnier*, Paris: Éditions ouvrières, 1958, pp. 7-24, 55-81. '밭고랑Le sillin'은 사회문제에 대한 여론을 일깨웠을 뿐이며 목적이나 강령을 가진 기구가 아니었다.

35 Introduction, *Oeuvres de Jean Jaurès*, tome 10, *Laïcité et unité*, édition établie par G. Candar et J. Lalouette, Paris: Fayard, 2015, pp. 10-17.

36 1902-1903년에 파리의 《르 무브망 소시알리스트》가 유럽 사회주의자들에게 보낸 설문 결과에 따르면 그들은 대체로 종교는 사적인 문제라는 입장을 보였다. 톰 만 같은 노동운동가가 기독교 신자인 영국에서는 교권, 반교권은 사회주의에 중대하지 않다는 회신을 보냈다. 독일인들은 가톨릭을 물리치려는 비스마르크의 문화 투쟁과는 상관없이 교회를 적대시하지 않았다. 신교의 북부든 가톨릭의 남부든 교회가 교육의 주체가 되어야 한다는 의식은 일찌감치 퇴조했다. Emile Poulat, "Socialisme et anticléricalisme. Une enquête socialiste internationale (1902-1903)," *Archives de sociologie des religions*, n° 10 (1960), pp. 109-131, Socialisme et religion.

37 Jean Rabaut, *Jean Jaurès*, Paris: Perrin, 1981(1971), pp. 35-45; G. Candar, V. Duclert, *Jean Jaurès*, pp. 122-152.

38 J. Jaurés, *La question religieuse et le socialisme*, p. 58.

39 지금도 프랑스 6대 일간지의 하나인 《라 크루아*La Croix*》(십자가)는 1883년 가톨릭 교단인 성모승천회 아우구스부르크회가 창설된 후 드레퓌스 사건에서 반유대주의를 지지했다.

40 Michael Sutton, *Nationalism, Positvism and Catholicism, The Politics of Charles Maurras and French Catholics 1890-1914*, Oxford: Oxford University Press, 2002, pp. 76-112.

41 뷔송의 지도 아래 교육학과 기초학습 사전이 발간되었다. *Dictionnaire de Pédagogie et d'Instruction Primaire*, sous la direction de Ferdinand Buisson, Paris: Librairie Hachette, 4 vols., 1882-1893; Pierre Hayat, "Ferdinand Buisson(1841-1932), militant de la laïcité et de la paix," *Revue d'histoire et de philosophie religieuses*, 85-2 (2005), pp. 235-251.

42 F. Buisson, "La crise de "anticléricalisme," *Revue politique et parlementaire*, tome 38 (octobre 1903), pp. 5-32.

43 R. Rémond, *L'anticléricalisme en France, De 1815 à nos jours*, Bruxelles: Complexe, 1985 (Fayard, 1976), pp. 207-212.

44 가톨릭들은 알베르 드묑의 주도 아래 하나의 원내 정파를 지향하며 1890년 합류파Ralliement를 형성했지만 독자적인 가톨릭 정치세력으로 크지 않았고 이들도 그렇게 할 뜻이 없었다. Alexander Sedgwick, *The Ralliement in French Politics 1890-1898*, Cambridge, MA: Harvard University Press, 1965, pp. 30-117. 드묑에 대한 조레스의 비평은, J. Jaurès, "Les idées de M. Mun," *La Dépêche*, 30 mars 1892.

45 Charles Ferry(1834-1909). 인도차이나은행 경영인이자 도지사였다. Ernest Carnot(1866-1955). 파리 고등광업학교와 법학대학 출신으로 아버지 사디 카르노가 피살된 후 정계에 진출했으며 튀니지 인광회사와 대양운송회사를 경영했다. Édouard Aynard(1837-1913). 리옹 은행가의 뒤를 이은 기업인으로 프랑스은행 이사였으며 정치적으로는 자유주의 가톨릭이고 론 지방의 하원의원이었다. Alexandre Ribot(1842-1923). 파리 법과대학 졸업 후 변호사와 저널리스트로서 급진파에 반대하며 프랑스가 러시아와 가까워지는 외교 정책에 중요한 역할을 했다.

46 G. Baal, *Le Radicalisme*, Paris: PUF, 1994, p. 28.

47 Jean Jaurès, *Laïcité et République sociale 1905-2005: Centenaire de la loi sur la séparation des Églises et de l'État*, Textes choisis et présentés par G. Candar, Paris: Le Cherche Midi, 2005.

48 Maurice Larkin, *Religion, Politics & Preferment in France since 1891. La Belle Epoque and its legacy*, Cambridge: Cambridge University Press, 1995, pp. 29, 36.

49 G. Baal, "Jaurès et la laïcité," *Jean Jaurès Cahiers trimestrielles*, n° 150 (1999), pp 19-32, Jaurès et l'État.

50 J. Jaurès, "Le cléricalisme au village," *La Dépêche*, 28 avril 1889; "La question religieuse", *La Dépêche*, 6 octobre 1889; "L'Eglise et la démocratie," *La Dépêche*, 4 mars 1891; "L'Eglise et la question sociale," *La Dépêche*, 12 mars 1891, "L'action catholique," *La Dépêche*, 20 janvier 1892,

51 Raymond Huard, *La naissance du parti politique en France*, Paris: Presses de science po., 1996, pp. 226-310.

52 J. Jaurès, "Jours de combat," *La Petite Républqu*e, 20 août 1902.

53 사회주의적 급진파가 주도하여 결성한 좌파 블록Le Bloc des Gauches에는 하원의원 36명이 가담했다. 상원의원은 아무도 없었다. G. Candar, V. Duclert, *Jean Jaurès*, pp. 274-281.

54 J. Jaurès, "La politique nécessaire," *La Petite République*, 15 août 1903.

55 교황청 국무장관 메리 델 발이 프랑스 대통령 측에 "심히 모욕적인" 각서를 보냈으며 조레스는 이 사건을 두고 부적절하다고 언급했다. 이 교황청 각서는 《뤼마니테》의 특종이었으며 조레스는 5월 17일 자에 비판적인 논평을 실었다. La note Merry del Val et le commentaire de Jaurès, *L'Humanité*, 17 mai 1904, Jean Jaurès, *Laïcité et République sociale, 1905-2005*, pp. 57-61.

56 한동훈, 〈프랑스 헌법상 정교분리(laïcité)의 원칙〉, 《비교헌법연구》 (2018. 8. 5), 9-28쪽.

57 R. Rémond, *L'anticléricalisme en France*, Bruxelles: Complexe, 1985, Paris: Fayard, 1976, pp. 23-27.

58 신행선, 〈제3공화국 초기 공화국 학교와 라이시테(laïcité) 여성 교육의 필요성과 여성의 역할〉, 《프랑스사 연구》 21 (2009. 8), 97-115쪽.

59 김정인, 〈프랑스 제3공화정 초기 공교육으로서의 초등교육체계의 완성〉, 《서양사론》 132호 (2017), 152쪽. 수녀 교사들은 분리법 이후 옷을 갈아입고 사립학교에서 많이 가르쳤고 이들 학교에는 여학생들이 많이 갔다.

60 P. Lafargue, *La question de la femme*, Paris, 1904.

61 J. Jaurès, Les "Suffragettes," *La Dépêche*, 10 janvier 1907.

62 Jean-Marie Mayeur, *La question laïque XIXe-XXe siècle*, Paris: Fayard 1997, p. 114.

63 *L'histoire de France, 2000 ans d'images*, no 46, 1902-1905, Paris: Larousse,1994, pp. 101-107.

64 *Le Bloc*, 25 août 1901. J. Garrigues, *Le monde selon Clemenceau*, pp. 166-167 재인용.

65 Chambre des députés, le 13 novembre 1906, Discours prononcé les 10 et 24 Janvier 1910 à la Chambre des députés, *Laïcité et République sociale*.

66 이 절의 제목은 다음 책에서 인용한 문구를 재인용한 것이다. Jean Jaurès, *Laïcité et République sociale 1905-2005*, p. 64.

67 J. Jaurès, *L'Eglise et la laïcité*, préface de Jean Carré (Jean Jaurès, Un discours, Paris: Stock, 1923), *Cahiers Spartacus*, n° 1, 1946.

68 J. Jaurès, Discours de Castres, 30 juillet 1904, *L'Humanité*, 2 août 1904.

69 Ernest Renan, *La Réforme intellectuelle et morale de la France*, Textes présentés par Henri Mazel, Bruxelles: Complexe, 1990, pp. 1-122.

70 강베타Léon Gambetta는 열기구를 타고 독일 점령하 파리를 떠나 점령되지 않은 북서부 일대를 순회하며 공화국의 필요성을 역설했다. *Discours et plaidoyers politiques de M. Gambetta*, II. 2e partie (19 septembre 1871-24 juillet 1872) par Joseph Reinach, Paris: Charpentier, 1881.

71 *Oeuvres de Jean Jaurès*, tome 9, p. 11. Julien Jean Offroy de La Mettrie (1709-1751). 프랑스 계몽 시대의 유물론자의 한 사람이다.

72 Jean-Marie Donegani, "La sécularisation et ses paradoxes," *Revue Projet*, n° 306 (2008/5), pp. 39-46.

73 François Châtelet, Évelyne-Pisier Kouchner, *Les conceptions politiques du XXe siècle*, Paris: PUF, 1983(1981), pp. 97-249.

74 Émile Flourens, *La liberté de l'esprit humain, pourquoi l'Église de France triomphera de la persécution*, conférence faite le 16 décembre 1906, à Nantes, Paris: Garnier frères, 1907.

75 노서경, 〈1930년대 프랑스의 가톨릭 지성 에스프리〉, 《프랑스의 종교와 세속화의 역사》, 231-265쪽.

76 Joseph Pinard, *Laïcité et Fraternité*, Besançon: Éditions Cêtre, 2017.

77 Marcel Gauchet, *La religion dans la démocratie. Parcours de la laïcité*, Paris: Gallimard, 1998, p. 65.

78 Étienne Balibar, "Faut-il qu'une laïcité soit ouverte ou fermée?" *Mots les langages du politique*, n° 27 (juin 1991), pp. 73-80, Laïc laïque laïcité.

2장 민족 우익의 현상: 불랑제주의

1 이날 리옹역에 운집한 군중의 수는 출처에 따라 (*L'Intransigeant, La Lanterne, Le Petit Journal*, le 10 juillet 1887) 엇갈린다. 이 날짜 1면 전단 기사에《랭트랭지장》은 15만 명,《라랑테른》은 10만 명으로 보도했지만 연구자에 따라서는 2만 명 수준으로 잡기도 한다.

2 Mathieu Providence, "Boulanger avant le boulangisme," *Politix*, n° 72 (2005/4), pp. 155-179.

3 B. Joly, *Déroulède: L'inventeur du nationalisme français*, Paris: Perrin, 1998, pp. 122-123. 책은 데룰레드를 아마 처음 전면적으로 연구한 박사학위 논문 4편을 간추린 판이다. *Paul Déroulède (1846-1914)*, thèse de doctorat, Université Paris IV, 1996, 4 vol. dactylographiés.

4 J. Garriques, "Exil de Boulanger, exil du boulangisme?" *Revue d'Histoire du XIXe siècle-1848* (1995), pp. 19-33.

5 불랑제주의에 관해서는 앙리 브리사크·장 알만 외,《조국이 위험에 처하다 외》, 서이자 옮김, 책세상, 2002.

6 왕정주의자와 보나파르트주의자는 엄연히 다르다. 전자는 혁명기에 끝난 부르봉 왕가와 1830년대의 루이 필리프 즉 오를레앙 가문을 계승하려는 당파였다. 후자는 혈통 왕가 아닌 민중의 황제 나폴레옹을 추앙하는 정치세력이었다. 왕정주의자들과 보나파르트주의자들은 1877년 총선에서 공화파 323석에 비해 208석을 얻어 패한 후 종내 열세를 회복하지 못했다. William D. Irvine, *The Boulanger Affair Reconsidered. Royalism, Boulangism, and the Origins of the Radical Right in France*, Oxford: Oxford University Press, 1989, pp. 21-72.

7 제국공은 나폴레옹 3세를 가리키며 샹보르 백작(Henri, comte de Chambord, 1820-1883)은 왕정복고기의 왕 샤를 10세의 손자이다.

8 1887년 4월 동부 국경지대에서 프랑스 경찰 슈네블레Guillaume Schnaebelé가 간첩 혐의로 독일 경찰에 체포되었을 때 불랑제는 군대 동원 준비가 되어 있

다고 했다. 이 사건은 프랑스 대통령과 독일 재상 비스마르크의 노력 끝에 4월 30일 슈네블레의 석방으로 종결되었다. Jean-Yves Mollier, Jocelyne George, *La plus longue des Républiques 1870-1940*, Paris: Fayard, 1994, pp. 167-169.

9 신문 이름은 *La Défense nationale, La France militaire, La Revanche*. J. Garrigues, "Boulanger, ou la fabrique de l'homme providentiel," *Parlement[s], Revue d'histoire politique*, n° 13 (2010/1), pp. 8-23.

10 P. Déroulède, *Nouveaux chants du soldat*, Paris: Calmann-Lévy, 1883. '어머니에게', '전진', '프레미에가 조각한 말을 탄 잔다르크'로 시작하여 12편의 긴 시가 실린 이 시집은 1884년에 91판을 찍었다.

11 Antoine de Baecque, "Le poète de la "Revanche"," *L'Histoire*, no 152 (mars 1992), dossier Paul Déroulède, poète, patriote et putschiste, pp. 38-40.

12 불랑제는 행동력이 전혀 없던 점에서 보나파르트에 비할 수 없다는 연구자도 있다. P. Cordier, *Boulangisme & Bonapartisme, La réaction masquée*, Paris: Imprimerie typographique Mayer et Cie, 1889.

13 안민석, 〈불랑제 사건: 프랑스 정치사의 전환기, 1886-1889〉, 《서양사연구》 38 (2008), 특히 161-191쪽.

14 Paul Copin-Albancelli, *Boulangisme du peuple*, Paris: L. Sauvaitre, Éditeur, 1897.

15 J. Garrigues, "21. Le boulangisme comme mouvement social, ou les ambiguïtés d'un social-populisme," Michel Pigenet, Danielle Tartakovsky (s.d.), *Histoire des mouvements sociaux en France*, Paris: La Découverte, 2014, pp. 238-248.

16 *Le Cri du Peuple*. 코뮈나르 쥘 발레스Jules Vallès의 신문이었으며 간단한 사회적 사건도 정성을 기울여 보도했다. 남부 님에서 발행되던 경제학자 샤를 지드의 신문 《레망시파시옹*L'Emancipation*》(해방)도 여성 노동자의 피곤한 생활 조건을 자세히 알렸다.

17 J. Garrigues, "Boulanger, ou la fabrique de l'homme providentiel," p. 8.

18 *Les discours du général Boulanger, depuis le 5 août 1881 jusqu'au 4 septembre 1887*, Lyon: Imprimerie Bourgeon, 1888.

19 Jean-Charles Jauffret, "La défense des frontières françaises et l'organisation des forces de couverture (1874-1895)," *Revue Historique*, T. 279, Fasc. 2 (566) (avril-juin 1988), pp. 359-379.

20 왕정주의자들은 사건 초기에는 불랑제와 손을 잡았다. 그러나 불랑제파의 해체에도 영향을 받아 왕정주의는 끝난다. W. D. Irvine, *The Boulanger Affair Reconsidered*, pp. 157-176; B. Joly, "Le parti royaliste et l'affaire Dreyfus (1898-1900)," *Revue Historique*, T. 269, Fasc. 2 (546) (avril-juin 1983), pp. 311-364.

21 Henri d'Orléans Duc d'Aumale(1822-1897). 알제리 총독으로 부임했다가 1848 혁명으로 귀국했다. 1872년부터 1886년까지 우아즈도의 하원의원과 도의회 의장을 지냈으며 1886년 왕가에 대한 법이 제정되자 다시 망명을 갔다. 소수의 프랑스 왕가 후손들인 왕당파는 대중정치의 시대에 소수 엘리트로 남았다. 불랑제는 처음에는 왕당파와 손잡은 듯 보였지만 그렇지 않았다. 왕당파는 여기서부터 반유대주의와도 일시 연관되었다가 결국은 민족주의 시대에 퇴장한다. W. D, Irvine, *The Boulanger Affair Reconsidered*, pp. 73-176.

22 느무르 공Duc de Nemours(1814-1896)은 루이 필리프 왕의 아들이며 알랑송 공Ferdinand d'Orléans Duc d'Alençon(1844-1910)은 느무르 공작의 둘째 아들이다.

23 J. Jaurès, "Les écoles militaires," *La Dépêche*, 26 mars 1887.

24 M. Providence, "Boulanger avant le boulangisme," p. 174.

25 Maurice Barrès, *Appel au soldat*, Paris: Fasquelle, 1900.

26 공화파 거두로 1871년 코뮌의 학살을 총지휘했으며 제3공화정 초기 내각 수반이었던 아돌프 티에르(1797-1877)는 언론인이고 학력을 쌓은 역사가였으며 수십 년간 정치 경력을 쌓았다.

27 B. Joly, "Les ligues dans le Nord et le Pas-de-Calais, du boulangisme à l'affaire Dreyfus," *Revue du Nord*, n° 370 (2007/2), pp. 205-305.

28 Yvan Combeau, "le boulangisme dans tous ses mouvements (1886-1891)," *Mappemonde* (3/1993), pp. 46-48.

29 M. Winock, *La Droite racontée en famille*, Paris: Plon, 2008, p. 95.

30 Patrick H. Hutton, "Popular Boulangism and the Advent of Mass Politics in France, 1886-90," *Journal of Contemporary History*, Vol. 11, No. 1 (Jan., 1976), pp. 85-106.

31 J. Garrigues, "Boulanger, ou la fabrication de l'homme providentiel," p. 22.

32 P. Déroulède, *Nouveaux chants du soldat*.

33 보수파도 강하지만 혁명파 사회주의인 게드주의의 아성 같던 북부에서 불랑

제 운동은 잠복한다. B. Joly, "Les ligues dans le Nord et le Pas-de-Calais," pp. 295-305.

34 사회학자 귀스타브 르봉의 《군중심리학》에서 보듯이 19세기 말 20세기 초에 군중은 대중에 앞서 등장한 말이라고 할 수 있다. Gustave Le Bon, *Psychologie des Foules*, 1895, (Paris: PUF, 1988). 양자 사이 정치사회적 중첩에도 불구하고 우선 이 글에서는 foule는 군중, masse는 다중으로 한다.

35 제3공화정 하에서 대통령직은 유지되었다. 그러나 유의할 점은 직선제가 아니라 7년 임기로 상하 양원에 의해 선출된 사실이다. Président은 명목상 여러 권한이 있었으나 정치의 주도 세력은 어디까지나 의회였고 대통령은 국가 의전과 외교의 얼굴이었다. '공권력 조직에 관한 1875년 2월 25일 법' 2조, 3조.

36 Louis Girard, "Troisième République," *Encyclopædia Universalis* [en ligne], consulté le 27 mai 2021. https://www.universalis.fr/encyclopedie/troisieme-republique/.

37 J. Jaurès, "Encore!," *La Dépêche*, 1er avril 1888.

38 B. Malon, E. Fournière, "La Physiologie du Boulangisme," p. 514; A. Chirac, "L'agiotage de 1870 à 1884," *La Revue socialiste*, T. 2, n° 11 (novembre 1885). 시라크의 논설은 《라 르뷔 소시알리스트》에 1885년에서 1886년까지 줄곧 연재되었다.

39 "C'est le général Boulanger," chant patriotique, paroles de Raoul Fauvel, musique de Georges Roggees, Paris: Baudot, 1887.

40 J. Jaurès, "La Révision," *La Dépêche*, 21 octobre 1888.

41 M. Winock, "Le boulangisme, un populisme protestataire," *Après-demain*, n° 43 (2017/3), NF p. 35; B. Joly, "Les ligues dans le Nord et le Pas-de-Calais".

42 B. Joly, *Déroulède l'inventeur du nationalisme français*, pp. 75-97.

43 Bruce Fulton, "The Boulanger Affair Revisited: The Preservation of the Third Republic, 1889," *French Historical Studies*, Vol. 17, No. 2 (Autumn, 1991), pp. 310-329.

44 M. Providence, *La contribution paradoxale du boulangisme à l'édification de la démocratie parlementaire*, Thèse, Université Paris Nanterre, 2009.

45 불랑제에 대한 동시대 젊은 작가들의 반응은 우호적인 시각과 거부하는 시각이 공존했다. "Le boulangisme et les jeunes," *Le Parti National*, 29 mai

1888.

46 P. Rosanvallon, "Penser le populisme," *La Vie des idées* (27 septembre 2011). 프랑스 정치학자 피에르 로장발롱의 이 강연은 제26차 페트라르카의 만남Rencontres de Pétrarque 개막 연설이었다. 2011년 대회의 주제는 '인민은 미래가 있는가'였다.

47 V. Duclert, "Politique et mélancolie au début du XXe siècle, Jaurès et la lutte contre le nationalisme," *Mil neuf cent. Revue d'histoire intellectuelle*, n° 19 (2001), pp. 63-84.

48 J. Jaurès, "Conclusion," *La Dépêche*, 25 mars 1888; "Encore," 1er avril 1888; "Révision," 21 octobre 1888.

49 J. Jaurès, *Discours parlementaire*, pp. 6-7.

50 J. Jaurès, "Conclusion".

51 B. Malon, E. Fournière, "Physiologie du Boulangisme," *La Revue socialiste*, n° 41 (1888), pp. 507-521.

52 J. Garrigues, "21. Le boulangisme comme mouvement social," pp. 238-248. 불랑제주의는 반의회주의라고 두 가지를 곧 등치하는 것은 성급하다. J. Garrigues, "Le boulangisme est-il antiparlementaire?," *Parlement[s], Revue d'histoire politique*, n° HS 9 (2013/3), pp. 49-58.

53 이 시대의 정치 현황을 알고 있던 로제 프리우레는 프랑스 의회 의원들은 누구나 왕인 듯했다고 표현했다. Roger Priouret, *La République des députés*, Paris: Grasset, 1959, pp. 147-221.

54 J. Jaurès, "Conclusion".

55 Ibid.

3장 민족 우익의 이론·서정·행동

1 로렌이라는 지명은 현재의 서유럽 중심 지역이 3분할되었던 700-800년대의 로테르Lothaire 왕국에서 유래하며 독일어로는 로트링겐Lothringen이다. 풍부한 광물 자원에 중공업이 발달한 지역으로 19세기에 이어 2차 세계대전 후에도 프랑스 굴지의 공업지대이다.

2 바레스의 저서와 논문 및 그에 대한 동시대의 평론은 Zeev Sternhell, *Maurice Barrès et le nationalisme français*, Paris: Presses de sciences po., 1972, pp. 373-383. 한편 되살아난 바레스의 연구사는 마은지, 〈모리스 바레스의 귀환,

바레스 연구 100년〉, 《숭실사학》 29집 (2012), 307-344쪽.

3 프랑스 의회제도의 기틀로서 왕정기 고등법원이 갖는 의미는 "Prologue: Le Roi; les parlements et la nation," J. Garrigues (s.d.), *Histoire du parlement: De 1789 à nos jours*, Paris: Armand Colin, 2004, pp. 4-22.

4 노서경, 〈보불전쟁의 패전 속 공화국의 출범〉, 백인호 · 이재원 책임편집, 《전쟁과 프랑스 사회의 변동》, 홍문각, 2017, 189-194쪽.

5 강미현, 〈비스마르크시대 엘사스-로트링겐 병합정책〉, 《역사와경계》 34 (1998. 6), 211-226쪽.

6 에밀 졸라의 1892년 작품 《와해*La Débâcle*》는 프랑스-독일전쟁을 수행하는 프랑스 군대의 무력한 모습을 그린 소설로 유명하며 졸라는 이 작품으로 심한 공격을 당한다.

7 보주Vosge는 2차 세계대전기 런던에서 기구를 타고 프랑스에 잠입하는 레지스탕스 대원들이 낙하한 깊은 수림 지대이다. 라인, 론, 뫼즈, 센강으로 나아가는 수원지의 땅이며, 샤름에서 낭시까지는 기차로 30분이면 간다.

8 마은지, 〈모리스 바레스의 '민족' 개념(1880-1914)〉, 《프랑스사연구》 31 (2014), 81-107쪽.

9 에르네스트 르낭, 《민족이란 무엇인가》, 신행선 옮김, 책세상, 2002, 80-84쪽, 해제 85-131쪽 참조.

10 미국 학자 유진 웨버는 로렌을 말하는 바레스의 문학도 파리에서 작성되고 파리에서 환대받았다는 점을 들어 민족주의 문제에서도 지방과 파리 사이에 격차가 컸다는 것을 지적했다. Eugen Weber, "Some Comments on the Nature of the Nationalist Revival in France Before 1914," *International Review of Social History*, Vol. 3, Issue 2 (August 1958), pp. 220-238.

11 J-P. Rioux. "Maurice Barrès: ma soumission à mon innéité," *Mil neuf cent. Revue d'histoire intellectuelle*, n° 11 (1993), pp. 101-106.

12 바레스는 1897년에서 1902년 사이에 민족의 에너지를 불어넣기 위한 소설 *Roman d'énergie nationale* 세 권을 쓴다. 1권이 《뿌리 뽑힌 이들*Les Déracinés*》, 2권이 불랑제 이야기인 《병사를 부르다*L'Appel au solda*》, 3권은 《저들의 형상*Leur Figure*》 이다.

13 Jean-Charles Chapuzet, *La seconde mort du général Boulanger*, La Crèche: Compagnie du livre, 2019, pp. 351-354.

14 Zeev Sternhell, "Barrès et la gauche: du boulangisme à "la cocarde" (1889-1895)," *Le Mouvement social*, n° 75 (avril-Juin 1971), "Non-Conformistes" des Années 90, pp. 77-130.

15 이은영, 〈망명자 빅토르 위고—격동의 19세기, 망명의 정치적 이용〉, 《프랑스사연구》 42호 (2020), 37-67쪽.

16 로버트 니스벳, 《보수주의》, 강정인 옮김, 이후, 2007, 43-116쪽.

17 프랑스의 첫 번째 민족주의는 분명히 1789년의 계승자였다. 1830년대 제한 왕정기에 가장 좌파였던 야권의 신문 제호가 《르 나시오날Le National》이었다. 민족주의의 우 선회는 1870년 전쟁의 참패 이후이다. Pierre Milza, Ch. 9 Les cultures politiques du nationalisme français, Serge Berstein (s.d.), *Les cultures politiques en France*, Paris: Le Seuil, 1999, p. 318.

18 모리스 바레스의 민족주의는 불랑제 위기에 대한 분석으로 시작하여 자유민주주의에 대한 공격, 부르주아 사회에 대한 공격으로 나아갔으며 이 과정에서 민족주의를 받아들인다. Z. Sternhell, *Maurice Barrès et le nationalisme français*, pp. 61-213.

19 M. Barrès, *Scènes et doctrines du nationalisme*, Paris: Félix Jouven, 1902. 이 책은 출간 후 곧 20쇄를 찍었다. 전자자료 외에도 2002년에 책으로 재간행되었다. 바레스는 이 책에서 드레퓌스 사건으로 민족주의가 무엇인지, 프랑스는 무엇인지 새삼 사유해야 했다고 지적한다.

20 M. Barrès, *Scènes et doctrines*, p. 81.

21 《무기가 부르다》를 쓴 젊은 작가 에르네스트 프시카리가 1차 세계대전에 나가 전사했을 때 바레스는 르낭의 민족을 연상하며 심심한 추도문을 발표했다. Marie Aynié, ""Ernest Psichari, mort au champ d'honneur," Article de Maurice Barrès dans *L'Écho de Paris* (13 novembre 1914)," *Parlement[s], Revue d'histoire politique*, n° 23 (2016/1), p. 157.

22 J.-P. Rioux, "Maurice Barrès: ma soumission à mon innéité," pp. 101-106.

23 J. Jaurès, "Nationalistes," *La Petite République*, 17 mai 1898.

24 식민주의를 수호한 영국 정치인 조지프 체임벌린Joseph Chamberlain (1836-1914)은 1895년 이후 솔즈베리 내각에서 식민지부 장관이었다. 뤼시앵 밀부아예Lucien Millevoye(1850-1918)는 우익을 대변하는 언론인으로 반유대주의자이며 반드레퓌스주의자였다.

25 J. Jaurès, "Nationalistes".

26 Jean Claude Caron, Michel Vernus, *L'Europe au 19e siècle. Des nations aux nationalismes (1815-1914)*, Paris: Armand Colin, 4e édition, 2019.

27 20권의 페기 전집이 갈리마르 출판사에서 간행되었고 10권으로 다시 정리되

었다. *Œuvres complètes de Charles Péguy*, Paris: Gallimard, 1916-1955, 20 vols. 페기 역시 계속 재해석되는 인물이다. Bruno Latour and Tim Howles, "Charles Péguy: Time, Space, and le Monde Moderne", *New Literary History*, Vol. 46, No. 1 (Winter 2015), pp. 41-62.

28 파리에서 서남으로 내려가는 유서 깊은 도시 오를레앙 시내에 샤를 페기 센터 Centre Charles Péguy가 있고 페기의 자필 원고 거의 전부를 보관하고 있다.

29 D. Halévy, *Péguy and Les Cahiers de la Quinzaine*, New York: Longman & Green, 1947 (Traduction, *Charles Péguy et les Cahiers de la Quinzaine*, Paris: Payot, 1919), p. 47.

30 Ibid., p. 44.

31 Patrick Charlot, "Péguy contre Jaurès. L'affaire des "fiches" et la "délation aux droits de l'homme"," *Revue Française d'Histoire des Idées Politiques*, n° 17 (2003/1), pp. 75-79.

32 A. Taburet-Wajngart, "Péguy et Jaurès," *BSEJ*, n° 36 (janvier-mars 1970), pp. 9-12.

33 1913년 2월 16일 호부터 4월 27일 호 사이에 실린 이 에세이는 작은 단행본으로 출간되었다.

34 Jacques Julliard, *L'argent, Dieu et le Diable. Péguy, Bernanos, Claudel face au monde moderne*, Paris: Flammarion, 2008, pp. 35-46, 155-177.

35 황종득, 〈샤를르 뻬기(Charles Péguy)의 현대 비판〉, 《佛語佛文學硏究》 29권, 1호 (1994), 395-418쪽.

36 Charles Péguy, "L'Argent," *Les Cahiers de la Quinzaine*, 1912 et 1913. Eugène Nicole, "De l'argent dans *la Quinzaine*," *Contemporary French and Francophone Studies*: Money/L'argent, Vol. 19, Issue 4 (2015), pp. 370-378.

37 사회적 전복, 지적이고 도덕적인 위기, 커다란 변동에 따른 불안과 번민이 공화파 민족주의를 발전시켰다. 이에 적대하는 신민족주의는 군사적이고 행동적이었다. J.-C. Caron, M. Vernus, "Chapitre 10. Le temps des nationalismes," *L'Europe au 19e siècle*, pp. 321-353.

38 Patrick Charlot, *retour sur le nationalisme de Charles Péguy, La Mémoire du Droit, Mélanges en hommage au Professeur Michel Ganzin*, Bourgogne: CREDESPO (Centre de Recherche et d'Etude en Droit et Science Politique), 2017.

39 François Bédarida, "Histoire et mêmoire chez Péguy," *Vingtième Siècle. Revue d'histoire*, n° 73 (2002/1), p. 105.

40 샤를 페기의《카이에 드 라 캥젠》구독료를 조레스가 정산하지 않은 것이 불씨가 되었으리라는 평도 있지만 이 자리에서 그 문제를 다룰 필요는 없을 것이다. Jean-Jacques et Annette Becker, *La France en guerre, 1914-1918*, Bruxelles: Éditions Complexe, 1988, p. 11.

41 J. Jaurès, "Question de méthode," *Études socialistes*, p. VII.

42 Éric Thiers, "Charles Péguy: La révération du 6 juin 1905," *Mil neuf cent. Revue d'histoire intellectuelle*, n° 19 (2001/1), pp. 47-49.

43 Raoul Girardet, "Pour une introduction à l'histoire du nationalisme français," *Revue française de science politique*, n° 3 (1958), p. 505.

44 Charles Péguy, *Notre jeunesse*, Paris: Cahiers de la Quinzaine, 1910, p. 50.

45 Éd. Gallimard, coll. La Pléiade, *Œuvres en prose complètes*, tome I, pp. 838-839. http://www.charlespeguy.fr/extraits.

46 J. Julliard, "Deux ou trois choses que je sais de Charles Péguy," *Commentaire*, 102 (2003/2), pp. 333, 335.

47 J.-P. Rioux, *La mort du lieutenant Péguy. 5 septembre 1914*, Paris: Tallandier, 2014, pp. 19-50.

48 Matthew W. Maguire, *Carnal Spirit: The Revolutions of Charles Péguy*, Philadelphia, PA: University of Pennsylvania Press, 2019.

49 Géraldi Leroy, *Batailles d'écrivains, littérature et politique, 1870-1914*, Paris: A. Colin, 2003, pp. 102-138.

50 Jean-Christian Petitfils, *L'extrême droite en France*, Paris: PUF, 1988 (1963), p. 11.

51 J.-P. Rioux, *Le nationalisme et le conservatisme: La Ligue des patriotes français*, Paris: Éditions Beauchene, 1977, pp. 23-24.

52 이 시기의 대학생은 전체 프랑스인의 해당 연령에 비해 너무나 소수였던 점을 감안해야 한다. 1913년에 343개의 남학생 리세와 콜레주에 10만 명이 다녔고 그중 3만 명이 졸업반이었다. 같은 수준의 여학교는 138개 교에 3만 3000명이 재학생, 졸업반은 1만 3500명이었다. 대학입학 자격시험은 7582명이 통과했고 대학생 수는 프랑스인 4만 2000명, 외국인 6188명이었다. Ch. Ambrosi, A. Ambrosi, *La France 1870-1990*, p. 99.

53 J.-P. Rioux, *Le nationalisme et le conservatisme*, p. 26.

54 "Les souscripteurs à la médaille d'or qui sera frappée pour commémorer les paroles prononcées au Sénat par le Général Mercier contre la réintégration de Dreyfus," *Action Française, Revue bimensuelle*, tome XXIV, nº 176 (10 octobre 1906).

55 교회와 악시옹 프랑세즈의 관계는 1920년대에 더 날카로워진다. Jacques Prévotat, "La condamnation de l'Action française par Pie XI," *Publications de l'École Française de Rome*, 223, 1996, pp. 359-395.

56 왕정주의자인 이 여성들은 남녀 구분이 엄한 악시옹 프랑세즈에서 여성 참여의 문을 열었고 1930년대에는 더 활발히 활동한다. Camille Cleret, "De la charité à la politique: l'engagement féminin d'Action française," *Parlement[s], Revue d'histoire politique*, n° 19 (2013/1), pp. 17-29.

57 Yvan Combeau, *Paris et les élections municipales sous la Troisième République. La scène capitale dans la vie politique française*, Paris: L'Harmattan, 1998, pp. 278-281.

58 Ibid., p. 247.

59 Progressiste는 뜻은 진보주의자이지만 정치 성향으로는 중도 우파에 속했으므로 프랑스어 그대로 쓴다.

60 시의원들의 이름은 임의로 생략한다.

61 악시옹 프랑세즈는 1914년 전쟁 발발에 임해 정부의 단합 기치에 합류했고 또한 1차 세계대전이 끝났을 때는 베르사유 종전 회담에서 독일을 누른 클레망소를 적극 지지한다. J.-Ch. Petitfils, *L'extrême droite en France*, p. 25.

62 Bruno Dumons, Gilles Pollet, Pierre-Yves Saunier, *Les élites municipales sous la IIIe République, Des villes du Sud-Est de la France*, Paris: CNRS Éditions, 2002(1987), pp. 105-190.

63 Charles Maurras, *Enquête sur la monarchie*, Paris: Nouvelle librairie nationale, 1909.

64 Ch. Maurras, Préface au *Manuel du royaliste* de Firmin Bacconnier, 1903. 모라스의 주요 텍스트는 'Textes et œuvres de Charles Maurras' 웹사이트에 연도순으로 수록되어 있고, 저장도 가능하다. https://maurras.net/textes/.

65 Richard Griffiths, "7. From Nostalgia to Pragmatism: French Royalism and the Dreyfus Watershed," Nicholas Atkin and Frank Tallett (ed.), *The Right in France 1789-1997*, London: I. B. Torish Publishers, 1998, pp. 115-122.

66 Olivier Dard, *Charles Maurras. Le nationalisme intégral*, Malakoff:

Dunod, 2019 (Paris: Armand Colin, 2013), pp. 17-66.

67 Victor Nguyen, *Aux origines de l'Action française: Intelligence et politique à l'aube du XXe siècle*, Paris: Fayard, 1991, (Pierre Chaunu) Préface, pp. 11-13.

68 V. Nguyen, *Aux origines de l'Action française*, pp. 737-837.

69 Pierre Chaunu, "Charles Maurras et les catholiques français," *Histoire, économie et société*, n° 1 (1995), p. 142.

70 Ch. Maurras, *Mes idées politiques*, 1937, Books on Demand, 2019.

71 V. Nguyen, *Aux origines de l'Action française*, p. 15.

72 모라스가 보기에는 이 시대가 중대한 쇠락décadence의 길을 걷고 있었다. 쇠락은 19세기 말 20세기 초 벨에포크Belle Époque 시대의 심각한 사회적, 문예적 주제였다. 자신들의 운명을 자신들이 제어할 수 없다는 불안과 고뇌에 연관된 데카당스 개념은 폭이 넓지만 회화와 사진 등에서 예리하게 표현되었다. The dark side of the Belle Époque, https://www.bbc.com/culture/article/20161207-the-dark-side-of-the-belle-epoque.

73 창간에 서명한 인사들은 다음과 같다. Henri Vaugeois, Léon Daudet, Charles Maurras, Léon de Montesquiou, Lucien Moreau, Jacques Bainville, Louis Dimier, Bernard de Vesins, Robert de Boisfleury, Paul Robain, Frédéric Delebecque, Maurice Pujo.

74 Stephen Wilson, "History and Traditionalism: Maurras and the Action Française," *Journal of the History of Ideas*, Vol. 29, No. 3 (Jul.-Sep. 1968), pp. 365-380; ___, "The 'Action Française' in French Intellectual Life," *The Historical Journal*, Vol. 12, No. 2 (1969), pp. 328-350.

75 Charles Maurras, L'Action française et la Religion catholique. 공화주의 정신은 국가 방어를 와해하고 전통적 가톨릭에 적대적인 종교가 미치는 영향에는 우호적이다. Déclaration de la Ligue d'Action française. https://maurras.net/textes/100-3.html.

76 J.-Ch. Petitfils, *L'extrême de droite en France*, pp. 19, 21.

77 M. Sutton, *Nationalism*, p. 26. 각주 55. Ch. Maurras, "Philosophie de l'audience," *La Gazette de France*, Supplément, 6 September, 1899 재인용.

78 Ch. Maurras, Ch XXIV "Que la France pourrait-il manoeuvrer et grandir?" *Kiel à Tanger, La République française devant l'Europe 1895-1905*, 1910. *Commentaires*, n° 59 (1992/3), pp. 673-676 재수록. 이 유명한 문헌의 프랑

스어 원전은 인터넷 웹으로 공개되어 있다.

79 E. Cahm, "Le mouvement socialiste face au nationalisme au temps de l'affair Dreyfus," Geneviève Parkes, Traducteur, *BSEJ*, n° 79 (octobre-décembre 1980), pp.10-11.

80 *La Petite République*, 9 juin 1898.

81 M. Rebérioux, "Le virage de Jaurès en 1907," *BSEJ*, n° 93 (1984), pp. 9-12.

82 "La manifestation du Tivoli…Discours de Jaurès," *La Petite République*, 9 juin 1898.

83 "지금 유일한 진실은 그가 유대인의 친구, 자본주의의 노예, 인가받은 노조 대변인, 조국을 판 유다의 변호인이라는 것이다. 군대 만세! 프랑스 만세! 조레스 타도!" M. Rebérioux, *Jaurès La Parole et l'acte*, Paris: Gallimard, 1991, p. 63. 데룰레드는 1904년에 프랑스와 독일의 관계를 다룬 논설에서 조레스를 가리켜 "가장 더러운 양심의 타락자le plus odieux pervertisseur de conscience…"라고 쓴다. Henry Contamine, "Jaurès vu par les nationalistes français," *Jaurès et la nation, Actes du colloque organisé par la Faculté des lettres de Toulouse et la société d'études jaurésiennes*, Toulouse: Association des publications de la faculté des lettres et sciences humaines de Toulouse, 1965, p.123.

84 M. Rebérioux, "Jaurès et la nation," p. 1.

4장 독일은 적인가

1 Eduard Bernstein, *Ferdinand Lassalle as a social reformer*, St. Clair Shores: Scholarly Press, 1970 (London: Swan Sonnenschein; New York: Scribner, 1893). 독일어 원서는 *Ferdinand Lassalle: Eine Würdigung des Lehrers und Kämpfers.*

2 J. Bainville, *Bismarck et la France, d'après les Mémoires du Prince de Hohenlohe*, Paris: Nouvelle librairie nationale, 1907.

3 Maurice Schwob, *Le Danger allemand, Étude sur le développement industriel & commercial de l'Allemagne*, Paris: Léon Chailley, 1896, Préface par Charles Roux, député (Rapport pour 1897 sur le budget du ministère du Commerce et de l'Industrie).

4 M. Schwob, *Le Danger allemand*, Préface, pp. III-IV.

5 Ibid., p. 29.

6 Ernest Edwin Williams, *Made in Germany*, London: W. Heinemann, 1896. 가위, 칼 같은 일반 소비용 강철제품의 생산지인 영국 셰필드에서조차 남부 독일 졸링겐 제품이 많이 팔리게 되었고 이에 자극을 받아 신문기자 윌리엄스의 책《메이드 인 저머니》가 나왔다.

7 M. Angenot, Chapitre 11. Germanophobie et récit revanchard, *1889. Un état du discours social*, Montréal: Le Préambule, 1989.

8 J. Jaurès, *La guerre franco-allemande 1870-1871*, Paris: Flammarion, Préface de J.-B. Duroselle, Postface de M. Rebérioux, 1971, pp. 1-248. Louis Dubreuilh, *La Commune*, Paris: Jules Rouff, 1902, pp. 249-496. 코뮌 편은 1905년 사회당 창당부터 13년간 당 서기를 맡게 되는 루이 뒤브뢰유가 집필했다. 블랑키파로 출발한 뒤브뢰유는 게드주의 당 소속이었으나 계파에 상관없이 사회주의자들의 신망을 얻었다.

9 *La Débâcle.* 졸라는 프랑스-독일 전쟁의 참패에 이어 1871년 코뮌까지 그렸다. 에밀 졸라,《패주》, 유기환 옮김, 문학동네, 2021.

10 스트라스부르 포격에 관해서는 P. Raymond-Signouret, *Souvenirs du bombardement et de la capitulation de Strasbourg* récit critique de tout ce qui s'est passé dans cette ville du 25 juillet au 28 septembre 1870, Bayonne: P. Cazals, 1872; Rachel Chrastil, *The Siege of Strasbourg*, Cambridge, MA: Harvard University Press, 2014.

11 Bertrand Taithe, *Citizenship and Wars: France in Turmoil 1870-1871*, London: Routledge, 2001; Geoffrey Wawro, *The Franco–Prussian War: The German Conquest of France in 1870-1871*, Cambridge: Cambridge University Press, 2003.

12 Helmuth Von Moltke, *The Franco-German War of 1870-1871*, Edition 3rd, Archibald Forbes(Translator), New York: Harper & Brothers, 1907.

13 Thomas Dwight Veve, *The Duke of Wellington and the British Army of Occupation in France, 1815-1818*, Westport, Conn.: Greenwood Press, 1992, p. 81.

14 *Bibliographie générale de la guerre de 1870-1871, répertoire alphabétique et raisonné des publications de toute nature concernant la guerre franco allemande parus en France et à l'Étranger par le Commandant PALAT*, Paris/Nancy: Berger-Levrault et C. Éditeurs, 1896.

15 Charles de Freycinet, *La guerre en province pendant le siège de Paris, 1870-1871*, Paris: Michel Lévy Frères Éditeur, 1871.

16 J. Jaurès, *La guerre franco-allemande*, pp. 2-3.

17 군의 지휘 능력을 비판한 조레스의 논점은 이 책의 출간 당시 장군들과 공화파의 반격을 받았다. R. Huard, "La guerre franco-allemande: Qu'a voulu démontrer Jaurès?" *Cahiers Jaurès*, n° 197 (2010/3), pp. 41-42.

18 J. Jaurès, *La guerre franco-allemande 1870-1871*, p. 16.

19 Chapitre II. Qui est responsable de la guerre?

20 Valérie Lecoulant, "Naissance d'une oeuvre: L'histoire socialiste de la révolution française," *BSEJ*, n° 119 (octobre-décembre 1990), pp. 4-13.

21 9월 28일 프로이센 군의 파리 점령이 시작되자 파리 시민들은 어제까지 제2제정의 궁정이었던 튈르리 궁 건물 벽에 국유 재산이라고 공고하고 지붕에는 적십자 깃발을 게양하여 궁정이 부상 군인들을 위한 병원이 되었음을 알렸다. Édouard Delalain, *Le siège de Paris* (*Du 18 septembre 1870 au janvier 1871*), *Journal historique et anecdotique*, Lille/Paris: Librairie de J. Lefort, 1874, p. 20.

22 J. Rabaut, *Jean Jaurès*, pp. 144-145.

23 J. Jaurès, *La guerre franco-allemande 1870-1871*, p. 45.

24 Emile Ollivier(1825-1913). 자유주의 성향의 공화파 의원으로, 결사를 제한한 르샤플리에법 (1791)의 폐지를 주도한 제2제정 시기 중요한 정치가이다.

25 J. Jaurès, *La guerre franco-allemande*, p. 59.

26 Ibid., p. 41.

27 J. Jaurès, "Paix et revanche," *La Dépêche*, 31 décembre 1887.

28 Éric Guillet, "Le refus des simplifications. L'image de l'Allemagne dans trois œuvres de Jean Jaurès, *Des premiers linéaments du socialisme allemand chez Luther, Kant, Fichte et Hegel* (1892), *La guerre franco-allemande* (1908) et *L'armée nouvelle* (1911)," *Cahiers Jaurès*, n° 179 (janvier-mars 2006), pp. 33-80.

29 M. Rebérioux, "La philosophie de Nietzsche et le socialisme: trois conférences de Jaurès à Genève en 1902, résumés parus dans *le Journal de Genève*, 19, 21 et 24 févrir 1902," *BSEJ*, n° 3 (octobre 1961), pp. 6-7, 8-14.

30 1891년에는 프랑스에서 그(니체)를 몰랐다. Jacques Le Rider, *Nietzsche en France. De la fin du XIXe siècle du temps présent*, Paris: PUF, 1999, p. 50;

Christopher E. Forth, "Nietzsche, Decadence, and Regeneration in France, 1891-95," *Journal of the History of Ideas*, Vol. 54, No. 1 (Jan., 1993), pp. 97-117.

31 Ch. Charle, "Les références étrangères des universitaires. Essai de comparaison entre la France et l'Allemagne, 1870-1970," *Actes de la recherche en sciences sociales*, Vol. 148 (juin 2003), pp. 8-19, Entreprises académiques; Sébastien Mosbah-Natanson, "Internationalisme et tradition nationale: le cas de la constitution de la sociologie française autour de 1900," *Revue d'Histoire des Sciences Humaines*, n° 18 (2008/1), pp. 35-62.

32 책방이 인쇄와 출판을 겸해 잡지는 기고자와 독자와 얼굴 모르는 연구자들 사이의 돈독한 네트워크였다. Anne Rasmussen, "L'amitié, une valeur scientifique. Les amitiés internationales des savants au tournant du siècle," *Jean Jaurès Cahiers trimestriels*, n° 143 (janvier-mars 1997), pp. 77-95.

33 정치적 계산도 깔렸지만 혁명적 시인 하이네, 남부 독일에서 추방당한 마르크스를 받아들인 것은 1830-1840년대 제한왕정기의 프랑스 정부였다. 1848 혁명의 실패 후 프랑스로 향한 망명 독일인도 많았다. *Presse et mémoire. France des étrangers, France des libertés*, Paris: Génériques Éditions/Éditions ouvrières, 1990, pp. 10-17.

34 *Nouvelle Revue germanique*: recueil littéraire et scientifique publié par une société d'hommes de lettres français et étrangers, 1829-1833, *Revue franco-allemande* (München puis Berlin, Paris, etc.) 1899-1901.

35 L. Lévy-Bruhl, *L'Allemagne depuis Leibniz: essai sur le développement de la conscience nationale en Allemagne, 1700-1848*, Paris: Librairie Hachette, 1907, avant-propos.

36 1895년 귀스타브 르봉의 《군중심리학》도 인기였다. 이 책에 따르면, 군중 사이에서 개인은 개체성을 잃고 감정과 모방에 휩싸이며 군중의 머릿속에 침투하려면 모든 이지력과 증거를 배제한 단순한 개념이 요구되었다. 근대 범죄학의 초창기 개척자로 심리사회학을 파고든 가브리엘 타르드의 《군중과 여론》이 나온 것도 이 무렵이다. Gabriel Tarde, *L'Opinion et la foule*, 1901, Paris: PUF, 1989.

37 제2공화국에서 정치에 발을 디딘 후 제2제정에 반대하여 망명을 간 키네는 독일인 헤르더Johann G. Herder의 역사철학에 충격을 받고 헤르더의 저작을 번역했다. 이미 1832년에 《독일과 혁명에 관해*De l'Allemagne et de la révo-*

lution》도 저술했다. 키네에 따르면 프로이센의 부상은 위기가 아니라 새로운 문명이며 독일 통일은 북방 문명에 필요한 발전이었다. E. Quinet, *France et Allemagne*, Paris: Librairie Internationale, 1867, pp. 4-5.

38 J. Jaurès, "La paix et le socialisme," *L'Humanité*, 9 juillet 1905.

39 Ibid.

40 라틴어 원문은 새 조레스 전집에 수록되었다. *Des premiers linéaments du socialisme allemand chez Luther, Kant, Fichte et Hegel*," *De primis socialismi germanici lineaments apud Lutherum Kant Fichte et Hegel*, thèse secondaire Toulouse: A Chauvin 1891, Traduction d'Adrien Veber sous le titre: Les origines du socialisme allemand, *Oeuvres de Jean Jaurès*, tome 3, pp. 383-436. 프랑스어 번역은 처음에는 'Origine du socialisme allemand(독일 사회주의의 기원)'이었고 이 제목이 1936년 막스 보나푸 편집의 조레스 전집에 그대로 표기되었다가 2000년대의 조레스 전집 3권에서 'premiers linéaments du socialisme allemand(독일 사회주의의 기틀)'로 바뀌었다. 에리크 기예는 'premiers linéament'의 의미를 로베르 사전에 따라 "후에 이런저런 방향으로 발전할 수 있는 초벌 상태의 특징"이라고 말하며, 그렇다면 '기틀'이라는 우리말이 그럼직하다고 보인다. É. Guillet, "Refus de simplification," p. 38.

41 J. Jaurès, *Discours parlementaires*, p. 7.

42 Marie-Louise Goergen, *L'influence du socialisme allemand dans la formation et l'évolution du parti ouvrier français* (*Guesdiste*) (*1877-1889*), Mémoire de maîtrise, Université de Paris I, 1988, chap. I, II.

43 조레스의 피히테 해설은 이렇게 시작한다. "1800년 튀빙겐에서 간행된 그의 통치론은 아직 프랑스어로 번역되지 않았다."

44 독일사에 민감했던 르낭E. Renan이 1860년대에 종교개혁의 의미를 논하면서 루터를 설명하지만 그 전에도 루터는 공화파의 뇌리에 들어 있었다. Marion Deschamp et Marc Aberlé, "Le legs politique de Luther chez les penseurs républicains français du XIXe siècle. Un héritage discuté," *Revue Française d'Histoire des Idées Politiques*, n° 45 (2017/1), pp. 89-120.

45 J. Jaurès, "Des premiers linéaments du socialisme allemand," p. 399; Poultney Bigelow, *History of the German Struggle for Liberty*, New York: Harper & Brothers, 1899, pp. 185-247.

46 J. Jaurès, "Des premiers linéaments du socialisme allemand," pp. 385-

387; Mariane Schaub, "Les origines du socialisme allemand: Le moment inaugural: Luther," *Jean Jaurès, Cahiers trimestriels*, n° 155 (janvier-mars 2000), pp. 57-64; Louis Reynaud, *L'influence allemande en France au XVIIIe et XIXe siècle*, Paris: Librairie Hachette, 1922. 프랑스-독일 전쟁 이후의 상황은 pp. 259-310.

47 프랑스의 천재성과 독일의 천재성을 비교한다면 독일인들은 서로 싸우는 듯한 모순을 기꺼이 화해시키고 통합했다. 반면 프랑스인들은 한 편이 다른 편을 더 증오하고 짓밟도록 어느 한 편을 애정을 다해 껴안았다. 프랑스인들은 이성과 신앙, 개인의 자유와 집단적 권능을 대비시켰다. 독일인들은 기독교 종교를 이성으로써 해석했고 그래서 각자의 자유는 국가의 권력과 권리 덕분에 수립되고 보장된다고 확신했다. 종교개혁은 독일인들의 정신이 모순되는 것을 포용하도록 준비해놓았다. *Oeuvres de Jean Jaurès*, tome 3, pp. 398-399.

48 J. Jaurès, "Des premiers linéaments du socialisme allemand," p. 435.

49 D. Lindenberg, P. A. Meyer, *Lucien Herr*, pp. 121-129.

50 프랑스가 19세기 초 독일 사조를 비정치적 낭만주의에 한정시킨 것은 이 사조에 배어 있는 반란의 개연성을 감지하지 못했다는 것이다. 이는 19세기 프랑스의 고답적인 태도에서 연유한다. Frederick C. Beiser, *Enlightenment, Revolution, and Romanticism: The Genesis of Modern German Political Thought, 1790-1800*, Cambridge, MA: Harvard University Press, 1992, pp. 229-244.

51 J. Jaurès, *La guerre franco-allemande 1870-1871*, pp. 45-46.

52 Le philosophe politique, Introduction, *Oeuvres de Jean Jaurès*, tome 3, pp. 378-379.

53 20세기 철학자 뤼시앵 골드만(1913-1970)은 조레스와 18세기 사상을 이렇게 엮었다. "그는 계몽의 사상과 문구를 자신의 입장에서 해석하기에 이르렀다. 그 사상이 사회주의 사상을 예기한다고 본 것이다." Ibid., p. 379, 주 3.

54 Frederick C. Beiser, *German Idealism: The Struggle against Subjectivism, 1781-1801*, Cambridge, MA: Harvard University Press, 2002, pp.17-26, 223-259.

55 '독일과 프랑스 프롤레타리아의 단합'이란 제목으로 베를린에서는 조레스, 파리에서는 베벨이 각각 연설하자는 구상을 한 것은 《포르베르츠》였다. Dieter Groh, "Jaurès et Bebel en 1905," *BSEJ*, n° 65 (avril-juin 1977), pp. 7-8. 독

일과 프랑스 사이에 잠시 우의가 형성된 것으로 볼 수도 있다. 두 나라 사회주의자들의 관계에 대해서는 논점을 분명히 하기가 어렵다는 뜻으로 들린다. Jean Mondot, "Le trop bref printemps de la première "amitié franco-allemande" avant 1914," *Allemagne d'aujourd'hui*, n° 204 (2013/2). 특히 1905년 7월 베를린 방문에 관해서는 pp. 33-35.

56 J. Jaurès, *Rallumer tous les soleils*, p. 597.

57 독일 통일의 안전을 위해 프랑스와 마찰을 피하려 한 비스마르크의 퇴진 후 독일의 대외정책은 프랑스의 식민지 독주에 강력하게 반응했다. 원철, 〈독일 외교정책과 제1차「모로코」사건(1905)〉, 《西洋史論》 9/1 (1969), 30-76쪽.

58 2차 세계대전 후 가장 주목할 유럽 정세는 프랑스와 독일 관계의 안정일 것이다. 프랑스는 처음에는 분할된 서독과, 그 다음에는 재통일된 독일과 긴장과 분쟁 없이 지냈다. 전후 프랑스와 독일 간 새로운 유화 관계는 당연히 국내 학계의 관심을 끌었다. 독일·프랑스 공동역사교과서 편찬위원회 기획, 페터 가이스 외 지음, 《독일 프랑스 공동 역사 교과서: 1945년 이후 유럽과 세계》, 김승렬 외 옮김, 휴머니스트, 2008.

59 봉기 혁명의 사회주의 실현 방식에 전혀 동의하지 않는 조레스도 1905년 1차 러시아혁명으로 혁명을 향한 자극을 받고 상황을 면밀히 분석했다. Thierry Cabrol, *Jean Jaurès et la Révolution russe de 1905*, Mémoire, Université Toulouse-Jean Jaurès, 2016.

60 그 전해 제2인터내셔널 6차 암스테르담 대회에서 독일 사회주의의 요구에 부응하여 계급정당, 혁명정당을 천명하고 자신의 개혁 노선은 일단 접었기 때문에 조레스는 독일인들 앞에서 당당했다. 이 책의 4부 1장 참조.

61 J. Jaurès, "La paix et le socialisme," *L'Humanité*, 9 juillet 1905.

62 J. Jaurès, *Rallumer tous les soleils*, p. 604.

63 군사문제 전문가인 장자크 베케르는 프랑스 제3공화정에서 외쳐진 보복론은 언어였을 뿐, 정부는 실제로 대독 보복 전쟁을 기획한 일도 필요한 예산을 비축한 적도 없다고 한다. J.-J. Becker, "1905: La menace de guerre est-elle à l'origine d'un renouveau nationaliste?," *Mil neuf cent. Revue d'histoire intellectuelle*, n° 19 (2001/1), p. 23; B. Joly, "La France et la Revanche (1871-1914)," *Revue d'histoire moderne et contemporaine*, vol. 46, no. 2b (1999), pp. 325-347.

64 Luc de Saint-Ours, *La philosophie de l'alliance franco-allemande*, Florence Imprimerie coopérative, 1884, Paris: Hachette, 2013.

65 1648년 뮌스터조약 이후 프랑스 왕은 알자스에 대해 주권이 아니라 최고지배권Souveraintë만 가졌다. 알자스-로렌 땅은 루이 14세 시대에 병합되었으나 이곳 출신은 프랑스의 국정에 거의 참여하지 않았다. 이 지역은 과학인, 의사, 산업인, 엔지니어, 역사가, 병사의 요람이었다. Jacques Binoche, *Histoire des relations franco-allemandes*, Paris: Masson/Armand Colin, 1996, pp. 5, 51.

66 유럽 외교계는 19세기 전반기부터 팽창하지만 프로이센이 외교 강대국으로 등장하는 것은 1870년 이후이다. 프랑스 외교의 기조는 왕정기나 공화정 시대에나 연속적이었다. A. Tardieu, "Republic and Monarchy: Fifteen Years of French Diplomacy," *The North American Review*, Vol. 187, No. 629 (Apr., 1908), pp. 533-542.

67 J. Jaurès, *Idéalisme et matérialisme*; Ernest Labrousse, "Sur quelques aspects de la conception jaurésienne de l'Histoire," *BSEJ*, n° 41 (avril-juin 1971), pp. 2-8.

68 J. Jaurès, "Les deux Allemagne et les deux France," *L'Humanité*, 5 décembre 1913; Chambre des députés, 18 novembre 1909, 2e séance, *Oeuvres de Jean Jaurès, Europe Incertaine 1908-1911*, par Max Bonnafous, p.132.

69 D. Groh, "Jean Jaurès und deutche Sozialdemocratie," *Jean Jaurès. Frankreich, Deutscland und die Zweite Internationale am Vorabend des Ersten Weltkriegs*, herausgegeben von U. Brummert, Tübingen: GNV, 1989, pp.1-22.

70 앙들레르는 1901년, 마르크스의 《공산당 선언》을 프랑스어로 번역했다.

71 Ch. Andler, *La vie de Lucien Herr*, pp. 53-219.

72 Ch. Andler, *Les origines du socialisme d'État en Allemagne*, thèse de doctorat, présentée à la Faculté des lettres de l'Université, Paris: Felix Alcan, 1897. 앙들레르가 추적한 법학, 철학, 역사, 경제학에 관계된 독일 사상가들은 헤겔G. W. F. Hegel(1770-1831), 자비니F. C. Savigny(1779-1861) 강스E. Gans(1798-1839), 라살레F. Lassalle(1825-1864), 로드베르투스K. Rodbertus(1805-1875)이다.

73 Ch. Andler, *La Civilisation socialiste*, Introduction, Présentation de Ch. Prochasson, Lormont: Le bord de l'eau, 2010, pp. 67-76.

74 Antoinette Blum, "Charles Andler en 1908: un Germaniste pris entre la France et l'Allemagne," *Revue Germanique internationale*, 4 (1995), pp. 27-44.

75 앙들레르는 직접적으로는 독일 사민당 우파를 가리켰지만 사민당 전체의 동향을 비난한 것이다. 프랑스 노동총연맹 역시 독일 사민당 지도자들이 인민 다중과 멀어져 있다고 비난했다. Alois Schmacher, *La social-démocratie allemande et la IIIe République*, Paris: CNRS Éditions, 1998, pp. 187-189.

76 Ch. Andler, *Le socialisme impérialiste dans l'Allemagne contemporaine. Dossier d'une polémique avec Jean Jaurès (1912-1913)*, Paris: Aux éditions Bossard, 1918. 이 책은 조레스 사후인 1918년에 간행되었으며 앙들레르는 이 점을 분명히 했다.

77 Ibid., p. 213.

78 Ibid., p. 236-241.

79 앙들레르의 책에서는 '조레스의 공세L'Offensive de Jaurès'라는 제목으로 이 기사들을 묶어서 편집했다. Ibid., pp. 131-159.

80 Kevin Callahan, ""Performing Inter-Nationalism" in Stuttgart in 1907: French and German Socialist Nationalism and the Political Culture of an International Socialist Congress," *International Review of Socialist History*, 45 (2000), 특히 pp. 63-72.

81 J. Jaurès, "Les deux Allemagne et les deux France," *L'Humanité*, 5 décembre 1913.

82 Otto von Gierke, "L'idée germanique de l'État," *Revue Française d'Histoire des Idées Politiques*, n° 23 (2006/1), pp. 169-171. 2011년 조레스학회가 '《새로운 군대》를 읽다' 학술대회를 열었을 때 군사문제 전문가들의 의견이 크게 어긋났다. 올리비에 코송은 조레스의 군사론을 의미 있게 평가하고 반대로 필리프 비알은 조레스의 야심은 컸지만 그의 논지는 눈속임 같은 것이었다고 잘라 말했다. Lire L'Armée nouvelle, *Cahiers Jaurès*, n° 207-208 (janvier-juin 2013), pp. 1-87.

83 W. Eckhardt, "Making and Breaking Enemy Images," *The Journal of World Peace*, 7/1 (1990), pp. 13-17; Harvey C. Greisman, "The Enemy Concept in Franco-German Relations, 1870-1914," *Hisrory of European Ideas*, Vol. 19, Nos. 1-3 (1994), pp. 41-46.

84 J. Jaurès, "Bernstein et l'évolution de la méthode socialiste," Conférence faite le 10 février 1900 sous les auspices du Groupes des étudiants collectivistes de Paris, à l'Hôtel des Sociétés Savantes, sous la présidence du citoyen Jean Allemane, Paris: Librairie populaire du parti socialiste, 1931.

85 Allan Mitchell, "German History in France after 1870," *Journal of Contemporary History*, Vol. 2, No. 3 (Jul., 1967), pp. 81-100.

86 Otto Volkart, *Jean Jaurès, Rede über des großen Volksfreund, der als Vorkämpfer für den Weltfriedenam 31 Juli 1914 ermordet wurde*, Bern: Akademische Buchhandlung Max Drechsel, 1917.

87 Jean de Bloch, *La guerre: traduction de l'ouvrage russe La guerre future aux points de vue technique*, économique et politique, tome 1-4, Paris, 1899-1900(출판사 미상).

88 J. de Bloch, *The Future of War in Its Technical, Economic and Political Relations*, Boston: Ginn & Company, 1903. 영어판에는 저자와 군사 전문가(W. T. Strad)의 인터뷰가 실려 있다. 이 책은 2010년 재간행되었다.

89 Thérèse Delpech. "La 'Guerre impossible' selon Ivan Bloch," *Politique étrangère*, n° 3 (2001), pp. 705-712.

90 이 문제는 섬세하게 보아야 할 것 같다. 셔먼은 군대와 관련해 전통 귀족을 추산했다. William Serman, "La noblesse dans l'armée française au XIXe siècle (1814-1890)," *Publications de l'École Française de Rome*, 1988, pp. 551-558. 시골 하급 귀족을 본다면 사정이 다르다. 귀족들은 1830년대 후로는 입대하지 않았다가 제2제정 후기부터 군에 들어왔고 1871년 후에도 이는 지속되었다. 그 결과 제3공화정에서는 귀족과 왕정주의자들이 군대에 점점 더 많아졌다. J.-J. Becker, "Histoire et armée. L'apport de l'affaire Dreyfus," *Jean Jaurès Cahiers trimestriels*, n° 137 (juillet-septembre 1995), p. 37.

91 F. Caron, *La France des patriotes de 1851 à 1918*, Paris: Fayard, 1985, pp. 571-572.

92 J.-P. Baux, "1914: une France démographiquement affaiblie," *Population & Avenir*, n° 717 (2014/2), p. 14.

93 Gerd Krumreich. "A propos de la politique d'armement de la France avant la Première guerre mondiale," *Revue d'histoire moderne et contemporaine*, tome 29, n° 4 (octobre-décembre 1982), pp. 662-672.

94 F. Caron, *La France des patriotes*, pp. 569-570.

95 Jean Boulègue, "L'officier dans la société française: l'héritage de la Troisième République," *Revue française de sociologie*, Vol. 44, No. 4 (octobre-décembre 2003), p. 704. Profession militaire.

96 Jean-Charles Jauffret, "Armée et pouvoir politique. La question des troupes spéciales chargées du maintien de l'ordre en France de 1871 à 1914," *Revue Historique*, T. 270, Fasc. 1 (547) (Juillet-Septembre 1983), pp. 97-144.

97 R. Girardet, "Pouvoir civil et pouvoir militaire dans la France contemporaine," *Revue française de science politique*, n° 1 (1960), pp. 5-38.

98 Jean-Noël Jeanneney, Introduction, J. Jaurès, *L'Armée nouvelle*, Paris: Imprimerie nationale, 1992, p. 15.

99 *Oeuvres de Jean Jaurès*, tome 13, p. 319.

100 Ibid., p. 295-298.

101 Ernest Psichari, *L'Appel des armes*, Paris: Louis Conard, 1913. 2017년 재간행.

3부 폭력의 문명을 허용치 않는 사회주의

1장 모로코

1 막스 보나푸 편집의 조레스 전집 '평화' III권 (1906-1908)의 제목이 '벌집 모로코Le guêpier marocain'이다.

2 Georges Lichtheim, "Imperialism 1, 2," *Commentry* (April, May 1970); Albert Lauterbach, Changing Concepts of Imperialism, *Weltwirtschaftliches Archiv*, 113/2 (1977. 06), pp. 322-344.

3 이재원, 〈식민지 팽창과 프랑스의 반식민주의 1870-1914—식민주의와 반식민주의의 기로에서〉, 《프랑스사연구》 25호 (2011), 113-148쪽.

4 Jules Harmand, *Domination et colonisation*, Paris: Ernest Flammarion, 1910, avant-propos.

5 19세기 후반 이전에 벌어지는 공화국과 제국의 결합과 갈등에 대한 프랑스의 사유는 다음을 참조하라. 홍태영, 〈프랑스 계몽주의와 혁명 그리고 제국적 공화국〉, 《한국정치외교사논총》 38/2 (2017).

6 Félicien Challaye, *Un livre noir du colonialisme*, Aveyron: Les nuits rouges, 2003 (1935); Anatole France, "La guerre," *L'Humanité*, 13 avril 1904.

7 J. Jaurès, "France et Europe," *La Dépêche*, 18 juillet 1903.

8 R. Girardet, *Le nationalisme français, 1871-1914*, Paris: Le Seuil, 1966, pp. 104-106; Jules Ferry, Débats parlementaires, 28 juillet 1885.

9 R. Girardet, *Le nationalisme français, 1871-1914*, pp. 98-100; *Les Affaires de Tunisie: Discours de M. Jules Ferry*, par Alfred Rambaud, Paris: J. Hetzel, 1882.

10 1600년대의 프랑스 왕정은 영국, 에스파냐 세력과 치열한 공방전 끝에 카리브해의 해군 기지 마르티니크와 과들루프, 기안을 차지했다. 17세기의 식민지 건설은 동인도회사에 위탁하여 원산지 산물의 수출로 이익을 창출했다. 1685년 콜베르 재상이 작성한 노예지배를 위한 흑인법Codes noirs은 종교를 통한 정신적 제압을 목표로 했다고 보인다. 예수회 선교단을 비롯한 기독교 전파 활동 속에 모든 노예는 가톨릭교 세례를 받고 위반자들은 처형당하는 법규가 마련되었다. 프랑스는 1760년대에 영국과의 전쟁에서 패해 인도에서 밀려났고 1789년 혁명의 소용돌이 속에서 식민지 팽창이 주춤했으나 나폴레옹 치하에서 식민지 획득은 다시금 추진되었다. 남태평양의 타히티와 주변 섬들을 보호령으로 만들고 인도양 동아프리카의 레위니옹 및 작은 섬들을 차지한 것은 1842년이었다. 프랑스 해외 제국의 개요는 다음을 참고하라. Robert Aldrich, *Greater France: A History of French Overseas Expansion*, St. Martin's Press, MacMillan Education, 1996.

11 이하나, 〈클레망소의 모로코 점령 정책과 식민주의〉, 《서양사연구》 60호(2019), 127-171쪽.

12 Séance du jeudi 30 juillet 1885; *1885: le tournant colonial de la République*, Introduction de Gilles Manceron, Paris: La Découverte, 2007, pp. 71-74에서 발췌.

13 Georges Périn(1838-1903). 1873년에서 1889년까지 오트비엔도의 공화파 하원의원이며 병사의 피를 아껴야 한다는 취지에서도 완강한 반식민주의자였다. Camille Pelletan(1846-1915). 역사가, 언론인이며 1881년부터 1912년까지 부슈뒤론도의 개혁적인 급진파 하원의원이었다.

14 R. Girardet, *Le nationalisme français, 1871-1914*, pp. 72-79.

15 Ibid., p. 73.

16 Ibid., p. 76.

17 Matthieu Séguéla, Chapitre 10 L'asiatisme anticolonialiste et anti-impérialiste de Georges Clemenceau (1885-1929), *Sociétés, cultures, politiques, Nouvelle histoire des colonisations européennes* (*XIXe-XXe siècles*), Paris: Puf, 2013.

18 1883-1884년 24-25세의 조레스는 툴루즈대학 강사로 강의하면서 1885년 총

선에 뜻을 품고 공화파의 지지를 얻고자 했다. 이 시기 툴루즈나 타른도의 공화파들이 대체로 그렇듯이 조레스도 페리의 식민정책을 지지했다. 삼촌 뱅자맹 제독의 영향도 있었다. 이 내용은 1884년 4월 14일 툴루즈-프랑스 동맹의 초청을 받아 행한 강연문에 들어 있다. Jean Jaurès, *Vers l'anticolonialisme. Du colonialisme à l'universalisme*, textes résumés et présentés par Gilles Manceron, Paris: Les Petits Matins, 2015, pp. 37-42.

19 J. Jaurès, "A Londres," *La Petite République*, 17 mai 1896.

20 다음의 문헌들은 유대인 문제에 집중되어 있지만, 행정상 해외도여도 실제는 식민지인 알제리의 상황을 검토하는 것이기 때문에 이 자리에 소개한다. 조레스는 알제리 젊은이들의 물리적인 반유대주의를 야만적 행위로 비난했다. J. Jaurès, "La question juive en Algérie," *La Dépêche*, 1er mai 1895; "Choses algériennes," *La Dépêche*, 8 mai 1895; "En Algérie," *La Petite République*, 29 janvier 1898; Discours à la Chambre des députés, 19 février 1898.

21 필리핀 독립운동을 지지하는 조레스의 입장은 다음 책에 붙인 서문에 나타나 있다. J. Jaurès, Préface au livre d'Henri Turot, *Les hommes de révolution, Aguinaldo et les Philippines*, Léopold Cert, 1900, *Vers anticolonialisme*, pp. 82-85; 청조의 의화단사건 진압에 대해서는 특히 "L'Europe," *La Petite République*, 5 août 1900; "Pour la paix," *La Dépêche*, 12 août 1900.

22 동쪽 산악 리프인들의 완강한 저항, 남부 아틀라스 고지 부족들의 군사적 기강이 1500년대 이후 포르투갈, 에스파냐의 해외 팽창 속에서 모로코가 독립성을 지키는 데 기여했다. 모로코의 지형에 대해서는 마그레브 일대의 지리학 연구에 선구적이었던 장 드레슈 추모 논집을 참조할 수 있다. *Désert et montagne au Maghreb, Hommage à Jean Dresch*, Aix-en-Provence: Edisud, 1987.

23 Edmund Burke III, *Prelude to Protectorate in Morocco, Precolonial Protest and Resistance 1860-1912*, Chicago: University of Chicago Press, 1976. pp. 19-41.

24 R.-J. Frisch, *Le Maroc-géographie, organisation politique*, Paris: Éditions Leroux, 1895, pp. 10-11. 군사 전문 출판사에서 간행된 이 책의 저자는 보병 106연대 군인으로 알제리의 아랍 문제와 튀니지 정보를 담당했던 장교이다.

25 Pierre Loti, *Au Maroc*, Paris: Calmann-Lévy, 1890, p. 7.

26 원철, 〈독일외교정책과 제1차 「모로코」 사건(1905)〉, 38-46쪽.

27 R. Thomassy, *Le Maroc et ses caravanes, ou Relations de la France avec* *cet empire* (2e édition), Paris: Librairie de Firmin Didot Frères, 1845; Edmondo De Amicis, *Le Maroc*, 1875, Traduit de l'Italien par Henri Belle Vicomte; Charles de Foucauld, *Reconnaissance au Maroc 1883-1884*, Paris: Challamel, 1888; Albert Cousin, Daniel Saurin, *Le Maroc*, Paris: Libraire du *Figaro*, 1905. 전신망과 행정 및 군사 지도는 1913년, 1914년이 되어 정밀하게 제작되는 것 같다.

28 점증하는 산업화의 압력과 국제 경쟁 아래 유럽 내 경작지가 부족해서 유럽인들이 해외 대륙으로 진출하고 있다는 것은 독일 사회주의에 경각심을 가졌던 앙들레르의 관찰이었다. Ch, Andler, *Le socialisme impérialiste dans l'Allemagne contemporaine*, pp. 67-84.

29 Douglas Porch, John Keegan, *Wars of Empire*, London: Wellington House, 2000. 독일 황제의 연설문은 정확하게 알려지지 않았다.

30 이 화친협정l'Entente cordiale은 이때가 처음이 아니다. 나폴레옹전쟁 후 1833년 루이 필리프 왕정하에 같은 이름의 협정이 영국과 체결되었다. 나폴레옹 3세 역시 크림전쟁(1853-1856) 시기에 빅토리아 여왕과 상호 방문하면서 화친 관계를 수립했다. 1904년의 상황에 대해서는 Richard Mayne, Douglas Johnson, Robert Tombs (ed.), *Cross Channel Currents: One Hundred Years of the Entente Cordiale*, London: Routledge, 2004, pp. 21-35.

31 "Le programme socialiste, les organisations ouvrières et l'action internationale," 27 février 1904. 이 연설문은 두 달 후《라 르뷔 소시알리스트》4월호에 실렸다.

32 "L'Entente franco-anglaise et la situation européenne (1904)," *Oeuvres de Jaurès, Pour la Paix, II. La paix menacée 1903-1906*, Paris: Éditions Rieder, 1931, pp. 134-135, 137.

33 Ibid.

34 "Le programme socialiste, les organisations ouvrières et l'action internationale".

35 M. Schwob, *Le Danger allemand*, pp. 92-93.

36 무기류를 제외한 모든 품목의 교역이 허용되었고 금지 품목은 대포용 화약, 유황, 전쟁용 아연, 마약, 담배였다. 주요 수입품은 베네치아에서 온 목재, 아프리카 수단으로 다시 나가는 청동, 주석, 강철, 무기 제조로 유명한 롬바르디아와 독일제 무기류, 그리고 관세가 거의 면제된 일부 귀금속이었다. 밀라노제라고 하는 철기류, 옻칠 제품과 유황 제품도 있었다. 이탈리아 제노바에서

는 면직물, 부유한 프랑스 부르고뉴에서는 나사를 보내왔다. 남부 프랑스 페르피냥과 이탈리아 피렌체의 특산물은 식물과 광물질 염료였다. 에스파냐의 발레아레스 군도 및 시칠리아에서는 향신료와 약품이 왔다. 반면 모로코에서 나가는 수출품으로는 특히 말이 중요했고 피혁 원재료, 무두질한 가죽 제품, 마그레브에 언제나 많은 가축들에 양초와 기름도 여러 종류였다. 18세기에는 모로코산 원당이 마르세유와 플랑드르 지방에서 팔렸다. 제노바, 마르세유로 향하는 곡물 수출도 많았다. 예전 10세기에는 수은, 아연, 철과 금제품, 화약이 모로코로부터 나갔다고 한다. A. Cousin, D. Surin, *Le Maroc*, pp. 209, 288-290.

37 수입 물량은 영국제가 가장 많았고 프랑스가 그다음이었다. 수입 총액의 약 80퍼센트를 영국과 프랑스가 차지하고 독일, 벨기에, 오스트리아가 뒤를 이었다. 독일과 오스트리아를 합해도 프랑스의 3분의 1 정도였고, 에스파냐와 이탈리아는 프랑스의 10분의 1에도 못 미쳤다. 수출은 독일, 이탈리아, 미국, 트리폴리와 투르크, 포르투갈로 골고루 나뉘지만 역시 영국과 프랑스로 나가는 금액이 가장 많았다. Pierre Albin, *43 ans de Politique Pacifique et Conciliante envers l'Allemagne 1871-1914*, Bordeaux: Imprimerie G. Delmas, 1914, p. 32.

38 아랍어 마크젠Makhzen은 글자 그대로는 상점, 창고(영어 magazine)를 의미하고 실제로는 술탄이 무기와 보물을 보관하던 건물을 가리켰다. 19세기에는 지배자의 의지에 종속되는 중앙정부와 지방행정이라는 뜻이 되었다. 시바Siba는 일정한 구속을 받지 않는 상태를 의미한다고 알려져 있다.

39 Ellen Amster, Medicine and Sainthood: Islamic Science, French Colonialism and the Politics of Healing in Morocco, 1877-1935, Ph.D. Dissertation, Philadelphia, PA: University of Pennsylvania, 2003, pp. 17-52.

40 Heather Jones, "Algeciras Revisited: European Crisis and Conference Diplomacy, 16 January-7 April 1906," (EUI WorkingPaper MWP 2009/1) https://cadmus.eui.eu/bitstream/handle/1814/10527/MWP_2009_01.pdf?...1.

41 Pierre Guillen, "Les milieux d'affaires français et le Maroc," *Revue Historique*, t. 229 (1963), p. 397.

42 Schenck von Schweinberg, Louis Maurice, *La politique marocaine de l'Allemagne* (7e édition), Paris: Libraire Plon-Nourrit et C. Imprimeurs Éditeurs, 1916; Prince de Bülow, *La Politique allemande*, Traduit de l'allemand par M. Maurice Herbette, 7e édition, Paris: Henri Charles-Lavauzelle, 1916, pp. 19-127.

43 *Les Annales coloniales: organe de la "France coloniale moderne"*. 파리에서 발행되는 이 회보는 한 면 전체에 공보란을 두고 프랑스 내외의 금융 소식을 알렸다.

44 La Banque de Paris et des Paybas. 1872년 창설된 대형 은행이며. 프랑스어 페이바는 네덜란드를 가리킨다.

45 Hubert Bonin, Catherine Hodeir, Jean-François Klein (dir.), *L'esprit économique impérial (1830-1970). Groupes de pression et réseaux du patronat colonial en France et dans l'Empire*, Paris: Publications de la Société française d'histoire d'outre-mer, 2008.

46 "L'Entente franco-anglaise et la situation européenne (1904), Chambre des députés, 10 novembre 1904," pp. 119-139.

47 Eugène Étienne, *Les compagnies de colonisation: accompagné de notes explicatives et annexes*, Paris: Augustin. Challamel, 1897; Capitaine Lenfant, *Le Niger, voie ouverte à notre empire africain*, Paris: Librairie Hachette, 1905 (3e édition); Émile Démaret, *Organisation coloniale et fédération, une fédération de la France et de ses colonies*, thèse pour le doctorat, préface de M. Eugène Etienne, Paris: V. Giard et É. Brière, 1899; Lucien Hubert, *Politique africaine: Maroc, Afrique occidentale, Algérie, Tchad, l'effort étranger*, préface de Eugène Étienne, Paris: Dujarric, 1904.

48 Julie d'Andurain, "Réseaux politiques et milieux d'affaires: Le cas d'Eugène Étienne et d'Auguste d'Arenberg," H. Bonin, C. Hodeur & J.-F. Klein, *L'esprit économique impérial (1830-1970)*, pp. 90-102.

49 James J. Cooke, "Lyautey and Etienne: The Soldier and the Politician in the Penetration of Morocco, 1904-1906," *Military Affairs*, Vol. 36, No. 1 (Feb., 1972), pp. 14-18.

50 *Renseignements coloniaux et documents publiés par le Comité de l'Afrique française*, Chambre de commerce internationale. Comité de l'Afrique française, Editeur, 1895-1940. 이 간행물 중에서 1896년 발행본만 참조.

51 C. M. Andrew, A. S. Kanya-Forstner, "The French 'Colonial Party': Its Composition, Aims and Influence, 1885-1914," *The Historical Journal*, Vol. 14, No. 1 (Mar., 1971), pp. 99-128.

52 William I. Shorrock, *French Imperialism in the Middle East: The Failure of Policy in Syria and Lebanon, 1900-1914*, Wisconsin: University of Wisconsin Press, 1976. 프랑스의 시리아 진출은 1920년대 후반에 재개된다.

53 "Le fonds des choses," *L'Humanité*, 28 février 1906. "Qu'on s'explique à fond," *L'Humanité*, 1er mars, 1906.

54 *La Quinzaine coloniale*: organe de l'Union coloniale française. Économie politique, agriculture, industrie, sciences appliquées commerce travaux publics. 한편 이 시기에 발간된 식민지 관련 언론은 프랑스 국립도서관Bnf 전자자료Gallica로 일람할 수 있다. https://gallica.bnf.fr/html/und/presse-et-revues/presse-coloniale?mode=desktop.

55 *Les Annales coloniales*, 15 février 1903, p. 101.

56 E. Luret, Ancien Directeur Général des Services du Contrôle de la Dette Marocaine.

57 Chambre des députés, 19 avril 1905.

58 Thomas Hayes Conner, Parliament and the making of Foreign Policy: France under the Third Republic 1875-1914, Ph.D. Dissertation, NC: University of North Carolina at Chapel Hill, 1983, pp. 86-233; Frederick L. Schuman, Quincy Wright, *War and Diplomacy in the French Republic: An Inquiry into Political Motivations and the Control of Foreign Policy*, Chicago: University of Chicago Press, 1931, pp. 18-45.

59 모리스 루비에Maurice Rouvier(1842-1911). 은행가, 저널리스트 출신 공화파 정치가로 상무장관, 상업 및 식민지부 장관, 재무장관, 대통령을 역임했다.

60 Georges Dethan, "Le Quai d'Orsay de 1870 à 1914," Philippe Levillain and Brunello Vigezzi (éds.), *Opinion publique et politique extérieure, 1870-1915*, Milano: Università de Milano, 1981, Collection de l'école française de Rome 54, pp. 169-172.

61 정당이 국정 의제에 몰두하는 것은 '참여'를 거부한 독일 사민당의 경우에도 마찬가지였다. Peter Nettl, "The German social Democratic Party 1890-1914 as a Political Model," *Past and Present*, No. 30 (April 1965), pp. 68-69; 83-85.

62 Georges Oved, *La gauche française et le nationalisme marocain 1905-1955*, Tome 1, Paris: L'Harmattan, 1984, pp. 60-61, Séances consacrées par la Chambre aux affaires marocaines de la conférence d'Algésiras au traité de protectorat.

63 Ibid., p. 55.

64 러시아혁명과 러일전쟁에 대한 그의 견해는 특히 이 점을 말해주었다. "La guerre russo-japonaise de février à octobre 1904," *Oeuvres de Jean Jaurès, Pour la Paix, II. La paix menacée*, pp. 59-115.

65 Nouveaux discours sur le Maroc, Chambre des députés 2e séance du 6 décembre 1906, *Oeuvres de Jean Jaurès*, tome 11, *Voici le XXe siècle! 1905-1907*, édition établie par V. Duclert, 2019, p. 524. 이날 회의는 급진파 원로인 하원의장 앙리 브리송이 주재했다.

66 Chambre des députés, 2e séance du 6 décembre 1906.

67 Ibid.

68 다른 사회주의자들도 조레스도 사회주의가 모던한moderne 사회주의를 지향해야 한다는 생각이 강했다. '모던'은 예술 사조와 시, 건축에만 해당하는 것이 아니라 1900년대의 숨은 정치 언어이기도 하다. 모던한 사회주의가 무엇이었는가는 앞으로 연구할 주제인 것 같다.

69 J. Jaurès, "Un souffle de renouveau se lève sur le monde Musulman". 이 제목은 식민주의 학자 질 망스롱이 붙인 것이며 본 제목은 '방법의 교훈 Leçon de méthode'이다. *La Revue de l'enseignement primaire et primaire supérieur*, 12 décembre 1907.

70 1911년을 기준으로 모로코의 도시 인구 전체를 52만 3800명으로 보았을 때 무슬림이 가장 많은 38만 8500명, 이스라엘인 7만 4900명, 에스파냐, 영국, 프랑스, 이탈리아 등 유럽인이 6만 2030명이었다. 유럽인은 카사블랑카 3만 7500명 (프랑스 2만 1000명)이 가장 많았고 그 다음 라바트, 살레, 우즈다, 마라케시, 메크네스, 모가도르, 우즈다 순이었다. M. Zimmermann, "Recensement des villes et population européenne au Maroc," *Annales de géographie*, 145 (1918), p. 76.

71 Ellen Amster, "The Many Deaths of Dr. Emile Mauchamp: Medicine, Technology, and Popular Politics in Pre-Protectorate Morocco, 1877-1912," *International Journal of Middle East Studies*, Vol. 36, No. 3 (Aug., 2004), p. 412.

72 Jonathan G. Katz, *Murder in Marrakesh: Emile Mauchamp and the French Colonial Adventure*, Bloomington: Indiana University Press, 2006, p. 134; D. Porch, *The Conquest of Morocco*, p. 148.

73 Abdelkrim Mejri (éd.), *Les socialistes français et la colonisation du Maroc, 1903-1912*, Paris: L'Harmattan, 2004, pp. 100-103.

74 E. Burke, *Prelude to Protectorate*, pp. 75-76.

75 리요테는 뷔조, 갈리에니의 식민지 전쟁 수법을 따르고 믿었고 또 자기 자신의 방식도 있었다. D. Porch, Chapter IX The Lyautey Method, *The Conquest of Morocco*. 문화인으로 이름난 리요테 역시 충분히 정치적이고 충분히 군사적이었다. 리요테는 누구나 군대에 가야 한다는 군대 민주화 원칙을 세우고 장교의 사회적 역할을 주장했다. Lyautey, Le rôle social de l'officier, 1891. 1900년에는 군대의 식민지 역할(Le rôle colonial de l'armée)도 발표했다. 모로코와 관련하여 리요테의 전기를 쓴 윌리엄 호이징튼 2세는 리요테의 품성, 모로코 총독으로서의 업적, 조국에 대한 충성심을 모두 높이 평가했다. 나중의 일이지만 파리의 리요테 동상은 병사든 민간인이든 해외에서 프랑스를 위해 죽은 모든 이들에게 헌정되었다고 한다. Julie d'Andurain, "La méthode Lyautey," *Inflexions*, n° 41 (2019/2), pp. 35-40.

76 J. Jaurès, "A la source," *La Dépêche*, 4 avril 1907.

77 Lapeyre et E. Marchand, *Casablanca, Chaouïa*, Paris: Émile Larose, Libraire-Éditeur, 1918, Préface, III.

78 Ibid., p. 50.

79 Albert Charton, "Casablanca," *Annales de Géographie*, 183 (1924), pp. 303-307.

80 L. Sainte Beuve, *La question du Maroc, Étude géographique, politique et militaire*, Paris: Henri Gharles-Lavauzelle, Éditeur militaire, 1903, p. 24.

81 E. Gellner, "Pouvoir politique et fonction religieuse dans l'islam marocain," L. Valensi, Traducteur, *Annales Économies Sociétés Civilisations*, n° 25-3 (1970), pp. 702-707. 이 글은 일반적 상황을 말하며 샤우이아인들을 특정하지는 않는다.

82 E. Burke, "Rural resistance and popular protest in Marocco: A study of the tribal rebellion of 1911," *Revue de l'Occident musulman et de la Méditerranée*, n° 13-14 (1973), pp. 193-206, Mélanges Le Tourneau, I.

83 E. Burke, "Rural resistance," p. 194.

84 Gerrouan, Ait Ndhir, Ait Yousi.

85 Sahar Bazzaz, *Challenging power and authority in pre-Protectorate Morocco: Shaykh Muhammad al-Kattānī and the Tarīqa Kattāniyya*, Ph.D.

Dissertation, Cambridge, MA: Harvard University, 2002, pp. 44-51, 81-87.

86 D. Porch, *The Conquest of Morocco*, p. 149.

87 Ibid., p. 151.

88 철로로 돌을 나르고 이제 곡식까지 운반할 테니 샤우이아인들 입장에서는 지금까지 쓰던 나귀와 말은 소용이 없게 되었다. 또한 항만 경찰과 항구 세관 검사원의 등장으로 지금까지의 세관 수입 유용 같은 것도 바라볼 수 없게 되었다. Dr. F. Brunet, *A Casablanca*, pp. 6-7.

89 D. Porch, *The Conquest of Morocco*, p. 151.

90 Ibid.

91 Dr. F. Brunet, *A Casablanca*, p. 14.

92 André Adam, "Sur l'action du Galilée à Casablanca en août 1907," *Revue de l'Occident musulman et de la Méditerranée*, n° 6 (1969). pp. 9-21. 전함 이름은 Du-Chayla, le Gueydon, le Jeanne-d'Arc, le Condé, le Forbin, Alvaro De Bazan.

93 D. Porch, *The Conquest of Morocco*, p. 157.

94 프랑스의 식민지인 부대는 멀리 1622년 리슐리외 재상에 의해 창설된 후 식민지의 상업 보장과 군사력에 요긴하게 쓰였다. (북아프리카를 제외하고) 아프리카 부대가 보병과 포병으로 특별히 편성된 것은 1900년이며 해군부 소속을 떠나 전쟁부 관할이 되었다. 전쟁부와 해외부는 여러 종의 식민지 부대에 관한 군사 평론지를 발간했다. 한편 조레스는 1910년 2월 21일 하원 토의에서 아프리카 병사 모집에 반대한다. "Contre l'enrôlement des troupes noires," Discours à la Chambre des députés du 21 février 1910, J. Jaurès, *Vers l'anticolonialisme*, pp. 137-148.

95 Reginald Rankin, *Au Maroc avec le général d'Amade*, traduit de l'anglais, Paris: Librairie Plon, 1909; Lieutenant Segonds, *Chaouïa et sa pacification: étude sommaire de l'action française dans la région de Casablanca jusqu'au 1er janvier, 1909*, Paris: H. Charles Lavauzelle (출간 연도 미상).

96 Ministère de la Marine, *Etat-major général: 1re section, Les opérations de la marine au Maroc 1907-1908*, Paris: Imprimerie nationale, 1913.

97 Ibid., p. 390.

98 Driss Maghraoui, "From tribal anarchy to military order: The Moroccan troops in the context of colonial Morocco," *Oriente Moderno*, Nuova serie, 23 (84), 5. Réforme par le haut, Réforme par le bas: *La modernisation* *de l'armée aux 19e et 20e siècles* (2004), pp. 227-246.

99 노서경, 〈조레스의 반전(反戰)과 프롤레타리아—1907년 슈투트가르트 인터내셔널 대회에 주목하여〉, 《마르크스주의 연구 Marxism 21》 제11권 3호 (2014), 40-69쪽.

100 J. Jaurès, "La crise," *L'Humanité*, 5 septembre 1907; "En avant!," *L'Humanité*, 24 septembre 1907.

101 Amira K. Benissan, "Islamic statehood and jihad in nineteenth century Morocco," *Jihad and Its Interpretations in Pre-colonial Morocco. State–society relations during the French conquest of Algeria*, RoutledgeCurzon, 2002.

102 E. Burke, "Pan-Islam and Moroccan Resistance to French Colonial Penetration, 1900-1912," *The Journal of African History*, Vol. 13, No. 1 (1972), pp. 97-118.

103 D. Porch, *The Conquest of Morocco*, pp. 209-211.

104 J. Jaurès, "A l'aventure," *L'Humanité*, 14 novembre 1907.

105 그러나 다음 논문은 모로코가 외세에 휘둘리기만 한 것이 아니라 모로코 민중과 엘리트층에 개혁의 동력이 있었고 마크젠 또한 외세의 침범을 막을 수는 없었어도 외세에 매우 탄력적으로 대처했다는 관점으로 서구 중심의 모로코 약체론에 반론을 폈다. Elizabeth El-Khattabi, *Prelude to the Riffian War: Nineteenth and early twentieth century patterns of pre-colonial protest and resistance in the Sharifian Empire*, Ph.D. Dissertation, Princeton: Princeton University, 1998, chapter 2, 3.

106 J. Jaurès, "A l'aventure".

107 이 조약은 모로코 경제헌장이라고도 불렸고 경제적 자유, 상업적 자유의 원칙과 실행 사항을 명시했다. J.-H. Lasserre-Bigorry, "Le mythe d'Algesiras: Étude sur le statut international du Maroc en matière économique," *Politique étrangère*, Vol. 15, No. 3 (juin-juillet 1950), pp. 317, 319-321, 332-338.

108 J. Jaurès, "Au Maroc". 정치적인 식민당파가 이들과 반드시 연관되었던 것은 아니다. 그러나 튀니지, 모로코, 인도차이나, 중국 등 그 어느 식민지 침탈에나 프랑스의 보르도, 마르세유, 리옹, 툴롱 혹은 북부의 고용주와 대기업주 그리고 파리의 상업과 은행이 필수적으로 연계되었다. 또한 식민주의적인 사회적 심성과 교육이 이 네트워크에 포함되었다. H. Bonin, C. Hodeir, et J.-F. Klein (s.d.), *L'esprit économique impérial (1830-1970)*.

109 J. Jaurès, "Barbarie stérile," *L'Humanité*, 2 avril 1908, "Prétendus démentis, nouveaux aveux," *L'Humanité*, 21 avril 1908.

110 우선 페스 보호조약 후 일어난 모로코 민중 봉기에 이어 1914년까지 무력 항쟁이 있었으며, 1920년대의 리프전쟁은 제국주의 침탈에 맞선 세계사적 항쟁이었다. 프랑스 보호령하 모로코는 그 후 이스티클랄Istiqlal(독립)당의 정치적 지도 아래 독립을 쟁취해가지만 비폭력적 민족주의가 유화적이었던 것만은 아니다. C. R. Pennell, *Morocco Since 1830: A History*, New York: New York University Press, 2000, pp. 188-307.

111 "Voyez le Congo," Discours à la Chambre des députés, Deuxième séance du 13 janvier 1911.

112 J. Jaurès, "Indigènes et colons," *La Petite République*, 29 décembre 1898.

113 질 망스롱의 선정에 따라 조레스의 아시아 관련 논설 제목을 소개하면 다음과 같다. "평화를 위해Pour la paix," *La Dépêche*, 12 août 1900 (Préface au livre d'Henri Turot, *Les Hommes de révolution*, 1900); "인종 전쟁Guerre de races," *L'Humanité*, 17 mai 1904; "중국의 쇄신La rénovation chinoise," *L'Humanité*, 30 juillet 1907; "모든 인류가 깨어나고 있는데 사람들은 보지 못한다, 공식적 무지Toute l'humanité s'éveille et on ne le voit pas, Ignorances officielles," *REPPS*, 6 septembre 1908; "이상의 힘La force de l'idéal," *L'Humanité*, 5 avril 1909; "중국의 자유를 위해Pour la liberté de la Chine," Discours à la Chambre des députés, 10 mars 1914, J. Jaurès, *Vers l'anticolonialisme*.

114 Ibid.

115 Chambre des députés, 28 juin 1912, J. Jaurès, *Rallumer tous les soleils*, p. 853.

116 Ibid.

117 마르셀 상바Marcel Sembat(1862-1922). 법학박사이며 파리 변호사로 출발하여 저널리스트, 사회주의자 정치인으로 활동했다. 평화주의자였지만 1차 대전의 전시내각에 참여한다.

118 조레스 전집 11권은 '이제 20세기다!'라는 제목으로 그의 사상과 언설이 새로운 시대와 호흡했다는 관점을 세웠다. *Oeuvres de Jean Jaurès*, tome 11, *Voici XXe siècle!*.

119 J. Jaurès, "Justice," *L'Humanité*, 10 juin 1908.

120 J. Jaurès, "Turque et Maroc," *L'Humanité*, 30 août 1908; "Ignorances officielles," *REPPS*, 6 septembre 1908.

121 J.-P. Rioux, "Entre guerre et paix: le monde nouveau vu par Jaurès," *L'Économie politique*, n° 34 (2007/2), pp. 88-94.

122 P. Louis, "Impérialisme, absolutisme, militarisme," *La Revue socialiste*, T. 32, n° 191 (novembre 1900), pp. 586-591.

123 Discours à la Chambre des députés, 24 janvier 1908; "Prétendus démentis, nouveaux aveux," *L'Humanité*, 21 avril 1908; "Turquie et Maroc," *L'Humanité*, 30 août 1908; "Ignorance officielle," *Revue de l'enseignement primaire et primaire supérieure*, 6 septembre 1908; "La France au Maroc: Jaurès à la Tribune," *L'Humanité*, 22 novembre, 1909.

124 Chambre des députés, 28 juin 1912, 2e séance, J. Jaurès, *Rallumer tous les soleils*, p. 857.

125 이내주, 〈영국 제국주의 전쟁과 근대 화약무기—아프리카 수단의 옴두르만 전투(1898. 9)를 중심으로〉, 《영국연구》 26 (2011), 1-33쪽.

126 정현백, 〈독일제국과 식민지 폭력: 남서아프리카 헤레로 봉기(1904-1907)를 중심으로〉, 《독일연구》 26호 (2013), 1-35쪽; 고유경, 〈헤레로 전쟁을 어떻게 가르칠 것인가?: 다원적 관점의 독일 식민주의 역사교육〉, 《독일연구》 40호 (2019), 43-78쪽.

127 2차대전 직후 식민지 민족 봉기에 대한 프랑스의 폭력에 관해서는 Yves Benot, *Massacres coloniaux. 1944-1950: la IVe Républque et la mise au pas des colonies françaises*, Paris: La Découverte, 2001 (1994).

128 이때 알제에 살고 있던 프랑스 역사가의 심정으로는 알제리의 유럽인과 무슬림이 공존할 수도 있으리라는 생각은 이 탄압으로 불식되었다. 이 역사가는 세티프 겔마 사건을 10여 년 뒤 1954년에 시작하는 알제리 전쟁의 기점으로 본다. Annie Rey-Goldzeiger, *Aux origines de la guerre d'Algérie 1940-1945. De Mers-el-Kébir aux massacres du Nord-Constantinois*, Paris: La Découverte, 2002, pp. 246-291, 357-367.

129 Discours à la Chambre des députés, 27 mars 1908.

130 Abdelhafid Hamman, *L'influence de la pénétration française sur la situation économique et politique du Maroc de 1830 à 1880*, Thèse, Directeur de thèse, Rolande Trempé, Université Toulouse-Jean Jaurès, 1987.

131 Neil Sherwood Lewis, *German Policy in Southern Morocco during the*

Agadir Crisis of 1911, Ph.D. Dissertation, University of Michigan, 1977.

132 전함 판처의 출현에 대해 John Lowe, John Keiger, William Hoisington 같은 역사가들은 독일 측에만 책임을 묻지 않는다.

133 Maurice Zimmermann "L'accord franco-allemand du 4 novembre 1911 au sujet du Maroc et du Congo," *Annales de géographie*, 116 (1912), pp. 185-188.

134 현재 26만 7667평방킬로미터의 면적인 가봉 공화국이다. 가봉은 해안선이 길고 지하자원이 풍부하고 수림이 깊은 적도 아래 아프리카 땅이었다. 프랑스는 1880년대부터 본격적으로 침투했고 1886년에 식민지화하고 1898년 프랑스령 콩고로 칭하기 시작했다.

135 R. Pinon, *France et Allemagne*, 1870-1913, pp. 197-226.

136 Samanta Schmidt, *French Colonialist Journals and Morocco: A Decade of Debate Before the Protectorate*, Thesis, Clemson University, 2011, pp. 77-78.

137 하원은 12월 20일 393표 대 36표, 기권 165표로 협정을 인준했고 우파는 카이요 총리의 콩고 양도를 프랑스에 대한 배신이라고 반대했다. 한편 당시의 기사는 이 교환으로 일어나는 콩고 지역의 지리적 변동을 자세히 알릴 뿐 원주민에 대한 문제는 전혀 언급하지 않는다. Maurice Zimmermann, "L'accord franco-allemand du 4 novembre 1911 au sujet du Maroc et du Congo," *Annales de géographie*, t. 21, n° 116 (1912), pp. 185-188.

138 G. Oved, "Jaurès, le Maroc et la paix," *BSEJ*, n° 99 (octobre-décembre 1985), pp. 22-24.

139 J. Jaurès, "La cause profonde," *L'Humanité*, 5 janvier 1912.

140 Amal Rassam, Susan Miller, "Moroccan reactions to European penetration during the late nineteenth century: the view from the Court," *Revue de l'Occident musulman et de la Méditerranée*, n° 36 (1983), pp. 51-63.

141 E. Burke, *Prelude to Protectorate*, p. 138.

142 Ibid., p. 191.

143 "French Protectorate Established in Morocco," *The American Journal of International Law*, Vol. 6, No. 3 (Jul., 1912), pp. 699-702. 이 국제법학지에 따르면 다수의 편집진 공동 명의로 작성된 기사이다.

144 페스 조약은 모로코가 프랑스의 주 또는 도로 병합되지 않았다는 점에서 모로코의 독립적 존재를 문제시하지는 않았다고 할 수 있다. 영토적 존재는 유

지될 것이며 술탄은 모로코의 통치자로서 보호받을 것이고 그의 권리는 인정되고 있다. 그러나 국제적 견지에서 모로코는 독립성과 평등성을 모두 상실했으며 더 이상 국제사회에 정식 성원의 자격으로 출석할 수 없을 것이다. 국제법상 프랑스가 모로코의 주권자이다. 비록 헌법상으로는 모로코가 계속 존재할지라도 그러하며 사실 헌법상으로도 프랑스는 모로코 정부의 명시적 대리인이 되었다. "French Protectorate Established in Morocco," p. 701.

145 Daniel Rivet, "Mines et politique au Maroc, 1907-1914 (D'après les Archives du Quai d'Orsay)," *Revue d'histoire moderne et contemporaine*, 26-4 (1979), pp. 549-578.

146 에스파냐령으로 처리된 리프에서 1923년부터 1926년까지 항쟁이 일어나고 에스파냐와 프랑스는 삼엄한 합동 군사작전으로 이 항쟁을 분쇄한다. 길게는 7년을 끌어 1926년 봄 공중 폭격으로 종결되는 리프전쟁은 훗날 발흥하는 북아프리카 민족주의의 씨앗이 되었겠지만 당시 리프전쟁과 리프 공화국은 완전한 참패였다. 노서경, 〈리프 전쟁과 리프 공화국—1920년대 북아프리카 민족주의와 연관하여—〉, 《서양사론》 107호 (2010. 11), 89-116쪽.

147 J. Jaurès, "La cause profonde".

148 Abdelkrim Mejri, *Les socialistes français et la colonisation du Maroc*, pp. 165-175.

149 반식민주의Anticolonialime라는 용어가 등장하려면 1930년대 혹은 1950년대까지 가야 하지만 제2인터내셔널은 1904년 이후 항상 식민주의 문제를 의제로 상정하고 정기대회에서 격렬하게 식민주의 반대를 표명했다. 1904년 문건은 *Sixième Congrès socialiste international tenu à Amsterdam du 14 au 20 aout 1904*, Bruxelles, p. 1051.

150 J. Jaurès, "Diplomatie et démocratie," *L'Humanité*, 21 janvier 1906; "Finance franco-allemande," *La Dépêche*, 9 janvier 1912.

151 P. Louis, "Le partage de la Chine," *La Revue socialiste*, T. 27, n° 160 (avril 1898), pp. 385-396.

152 Jack D. Ellis, *The French Socialists and the Problem of the Peace 1904-1914*, Chicago: Loyola University Press, l967, p. 11.

153 J. Jaurès, "L'ordre sanglant," *L'Humanité*, 22 avril 1912.

154 Ibid.

155 J. Jaurès," Protectorat," *La Dépêche*, 24 avril 1912.

156 Chambre des députés, 28 juin 1912, 2e séance, J. Jaurès, *Rallumer tous les soleils*, pp. 851-852.

157 Ibid.

158 J. Jaurès, "L'ordre sanglant".

2장 반전反戰: 운동과 사상

1 독일은 전체 병력의 50.2퍼센트, 오스트리아-헝가리 제국은 27.3퍼센트, 오스만 제국은 19.9퍼센트를 상실했다. 맨 처음 오스트리아의 선전포고를 받은 세르비아는 전체 인구의 33퍼센트가 사망했다. https://encyclopedia.1914-1918-online.net/article/war_losses.

2 Bilan de la Première Guerre mondiale en France. https://fr.wikipedia.org/wiki/Bilan_de_la_Premi%C3%A8re_Guerre_mondiale_en_France.

3 전 유럽을 휩쓴 나폴레옹의 대전쟁은 유럽인들로 하여금 전보다 더 평화를 생각하게 했다. 19세기 초 칸트의 영구평화론에 이어 유럽 여러 나라에서 평화 기구가 발족했으며 1850년 이후에는 민족운동이 평화를 요구했다. 프루동의 《전쟁과 평화》도 등장했다. 프랑스의 반전 동향은 1830년부터 10여 년 동안 알제리에 가서 저지른 가혹 행위에 자극을 받고 사상적으로는 1898년 드레퓌스 사건으로 힘을 얻었다. D. Porch, *The Conquest of Morocco*, p. 3.

4 Valérie Perles (dir.), *Le Pré entre Paris et Banlieue, Histoire(s) du Pré-Saint-Gervais*, Paris: Créaphis, 2005.

5 *Oeuvres de Jean Jaurès, Pour la paix, V. Au bord de l'abîme 1912-1914*, par Max Bonnafous, pp. 129-197, 227-236.

6 Christophe Belser, *Pourquoi toi? Jaurès, Ils ont assassiné Jaurès*, Clermont-Ferrand: éditions de Borée, 2019.

7 파리 동북부 20구의 높은 언덕에 있는 묘지 페르라셰즈는 1871년 5월에 살해된 코뮈나르의 묘지로 이름이 있다. 5월 피의 주간 추모는 모든 사회주의 세력과 노동운동 세력이 공동 참배하는 중요한 상징성으로 지금도 계속되고 있다. Amis de la Commune 1871. www.commune1871.org.

8 코뮌을 겪은 바이양은 유럽 사회주의에서 존경받는 인터내셔널주의자이면서 의회 정치에 냉소적이지 않았다. 바이양의 반식민주의, 반전주의는 투철했다. G. Candar, *Édouard Vaillant, L'invention de la gauche*, Paris: Armand Colin, 2018, pp. 169-183.

9 J. Jaurès, "Contre la folie," *L'Humanité*, 7 mars 1913.

10 *10e Congrès national, 23, 24 et 25 mars 1913, Brest.*

11 프레상세의 연설은 속기록으로 20페이지에 달하지만 여기서는 한 대목만 간추린다. Ibid., pp. 286-305.

12 1차대전기에 입각하는 온건공화파 바르투는 이미 이때 1913년 3월 22일에서 12월 9일까지 정부를 맡는다.

13 Pierre-Louis Tournieroux, *La Fédération de la Seine du Parti socialiste-Section française de l'Internationale ouvrière de 1905-1914, Entre traditions d'extrême gauche et réformisme modernisateur*, Mémoire de Master, Université Paris 1 Panthéon Sorbonne, 2017.

14 Philippe Oulmont, "Au Pré-Saint-Gervais, 25 mai 1913 Jaurès en rouge et tricolore," *Avenirs et avant-gardes en France XIXe-XXe siècles*, sous la direction V. Duclert, R. Favre et Patrick Fridenson, Paris: La Découverte, 1999, pp. 389-394.

15 A. Boscus, "Jaurès et le pacifisme," Histoire par l'image, http://histoire-image.org/de/etudes/jaures-pacifisme. 이 웹사이트에 있는 그림은 집회 이곳저곳을 보여주듯이 움직인다.

16 "Il y a un siècle, Jean Jaurès enflammait Le Pré-Saint-Gervais," *L'Humanité*, Vendredi 24 Mai 2013, par Pierre Clavilier. https://www.humanite.fr/il-y-un-siecle-jean-jaures-enflammait-le-pre-saint-gervais.

17 1907년 6월 18일 베지에에서는 17보병연대 병사들이 포도 농민들의 시위에 발사하기를 거부하고 상관의 명령에 복종하지 않았다. 그들은 튀니지 가프자 Gafsa 영창 부대로 전역하게 된다. 〈17연대에 영광을〉 노래에는 이 같은 가사가 있다. 그대들의 분노는 정당했다. 용감한 병사여 명령 거부는 확고한 신념이었다. 권좌의 인사들을 위해 아버지와 어머니를 죽일 수는 없는 것이다. 병사들, 그대들의 양심은 깨끗하다. 프랑스인들은 서로 죽이지 않는다.

18 *L'Humanité*, 26 mai 1913, p. 1.

19 Jean Jaurès au Pré-Saint-Gervais par Frédéric Cépède, Eric Lafon, https://www.politika.io/fr/notice/jean-jaures-au-presaintgervais. 사진작가 모리스 루이 브랑제(1874-1950)는 파리의 생활상뿐 아니라 스포츠, 정치적 사건, 발칸전쟁을 기록 사진으로 남긴 대기자였다.

20 Maria Vérone(1874-1938). 1900년부터 프랑스여성인권동맹 서기였다. Louise Saumoneau(1875-1950). 비엔도 푸아티에의 재봉공으로 출발한 사회주

의자, 페미니스트. 센 연맹의 침봉공 노조를 만들었고 센 연맹 개혁파 대표로 1905년 통합사회당 창당 대회에 참석했다. Alice Jouenne(1873-1954). 동부 뫼르트즈모젤도의 교사로, 특히 파리에서 협동조합의 후원 아래 여성 교육에 진력한 사회주의자였다.

21 "Il y a un siècle, Jean Jaurès enflammait Le Pré-Saint-Gervais".

22 Sandi E. Cooper, *Patriotic Pacifism: Waging War on War in Europe, 1815-1914*, New York: Oxford University Press, 1993, pp. 13-90.

23 Galerie Roger-Viollet. 파리 6구에 있는 이 유명한 갤러리에는 프레생제르베 시위, 드레퓌스 사건 이미지, 식민지 엑스포 사진도 많이 보존되어 있다.

24 Ph. Oulmont, "Au Pré-Saint-Gervais, 25 mai 1913".

25 J. Jaurès, "Guerre et intrigue," *L'Humanité*, 20 octobre 1912.

26 오래된 유럽 반전 운동의 사상적 의미에 관해서는 Jean-Philippe Lecomte, "L'Antimilitarisme: Proposition de définition, La Documentation française," *Les Champs de Mars*, n° 9 (2001/1), pp. 111-133.

27 Georges Yvetot, *Nouveau manuel du soldat. la patrie, l'armée, la guerre*, par Fédération des bourses du travail de France et des colonies, 13e édition, 1905(1902).

28 https://maitron.fr/spip.php?article155351, notice YVETOT Georges, Louis, François [Dictionnaire des anarchistes] par Henri Dubief, notice revue par Guillaume Davranche, version mise en ligne le 17 mars 2014.

29 이 중요한 프랑스 노동운동의 대부에 대해서는 이 책의 4부 3장에서 다룬다.

30 G. Yvetot, *Nouveau manuel du soldat*, p. 3.

31 J. Julliard, "La CGT devant la guerre (1900-1914)," *Autonomie ouvrière Études sur le syndicalisme d'action directe*, Paris: Gallimard/Seuil, 1988, p. 95. 이 논문은 1964년에 발표되었다. *Le Mouvement social*, n° 49 (octobre-décembre 1964), pp. 47-62.

32 신행선, 〈제1차 세계대전 이전 프랑스 노동자들의 집회에서 나타난 '조국'의 의미(1895-1914)〉, 《역사학보》 166호 (2000), 166쪽.

33 J. Maitron, *Le mouvement anarchiste en France 1. Des origines à 1914*, pp. 368-370.

34 반군사주의동맹은 국제반군사주의협회l'Association internationale antimilitariste(AIA)로 확장되었다. 암스테르담에서 열린 반군사주의 대회에 이어 1904년 6월 28일 창설된 이 협회를 제안한 네덜란드의 사회주의자-아나키스

트 니우엔하위스Ferdinand Domela Nieuwenhuis는 제2인터내셔널의 반군사주의 반대에 승복하지 않았다.

35 이브토는 후일에도 저명한 아나키스트 세바스티앵 포르Sébastien Faure가 편집한 4권짜리 《아나키스트 백과전서*Encyclopédie anarrchiste*》(1925-1934)에 기고한다. 한편 반군사주의라는 용어는 그 의미의 중요성에 비해 연구가 드문 분야이다. 르콩트의 다음 논문은 평화주의로서의 반군사주의, 군대의 역할에 반대한 제도적 측면, 공화파의 혹은 민주주의적 반군사주의, 그리고 혁명적 성격의 반군사주의를 구분하는 시도를 했다. J.-P. Lecomte, "L'antimilitarisme, Proposition de definition".

36 10월 5일 대회 시작 후 제9차 회의인 9일 야간회의에서는 군사주의 문제에 관한 장시간 토론 후, 노동자들은 전쟁 동원령이 내려도 병영에 가지 않는다는 결의안을 통과시켰다. *XVIe Congres National Corporatif* (*Xe de la C.G.T.*) *et 3e Conference des Bourses du Travail ou Unions de syndicats, Tenu a Marseille du 5 au 12 Octobre 1908*, Compte rendu stenographique, Marseille: Imprimerie nouvelle (Association ouvriere), 1908.

37 G. Yvetot, *Nouveau manuel du soldat*, p. 3.

38 Ibid., pp. 4-5.

39 Ibid., p. 22.

40 Ibid., Conclusion.

41 1914년 전쟁이 발발하자 에르베는 180도 선회하여 전쟁 참여를 주장한다. Gilles Heuré, *Gustave Hervé, Itinéraire d'un provocateur*, Pairs: La Dêcouverte, 1997, Introduction.

42 《사회전쟁》은 수감자들의 신문이라고 할 수 있었다. 공동 창간자인 언론인 메리크Victore de Meric, 비고Eugène Bonaventure de Vigo(일명 Miguel Almereyda) 같은 이들이 거의 아나키스트 사상으로 체포되고 감옥에 갔다. 뒤에 산아제한 운동에 진력하는 아나키스트 여의사 마들렌 펠티에Madeleine Pelletier 역시 이 그룹에 속했다. 에르베의 이념적 성격은 매우 논쟁적이지만 본바닥은 주지주의 반대에 있던 것으로 파악된다. G. Heuré, "Gustave Hervé, intellectuel-militant," *Miil neuf cent. Revue d'histoire intellectuelle*, 15 (1997/15), pp. 29, 40.

43 *La guerre sociale, Un journal "contre", La période héroïque 1906-1911*, Les nuits rouges, 1999. (귀스타브 에르베와 미구엘 알메레다 외 27명의 필자 이름이 표지에 있지만 여기서는 생략한다.)

44 Joël Ravier, "La controverse de Lille: antimilitarisme et pacifisme dans les discours de Jean Jaurès et Jules Guesde," *Gavroche*, n° 116 (mars-avril 2001), pp. 1-6.

45 "Grandiose manifestation (2 août 1911)," *La Guerre sociale*, pp. 206-208.

46 Léon Jouhaux, *Le Syndicalisme français* ; II. Contre la guerre: conférence faite à Berlin, Paris: Librairie des sciences politiques & sociales, Marcel Rivière, 1913.

47 *Compte-rendu du Congrès extraordinaire de la CGT tenu à Paris les 24 et 25 novembre 1912*, C.G.T., 1912.

48 Confédération générale du travail, *Le prolétariat contre la guerre et les trois ans*, Paris: Maison des Fédérations (service de l'imprimerie), 1913.

49 "Contre là guerre Franco-Allemande," Manifeste des membres de l'Internationale Parisienne en Juillet 1870 (Publié dans *le Réveil* du 12 juillet), Aux Travailleurs de tous les pays!

50 Jean Gaumont, "La coopération contre la guerre," *La Revue socialiste*, T. 57, n° 337 (janvier-juin 1913), pp. 50-60.

51 Monique Bigot, "Contre la guerre," *La Revue socialiste*, T. 56, n° 333 (juillet-décembre 1912), pp. 225-229. 저자는 카스트르의 노조원이었다.

52 총연맹의 지속적이고 다양한 반군사주의 운동이 성과를 거두었기 때문이다. 노동회관의 반전주의도 실효성이 있었다. 1911년 조사에 따르면 153개 노동회관 중에서 93곳이 반군사주의적이었다. 총연맹의 캠페인은 특히 젊은 노동자들의 이기심을 자극했다. J. Julliard, "La CGT devant la guerre (1900-1914)," *Autonomie ouvrière*, pp. 101-106.

53 Y. Cohen, *Les jeunes, le socialisme et la guerre*, Paris: L'Harmattan, 1989, pp. 201-216.

54 Ibid., p. 208.

55 J. Jaurès, "prolétariat et la patrie".

56 J. Jaurès, Discours de Tivoli sur le Stuttgart et antimilitarisme, *Oeuvres de Jean Jaurès*, tome 11, pp. 581-599.

57 *Patriotisme et Internationalisme*, Discours de Jean Jaurès précédé du Manifeste du Conseil national du Parti ouvrier, Lille, Imprimerie ouvrière, 1895.

58 Ibid.

59 Georges Haupt, *La Deuxième Internationale 1889-1914, Études critiques des sources. Essai bibliographique*, Hague: Mouton, 1964, pp. 76-77.

60 자본주의 언론은 대회의 분열을 점치기도 했다. *Congrès de Stuttgart, supplément*, Vol. 18, p. 730.

61 K. Callahan, "Performing Inter-nationalism in Stuttgart in 1907".

62 M.-L. Goergen, *Les Relations entre socialistes allemands et français à l'époque de la Deuxième Internationale (1889-1914)*, 2 Vols, thèse, Université de Paris VIII, 1998.

63 Jolyon Howorth, "French Workers and German Workers: The Impossibility of Internationalism, 1900-1914," *European Quarterly Review*, 15(1985), pp. 71-97.

64 독일의 *Die Neue Zeit, Sozialistische Monatschefte*, 프랑스의 *La Revue socialiste, Le Mouvement socialiste.*

65 Roger Philip Chickering, *Pacifism in Germany, 1900-1914 A Study of Nationalim and Wilhelmine Society*, Ph.D. Dissertation, CA: Stanford University, 1968, pp. 69-206.

66 Alfred H. Fried, "Le développement récent du pacifisme allemand," *La paix par le droit, XX (1910)*, pp. 398-410, 600-617.

67 R. P. Chickering, *Pacifism in Germany, 1900-1914*, pp. 20-28.

68 Ibid., Appendix A. Peace Societies, 1815-1914, Appendix B. International Congresses 1889-1914, pp. 213-220.

69 프랑스 사회주의는 분열 상태였던 1880년에서 1900년 사이에도 일정한 국제주의를 공언했다. 전쟁에 대해 총파업도 불사한다는 개념은 그 후 나타난 것이다. Alexandre Zévaès, *Le parti socialiste unifié et la guerre*, Paris: éditions de l'effort, 1919.

70 프랑스와 독일은 조레스, 하제를 비롯하여 각 3명의 의원이 1914년 5월에도 전쟁을 막기 위한 협의를 했다. 이 기사는 양국 간 오해를 증폭시키는 국수주의 언론에도 불구하고 평화를 바라는 다수의 염원이 얼마나 깊은가를 드러내는 것이라고 썼다. Franco-German Conference at Basel, *The Advocate of Peace*, Vol. 76, No. 8 (august and september 1914), pp. 174-175.

71 Discours prononcé le 7 septembre 1907 à Paris au Tivoli-Vaux-Hall, *Oeuvres de Jean Jaurès*, tome 11, p. 596.

72 K. Callahan, "Performing Inter-Nationalism in Stuttgart in 1907," pp. 51-87.

73 K. Callahan, *European Socialism and the Demonstration Culture of the Second International 1889-1914*, Ph.D. Dissertation, IN: Indiana University, 2001, pp. 175-304.

74 Ibid., p. 63. 또한 대회장 모습을 담은 64쪽 사진을 보라.

75 I. Krivoguz, *The Second International, 1889-1914*, Moscow: Progress Publishers, 1989, p. 61.

76 Carl E. Schorske, *German Social Democracy, 1905-1917. The Development of Great Schism*, Cambridge, MA: Harvard University Press, 1955, pp. 28-58. 독일의 카를 카우츠키도 1905년 러시아혁명으로 그전까지 주저했던 대중봉기론에 기울기도 했다. 독일 사회주의자들은 로자 룩셈부르크의 정통한 소식통을 통해 러시아의 상황을 주시하고 있었다. Gary P. Steenson, *Karl Kautsky 1854-1938*, PENN: Pittsburgh Press, 1991, pp. 132-135.

77 G. Haupt, "Jaurès et l'Internationale," *Jaurès et la Nation*, pp. 31-64.

78 베벨의 이 설명은 프랑스 사회주의자이며 무정부주의자인 귀스타브 에르베의 반전 논조에 대한 반격의 성격을 띠었다. 에르베는 모든 군사주의 시위에 맞서 즉각 부단히 전쟁을 벌여야 한다고 주장하며 군대 내에서 징집병의 복무에 반대하는 선까지 나아갔다. *Congrès Stuttgart*, Vol. 18, supplément, 729.

79 12년간의 탄압법 고난을 겪고 사민당이 커졌어도 정부 예산권과 내각 인선은 황제의 권한이었다. 독일은 1900년대에 통일을 이룩한 지 30년이었고 이 신생 통일 국가의 노동자들은 자칫 자국을 둘러싼 세력의 정치적 협공을 받지 않을까 우려하는 한편, 산업화의 약진에 자부심을 느꼈다.

80 슈투트가르트 대회에서 표결 방식을 바꾸었다. 전에는 모든 회원국이 각 2표씩 행사했으나 1907년부터 달라졌다. 독일, 오스트리아-보헤미아, 프랑스, 영국, 러시아가 각 20표를 가졌다.

81 베벨은 공격전과 방어전 두 개의 전쟁을 구분하는 것이 가능하다고 보았지만 최종적으로 당의 발전에 위협이 될 수도 있는 투쟁 방식을 비난했다. 독일 측의 폴마르도 인터내셔널주의가 민족에 반하는 것이 아니라고 규정했다. 군사문제의 대가였던 엥겔스 사후 이 분야는 독일 사회주의자들의 쟁점이 되었다. 엥겔스의 군사사상에 대해서는 J. Carvalho, "Friedrich Engels' Military Thought: A New Approach," Academia Letters, Article 763, 2021. https://doi.org/10.20935/AL763.

82 J. Hovde Brynjolf, "French Socialism and Franco-German Relations, 1893-1914," *Journal of Political Economy*, Vol. 35, No. 2 (Apr., 1927), pp. 261-

277; D. A. MacGibbon, "French Socialism Today," *Journal of Political Economy*, Vol. 19, No. 1 (Jan., 1911), pp. 36-46.

83 Discours prononcé le 7 septembre 1907 à Paris au Tivoli-Vaux-Hall, p. 592.

84 J. Jaurès, "Discours de Vaise, 1914," *Rallumer tous les soleils*. 조레스 사후 곧 나온 샤를 라포포르의 조레스 전기에 실렸다. l'Assemblée Nationale. Frédéric Keck, "Lévy-Bruhl, Jaurès et la guerre," *Cahiers Jaurès*, n° 204 (2012/2).

85 Jean Baptiste Duroselle, "Jaurès vu par les diplomates français," *Jaurès et la nation*, pp. 145-155.

86 정재현, 〈1914년 8월 1일, 프랑스 총동원령의 선포〉, 《프랑스사연구》 43호 (2020. 8), 154-166쪽.

87 조레스는 전제정 러시아가 1848 혁명기에 보듯이 유럽 민주화 운동을 저해하고 두려움을 주었다는 논지 아래 러시아를 불신하고 싫어했으며 러일전쟁 발발 후 프랑스의 러시아 동맹을 비판했다. J. Jaurès, La guerre russo-japonaise et l'allaince franco-russe, discours de Saint-Étienne, 13 février 1904, *Oeuvres de Jean Jaurès*, tome 9, pp. 495-507.

88 G. Haupt, *Le congrès manqué, L'Internationale à la veille de la première guerre mondiale*, Paris: F. Maspero, 1965, pp. 69-77, 256-264.

89 Daniel Renoult(1880-1958). 후에 프랑스 공산당 창립자의 한 사람이며 2차대전 후 센도의 시장과 도의원을 지냈다. Amédée Dunois(1878-1945). 베르겐벨젠 나치 수용소에서 사망한다.

90 A. Zévaès, *Jean Jaurès* (Avec une lettre de Jean Jaurès à l'auteur), Paris: La clé d'or, 1951, p. 253.

91 A. Teyssier, *La IIIe République 1895-1919, de Félix Faure à Clemenceau*, Paris: Pygmalion, 2001, p. 339.

92 Alexandre Croix, *Jaurès et ses détracteurs*, Éditions du Vieux Saint Ouen, 1967; François Fonvieiller, *Ils ont tué Jaurès*, Paris: Robert Laffont 1968. 암살자의 재판은 전쟁 발발 후 1917년부터 열렸으나 종국에는 선고 없음으로 결정되었다. J. Rabaut, "Le procès de Raoul Villain," *Jaurès et la nation*, pp. 187-198. 라울 빌랭은 그를 계속 추적한 일단의 프랑스인들에 의해 1936년 숨어 있던 에스파냐에서 피살되었다.

93 A. Zévaès, *Jean Jaurès*, pp. 257-258.

94 J.-J. Becker, *1914*, pp. 400-401.
95 "À Jean Jaurès," Discours prononcé aux obsèques par Léon Jouhaux, Paris: La Publication sociale, 1915.
96 "À Jean Jaurès," Discours prononcé aux obsèques.
97 Ibid.
98 R. Gallissot, "Le prolétariat comme utopie des intellectuels da la IIe Internationale," *Revue d'histoire moderne et contemporaine*, tome 37, No 4 (1990), pp. 608-623.

4부 당의 건설

1장 인터내셔널과 프랑스 통합사회당SFIO 창당

1 Jacques Kayser, *Les grandes batailles du radicalisme: des origines aux portes du pouvoir, 1820-1901*, Paris: Marcel Rivière, 1962, I_ Assemblée nationale et Chambre des députés Composition politique; I bis._ Chambre des députés, Composition politique, pp. 366-367.
2 J. Julliard, *Les Gauches françaises. 1762-2012. Histoire, politique et imaginaire*, Paris: Flammarion, 2012. pp. 565-686.
3 Judith F. Stone, *Sons of the Revolution, Radical Democrats in France 1862-1914*, Baton Rouge: Louisiana State University Press, 1996, pp. 17-260; Katherine Auspitz, *The radical bourgeoisie, The Ligue de l'enseignement and the origins of the Third Republic 1866-1885*, Cambridge: Cambridge University Press, 1982, pp. 1-177.
4 J. Kayser, *Les grandes batailles du radicalisme*, pp. 6-23.
5 클레망소는 젊어서 존 스튜어트 밀이 쓴 오귀스트 콩트를 프랑스어로 번역했다. John Stuart Mille, *Auguste Comte et le positivisme.*
6 에드워드 파머 톰슨, 《영국 노동계급의 형성—하》, 나종일 외 옮김, 창비, 초판 2000, 제16장 계급의식, 1. 급진주의 문화.
7 G. Baal, *Le parti radical de 1901-1914*, 4 vols, Thèse, Université Paris 1, 1991, cartes XIII à XIX. 이 선거 지도는 바알에 근거하여 (S. Berstein의 출전과 함께) 레베크 책에 재수록되었다. Pierre Lévêque, *Histoire des forces politiques en France 1880-1940*, Paris: Armand Colin, "U", 1994, p. 86.

8 R. Huard, *Le mouvement républicain en Bas-Languedoc 1848-1881*, Paris: Presses de la fondation nationale des sciences politiques, 1982, pp. 142-192, 239-322, 384-402. 그 힘으로 1860년대 제정 아래 공화파 운동을 펼쳐나가고 공화주의 사상의 착근에 성과를 낼 수 있었다.

9 Leo A. Loubère, *Radicalism in Mediterranean France, Its Rise and Decline, 1848-1914*, Albany: State University of New York Press, 1974, pp. 115-154.

10 Ibid., pp. 162-180.

11 Michel Offerlé, *Les socialistes et Paris, 1881-1900: Des Communards aux conseillers municipaux*, Thèse pour le doctorat d'État, Paris 1, 1979, 2 vol, 특히 ch. IV. Candidatures ouvrières et compétence politique, ch. V. Du socialisme municipal à la gestion municipale.

12 Claude Nicolet, *L'Idée républiciane en France (1789-1924) Essai d'histoire critique*, Paris: Gallimard, 1982. 혁명의 정치적, 사상적 유산과 공화파의 연관성은 pp. 133-158.

13 M. Rebérioux, *La République radicale? 1898-1914*, Paris: Le Seuil, 1975, pp. 42-82.

14 *Le Rappel*(소환). 제정 말기인 1868년에 창간했다. 빅토르 위고, 인기 있던 사회주의 언론인 앙리 로슈포르가 관계했으며, 공화정 초기에 5만 부를 발행한 큰 신문이었다. 파리와 지방에서 갖가지 급진파 신문이 발간되었다.

15 F. Buisson, *La politique radicale, étude sur les doctrines du parti*, Paris: V. Giard & E. Brière, 1908 (Hachette, 2014); Alain, *Eléments d'une doctrine radicale*, Paris: Gallimard, 1925.

16 민유기, 〈20세기 전환기 프랑스의 급진공화파와 중도정치〉, 《프랑스사연구》 22호 (2010. 2), 110-111쪽.

17 Sudhir Hazareesingh, *Intellectual Founders of the Republic, Five Studies in Nineteenth-Century French Political Thought*, Oxford: Oxford University Press, 2001, 특히 chapter 1, 5.

18 Célestin Bouglé, *Solidarisme et libéralisme: réflexions sur le mouvement politique et l'éducation morale*, Paris: E. Cornély, 1904.

19 Roger Bloch, *Histoire du parti radical socialiste. Des radicaux-socialistes d'hier aux démocrates socialistes de demain*, Paris: R. Pichon et R. Durand-Auzias, 1968, pp. 17-40; 민유기, 〈20세기 전환기 프랑스의 급진공화파와 중도정치〉, 114-131쪽.

20 Frédéric Rognon, "L'éthique protestante et l'esprit du solidarisme. L'exemple de Charles Gide," *Revue d'histoire et de philosophie religieuses*, 92-1 (2012), pp. 187-203.

21 다나카 다쿠지, 《빈곤과 공화국—사회적 연대의 탄생》, 박해남 옮김, 문학동네, 2014, 193-210쪽.

22 정영훈, 〈사회보장법제에 있어서의 국가의 역할—프랑스의 반국가주의(anti-étatisme)〉, 《법이론실무연구》 9/1 (2021), 61-62, 68쪽.

23 Marion Fontaine, "Léon de Seilhac, en quête du mouvement socialiste," *Cahiers Jaurès*, n° 223-224 (2017/1), pp. 51-72; Janet R. Horne, *Republican Social Reform in France: The Case of the Musée social, 1894-1914*, Ph.D. Dissertation, New York: New York University, 1992, pp. 122-231.

24 Antoine Savoye, "Léon de Seilhac de sa Corrèze natale à l'économie sociale; une trajectoire leplaysienne?," Enquêter sur le monde ouvrier: autour de Léon de Seilhac, *Cahiers Jaurès*, n° 223-224 (2017/1), pp. 15-22.

25 Philippe Chanial, "La République, la question sociale et l'association. Associationnisme, solidarisme et socialisme au tournant du XIXe siècle," *Les Annales de la Recherche Urbaine*, 89 (2001), pp. 6-14.

26 Serge Paugam, *Le lien social*, Paris: PUF, 2018, Que sais-je?

27 Léon Bourgeois, *Solidarité*, Paris: Armand Colin, 1912(1896), pp. 190-217.

28 Lori Robin Weintrob, *From Fraternity to Solidarity, Mutual Aid, Popular Sociability, and Social Reform in France, 1880-1914*, Ph.D. Dissertation, LA: University of California, 1995, pp. 122-191.

29 복지국가의 개념이 정립되기 위해서는 위험과 책임에 대한 관찰과 사회사상과 정책이 요구되었다. François Ewald, *L'Etat providence*, Paris: Bernard Grasset, 1986, pp. 47-222; Kristin A. Sheradin, *Reforming the Republic: Solidarism and the Making of the French Welfare State, 1871-1914*, Ph.D. Dissertation, New York: University of Rochester, 2000, pp. 23-217; Marie-Claude Blais, *Solidarité: histoire d'une idée*, Paris: Gallimard, 2007, ch. IX. L'idée de solidarité à l'épreuve de l'affaire Dreyfus.

30 "Controverse avec Georges Clemenceau sur la répression des manifestations ouvrières," Chambre des députés, 12, 14, 15, 19 juin 1906, *Oeuvres de Jean Jaurès*, tome 11, pp. 197-266.

31 M. Rebérioux, "Jaurès devant les radicaux et le radicalisme," *BSEJ*, n° 94

(juillet-septembre 1984), pp. 27-32.

32 J. Jaurès, *Préface aux discours parlementaires.*

33 "Controverse avec Georges Clemenceau sur la répression des manifestations ouvrières".

34 *Oeuvres de Jean Jaurés*, tome 11, p. 203.

35 "Les idées de M. Jaurès, Interview," *Le Journal*, 14 août 1906, *Oeuvres de Jean Jaurès*, tome 11, p. 146.

36 F. Ewald, *L'Etat providence*, pp. 223-606.

37 G. Haupt, "D'Amsterdam à Bâle," *Le Mouvement social*, n° 111 (avril-juin 1980), p. 8 재인용.

38 대회의 일곱 의제는 사회정책과 노동자 보험, 트러스트와 실업, 식민지 정책, 총파업, 사회주의 정책에 대한 국제 규정, 이주민과 유입 이민, 기타 여러 문제였다. G. Haupt, *La deuxième Internationale 1889-1914. Études critiques des sources. Essai bibliographique*, pp. 180-182.

39 J. Jaurès, *Préface aux discours parlementaires.*

40 대회 통역관이 조레스의 연설을 옮기기 힘들어해서 로자 룩셈부르크가 자원해 대신했다는 이야기는 널리 회자되었다. 드레퓌스 사건, 밀랑 사건에서 룩셈부르크는 조레스에 대단히 적대적이었지만 파리에 와서 수학하여 프랑스어에도 능통했다. 막스 갈로, 《장 조레스 그의 삶》, 460-484쪽.

41 "Discours de Jaurès à Amsterdam," *La Revue socialiste*, tome XL (juillet-décembre 1904), pp. 288-312.

42 이 인용문과 잇따르는 두 인용문은 이날 조레스의 연설 중에서 하비 골드버그가 선정한 부분이다. H. Goldberg, *The Life of Jean Jaurès*, p. 327.

43 Marius S. Ostrowski, *Eduard Bernstein on Socialism Past and Present: Essays and Lectures on Ideology*, Palgrave Macmillan, 2021, pp. 1527-1561.

44 U. Brummert, *L'universel et le particulier dans la pensée de Jean Jaurès*, pp. 79-96, ch. V. La question nationale De la petite patrie à l'internationale.

45 인터내셔널 사무국Le Bureau Socialiste International은 인터내셔널의 모든 행정 사무를 처리하는 유일한 상설 기구였다. G. Haupt, *La Deuxième Internationale 1889-1914*, pp. 23-33.

46 Janet Polasky, *The Democratic Socialism of Emile Vandervelde Between Reform and Revolution*, Oxford: Berg, 1995, pp. 95-101.

47 사민당은 제국의회에서 1893년에 40석, 1903년에 81석, 1912년에 110석을 차지했다. 1912년에는 총 투표의 35퍼센트인 425만 표를 얻어 제1정당이 되었고 당원은 1906년에서 1912년 사이에 250퍼센트 증가하여 170만 명이었다. 임금노동자 수는 700만 명을 상회했으며 사민당은 유럽 사회주의 최대 세력을 만드는 데 성공했다. Jacques Droz, *Le Socialisme démocratique 1864-1960*, Paris: Armand Colin, 1966, p. 51.

48 E. Vandervelde(1866-1938). 브뤼셀 자유대학에서 법학을 수학하고 신당인 벨기에 노동당에 가담했으며 1900-1918년에 제2인터내셔널에서 활동했다. J. Polasky, 4 Socialist Comrades: The Second International, *The Democratic Socialism of Emile Vandervelde*, pp. 83-112. Victor Adler(1852-1918). 유대인 집안 출신에 의사로 출발하여 오스트리아 사회주의 분파를 통합하고 세력화를 모색했으며 마지막 합스부르크 제국 시기에 외교장관을 지내고 오스트리아 공화국 창건에 기여했다. Léon Trotsky, "La social-démocratie autrichienne Victor Adler," *Kievskaya Mysl*, n° 191 (juillet 1915).

49 *Sixième Congrès socialiste international, tenu à Amsterdam du 14 au 20 août 1904*, Bruxelles, 1904, pp. 59-62; Aarond Noland, *The Founding of the French Socialist Party (1893-1905)*, New York: Howard Fertig, 1970, pp. 165-178.

50 Max Beer, "Jean Jaurès orateur: Jaurès et le Congrès d'Amsterdam," *BSEJ*, n° 35 (1969/4), pp. 2-8.

51 G. Haupt, "Jaurès et l'Internationale," pp. 35, 40.

52 U. Brummert, *L'universel et le particulier dans la pensée de Jean Jaurès*, pp. 93-96; G. Haupt, "Jaurès et l'Internationale," p. 33.

53 *L'Humanité*, 21 septembre 1904.

54 J. Jaurès, "Unité socialiste," *La Dépêche*, 23 septembre 1904.

55 J. Jaurès, "Moyen d'unité," *La Dépêche*, 3 octobre 1904.

56 "차르는 아무것도 모르고 아무것도 보지 못한다. 1억 인구를 이끄는 사명을 지닌 이가 기생충과 사기꾼들이 벌이는 모험에 끌려다닌 맹목이다." J. Jaurès, "En Russie," *L'Humanité*, 8 octobre 1904.

57 J. Jaurès, "La mort du tsarisme," *L'Humanité*, 23 janvier 1905; "La révolution russe," *L'Humanité*, 25 janvier 1905.

58 G. Candar, V. Duclert, *Jean Jaurès*, pp. 321-323.

59 J. Jaurès, "La révolution russe," *L'Humanité*, 1er mars 1905.

60 *Congrès d'unité, 23-25 avril 1905*, Paris, salle du globe, boulevard de Strasbourg, pp. 7-10.

61 Louis Dubreuilh(1862-1924). 1898-1899년 드레퓌스 사건으로 사회주의 분파가 갈등을 겪을 때 합의위원회 서기를 맡았다. 각 당파에 신뢰를 주고 내부 조정에 원활한 점이 부각되어 사회당 창당부터 전쟁이 끝나는 1918년까지 당 총서기직을 수행한다. 처음에는 의학도였으나 신문기자로 역량을 발휘하면서 사회주의 진영에 들어왔고 사회주의의 이름으로 열리는 모든 전국대회에 센도 연맹 대표로 참가했으며 파리 시의회 선거, 하원 선거에 출마했다.

62 *Congrès d'unité*, 1905, p. 12.

63 Sylvain Humbert, *Les Possibilistes*, Paris: Marcel Rivière, 1911, pp. 85-88.

64 F. de Pressensé, "L'unité socialiste," *L'Humanité*, 26 avril 1905.

65 Ibid.

66 Salvatore Veca, *Éthique et politique*, Traduction de l'Italien par Évelyne Buissière, Paris: PUF, 1999, pp. 78-84.

67 "Au congrès de Rouen. L'unité socialiste. Discours du citoyen Jaurès," *L'Humanité*, 30 mars 1905, *Oeuvres de Jean Jaurès*, tome 10, pp. 276-312.

68 Moïsei Ostrogorski, *La démocratie et les partis politiques*, Paris: Fayard, 1993. 이 책의 파리 초판은 같은 제목에 2권으로 출간되었으며, 1993년 판은 1912년 칼만레비 판을 재간행한 것이다. 서문을 쓴 피에르 아브릴Pierre Avril은 헌법학자이며, 급진당 지도자 피에르 망데스 프랑스Pierre Mendès France에 매료되었다.

69 정치와 사회 사이의 분열은 결국 사공社共 분당과도 연관이 되었을 것이다. 그러나 1920년 12월 투르 당대회에서 당이 두 쪽이 나서 대회장을 지킨 이들은 공산당을 창당하게 되고 레옹 블룸을 비롯하여 대회장을 나간 이들은 사회당을 보존하게 되는 이 역사는 이 글의 범주를 벗어나 언급하지 않기로 한다.

70 M. Ostrogorski, *La démocratie et les partis politiques*, p. 20.

2장 합류: 게드주의-브루스주의-알르만주의

1 J. Howorth, *Édouard Vaillant. La création de l'unité socialiste en France*, Paris: E.D.I., 1982; "Édouard Vaillant et Jean Jaurès: éléments d'une influence latente," *BSEJ*, n° 62 (juillet-septembre 1976), pp. 5-16.

2 Ibid., pp. 93-126.

3 G. Candar, *Édouard Vaillant,* p. 119.

4 J. Howorth, "Vaillant, la République et le Socialisme en 1900," *BSEJ*, n° 50 (1973/3), PP. 11-20.

5 J. Howorth, "Édouard Vaillant et Jean Jaurès," pp. 11-12.

6 서이자, 〈1880년대 프랑스 뽀시빌리스뜨에 대한 연구〉, 《學林》 11 (1989), 114-133쪽; 〈1890년대 프랑스 알르만파의 의회정치 이탈과 노조연맹으로의 전환〉, 《歷史敎育》 90 (2004), 229-249쪽.

7 M. Angenot, "Jules Guesde, ou La fabrication du marxisme orthodoxe," *Actuel Marx*, n° 23 (1998/1), pp. 33-46.

8 J.-N. Ducange, *Jules Guesde, L'anti-Jaurès?*, Paris: Armand Colin, 2017, pp. 123-147.

9 Claude Willard, *Le mouvement socialiste en France (1893-1905): les Guesdistes*, Paris: Éditions sociales, 1967, pp. 27-155, 343-386.

10 *L'Egalité: journal républicain socialiste*, Parti ouvrier français, Collectivistes révolutionnaires français, Paris, 1877-1886; M. Perrot, "Le premier journal marxiste français: "L'Égalité" de Jules Guesde (1877-1883)," *Actualité de l'histoire*, n° 28 (juillet-septembre, 1959), pp. 1-26.

11 *L'Avenir du travailleur*, Organe du parti ouvrier de la région du Nord, 1887.

12 Martine Pottrain, *Le Nord au coeur: historique de la Fédération du Nord du Parti socialiste*, 1880-1993, Lille: "Nord demain," 1993. pp. 13-15, 17-23.

13 C. Willard, *Les Guesdistes*, pp. 284, 319-320.

14 J.-N. Ducange, 17. Jules Guesde: un marxiste est-il "de gauche"?, M. Winock (s.d.), *Les figures de proue de la gauche depuis 1789*, Paris: Perrin, 2019, pp. 231-242.

15 또 벨기에 모델을 따라 북부 공업지에 번성한 협동조합이 노동자들에게 주는 실질적 도움이 게드주의 세력화에 발판이 되었다. 협동조합운동과 병행한 민중의 집이 노동자들의 정치의식화에 미친 영향은 계속 연구되었다. Robert P. Baker, *A Regional Study or Working-Class Organization in France: Socialism in the Nord, 1870-1924*. Ph.D. Dissertation, Stanford: Stanford University, 1967, pp.170-176; Paula Cossart, Julien Talpin, "Les Maisons du peuple comme espaces de politisation. Étude de la coopérative ouvrière la Paix à Roubaix (1885-1914)," *Revue française de science politique*, vol.

62 (2012/4), pp. 583-610.

16 Alexandre Bracke(1861-1955). 릴의 민중 계층 출생으로 파리 고등사범을 졸업하고 릴대학과 파리대학에서 강의하면서 게드주의자로 의회에 진출했다. Charles Bonnier(1863-1926). 북부 상인 대표의 아들. 제2인터내셔널 대회에 번번이 참석하고 게드주의 신문에 기고했다. Henri Lefebvre(1874-1937). 루베 출생 직물공, 술집 주인으로 1893년 프랑스 노동자당에 입당했다.

17 S. Humbert, *Les possibilistes*, pp. 3-4; David Stafford, *From Anarchism to Reformism. A study of the political activities of Paul Brousse within the First International and the French socialist movement 1870-1890*, Toronto: University of Toronto Press, 1971, p. 243.

18 서이자, 〈1880년대 프랑스 뽀시빌리스뜨에 대한 연구〉.

19 쥘 조프랭Jules Joffrin(1846-1890). 제1인터내셔널 회원이었던 파리 기계공으로 코뮈나르였으며 게드주의에 반대하고 파리 북쪽에서 시영 빵집을 운영하면서 공공서비스를 실천한 파리 시의원이었다. 장바티스트 클레망Jean-Baptiste Clément(1836-1905). 코뮈나르였던 가수, 저널리스트. 사면 후 브루스파 당에서 활동했다. 아르튀르 로지에Arthur Rosier(1870-1924). 트루아의 편물공 출신 노동자로 집산주의, 알르만파를 거쳐 브루스와 가까웠다. 오브, 센 등지에서 노동쟁의에 가담하고 나중에는 파리 사무원으로 시의회에 나갔으며 하원의원이었다.

20 D. Stafford, *From Anarchism to Reformism*, p. 243.

21 P. Brousse, *L'Etat et l'école, monopole ou contrôle*, Paris: Au Bureaux du journal Le Prolétaire, 1910.

22 César de Paepe(1841-1890). 그의 선집의 하나로는 *Entre Marx et Bakounine, correspondance*, texte de présentation et notes par Bernard Dandois, Paris: François Maspero, 1974.

23 P. Brousse, *La propriété collective et les services publics*, Paris: Au bureau du journal "Le Prolétaire", 1883.

24 D. Stafford, *From Anarchism to Reformism*, p. 242.

25 인터내셔널의 결정 후 사회주의 진영 각기 희비가 엇갈리는 속에 그래도 통합당이 출현한 데에는 민유기가 지적한 중대한 요인이 있었다. 민유기, 〈프랑스 사회주의 시정의 탄생〉. 그 요인은 어느 당파도 모두 거부하지 않고 열심히 뛰어 성과를 낸 사회주의 시정이었으며 사회당 통합 10년 전 1896년의 생망데 연회가 분명하게 이를 말해주었다. *Le banquet des municipalités socia-*

listes (mai 1896): discours de Millerand, Paschal Grousset, Jules Guesde, Vaillant, Prudent-Dervillers, Jaurès, par Alexandre Millerand, Paris: Bureaux de "La Petite République", 1896. 프랑스 전역에 걸친 사회주의 시장 당선을 축하한 이 연회에는 직물과 광업의 도시 릴, 루베, 투르쿠앵, 아르망티에, 남부 생테티엔, 리옹, 마르세유, 중부가 모여들었다. 틈나면 모여 사회주의를 선전하면서 노동자들은 자기들 대표를 선출할 준비를 갖추었다. 시의회의 역사는 오래되었고 시청은 주민들과 무척 가까웠다. Alfred des Cilleuls, *Le socialisme municipal à travers les siècles*, Paris: Alphonse Picard & Fils, 1903, 특히 pp. 91-139. 공공의 이익을 위해 건축, 도로, 산업, 상업에 개입하는 것은 이윤 추구를 원칙으로 하는 정치경제학의 미움을 샀고 보수파의 반대를 받았다. 사회주의 시의원들은 급진파 시의원들과 경쟁하고 협력하면서 엄정한 직무 처리 역량을 키웠고 이것이 주민들이 보내는 신망의 기초가 되었다. 1차대전 이전 지방행정 예산은 어디서나 빠듯했다. 남부 6개 도시(안시, 샹베리, 그르노블, 리옹, 로앙, 생테티엔)의 시 예산은 1차대전 후 1920년에 크게 늘기 시작하며 1930년대에 여건이 나아진다. B. Dumons, G. Pollet, P.-Y. Saunier, *Les élites municipales sous la IIIe République. Des villes du Sud-Est de la France*, p. 43. 노동자 자녀들이 다니는 학교도 부유층 동네 못지않게 청결히 정비하는 것, 간소하게 차린 시영 약국과 노년층 요양소는 적은 예산으로도 노동자의 질병과 노년을 보장하려는 공적 의지를 보여주었다. 시 고용국을 설치하여 취업 중개료를 없애고 최하층 빈곤 세대에 지방세를 면제하는 대신 안락한 계층의 지방세를 신설할 수 있었다. 자녀를 둔 여성 노동자가 많아 모성을 돌보아야 하는 공업도시에서 사회주의 시정이 특히 관심을 기울인 것은 유아원 설치와 학교 급식이었다. G. Delory, *Aperçu historique, sur la Féderation du Nord du Parti Socialiste*, Lille: impr. ouvrière Maximilien Dhoossche, 1921, pp. 108-109. 주식과 상거래, 물, 운하, 전차, 합승차에 강철, 금속, 면공업, 낙농, 소금업으로 상층은 막대한 부를 쌓고 소생산자들은 사라지는 세상을 개탄만 하지 않았다. Eugène Faillet, *Le parti ouvrier français: bourgeoisie et prolétariat, doctrine, origine et progrès du parti, les élus du parti à l'Hôtel de Ville*, Paris: E. Dentu. 1894, pp. 50, 57. 시의회에는 브루스주의를 따르는 이들도, 노동자당원도 있었지만 중요한 것은 이들이 부르주아 아닌 현장 노동자라는 점, 그런데 의제 심의와 예산 책정, 현장 상황에 익숙해갔다는 점이다. 사실 1896년에서 1900년 사이에 파리시 제8 평의위는 노동회관의 장소와 시간을 일일이 챙겼으며 파리 아닌 지방에도 원

조금을 보냈다. 물, 도로 외에 정육업자와 레몬주스 제조인 관리 예산을 책정하고 어린이와 가족 원조, 초등학교, 또 사이클 같은 스포츠에 지원금을 배당했으며 무의탁 여성들을 돌보았다. Dr. Chassagne, *Au XXe siècle, le conseil municipal de Paris: 1896-1900*, Paris, Hachette, 1900, pp. 3-6, 13-20, 28-32, 51-67.

26 M. Winock, "Le congrès de Châtellerault et la naissance du parti allemaniste (1890-1891)," *Le Mouvement social*, n° 74 (avril-juin 1971, pp. 33-62; Siân Reynolds, "Allemane avant l'allemanisme: jeunesse d'un militant (1843-1880)," *Le Mouvement social*, n° 126 (janvier-mars 1984), pp. 3-28.

27 Maurice Charnay, *Les Allemanistes*, Paris: Marcel Rivière, 1911, pp. 3-34.

28 Siân Reynolds, *Les allemanistes (1882-1905). Itinéraires, place et rôle dans le mouvement socialiste*, thèse d'histoire, université Paris 13, 2001, p. 42.

29 Parti ouvrier socialiste révolutionnaire, *Compte rendu de la Conférence nationale de 1895 tenue à Paris les 29 et 30 septembre 1895*, Paris: Imprimerie J. Allemane, 1896.

30 *IVème congrès des Bourses du travail, Compte-rendu des travaux du congrès: tenu à Nîmes les 9, 10, 11 et 12 juin 1895*, Nîmes: Bourse du travail, 1896, pp. 28-29.

31 Ferblantiers, Charrons, Cambruriers, Tourneurs-Repousseurs, Polisseur sur métaux, Fossoyeurs, Cochers, Livreurs, Tourneurs, Cyclistes, Clichy.

32 S. Reynolds, "Allemane, the Allemanists and le Parti Ouvrier: the problems of a socialist newspaper 1888-1900," *European History Quarterly*, Vol. 15 (1985), pp. 43-70.

33 Paul Chauvet, *Les ouvriers du Livre en France, des origines à la Révolution de 1789*, Paris: PUF, 1959; *Les ouvriers du Livre en France, de 1789 à la Constitution de la Fédération du Livre*, Paris: Marcel Rivière, 1956.

34 J. Allemane, *Mémoires d'un Communard. Des barricades au bagne*, Paris: Librairie socialiste J Allemane, 1906 (M. Winock (ed.), Paris: F. Maspero, 1981), pp. 483-522.

35 M. Winock, "La scission de Châtellerault et la naissance du parti "allemaniste" (1890-1891)," *Le Mouvement social*, n° 75 (avril-juin 1971), pp.33-62, "Non-Conformistes" des Années 90.

36 M. Offerlé, Annexes Index biographique *Les socialistes et Paris, 1881-*

1900, pp. 651-738.

37 https://maitron.fr/spip.php?article24464, notice ALLEMANE Jean par Justinien Raymond, version mise en ligne le 9 février 2009, dernière modification le 18 mars 2020.

38 *L'Humanité*, 1er juillet 1907.

39 V. Duclert, "À la recherche de la nouvelle affaire Dreyfus? Les socialistes français, la politique et l'histoire," *Cahiers Jaurès*, n° 187-188. (2008/1), pp. 117-128.

40 M. Winock, "Les Allemanistes," *BSEJ*, n° 50 (octobre-décembre 1973), pp. 20-26.

41 M. Winock, "Jean Allemane: une fidélité critique," *International Review of Social History*, Vol. XVII, Iss. i (1972), pp. 373-380.

42 중부 부르고뉴의 욘 연맹이 독자 연맹으로 알려졌다. 욘에서도 계파가 갈렸지만 통합당 창당 대회에서 혁명파, 개혁파, 혁명사회주의노동자당 외의 정파로 구분되었다. J.-L. Breton, *L'Unité socialiste*, Paris: Marcel Rivière, 1912, p. 46. 이후 전국 당대회에서도 욘과 다른 연맹들이 독자 연맹으로 분류되었다.

43 J. Maitron, "Le groupe des Etudiants Socialistes Révolutionnaires Internationalistes de Paris (1892-1902): Contribution à la connaissance des origines du syndicalisme," *Le Mouvement social*, n° 46 (janvier-mars 1964), pp. 3-26.

44 말롱의 죽음은 오래 잊혀 있었다. Didier Nourrisson, "Chronique d'une mort oubliée," *Du Forez à la Revue socialiste. Benoît Malon (1841-1953)*, Publication de l'Université Saint-Etienne, 2000, pp. 125-137.

45 Gustave Rouanet(1855-1927). Eugène Fournière(1857-1914).

46 J. Jaurès, "Benoît Malon," *La Petite République*, 21 septembre 1893; "La mort de Benoît Malon," *La Revue socialiste*, T. XVIII (octobre 1893), pp. 411-413.

47 Mathieu Léonard, *L'émancipation des travailleurs. Une histoire de la Première Internationale*, Paris: La Fabrique éditions, 2011, pp. 43-46.

48 *Les séances officielles de l'Internationale à Paris pendant le siège et pendant la Commune*, Paris: E. Lachaud Éditeur, 1872.

49 Eugène Varlin, *Pratique militante & écrits d'un ouvrier communard*, Présenté par Paule Lejeune, Paris: F. Maspero, 1977, pp. 33-37.

50 Séance du conseil fédéral du 15 Mars 1871, *Les séances officielles de l'Internationale à Paris*.

51 Louis de Toureil. 생시몽과 푸리에만큼 알려지지는 않았으나 노동자들의 결사를 권유했으며 유토피아 사회주의자들의 사상을 융합하려 한 교리를 세웠다. *Oeuvres de Jean Jaurès*, tome 5, p. 209.

52 B. Malon, *Le socialisme intégral. Histoire des théories et tendances générales*, Paris: Alcan, 1890; *La morale sociale: genèse et évolution de la morale*, Paris: V. Giard et E. Brière, 1895.

53 B. Malon, *La troisième défaite du prolétariat français*, Neuchâtel: Guillaume fils, 1871. p. 481.

54 J. Rougerie, *Eugène Varlin*, pp. 81-87.

55 James Guillaume(1844-1916). 영국 시계공 집안 출신으로 취리히에서 공부하고 뇌샤텔 인쇄공이던 그는 바쿠닌과 함께 제1인터내셔널의 아나키스트 지도자로 말롱, 브루스 등 코뮈나르 망명자들을 지원했다. D. Stafford, *From Anarchism to Reformism*, pp. 46-75; Marc Vuilleumier, "Benoît Malon et l'exil en Suisse," *Du Forez à la Revue socialiste*, pp. 41-70.

56 André Léo(1824-1900, 본명은 Victoire Léodile Béra). 쟁쟁한 저널리스트이며 소설가, 여성 코뮈나르였다. 말롱과 레오의 관계에 대해서는 Benoît Malon, *Lettres à André Léo & à quelques autres*, Précédés des vies parallèles d'André Léo et Benoît Malon par Lucien Descaves, Oeuvres: Ressouvenances, 2020, pp. 23-158.

57 Anna-Maria Longhin, "Benoît Malon et Internationalisme italien," *Du Forez à La Revue Socialiste*, pp. 200-202, 211-213.

58 B. Malon, *La troisième défaite du prolétariat français*, pp. 531, 535.

59 *Le Socialisme progressif*. 이 잡지는 프랑스국립도서관 갈리카Bnf Gallica에는 아직 나오지 않았고 파리 세디아스 뮈제 소시알Cedias Musée social 도서관에 비치되어 있다.

60 B. Malon, *Le nouveau parti 1*, pp. 63-68.

61 "Entrée en ligne," *La Revue Socialiste*, tome premier (janvier-juin 1885), pp. 1-5.

62 *Le Socialisme progressif*, n° 1 (1er janvier, 1878), p. 2.

63 Édmond Demolins, *Le socialisme devant la science sociale*, Paris: Firmin-Didot, 1892; Philippe Besnard, "La formation de l'équipe de l'Année sociologique," *Revue française de sociologie*, 20-1 (1979), pp. 8-10.

64 B. Malon, *L'évolution morale et le socialisme*, Paris: Grand Orient de France/La Revue socialiste, 1886.

65 B. Malon, *Le nouveau parti*, précédé d'une préface de Jules Vallès 1881; *Le nouveau parti*, tome deuxième, le parti ouvrier et sa politique, Paris: 1882. 쥘 발레스가 친근한 어조로 서문을 쓴 1권이 112쪽, 2권은 147쪽.

66 *Bulletin de la Fédération Jurassienne de L'Association Internationale des Travailleurs*, 1872. Marianne Enckell, "Bakunin and the Jura Federation," Fabrice Bensimon, Quentin Deluermoz, Jeanne Moisand (ed.), "*Arise Ye Wretched of the Earth,*" *The First International in a Global Perspective*, Leiden/Boston: Brill, 2018, pp. 358-362.

67 Paul Louis, *Histoire du socialisme en France. De la révolution à nos jours 1789-1936*, Paris: Marcel Rivière, 1936, pp. 117-292.

68 *Séances du Congrès ouvrier socialiste de France, 3e session, tenue à Marseille du 20 au 31 octobre 1879* (*Marseille, 1879*), pp. VIII-IX. 재봉사인 두 여성 시민 그라브Graves와 루이즈 타르디프Louise Tardif 이름이 맨 앞에 적혔다.

69 Jean Lombard(1854-1891). 시계-보석공, 금속판화공인 독학 노동자로 1879년 마르세유 대회를 주관하고 집산주의를 채택했으며 브누아 말롱의 《진보 사회주의》에 기고했다. http://maitron-en-ligne.univ-paris1.fr/spip.php?article82723, notice LOMBARD Jean, Joseph, Marie par Justinien Raymond, dernière modification le 14 septembre 2011.

70 *Séances du Congrès ouvrier socialiste de France.*

71 1864년 발족한 노동자인터내셔널협회AIT의 표어인 이 문구는 1879년 마르세유 대회장 연단에 그대로 걸렸다. 제1인터내셔널의 역사는 *La Première Internationale. L'Institution, l'implantation, le rayonnement, Colloques internationaux du Centre national de la recherche scientifique*, Paris, 16-18 Novembre 1964, Paris: Éditions du CNRS, 1968; Julian P. W. Archer, *The First International in France 1864-1972, Its Origins, Theories, and Impact*, Lanham: University Press of America, 1987.

3장 어려운 사이인 당과 노조

1 Christan Topalov, *Naissance du chômeur 1880-1910*, Paris: Albin Michel, 1994, pp. 28-35.

2 Éric Lecerf, "Les Conférences internationales pour la lutte contre le chômage au début du siècle," *Mil neuf cent. Revue d'histoire intellectuelle* (*Cahiers Georges Sorel*), n° 7 (1989), pp. 99-126.

3 J. Julliard, *Fernand Pelloutier et les origines du syndicalisme d'action directe*, Paris: Le Seuil, 1971, p. 92.

4 프랑스어 '노동의 부르스Bourse du Travail'를 우리말로 어떻게 옮길 것인가는 어려운 문제이다. 이탈리아에서 성했던 금융 거래를 가리키는 'Bourse'는 보통 주식시장을 뜻하며 지금도 파리의 주식거래소를 부르스라고 한다. 국내 연구진에서 이 말을 노동거래소로 명명했기 때문에 선례를 따르는 것이 좋지만, 노동거래소는 이 기구의 정신적, 실질적 의미를 온전히 담지 못하는 것 같다. 노동조합, 노동 상담, 노동자 교육의 기능을 하면서도 건물, 공간이 있어야만 성립되는 개념인 점을 살려 일단 '노동회관'을 생각해본다. R. Trempé, *Solidaires Les Bourses du travail*, Paris: Scandéditions, 1993. 화보가 많고 사이 사이에 설명을 넣어 노동회관의 역사를 느낄 수 있게 한 책이다.

5 https://www.laseyne.info/index.php/la-seyne/la-bourse-du-travail.

6 Alain Prigent et François Prigent, "Micro-histoire de la bourse du travail de Saint-Brieuc (1904-1932): milieux, réseaux, représentations," *Cahiers d'Histoire, Revue d'histoire critique* [En ligne], 116-117 2011, 4. http://journals.openedition.org/chrhc/2377.

7 Christopher K. Ansel, *Schism and Solidarity in Social Movements. The Politics of Labor in the French Third Republic*, Cambridge: Cambridge University Press, 2004(2001), pp. 110-117.

8 J. Jaurès, "La question tragique," *L'Humanité*, 28 novembre 1910.

9 Peter Schöttler, *Naissance des Bourses du travail, Un appareil idéologique d'Etat à la fin du XIXe siècle*; Traduction française de Jean-Pierre Lefebvre et de l'auteur, 1985, pp. 104-112.

10 노동자 여비 지급은 1898년 렌 대회와 1900년 파리 대회의 의결 사항이었다.

11 노동총연맹 출판사는 '세기의 이미지와 운동, 사회의 연대기'라는 표제 아래 노동운동집을 대형 판형에 화려한 화보로 편집하여 4권으로 발간했다. Institut CGT d'histoire, Éditions France progrès, *Images et mouvements du* *siècle, Chronique sociale, 1 A l'assaut du siècle. 2 Les raisins de la colère 3 Le fond de l'air est rouge 4 La terre de la grande promesse*, 1998.

12 J. Julliard, "A propos d'un livre de Peter Schöttler. Les subventions dans le syndicalisme français ou beaucoup de bruit pour peu de choses," *Cahiers Georges Sorel*, n° 4 (1986): pp. 147-158.

13 P. Schöttler, "Politique sociale ou lutte des classes: notes sur le syndicalisme "apolitique" des Bourses du Travail," *Le Mouvement social*, n° 116 (juillet-septembre 1981), pp. 3-20.

14 M. Perrot, "Sociabilités ouvrières," *Le Mouvement social*, n° 135(Apr. Jun., 1986), pp. 3-5.

15 Philippe Braud, *L'émotion en politique*, Paris: Les presses de sciences, 1996.

16 Anthony Stark Baker, *Fernand Pelloutier and the Bourse du Travail 1892-1901. The Creation of an Independent French Labor Movement*, Ph.D. Dissertation, LA: University of California, 1973, p. 38.

17 G. Davranche, "Pelloutier, Pouget, Hamon, Lazare et le retour de l'anarchisme au socialisme (1893-1900)," *Cahiers d'histoire. Revue d'histoire critique* (2009), journals.openedition.org.

18 Robert Graham (ed.), *Anarchism. A Documentary History of Libertarian Ideas*, Volume One, *From Anarchy to Anarchism* (*300CE to 1939*), Montreal/New York/London: Black Rose Books, 2005, pp. 193-196.

19 F. Pelloutier, *La vie ouvrière en France*, Paris: Schleicher frères, Bibliothèque internationale des sciences sociologiques, 1900(형제인 모리스 펠루티에와 공저); F. Pelloutier, *Histoire des bourses du travail. Origine-Institutions-Avenir*, Paris: Schleicher, 1902, Gordon & Breach, 1972. 2001년 Phénix 판에는 롤랑드 트랑페의 서문이 수록되었다.

20 펠루티에의 저술로 예술의 저항적 의미를 논한 소책자도 있다. *L'Art et la révolte. Conférence faite le 30 mai 1896 salle du Commerce*, Paris: Bibliothèque de "l'Art social", 1897. 현대 사회 여성의 지위를 비문명적이라고 보고 당시 여성노동의 작업 조건, 임금 상황, 노동자 가정의 식생활을 조사, 분석하고 여성운동을 소개했다. "La Femme dans la Société moderne 1," *La Revue socialiste*, T. 20, n° 117 (septembre 1894), pp. 285-311(모리스 펠루티에와 공저).

21 1897-1898년에 발간된 《두 세계의 노동자*L'Ouvrier des deux mondes*》는 노동회관 연맹의 기관지와 같았다. J. Julliard, "L'Ouvrier des deux mondes," *Mil neuf cent. Revue d'histoire intellectuelle*, 5 (1987), pp. 39-47.

22 J. Julliard, *Fernand Pelloutier*, pp. 155-156.

23 1896년 5월 1일 '부름'이란 제목으로 노동회관 연맹에 보낸 문건. 다음에서 재인용한다. J. Julliard, *Autonomie ouvrière*, p. 293.

24 David Hamelin, "Les Bourses du Travail et l'éducation (1887-1914). De l'enseignement professionnel aux savoirs éclectiques," *Socialismes et éducation*, pp. 207-211.

25 1869년에 80만의 청중이 있었고 1895년쯤 민중 토론과 공개 낭독회 등이 나타났다. 국가도 재정 지원이나 훈장 포상으로 장려책을 썼다. 1894년에 6만 명의 남녀 교사, 5천 명의 자원자가 민중 토론회에 나섰다. 1902-1903년에 11만 7350회의 민중 토론이 있었고 300만 이상의 인원이 참가했다. 청년 개혁주의 가톨릭의 밭고랑 운동도 노동자들의 지식과 모럴 문제를 제의했다.

26 J. Maitron, *Paul Delesalle, Un anarchiste de la Belle époque*, Paris; Fayard, 1985, 특히 pp.15-19.

27 시립도서관은 1789년 혁명기 이전에 제도화되어 있었다. 프랑스혁명기에 성직자들의 장서를 국유재산으로 몰수한 것이 민중도서관으로 이어져 7월 왕정과 특히 1860년대에 증가하고 지방으로 확산되었다. 제3공화정 초기에는 모든 도시에 시립도서관이 있어야만 했다. Graham Keith Barnett, *Histoire des bibliothèques publiques en France de la Révolution à 1939*, Promodis: Éditions du Cercle de la Librairie, 1987 (traduit de l'anglais), p. 266.

28 Marius Bertou, Jean-Michel Leterrier, *L'Aventure culturelle de la CGT*, Montreuil : VO éd./Pantin: le Temps des cerises, 1996. 노동총연맹과 노동자의 힘 두 기구의 명의로 페르낭 펠루티에 평론이라 할 연구지(1949-1963)가 발간되었다. *Les Cahiers Fernand Pelloutier*: Cahiers de recherche et de libre discussion sur les problèmes de l'éducation et de l'action ouvrière. Force ouvrière, Centre d'éducation ouvrière, Paris: CGT-FO.

29 J. Julliard, *Fernand Pelloutier*, pp. 143-144.

30 J. Julliard, "Théorie syndicaliste révolutionnaire et pratique gréviste," *Autonomie ouvriere*, pp. 43-68.

31 Ibid.

32 Guy Caire, Thomas Lowit, "SYNDICALISME," *Encyclopædia Universalis* [en ligne], consulté le 11 janvier 2022. https://www.universalis.fr/encyclopedie/syndicalisme/.

33 M. Perrot, *Les ouvriers en grève, France 1871-1890*, T. 1, Annexes, pp. 396-398.

34 R. Trempé, Deuxième partie 1871-1914, in C. Willard (s.d.), *La France ouvrière*, tome 1, *Des origines à 1920*, Paris: Éditions sociales, 1993, pp. 320-321.

35 Ibid., pp. 241, 253의 도표.

36 Stéphane Gacon, "La République briseuse de grèves et l'amnistie (1905-1914) Une tentative de régulation politique du conflit social en France," *Vingtième Siècle. Revue d'histoire*, N° 125 (2015/1), pp. 17-31.

37 파리 우편원 파업은 3월 12일에 시작했다. 처음에는 우정 담당 정부 고위관료의 거부를 당했으나 클레망소 내각 수반과 바르투 장관 면담으로 승진 조건 복구, 파업자 복귀가 수락되었다. [La répresssion de la grève des postiers], discours à la Chambre des députés, 26 mars 1909, *Oeuvres de Jean Jaurès*, tome 12, *Penser dans la mêlée 1907-1910*, édition établie par Jean-François Chanet et Emmanuel Jousse, 2020, pp. 167-172.

38 Serge Bianchi, *Une tragédie sociale en 1908: les grèves de Draveil-Vigneux et Villeneuve-Saint-Georges*, CRHRE, Éditions d'Albret Nérac, 2014.

39 J. Julliard (Présentation), *Clemenceau briseur de grèves. L'affaire de Draveil-Villeneuve-Saint-Georges (1908)*, Coll. Archives Julliard, n° 14 (1965), pp. 9-11.

40 파리의 대표적인 중도지 《르 탕*Le Temps*》은 제정 시대인 1861년에 창간된 공화파 신문이었다. 1942년까지 간행되며 정치 전문지의 성격에 침착한 논조를 지녔다.

41 J. Julliard, *Clemenceau briseur de grèves*, pp. 88-94.

42 1914년 이전 고조되었던 파업에 대해 정부의 사면 조치도 빈번하게 시행되었다. S. Gacon, "La République briseuse de grèves et l'amnistie (1905-1914)," p. 18. 사면령 표 참조.

43 모나트가 스위스로 피신했고 다른 지도자들은 센에우아즈도의 코르베유 감옥에 갇혔다가 순차적으로 풀려났다. 《뤼마니테》는 8월 2일 일요일 자 1면에 '악랄한 날, C.G.T. 투사들 구금되다'라는 제목 아래 사건을 상세히 보도했다. "La journée scélérate," *L'Humanité*, 2 août 1908.

44 그러나 노조 가입률이 낮은 것과 달리 소규모 조합은 다양한 형태 다양한 이름으로 번성했다. 생디카, 지방 유니옹, 지방 연맹, 부르스, 각종 직업 생디카의 도 연맹, 지역 연맹, 전국 연맹, 직종 전국 연맹이나 전국 유니옹, 산별 연맹, 전국 생디카, 부르스 전국 연맹들이 있었다. 생디카는 1902년에서 1904년 사이에 1043개에서 1792개로 늘었고 가입자는 1904년에 13만 명을 약간 넘었다. 프랑스 전체의 산업 노동자는 약 500만 명이었다.

45 R. Trempé, Troisième partie 1871-1914, *La France ouvrière, Histoire de la classe ouvrière et du mouvement ouvriere français*, sous la direction de C. Willard, T. 1, *Des origines à 1920*, Paris: Éditions sociales, 1993, p. 335.

46 V. Griffuelhes, *L'action syndicaliste*, Paris: Marcel Rivière, 1908, pp. 27-37.

47 동부 프랑슈콩테-부르고뉴 지역의 공업도시 크뢰조는 이미 석탄과 유리 산업이 발달해 있었는데 1830년 슈나이더가에서 열차 선로 자재인 철강 산업을 시작하면서 성장하여 19세기 말에는 절정기를 이루었다. 1911년 크뢰조의 인구는 3만 8000여 명, 외젠 슈나이더는 이때 첨단 기술과 집중적 경영 기법을 구사하는 기업인이었다. Alexis Chermette, "Le Creusot, Première concentration Fer-Charbon," *Bulletin mensuel de la Société Linnéenne de Lyon*, 64-9 (1995), pp. 386-398.

48 Marcel Massard, "Syndicalisme et milieu social (1900-1940)," *Le Mouvement social*, n° 99 (avril-juin, 1977), Au pays de Schneider: Prolétariat et militants ouvriers de la Commune à nos jours, pp. 23-38.

49 M. Perrot, "La presse syndicale des ouvriers mineurs (1880-1914) Notes pour un inventaire," *Le Mouvement social*, n° 43 (avril-juin 1963), pp. 93-116, La mine et les mineurs.

50 Anja Johansen, "Violent Repression or Modern Strategies of Crowd Management Soldiers as Riot Police in France and Germany, 1890-1914," *French History*, Vol. 15, No. 4 (2001), pp. 400-420.

51 *Xe Congrès de la C.G.T. Tenu à Marseille du 5 au 12 Octobre 1908*, pp. XIII-XXXVIII.

52 공제조합, 상호부조회, 노동조합 등 여러 이름으로 불린 영국 초기 산업화의 노동자 결사는 규율과 질서를 아꼈다. 가정과 노동에서 행하는 일상적인 윤리, 술 마시고 클럽 회의장에 들어오지 않기, 회의 시간에 지각하지 않기, 동

료와 조합 간부에게 욕설하지 않기, 동료와 동료 부인의 장례식에 반드시 참석하기 같은 자율적 규정은 운동의 기반이었다. E. P. 톰슨, 《영국노동계급의 형성—상》, 571-580쪽.

53 총연맹이 혁명주의자 일색이었던 것은 아니다. 1908년 개혁파인 기계 노조는 혁명적인 금속노조연맹에 통합하기를 거부했다. 반대로 식자공 노조는 달라지는 경제 구조에 맞추어야 하고 단일한 고용주 조직에 대응하여 숙련 비숙련을 불문하고 같은 직종은 모두 하나로 모여야 한다고 주장했다. 총연맹은 1차대전 발발 2년 전에 가장 성대했다. 전쟁 기운이 고조되는 1913년에 곧 줄어들지만 가입원 39만 200명이 되었다. R. Trampé, *La France ouvrière 1871-1914*, pp. 337-338. 이용재, 〈아미앵 헌장과 혁명적 생디칼리슴〉, 《서양사연구》 29호 (2002), 100-102쪽.

54 Michel Branciard, *Syndicats et partis autonomie ou dépendance*, tome 1, *1879-1947*, Paris: Éditions Syros, 1982, pp. 13-33.

55 Serge Wolikow, "Une approche historique de la Charte d'Amiens," *La Pensée*, 352 (octobre-décembre 2007), pp. 5-14.

56 이용재, 〈총파업 이념의 대두와 혁명적 생디칼리슴의 성립—19세기 말 프랑스 노동운동의 급진화〉, 《역사교육》 77집 (2001. 3), 131-168쪽.

57 É. Pouget et Emile Pataud, *Comment nous ferons la révolution, Roman d'anticipation sociale*, Paris: Jules Tallandier, 1909 / Éditions Syllepse, 1995.

58 C. Chambelland, *Le Syndicalisme ouvrier français*, Paris: Éditions ouvrières, 1956, p. 44.

59 개혁사회주의자 아리스티드 브리앙Aristide Briand(1862-1932)은 1890년대에 열렬한 총파업론자였으나 통합사회당에 가담하지 않은 후에는 정부 각료로 입각했다. 클로비스 위그, 오가뇌르, 콜리아르 등 의회사회주의자들은 암스테르담의 규정이 과장되고 부조리하다는 판단 아래 통합에 합의하지 않기로 했다. 통합파가 통합을 거부한 이들에게 강경했지만 1906년 총선에서 독립파 사회주의자 24명이 당선되었다. Albert Orry, *Les socialistes indépendants*, Paris: Marcel Rivière 1911, pp. 73-76.

60 J. Julliard, *Fernand Pelloutier*, p. 88.

61 Miguel Chueca, *Déposséder les possédants La grève générale aux "temps héroïques" du syndicalisme révolutionnaire (1895-1906)*, Montpellier: Agone, 2008, Introduction.

62 J. Jaurès, "Grève et révolution," *L'Humanité*, 5 novembre 1905.

63 Ibid.

64 R. Huard, *Le suffrage universel en France 1848-1946*, Paris: Aubier, 1991.

65 J. Jaurès, "Syndicat et socialisme," *L'Humanité*, 29 août 1905.

66 A. Boscus, Introduction, *Oeuvres de Jean Jaurès*, tome 4, pp. 7-30.

67 1896년 7월 제2인터내셔널 런던 대회에서 게드파가 사회주의자들과 아나키스트들의 대회 입장을 물리적으로 저지하는 일이 벌어졌다. 혼란 속에 조레스 역시 게드파에 섞여 아나키스트 생디칼리스들의 입장을 거부했다. *La Petite République*, 9 août 1896. 게드파의 결정은 57대 56 단 한 표 차로 이루어졌다. 그 후 "생디칼리스트들은 사회주의자들이 그들을 원하지 않았음을 기억"한다. *4e Congrès national, les 11, 12, 13 et 14 août 1907, Nancy*, p. 367.

68 R. Trempé et A. Boscus, *Jaurès et les syndicats du Tarn*, pp. 121-124.

69 Xiao Xiao Hong, *Jaurès face aux mouvements des grèves*, p. 407. Tableau 34 Principales grèves au dénoument desquellesa participe Jaurès. 이 목록은 1892년에서 1913년까지 조사했다. 한편 조레스가 개입하거나 논평한 노동자 파업 리스트(1886-1914)는 Ibid., pp. 78-84.

70 R. Trempé et A. Boscus, *Jaurès et les syndicat du Tarn*, pp. 77-83.

71 Parti socialiste SFIO, 4e Congrès national, tenu à Nancy les 11, 12, 13 et 14 août 1907, pp. 342-524.

72 1912년 4월 보르도에서 열린 건축노조연맹 대회가 끝나자 조레스는 곧 생디칼리슴에 무지하거나 신의 없는 이들은 이 운동이 야만적이라고 비방하지만 (……) 노동계급은 온 사회를 변혁하려 한다고 계급과 사회를 엮었다. 그리고 총연맹 서기 그리퓌엘이 프랑스의 생산이 침체되면 혁명의 과업도 무기력해진다고 발언한 것을 높이 평가했다. J. Jaurès, "Syndicalisme et production," *L'Humanité*, 12 avril 1912.

73 Georges Sorel, *Reflextions sur la violence*, édition établie par Michel Prat, Paris: Le Seuil, 1990; 조르주 소렐, 《폭력에 대한 성찰》, 이용재 옮김, 나남, 2007.

74 Eric Wendeborn Brandom, *Georges Sorel, Autonomy and Violence in the Third Republic*, Ph.D. Dissertation, Durham: Duke Uniiversity, 2012, pp. 13-17, 329-345.

75 J. Jennings, "Georges Sorel, Social Foundations of Contemporary Economics," *Mil neuf cent. Revue d'histoire intellectuelle*, n° 4 (1986), pp.

166-170; G. Sorel, *De Aristote à Marx, La décomposition du marxisme*; Shlomo Sand, "Georges Sorel, Matériaux d'une théorie du prolétariat, Paris: Rivière, 1919," *Dictionnaire des oeuvres politiques*, sous la direction de François Châtelet, Olivier Duhamel, Evelyne Pisier, Paris: PUF, 1995, pp. 1126-1127.

76 M-L Goergen, "La place de l'Allemagne dans les biographies des militants français (1871-1914)," *Matériaux pour l'histoire de notre temps*, n° 34 (1994), pp. 17-20.

77 Pierre Andreu, "Cinquante ans avec Georges Sorel," *Cahiers Georges Sorel*, n° 1 (1983), p. 66.

78 김용우, 《호모 파시스투스》, 책세상, 2005, 120-148쪽.

79 J. Julliard, "Actualité de Georges Sorel," *Georges Sorel en son temps* sous la direction de J. Julliard et Shlomo Sand, Paris: Le Seuil, 1985, pp. 13-20.

80 백영철, 〈George Sorel의 反主知主義 政治哲學 硏究〉, 서울大學校, 정치학과 석사학위논문, 1969.

81 Lettres de Georges Sorel à Daniel Halévy (1907-1920), Michel Prat, Georges Sorel, *Mil neuf cent. Revue d'histoire intellectuelle*, n° 12 (1994), pp. 151-223; Lettres de Georges Sorel à Eduard Bernstein (1898-1902), *Mil neuf cent*. n° 11 (1993), pp. 141-197; Shlomo Sand, "La correspondance comme boîte noire: le cas de Georges Sorel," *Mil neuf cent*, n° 8 (1990), pp. 105-121.

82 G. Sorel, *Réflexions sur la violence*, Paris: Marcel Rivière, 1908(1972), Introduction, Lettre à Daniel Halévy.

83 문지영, 〈프랑스 근대 공학교육의 요람—에콜 폴리테크니크(Ecole Polytechnique), 1794-1815〉, 《역사교육》 196호 (2007. 12), 166-186쪽.

84 Shlomo Sand, *L'Illusion du politique. Georges Sorel et le débat intellectuel 1900*, Paris: La Découverte, 1985.

85 G. Sorel, *Les illusions du progrès* (4e éd. rev. et augmentée, Paris/Genève: ressources, 1921), 2019, 재간행; 《진보의 환상》, 간디서원, 2020.

86 M. Prat. "Georges Sorel et le monde des revues," *Cahiers Georges Sorel*, n° 5 (1987), Les revues dans la vie intellectuelle 1885-1914, p. 12.

87 툴루즈의 법과대학생 라가르델은 툴루즈에서 이미 《사회주의 젊은이*La Jeunesse socialiste*》라는 잡지를 친구들과 만든 바 있다. 이때의 동지들인 레옹

레미Léon Rémy, 막스 알베르Max Albert, 폴 드라마Paul Dramas 등이 초창기 《르 무브망 소시알리스트》를 만들었다. Marion de Flers, "Le Mouvement socialiste (1899-1914)," *Mil neuf cent. Revue d'histoire intellectuelle*, n° 5 (1987), pp. 49-76.

88 집산주의 학생그룹Groupe des Étudiants collectivistes은 마르크스주의자들의 단체라고 할 수 있었다. 장 롱게는 마르크스의 외손자였고 에밀 뷔레Emile Buré, 라울 브리케Raoul Briquet, 필리프 랑드리외Philippe Landrieu 모두 드레퓌스파였으며 툴루즈와 파리에서 이 그룹에 이름을 올렸다. J. Maitron, "Le groupe des Étudiants socialistes révolutionnaires internationalistes de Paris (1892-1902)," pp. 3-7. 생디칼리슴과 연관해서는 pp. 20-26.

89 G. Sorel, *La révolution dreyfusienne*, Paris: Marcel Rivière, 1909, pp. 16-32. 소렐은 모두 64쪽인 이 책에서 '드레퓌스 혁명'이라는 제목을 달고 "허풍의 대변인 졸라, 사건의 우스꽝스러움, 일반적 부패와 선거 준비, 사면을 위한 협상" 같은 표현을 썼다.

90 Arture Labriola, "Le Syndicalisme et le Socialisme en Italie," Hubert Lagardelle, *Le Syndicalisme et le Socialisme en France*, Paris: Marcel Rivière, 1908.

91 Michael Curtis, *Three Against the Third Republic: Sorel, Barrès and Maurras*, New York: Routledge, 2017(2010), 특히 Chapter VI.

92 F. Pelloutier, *L'Histoire des Bourses du travail*, Gordon & Breqch, 1971 (Paris: Alfred Costes, 1946), p. 30, Préface de Georges Sorel.

93 Ibid., pp. 59-60.

94 G. Sorel, "Pour l'histoire du socialisme français, Texte inédit présenté et annoté par Jean-Louis Panné," *Cahiers Georges Sorel*, n° 2 (1984), p. 154.

95 Préface de Georges Sorel, Saverio Merlino, *Formes et essence du socialisme*, Paris V. Giard et E. Brière, 1898, pp. XLV.

96 G. Sorel, *Réflexions*, pp. 67, 49; E. Pouget, *L'action directe*, Paris: Éditions de "Guerre sociale", 1904, pp. 21-22.

97 G. Sorel, "Pour l'histoire du socialisme français," pp. 137-160.

98 C. Chambelland, Jeremy Jennings, "Lectures et relectures des idées syndicalistes," *Mil neuf cent. Revue d'histoire intellectuelle*, n° 8 (1990), pp. 169-174.

99 J. Julliard, "Actualité de Georges Sorel," pp. 27-29.

100 G. Sorel, Michel Prat, "Les intellectuels contre les ouvriers (1910)," *Mil neuf cent. Revue d'histoire intellectuelle*, n° 24 (2006/1), pp. 153-155.

101 G. Sorel, Chapitre VI. La moralité de la violence, *Réflextions sur la violence.*

4장 당의 존재 양식: 연차 전국 당대회

1 *11e Congrès national, 25-28 janvier 1914, Amiens*, pp. 19-20.

2 Ibid., p. 20.

3 1905년에 쓰인 공산주의Communisme는 1917년 이후와 같은 체제 전복적 의미와 달리, 개인의 소유를 공동의 소유로 바꿔보려는 기획이나 의지를 가리켰다고 할 수 있다.

4 Fédération은 하나의 국가 내 조직, 또는 국가 이상의 조직으로 넓혀지고 연방, 연합의 의미를 갖는다. 프랑스 혁명기에는 Fédérés, Fédéralisme이 쓰였다. Olivier Beaud, "Penser le fédéralisme," *Commentaire*, n° 120 (2007/4), pp. 953-962.

5 Pierre-Joseph Proudhon, *Du Principe fédératif et le parti de la révolution, De la nécessité de reconstituer*, Paris: E. Dentu, 1863; P.J. Proudhon, Textes choisis par Joseph Lajugie, *Mutuellisme et fédéralisme*, Édition électronique, 2001.

6 Romilly(1895), Lille(1896), Montluçon(1898), Épernay(1899), Ivry(1900), Roubaix(1901), Issoudun(1902), Reims(1903), Lille(1904).

7 Jean Lorcin, "Une utopie de fin de siècle au Pays Noir: le socialisme municipal à Saint-Etienne en 1900," *Le Mouvement social*, n° 184 (juil.-sept. 1998), pp. 53-74.

8 시의회는 비공개로 열렸다. 1848년 혁명으로 세워진 제2공화국에서 속기록 전체 공개를 허용했지만 루이 나폴레옹은 제2공화국을 청산하면서 속기록 공개도 폐지했다. 예산에 관해서는 중앙정부의 예산 공개가 복고왕정기인 1820년대부터 시작되어 지방정부도 일찍부터 이를 따랐다.

9 A. Orry, *Les socialistes indépendants*, pp. 24-32.

10 *Les fédérations socialistes I, II, III, Encyclopédie socialiste, syndicale & coopérative de l'Internationale ouvrière*, sous la direction technique de Compère-Morel, Paris: A. Quillet, 1913/1921.

11 Philippe Chanial, "Les socialismes de l'association, sources et ressources d'une politique du commun?," Christian Laval, Pierre Sauvêtre, Ferhat Taylan (s.d.), *L'alternative du commun*, Paris: Hermann, 2019, pp. 395-404.

12 K. Callahan, "Performing Internationalism: The Political Culture of an International Socialist Congress," *European Socialism and the Demonstration Culture of the Second International, 1889-1914*, pp. 175-197.

13 Annick Bonnet, "Images de congrès: les photographies des congrès socialistes, 1905-1915," *Cahiers Jaurès*, n° 187-188 (janvier-juin 2008), pp. 47-61.

14 R. Huard, *Le suffrage universel en France 1848-1946*, pp. 253-298.

15 *L'Humanité*, 15 août 1907; Ch. Prochasson, "Jaurès en Congrès ou l'utopie délibérative," *Cahier Jaurès*, n° 187-188 (janvier-juin, 2008), p. 66.

16 John M. Merriman, *The Red City. Limoges and the French Nineteenth Century*, New York: Oxford University Press, 1985, pp. 103-183.

17 생테티엔은 정치 대회와 노동 대회에 익숙했다. *Compte rendu du sixième Congrès national tenu à Saint Étienne, du 25 au 31 septembre 1882*, Parti ouvrier; *Congrès de Saint-Etienne, février 1892*; Fédération nationale des Bourses du travail Saint-Etienne, Toulouse: imprimerie de G. Berthoumieu, 1893.

18 E. Labrousse, "Géographie du Socialisme (13 Mai 1849-2 Juin 1946)," *La Revue socialiste*, n° 1 (1946), pp. 137-148.

19 Marjorie Gaudemer, *Inventaire de la presse socialiste 1871-1914*, Paris: CODHOS éditions, 2006, pp. 19-108. 간행물은 도별, 연도별로 정리되어 있다.

20 Ch. K. Ansell, *Schism and Solidarity in Social Movements*.

21 마르세유, 그르노블, 릴도 마찬가지였다. Jacques Pinset, "Quelques problèmes du socialisme en France vers 1900," *Revue d'histoire économique et sociale*, Vol. 36, No. 3 (1958), pp. 332-368.

22 Rémi Lefebvre, *Le socialisme saisi par l'institution municipale (des années 1880 aux années 1980). Jeux d'échelles*, thèse pour le doctorat de science politique, Lille: université de Lille 2001.

23 Jacques Girault (s.d.), *L'implantation du socialisme en France au XXe siècle, partis, réseaux, mobilisation*, Paris: Publication de la Sorbonne, 2001, p. 265.

24 Marc Sadoun, *De la démocratie française*, Paris: Gallimard, 1993, pp. 48-49.

25 사회당의 재정 구조는 2차대전 이후에도 이 틀을 벗어나지 않는다. 당원에게 판매하는 스탬프의 등급이 32, 55, 100프랑으로 차이가 났을 뿐이다. George A. Codding, Jr., William Safran, *Ideology and Politics: The Socialist Party of Franca*, Colorade, Boulder: Westview Press, 1979, pp. 73-74.

26 *8e Congrès national, 16-19 avril 1911, Saint-Quentin*, p. 112.

27 Ibid., pp. 130-132.

28 P.-L. Tournieroux, *La fédération de la Seine du Parti socialiste-Section français de l'Internationale ouvrière de 1905-1914*, pp. 67-81.

29 사회주의자들의 공약은 간추려도 다음과 같이 다변적이었다. 남녀 구분 없는 직접보통선거(모든 수준의 선거에서), 비례대표제에 의한 명부투표, 상원 폐지, 아나키스트 반대법 폐지, 교회 예배 예산 폐지, 예배의 자유 보장, 종교결사 폐지, 영구재산 폐지, 여성과 사생아 및 부정 출생아의 민법상 열등 법률 폐기, 이혼에 관한 한층 자유로운 입법, 부父 인지청구법, 모든 단계의 무상 교육, 1차 소비재에 관한 모든 조세 폐지 및 4개 직접세, 3천 프랑 이상 개인 소득에 대한 일반 누진 개인별 조세, 누진 상속세, 주 1일 의무 휴가제, 시정과 노동자 단체에 의한 최저임금제, 1일 8시간 노동, 질병·사고·장애·노후·실업의 위험을 막기 위해 농업·산업·상업 전체 노동자에 적용되는 전국 사회보장제 조직, 철도·광산·프랑스 은행·제분·주류·제당·당류업의 국유화, 농업 신용 조직, 조명·물·대중교통·건설업·저가 주거의 코뮌 서비스, 노동자 취업 공공서비스, 상비군의 민병 대체, 어떠한 구실에서도 모든 공격전 포기, 평화 유지 목적 외에는 모든 동맹 폐지, 식민지 군대 파견 포기.

30 *10e Congrès national du parti socialiste*, 23-24 mars 1913, Brest.

31 M. Rebérioux, "La conception du parti chez Jaurès," *Jaurès et la classe ouvrière*, Paris: Éditions ouvrières, 1981, pp. 83-100.

32 Christine Bouneau, *Hubert Lagardelle: un bourgeois révolutionnaire et son époque*, Thèse de doctorat, 4 vol. Bordeaux: Université Bordeaux Montaigne. 1996.

33 《무브망》은 이탈리아, 네덜란드, 벨기에, 독일의 사회주의자들과 빈번히 접촉하여 필진이 화려했다. 1900년대 프랑스 사회에서 추구하는 지적 모더니티의 단면이었다. Marion de Flers, "Le Mouvement socialiste (1899-1914)," pp. 69-75.

34 Alan B. Spitzer, "Anarchy and Culture: Fernand Pelloutier and the Dilemma of Revolutionary Syndicalism," *International Review of Social History*, Vol.8/Iss. 3 (1963), pp. 379-388.

35 Ch. Bouneau, "Les jeunesses et les étudiants socialistes en France des années 1880 aux années 1960: groupes politiques et/ou générationnels?," *Histoire Politique*, n° 4 (2008), p. 8.

36 Ch. Bouneau, *Socialisme et jeunesse en France, 1879-1969: acteurs, discours, moments et lieux*, Maison des sciences de l'homme d'Aquitaine, 2009.

37 J. Maitron, "Le groupe des étudiants E.S.R.I. et le syndicalisme révolutionnaire," *Le Mouvement social*, n° 46 (janvier-mars 1964), p. 3.

38 H. Lagardelle, *Socialisme ouvrier*, Paris: V. Giard et E. Brière, 1911, Préface.

39 John M. Burney, "Student Organization in Nineteenth-Century France: The Example of Toulouse," *History of Education Quarterly*, Vol. 25, No. 3 (Autumn, 1985), pp. 303-323.

40 조레스는 카르모 사회주의자로 의회에 돌아온 1893년 이후 집산주의 문제에 대해 글도 쓰고 강연도 했다. Conférence devant le Groupe des Étudiants socialistes révolutionnaires sur *L'individu et le collectivisme*, Paris, salle des sociétés savantes. 이 강연문은 보존되어 있지 않다

41 Groupe des étudiants socialistes révolutionnaires internationalistes de Paris, *Pourquoi nous sommes internationalistes*, Paris: Impr. J. Allemane, 1895; *Réformes ou révolution*, Paris: Aux bureaux des "Temps nouveaux", 1896; *Comment l'État enseigne la morale*, 1897; *L'individu et le communisme*, 1897; *Misère et mortalité*, 1897; *La grève générale: rapport présenté au Congrès antiparlementaire*, 1901. 이 6권의 소책자는 모두 같은 출판사에서 발행되었다.

42 H. Lagardelle, *Socialisme ouvrier*, p. 246; "Le syndicalisme et le socialisme en France," *Syndicalisme et le Socialisme en France*, p. 35.

43 *5e Congrès national, 15-18 Octobre 1908, Toulouse*, p. 352.

44 Ibid., pp. 256-257.

45 H. Lagardelle, "Avant-propos," *Le Mouvement socialiste*, n° 141 (oct. 1904), t. II, p. 3.

46 H. Lagardelle, "Socialisme ou Démocratie?," *Le Mouvement socialiste*, n°

86 (5 avril 1902), pp. 625-632.

47 Ibid.

48 Simone Chambers, "Rhétorique et espace public: La démocratie délibérative a-t-elle abandonné la démocratie de masse à son sort?," *Raisons politiques*, n° 42 (2011/2), pp. 15-45.

49 노서경, 〈대표 개념에 따른 프랑스 사회주의의 갈등 구도 재검토: 제3공화정 1893-1903〉, 《서양사연구》 (2019. 11), 33-71쪽.

50 *6e Congrès national, 11-14 avril 1909, Saint-Étienne*, p. 101

51 *4e Congrès national, 11-14 août 1907, Nancy*, pp. 54-63.

52 Ph. Braud, *Sociologie politique*, 5e édition, Paris: L.G.D.J., 2000, pp. 408-411.

53 Ch. Prochasson, "Jaurès en Congrès," p. 78.

54 "Discours au congrès de Toulouse," Jean Jaurès, *L'Esprit de socialisme*, Six études de discours, Préface de Jean Rabaut, Paris: Denoël/Gontheir, 1971, p. 77.

55 *5e Congrès national 15-18 octobre 1908, Toulouse*, pp. 348-351.

56 R. Huard, *La naissance du parti politique en France*, pp. 269-270.

57 *3e congrès national les 1, 2, 3, 4 novembre 1906, Limoges*, Compte rendu analytique: Parti socialiste, 1907, p. 164.

58 J. Jaurès, *L'Espri du socialismet*, p. 89.

59 Ibid., p. 124.

60 Ph. Braud, *L'émotion en politique*, pp. 7-9, 145-228.

61 *Histoire socialiste*, sous la direction de Jean Jaurès, tome 12, *Troisième République 1871-1900*, par John Labusquière, Paris: Jules Rouff, 1901, Conclusion, 특히 pp. 310-312.

5장 당은 《뤼마니테》와 함께

1 특히 초창기 《뤼마니테》에 대한 연구는 아직 해야 할 일이 많다. M. Rebérioux, "Jaurès à l'Humanité," Christian Delporte, Claude Pennetier, Jean-François Sirinelli et Serge Wolikow (s.d.), *L'Humanitè de Jaurès à nos jours*, Paris: Nouveau monde éditions, 2004, p 25; Alexandre Courban, *L'Humanité, de Jean Jaurès à Marcel Cachin (1904-1939)*, Préface par Serge Wolikow,

Ivry-sur-Seine: Éditions de l'Atelier, 2014, pp. 72-73.

2 '뤼마니테' 개념은 19세기 콩트에 의해 과거와 미래, 현재를 섭렵하는 존재로 승화했다. Auguste Comte, *Système de politique positive ou Traité de sociologie, instituant la religion de l'humanité*, Paris: E. Thunot, 1851, pp. 330-332.

3 Ch. Prochasson, "Jean Jaurès et la culture socialiste à la veille de la Première guerre mondiale," U. Brummert (hrsg von), *Jean Jaurès. Frankreich, Deutschland und die Zweite Internationale am Vorabend des Ersten Weltkrieges*, p. 96.

4 M. Gaudemer, *Inventaire de la presse socialiste.*

5 《포르베르츠*Vorwärts*》(전진). 1876년 독일 라이프치히에서 사회주의노동자당의 기관지로 창간되었으나 2년 후 비스마르크가 주도한 사회주의자법 아래 정간되었다. 1878년 10월 사회주의자법 공포 후 제국정부는 148개 사회주의 정간물과 249개 부정기 간행물을 폐지했다. 수천 개의 소책자와 전단, 광고물도 폐지되었다. 사회주의 언론은 스위스 등지로 자리를 옮기거나 몇몇 후원자들의 지원으로 지하에서 발행되었다. 1890년 사회주의자법 폐지로 1891년부터 1933년 나치 정권의 등장까지 베를린에서 발행되었다. 엥겔스가 기고했고 빌헬름 리프크네히트, 쿠르트 아이너, 루돌프 힐퍼딩이 차례로 편집국장을 맡았다. 1882년 오스트리아 빈 서클에서 온 카를 카우츠키와 하인리히 브라운의 제의로 베벨을 비롯한 사회민주주의 지도자들이 새로운 월간지를 창간한 것이 《디 노이에 차이트*Die Neue Ziet*》이다.

6 벨기에의 사회주의 일간지 《민중*Le Peuple*》은 1885년 12월 브뤼셀에서 창간되어 1998년까지 지속했다. 의사 출신 지식인 레옹 델신Léon Delsinne(1882-1971), 벨기에 노동자당 창건자 장 볼데르스Jean Volders(1855-1896), 귀스타브 데프네Gustave Defnet(1858-1904), 세자르 드 파프César De Paepe(1841-1890)가 제작에 참여했다. 벨기에 사회주의자들은 프랑스 제2제정 말기부터 프랑스 사회주의자들과 교류하고 1871년 코뮌 망명자들을 도왔다. Ch. Lefebvre, "Socialistes français et belges de la fin de l'Empire au début de la IIIe République," *Revue du Nord*, tome 37, n° 148 (octobre-décembre 1955), pp. 191-198.

7 1914년 1월 19일 병으로 사망하여 조레스가 애도를 금치 못한 프레상세는 특히 인본주의의 뜻을 함께하는 각별한 친우였다. 드레퓌스 사건 중에 수립된 인권동맹은 부르주아적으로도 보였으나 프레상세의 입장에서 이 기구는 사회

주의적이었다. 독일 여러 곳에서 수학한 상원의원 아버지 아래 자란 프레상세는 콘스탄티노플과 워싱턴에서 외교관을 지내고 사회주의로 돌아선 주요 필자였다. 목소리 높여 연설할 줄 모르고 언제나 침착한 프레상세였지만 오히려 노동자들은 그의 그 같은 태도를 존중할 줄 알았다. Rémi Fabre, "Réflexions sur le parcours de Francis de Pressensé," *Matériaux pour l'histoire de notre temps*, 72 (2003), pp. 12-16, Les Droits de l'homme au XXe siècle.

8 M. Rebérioux, "Naissance de l'Humanité," *BSEJ*, n° 59 (octobre-décembre 1975), pp. 2-8.

9 A. Courban, *L'Humanité, de Jean Jaurès à Marcel Cachin*, pp. 62-63.

10 J. Jaurès, "Notre but," *L'Humanité*, 18 avril 1904.

11 J. Jaurès, "La curée prochaine," *L'Humanité*, 30 juin 1909.

12 조레스의 아르메니아 문제 개입은 오래되었다. V. Duclert, "Jean Jaurès et la défense des Arméniens Le tournant du discours du 3 novembre 1896," *Cahiers Jaurès*, n° 217 (juillet-septembre 2015), pp. 63-88.

13 Maxime Gorki, "Pour le 22 janvier," *L'Humanité*, 22 janvier 1906.

14 프란시스코 페레르Francisco Ferrer. 수구적인 에스파냐 정부 아래 교육운동과 노동운동을 수행한 선구적 교사이다. 1909년 바르셀로나 봉기를 주도한 혐의로 유죄 판결을 받고 사형에 처해졌다. 이 사건은 프랑스와 다른 유럽 국가들에 큰 반향을 일으켰으며 파리와 툴루즈 일대 남부에서 페레르 지지 시위가 일어났다. F. Best, R. Bianco, A. Boscus, N. Bremand, R. Cazals, J. Faury, J. Lalouette, M. Rebérioux, P. Sola, *L'affaire Ferrer*, Tarn: Centre national et Musée Jean Jaurès, 1991.

15 "La démonstration du prolétariat hongrois," *L'Humanité*, 10 juillet 1907.

16 G. Candar, *Jean Longuet (1876-1938). Un internationaliste à l'épreuve de l'histoire*, Rennes: Presses universitaires de Rennes, 2007, pp. 20-28.

17 "Jean Longuet et l'unité socialiste de 1905," *Jean Longuet, la conscience et l'action*, Etudes rassemblées par G. Candar, Paris: Revue politique et parlementaire, 1988, p. 32. Section française de l'Internationale에다 ouvrière를 넣은 것은 POSR의 알베르 빌름Alberrt Willm이다.

18 *Encyclopédie socialiste syndicale et coopérative de l'Internationale ouvrière, 5. Le mouvement socialiste international* par Jean Longuet, Paris: A. Quillet, 1913.

19 Ibid., pp. 73-82.

20 E. Jousse, *Les hommes révoltés. Les origines intellectuels du réformisme en France (1871-1917)*, Paris: Fayard, 2017, pp. 354-360.

21 Adeline Blaszkiewiz-Maison, "Jean Jaurès et Albert Thomas: le Verbe et l'Action du socialisme?," *Cahiers Jaurès*, n° 225 (juillet-septembre 2017), pp. 15-16.

22 À Courrières, "Sur le champ du meurtre," *L'Humanité*, 17 mars 1906.

23 E. Jousse, "Du révisionnisme d'Eduard Bernstein au réformisme d'Albert Thomas (1896-1914) Réseaux et institutions des années 1890 aux années 1930," *Les Cahiers Irice*, n° 2 (2008/2), pp. 48-52.

24 Albert Thomas, "Les ouvrières et inspection," *L'Humanité*, 13 octobre 1907, p. 1.

25 Paul Mantoux, "Albert Thomas: l'homme et l'oeuvre," *Revue des études coopératives*, n° 43 (avril-juin 1932), pp. 303-308; M. Rebérioux, P. Fridenson, "Albert Thomas, pivot du réformisme français," *Le Mouvement social*, n° 87 (avril-juin 1974), pp. 86-89.

26 Annie Claude Ambroise-Rendu, "L'autre information dans l'Humanité: le crime, la catastrophe, le sensationnel, 1904-1914," *L'Humanité De Jaurès à nos jours*, p. 44.

27 Marine M'sili, *Le fait divers en République. Histoire sociale de 1870 à nos jours*, Paris: CNRS éditions, 2000, pp. 57-99.

28 매주 토요일에 발행되는 《르 소시알리스트》는 파리 4구에 있는 사회당 서점에서 발행했고 1부 10상팀에 서점에서 판매했다. 당대회에서는 《르 소시알리스트》의 구독과 판매 상황을 정기적으로 보고했다.

29 F. Cépède, "La SFIO des années 1905-1914: construire le parti," *Cahiers Jaurès*, n° 187-188 (2008/1-2), pp. 29-45.

30 1909년 생테티엔 대회에 따르면 《르 소시알리스트》의 연간 구독료가 20프랑이 되었다. 당증 확인증은 30상팀이었다. *6e Congrès national, 11-14 avril 1909, Saint-Etienne*, p. 125.

31 M. Rebérioux, "Jaurès à L'Humanité," p. 26.

32 *L'Humanité*, 1er février 1909.

33 *5e Congrès national 15-18 octobre 1908, Toulouse*, pp. 93-98.

34 철도원을 가리키는 슈미노cheminot라는 말은 1888년 장 알르만이 그의 신문에 처음 썼고 이윽고 철도 종사자들 스스로 썼다. Joseph Jacquet (s.d.),

Les cheminots dans l'histoire sociale de la France. Paris: Éditions sociales, 1967, p. 49.

35 Atsushi Fukasawa, ch. 3 Le déroulement de la grève générale d'octobre 1910, *Histoire du syndicalisme cheminot en France. Des Grèves Générales à la Grande Guerre*, Thèse pour le doctorat, Paris 1, 1992, pp. 123-177.

36 François Caron, *Les Grandes compagnies de chemin de fer en France (1823-1937)*, Paris: Librairie Droz, 2005.

37 1907년 북부선의 기계공·운전공연맹 창설에 가담한 에밀 토팽은 프랑스 전역의 기계공과 운전공 총파업을 기대했다. J. Maitron, *Dictionnaire biographique du mouvement ouvrier*, t. 15, pp. 238-239.

38 A. Fukasawa, *Histoire du syndicalisme cheminot en France*, pp. 151-152.

39 Elie Fruit, *Les syndicats dans les chemin de fer en France (1890-1910)*, Paris: Éditions ouvrières, 1976, pp. 53-198.

40 J. Jaurès, "Capitalisme et Etat," *L'Humanité*, 15 septembre 1910.

41 Ibid.

42 보수주의 언론이 철도원 파업에 대해 선동적이고 탄압적이기만 했던 것은 아니다. 《르 탕》의 논조는 침착했고 보도는 치밀했다. 《르 탕》은 대중지 범람을 맞아 판매 부수가 대폭 줄었으나 침착하고 상세한 기사와 질 높은 필치를 지닌 신문이었다.

43 F. Caron, "La grève des cheminots de 1910. Une tentative d'approche," *Conjoncture économique structures sociales: Hommage à Ernest Labrousse*, comité de rédaction présidé par Fernand Braudel, Jean Bouvier, Pierre Goubert, Pierre Chaunu et al., Paris: Mouton, 1974, pp. 201-220.

44 M. Rebérioux, "Au lendemain d'une grande bataille, Jaurès et les cheminots de 1910," *BSEJ*, n° 9 (avril-juin 1963), p. 3.

45 J. Jaurès, "Simple vérité," *L'Humanité*, 1er avril 1911.

46 Marc Martin, "Les Journalistes: un nouveau milieu professionnel," *Jaurès et les intellectuels*, Paris: Éditions ouvrières, 1994, pp. 41-61.

47 《라 데페슈》 1면 왼편에 매주 1회 실린 그의 논설은 전부 복제 정리되어 있다. *Jaurès: l'intégrale des articles de 1887 à 1914 publiés dans la Dépêche*, édition dirigée par R. Pech et al., Toulouse: Privat, 2004.

48 Henri Lerner, *La Dépêche Journal de la démocratie, Contribution à l'Histoire du Radicalisme en France sous la Troisième République*, tome 1,

Toulouse: Publications de l'université de Toulouse le Mirail, 1978, pp. 149-167.

49 G. Candar, "De la politique à la littérature? *La Petite République* et la critique littéraire," *Romantisme*, n° 121 (2003), pp. 71-79.

50 M. Gaudemer, *Inventaire de la presse socialiste*.

51 Victor Snell, "Jaurès à son journal," *BSEJ*, n° 14 (juillet-septembre 1964), p. 2.

52 Pierre Renaudel(1871-1935). 수의사 출신 블랑키파 사회주의자로서 통합당 발족부터 조레스와 함께 일했고 1908년에 《뤼마니테》 편집 책임을 맡았다. 1924년부터 10년간 하원의원이었다.

53 V. Snell, "Jaurès à son journal," p. 2.

54 J. Jaurès, "L'Esprit de l'éducation populaire," *REPPS*, n° 1 (3 octobre 1909), p. 1; M. Sadoun, *De la démocratie française*, p. 32

55 F. Cépède, "La propagande socialiiste 1905-1990," J. Girault (s.d.), *L'implantation du socialisme en France au XXe siècle*, p. 265.

56 Anatole France(1844-1924). 소설 《신은 목마르다》의 작가. Octave Mirbeau(1848-1917). 온 유럽에 명성을 떨친 작가, 예술비평가, 저널리스트. Jules Renard(1864-1910). 《홍당무》로 유명한 극작가. 한편 시인 폴 엘뤼아르, 사르트르와 고등사범 동기인 폴 니장, 그리고 트리스탕 차라 등 거장 문인들이 기고한 것은 1920년대와 1930년대이다. Anatole France, "La Guerre," *L'Humanité*, 13 avril 1904(창간호 이전에 나온 지면이다); Octave Mirbeau, "Âmes de la guerre," *L'Humanité*, 9 octobre 1904

57 Ph. Braud, *Sociologie politique*, pp. 572-600.

58 *L'Humanité*, 1er août 1913 (Marcel Cachin). https://www.humanite.fr/dans-lhumanite-du-samedi-1er-aout-1914-548748.

결론

1 J. Garrigues, "Les débuts de la Troisième République 1870-1914: un âge d'or de l'éloquence parlementaire," *Parliaments, Estates and Representation*, 31/2 (2011), pp. 165-179.

2 한동훈, 〈프랑스 제3공화국 헌법과 헌정 실제〉, 《憲法學硏究》 15/2 (2009), 431-459쪽. 전수연, 〈프랑스 제3공화국의 헌법 개정, 1875~1889〉, 《프랑스사 연구》 3호 (1999. 12), 55-81쪽

3 J. Jaurès, "Discours de Toulouse," *L'Esprit du socialisme*, Six études et discours, pp .90-91.

4 G. Candar, "Comment le parlementarisme s'est nourri du socialisme," J.-F. Sirinelli, G. Candar, R. Lefebvre, Partie II: Comment le socialisme s'est-il nourri du parlementarisme, *Parlement[s], Revue d'histoire politique*, n° 6 (2006/2), pp. 82-86.

5 *Oeuvres de Jean Jaurès*, tome 9, p. 412.

6 Marcel Cachin(1869-1958). 파리 18구 사회당 하원의원으로 선출된 카생은 조레스 생전인 1912년부터 《뤼마니테》 편집진에 들어갔다. 1919년 모스크바를 방문한 후 1920년 12월 투르 당대회에서 모스크바에서 제시한 21개조에 찬성해야 할 이유를 개진했으며 이후 줄곧 공산당원이고 당의 지도자였다.

7 프랑스 공산당은 창당 후 조레스 추모를 공식화했다. 공산당과 조레스에 대해서는 Jean Rabaut, "Le P.C.F. et Jaurès (1920-1936)," *BSEJ*, n° 63 (octobre-décembre 1976), pp. 11-21.

8 Max Beer, *Jean Jaurès, Sozialist und Staatsmann*, 1918; *Jean Jaurès, Sein Leben und Wirken. Zur Erinnerung an seinen Todestag (31. Juli 1914)*, Internationale Korrespondenz, Berlin-Karlshorst, 1915.

9 Edouard Herriot, *Jean Jaurès, Discours prononcé au Panthéon le 27 novembre 1924*, Paris: Payot, 1924.

10 Ibid., pp. 9-15.

11 Socialistes au temps de Jaurès, *Cahiers Jaurès*, n° 231-232 (2019/1), pp. 149-162.

12 F. Châtelet, É. Pisier-Kouchner, *Les conceptions politiques du XXe siècle*, pp. 97-249, 603-757.

부록 1 _ 장 조레스 연보

1846-1860	프랑스 철도 부설.
1848	2월 혁명. 6월 파리 학살.
1851	12. 2 루이 나폴레옹의 쿠데타. 공화파 체포당하고 각지로 망명.
1859	찰스 다윈, 《종의 기원》 출간.
1859	9. 3 장 조레스, 타른도 카스트르에서 출생.
1860년대	제2제정의 대규모 파리 도시 공사(오스만화化).
1862	독일, 페르디난트 라살레의 발의로 전독일노동자협회ADAV 창설.
1863	프랑스, 캄보디아 보호령 수립.
1864	프랑스 정부, 파업권 인정.
1864	9월 런던에서 국제노동자협회(약칭 제1인터내셔널) 결성.
1870	7. 17 프랑스-독일 전쟁 개전.
1870	9. 2 스당 항복, 제2제정 붕괴, 파리 시청에서 제3공화국 출범.
1870	9월 강베타, 국방정부 구성(1871년 2월까지 지속).
1871	1. 18 독일제국 탄생 선포(베르사유).
1871	3. 18-5. 28 코뮌 정부 수립(파리), 유혈 진압. 독일과 프랑크푸르트 조약 체결. 알자스-로렌 일부 독일에 할양.
1871-1873	코뮈나르 망명, 재판, 유형.
1872	뉴욕에서 제1인터내셔널 해체.
1871	가을, 알제리 카빌의 대항쟁 진압.
1873	프랑스 군함 하노이성 장악, 통킹만 정복.
1874	독일 사회민주당SPD 창설.
1876	미하일 바쿠닌, 스위스에서 사망.
1877	10월 총선에서 공화파 승리.
1877-1878	조레스, 파리 생트바르브 콜레주, 루이르그랑 리세에서 학업.
1878	조레스, 파리 고등사범학교 수석 입학. 철학자 앙리 베르그손과 동기.
1879	라마르세예즈, 다시 국가國歌로 제정됨.
1879-1880	코뮈나르 사면. 앙리 로슈포르, 루이즈 미셸, 쥘 게드, 브누아 말롱, 쥘 발레스, 에두아르 바이양 귀국.
1879	10월 제3차 마르세유 사회주의 노동자대회.
1880	파리-리옹, 파리-보르도 사이에 전신 설치.
1880	독일의 농업 수준 영국 다음 세계 2위로 부상.
1880-1881	파나마 사건, 언론에서 은폐.
1881	조레스, 철학교수 자격 취득. 알비고등학교 교사로 부임.

1881	총선에서 공화파 다수 당선. 프랑스, 튀니지 보호령 수립.
1881	6. 16 초등학교 무상교육법 공포.
1881	베를린 근처에서 최초 전차 운행. 컬러 사진 등장.
1882	6. 4 중부 알리에도 코망트리에서 최초 사회주의 시의원 당선. 조레스의 부친 쥘 조레스 사망.
1882	9월 혁명사회주의노동자당 6차 당대회(생테티엔)에서 게드주의자와 브루스주의자 결별. 게드파 프랑스 노동자당POF 창설.
1883	3. 14 카를 마르크스 사망.
1883	조레스, 툴루즈 문과대학 강사 임용. 쥘 페리 정부, 교육개혁법 제정, 군대 개혁 시작. 프랑스 해군, 인도왕의 마다가스카르 포격.
1884	3. 21 결사권을 인정하는 발데크루소법 제정.
1884	4. 5 파리 제외 프랑스 전역에서 시의회에 의한 시장 선거.
1884	의회 개회 의례였던 공적 예배 폐지.
1885	3. 30 쥘 페리 실각.
1885	조레스, 10월 총선에서 공화파 명부로 타른도 출마, 하원의원 당선. 파리로 이사.
1885	에두아르 드뤼몽, 《유대 프랑스》 출간.
1885	12. 17 마다가스카르, 프랑스 보호령이 됨.
1886	1월 공화파 장군 불랑제 국방장관에 임명됨.
1886	페르낭 펠루티에, 노동회관 창설.
1886	미국, 5월 1일 노동절 시위. 프랑스 군대 레벨 연발총 구비.
1886	6. 29 조레스, 루이즈 부아와 결혼.
1886	10월 조레스, 농촌 문제로 의회 첫 연설.
1887	7월 리옹역의 불랑제 장군 시위. 전화 상용화.
1888	프랑스 경제 위기 회복, 노동자 파업 재개.
1889	불랑제, 파리에서 하원의원 당선, 4월 벨기에로 피신.
1889	프랑스 혁명 100주년 기념. 7월 파리에서 제2인터내셔널 창립 대회.
1889	9. 22 조레스, 카스트르 선거구에서 47.8퍼센트 득표로 낙선. 툴루즈 단과대학 강사로 임용.
1890	5. 1 첫 번째 노동절.
1890	7. 27 조레스, 툴루즈 시의회 보궐선거 당선. 1893년 1월까지 공교육 담당.
1890	1878년 이후 계속된 독일의 사회주의자법 폐지.
1891	프랑스-러시아 동맹 체결.
1891	푸르미의 노동자 시위, 8시간 노동 요구. 정부군 총격으로 9명 사망, 35명 부상.
1891	교황 레오 13세, 레룸 노바룸 반포.

1892	2월 조레스, 소르본대학에서 라틴어 논문 〈독일 사회주의의 기틀〉 통과. 3월 주 논문 〈감각세계의 실재〉 통과, 철학박사 학위 취득.
1892	카르모 광부 파업.
1892	의회 식민지 당파 그룹 결성(의원 91명 가입).
1892	어린이노동 규제법 제정.
1892	파나마 사건의 정치적 추문이 폭로됨.
1892	미국 시카고에서 아나키스트 사코와 반제티 처형.
1893	1월 조레스, 카르모 보궐선거에서 사회주의 후보로 하원의원 당선.
1894	10월 드레퓌스 체포, 12월 군사재판.
1895	리모주에서 노동총연맹CGT 창립 대회.
1895	카르모 유리병공장 노동자 대파업.
1895	최초의 프조 자동차 생산 .
1895	뤼미에르 형제, 세계 최초 영화 상영
1896	5월 파리 생망데에서 시정사회주의 승리 축연.
1896	7. 27-8. 3 조레스, 제2인터내셔널 런던 대회 참석.
1896	최초의 포드 자동차 생산.
1897	리옹에서 민주기독교대회.
1897	조레스, 드레퓌스의 무고함 믿음.
1898	1. 13 에밀 졸라, 〈나는 고발한다〉를 《로로르》에 발표.
1898	1월 알제에서 반유대주의 시위와 유대인 박해.
1898	피에르와 마리 퀴리, 라듐 발견.
1898	조레스, 5월 총선에서 우파 솔라주 후작에게 패배.
1898	6월 델카세, 외교장관 취임.
1898	8. 31 드레퓌스 사건 가담자 앙리 중령 자살.
1898	9월 조레스, 《증거들》 간행.
1898	나일강 상류에서 영국군과 프랑스군 충돌, 파쇼다 사건.
1899	2. 23 민족 우익 폴 데룰레드, 쿠데타 시도.
1899	6. 4 인간의권리동맹(인권동맹) 창립.
1899	6. 22 발데크루소 정부, 국방장관 갈리페와 상무장관 일랑 임명.
1899	8. 7-9. 9 드레퓌스의 렌 법정 재심.
1899	12. 3-12. 8 첫 번째 사회주의 조직 전체 대회(파리 자피).
1899	사회개혁 가톨릭 밭고랑Sillon 운동 첫 성명서 발표.
1899	상공업 프랑스은행 창설.
1899	지그문트 프로이트, 《꿈의 해석》 출간.
1900	4. 14 파리 엑스포 개막. 엑스포에서 국제식민지대회 개최.
1900	7. 19 파리 첫 지하철선 개통.

1900	유럽 열강 중국에 군대 파견.
1900	10월 쥘 게드와 장 조레스, 북부 릴에서 '두 방법론' 일대 논전.
1900	12월 프랑스 최초의 여성 변호사 취임 선서.
1901	6. 21-23 급진주의자 및 사회주의급진주의자 급진당 창당.
1901	7. 1 결사법 제정.
1901-1902	조레스 주관,《사회주의 프랑스혁명사》루프 출판사에서 출간 시작.
1902	3. 24 프랑스 사회당PSF(개혁주의자들 주도) 창당.
1902	9. 26-28 프랑스 사회당PSdeF(게드주의자들 주도) 창당.
1902	4. 27 조레스, 51.5퍼센트 득표로 카르모 하원의원 당선.
1903	1월 조레스, 4명의 하원 부의장 중 1인으로 선출.
1904	2. 8 러일전쟁 발발.
1904	4. 18 조레스와 동지들,《뤼마니테》창간.
1904	4월 식민지에 관한 영국-프랑스 협정 체결.
1904	8월 암스테르담, 제2인터내셔널 6차 대회.
1905	1월 러시아 상트페테르부르크, 피의 일요일.
1905	군 복무 기간 2년으로 단축.
1905	3월 독일 프랑스 간 제1차 모로코 위기.
1905	4. 23-26 파리 글로브 회관에서 프랑스 통합사회당SFIO 창당 대회.
1905	6. 29 광산 노동 시간 하루 8시간으로 단축.
1905	11월 에두아르 에리오, 리옹 시장 당선.
1905	12. 9 교회와 국가의 분리법 통과. 조레스, 분리법 주도자 중 1인으로 활약.
1906	3. 10 쿠리에르 광산 참사로 1099명 사망.
1906	4월 모로코에 관한 열강의 알헤시라스 조약 체결.
1906	5. 20 조레스, 득표율 51.1퍼센트로 카르모 하원의원 당선.
1906	7. 12 드레퓌스 복권.
1906	7. 30 주당 24시간 의무 휴식 법제화.
1906	9월 리모주에서 3차 사회당 전국 당대회.
1906	10. 8-10. 14 노동총연맹, 아미앵 헌장 채택.
1906	10. 25 조르주 클레망소 내각 수반 취임.
1907	주당 12시간 노동법, 여성임금 보호법 제정. 남부 프랑스 포도농 농산물 위기 항의 시위, 17연대 항명 사건.
1907	8월 프랑스 해군, 카사블랑카 포격.
1907	영국-러시아-프랑스 3국 협상 체제.
1908	7. 30 드라베유 노동자 시위에서 총격으로 사망자 발생. 클레망소, 노조 지도자들 체포 지시.
1908	10월 툴루즈 사회당 전국 당대회, 조레스의 개혁과 혁명의 융합론 지지 받음.

1909	7. 25 엔지니어 루이 블레리오, 영불해협 40킬로미터 최초 비행 횡단.
1909	7. 30 러시아 황제 니콜라이 2세 프랑스 국빈 방문.
1909	8주간의 모성휴가법 제정.
1910	1월 파리 홍수.
1910	3. 31 노동자 농민 퇴직법 통과.
1910	5. 3 조레스, 득표율 52.3퍼센트로 카르모에서 하원의원 당선.
1910	8. 22 일본, 조선 병합.
1910	10월 파리-북부선 철도노조 대파업. 브리앙 정부, 파업 진압.
1910	11. 14 조레스, '새로운 군대' 법안 의회에 제출.
1911	4. 11 프랑스-독일 협정 체결(모로코와 콩고 교환).
1911	7. 1 아가디르항에 독일 군함 정박, 제2차 모로코 위기.
1911-1912	발칸전쟁.
1912	3. 30 프랑스-모로코 보호령 체결.
1912	11월 스위스 바젤, 제2인터내셔널 대회.
1913	5. 25 프레생제르베 반전 집회. 군 복무 연장, 3년법 반대.
1913	7월 군 복무 3년법 하원 통과.
1914	5월 조레스, 카르모 하원의원 당선. 사회당 의원(하원) 103명 당선.
1914	6. 28 오스트리아의 페르디난트 대공 세르비아에서 피살.
1914	7. 15 푸앵카레 대통령, 비비아니 외교장관, 러시아로 출발.
1914	7. 23 오스트리아, 세르비아에 최후통첩.
1914	7. 29 푸앵카레와 비비아니 파리 귀환.
1914	7. 29 통합사회당과 노동총연맹, 반전 시위 회동.
1914	7. 31 조레스, 파리 몽마르트르 식당에서 암살당함.
1914	8. 1 프랑스, 총동원령.
1914	8. 3 독일, 러시아와 프랑스에 최후통첩.
1918	11. 11 1차 세계대전 종결.

부록 2 _ 이 시대의 신문과 잡지

Bulletin de l'Internationale anarchiste	(런던, 1908-1910) 비정기 아나키스트 회보.
Bulletin de la Fédération Jurassienne de l'Association Internationale de Travailleurs	(스위스 송빌리에, 1872-1878) 월 2회. 아나키스트 성향의 쥐라 지방 회보.
L'Action Française	(파리, 1908-1944) 일간. 민족주의 기관지. 편집국장 샤를 모라스.
L'Année sociologique	(파리, 1898-1924) 사회학 연간지. 창간 주간 에밀 뒤르켐.
L'Antijuif	(파리, 1896-1902) 반드레퓌스주의 주간지. 한때는 주당 12만 부 판매.
L'Aurore	(파리, 1897-1914) 특히 드레퓌스 사건 촉발에 역할. 편집진 베르나르 라자르, 조르주 클레망소.
L'Egalité: Journal de L'Association Internationale des Travailleurs de la Suisse Romande	(제네바, 1868-1872) 주간에서 월 2회로 변경. 제1인터내셔널 신문.
L'Egalité	(파리, 1877-1886) 주간-일간으로 변경. 프랑스 최초의 마르크스주의 당인 프랑스 노동자당 기관지.
L'Emancipation: Journal d'Économie Politique et Sociale. Organe des Associations Ouvrières et du Centre Régional Coopératif du Midi	(님에서 파리 1886-1932) 정치경제와 사회경제 월간, 남부의 협동조합 중심 언론.
L'Humanité	(파리, 1904-) 일간. 통합사회당의 제2 공식 신문. 조레스와 동지들 창간.
L'Ouvrier des deux mondes	(파리, 1897-1898) 사회경제 월간지.
La Bataille syndicaliste	(파리, 1911-1912) 프랑스 노동총연맹 공식 기관지.
La Cocarde	(파리, 1888-1907) 일간, 우익 민족주의 신문. 일시적으로 모리스 바레스 주간. 초기에 40만 부 발행.
La Croix	(파리, 1899-) 일간지, 성모승천수도회 주관 가톨릭 대중지.
La Dépêche de Toulouse	(툴루즈, 1887-1914) 일간, 남부 민주파의 중심 언론. 조레스, 1887-1914년 기고.
La France illustrée	(파리, 1874-1935) 가톨릭의 화보 주간지 .
La Fronde	(파리, 1897-1930) 일간-주간-월간으로 변경. 프랑스 최초의 여성주의 신문. 마르그리트 뒤랑 창간.
La Guerre sociale	(파리, 1906-1914) 반체제 사회주의 주간지. 귀스타브 에르베 주간.
La Lanterne	(파리, 1877-1938) 중도 좌파 신문. 조레스의 기사는 1897-1898년에 게재.

La Libre Parole	(파리, 1892-1924) 반유대주의, 반드레퓌스주의 언론. 에두아르 드뤼몽 창간, 발행.
La Petite République: Journal socialiste	(파리, 1876-1938) 일간. 밀랑의 주도로 여러 성향의 사회주의자들 집필. 조레스는 1893년부터 기고. 1898-1904년 조레스와 제로리샤르 공동 편집장.
La Revue de l'enseignement primaire et primaire supérieur	(파리, 1890-1929) 주간. 교육 관련 기사 외에 시사와 정치 보도.
La Revue politique et parlementaire	(파리, 1894-) 의회 정치 월간지. 의회 입법 해설, 정치 동향, 사회주의와 노동계 상세히 보도.
La Revue socialiste	(파리, 1885-1910) 월간. 코뮈나르 브누아 말롱이 귀국 후 창간. 1910년 Revue socialiste, syndicaliste et coopérative로 제호 변경.
La Vie ouvrière	(파리, 1909-1914) 격주간. 피에르 모나트와 생디칼리스트들 주간.
Le Cri du peuple: Journal Révolutionnaire	(파리, 1872-1922) 코뮈나르 쥘 발레스 창간. 1889년부터 에두아르 바이양 주간.
Le Droit des femmes	(파리, 1869-1891) 주간. 급진적 페미니즘 언론. 레옹 리세 발행.
Le Matin	(파리, 1883-1944) 중도 보수 일간지. 파리 해방 시기에 폐간.
Le Mouvement socialiste	(파리, 1904-1914). 주간-격주간-월간-격월간으로 변경. 위베르 라가르델 창간.
Le Musée Social	(파리, 1899-1939) Musée social, Le Musée social Annale, Le Musée social로 이름 변경. 월간. 뮈제 소시알 발행. 사회정책 및 입법 연구회보.
Le Peuple: Journal de la République Démocratique et Sociale	(파리, 1848-1849) 피에르 조제프 프루동 창간.
Le Radical	(파리, 1881-1931) 정치·문예 일간지.
Le Socialisme progressif: Revue des Idées Sociales et des Faits Éconoiques	(이탈리아 루가노, 1878) 월 2회 발행. 브누아 말롱, 세자르 드 파프 편집의 사회경제 사회주의 잡지.
Le Socialiste	(파리, 1885-1923) 주간. 프랑스 노동자당의 언론.
Le Temps	(파리, 1861-1942) 일간. 대표적인 중도 보수 정치신문.
Le Travailleur Revue socialiste révolutionnaire	(제네바, 1877-1878) 아나키스트 지리학자 엘리제 르클뤼 주간.
Les Temps Nouveaux	(파리, 1895-1921) 아나키스트 잡지. 장 그라브 창간.
Revue des sciences politiques	(파리, 1922) 펠릭스 알캉 서점에서 발행.
Revue du droit public et science politique: en France et à l'étranger	(파리, 1894-) 3개월마다 발행에서 격월간으로 변경.
Revue historique	(파리, 1876-) 수구적 왕당파 역사학지에 반대하여 창간된 역사학지.
Labour Leader	(런던, 1887-) 월간-주간으로 변경. 영국 노동당 신문. 당 창설에 기여한 제임스 키어 하디의 《더 마이너The Miner》에서 출발.

Die Neue Zeit	(슈투트가르트, 1883-1923) 독일 사회민주당 신문. 카를 카우츠키 등 창간.
Vorwärts	(처음에는 라이프치히, 1876-) 사회주의노동자당 신문으로 창간 후 수십 년간 독일 사회민주당 중심 기관지. 1891년부터 일간.

부록 3 _ 주요 인물

Abd al-Aziz	(1878-1943) 1894-1908년 모로코 술탄 재위. 1905년 탕헤르 위기 후 알헤시라스 조약 서명.
Abd al-Hafid	(1876-1937) 1908-1912년 모로코 술탄 재위. 페스 조약 서명 후 폐위.
Adler, Victor	(1852-1918) 오스트리아 정치인, 사회주의자. 제2인터내셔널 회원.
Agulhon, Maurice	(1926-2014) 프랑스 역사가. 공화국과 프랑스 민주주의 전공.
Allemane, Jean	(1843-1935) 프랑스 파리의 조판 인쇄공. 코뮌 가담으로 유형 갔던 사회주의자.
Amade, Albert de	(1856-1941) 1908년부터 모로코에 파견된 프랑스 장군.
Andler, Charles	(1866-1933) 프랑스 사회학자, 독일학 전문가. 콜레주 드 프랑스 교수.
Arconati-Visconti	(1840-1923) 프랑스 귀족 여성. 파리 살롱으로 정치 문예 후원.
Auclert, Hubertine	(1848-1914) 19세기 프랑스 여성 저널리스트. 여성참정권 운동가.
Auclair, Marcelle	(1899-1983) 프랑스 여성 문인. 《조레스의 생애》(1954) 출간.
Augagneur, Jean-Victor	(1855-1931) 프랑스 정치인. 리옹 시장, 사회주의공화당원.
Aulard, Alphonse	(1849-1928) 프랑스 역사가. 소르본대학 초대 프랑스혁명사 주임교수.
Auriol, Vincent	(1884-1966) 프랑스 정치인. 1947-1956년 프랑스 대통령.
Bakunin, Mikhail	(1814-1876) 러시아 사상가, 아나키스트. 제1인터내셔널 회원.
Barrès, Maurice	(1862-1923) 프랑스 작가, 정치인. 20세기 우익 민족주의의 토대 마련.
Barthou, Louis	(1862-1934) 프랑스 변호사, 저널리스트. 여러 차례 외교 각료 역임.
Basly, Émile	(1854-1928) 프랑스 북부 랑스 시장, 노조원, 광부 출신 하원의원.
Bauer, Otto	(1881-1938) 오스트리아 사회주의자 정치인. 마르크스주의 민족이론가.
Bebel, August	(1840-1913) 독일 용접공 노동자 출신 사회주의자, 정치인, 저술가.
Becker, Jean-Jacques	(1928-) 프랑스 역사가. 현대사, 1차대전 전쟁사 전공.
Bergson, Henri	(1859-1941) 프랑스 철학자. 《물질과 기억》, 《창조적 진화》 등 저술.
Bernstein, Eduard	(1850-1932) 독일 사회주의자 정치인, 이론가, 저술가.
Berth, Édouard	(1875-1939) 프랑스의 혁명적 생디칼리스트. 조르주 소렐의 사상을 따름.
Blanc, Louis	(1811-1882) 프랑스 공화주의 사회주의자. 《노동의 조직》(1839) 출간.
Blanqui, Auguste	(1805-1881) 19세기 프랑스의 혁명가. 1830, 1848, 1870-71 혁명에 종사.

Blum, Léon	(1872-1950) 프랑스 정치인, 법률가, 문인. 1936년 인민전선 정부 수반.
Bonald, Louis de	(1754-1840) 19세기 프랑스의 왕당파 가톨릭. 반혁명 정치사상가.
Boscus, Alain	(1960-) 프랑스 역사가. 1987-2003년 카스트르의 장 조레스 국립센터·박물관 관장.
Bouglé, Célestin	(1870-1940) 프랑스 사회학자. 《카스트 체제론》(1908) 등 저술.
Boulanger, Georges	(1837-1891) 프랑스 군 장성, 국방장관, 민중의 지지 받음.
Bourgeois, Léon	(1851-1925) 프랑스 정치인, 행정가, 급진당 창설에 기여, 연대 이론.
Boutmy, Émile	(1835-1906) 정치학자, 연역적 사고 반대, 정치학자유학교 창설.
Boutroux, Émile	(1845-1921) 신칸트주의 프랑스 철학자. 베르그손과 뒤르켐에 영향 미침.
Boyer, Antide	(1850-1918) 프랑스 사회주의자, 정치인. 마르세유 시의원, 하원의원 역임.
Brazza, Pierre Savorgnan de	(1852-1905) 탐험가, 프랑스령 콩고 세움.
Breton, Jules-Louis	(1872-1940) 프랑스 사회주의자, 파리 사회주의 학생운동 참여.
Briand, Aristide	(1862-1932) 프랑스 정치인, 총파업론자. 중도우파로 선회, 내각 수반.
Broglie, Albert, duc de	(1821-1901) 프랑스 정치인. 오를레앙 왕당파.
Brousse, Paul	(1844-1912) 의사 출신 프랑스 사회주의자. 제1인터내셔널 회원.
Bugeaud, Thomas Robert	(1784-1849) 알제리 침공 프랑스군 사령관, 알제리 군정 총독.
Buisson, Ferdinand	(1841-1932) 프랑스의 급진주의자, 사회개혁가. 공교육 확립에 기여.
Cachin, Marcel	(1869-1958) 프랑스 저널리스트, 사회주의자. 1920년에는 공산주의자.
Caillaux, Joseph	(1863-1944) 프랑스 제3공화정의 재정 전문가, 재정 개혁에 힘씀.
Calvignac, Jean-Baptiste	(1854-1934) 프랑스 광산 노동자, 카르모 선거구의 노조운동가.
Candar, Gilles	(1956-) 프랑스 역사가. 2007-2022년 조레스 학회 회장.
Casimir-Perier, Jean	(1847-1907) 프랑스 정치인, 기업인. 내각 수반.
Cavaignac, Godefroy	(1853-1905) 군인 출신 프랑스 정치인. 드레퓌스 재심 반대.
Challay, Félicien	(1875-1967) 프랑스 저널리스트. 식민지를 두루 여행한 반식민주의자.
Charle, Christophe	(1951-) 프랑스 역사가. 현대사와 사회사 전공.
Cheysson, Émile	(1836-1910) 프랑스 엔지니어, 도로와 교량 디자이너, 사회개혁가.
Clemenceau, Georges	(1841-1929) 프랑스 급진파 정치인. 1차대전 전과 후에 내각 수반.
Chirac, Auguste	(1838-1910) 프랑스 저널리스트, 작가. 프루동주의, 반유대주의 성향.
Combes, Émile	(1835-1921) 프랑스 급진파 정치인. 교회와 국가의 분리법(1905) 주도.
Compère-Morel, Adéodet	(1872-1941) 프랑스 사회주의자, 저술가. 사회당 농업 전문가.

Condorcet, marquis de	(1743-1794) 프랑스 철학자, 수학자. 자유주의 경제, 만인의 공교육, 여성의 권리 제창.
Daudet, Léon	(1867-1942) 프랑스 민족주의 정치인. 악시옹 프랑세즈 주도, 반유대주의.
Delcassé, Théophile	(1832-1923) 프랑스 외교가. 1914년 이전 프랑스의 동맹 체제 수립.
Delory, Gustave	(1857-1925) 프랑스 정치인, 사회주의자. 북부 산업도시 릴 시장.
Demolins, Édmond	(1852-1907) 프랑스 교육자, 사회학자. 프레데리크 르플레의 제자.
De Paepe, César	(1841-1890) 벨기에 사회주의자, 의사. 제1인터내셔널 창립인.
Deraismes, Maria	(1828-1894) 프랑스 페미니스트. 1차 국제프랑스여성의권리대회 개최.
Déroulède, Paul	(1846-1914) 프랑스 정치인, 민족시인. 애국자동맹 창설, 민족운동.
Deschamp, Paul Paul Desanges	(1889-1985) 프랑스 역사가, 조레스 연구자.
Deschanel, Paul	(1856-1922) 프랑스 정치인, 하원의원. 강베타 노선, 사회주의 비판.
Deville, Gabriel	(1854-1940) 프랑스 사회주의자. 마르크스의 저작 번역, 센도 하원의원.
Dommanget, Maurice	(1888-1976) 프랑스의 교사, 사회주의자, 역사가. 후에는 공산당원.
Doumer, Paul	(1857-1932) 프랑스 정치인, 식민지 담당 각료, 급진파, 재정 전문가.
Dreyfus, Alfred	(1859-1935) 프랑스 포병 대위. 대독 첩보 혐의로 유죄를 받았던 유대인.
Dreyfus Mathieu	(1857-1930) 프랑스 기업인. 동생 알프레드의 무고함 주장 캠페인.
Drumont, Édouard	(1844-1917) 프랑스 언론인, 저술가. 반유대 저술, 언론, 조직 활동.
Dubreuilh, Louis	(1862-1924) 프랑스 저널리스트, 사회주의자. 창당 이래 사회당 총서기.
Duclert, Vincent	(1961-) 프랑스 역사가. 특히 드레퓌스 사건에 정통. 조레스 연구자.
Dupuy, Charles-Alexandre	(1851-1923) 프랑스 정치인. 드레퓌스 사건 당시 내각 수반.
Durand, Marguerite	(1864-1936) 프랑스 여배우, 저널리스트, 급진적 페미니즘 운동가.
Durkheim, Émile	(1858-1917) 프랑스 근대 사회학 창건자, 교육자.
Engels, Friedrich	(1820-1895) 독일의 사상가, 마르크스주의 사회주의자, 정치운동가.
Esterhazy, Ferdinand W.	(1847-1923) 프랑스군 장교. 드레퓌스 사건의 문서 위조 범인으로 밝혀짐.
Etienne, Eugène	(1844-1921) 알제리 서부 오랑의 프랑스 하원의원. 장기간 식민당파 주도.

Faure, Sébastien	(1858-1942) 프랑스 아나키스트. 드레퓌스 재심 지지.
Ferrer, Francisco	(1859-1909) 에스파냐의 교육자, 자유사상가, 아나키스트. 바르셀로나 봉기 주도 혐의로 사형당함.
Ferry, Jules	(1832-1893) 프랑스 공화정 창건자의 한 사람. 공교육, 식민지 팽창 주도.
Fontaine, Marion	(1978-) 프랑스 역사가. 조레스 연구.
Fournière, Eugène	(1857-1914) 프랑스 사회주의자. 말롱의《라 르뷔 소시알리스트》간행.
France, Anatole	(1844-1924) 프랑스 소설가, 비평가. 드레퓌스주의 지지, 반식민주의자.
Galliéni, Joseph Simon	(1849-1916) 프랑스 군인. 흑아프리카 등 원정, 마다가스카르 정복.
Galliffet, Gaston de	(1830-1909) 후작, 프랑스 공화파 장성, 드레퓌스 사건 당시 국방장관.
Gallo, Max	(1932-2017) 특히 나폴레옹에 해박한 프랑스 작가, 정치인. 조레스 전기 집필.
Gambetta, Léon	(1838-1882) 스당 항복 후 국방정부 각료. 공화파 창건인의 한 사람.
Gérault-Richard, Léon	(1860-1911) 프랑스 저널리스트. 통합사회당 미입당.
Gide, Charles	(1847-1932) 프랑스 경제사회학자. 사회주의 비판, 조합 중시.
Goldberg, Harvey	(1922-1987) 미국 역사가. 유럽사 연구, 1962년 장 조레스 전기 출간.
Goldman, Lucien	(1913-1970) 루마니아 출신 프랑스 철학자, 마르크스주의 이론가.
Grave, Jean	(1854-1939) 프랑스 아나키스트. 크로폿킨, 엘리제 르클뤼에게 영향 받음.
Griffuelhes, Victor	(1874-1922) 프랑스의 피혁업 노동자. 1901-1909년 프랑스 노동총연맹 총서기.
Guesde, Jules	(1845-1922) 프랑스의 프랑스 사회주의자. 마르크스주의 도입, 프랑스 노동자당POF 창설.
Halévy, Daniel	(1872-1962) 프랑스 역사가. 드레퓌스주의 지지,《뤼마니테》참여.
Haupt, Georges	(1928-1978) 루마니아 출신 프랑스 역사가. 인터내셔널운동 저작 중요.
Herr, Lucien	(1864-1926) 프랑스의 독일학 전문가, 드레퓌스주의자. 파리 고등사범학교 사서.
Herriot, Édouard	(1872-1957) 프랑스 급진당 정치인, 리옹 시장. 1920-1930년대 세 차례 내각 수반.
Hervé, Gustave	(1871-1944) 프랑스 저널리스트. 반전 제창했으나 1차대전으로 선회.
Hugues, Clovis	(1851-1907) 프랑스 저널리스트. 마르세유와 파리의 사회주의 의원.
Huysmans, Camlles	(1871-1968) 벨기에 사회주의자 정치인. 제2인터내셔널 회원.
Joffre, Josephe	(1851-1931) 프랑스 군인. 통킹, 단, 마다가스카르 정복군 장성.

Jouhaux, Léon	(1878-1954) 노벨평화상 수상. 1909-1947년 프랑스 노동총연맹 총서기.
Julliard, Jacques	(1933-) 프랑스 저널리스트, 노동사와 좌파 전공 역사가.
Kautsky, Karl	(1854-1938) 프라하 출신 정치인. 독일 사민당의 마르크스주의 이론가.
Keir Hardie, James	(1856-1915) 스코틀랜드 출신 광부. 영국 노동당 수립에 기여.
Labrousse, Ernest	(1895-1988) 프랑스 역사가, 소르본대학 교수.
Lafargue, Paul	(1842-1911) 쿠바 출신 프랑스 사회주의자. 파리 의대 수학, 마르크스주의 이론가.
Lagardelle, Hubert	(1874-1958) 프랑스 사회당원, 생디칼리슴 사상가. 법학 전공.
Lalouette, Jacqueline	(1945-) 프랑스 여성 역사가. 자유사상, 세속화, 반교권주의 전공.
Lamennais, Félicité de	(1782-1854) 프랑스 신부, 철학자. 자유주의 사회가톨릭의 선구자.
Lassalle, Ferdinand	(1825-1864) 독일의 사상가, 정치가. 전독일노동자협회ADAV 창설.
Launay, Michel	(1933-2012) 장 자크 루소 전공 학자. 특히 조레스의 웅변 연구.
Lavigerie, Charles	(1825-1892) 프랑스 가톨릭 선교사, 알제 대주교. 공화파 가톨릭.
Lazare, Bernard	(1865-1903) 프랑스 아나키스트. 드레퓌스 재심을 위한 초기 운동가.
Le Bon, Gustave	(1841-1931) 프랑스 인류학자. 대중의 대두에 주목한 사회심리학자.
Le Play, Frédéric	(1806-1882) 프랑스의 선구적 사회학자. 엔지니어 출신으로 특히 근대 사회 기초로서의 실증적 가족 연구.
Lefebvre, Georges	(1874-1959) 릴 출신 프랑스 역사가. 혁명사, 사회경제사에 주력.
Léo, André (Victoire Léodile Béra)	(1824-1900) 프랑스의 여성 저널리스트, 소설가.
Leo XIII	(1810-1903) 256대 가톨릭교회 교황. 1891년 레룸 노바룸 반포.
Lévy-Bruhl, Lucien	(1857-1939) 프랑스 파리대학 교수. 철학, 고고학, 사회학 전공.
Liebknecht, Wilhelm	(1826-1900) 독일 사회주의자. 사회민주당 창립인의 한 사람.
Lissagaray, Prosper-Olivier	(1838-1901) 프랑스 저널리스트. 사회주의 공화파. 코뮌사 집필.
Longuet, Jean	(1876-1938) 인터내셔널에 해박한 프랑스 사회주의자, 평화론자. 카를 마르크스의 외손자.
Lombard, Jean	(1854-1891) 프랑스의 시계·보석 세공 노동자, 독학자, 정치인.
Louis, Paul	(1872-1955) 프랑스 사회주의 저널리스트. 농업부 근무, 통합사회당 가입.
Luxemburg, Rosa	(1871-1919) 폴란드 출생, 베를린에서 살해된 마르크스주의 이론가.

Lyautey, Hubert	(1854-1934) 프랑스 군인, 원수. 생시르 사관학교 출신. 모로코 총독.
Maistre, Joseph de	(1753-1821) 프랑스의 백작. 사르디니아 왕국인. 반혁명, 전통주의 사상가.
Malon, Benoît	(1841-1893) 프랑스 남부 출신 염색 노동자. 코뮈나르, 망명 후《라 르뷔 소시알리스트》창간.
Marx, Karl	(1818-1883) 독일 철학자, 정치경제학을 비판한 경제학자. 역사가, 혁명이론가.
Mayeur, Jean-Marie	(1933-2013) 프랑스 역사가. 제3공화정의 정치사, 종교사 전공.
Méline, Jules	(1838-1925) 프랑스 정치인. 1872년 하원의원 당선. 경제, 농업 분야 전문 관료.
Mercier, Auguste	(1833-1921) 프랑스의 장군. 드레퓌스 사건 때 국방장관.
Michel, Louise	(1830-1905) 프랑스의 여성 코뮈나르. 저술가, 페미니스트. 유형 후 아나키스트.
Millerand, Alexandre	(1859-1943) 사회 입법에 진력한 프랑스 사회주의자. 통합사회당 미입당.
Mun, Albert de	(1841-1914) 프랑스의 민족주의 성향 왕당파 정치인. 가톨릭 사회 행동 주창.
Ollivier, Émile	(1825-1913) 프랑스 제2제정기 정치인. 공화파로 출발, 개혁 추진.
Ozanam, Frédéric	(1813-1853) 프랑스의 가톨릭 지식인, 소르본대학 외국문학 교수. 파리 빈민 운동.
Péguy, Charles	(1873-1914) 프랑스 시인, 드레퓌스주의자. 민족주의 선양, 1차대전 초기 전사.
Pelletan, Camille	(1846-1915) 프랑스 급진파 정치인. 튀니지와 인도차이나 점령 반대.
Pelloutier, Fernand	(1867-1901) 프랑스 노동이론가, 실천가. 총파업 지지, 노동회관 창설.
Pelletier, Madeleine	(1874-1939) 프랑스 의사. 프랑스 여성 최초로 정신의학 학위 취득.
Perrot, Michelle	(1928-) 프랑스 역사가. 파업 노동자 주제로 사회사 연구. 여성사 개척.
Picquart, Marie-Georges	(1854-1914) 프랑스 장교, 정치인. 드레퓌스의 무고함 증명.
Pius X	(1835-1914) 257대 가톨릭교회 교황. 민중 출신 성직자로서 자세 일관.
Poincaré, Henri	(1854-1912) 프랑스 수학자. 수학과 자연과학을 구분하는 과학철학 수립.
Poincaré, Raymond	(1860-1934) 전 국민적 1차대전 준비를 역설한 프랑스 정치인. 재정 전문가.
Pouget, Émile	(1860-1931) 프랑스 아나키스트 투사. 반군사주의자, 혁명적 생디칼리스트.

Pressensé, Francis de	(1853-1914) 프랑스 저널리스트, 하원의원. 드레퓌스주의자, 인권동맹 창설.
Prochasson, Christophe	(1949-) 프랑스의 현대사 역사가. 정치사를 사회문화 관점에서 서술.
Proudhon, Pierre-Joseph	(1809-1865) 프랑스의 노동자 출신 사회사상가. 노동자주의, 연방주의.
Psichari, Ernest	(1883-1914) 프랑스 장교, 정치 저술가. 식민지 군대 종군 경험.
Rabaut, Jean	(1912-1989) 좌파에 가담했던 프랑스 역사가, 저널리스트.
Rappoport, Charles	(1865-1941) 러시아 출신 프랑스 사회주의자. 조레스 전기 출간.
Rebérioux, Madeleine	(1920-2005) 프랑스 역사가, 반식민주의자. 1962-2005년 조레스 학회 회장, 인권동맹 회장.
Reille, Xavier	(1871-1944) 타른도 출신 프랑스 군인, 기업인, 정치인.
Renan, Ernest	(1823-1892) 프랑스 저술가, 문헌학자, 철학자, 역사가.
Renard, Georges	(1876-1942) 프랑스 변호사, 공법학 교수. 사회개혁 가톨릭의 밭고랑Sillon 회원.
Renaudel, Pierre	(1871-1935) 프랑스 사회주의자. 수의학 전공, 통합사회당 합류. 《뤼마니테》 필진.
Ribot, Alexandre	(1842-1923) 프랑스 법관, 공화파 의원, 저널리스트, 외교 각료.
Rioux, Jean-Pierre	(1939-) 프랑스 역사가. 현대 정치사, 사회사, 문화사 전공.
Rochefort, Henri	(1831-1913) 프랑스 언론인. 코뮈나르. 사회주의 지지.
Roland, Pauline	(1805-1852) 프랑스의 페미니스트 작가. 사회주의남녀교사협회 창설.
Rondet, Michel	(1841-1908) 프랑스 루아르 지역 광부. 1883-1896년 프랑스 전국광부노조 총서기.
Rosalie, Soeur	(1786-1856) 생벵상드폴 자선회 수녀. 1830년, 1848년 혁명가들 도움.
Rouanet, Gustave	(1855-1927) 사회당 의원. 《라 르뷔 소시알리스트》와 《뤼마니테》 필진.
Salomon, Charles	(1862-1936) 법학박사. 조레스의 파리 고등사범학교 동창, 친밀한 사이.
Sangnier, Marc	(1873-1950) 프랑스의 사회개혁 가톨릭. 밭고랑 운동, 민중교육운동.
Saumoneau, Louise	(1875-1950) 프랑스 여성 노동자, 정치 사회 투쟁가.
Scheurer-Kestner, Auguste	(1833-1899) 알자스의 화학자, 산업가, 드레퓌스 사건 활동가.
Seignobos, Charles	(1854-1942) 프랑스 역사가, 대학 교수, 인권동맹 회원.
Seilhac, Léon de	(1861-1920) 프랑스 저널리스트. 노동운동과 사회주의 문헌 수집
Sembat, Marcel	(1862-1922) 프랑스 법학 박사. 블랑키주의자로 출발, 통합사회당 가담.
Siegfried, André	(1875-1959) 프랑스 정치학자이자 사회학자, 지리학자.

Simon, Jules	(1814-1896) 프랑스 공화파 정치인, 철학자. 제2제정 반대, 국방정부 각료.
Solages, Jérôme Ludovic Marquis	(1862-1927) 프랑스 후작. 카르모 광업회사 소유주.
Sorel, Georges	(1847-1922) 프랑스 사상가. 마르크스주의와 생디칼리슴에 관해 저술.
Thomas, Albert	(1878-1932) 노조와 협동조합에 주력한 프랑스 사회당원. 1차대전 노동정책 관장.
Trempé, Rolande	(1916-2016) 광부, 노동사 전문 프랑스 역사가. 2차대전기 레지스탕스 여성 연구 .
Vaillant, Édourd	(1840-1915) 자연과학 박사, 의학자 출신 프랑스 코뮈나르. 블랑키주의로 출발, 통합사회당 창설에 기여.
Vandervelde, Émile	(1866-1938) 벨기에 법학 박사, 사회주의 정치인. 제2인터내셔널 회원.
Varlin, Eugène	(1839-1871) 프랑스 제본공 노동자, 제1인터내셔널 회원, 코뮈나르. 5월 학살로 살해됨.
Vaugeois, Henri	(1864-1916) 프랑스 민족우익 단체 악시옹 프랑세즈 창립자의 한 사람.
Villain, Raoul	(1885-1916) 동부 프랑스 출신 민족주의 학생. 조레스 암살, 에스파냐 이비자에서 죽음.
Viviani, René	(1863-1925) 프랑스 정치인. 처음에는 독립파 사회주의자. 통합사회당 가담 거부.
Vollmar, Georg von	(1850-1922) 독일 사회민주주의 언론인. 1870년 전쟁에서 부상당함.
Waldeck-Rousseau, René	(1846-1904) 프랑스 정치인. 드레퓌스 사건 후 공화국 수호 내각 수반.
Willard, Claude	(1922-2017) 프랑스 역사가. 사회주의 노동운동 전문. 특히 게드주의 연구.
Yvetot, Georges	(1868-1942) 프랑스 파리의 식자공, 반전운동가, 생디칼리스트. 노동총연맹 부서기.
Zévaès, Alexandre	(1873-1953) 프랑스의 사회주의 언론인, 선전가. 드레퓌스 재심 지지.
Zola, Emile	(1840-1902) 프랑스 작가. 루공마카르 총서 간행. 드레퓌스 사건 초에 〈나는 고발한다〉 발표.

부록 4 _ 조레스 연구사 60년

* 여기에 소개하는 장 조레스 전집과 연구서 등의 온전한 서지사항은 참고문헌에 밝혔다.

조레스 전집

조레스 전집은 1930년대에 처음 간행되었고, 조레스 학회가 2000년부터 새로운 판본으로 다시 펴내고 있다. 막스 보나푸가 편집한 첫 전집은 조레스의 논설과 의회 발언, 대정부 질의, 특히 식민지 문제와 반전 문제를 총 7권에 상세히 편성했다. 조레스 학회의 새 전집은 총 17권 구성으로, 2022년 6월 기준 15권이 출간되었으며 2023년 완간될 예정이다. 조레스 저작의 주제를 분류하고 연대순으로 정리한 다음 권별로 제목을 달고 전문가의 해제를 붙였으며, 말미에 해당 시기 조레스의 논설 목록을 수록했다. 각 권의 제목은 다음과 같다.

1권 젊은 시절, 1859-1889

2권 사회주의로 가는 길, 1889-1893

3권 서른 살에 철학하다

4권 노동자의 투사, 1893-1897

5권 논쟁하는 사회주의, 1893-1897

6권 드레퓌스 사건의 시대 1, 1897. 11-1898. 9

7권 드레퓌스 사건의 시대 2, 1898. 10-1899. 9

8권 공화파 수호와 정부 참여, 1899-1902

9권 좌파 블록, 1902-1904

10권 비종교화와 (당) 통합, 1904-1905

11권 이제 20세기다!, 1905-1907

12권 정치권에서 사유하다, 1907-1910

13권 《새로운 군대》

14-15권 전쟁에 반대하는 투쟁의 반경(미출간)

16권 문학비평과 예술비평

17권 문화적 다원주의

이미 조레스 당대에 그의 연설과 논설, 논쟁, 회상, 증언은 소책자와 책으로 발간되었다. 사후에 출간된 선집으로는 19020-1930년대에 폴 드장주와 뤽 메리가가 편집한 선집, 1949

년 조르주 부르쟁이 편집한 선집《조레스》 등이 있다. 2006년 출간된 장피에르 리우의《모든 태양을 밝히다》는 비교적 요즘에 나온 중요한 선집이다. 조레스의《사회주의 프랑스혁명사》는 1959년 프랑스 공산당 부설 출판사인 사회출판사에서 검은 표지의 양장본에 본문 2단 편집으로 출간되었다. 라틴어로 작성된 조레스의 박사학위 부논문은 조레스 학회의 새 전집 3권《서른 살에 철학하다》에 실린 프랑스어 본이 예전 번역보다 정확하다고 평가된다.

조레스 학회

1959년 조레스 탄생 100주년을 계기로 창설된 조레스 학회Société d'études jaurésiennes는 2차대전 후 노동사와 사회사를 개척해가는 서구 역사학의 일환이었다. 사회사에 대한 역사학의 열정은 부침을 겪지만 조레스의 사상과 행동을 알리고 특히 그의 연설, 논설, 저술을 모으고 간행하려 한다는 학회의 창간 의지는 60년 후 결실을 맺게 되었다. 소르본대학의 프랑스사회사연구소 소장 에르네스트 라브루스를 회장으로 하여 발족한 학회의 초기 운영위에는 1920-1930년대의 거장 학자들이 두루 참가했다. 그리고 장 라보, 마르셀 오클레르, 장 브뤼아, 자크 케제르, 장 메트롱, 조르주 테타르 등이 학회 회원이었다. 모리스 도망제 등과 함께 초대 부회장을 맡은 마들렌 르베리우는 1962년부터 2005년 작고할 때까지 회장으로 일하며 학회를 키우고 발전시킨 역사가이다. 2022년 현재의 학회지《카이에 조레스*Cahiers Jaurès*》는 1960년 창간된《조레스 학회 회보*Bulletin de la société d'études jauresiennes*》를 온전히 계승한다. 주요 학술대회의 주제는 1963년 '조레스와 민족'을 시작으로 1976년 '조레스와 노동계급', 1991년 '조레스와 국가 방어', 1994년 '조레스, 사회주의와 드레퓌스 사건'으로 이어졌다. 조레스 관련 음반, 영화, 라디오 방송, 텔레비전 영상물, 조레스의 사진·그림과 동상에 대한 자료는《카이에 조레스》 149호(1998)에 정리되어 있다.

조레스 평전

조레스 사후 막스 베어는 16쪽의 소책자에서 조레스를 나라 전체를 생각한 정치인으로 그렸다(1918). 본격적인 첫 전기는 파리에서 활동한 러시아 출신 사회주의자 샤를 라포포르가 저술한《인간, 사상가, 사회주의자 조레스》(1915)이다. 그 후 조레스와 교류했던 벨기에 사회주의자 에밀 반데르벨드의《조레스》(1929)에 이어 작가 마르셀 오클레르의《장 조레스의 생애》(1954), 프랑스 제4공화국 대통령이 되는 뱅상 오리올의《장 조레스》(1962)가 출간되었다. 1984년에는 유명 인사들의 평전을 쓴 작가·언론인 막스 갈로의 전기도 나왔다. 학술적인 평전으로는 1962년 미국 위스콘신대학에서 간행한 하비 골드버그의《조레스의 생애》(1962)가 정치와 사회주의, 인터내셔널, 노동계의 상황 속에 조레스를 놓았다. 프랑스의 급진파 정치인 미셸 로카르가 서문을 쓴 장 라보의《장 조레스》는 1971년에 출간되었다. 2009년 학술대회 발표문을 엮은《조레스, 카스트르의 자식》은 정치인의 어린 시절과 성장 과정이 어떻게 훗날 그의 정치사상과 행동에 배어들었는지를 보여준다.

조레스 연구사

조레스 연구는 크게 몇 가지 분야로 나뉜다. 그의 철학은 아니크 타뷔레바쟁가르가 조레스 학회의 새 전집 3권에서 설명했으며, 프랑스 툴루즈대학에서 학위를 받은 독일 학자 울리케 브뤼메르트의 연구도 있다. 조레스와 노동계급 및 노조운동을 살핀 것은 카스트르의 장 조레스 국립센터·박물관장을 지낸 툴루즈대학 교수 알랭 보스퀴스이다. 《카르모의 광부들》을 저술한 롤랑드 트랑페 역시 조레스의 노동과 정치 연구에 크게 기여했으며 그의 지도를 받은 중국인 학자 샤오 샤오훙은 조레스와 노동자 파업의 관련성에 중점을 두었다. 남부의 학자 레미 페슈와 다미앵 살레는 사회주의와 농민 문제에 몰두했다. 민족문제와 반전, 인터내셔널을 모두 연관시켜 조레스를 논한 것은 루마니아 출신으로 프랑스에 건너와 인터내셔널 연구를 진작시킨 조르주 옵트이다. 조레스와 군사문제는 《새로운 군대》를 중심으로 루이 바요, 장노엘 잔느네, 장자크 베케르가 주로 해설했다. 조레스의 식민주의 비판에 관해서는 프랑스 반식민주의 역사가인 질 망스롱이 거의 독보적으로 수행하고 있다. 조레스의 평화론 연구로는 자크 D. 엘리스의 저술이 있고 철학자 장 가보드의 지도 아래 툴루즈대학에서 박사학위를 받은 마리 게르탱의 논문이 있다.

한편 조레스의 빼어난 장점이었던 언어 사용과 웅변의 문제는 미셸 로네와 피에르 뮐러가 다루었다. 마리옹 퐁텐, 에마뉘엘 주스, 장뉘마 뒤캉주는 문화사적인 의미에서 조레스를 구명했다. 마들렌 르베리우의 조레스 연구는 전천후적이었다. 사회주의와 공화국, 노동계급, 드레퓌스 사건, 지식인 조레스의 의미를 모두 다루었다. 질 캉다르 역시 조레스 연구에 있어 분야를 가리지 않지만 특히 극동 문제와 인터내셔널 영역에 관심을 기울인다.

조레스와 그의 시대에 다가가는 하나의 방법은 웹사이트를 이용하는 것이다. '브누아 말롱의 친구들', '1871 코뮌의 친구들', 그리고 페르낭 펠루티에, 샤를 모라스, 샤를 지드의 텍스트를 각각 소개하는 프랑스어 웹사이트들이 있다. 프랑스 사회주의를 주제로 하는 프랑스의 미간행 석박사 학위논문 목록은 루르스L'Ours(L'Office Universitaire de Recherche Socialiste) 사이트에서 제목을 검색할 수 있다(www.lours.org). 로베르 브레시가 수집 정리한 각종 노동자대회 일람, 마르조리 고드메르가 작성한 사회주의 신문·잡지 목록은 조레스 연구에 불가결한 도구이다.

이 책이 이상과 같은 조레스 연구사에 하나의 자리를 차지할 수 있다면 그 의미는 조레스 평전을 하나 더 보태는 것이 아니다. 이 책은 제목에서 제시했듯이 정확히 세 가지를 묻고자 했다. 프랑스의 한 정치인은 오래 내려온 서양의 정치제도이며 특히 제3공화정 권력의 중추였던 의회에서 어떤 언어와 어떤 의지로 무엇을 수행했는가? 1905년에 창당되어 2022년 현재까지 존속하고 있는 프랑스 사회당의 창건기에 그는 동지들과 함께 실제로 무엇을 어떻게 했는가? 의회와 당이라는 험한 정치 공간에서 무엇 때문에, 어떤 지평을 바라보고 노동과 노동자를 수호했는가? 더 크게 말한다면, 그러면서도 온 나라를 생각하는, 현재로부터 미래를 열려는 가치관을 어떻게 정치와 노동에 투입했는가? 하지만 '의회의 조레스', '당의 조레스', '노동자의 조레스'는 이 책의 4개 부 16개 장에서 찢기고 모이며 흩어져 있을 뿐이다. 때문에 책 제목과 각 부 각 장의 제목은 분리된 것이 아니라 수시로 곳곳에서 수렴되고 충돌한다. 어떻든 주어진 조건의 엄중함을 인식하고도 남는 정치인, 그러나 그 현실 속에 이상의 씨앗이 묻혀 있다고 무한한 다수의 힘을 한사코 믿은 정치사상이 책 전체에 흐르는 두 줄기 물길인 듯싶다.

참고문헌

1. 장 조레스 저작

Oeuvres de Jean Jaurès, Paris: Fayard, 2002-2022.

- Tome 1. *Les années de jeunesse, 1859-1889*, édition établie par Madeleine Rebérioux et Gilles Candar, 2009.
- Tome 2. *Le passage au socialisme, 1889-1893*, édition établie par Madeleine Rebérioux et Gilles Candar, 2000.
- Tome 3. *Philosopher à 30 ans*, édition établie par Annick Taburet-Wajingart, 2000.
- Tome 4. *Le militant ouvrier, 1893-1897*, édition établie par Alain Boscus, 2017.
- Tome 5. *Le socialisme en débat, 1893-1897*, édition établie par Alain Boscus, 2018.
- Tome 6. *Les temps de l'affaire Dreyfus 1, novembre 1897-septembre 1898*, édition établie par Eric Cahm, 2001.
- Tome 7. *Les temps de l'affaire Dreyfus 2, octobre 1898-septembre 1899*, édition établie par Eric Cahm, 2001.
- Tome 8. *Défense républicaine et participation ministérielle, 1899-1902*, édition établie par Maurice Agulhon et Jean-François Chanet, 2013.
- Tome 9. *Bloc des Gauches, 1902-1904*, édition établie par Gilles Candar, Vincent Duclerc et Rémi Fabre, 2016.
- Tome 10. *Laïcité et l'unité, 1904-1905*, édition établie par Gilles Candar et Jacqueline Lalouette, 2015.
- Tome 11. *Voici le Vingtième siècle!, 1905-1907*, édition établie par Vincent Duclert, 2019.
- Tome 12. *Penser dans la mêlée politique, octobre 1907-mai 1910*, édition établie par Jean-François Chanet, 2020.
- Tome 13. *L'Armée nouvelle*, édition établie par Jean-Jacques Becker, 2012.
- Tome 14. *Le Rayonnement et la lutte contre la guerre, 1910-1914*, édition établie par Jean-Jacques Becker et Marion Fontaine, 2022-2023(예정).
- Tome 15. *Le Rayonnement et la lutte contre la guerre, 1910-1914*, édition établie par Jean-Jacques Becker et Marion Fontaine, 2022-2023(예정).

• Tome 16. *Critique littéraire et critique d'art*, édition établie par Michel Launay, Camille Grousselas et Françoise Laurent-Prigent. 2000.

• Tome 17. *Le pluralisme culturel*, édition établie Jean-Numa Ducange et Marion Fontaine, 2014.

Oeuvres de Jean Jaurès, textes rassemblés, présentés et annotés par Max Bonnafous, Paris: Éditions Rieder, 1931-1939: *Études socialistes t. I (1888-1897); t. II (1897-1901).*

Histoire socialiste (1789-1900), sous la direction de Jean Jaurès, Paris: Jules Rouff (1901-1908), 13 vol. (*Histoire socialiste de la Révolution française*, revue et annotée par Albert Soboul, préfacé par Ernest Labrousse, 7 vols. Paris: Éditions sociales 1968-1973.)

Jaurès : l'intégrale des articles de 1887 à 1914 publiés dans *la Dépêche*, édition dirigée par Rémy Pech et al., Toulouse: Privat, 2009.

Jaurès, par Georges Bourgin, tome IX de la collection "Les grands orateurs républicains," Monaco: Éditions Hemmera, 1952.

Jaurès, Jean, *Action socialiste*, première série, Le socialisme et l'enseignement; le socialisme et les peuples, Paris: G. Bellais, 1899.

Jaurès, Jean, *Contre la guerre au Maroc*, Collection: Classiques français du socialisme, Paris: Bureau d'Éditions, 1936.

Jaurès, Jean, *Discours parlementaires*, Recueillis et annotés par Édmond Claris, Paris: Édouard Cornély et Cie, 1904.

Jaurès, Jean, *Études socialistes*, Paris: Cahiers de la Quinzaine, 1901 (présentation de M. Rebérioux, Paris/Genève Slatkine Reprints, 1979).

Jaurès, Jean, *L'Esprit du Socialisme: six études et discours*, présentés et préfacés par Jean Rabaut, Paris: Denoël-Gonthier (Méditations), 1964.

Jaurès, Jean, *La Question religieuse et le socialisme*, par Michel Launay, Paris: Éditions Minuit, 1959.

Jaurès, Jean, *Les Origines du socialisme allemand*, traduit du latin par Adrien Veber (Les écrivains réunis 1927), préface nouvelle de Lucien Goldmann, Paris: F. Maspero, 1959.

Jaurès, Jean, *Les Preuves: Affaire Dreyfus* (Paris: La Petite République, 1898), introduction par Madeleine Rebérioux, Paris: Éditions du Signe, 1981.

Jaurès, Jean, *Préface aux Discours parlementaires. Le socialisme et le radicalisme en 1885*, Présentation de M. Rebérioux (Slatkin Reprints, Genève, 1980).

Jaurès, Jean, Paul Lafargue, *Idéalisme et matérialisme dans la conception matérialiste de l'histoire*, Paris: 1895 (Spartacus, 1946).

Jaurès, Jean, *(1859-1914) "L'intolérable"*, présenté par Gilles Candar, Paris: Éditions ouvrières, 1984.

Jaurès, Jean, *Libertés*, textes présentés par Gilles Candar, Paris: Ligue des droits de l'homme, EDI, 1987.

Jaurès, Jean, *La classe ouvrière*, textes présentés par M. Rebérioux, Paris: F. Maspero, 1976.

Jaurès, Jean, *Laïcité et République sociale. 1905-2005: Centenaire de loi sur la séparation des Églises et de l'État*, textes choisis et présentés par Gilles Candar, Paris; le Cherche Midi, 2005.

Jaurès, Jean, *Rallumer tous les soleils*, textes choisis et présentés par Jean-Pierre Rioux, Paris: Omnibus, 2006.

Jaurès, Jean, *Vers l'anticolonialisme*, textes réunis et présentés par Gilles Manceron, Paris: Les petits matins, 2015.

Jaurès, Jean, *Anthologie*, présentée par Louis Lévy (1946) et rééditée avec une préface de M. Rebérioux, Paris: Calmann-Lévy, 1983.

Jaurès, Jean, *L'Armée nouvelle*, introduction de Louis Baillot (Édition de l'Humanité, 1915), Paris: Éditions sociales, 1977.

La grève de Carmaux, discours prononcés à la Chambre, les 24 et 25 novembre 1895, Paris: Bibliothèque du Parti ouvrier français, 1895.

Pages choisies de Jean Jaurès, Nouvelle édition avec introduction et notice par Paul Desangues et Luc Mériga, Paris: Éditions Rieder, 1922, 1928.

Patriotisme et internationalisme: discours de Jean Jaurès, précédé du manifeste du conseil national du parti ouvrier, 1895.

2. 동시대 문헌

- 신문과 잡지

Les Annales Coloniales: organe de la "France coloniale moderne", 1903-1912 (1904 · 1905 · 1908 제외, 1910년부터는 주 3회 발간).

L'Action française 1908-1914 (일간).

La Bataille Syndicaliste 1911-1914 (일간).

L'Humanité 1904-1914 (일간).

La Dépêche de Toulouse 1887-1914 (일간).

La Petite République 1892, 1893, 1896, 1898, 1899 (일간).

La Revue de l'enseignement primaire et primaire supérieur 1904-1914 (주간).

La Revue politique et parlementaire 1887-1914 (월간).

Le Mouvement socialiste 1899-1910 (월간).

La Quinzaine Coloniale 1901-1914 (순보).

La Revue socialiste 1885-1914 (월간).

The Labour Leader (London, edited by Keir Hardie) 1894, 1913, 1914.

- 의회 사료

Journal Officiel de la République française. Débats parlementaires, 1893, 1898, 1899, 1905, 1907, 1910, 1912, 1913.

Mayeur, Jean Marie (dir.), *Les parlementaires de la Seine sous la troisième République, 2. Dictionnaire biographique*, Paris: Publications de la Sorbonne, 2001.

- 전국 당대회 속기록

Blum, Léon, *Les congrès ouvriers et socialistes français. T. 1, 1876-1885 2, 1886-1900*, Paris: Société nouvelle de librairie et d'éditons, 1901.

Congrès général des organisations socialistes françaises, tenu à Paris du 3 au 8 décembre 1899: compte rendu sténographique officiel Reprod, Paris: Société nouvelle de librairie et d'éd, 1900.

Deuxième Congrès général des organisations socialistes françaises, tenu à Paris du 28 au 30 septembre 1900: compte rendu sténographique officiel, Reprod., Paris: Société nouvelle de librairie et d'éd., 1901.

Parti socialiste (SFIO), *3e Congrès National Tenu à Limoges les 1, 2, 3 et 4 novembre 1906, Compte rendu sténographique*, Paris: au Siège du Conseil National.

Parti socialiste (SFIO), *4e Congrès National Tenu à Nancy les 11, 12, 13 et 14 août 1907.*

Parti socialiste (SFIO), *5e Congrès National Tenu à Toulouse les 15, 16, 17 et 18 octobre 1908.*

Parti socialiste (SFIO), *6e Congrès National Tenu à Saint-Etienne les 11, 12, 13 et 14 avril 1909.*

Parti socialiste (SFIO), *7e Congrès National Tenu à Nimes les 6, 7, 8, 9 février 1910.*

Parti socialiste (SFIO), *8e Congrès National Tenu à Saint-Quentin les 16, 17, 18, 19 avril 1911.*

Parti socialiste (SFIO), *9e Congrès National Tenu à Lyon les 18, 19, 20 et 21 février 1912.*

Parti socialiste (SFIO), *10e Congrès National Tenu à Brest 23, 24, mars 1913.*

Parti socialiste (SFIO), *11e Congrès National Tenu à Amiens les 25, 26, 27 et 28 janvier 1914.*

- 1914년 이전 문헌

Andler, Charles, *Les origines du socialisme d'État en Allemagne,* thèse de doctorat, présentée à la Faculté des lettres de l'Université de Paris, Paris: F. Alcan, 1897.

Bernstein, Edward, *Ferdinand Lassalle As a Social Reformer,* London: Swansonnenschin, 1893.

Bouglé, Célestin, *Solidarisme et libéralisme: réflexions sur le mouvement politique et l'éducation morale,* Paris: E. Cornély, 1904.

Buisson, Ferdinand, *La politique radicale, étude sur les doctrines du parti, Paris:* V. Giard & E. Brière, 1908 (Hachette, 2014)

Clemenceau, Georges, *L'Église, la République et la Liberté,* Paris: P.-V. Stock, 1903.

de Witt, Pierre, *L'Épuration sous la troisième République, d'après le "Journal officiel" et l'"Almanach national",* Paris: société anonyme de publications périodiques, 1887.

Demolins, Édmond, *Le socialisme devant la science sociale,* Paris: Firmin-Didot, 1892.

Drumont, Édouard, *La France juive. Essai d'histoire contemporaine,* Paris: Flammarion, 1886.

Éphraïm, Armand, "Notes sur le régime parlementaire en Angleterre et en France," *Revue politique et parlementaire,* t. VII, n° 19 (janvier 1896), pp.125-139; ____, n° 21 (mars 1896), pp. 577-593.

Ferraz, Marin, *Etude sur la philosophie en France au XIXe siècle: Le socialisme, le naturalisme et le positivisme: Saint-Simon, Ch. Fourier, Pierre Leroux, Jean Reynaud, Gall, Broussais, Aug. Comte, Proudhon, etc.* (2e éd.), Paris: Didier 1877.

Flourens, Émile, *La liberté de l'esprit humain, pourquoi l'Église de France triomphera de la persécution: conférence faite le 16 décembre 1906, à Nantes*, Paris: Garnier frères, 1907.

Grave, Jean, *Réformes, Révolution*, Paris: P.-V. Stock, 1910.

Guesde, Jules, *Quatre ans de lutte de classe à la Chambre: 1893-1898*, Paris: G. Jacques, 1901.

Jacques, Léon, *Les Partis politiques sous la IIIe République*, Thèse pour le Doctorat, Paris: Librairie Recueil Sirey, 1912.

Jouhaux, Léon, *Le Syndicalisme français ; II. Contre la guerre: conférence faite à Berlin*, Paris: Librairie des sciences politiques & sociales, Marcel Rivière, 1913.

Kautsky, Karl, *Parlementarisme et Socialisme*, traduit par Édouard Berth, Paris: Librairie G. Jacques et Cie., 1900.

Lafargue, Paul, *Le socialisme et les intellectuels*, Paris: V. Giard et E. Brière 1900.

Lafargue, Paul, *Paresse et Révolution, Écrits, 1880-1911*, Paris: Éditions Tallandier, 2009.

Lafargue, Paul, *Le déterminisme économique de Karl Marx; Recherches sur l'origine et l'évolution des idées de Justice, du Bien, et de Dieu*, Paris: V Giard & E Brière établie et présenté par Sophie Boutillier et Dimitri Uzunidis, Paris: L'Harmattan, 1997.

Lafargue, Paul, *La naissance du Parti ouvrier français: Correspondance inédite réunie par Émile Bottigelli*, présentée et annotée par Claude Willard, Paris: Éditions sociales, 1981.

Lagardelle, Hubert, *La Grève Générale et le socialisme, Enquête internationale*, Paris: Edouard Cornély, 1905.

Laraud, Gaston, *Les Délégués à la sécurité des ouvriers mineurs*, Thèse pour le doctorat, Poitiers: Imprimerie Maurice Bousrez, 1907.

Le Bon, Gustave, *La Psychologie politique et la défense sociale*, Paris: Les Amis de Gustave Le Bon, 1911.

Le Bon, Gustave, *Psychologie du socialisme*, Nouvelle éd., Paris: les Amis de Gustave Le Bon, 1902(1898)

Leroy, Maxime, *La Coutume ouvrière, Syndicats, Bourses du Travail, Fédérations professionnelles, Coopératives, Doctrines et Institutions*, 2 vol., Paris: Giard et Brière, 1913.

Malon, Benoît, *Le socialisme intégral. Histoire des théories et tendances générales*, Paris: F. Alcan, 1890-1891.

Millerand, Alexandre, *Le Socalisme réformiste français*, Paris: Société Nouvelle de Librairie et d'Edition, 1903.

Moreaux, Félix, *Pour le régime parlementaire*, Paris: Albert Fontemoing, Éditeur, 1903.

Orry, Albert, L*es Socialistes indépendants*, Paris: Marcel Rivière, 1912, v. VIII Histoire des Partis socialistes en France, éd. A. Zévaès.

Pataud, Émile, Émile Pouget, *Comment nous ferons la révolution?*, 1909 (How we shall bring about the revolution?, London: Pluto Press, 1990).

Pelloutier, Fernand et Maurice, *La Vie ouvrière en France, 1900* (réimpression en fac-similé, Paris: F. Maspero, 1975).

Seilhac, Léon de, *Le monde socialiste : les partis socialistes politiques, les congrès socialistes politiques, les diverses formules du collectivisme*, Paris: Lecoffre, 1904.

Seilhac, Léon de, *Une enquête sociale. La Grève de Carmaux et la verrerie d'Albi*, Paris: Perrin, 1897.

Siegfried, André, *Tableau politique de la France de l'ouest sous la troisième République*, Paris: Armand Colin, 1913 (1964).

Sorel, Georges, *L'avenir socialiste des syndicats* (Nouvelle édition, considérablement augmentée), Paris: G. Jacques, 1901.

Sorel, Georges, *Réflexions sur la violence*, Paris: Marcel Rivière, 1908.

Tarde, Gabriel, *L'Opinion et la foule*, 1901 (Paris: PUF, 1989).

Trois années de lutte contre le dreyfusisme, par la Jeunesse blanquiste, adhérente du Comité central socialiste révolutionnaire et au Parti républicain socialiste français, Paris: Impr. moderne, 1900.

Vandervelde, Emile, *Le Parti Ouvrier aux Intellectuels. Pour l'Union de tous les travailleurs*, Conseil Général du Parti Ouvrier Belge, 1929.

3. 사전 · 총서류

A Biographical dictionary of French Political Leaders since 1870, Edited by David Bell; Douglas Johnson and Peter Morris; New York: Simon & Schuster, 1990.

Dictionnaire biographique du mouvement ouvrier français, publié sous la direction de Jean Maitron, Troisième partie 1870-1914. De la Commune à la Grande guerre, Tome 10-15, Paris: éditions ouvrières, 1973-1977.

Dictionnaire biographique et géographique du nationalisme français (1880-1900), par Bertrand Joly, Paris: Honoré Champion, 2005.

Dictionnaire des intellectuels français, Les personnes, Les lieux, Les moments, sous la direction de Jacques Julliard et Michel Winock, Paris: Le Seuil, 1996.

Dictionnaire des mouvements sociaux (2e édition), mise à jour et augmentée sous la direction de Olivier Fillieule, Lilian Mathieu, Cécile Péchu, Paris: Presses de Sciences Po., 2020.

Dictionnaire des oeuvres politiques, sous la direction de François Châtelet, Olivier Duhamel, Évelyne Pisier, Paris: PUF, 1995(1986).

Le dictionnaire des populismes, sous la direction de Olivier Dard, Christophe Boutin, Frédéric Levallois, Paris: Éditions du Cerf, 2019.

Dictionnaire historique de la vie politique au XXe siècle, sous la direction de Jean-François Sirinelli, Paris: PUF, 1995.

Dictionnaire des parlementaires d'Aquitaine, sous la Troisième République, Bordeaux: Presses universitaires des Bordeaux, 1998.

Dictionnaire pédagogique, Instructions élémentaires, sous la direction de Ferdinand Buisson, Paris: Hachette, 1886.

Dictionnaire de la politique française, publié sous la direction de Henry Coston, tome 1, 2, Paris: Publications Henry Coston, 1967.

Dictionnaire de philosophie politique, sous la direction de Philippe Raynaud et Stéphane Rials, Paris: PUF, 1996.

Encyclopédie socialiste syndicale et coopérative de l'Internationale ouvrière publiée, sous la direction technique de Compère-Morel, 12 vols., Paris: A. Quillet, 1912-1921.

Historical Dictionary of the Third French Republic 1870-1940, Edited by Patrick Hutton, USA, Greenwood Press, 1986.

4. 정치사 방법론

Anceau, Eric, "Aux origines d'une pratique parlementaire: présider l'Assemblée nationale constituante (1789-91)," *PER(Parliaments, Estates, and Representation)*, 27 (2007).

Angenot, Marc, *L'utopie collectiviste. Le grand récit socialiste sous la Deuxième Internationale*, Paris: PUF, 1993.

Braud, Philippe, *Sociologie politique*, 5e édition, Paris: L.G.D.J., 2000.

Braud, Philippe, *L'émotion en politique*, Paris: Presses de science po., 1998,

Breuer, Stefan, Robert C. Maier, "The Illusion of Politics: Politics and Rationalization in Max Weber and Georg Lukács," *New German Critique*, No. 26, Critical Theory and Modernity (Spring-Summer, 1982), pp. 55-79.

Gaud, Patrick, "La critique syndicaliste de la forme-parti avant la Première Guerre mondiale," *La Pensée*, 352 (octobre-décembre 2007), pp. 25-32.

Halévy, Élie, "Socialism and the Problem of Democratic Parliamentarianism," *International Affairs*, Vol. 13, No. 4 (Jul.-Aug. 1934), pp. 490-507.

Lichtheim, George, "The Concept of Ideology," *History and Theory*, Vol. 4, No. 2 (1965), pp. 164-195.

Muller, Pierre, *Jaurès, vocabulaire et rhétorique*, Paris: Klincksieck, 1994.

Ostrogorski, Moïsei, *La démocratie et les partis politiques*, Paris: Fayard, 1993 (réédition d'un ouvrage publié en 1912).

Palonen, Kari, "Towards a history of parliamentary concepts," *PER* (2012), pp. 123-138.

Pombeni, Paolo, *Introduction à l'histoire des partis politiques*, Traduction, Paris: PUF, 1985.

Rosanvallon, *Pierre, Le siècle du populisme. Histoire, théorie, critique*, Paris: Seuil, 2020.

Schmitt, Carl, *Parlementarisme et démocratie* (Traduction), Paris: Le Seuil, 1973(1923).

Seiler, Daniel L., *Les partis politiques*, Paris: PUF, Que sais-je?, 1978.

Strong, TB., "Is the political realm more encompassing than the economic realm?" *Public Choice*, Vol. 137 (2008), pp 439-450.

Tackett, Timothy, *Becoming a Revolutionary*, Princeton: Princeton University Press,

1996.

Taithe, B. and T. Thornton (eds.), *Propaganda: Political Rhetoric and Identity, 1300-2000*, Shroud: Sutton, 1999.

Wood, Ellen Meiksins, *Democracy Against Capitalism*, Cambridge: Cambridge University Press, 1995.

니스벳, 로버트, 《보수주의》, 강정인 옮김, 이후, 2007.

보비오, 노르베르토, 《자유주의와 민주주의》, 황주홍 옮김, 문학과 지성사, 1992.

5. 연구사

- 장 조레스 연구

Jean Jaurès, bulletin de la Société d'études Jaurésiennes, 1960-1995.

Jean Jaurès, Cahiers trimestriels, 1995-2001.

Cahiers Jaurès, 2002-2021.

Antonini, Bruno, *Philosophie et politique chez Jean Jaurès. le rôle de l'État dans la transmutation de la république au socialisme*, Thèse, Paris: Université Paris 1, 2002.

Auclair, Marcelle, *La Vie de Jean Jaurès*, Paris: Le Seuil, 1954.

Auriol, Vincent, *Souvenirs sur Jean Jaurès*, Paris: Éditions de la liberté, 1945.

Auriol, Vincent (présenté par), *Jean Jaurès*, Paris: PUF, 1962.

Beer, Max, *Jean Jaurès, Sozialist und Staatsmann*, Berlin: Verlag für Sozialwissenschaft, 1918.

Blum, Léon, *Jean Jaurès, Conférence donnée le 16 février 1933 au théâtre des Ambassadeurs*, 3e édition, Paris: Librairie populaire, 1937.

Boitel, Maurice, *Les Idées libérales dans le socialisme de Jaurès*, Paris: L'Émancipatrice, 1921.

Boscus, Alain et Rémy Cazals (s.d.), *Sur les pas de Jaurès. La France de 1900*, Toulouse: Privat, 2004.

Brummert, Ulrike (édité), *Jean Jaurès, La France, l'Allemagne et la Deuxième Internationale à la veille de la première Guerre mondiale*, Tübingen: GNV, 1989.

Brummert, Ulrike, *L'Universel et le particulier dans la pensée de Jean Jaurès. Fondements théoriques et analyse politique du fait occitan*, Tübingen: GNV, 1990.

Candar, Gilles, "Jaurès parlementaire," *Jean Jaurès Cahiers trimestriels*, n° 158 (octobre-décembre 1998), pp. 33-43, Jaurès et l'État.

Candar, Gilles, Vincent Duclerc, *Jean Jaurès*, Paris: Fayard, 2014.

Challaye, Félicien, *Jaurès*, Paris: Mellottée, 1948.

Chauveau, Geneviève, "Analyse du discours jaurésien," *Langages*, n° 52 (décembre 1978), pp. 5-111.

Croix, Alexandre, *Jaurès et ses détracteurs*, Saint-Ouen: Éditions du Vieux, 1967.

Europe, n° 354/355 (octobre -novembre 1958) n° spécial sur Jean Jaurès.

Europe, n° 356 (décembre 1958) Jaurès humaniste.

Feller-Benoît, Élise, *Jaurès et l'unité socialiste*, Diplôme d'études Supérieures section Histoire à la Faculté des Lettres de Paris, 1962.

Figuères, Léo, "La pensée et l'action politique de Jaurès," *Cahiers du communisme* (avril 1956), pp. 413-435.

Gallo, Max, *Le Grand Jaurès*, Paris: Robert Laffont, 1984.

Gaumont, Jean, *Au Confluence de deux grandes idées, Jaurès coopérateur*, Paris: Fédération Nationale de Coopérateurs de Consommation, 1959.

Goldberg, Harvey, *The Life of Jean Jaurès*, Madison: University of Wisconsin Press, 1962.

Grousselas, Camille, *Jaurès écrivain*, Paris: Editions européennes Erasme, 1990.

Halévy, Élie "Socialism and the Problem of Democratic Parliamentarianism," *International Affairs*, Vol. 13, No. 4 (Jul.-Aug. 1934.), pp. 490-507.

Herriot, Édouard, *Jean Jaurès, Discours prononcé au Panthéon le 27 novembre 1924*, Paris: Payot, 1924.

Jaurès par ses contemporains, Ouvrage précédé d'une introduction par F. Pignatel, Paris: Etienne Chiron, 1925.

Jaurès, enfant de Castres, Actes du colloque 23-24 octobre 2009, Castres: Centre national et Musée Jean-Jaurès, 2011,

Jean Jaurès, l'époque et l'histoire, Castres: Centre national et musée Jean Jaurès, 1994.

Labica, Georges et Gérard Bensoussan, notice "Jauréssisme" *Dictionnaire critique du marxisme*, Paris: PUF, 1985, pp. 626-627.

Launay, Michel, *Jaurès Orateur*, Paris: Jean-Paul Rocher Éditeur, 2000.

Launay, Michel, "Le socialisme de Jaurès avant son élection à Carmaux," *Le Mouvement social*, n° 39 (avril-juin 1962), pp. 34-44.

Lefranc, Georges, *Jaurès et le socialisme des intellectuels*, Paris: Aubier, 1968.

Le Mouvement social, n° 39 (avril-juin 1962), Numéro spécial sur Jaurès.

Noland, Aaron, *The Founding of the French Socialist Party (1893-1905)*, New York: Howard Fertig, 1970.

Paix-Séailles, Charles, *Jaurès et Caillaux*, Paris: Figuière, 1920.

Péguy, Charles, "Réponse brève à Jaurès," *Cahiers de la Quinzaine* 1re série, n° 11 (1900).

Philippart, L., *L'Humanisme de Jean Jaurès*, Bruxelles: L'Eglantine, 1934.

Rabaut, Jean, *Jaurès assassiné*, Bruxelles: Complexe, 1984.

Rabaut, Jean, *Jean Jaurès*, Paris: S. A. Perrin 1981 (1971).

Rappoport, Charles, *Jean Jaurès, L'Homme, le Penseur, le Socialiste*, Paris: Émancipatrice, 1915, Marcel Rivière, 1925.

Rebérioux, Madeleine, "Jaurès et l'unité ouvrière 1904-1914," *La Pensée*, 120 (mars-avril 1965), pp. 57-76.

Rebérioux, Madeleine, "Jaurès et le marxisme," *Histoire du marxisme contemporain, t. III*, 10/18, Paris: Union générale d'éditions, 1977, pp. 205-245.

Rebérioux, Madeleine, "Jaurès et Toulouse (1890-1892)," *Sociological Theory*, Vol. 15, No. 2 (Jul. 1997), pp. 126-149.

Rebérioux, Madeleine, *Jaurès, La parole et l'acte*, Paris: Découverte/Gallimard, 1994.

Rioux, Jean-Pierre, "Lire Jaurès," *Les Grands Révolutionnaires*, Paris: Éditions Martinsart, t. VIII, 1978, pp. 69-134.

Rioux, Jean-Pierre, *Jean Jaurès*, Paris: Perrin, 2008 (2005).

Robinet, André, *Jaurès et l'unité de l'être*, Paris: Segher, 1964.

Rolland, Romain, *Jaurès*, Paris: La Publication sociale, 1915.

Saley, Damien, *Jean Jaurès et les questions paysannes dans La Dépêche de Toulouse (1887-1914)*, mémoire de master 2, Études rurales, sous la direction Jean-Luc Mayaud, Lyon: université Lumière Lyon 2, 2012.

Tétard, Georges, *Essais sur Jean Jaurès*, Colombes: Centre d'apprentissage d'imprimerie, 1959.

Tosel, André, "Jean Jaurès et Georges Sorel, les frères ennemis du socialisme français," *La Pensée*, 352 (octobre-décembre 2007), pp. 33-49.

Trempé, Rolande, Alain Boscus, *Jaurès et les syndicats du Tarn*, Institut Tarnais d'histoire sociale (CGT) du Tarn, V.O. éditions, 1994.

Trotsky, Léon, Jean Jaurès, *Bulletin Communiste*, n° 47 (novembre 22, 1923), pp. 845-849.

Vandervelde, Emile, *Jaurès*, Paris: Alcan, collection des réformateurs sociaux, 1929.

Volkart, Otto, *Jean Jaurès, Rede über des großen Volksfreund, der als Vorkämpfer für den Weltfriedenam 31 Juli 1914 ermordet wurde*, Bern: Akademische Buchhandlung Max Drechsel, 1917.

Vonthron, Philippe, Jean Jaurès: Philosophie et Politique, maîtrise de philosophie politique, Université de Franche-Comté, Faculté des lettres et sciences humaines, département de philosophie, 1990.

XIAO Xiao-Hong, *Jaurès face aux mouvements des grèves (1885-1914)*, Thèse de doctorat, t. 1. 2, Toulouse: Université de Toulouse-le-Mirail U.F.R., 1990, dactylographié, 600 p.

Zévaès, Alexandre, *Jean Jaurès*, Paris: La Clé d'Or, 1951.

- 프랑스 제3공화정: 정치와 사회

Agulhon, Maurice, *La République, de Jules Ferry à F. Mitterrand. 1880 à nos jours*, Paris: Hachette, 1990.

Baal, Gérard, *Le Parti radical de 1901 à 1914*, thèse de doctorat ès lettres et sciences humaines, Paris: université de Paris I, 1991.

Bardout, Jean-Claude, *Les Libertés d'association. Histoire étonnante de la loi 1901*, Paris: Juris-Service, 1991.

Barral, Pierre, *Les Fondateurs de la IIIe République*, Paris: A. Colin, coll. "U", 1968.

Bloch, Roger (dir.), *Histoire du parti radical-socialiste*, Paris: Librairie générale de droit et de jurisprudence, 1968.

Bonin, Hubert, "Vers la banque moderne," *La banque et les banquiers en France du Moyen-âge à nos jours*, Paris: Larousse, 1992

Bourgin, Hubert, *De Jaurès à Léon Blum, L'École Normale et la Politique* (Paris: Fayard, 1938), Gordon & Breach, 1970.

Boussel, Patrice, *L'Affaire Dreyfus et la presse*, Paris: A. Colin, kiosque, 1960.

Brac, Yves, *Les Débuts du journal L'Humanité (1904-1909)*, DES de sciences politiques, Faculté de droit de Paris, 1971.

Cardon, Louis Bellamy, *The Economic Bases of Franco-German Rivalry in Morocco, 1906-1909*, Ph.D. Dissertation, Berkeley: University of California, 1966.

Carlhoun, Arthur Fryar, *The Politics of Internal Order: French Government and Revolutionary Labor, 1898-1914*, vols 1, 2, Ph.D. Dissertation, Princeton: Princeton University, 1973.

Caron, François, *La France des patriotes, de 1851 à 1918, Paris*: Fayard, 1990.

Castagnes, Noëlline, Gilles Morin (dir.), *Socialistes et radicaux. querelles de famille*, Paris: L'OURS, 2008.

Chandernagor, André, *Les maires en France XIXe-XXe siècle*, Paris: Fayard, 1993.

Charle, Christophe, *Histoire sociale de la France au XIXe siécle*, Paris: Le Seuil, 1991.

Charle, Christophe, *Les Élites de la IIIe République, 1880-1900*, Paris: Fayard, L'espace du politique, 1987.

Charle, Christophe, *Le siècle de la presse (1830-1939)*, Paris: Le Seuil, 2004.

Charle, Christophe, *Naissance des intellectuels, 1880-1900*, Paris: Minuit, 1990.

Cohen, William B., *Urban Government and the Rise of the French City. Five municipalities in the Nineteenth Century*, New York: St. Martin's Press, 1998.

Dansette, Adrien, *Histoire religieuse de la France contemporaine, L'Église catholique dans la mêlée politique et sociale* (Édition revue et corrigée), Paris: Flammarion, 1965,

Dard, Olivier, *Charles Maurras. Le nationalisme intégral*, Malakoff: Dunod, 2019 (Paris: Armand Colin, 2013)

Daumard, Adeline, *Les bourgeois et la bourgeoisie en France*, Paris: Aubier, collection historique, 1987.

Day, Charles R., *Les Écoles d'Arts et Métiers. L'enseignement technique en France XIXe-XXe siècle (Education for the industrial world: The Ecoles d'Arts et Métiers and the Rise of French Industrial Engineering*, Massachusetts Institute of Technology 1987), traduction française, Paris: Belin, 1991.

Defrasne, Jean, *L'Antiparlementarisme en France*, Paris: PUF, Que sais-je?, 1990.

Dejohn, Wayne Anthony, *The Dreyfus Affair and the Chamber of Deputies 1897 to*

1899: An Analytical and Interpretative Study, Ph.D. thesis, Wisconsin: University of Wisconsin, 1975.

Delalande, Nicolas, *La lutte et l'entraide. L'âge des solidarités ouvrières*, Paris: Le Seuil, 2019.

Digeon, Claude, *La Crise allemande de la pensée française (1870-1914)*, Paris: PUF, 1959,

Duclert, Vincent, *L'Affaire Dreyfus*, Paris: La Découverte, "Repères," 1994.

Duclert, Vincent, *La République imaginée: 1870-1914*, Paris: Belin, 2010.

Dupeux, Georges, *Aspects de l'histoire sociale et politique du département de Loire-et-Cher de 1848 à 1914*, Paris/Haye: Mouton, 1962.

Duroselle, Jean-Baptiste et Jean-Marie Mayeur, *Histoire du catholicisme*, Paris: PUF, Que sais-je? (1949), 1993.

Ellul, Jacques, *Histoire des institutions, 5. Le XIXe siècle*, Paris: PUF, Thémis, 1979 (1956).

Ewald, François, *L'Etat Providence*, Paris: B. Grasset, 1994.

Favre, Pierre, *Naissances de la science politique en France (1870-1914)*, Paris: Fayard, l'espace du politique, 1989.

Faury, Jean, *Cléricalisme et anticléricalisme dans le Tarn (1848-1900)*, Toulouse: Publications de l'université de Toulouse-Le-Mirail, 1980.

Furet, François, *Revolutionary France, 1770-1880* (Paris: Hachette, 1988), Basil Blackwell, 1992.

Garrigues, Jean (s.d.), *Histoire du parlement: De 1789 à nos jours*, Paris: Armand Colin, 2004,

Garrigues, Jean, *Le monde selon Clemenceau. Formules assassines, traits d'humour, discours et prophéties*, Paris: Texto, 2014.

Gaudemer, Marjorie, *Inventaire de la presse socialiste 1871-1914*, Paris: Codhos éditions, 2006.

Gellner, Ernest, *Muslim*, Cambridge: Cambridge University Press, 1984(1981)

Girardet, Raoul, Le Nationalisme français 1871-1914, Paris: Le Seuil, 1966.

Girault, Jacques, *Instituteurs, professeurs une culture syndicale dans la société française (fin XIXe-XXe siècle)*, Paris: Publication de la Sorbonne, 1996.

Goguel, François, *Géographie des élections françaises sous la troisième et la qua-*

trième République, Paris: Presse de la fondation nationale des sciences politiques, 1951.

Gooch, R.K., *The French Parliamentary Committee System*, New York: D. Appleton-Century Co., 1935.

Guérin, André, *La Vie quotidienne au Palais Bourbon à la fin de la IIIe République*, Paris: Hachette, 1978.

Halévy, Daniel, *La Fin des notables*, Paris: B. Grasset, 1930.

Halévy, Daniel, *La République des comités: Essai d'histoire contemporaine (1895-1934)*, Paris: B. Grasset, 1934.

Hatzfeld, Henri, *Du Paupérisme à la sécurité sociale, 1850-1940* (A. Colin, 1971), Nancy: Presses universitaires de Nancy, coll. Espace social, 1989.

Hazareesingh, Sudhir, *Intellectual Founders of the Republic, Five Studies in Nineteenth-Century French Political Thought*, Oxford: Oxford University Press, 2001,

History and Reflexions, No. 3, The Dreyfus Affair in the Twenty-First Century: A Reconsideration (Fall 2005), pp. 319-502.

Horne, Janet R., *Republican Social reform in France. The Case of Musée social, 1894-1914*, Ph.D. Dissertation, New York: New York University, 1991.

Howell, Ronald F., "The Philosopher Alain and French Classical Radicalism," *The Western Political Quarterly*, Vol. 18, No. 3 (Sep. 1965), pp. 594-614.

Huard, Raymond, *La Naissance du parti politique en France*, Paris: Presses de sciences po, 1996.

Johansen, A., "Violent Repression or Modern Strategies of Crowd Management Soldiers as Riot Police in France and Germany, 1890-1914," *French History*, VoL 15, No. 4 (2001), pp. 400-420.

Jenkins, Brian, *Nationalism in France, Class and Nation since 1789*, Maryland: Barnes & Noble Books, 1990.

Joly, Bertrand, *Déroulède: L'inventeur du nationalisme français*, Paris: Perrin, 1998,

Jousse, Emmanuel, *Les hommes révoltés. Les origines intellectuelles du réformisme en France*, Paris: Fayard, 2017.

Julliard, Jacques, *Les Gauches françaises. 1762-2012. Histoire, politique et imaginaire*, Paris: Flammarion, 2012.

Kayser, Jacques (s.d.), *La Presse de Province sous la troisième République*, Paris: A. Colin, 1958.

Kayser, Jacques, *Les grandes batailles du radicalisme: des origines aux portes du pouvoir, 1820-1901*, Paris: Marcel Rivière, 1962.

L'Affaire Dreyfus et le Tournant du siècle 1894-1910, Ouvrage sous la direction de Laurent Gervereau et Christophe Prochasson, Nanterre: Musée d'histoire contemporaine-BDIC, 1994.

Lalouette, Jacqueline, *La libre pensée en France 1848-1940*, Paris: Albin Michel, 1997.

Lalouette, Jacqueline, *La séparation des églises et de l'État, Genèse et développement d'une idée, 1789-1905*, Paris: Le Seuil, 2005.

Le centenaire de l'Affaire (1894-1995), *Cahiers trimestriels Jaurès*, n° 136 (avril-juin 1995).

Leroy, Géraldi, *Batailles d'écrivains. Littérature et politique; 1870-1914*, Paris: Armand Colin 2003.

Lerner, Henri, *La Dépêche. Journal de la Démocratie*, t. I, t. II, Toulouse: L'Université de Toulouse-le-Mirail, 1978.

Lethève, Jacques, *La Caricature et la presse sous la IIIe République*, Paris: Kiosque, 1961.

Leuilliot, Paul, "Le bilan d'un colloque international: Charbon et sciences humaines," *Annales. Économies, Sociétés, Civilisations*, 19-1 (1964), pp. 55-79.

Loubère, Leo A. *Radicalism in Mediterranean France: Its Rise and Decline, 1848-1914*, Albany: State University of New York Press, 1974.

Luc, Jean-Noël, Jean François Condette et Yves Verneuil, *Histoire de l'enseignement en France XIXe-XXIe siècle*, Paris: Armand Colin, 2020.

Machelon, Jean-Pierre, *La République contre les libertés? Les restrictions aux libertés républicaines de 1789 à 1914*, Paris: Presses de la fondation nationale des sciences politiques, 1976.

Mayeur, Jean-Marie, *La Question laïque XIXe-XXe siècle*, Paris: Fayard, L'espace du politique, 1997.

Mayeur, Jean-Marie (s.d.), *Les parlementaires de la Seine sous la Troisième République 1. Études*, Paris: Publications de la Sorbonne, 2001.

Mollier, Jean-Yves et George Jocelyne, *La Plus longue des Républiques 1870-1940*, Paris: Fayard, 1994.

Nicolet, Claude, *L'Idée républicaine en France (1789-1924)*, Paris: Gallimard/NRF, 1982.

Nordmann Jean-Thomas, *Histoire des radicaux, 1820-1973*, Paris: Éditions de la Table Ronde, 1974.

Ory, Pascal, et Jean-François Sirinelli, *Les Intellectuels en France de l'affaire Dreyfus à nos jours*, Paris: A. Colin, 1986.

Pech, Remy (al.), *Politique en Midi-Pyrénées* (Paris: Fayard, 1986), Toulouse: Eché, 1987.

Poulat, Émile, *Liberté, Laïcité, la guerre des deux Frances et le principe de modernité*, Paris: Cerf/Cujas, 1987.

Price, Roger, *An Economic History of Modern France 1730-1914*, MacMillan Press, 1983 (1975).

Prochasson, Christophe, *Place et rôle des intellectuels dans le mouvement socialiste français (1890-1920)*, thèse de doctorat d'histoire, université Paris I, 1989.

Prost, Antoine, *Histoire de l'Enseignement en France, 1800-1967*, Paris: A. Colin, coll."U", 1969.

Prost, Antoine, *Les Français de la Belle Époque*, Gallimard, 2019.

Rebérioux, Madeleine, *La République radicale? 1898-1914*, Paris: Le Seuil, nouvelle histoire de la France contemporaine 11, 1975.

Rémond, René, *L'Anticléricalisme* (Paris: Fayard, 1976), Bruxelles: Éditions complexe, 1985.

Rioux, Jean-Pierre, *Nationalisme et conservatisme: la ligue de la patrie française 1899-1914*, Paris: Éditions Beauchene, 1977.

Rosanvallon, Pierre, *L'État en France, De 1789 à nos jours*, Paris: Le Seuil, l'Univers Historique, 1990.

Rougerie, Jacques, *Eugène Varlin. Aux origines du mouvement ouvrier*, Paris: Éditions du Détour, 2019.

Sorlin, Pierre, *Waldeck-Rousseau*, Paris: A. Colin, 1966.

Soulier A., *L'Instabilité ministérielle sous la troisième république (1871-1936)*, Paris:

Librairie du Recueil Sirey, 1939.

Sutton, Michael, *Nationalism, Positvism and Catholicism, The Politics pf Charles Maurras and French Catholics 1890-1914*, Oxford: Oxford University Press, 2002.

Thibaudet, Alfred, *La République des Professeurs* (1927), Slatkine reprints, Paris/ Genève: ressources, 1979.

Verley, Patrick, *Entreprises et entrepreneurs du XVIIIe au début du XXe siècle*, Paris: Hachette, 1994.

Vernier, Dominique, *La Justice en France*, Paris: La Découverte, Repères, 1993.

Weber, Eugen, *The Nationalist Revival in France, 1905-1914*, CA: University of California Press, 1968.

Weintrob, Lori Robin, *From Fraternity to Solidarity: Mutual Aid, Popular Sociability, and Social Reform in France, 1880-1914*, Ph.D. Dissertation, CA: University of California, 1995.

Whyte George R., *The Dreyfus Affair A Chronological History*, Palgrave Macmillan, 2008.

Wormser, Georges, *La République de Clemenceau*, Paris: PUF, 1961.

- 프랑스, 유럽 사회주의, 노동운동

Angenot, Marc, *L'ennemi du peuple, Représentation du bourgeois dans le discours socialiste, 1830-1917*, Discours social/ Social Discourse, Nouvelle série, vol. IV, 2001.

Bergounioux, Alain, "Socialisme français et social-démocratie européenne," *Vingtième Siècle, Revue d'histoire*, 65 (2000), pp. 97-108.

Bloch, Jean de, *La guerre: traduction de l'ouvrage russe La guerre future aux points de vue technique, économique et politique*, tome 1, 2, 3, 4, Paris: Imprimerie Paul Dupont, 1899-1900.

Boscus, Alain, Rolande Trempé (préface), *Économie et société dans le bassin industriel nord-aveyronnais: 1900-1950*, Montreuil: Institut CGT d'histoire sociale, 1997.

Bouneau, Christine, *Hubert Lagardelle, un bourgeois révolutionnaire et son époque (1874-1958)*, Thèse, Bordeaux: Université Bordeaux Montaigne, 1996.

Bourguignat, Nicolas (dir.), *Paul Lafargue propagandiste*, Montrouge: Aux éditions du Bourg, 2018.

Brécy, Robert, *Le mouvement syndical en France (1871-1921): Essai bibliographique*, Gif-sur-Yvette: Éditions du Signe, 1982 (Paris: École des Hautes Études, 1963).

Bulletin de l'Association des Amis de Benoît Malon (1984-2020).

Callahan, Kevin, ""Performing Inter-Nationalism" in Stuttgart in 1907: French and German Socialist Nationalism and the Political Culture of an International Socialist Congress," *International Review of Socialist History*, 45 (2000).

Candar, Gilles, *Édouard Vaillant, L'invention de la gauche*, Paris: A. Colin, 2018.

Candar, Gilles, Guy Dreux, Christian Laval (dir.), *Socialismes et éducation au XIXe siècle*, Lormont: Le Bord de l'eau, 2018.

Chanial, Philippe, *La Délicate Essence du socialisme: l'association, l'individu et la République*, Lormon: Le bord de l'eau, 2009.

Dogliani, Patrizia, *Le socialisme municipal en France et en Europe de la Commune à la Grande guerre*, Nancy: Arbre blue, 2018.

Dolléans, Édouard et Michel Crozier, *Mouvements ouvrier et socialiste. Chronologie et bibliographie Angleterre, France, Allemagne, États-Unis(1750-1918)*, Paris: Éditions ouvrières, 1950.

Dominick III, Raymond H., *Wilhelm Liebknecht and the Founding of the German Social Democratic Party*, Chapel Hill: University of North Carolina Press, 1982.

Dommanget. Maurice, *Édouard Vaillant. Un grand socialiste 1840-1915*, Paris: Éditions La Table Ronde, 1956.

Droz, Jacques(dir.), *Histoire générale du socialisme 2: de 1875 à 1918*, Paris: PUF, 1974.

Ducange, Jean Numa, *Jules Guesde, Anti Jaurès?*, Paris: A. Colin, 2017.

Ducange, Jean-Numa et Antony Burlaud, *Marx, une passion française*, Paris: La Découverte, 2018.

Duveau, Georges, *La Pensée ouvrière sur l'éducation pendant la Seconde République et le Second Empire*, Paris: Éditions Domat, 1947.

Institut du Marxisme et Leninisme, N. Ivanov, T. Béllakova, E. Krassavina, *Engels, sa vie et son oeuvre. Documents et photographies*, Moscou: Éditions du Progrès, 1987.

Farrar, Marjorie Milbank, *Principled Pragmatist. The Political Career of Alexandre Millerand*, New York: BERG, St. Martin's Press, 1991.

Fourmies et les Premier Mai, colloque présidé par M. Rebérioux, Paris: Éditions de l'atelier, 1994.

Gaud, Patrick, "La critique syndicaliste de la forme-parti avant la Première Guerre mondiale," *La Pensée*, 352 (octobre-décembre 2007), pp. 25-32.

Georges Sorel en son temps, actes du colloque international tenu à l'École normale supérieure, Paris, 13-15 mai 1982. Shlomo Sand, Jacques Julliard (dir.), Paris: Le Seuil, 1988.

Goergen, Marie-Louise, *Les relations entre socialistes allemands et français à l'époque de la Deuxième Internationale (1889-1914)*, Paris: Ph.D. Dissertation, Université Paris 8, 1998.

Goodstein, Phil. H., *The Theory of the General Strike: From the French Revolution until World War I*, Ph.D. Dissertation, University of Colorado at Bouider, 1981.

Gosch, Stephen S., *Socialism and the intellectuals in France, 1890-1914*, these for Ph.D., The Graduate School of Rutgers University,1972.

Grange, Juliette et Pierre Musso, *Les socialismes, Le Colloque de Cerisy-La-Salle, juin/juillet 2011*, Lormont: Le bord de l'eau, 2012.

Howorth, Jolyon, *Édouard Vaillant. La création de l'unité socialiste en France*, Paris: EDI/Syros, 1982.

Jacquemet, Gérard, *Belleville au XIXe siècle: du faubourg à la ville*, Paris: Éditions de l'École des Hautes Études en Sciences Sociales & J. Touzot, 1984.

Judt, Tony, *Marxism and the French Left. Studies in labour and politics in France 1830-1981*, Oxford: Clarendon Press, 1986.

Judt, Tony, *Socialism in Province 1871-1914*, Cambridge: Cambridge University Press, 1979.

Jules Guesde, *Textes choisis (1867-1882)*, préface et commentaire de Claude Willard, Paris: Éditions sociales, les classiques du peuple, 1959.

Julliard, Jacques, *Autonomie Ouvrière. Études sur le syndicalisme d'action directe*, Paris: Gallimard/Le Seuil, 1988.

Julliard, Jacques, *Clemenceau briseur de grèves, L'Affaire de Draveil-Villeneuve*

-Saint-Georges (1908), Paris: Julliard, 1965.

Julliard, Jacques, *Fernand Pelloutier et les origines du syndicalisme d'action directe*, Paris: Le Seuil, 1971.

Julliard, Jacques, *L'Argent, Dieu et le Diable. Péguy, Bernanos, Claudel face au monde moderne*, Paris: Flammarion, 2008.

La Guerre sociale, Un journal "contre", Paris: Les nuits rouges, 1999,

Laichter, Frantisek, *Péguy et ses Cahiers de la Quinzaine*, Paris: Éditions de la maison des sciences de l'homme, 1985.

Laubier, Patrick de, *La Grève générale en 1905*, Paris: Éditions Anthropos, 1979.

Lee, Yong-Jae, *Syndicalisme de métier et syndicalsime d'industrie, mutations et identités des ouvriers du bâtiment dans les années, 1880-1914*, thèse de doctorat d'histoire, Université de Paris I, 1998, t. I, II.

Lefebvre, Rémi, *Le socialisme saisi par l'institution municipale: des années 1880 aux années 1980: jeux d'échelles*, Thèse de doctorat, Lille: Université du droit et de la santé, 2001.

Lequin, Yves, *Les Ouvriers de la région lyonnaise (1848-1914)*, 2 vol., Lyon: Presses universitaires de Lyon, 1977.

Les Cahiers d'histoire sociale, Naissance de la CGT, Le Congrès de Limoges, septième congrès national corporatif, 23-28 septembre 1895, Paris: Albin Michel, 1995.

Lindenberg, Daniel, Pierre-André Meyer, *Lucien Herr. Le socialisme et son destin*, Paris: Calmann-Lévy, 1977.

Louis, Paul, *Cent cinquante ans de pensée socialiste. De Gracchus Babeuf à Lénine* 1er vol., Paris: Marcel Rivière, 1938.

Maitron, Jean, *Histoire du mouvement anarchiste en France 1880-1914, 1. Des origines à 1914*, Paris: F. Maspero, 1983.

Mcquillen, Michael John, *The Development of Municipal Socialism in France, 1880-1914*, Ph.D. Dissertation, Virginia: University of Virginia, 1973.

Moss, Bernard H., *The Origins of the French Labor Movement: The Socialism of the Skilled Workers 1830-1914*, Berkeley: University of California Press, 1976.

Noiriel, Gérard, *Les Ouvriers dans la société française, XIXe-XXe siècle*, Paris: Le Seuil, 1986.

Noland, Aaron, *The Founding of the French Socialist Party (1893-1905)*, Howard

Fertig, 1970.

Offerlé, Michel, *Les socialistes et Paris (1881-1900): des Communards aux conseillers municipaux*, 2 vol., Thèse, Université Paris 1 Panthéon-Sorbonne. 1979.

Oved, Georges, *La gauche française et le nationalisme marocain, 1905-1955*, tome 1, Paris: L'Harmattan, 1984.

Pennetier, Claude, *Le Socialisme dans le Cher, 1851-1921*, Éditions Delayance/Éditions de la maison des sciences de l'homme, 1982.

Perrot, Michelle, *Les Ouvriers en grève (France 1871-1890)*, vol. 1. 2., Paris/La Haye: Mouton, 1972,

Perrot, Michelle, "Notes sur le positivisme ouvrier," *Romantisme*, 21-22 (1978), pp. 201-204.

Pottrain, Martine, *Le Nord au coeur: historique de la Fédération du Nord du Parti socialiste, 1880-1993*, Lille: Nord demain, 1993.

Reynolds, Siân, *La vie de Jean Allemane, 1843-1935*, Thèse, Université de Paris 7, 1981.

Rebérioux, Madeleine, "Le socialisme français de 1871 à 1914," *Histoire générale du socialisme*, Jacques Droz (dir.), t. II de 1872 à 1918, Paris: PUF, 1962, pp.133-236.

Richter, Noë, *Les Bibliothèques populaires*, Paris: Cercle de la librairie, 1978.

Rioux, Jean-Pierre, *La mort du lieutenant Péguy: 5 septembre*, Paris: Tallandier, 2014.

Schorske, Carl E., German Social Democracy, 1905-1917, Cambridge: MA: Harvard University Press, 1955.

Schöttler, Peter, *Naissance des bourses du travail. Un appareil idéologique d'État à la fin du XIXe siècle*, traduction française de Jean-Pierre Lefebvre et de l'auteur, Paris: PUF, 1985.

Scott, Joan S., *The Glassworkers of Carmaux*, Mass: Harvard University Press, 1974.

Stearns, Peter N., *Revolutionary Syndicalism and French Labor. A Cause Without Rebels*, New Brunswick: Rutgers University Press, 1971.

Stewart, William J., *Keir Hardie: A Biography*, London: Independent Labour Party Publication Department, 1925.

Trempé, Rolande, *Les Mineurs de Carmaux, 1848-1914*, t. 1. 2, Paris: Éditions ouvrières, 1971.

Trempé, Rolande, *Solidaires. Les bourses du travail*, Paris: Scandéditions, 1993.

Verlhac, Jean, *La Formation de l'unité socialiste (1898-1905)*, Paris: L'Harmattan, 1997.

Vincent, K. Steven, *Between Marxism and Anarchism. Benoît Malon and French Reformist Socialism*, Berkeley: University of California Press, 1992.

Willard, Claude, *Les Guesdistes. Le mouvement socialiste en France (1893-1905)*, Paris: Éditions sociales, 1965.

6. 관련 주제의 국내 연구와 번역서

강대식, 〈의회제도의 특징과 기능〉, 《牛岩論叢》 5 (1989), 279-313쪽.

김석준, 〈의회민주주의 제도화와 국가능력〉, 《한국정치학회보》 24 (1991), 245-284쪽.

노서경, 〈계급이념과 정치현장: 장 조레스의 사례(1892-1910)〉, 《프랑스사연구》 8호 (2003).

노서경, 〈조레스에게 독일은 무엇이었는가?〉, 《서양사연구》 57 (2017. 11), 153-188쪽.

노서경, 〈조레스의 반전(反戰)과 프롤레타리아—1907년 슈투트가르트 인터내셔널 대회에 주목하여〉, 《마르크스주의 연구 marxism 21》 11/3 (2014), 40-69쪽.

마은지, 〈모리스 바레스의 귀환, 바레스 연구 100년〉, 《숭실사학》 29집 (2012), 307-344쪽.

막스 갈로, 《장 조레스 그의 삶: 프랑스 사회주의 통합의 지도자》, 노서경 옮김, 당대, 2009.

문지영, 〈19세기 파리 로스차일드은행의 설립과 성장〉, 《서양사론》 104 (2010), 177-205쪽.

민유기, 〈프랑스 사회주의 시정의 탄생—시정사회주의 논쟁에서 통합사회당의 시정프로그램까지〉, 《프랑스사연구》 28호 (2013. 2), 185-209쪽.

민유기, 〈프랑스 급진공화파의 반교권주의와 1901년 결사법〉, 《프랑스사연구》 27호 (2012), 93-122쪽.

서이자, 〈1890년대 프랑스 알르만파의 의회정치 이탈과 노조연맹으로의 전환〉, 《歷史敎育》 90 (2004), 229-249쪽.

신동규, 〈제3공화정의 교원노조, 교사 그리고 교육개혁교사친목회에서 교원노조로, '세속학교'에서 교육민주화로〉, 《프랑스사연구》 30호 (2014), 175-204쪽.

신행선, 〈제1차 세계대전 이전 프랑스 노동자들의 집회에서 나타난 '조국'의 의미(1895-1914)〉, 《역사학보》 166호 (2000).

윤혜순, 〈민주주의 이념과 의회정치〉: 전국 제1회 정치학도학술토론대회 논문, 《法政學報》 2 (1959).

이영재 외, 《프랑스의 종교와 세속화의 역사》, 충남대학교 출판문화원, 2013.

이용재, 〈쥘 게드와 프랑스노동당(P.O.F.)〉, 서울대학교 석사학위 논문, 1986.

전수연, 〈프랑스 제3공화국의 상원과 지방자치〉, 《인문과학》 76권 (1997), 361-402쪽.

조르주 소렐, 《폭력에 대한 성찰》, 이용재 옮김, 아카넷, 2007.

존 던, 《민주주의의 수수께끼》, 강철웅·문지영 옮김, 후마니타스, 2015.

한동훈, 〈프랑스 제3공화국 헌법과 헌정실제〉, 《憲法學硏究》 15/2 (2009), 431-459쪽.

허종옥, 〈議會의 國民代表性에 관한 考察: 議會制 民主主義를 中心으로〉, 《법학연구》 24/1 (1981), 315-336쪽.

홍철기, 〈대표민주주의의 역사와 이론 직접 정치의 차선책에서 민주 정치의 최선책으로〉, 《시민과세계》 제32호 (2018. 6), 31-66쪽.

홍철기, 〈'대표의 허구'에 관한 연구: 토마스 홉스, 칼 슈미트, 한스 켈젠에게 있어서의 대리와 현시의 대표 이론〉, 서울대학교 박사학위 논문, 2016.

홍태영, 〈프랑스 대의제 민주주의와 의회의 위상과 역할〉, 《정치와 평론》 3권 (2003), 7-32쪽

홍태영, 《국민국가의 정치학—프랑스 민주주의의 정치철학과 역사》, 후마니타스, 2008.

찾아보기_인명

ㄱ

갈로, 막스Max Gallo 427, 559
갈리페 장군Gaston de Gallifet 544
강베티, 레옹Léon Gambetta 55, 161, 167, 173, 307, 432, 464, 542, 553
게드, 쥘Jules Guesde 17, 25, 56, 70, 86, 99, 103, 112, 121, 214, 279, 289, 299-300, 314-315, 317, 321, 326, 330-333, 336-337, 370, 379, 385, 389, 432-433, 446-447, 452, 542, 545, 553
고드쇼, 자크Jacques Godechot 124
고리키, 막심Maksim Gor'kii 404
고블레, 르네Rene Goblet 68, 437
고셰, 마르셀Marcel Gauchet 163
고에르겐, 마리루이즈Marie-Louise Goergen 290
골드만, 뤼시앵Lucien Goldmann 481
골드버그, 하비Harvey Goldberg 512, 559
곰퍼스, 새뮤얼Samuel Gompers 404
공스 장군Charles-Arthur Gonse 96, 102, 193
그라브, 장Jean Grave 548, 553
그레비, 쥘Jules Grévy 173
그리퓌엘, 빅토르Victor Griffuelhes 553
기욤, 제임스James Guillaume 340, 520

ㄴ

나폴레옹 1세Napoléon Bonaparte 168, 208, 216, 232, 465, 501
나폴레옹 3세Louis Napoléon Bonaparte 147, 171, 200, 243, 445, 460, 465, 531
느무르 공Duc de Nemours 171, 467
니체, 프리드리히Friedrich Nietzsche 209, 478

ㄷ

다마드 장군Albert d'Amade 255, 257, 550
당통, 조르주 자크Georges Jacques Danton 115, 125-128
데룰레드, 폴Paul Déroulède 78, 167, 171, 173-174, 184, 190-191, 465, 476, 544, 552
데몰랭스, 에드몽Edmond Demolins 552
데물랭, 카미유Camille Desmoulins 127, 455
데샤넬, 폴Paul Deschanel 68, 437, 552
델살, 폴Paul Delesalle 100, 354
델카세, 테오필Théophile Delcassé 181, 214, 237, 246, 415, 544, 552
도데, 레옹Léon Daudet 104, 177, 552
도망제, 모리스Maurice Dommanget 552
두메르, 폴Paul Doumer 231, 552
뒤랑, 마르그리트Marguerite Durand 547, 552
뒤르켐, 에밀Émile Durkheim 33, 185, 310, 547, 552
뒤브뢰유, 루이Louis Dubreuilh 300, 392, 452, 477, 514, 552
뒤캉주, 장뉘마Jean-Numa Ducange 17, 330, 450, 560
뒤클레르, 뱅상Vincent Duclert 449, 552
뒤팡루, 펠릭스Félix Dupanloup 149, 460
뒤퓌, 샤를Charles Dupuy 67, 552
뒥케르시, 알베르Albert Duc-Quercy 44, 49, 300, 430
드레므, 마리아Maria Deraismes 552
드레퓌스, 마티외Mathieu Dreyfus 95, 97, 552
드레퓌스, 알프레드Alfred Dreyfus 16, 91, 94-97, 99-101, 104, 106-108, 122, 154, 181, 185, 191-192, 259, 444-446, 544-545, 552
드뤼몽, 에두아르Édouard Drumont 76, 95, 321, 444-445, 543, 548, 552
드묑, 알베르Albert de Mun 461-462, 555
드빌, 피에르 가브리엘Pierre Gabriel Deville 70, 121, 438, 452, 552
들로리, 귀스타브Gustave Delory 112, 314, 331, 333, 379, 416, 552

ㄹ

라가르델, 위베르Hubert Lagardelle 372, 376, 387-390, 393, 404, 529, 548, 554
라므네, 펠리시테 드Félicité de Lamennais 149, 460, 554
라보, 장Jean Rabaut 556, 559
라브루스, 에르네스트Ernest Labrousse 124, 435, 554, 559
라살레, 페르디난트Ferdinand Lassalle 211-212, 218, 292, 308, 340, 483, 542, 554
라이프니츠, 고트프리트 빌헬름Gottfried Wilhelm Leibniz 284
라자르, 베르나르Bernard Lazare 95, 547, 554
라파르그, 폴Paul Lafargue 17, 69, 78, 103, 151, 159, 333, 337, 370, 379, 392-393, 554
라포포르, 샤를Charles Rappoport 508, 556, 559
랄루에트, 자클린Jacqueline Lalouette 554
랑드리외, 필리프Philippe Landrieu 300, 372, 414, 530
랭보, 아르튀르Arthur Rimbaud 19
레그, 조르주Georges Leygues 68, 437
레나슈, 조제프Joseph Reinach 191
레닌, 블라디미르 일리치Vladimir Il'ich Lenin 293
레비브륄, 뤼시앵Lucien Lévy-Bruhl 15, 210, 401, 554
레오 13세Leo XIII 154, 461, 520, 544, 554
레오, 앙드레André Léo 60, 66, 340, 520, 554
레유, 그자비에Xavier Reille 44, 48-49, 55, 556
레이놀즈, 시안Siân Reynolds 336
로네, 미셸Michel Launay 149, 152, 554, 560
로베스피에르, 막시밀리앙Maximilien Robespierre 115, 126, 128-131, 146, 455
로슈포르, 앙리Henri Rochefort 105, 192, 448, 510, 542, 556
로잘리 수녀Soeur Rosalie Rendu 149, 460, 556
로장발롱, 피에르Pierre Rosanvallon 174, 469
로지에, 아르튀르Arthur Rosier 334, 516
로크루아, 에두아르Edouard Lockroy 68, 437
롤랑, 폴린Pauline Roland 341, 556
롱게, 장Jean Longuet 15, 300, 372, 392, 396, 399-400, 403-405, 530, 554
롱데, 미셸Michel Rondet 51, 431, 556
롱바르, 장Jean Lombard 70, 343, 521, 554
루아네, 귀스타브Gustave Rouanet 314, 338, 400, 452, 556
루이, 폴Paul Louis 262, 415, 554
루터, 마르틴Martin Luther 211-213, 480
루프, 쥘Jules Rouff 114, 122, 401
룩셈부르크, 로자Rosa Luxemburg 110, 293, 317, 323, 507, 512, 554
르나르, 빅토르Victor Renard 362
르나르, 조르주Georges Renard 338, 452
르낭, 에르네스트Ernest Renan 180, 182, 198, 471, 480, 556
르노델, 피에르Pierre Renaudel 300, 314, 392, 402, 409, 411, 414, 540, 556
르메트르, 쥘Jules Lemaâtre 105, 448
르베리우, 마들렌Madeleine Rebérioux 19, 199, 324, 556, 559-560
르봉, 귀스타브Gustave Le Bon 468, 479, 554
르클뤼, 엘리제Élisée Reclus 60, 100, 389, 548
르페브르, 조르주Georges Lefebvre 58, 333, 554
르플레, 프레데리크Frédéric Le Play 554
리보, 알렉상드르Alexandre Ribot 80, 155, 250, 462, 556
리요테, 위베르Hubert Lyautey 249, 494, 555
리우, 장피에르Jean-Pierre Rioux 112, 191, 461, 556, 559
리프크네히트, 빌헬름Wilhelm Liebknecht 110-111, 317, 450, 536, 554

ㅁ

마르크스, 카를Karl Marx 16, 18, 52, 70, 78, 109, 135, 144, 211-213, 340, 438, 543, 555
마이외르, 장마리Jean-Marie Mayeur 555
마티에즈, 알베르Albert Mathiez 452

말롱, 브누아Benoît Malon 34, 175, 212, 327-328, 338-342, 351-352, 404, 416-417, 425, 428, 519-520, 542, 548, 555
망스롱, 질Gilles Manceron 493, 497, 560
메랭, 알퐁스Alphonse Merrheim 362
메르시에, 오귀스트Auguste Mercier 102, 192, 555
메스트르, 조제프 드Joseph de Maistre 198, 555
메트롱, 장Jean Maitron 559
멜린, 쥘Jules Méline 55-56, 105, 155, 181, 555
모나트, 피에르Pierre Monatte 359, 411, 525, 548
모라스, 샤를Charles Maurras 105, 176, 178, 184, 192, 194-198, 310, 414, 474-475, 547
모트, 외젠Eugène Motte 87, 155
몰트케, 헬무트 폰Helmut von Moltke 78, 204, 207
몽탈랑베르, 샤를Charles de Montalembert 149, 460
미셸, 루이즈Louise Michel 98, 542, 555
미슐레, 쥘Jules Michelet 122, 180
밀랑, 알렉상드르Alexandre Millerand 17, 44, 49, 56, 67-68, 71, 92, 99, 108-113, 121, 314, 317-318, 337, 372, 430, 446, 450, 452-453, 548, 555

ㅂ

바레스, 모리스Maurice Barrès 95, 103, 171, 174, 176, 178-182, 184-185, 190, 196, 469-471, 547, 550
바르투, 루이Louis Barthou 68, 275, 277, 437, 502, 550
바를랭, 외젠Eugène Varlin 34, 340-341, 351, 416, 428, 557
바알, 제라르Gérard Baal 432, 509
바우어, 오토Otto Bauer 550
바이양, 에두아르Édouard Vaillant 56, 99, 183, 257, 275, 314, 326, 328-330, 385, 389, 392, 411, 447, 452, 501, 542, 548, 557
바쿠닌, 미하일 알렉산드로비치Mikhail Aleksandrovich Bakunin 283, 334, 520, 550
반데르벨드, 에밀Émile Vandervelde 317-318, 323, 513, 557, 559
발데크루소, 르네René Waldeck-Rousseau 108-109, 156, 191, 432, 449, 544, 559
발리바르, 에티엔Étienne Balibar 163
버크, 에드먼드Edmund Burke 123
베로네, 마리아Maria Verone 279, 502
베르그손, 앙리Henri Bergson 22, 184-185, 550
베르트, 에두아르Édouard Berth 370, 550
베른슈타인, 에두아르트Eduard Bernstein 109-110, 124-125, 219, 370, 550
베벨, 아우구스트August Bebel 212, 220, 289, 293-294, 314-318, 323, 450, 481, 507, 536, 550
베어, 막스Max Beer 318, 424, 559
베케르, 장자크Jean-Jacques Becker 482, 550, 560
보나푸, 막스Max Bonnafous 480, 486, 558
보날드, 루이 드Louis de Bonald 198, 550
보니에, 샤를Charles Bonnier 333, 516
보도, 마리앙Marien Baudot 82
보스퀴스, 알랭Alain Boscus 366, 441, 551, 560
보주아, 앙리Henri Vaugeois 191-192, 557
볼리코프, 세르주Serge Wolikow 363
부글레, 셀레스탱Célestin Bouglé 310, 551
부노, 크리스틴Chrisine Bouneau 388
부르제, 폴Paul Bourget 104
부르주아, 레옹Léon Bourgeois 156, 310-311, 551
부아데프르 장군Raoul Boisdeffre 96, 102, 105
부아예, 앙티드Antide Boyer 44, 551
불랑제, 조르주Georges Boulanger 164-175, 178, 180-181, 465-468, 543, 551
뷔레, 에밀Emile Buré 372, 530
뷔송, 페르디낭Ferdinand Buisson 15, 154, 308, 462, 551
뷔조, 토마 로베르Thomas Robert Bugeaud 240, 494, 551
브라크, 알렉상드르Alexandre Bracke 333, 516
브레시, 로베르Robert Brécy 560
브로, 필리프Philippe Braud 392, 394

브루스, 폴Paul Brousse 44, 121, 327, 333-335, 389, 452, 520, 551
브르통, 앙드레André Breton 278
브르통, 쥘루이Jules-Louis Breton 551
브리송, 앙리Henr Brisson 493
브리앙, 아리스티드Aristide Briand 17, 44, 275, 314, 364, 372, 400-401, 414, 432, 527, 551
브리케, 라울Raoul Briquet 372, 530
블랑, 루이Louis Blanc 550
블랑키, 오귀스트Auguste Blanqui 84, 550
블로크, 얀 드Jan de Bloch 220-221
블룸, 레옹Léon Blum 401, 419, 551
비비아니, 르네René Viviani 17, 56, 71, 99, 299-300, 314, 446, 452, 546, 557
비스마르크O. E. L. Bismarck 144, 200, 207-208, 237, 450, 461, 466, 482, 536
비야르, 클로드Claude Willard 331, 514, 557
비오 10세Pius X 157, 160, 555
비요, 장바티스트Jean-Baptiste Billot 94, 96, 102, 105
빌랭, 라울Raoul Villain 301, 508
빌헬름 2세Kaiser Wilhelm II 14, 214, 228, 236, 415

ㅅ

살레, 다미앵Damien Saley 58, 560
살로몽, 샤를Charles Salomon 556
상니에, 마르크Marc Sangnier 152, 461, 556
상바, 마르셀Marcel Sembat 56, 261, 385, 497, 556
샤를, 크리스토프Christophe Charles 551
샤오 샤오홍XIAO Xiao-Hong 560
샬레, 펠리시앵Félicien Challay 15, 152, 232, 258, 551
샹벨랑, 콜레트Colette Chambelland 363-364
세뇨보스, 샤를Charles Seignobos 556
세야크, 레옹 드Léon de Seilhac 556
셰송, 에밀Émile Cheysson 551
소렐, 조르주Georges Sorel 184, 346-348, 364, 368-375, 388, 530, 550, 557
소모노, 루이즈Louise Saumoneau 279, 502, 556
소불, 알베르Albert Soboul 452
솔라주, 제롬 뤼도비크Jérôme Ludovic de Solages 11, 44-45, 48-49, 557
쇠레르케스네르, 오귀스트Auguste Scheurer-Kestner 94, 97, 556
쇼뉘, 피에르Pierre Chaunu 195-196, 198
스테른헬, 제프Zeev Sternhell 469
시그프리드, 앙드레André Siegfried 432, 556
시라크, 오귀스트August Chirac 75, 468, 551
시몽, 쥘Jules Simon 557
쑨원孫文 14

ㅇ

아귈롱, 모리스Maurice Agulhon 97-98, 550
아노토, 가브리엘Gabriel Hanoteau 105, 448
아들러, 빅토어Victor Adler 289, 292-293, 299, 313, 317-318, 513, 550
아브드 알 아지즈(술탄)Abd al-Aziz 242, 256, 267
아브드 알 하피드(술탄)Abd al-Hafid 256-257, 263, 265-267
아브리알, 레옹Léon Abrial 44-45, 431
아프르 주교Denys Auguste Affre 149, 460
안세일러, 에다우아르트Édouard Anseele 289
알레비, 다니엘Daniel Halévy 185, 370, 553
알르만, 장Jean Allemane 279, 314, 321, 327, 335-337, 351, 389, 392, 452, 538, 550
앙들레르, 샤를Charles Andler 202, 217-220, 400-401, 404, 453, 483-484, 489, 550
앙주노, 마르크Marc Angenot 330, 437
에르, 뤼시앵Lucien Herr 103, 185, 321, 336, 351, 399-401, 453, 553
에르베, 귀스타브Gustave Hervé 249, 281, 285-286, 288, 293, 385, 504, 507, 547, 553
에리오, 에두아르Édouard Herriot 424-425, 545, 553
에스테라지, 페르디낭Ferdinand W. Esterhazy 95,

102, 552
에티엔, 외젠Eugène Étienne 243, 258, 552
엥겔스, 프리드리히Friedrich Engels 78, 109, 111, 317, 507, 536, 552
오리올, 뱅상Vincent Auriol 50, 59, 550, 559
오말 공Henri d'Orleans Duc d'Aumale 170, 467
오베드, 조르주Georges Oved 246
오슈 장군Louis Lazare Hoche 115, 132-134
오스트로고르스키, 모이제이Moiseï Ostrogorski 324-325, 514
오자남, 프레데리크Frédéric Ozanam 149, 460
오클레르, 마르셀Marcelle Auclair 550, 559
오클레르, 위베르틴Hubertine Auclert 550
올라르, 알퐁스Alphonse Aulard 15, 123, 550
올리비에, 에밀Émile Olivier 207, 478
옵트, 조르주Georges Haupt 553, 560
위그, 클로비스Clovis Hugues 527, 553
위아르, 레몽Raymond Huard 57, 383
위즈망, 카미유Camille Huysmans 323, 553
윙블로, 장Jean Humblot 42, 49
이글레시아스, 파블로Pablo Iglesias 289, 317
이브토, 조르주Georges Iveto 281-283, 285-286, 359, 363, 504
이즈볼스키, 알렉산드르Aleksandr Izvolsky 298

ㅈ

제로리샤르, 레옹Léon Gérault-Richard 71, 76, 314, 453, 548, 553
제바에스, 알랙상드르Alexandre Zévaès 557
조레스, 루이즈Louise Jaurès (Bois) 543
조레스, 뱅자맹Benjamin Jaurès 488
조레스, 쥘Jules Jaurès 543
조프랭, 쥘Jules Joffrin 170, 334, 516
졸라, 에밀Émile Zola 61, 90, 93, 192, 428, 440, 470, 477, 544, 557
졸리, 베르트랑Bertrand Joly 105
주스, 에마뉘엘Emmanuel Jousse 560
주안, 알리스Alice Jouane 279
주오, 레옹Léon Jouhaux 286-287, 301-302, 425, 554
쥘리아르, 자크Jacques Julliard 189, 307, 351, 355, 369, 554
지드, 샤를Charles Gide 310, 350, 466, 553
지라르데, 라울Raoul Girardet 188, 224
짐멜, 게오르크Georg Simmel 69, 186, 438

ㅋ

카레트, 앙리Henri Carrette 331
카르노, 에르네스트Ernest Carnot 155, 462
카멜리나, 제피랭Zéphyrin Camélinat 323
카베냐크, 고드프루아Godefroy Cavaignac 104, 551
카생, 마르셀Marcel Cachin 279, 314, 332, 424, 541, 551
카우츠키, 카를Karl Kautsky 109-111, 117, 291, 299, 314, 317-318, 323, 507, 536, 549, 554
카이요, 조제프Joseph Caillaux 264, 551
카이제르, 자크Jacques Kayser 307
카지미르 페리에, 장Jean Casimir-Périer 71-72, 76, 551
칼비냐크, 장바티스트Jean-Baptiste Calvignac 39-43, 48-49, 57, 380, 551
캉다르, 질Gilles Candar 427, 551, 560
콩도르세, 마르키 드Marquis de Condorcet 72, 439, 552
콩브, 에밀Émile Combes 156, 160, 551
콩페르모렐, 아데오다Adéodat Compère-Morel 380, 392, 404, 411, 415, 551
쿠르방, 알렉상드르Alexandre Courban 401
클레망, 장바티스트Jean-Baptiste Clément 334, 516
클레망소, 조르주Georges Clemenceau 44, 78, 90, 93, 97-99, 103, 154, 160, 169-170, 173, 181, 185, 231-233, 307-308, 311-312, 314, 334, 352, 359, 414, 432, 435, 445-446, 509, 525, 545-547, 551
키네, 에드가Édgar Quinet 210, 479

ㅌ
타르드, 가브리엘Gabriel Tarde 479-480
타뷔레바쟁가르, 아니크Annick Taburet-Wajingart 560
토마, 알베르Albert Thomas 246, 379, 397, 401, 405-407, 411, 453, 557
투라티, 필리포Filippo Turati 289
트랑페, 롤랑드Rolande Trempé 41, 51, 523, 557, 560
티에르, 아돌프Adolphe Thiers 171, 173, 207, 467

ㅍ
파리 백작Le Comte Paris/Philippe d'Orléans 168
파토, 에밀Émile Pataud 286
파프, 세자르 드César de Paepe 341, 536, 548, 552
페기, 샤를Charles Péguy 108, 162, 178, 184-190, 199, 310, 351, 372, 452, 471-473, 555
페레르, 프란시스코Francisco Ferrer 404, 537, 553
페로, 미셸Michelle Perrot 40-41, 356, 555
페리, 쥘Jules Ferry 14, 55, 160, 168, 191, 231-233, 543, 553
페리에, 클로드Claude Perier 73-74
페브르, 뤼시앵Lucien Febvre 69
펠루티에, 모리스Maurice Pelloutier 523
펠루티에, 페르낭Fernand Pelloutier 282, 344, 347-349, 351-355, 364-365, 372, 405, 523-524, 543, 555
펠탕, 카미유Camille Pelletan 44, 68, 233, 308, 555
펠티에, 마들렌Madeleine Pelletier 504, 555
포르, 세바스티앵Sébastien Faure 100, 504, 553
폴마르, 게오르크 폰Georg von Vollmar 111, 293, 450, 507, 557
퐁텐, 마리옹Marion Fontaine 17, 553, 560
푸르니에르, 외젠Eugène Fournière 174, 338, 389, 400, 553
푸앵카레, 레몽Raymond Poincaré 300, 546, 555
푸제, 에밀Émile Poujet 100, 286, 359, 555
퓌조, 모리스Maurice Pujeau 191
프랑스, 아나톨Anatole France 232, 399, 416, 553
프레상세, 프랑시스 드Francis de Pressensé 276, 299, 314, 323, 400-401, 502, 536, 556
프로샤송, 크리스토프Christophe Prochasson 382, 392, 556
프루동, 피에르 조제프Pierre Joseph Proudhon 59, 75, 189, 374, 379, 390, 501, 548, 556
프시카리, 에르네스트Ernest Psychari 184, 225, 231, 471, 556
피카르, 마리조르주Marie-Georges Picquart 95-96

ㅎ
하디, 제임스 키어James Keir Hardie 45, 549
후카사와 아츠시Fukasawa Atsushi 410

찾아보기_지명

가론강 53
그롤레 43, 366
그르넬 거리 335
그르노블 73, 440, 517
글로브 회관(파리) 214, 306, 322-323, 328, 343, 545
기니 231
나르본 83, 361
낭시 179-181, 201, 209, 255-256, 361, 367, 382, 384, 389, 408, 470
낭트 203
노르도 38-39, 58, 172, 322
뇌샤텔 340, 520
뉴욕 292, 324, 404, 542
님 350, 353, 383-384, 434, 466
다호메이 231
됭케르크 203, 331, 361, 410
드냉 380
드라베유빌뇌브 357-358, 360, 407, 410, 416, 545
드카즈빌 38, 46, 171
라라슈 240
라바트 229, 235, 248-249, 493
랑그도크 194
런던 211, 234, 289-291, 528, 544
렌 93, 108, 179, 522, 544
로렌 38, 176, 178-180, 206, 469-470
론강 53, 145
루가노 340-341
루베 42-43, 85, 331, 333, 380, 389, 410, 517
루아르강 53, 204
루앙 324
루체른 291
르발루아페레 238, 242, 248
르아브르 203, 244, 291
르카토 331
리모주 323, 339, 345, 367, 380, 382-383, 386
리옹 180, 195, 209, 296, 349, 384, 409, 424, 462, 496, 517, 542, 545
릴 113, 209, 292, 314, 331, 333, 363, 379-380, 384, 398, 517
릴 거리(파리) 244
마다가스카르 225, 245, 258, 543
마라케시 229, 235, 250, 252
마르세유 42, 332, 342-343, 349-350, 362-363, 380, 490, 496, 517, 521, 530, 542
마른강 53
마자메 367
망슈 332
메스 179, 202, 206
메크네스 251, 264, 493
모로코 31, 187-188, 192, 214-215, 228-271, 297, 488, 490, 493, 496-497, 499-500, 545-546
모젤강 53
몽마르트르 273, 301, 333, 410, 546
몽소레민 194, 380
바그람 회관 112, 287
바르도 145
박학자회관 219, 389
발랑시엔 38, 410
베오그라드 296
베이징 14
베즈 회관 295-296, 299
베트남 252, 263
벨기에 240, 291, 323, 359, 400, 412, 417, 422, 429, 490, 513, 515, 533, 536
벨빌 307, 333
벨포르 204, 206
보르도 161, 244, 380, 440, 496, 542
보스니아·헤르체고비나 264, 297-298
부르고뉴 179, 308, 526
부슈뒤론 195, 332, 383

브레스트 244, 276, 299, 339, 348, 384
브뤼셀 168, 287, 290, 292, 300, 513
브르타뉴 145, 160, 337
비세트르 244
빈 329, 536
사라예보 295-296
살레 248, 493
상트페테르부르크 320, 545
생쉴피스 145, 148, 335
생제르맹데프레 142, 145
생캉탱 161, 194, 361, 384, 386, 409, 452
생클루 361
생테티엔 46-47, 51, 330, 333, 339, 342, 350, 380, 384, 391, 517, 538, 543
샤텔르로 330, 335
샬롱쉬르손 382
세트 203, 380
센강 53, 122, 145, 179, 348
센도 308, 322, 336, 350, 409
센에우아즈도 148, 357, 383, 525
셰르부르 203, 361, 371
소르본 거리 96, 185, 337
수단 231, 254
슈투트가르트 13, 219, 256, 292-294, 416, 496, 507
스트라스부르 202, 206, 339, 447
시칠리아 241
아가디르 229, 264, 546
아르망티에르 85-86
아미앵 345-346, 361-363, 367, 381, 384, 527, 545
아틀라스 235-236, 251-252, 488
악마의 섬 95
알리에도 332
알비 24, 33, 43, 50, 135, 150, 179, 353, 361, 544
알자스-로렌 180, 201-202, 205, 208, 216, 262, 483, 542
알제 244-445
알제리 163, 270, 488, 498
암스테르담 313-315, 318, 324, 330, 401, 422-423, 482, 503, 545
앙쟁 38, 74, 410, 439
에로도 332, 337
오드도 332, 434
오랑 244-245
오를레앙 184, 186, 190, 465, 472
오브도 332
오트볼타 231
우즈다 229, 248-250, 493
이집트 217, 235, 237-238, 262
인도차이나 171, 222, 231-232, 248, 258-259, 262, 496
일본 190, 214, 221, 238, 321, 396, 403-404, 546
제네바 209, 291, 340
중국 14, 221, 235, 259, 261-262, 269, 396, 405, 407, 496
쥐라 211, 292, 408
카르모 11, 24, 36, 38-45, 47-50, 52, 57, 79-81, 124, 150, 156, 234, 289, 330, 360, 367, 379-380, 430, 442, 534, 544-546
카르카손 145
카사블랑카 250, 252-258, 493, 545
카스트르 22-23, 44, 53, 55, 135, 150, 161, 363, 367, 425
캄보디아 542
코드리 331
코트디부아르 231
쿠리에르 87, 406, 545
클레르몽페랑 171, 173
타른도 23-24, 45, 111, 150, 332, 366, 394, 488
탕헤르 214, 228, 235-236, 253, 415
테투안 249, 252
투르쿠앵 517
툴루즈 18, 25, 47, 82, 150, 153, 180, 194, 211, 319, 349, 376, 384, 387, 391-392, 408, 488,

537, 543, 545
튀니지 230, 269, 462, 488, 496, 502, 543
튀르키예(터키) 230, 261-262, 269, 280, 404
튀빙겐 329, 480
트루아 361
티볼리보알 회관 81, 294, 321
파드칼레도 38-39, 87, 383, 431, 543
파리 15, 22-27, 30, 57, 71, 73-75, 80-81, 93, 98, 103-104, 108-112, 121-123, 126, 135, 138, 145-149, 151, 160, 167, 171-172, 179-181, 190, 193-195, 202-206, 209, 214, 219, 236, 249, 255, 275-278, 287, 290, 294, 299-302, 306, 308-309, 312, 321-322, 328, 331-339, 343, 349-350, 352-354, 357-360, 380-381, 389, 402, 407, 409-410, 416-417, 432, 440-441, 460, 478, 496, 503, 525, 537, 542-546
파시 301
페르라셰즈 275, 326, 411, 501
페르시아 262, 267
페스 229, 235, 240, 250, 252, 264-269, 497, 499
푸르미 41, 63, 87, 153, 359, 429, 543
퓌토 338
프레생제르베 272, 276-279, 503, 546
프레시외 338
피레네 145
필리핀 235, 488
하노이 217, 258
하이퐁 217, 258, 263

찾아보기_개념, 사건 외

〈감각세계의 실재〉 151, 213, 544
개인주의 75, 107, 155, 307, 310, 332, 382, 423
개혁사회주의(자) 25, 57, 71, 107, 397, 527
《게르만 평론》 209
《게으를 권리》 78
계급투쟁 17, 25, 107, 112, 117, 315, 317, 331-333, 362, 370, 372, 388, 416
공공서비스 334, 412, 516, 533
교회와 국가의 분리에 관한 법(1905) 154, 156-159, 545
굼Goum 254-255
급진파, 급진주의, 급진당 15, 40, 47-48, 50, 66, 68, 83-84, 88, 90, 93, 98-99, 106, 120, 130, 147, 154-156, 161, 168-170, 181, 193-194, 197, 232, 248, 265, 267, 323-325, 331, 382, 384-385, 387, 415, 429, 432, 437, 443-444, 462-463, 510, 517, 545, 551
〈나는 고발한다〉 90, 93, 98, 544
노동자주의 328, 335, 352, 556
노동총연맹CGT 279, 283, 301, 345-347, 354-355, 357, 366, 524, 544-546
노동회관 281-282, 344, 347-355, 505, 517, 522, 543
누진소득세 56, 67, 307
다수혁명론 116, 134-140
당과 노조 345-368, 393
독일 사회민주당(사민당) 111, 113, 117, 214, 275, 291, 308, 317, 382, 385, 416, 458, 484, 492, 542, 549
〈독일 사회주의의 기틀〉 211, 480, 544
드라베유 노동자 시위 357-360, 407, 416, 545
드레퓌스 사건 16, 25, 27, 31, 90-108, 113-114, 116, 119-120, 122, 137-138, 144, 154, 156, 162, 177, 180-181, 185, 190-193, 196, 218, 223-224, 235, 309-311, 330, 336-337, 372,

399, 428, 444-446, 449, 453, 462, 471, 501, 512, 514, 536, 544-545, 552-557
《라 데페슈》 11, 47, 50, 151, 414, 539, 547
《라 르뷔 소시알리스트》 174, 290, 315, 327, 338, 341, 400, 404, 428, 468, 489, 548, 553, 555
《라 바타유 생디칼리스트》 409, 547
《라 비 우브리에르》 411, 548
《라 프티트 레퓌블리크》 11, 59, 187, 330, 338, 414, 548
라지아 255, 258
러일전쟁 31, 221, 225, 238, 321, 396
《레갈리테》 331, 547
레룸 노바룸 154, 359, 543
《레망시파시옹》 414, 466
《레코 드 파리》 301, 442
렌 재심(드레퓌스 사건) 93, 97, 99, 101, 103-104, 106, 108, 122, 154, 185, 309, 445, 544
《로로르》 90, 93, 98-99, 352, 414, 544, 547
로마 교황청 156-158, 463
《뤼마니테》 11, 14-15, 214, 246, 249, 265, 268, 275, 277-278, 295, 300, 318-319, 321, 365, 368, 383, 390, 396-417, 425, 463, 525, 545, 547
《르 마탱》 125, 254-255, 291, 294, 548
《르 무브망 소시알리스트》 290, 371, 388, 404, 461, 530, 548
《르 소시알리스트》 408, 538, 548
《르 탕》 48, 93, 217, 248, 291, 294-295, 358, 414, 416, 525, 539, 548
《르 프티 주르날》 36, 65, 93, 228, 407, 443
《르 프티 파리지앵》 48, 407, 443
리프전쟁 229, 267, 497, 500
모던 27, 156, 162, 186, 245-246, 248, 279, 341, 374, 415, 423, 449, 493
모로코 군사사절단 242, 264
모로코 세관 241, 243, 245, 252, 495
모로코위원회 242-243, 245
모로코회사 242, 252, 263
모샹 살해 사건 248-249, 265
《무기가 부르다》 225, 471
무한한 다수 134-140, 219, 561
뮈제 소시알 310, 429
민족의 에너지 3부작 176, 180, 470
민족주의(자) 13, 31, 104, 108, 163, 178, 180, 182-185, 187-188, 190, 192-194, 198-199, 201, 245, 280, 288, 301, 369, 423, 449, 470-472, 497, 500
반교권주의 158, 160, 459
반군사주의동맹 283, 503
반유대주의 94-95, 100, 183, 199, 235, 462, 467, 488, 544
반의회주의 175, 469
반전 13, 272, 274-302, 337, 501, 503, 505, 507
발칸전쟁 221, 287, 298, 502, 546
발고랑 운동 152, 461, 524, 544, 556
베르베르인 252, 255, 261
베를린회의(1885) 232
《병사를 부르다》 180, 470
《병사의 지침서》 281-284
불랑제 사건 164-167, 169, 172, 174-175, 178, 190, 204, 311
불랑제주의 172, 181, 465, 469
《뿌리 뽑힌 이들》 180, 470
사라예보 사건 295-296
사회당 전국 당대회 255, 276, 306, 376, 378-395, 416, 424
《사회전쟁》 286, 411, 504
《사회주의 프랑스혁명사》 17, 19, 125-134, 452, 545
《사회주의사》 121
〈사회주의와 자유〉 117
3년법 275-278, 287, 299, 546
《새로운 군대》 224-225
생디카 39, 349, 373, 526
생디칼리슴 283, 324, 355, 363-364, 367-368,

373-374, 387-388, 391, 393-394, 405
생망데 축연 516, 544
생시르 육군사관학교 155, 170, 223
샤우이아 251-253, 255-257, 265, 495
세속화 148, 158, 161-163, 459
아나키스트 100, 175, 277, 281, 283, 289, 504, 528, 533
아나키즘 27, 100, 282-283, 334, 351, 355, 389, 421
아미앵 헌장 345-346, 362-363, 545
악시옹 프랑세즈 96-97, 105, 177, 190, 192-194, 196-197, 448, 474
알비고등학교 18, 25, 27, 140, 542
알헤시라스 조약 241-242, 251, 257, 264, 545
애국자동맹 105, 108, 167, 173, 190-191, 552
《에스프리》 163
엘리트 96-97, 104, 139, 241, 259, 325, 353, 467, 496
《여성 문제》 159
연대주의 88, 311, 443
영국-프랑스 협정(1904) 215, 237-238, 545
오스만화 147, 542
왕정주의(자) 154, 168, 176, 181, 192, 195, 465, 467, 474, 485
우즈다 점령 248-250
《유대 프랑스》 95
유대인 해방령 95
《의정 평론》 40, 429
의회주의 166, 174-175, 196, 246, 286, 320, 372, 391, 421, 444
이슬람 198, 242, 251-252, 260, 263, 266, 269, 458
2차 세계대전 40, 163, 328, 359, 428, 440, 469-470, 482, 498, 508, 532
인간의권리동맹(인권동맹) 15, 107, 449, 536, 544, 556
인터내셔널 사무국BSI 317, 323, 329, 512
인터내셔널 혁명사회주의 학생그룹Gesri 103, 109, 389, 448
1차 세계대전 14, 162, 187, 189, 199, 229, 267, 274, 279, 295, 328, 405, 407, 450, 471, 474, 497, 502, 517, 527, 546
자유사상 147, 459
《저들의 형상》 180, 470
제3공화정 24, 39, 66, 92, 97, 123, 137, 144, 166, 168, 175, 181, 209, 221-223, 231, 246, 350, 384, 420-421, 428, 452, 468, 482, 524, 542
제2인터내셔널 110, 234, 256, 289-290, 292-294, 304, 306, 313, 318, 382, 401, 416, 482, 500, 504, 513, 516, 528, 543-546
제2제정 39, 41, 52, 54-55, 145, 147, 149, 169, 202, 207, 221, 350, 437, 445, 452-453, 479, 542
제1인터내셔널(국제노동자협회) 78, 110, 287, 289, 343, 364, 516, 520-521, 542
《종교 문제와 사회주의》 149-150
좌파 블록 155-157, 187, 320, 324, 330, 463
《증거들》 106, 117, 544
지식인 46, 63, 94-98, 162, 178, 189, 209, 219, 279, 328, 353, 364, 374, 388, 392, 404, 413, 416, 422, 445
《진보의 환상》 371
집산주의 학생그룹 219, 372, 448, 530
철도원 대파업(1910) 397, 407, 409-413, 416, 539, 546
청일전쟁 238
《초등교육과 상급초등교육 평론》 137
총파업(론) 293, 357, 362, 364, 367, 429, 512, 527, 538
《카나르 앙셰네》 160
카르모 광부 파업(1892) 36, 39-50, 234, 389, 431, 544
카르모 유리병공 파업(1895) 79-82, 153, 234, 330, 442, 544
카사블랑카 포격 234, 248, 256-258, 545

《카이에 드 라 캥젠》 186, 452, 473
《카이에 소렐》 369-370
《카이에 조레스》 559
《캥젠 콜로니알》 245, 258, 264
케도르세 253, 265, 300
코뮈나르 98, 277, 326-327, 329, 331, 336, 340, 459, 501, 516, 520, 542
쿠리에르 광산 참사 65, 87-88, 406, 431, 545
크림전쟁 221, 489
투르 당대회(1920) 306, 382, 424, 514, 541
파나마 사건 76-77, 98, 180, 441, 542, 544
파리 고등사범학교ENS 11, 22, 24, 27, 33, 44-45, 52, 103, 184-185, 401, 420, 542
파리와페이바 은행 243, 491
파쇼다 사건 237
판처호 264, 286, 499
팔루법 147, 458
《패주》 204, 477
페미니즘 158-159
페스 보호조약 265-268, 497, 499
평화 29-32, 199, 208, 215, 217, 221, 224, 238, 262-263, 275, 280-281, 284, 289-291, 293, 299-302, 316, 390, 501, 506
포도농 시위 434, 545
《폭력에 대한 성찰》 369-371, 374
푸르미 시위 41, 63, 153, 359, 429, 543
프랑스 노동자당POF 50, 70, 331, 383, 452, 516, 553
프랑스-독일 협정 214, 265, 546
프랑스 통합사회당(노동자인터내셔널 프랑스지부 SFIO) 11, 305-306, 322-324, 328, 337-338, 343, 366-368, 378-381, 404, 450, 503, 527, 545-546
《프랑스 프롤레타리아의 세 번째 패배》 340
프랑스은행 74-75, 263, 439-440, 544
프로이센 205-208, 210, 217, 412, 478, 480, 483
프롤레타리아 18, 32, 57, 62, 70, 85, 100, 106, 108, 112-113, 119, 125, 137-138, 140, 151, 175, 215, 224-225, 238, 261, 280, 286, 288, 291, 293-295, 315, 320-321, 342-343, 346, 349, 353, 365-368, 373, 390, 393-395, 398, 400, 403, 415-416, 420-421, 423
프리메이슨 100, 147, 155, 308-309, 455, 459
한국의 친구들 협회 15
합류파 154, 462
혁명사회주의노동자당 330, 342, 452, 519, 543
혁명적 진화 18, 119, 135
혁명주의 116, 329, 342, 527

의회의 조레스
당의 조레스
노동자의 조레스

1판 1쇄 발행 2022년 7월 30일

지은이 노서경
펴낸이 김미정
편집 박기효, 김미정
디자인 표지 민진기, 본문 김명선

펴낸곳 마농지
등록 2019년 3월 5일 제2022-00014호
주소 (10904) 경기도 파주시 미래로 310번길 46, 103동 402호
전화 070-8223-0109
팩스 0504-036-4309
이메일 shbird2@empas.com

ISBN 979-11-978701-0-1 93900

* NRF2018S1A6A4A01039329
이 저서는 2018년 정부 재원(교육부)으로 한국연구재단의 지원을 받아 연구되었습니다.

* 책값은 뒤표지에 있습니다.
* 잘못된 책은 바꾸어드립니다.